조선유학의
다양한 시선

황의동 지음

책미래

이 책을 내면서

나는 평생 강의와 연구로 살아왔다. 대학 졸업 후 중고등학교에서 5년여 동안 학생들을 가르쳐 왔고, 그 이후 많은 대학에서 강의를 하다 청주대학교를 거쳐 충남대학교에서 2014년 정년퇴임을 하였다. 대학 강단을 물러난 지 어언 10년이 되었으니 세월의 빠름을 다시 실감하게 된다. 학문적 기초도 부족하고 역량도 힘겨웠지만 그래도 책상 앞에 앉아 글을 읽고 쓰는 재미로 살아왔다.

퇴직 후에도 일 년에 몇 번씩 학술발표 기회가 주어지고, 또 이 곳 저 곳에서 불러주어 강의를 열심히 하고 다닌다. 평생교육원인 대전시민대학은 내가 사랑하는 직장이다. 개교 때부터 〈알기 쉬운 동양철학〉을 강의해 왔는데, 이 강의 또한 어언 11년이나 되었다. 젊은 시절 철없이 유희에 빠져 몸을 함부로 했다. 그럼에도 불구하고 오늘의 건강을 지니고 있음은 조상님의 음덕이요 사랑하는 나의 부모님 덕분이라고 생각한다. 감사하고 감사하다.

나는 명색이 학자인지라 나의 글을 소중하게 생각한다. 그리고 그것은 내 나름 내 학문의 정원에 잘 정리하는 것이 나의 책무라고 생각하기에 비록 부족한 글이지만 책으로 엮어 세상에 내 놓았다. 일부 몇 편은 중복게재임에도 불구하고 필자의 책 정원에 안치하고 싶은 욕심에서 여기에 넣어 엮었다.

이번에 발간하는 『조선유학의 다양한 시선』은 그동안 써 놓은 나의 글들을 편집해 엮은 것이다. 〈晦軒 安珦의 학문과 그 위상〉, 〈鹿門 任聖周의 율곡성리학 계승과 創新〉, 〈黙齋 李貴의 경세 실천과 율곡철학의 계승〉, 〈상주 유교문화와 中牟학풍〉, 〈유교적 경세의 실천, 방촌(厖村) 黃喜〉는 퇴직 후 학계에서 발표한 논문들이다.

특히 녹문 임성주에 관한 논문은 그동안의 시비와 오해를 극복해 보고자 노력한 것이고, 다른 한편으로는 녹문의 성리학이 율곡을 계승하고 또 한편으로는 창신의 의미를 갖는 바를 깊이 있게 조명한 글이다. 묵재 이귀에 관한 논문은 매우 새로운 의미를 갖는다. 사실 묵재 이귀는 역사학계에서는 다소 관심을 갖고 다룬 바 있지만 우리 철학계에서는 거의 전무한 실정이다. 기껏해야 栗谷과 牛溪의 문인이라는 정도로 소개되고 있을 뿐이다. 그런데 얼마 전 충남대 한문학과 이향배 교수의 안내로 묵재 선생을 알게 되었고, 그의 상소문 전집인 〈李忠定公章疏〉를 접하게 되었다. 또 마침 묵재 이귀선생 학술대회가 있어 발표의 기회를 갖게 되어 쓴 글이다. 묵재는 임진왜란을 앞에 두고 십만 양병을 주창한 栗谷이나 도끼를 차고 대궐 앞에서 상소를 올렸던 重峰 趙憲과 너무나도 흡사한 인물이었다. 정묘호란 후 여진의 침략을 지속적으로 경고하면서 이에 대한 대비를 외쳤던 묵재 이귀, 그리고 잡다한 관직 생활 속에서 몸소 실천으로 보여준 牧民의 실적을 보면서 율곡의 철학 정신을 계승한 진정한 유학자임을 알게 되었다. 묵재에 대한 학문적 재평가가 반드시 필요함을 절감하며 이 글이 하나의 계기가 되었으면 좋겠다. 또한 방촌 황희 논문과 〈상주유교문화와 중모학풍〉은 방촌황희 연구원 학술대회에서 발표 한 논문인데, 세종시대의 주역으로 유교경세론의 구현자로써 방촌 황희를 새롭게 조명해 본 것이다.

조선의 유학자들은 다양한 시선으로 인간과 세상을 보았다. 개인의 행복이 먼저냐 나라가 먼저냐, 윤리적 가치가 중요하냐 물질적 가치가 더 중요하냐, 학문의 이론이 중요하냐 실천이 중요하냐 이러한 제 물음에 대한 다양한 견해들을 소개한다. 또한 제3부의 〈향토유학의 전개양상과 특성〉은 필자가 발표 요청과 집필요청을 받아서 쓴 글들인데, 영남, 호남, 충청을 망라한 향토유학의 전모를 볼 수 있는 자료들이어서 하나로 엮어 보았다. 오늘날 지방자치시대를 맞아 저마다 지역 향토문화의 정체성을 정립하려는 노력이 활발하다. 비록 깊이 있는 글은 아니지만 향토유학을 소개하는 의미는 있을 것이다. '향토유학'이라는 용어도 생소할 수 있으나 이미 역사학계에서는 '향토사'라는 말을 보편적으로 쓰고 있음에 비추어, 우리 유학계에서도 그 지역의 고유한 유교문화를 '향토유학'이라고 불러도 무방하다고 생각된다.

이제 시대가 변하고 시속이 변하여 유교문화는 정말 위기에 처해있다. 박물관이나 골동품 신세를 면치 못하게 되어 있다. 씁쓸하다. 그럼에도 유학의 학문적 가치나 진리적 위상은 폄훼되거나 과소평가될 수는 없다. '책임은 무겁고 갈 길은 멀다'는 任重道遠의 길을 묵묵히 가야 할 것이다. 그리고 신보다도 동물보다도 자연보다도 더 소중한 인간의 가치를 지켜가야 할 것이다. 어려운 여건에서도 이 책을 만들어 주신 도서출판 책미래 정재승, 배경태 선생님께 감사드린다.

2024년 4월 20일
지은이 황의동 드림.

제3부 '향토유학'의 전개양상과 특성

제1부 조선유학의 播種과 深化

제1장 晦軒 安珦의 학문과 그 위상

1. 安珦은 누구인가?

　晦軒 安珦(1243~1306)은 고려 말의 대표적인 유학자로서 文廟에 從祀된 東國 18賢의 한 분이다. 그가 살았던 시대는 60여년의 무인집권시대를 지나 9차례의 몽고침략, 삼별초의 난, 정치적 혼란과 불교의 타락으로 고려가 쇠락해가는 시기였다. 본래 그의 이름은 裕인데, 조선조 文宗의 이름을 피해 珦으로 고쳤다가 다시 처음 이름인 裕로 고쳤다. 안향의 字는 사온(士蘊), 號는 晦軒으로 아들 하나가 있는데 이름은 于器이다.1)
『家乘』에 의하면, 안향은 1243년(고려 고종 30) 興州城 남쪽 坪里村 학다리 옆 사택에서 출생했는데, 興州는 지금의 경북 영주시 풍기를 말한다. 그의 부친은 密直副使 安孚요 모친은 剛州禹氏로 禮賓丞 成允의 딸이다.
　「年譜」에 의하면 "선생의 부친 太師公이 어렸을 때 어떤 術士가 그 영특함을 칭찬하여 智藏山 한 자락을 가리키며 '여기에 장사지내면 반드시 큰 인물을 낳고 대대로 貴를 누릴 것이다'라고 말하니, 마침내 선친 樞密公을 장사지냈다. 마침내 선생이 나서서 儒學을 밝히고 儒風을 크게 떨쳐 三韓의 고루한 풍습을 일신시켜 우리나라 道學의 시조가 되고, 자손

---

1) 『국역 회헌선생실기』, 권2, 부록, 「本源」

이 번성하고 오랫동안 높은 벼슬을 누려 쇠퇴하지 않았다"고 전한다.[2] 『가승』에 의하면 안향은 어릴 적부터 단정하고 重厚하여 쓸데없이 말하거나 웃지 않았다 하고,[3] 城의 북쪽에 宿水寺가 있었는데 이곳에서 젊은 시절 오가며 독서를 했다고 한다.[4] 그의 문집이라고 할 수 있는 『晦軒先生實記』는 목판본으로 5차에 걸쳐 간행되었는데, 판본에 따라 체제, 분량, 내용에 약간의 차이가 있다.[5]

문헌에 의하면 안향은 어릴 적부터 性理에 관한 학문을 좋아하여 의리를 연구하면서 자신을 엄격하게 다스릴 줄 알아 表裏가 일치되고 장중하면서도 편안하고 자상하였다. 그리고 誠과 敬에 가장 힘써서 일체의 행위가 예법에 부합되니 사람들이 모두 공경하고 두려워했다.[6] 또 사람을 가르칠 때에는 반드시 孝悌와 忠信을 먼저하고, 정밀히 사색하고 실천에 힘쓰도록 해서 高明하고도 正大한 경지로 인도하였다. 그래서 학문의 단계가 어지럽지 않고 本末을 구비했으며, 가르치고 인도하는 것이 관대하면서도 법도가 있었다. 잘못을 저지른 사람이 있으면 거듭 타일러 고치게 한 뒤에야 그만두니, 이 때문에 선비들이 더욱 따랐다.[7]

안향은 1306년(충렬왕 32) 9월 12일 64세를 일기로 별세하였는데, 諡號는 '文成'이다. 그 의미는 道와 德이 널리 들리는 것을 '文'이라 하고, 백성을 편안케 하고 善政을 베푸는 것을 '成'이라 한 것이다.[8] 경기도 長湍府 松林縣 大德山 口井里 언덕에 장사를 지냈는데, 장삿날에 七管

2) 『국역 회헌선생실기』, 권3, 부록, 「年譜」
3) 『국역 회헌선생실기』, 권3, 부록, 「年譜」, 10세 조.
4) 『국역 회헌선생실기』, 권3, 부록, 「年譜」, 15세 조.
5) 안병렬, 「해제」, 『국역 회헌선생실기』, 2000, 영주시, 19쪽
6) 『국역 회헌선생실기』, 권3, 부록, 「年譜」, 62세 조.
7) 『국역 회헌선생실기』, 권3, 부록, 「年譜」, 62세 조.
8) 『국역 회헌선생실기』, 권3, 부록, 「年譜」, 64세 조.

十二徒의 여러 학생들이 소복을 입고 路祭를 지냈다. 이러한 안향의 생애에 관한 연구는 장동익의 「안향의 생애와 행적」9)이 가장 대표적이다.

다음은 안향의 학문적 연원에 대해 살펴보기로 하자. 안향은 지포 김구(止浦 金坵, 1211~1278)와 道義之交를 한 것으로 보인다. 『晦軒實記』 「年譜」『止浦集』에 의하면, "선생은 金公보다 30여세가 적었는데, 일찍이 義交를 맺었다. 선생이 이른 나이에 경전을 강습하는데 가히 金公을 뵈올 수 있었으니, 戊寅年에 金公이 卒함에 선생에 비하였으니, 이로써 史傳에 젊어서 유학을 좋아했다 함이 믿을 수 있음을 알 수 있다 하였다." 그리고 『止浦集』 「神道碑銘」에 "安文成公과 道義交를 맺었는데, 경전을 講磨하여 興學을 임무로 삼았다"고 한다. 안향이 젊어서 경전을 공부할 때 김구를 뵈었고, 김구는 안향과 32살의 나이 차를 초월하여 道義之交를 맺었으며, 안향은 김구가 죽음에 자기의 선생으로 칭하였다고 하고 있다. 이로 볼 때 김구는 안향에게 학문적으로 평생 큰 영향을 주었고, 안향이 興學養賢을 자기소임으로 여긴 데에는 그의 영향이 지대하였다 해도 과언이 아니다.10)

또한 안향이 禮部試에 급제했을 때 禮部試 座主는 李藏用(1201~1272)과 柳璥(1211~1289)이었다. 이들은 金坵, 朱悅과 우의가 깊었던 인물로 안향의 仕官과 학문에 영향을 주었다.11) 안향의 禮部試 동기생으로 알 수 있는 이는 오직 장원 위문개(魏文凱, ?~1289)와 이존비(李尊庇, 1233~1287), 김훤(金晅, 1234~1305) 3인이다. 이들은 대개 평생 同年契를

---

9) 장동익, 「안향의 생애와 행적」, 『퇴계학과 유교문화』, 44호, 경북대퇴계학연구소, 2009, 194~200쪽 참조.

10) 노평규, 「제3장 문성공 회헌 안유」, 『동국 18현 −생애와 사상−』상, 율곡사상문화원, 1999, 172~173쪽.

11) 노평규, 「제3장 문성공 회헌 안유」, 『동국 18현 −생애와 사상−』상, 율곡사상문화원, 1999, 173쪽.

맺고 왕래가 있어 상호 영향이 적지 않았을 것으로 짐작된다.12)

2. 安珦의 삶과 발자취

1) 우리나라에 性理學을 전하다.

첫째, 안향은 우리나라 최초로 주자학 내지 성리학을 전래한 인물이라는 점에서 그의 사상사적 위상은 매우 크다. 이에 관한 관련 문헌을 중심으로 검토해 보기로 하자.『晦軒先生實記』연보에 의하면 안향은 1289년 (충렬왕 15) 윤 10월 왕을 따라 元나라에 갔다고 되어 있으니 47세였다. 그 이듬해인 1290년(충렬왕 16) 3월에 朱子書를 베껴 가지고 돌아왔는데 그 사실은 다음과 같다.

燕京에 머물면서 朱子書를 손수 쓰고 孔子와 朱子의 초상화를 摸寫하다. 당시에 朱子書는 세상에 널리 알려지지 않았는데, 선생이 처음 보고 마음으로 몹시 좋아하고 孔門의 바른 맥락임을 알고는 드디어 그 책을 손수 기록하고 孔子와 朱子의 초상화를 모사하여 돌아왔다. 이로 부터 朱子書를 강구하여 博約의 공부를 깊이 이루었다. 3월 정미에 왕을 따라 원나라에서 돌아와 副知密直司事가 되었다.13)

그리고 그 후 안향은 박사 金文鼎을 강남으로 보내 孔子 및 72제자의 초상을 받들어 오고, 아울러 祭器, 樂器, 六經, 諸子書, 四書 및 朱子新書를 구입해 오게 했다. 안향은 우리나라에 經籍이 구비되지 못한 것을 근

---

12) 노평규, 「제3장 문성공 회헌 안유」, 『동국 18현 –생애와 사상–』상, 율곡사상문화원, 1999, 173쪽.

13) 『국역 회헌선생실기』, 권3, 부록, 「年譜」, 48세 조.

심하던 차에 강남에는 아직도 송나라 왕실의 예물이 남아있고 또한 朱子新書가 많다는 말을 듣고, 특별히 박사 등을 강남에 보내 널리 구입해 오게 했는데 5개월 만에 돌아왔다.14)

다만 1290년(충렬왕 16) 3월 24일(정묘) 충렬왕, 왕비, 세자가 원에서 돌아올 때 함께 귀국한 안향이 원의 大都에서 朱子書를 摸寫하고 공자, 주자의 초상화를 모사하여 돌아왔다는 『晦軒先生實記』3, 「年譜」의 내용이 윤색된 것이라는 견해도 제시되었다.15) 그렇지만 『晦軒先生實記』3, 「연보」의 내용이 시기의 정리에서 실패했을 여지는 분명 있지만, 안향이 1279년(충렬왕 5) 독로화(禿魯花)로 원에 들어가 1년 정도 滯在하였던 점, 1289년(충렬왕 15), 1298년(충렬왕 24)의 2차에 걸쳐 忠烈王과 忠宣王을 수종하여 원에 들어갔던 점 등을 고려해 볼 때, 이 시기에 원에서 성리학의 서적을 접촉했을 가능성은 충분히 있다. 이 점은 그의 列傳에 '晚年에 항상 朱熹의 眞像을 걸어두고 敬慕하였으며, 드디어 號를 晦軒이라 하였다'고 한 점을 보아 朱熹의 학문적 전통을 계승하려고 하였던 것이 분명하다.16)

안향은 1297년 55세 때 僉議參理, 世子貳保에 임명되었다. 안향은 "주자의 공은 공자와 짝할만하니, 공자를 배우고자 한다면 마땅히 먼저 주자를 배워야 한다"고 말했다. 이때에 드디어 살던 집 뒤에 집 한 칸을 짓고, 공자와 주자의 초상화를 奉安하여 아침저녁으로 참배하면서 사모하는 뜻을 붙이고 인하여 號를 '晦軒'이라 하였다.17)

---

14) 『국역 회헌선생실기』, 권3, 부록, 「年譜」, 61세 조.

15) 森平雅彦, 「朱子學の高麗傳來と對元關係 －安珦朱子學書將來說の再檢討」, 『史淵』, 143, 2006.

16) 장동익, 「안향의 생애와 행적」, 『퇴계학과 유교문화』, 44호, 경북대퇴계연구소, 2009, 210쪽.

17) 『국역 회헌선생실기』, 권3, 부록, 「年譜」, 55세 조.

안향은 1298년 충선왕이 즉위하고 參知機務 行東京留守 集賢殿太學士 雞林府尹에 임명되었다. 그해 8월 충선왕을 따라 원나라에 가게 된다. 그는 燕京에 머물면서 文廟를 배알(拜謁)하였다. 어느 學官이 묻기를, "東國에도 聖廟가 있는가"하니, 선생이 "우리나라의 문물과 제사법은 한결같이 중국의 제도를 따르니 어찌 성묘가 없겠는가?"하고 대답하였다. 이어서 성리학을 변론함에 주자의 학설과 일치하자 여러 학관들이 크게 놀라며 "이 분은 동방의 주자로다"라고 탄복하였다고 한다. 그리고 마침내 眞像을 그려 갔다.[18]

이상 안향이 고려 말 원나라에 가서 朱子書를 베껴가지고 왔다는 사실은 대체로 「家乘」의 기록에 의탁하고 있다. 그런데 『晦軒實記』「贊述」에 실린 李松齡의 『麗儒考蹟』과 閔聖徽의 『宋京訪古錄』의 내용을 보면 「家乘」의 기록은 실은 이 두 책에 근거한 것으로 보인다.[19] 『麗儒考蹟』에 "李希儉이 長湍에서 논밭을 조사하고 있을 때 한 촌가를 지나는데 고서가 있어 晦軒선생의 일을 자못 소상히 적었다. 선생은 元에 들어가 처음 朱子書를 보고 이에 潛心하고 매우 좋아하여 孔門의 正脈임을 알았다. 그 책이 아직 燕京에서 크게 행해지지 않았는데 손수 적어 가지고 왔다. 또한 초상을 그리어 집을 지어 걸어놓고 조석으로 우러러 뵈어 경모함을 다하였다. 일찍이 '주자의 공은 가히 공자에 짝할만하니 공자를 배우고자 하면 먼저 晦庵을 배워야 한다'고 하였다"하고, 『宋京訪古錄』엔 "내가 일찍이 松京에서 벼슬할 때 장로에게서 옛 일들을 探訪하였는데, 고려 풍속이 오로지 불교를 숭상하고 우리의 道가 있음을 모르므로, 지금 말하는 태평관 북쪽에 있었던 國子監은 그 황폐함이 이미 극에 달하

18)『국역 회헌선생실기』, 권3, 부록, 「年譜」, 56세 조.
19) 노평규, 「제3장 문성공 회헌 안유」, 『동국 18현 –생애와 사상–』상, 율곡사상문화원, 1999, 176쪽.

여 공이 일찍이 개연히 집 뒤에 한 재실을 지어 공자와 주자의 眞像을 걸어 모시고 경모하는 곳으로 삼았다"고 하였다.

이렇게 볼 때, 안향의 1290년 朱子書 전래 사실은 正史에는 없고 『家乘』에 근거하므로 다소 문제가 없지 않다는 일부 학계의 견해도 있으나, 남송의 성리학에 관련된 서적이 고려에 유입된 것은 안향에 의해 이루어진 것이고, 이로 인해 성리학이 고려에 수용되는 터전이 마련되었다고 보는 것에는 문제점이 있을 수 없다.[20]

그러면 고려 말 안향이 元에 가서 접한 당시의 학풍은 어떤 것일까? 趙復은 북방에서 강학활동에 종사하였으며, 아울러 초보적인 학문의 師承체계를 이루어 북방 理學派의 건립을 위한 기초를 다졌다. 학경(郝經: 1226~1278)은 북방에 원래 있던 洛學의 '남은 학풍'을 계승하는 동시에 趙復이 전수한 신유학을 받아들여 범주론을 중심으로 하는 理學사상 체계를 형성하였다. 그리고 許衡(1209~1281)은 원나라 초기 북방의 학자들 가운데 趙復의 理學사상을 이어받은 가장 대표적인 학자로, 宋, 元 왕조교체 시기에 理學이 中原의 여러 漢族문화 전통의 사회적 기능을 발전시키고 이어나갈 수 있도록 힘써 노력하였다. 그는 몽고족의 통치자들이 中原으로 들어온 이상 마땅히 漢의 법제를 행하여야 한다고 주장하였는데, 이것은 유가의 정치를 받들어 행하라는 뜻으로 經世致用의 특징을 지녔다. 戰亂의 와중에 사회의 도덕 수준의 보편적 저하를 반성하고, 더욱이 그것이 몽고 귀족들이 드러낸 극도의 탐욕에서 비롯되었음을 알고 許衡은 특별히 도덕실천의 학문을 중시하였으며, 마음을 다스리는 방법의 중요성을 강조하였다.

그는 하나의 실천학문을 핵심으로 삼는 학파를 창립하였으며, 그것은

---

20) 장동익, 「안향의 생애와 행적」, 『퇴계학과 유교문화』, 44호, 경북대퇴계학연구소, 2009, 212쪽.

經世致用의 성격을 갖춘 理學의 사상체계로 元代 내내 그 영향이 계속되었다. 元나라 초기 理學家들의 노력을 거쳐 신유학은 마침내 官方철학의 寶座에 올랐으며, 학술사상계의 통치적 지위를 확립하였다.[21] 이와 같이 원나라의 성리학은 하나의 정치철학이며 경세치용의 실천적 학문으로 발전하였으며, 원나라 지배계층들의 도덕성을 제고하는 수양론 역할을 했다. 이러한 원나라의 성리학이 안향의 성리학으로 연결되었다고 볼 수 있다.[22]

이상의 논구를 통해 안향이 우리나라 최초로 朱子書를 원나라에서 가져왔고, 그것은 곧 최초로 주자의 성리학을 전래한 것임을 알 수 있다.[23] 그리고 그 후 바로 金文鼎을 다시 보내 공자와 72賢의 초상화, 그리고 祭器, 樂器, 六經, 주자의 新書 등을 들여왔던 것이다. 아울러 안향은 그 자신이 집 뒤에 精舍를 짓고 공자와 주자의 초상을 奉安하고 정성껏 받들어 모셨으며, 자신의 호를 주자의 '晦庵'을 본 따 '晦軒'이라 삼았던 것이다. 불교국가 고려에서 새로운 유교로서의 주자학 내지 성리학을 알고 그것을 소개하고자 노력한 안향의 공헌은 역사적 평가를 받기에 충분하다.

2) 유교진흥을 위해 힘쓰다.

둘째, 안향은 유학의 진흥을 위해 다양한 방법으로 노력하였다. 다음

---

21) 徐遠和 저, 손흥철 역, 『二程의 신유학(原題: 洛學源流), 서울, 동서철학, 2010, 447쪽.

22) 손흥철, 「안향의 성리학 전파와 조선성리학의 정향」, 『퇴계학논총』, 제31집, 퇴계학부산연구원, 2018, 63쪽.

23) 안향의 朱子書 전래에 관한 이론이 일부 있음을 참고할 필요가 있다. 또 하나 1237년(고려 고종 24) 南宋 浙江의 저명한 유학자 鄭臣保(?~1271)는 몽고의 침략을 맞아 不事二君의 의리로 고려국 충청도 서산 長月島로 망명하였는데, 정신보는 남송의 대표적인 성리학자 趙復, 姚樞와도 매우 가까이 교유했던 성리학자라는 점에서 참고할 필요가 있다.(『湖山錄』참조)

은 『晦軒先生實記』「年譜」에 나오는 내용인데 먼저 이를 참고하기로 하자.

저택을 조정에 바치고 서부 良醞洞으로 이사하였다. 당시 원나라 文廟의 학관이었던 希逸이 사신으로 우리나라에 와서 文廟의 拜謁을 청했다. 이때 國子監은 여러 차례 兵禍를 당해 두어 칸만이 남아 있을 뿐이었다. 이에 禮官이 선생의 집 뒤 精舍를 가리켜 聖廟라하고 인도하여 배알케 했다. 원나라 사신이 규모가 비좁아 泮宮의 제도를 잃었음을 지적하여, 왕에게 泮宮의 신축을 권하였다. 선생이 즉시 저택을 조정에 바치고 양온동으로 옮겨 살았다. 俸錢을 주고 토지와 노비를 國學에 바치다. 당시 학교가 황폐하고 교육이 땅에 떨어져 사대부마저도 성인의 학문을 알지 못하고 모두 異端을 숭상해서 부처에게 기도하고 귀신에게 祭를 올리는 등 풍속이 타락하였다. 그런데 유독 선생은 이것을 근심스럽게 탄식하였고, 이미 시로써 이 문제를 분명히 인식하고 의연하게 異端을 배척하여 聖人의 道를 밝히며, 학교를 부흥시켜 인재를 양성하는 것을 자신의 사명으로 삼았다. 이때 녹봉과 토지를 주고 남종과 여종 각각 100명을 國學에 바쳐 학도의 편의를 제공하였으니, 지금 成均館에 딸린 노비들은 모두 그들의 자손이다.
　順興府에는 옛날 선생이 헌납한 말이 30이랑 있어 太學의 장학기금으로 제공되어 오다가 순흥부가 없어지자 전답도 잃게 되었다. 1688년(숙종)에 후손 錫輝가 순흥부의 회복을 청하는 상소를 올리자, 숙종은 특별히 선생의 공덕을 생각해서 이를 허락해 주니 순흥부는 회복되었고, 또한 상실한 전답을 힘써서 찾아 太學에 되돌려 주었다.[24]

---

24) 『국역 회헌선생실기』, 권3, 부록, 「年譜」, 59세 조.

위 글에서 보듯이 당시 고려의 國子監은 여러 차례 兵禍를 당해 두어 칸만이 남아 있을 뿐이었는데, 안향의 집 뒤 精舍가 聖廟를 대신했고, 원나라 사신이 泮宮의 신축을 권하자 자신의 저택을 조정에 바치고 토지와 노비까지 國學에 바쳤다. 우리는 여기서 안향이 자신의 사재를 아낌없이 국학 진흥을 위해 바친 지극한 정성에 감동하지 않을 수 없다.

당시 학교가 황폐하고 교육이 땅에 떨어져 사대부마저도 성인의 학문을 알지 못하고 모두 異端을 숭상해서 부처에게 기도하고 귀신에게 제사를 올리는 등 풍속이 타락하였다. 그런데 유독 안향은 이것을 근심해 탄식하였고, 異端을 배척하여 聖人의 道를 밝히며 학교를 부흥시켜 인재를 양성하는 것을 자신의 사명으로 삼았던 것이다. 이때 녹봉과 토지를 주고 남종과 여종 각각 100명을 國學에 바쳐 학도의 편의를 제공하였다.

또한 안향은 1304년(충렬왕 30) 62세에 백관으로 하여금 각기 금과 베를 내어 養賢庫에 귀속하고 이것으로 교육의 기금을 마련하고자 청하였다.25) 안향은 太學이 몹시 피폐되고 유학이 부진함을 근심하여 兩府(中書門下省과 樞密院)에 "재상의 직책은 인재를 교육시키는 것 보다 더 급한 일이 없다. 지금 양현고의 기금이 고갈되어 인재를 기를 수 없으니, 6품 이상의 관리는 각기 은 1근, 7품 이하는 품계에 따라서 차등 있게 베를 내게 하여 그것을 양현고 기금에 귀속시켜 본전은 그냥 두고 이자만 늘려 敎養의 자금으로 삼자"고 건의하니, 양부에서 이를 따라 왕에게 아뢰자 왕도 內庫의 錢穀을 내어 도와주었다. 그런데 密直인 高世는 武人이라 하여 돈을 내려고 하지 않았다. 이에 선생은 많은 사람에게 "공자가 법을 온 세상에 전하여 신하는 임금에게 충성하고, 아들은 어버이한테 효도하고, 아우는 형에게 공경하게 했으니, 이것이 다 누구의 가르침인

---

25) 『회헌선생실기』에는 贍學錢 설치연대가 1303년(충렬왕 29)으로 되어 있으나, 대부분의 역사서에는 1304년(충렬왕 30)으로 공인되어 있으므로 이를 바로 잡는다.

가? 만약 '나는 무인인데 무엇 때문에 굳이 돈을 내어 너희 儒生을 길러야 되는가'라고 말한다면, 이는 공자를 위하지 않음이니 그래도 좋은가?" 하니, 高世는 매우 부끄럽게 여기고 즉시 돈을 내었다.[26]

이를 다시 정리하면 섬학전(贍學錢)은 일종의 국학생의 학비를 보조하기 위해 낸 장학금이라 할 수 있고, 이 기금을 養賢庫에 귀속시켜 贍學庫라 하기도 하고, 그 이자로써 학교를 운영하게 하였다. 또 그 기금으로 중국에서 많은 서적을 구입해 오기도 하였다.

또한 안향은 1304년 6월 大成殿이 완공되자 先聖의 초상화를 奉安하고, 密直副使로 치사한 李憒과 典法判書 이진(李瑱)을 추천하여 經史教授都監使로 삼고, 또한 李晟, 秋適, 崔元冲 등을 추천하여 하나의 경전에 두 명의 교수를 배치하고는 禁內學館 內侍三都監 七管 十二徒의 모든 儒生으로 하여금 따라서 학습하게 하니, 책을 옆에 끼고 수업한 사람이 문득 수 백 명에 달하였다.[27] 위 내용은 李齊賢의 『역옹패설(櫟翁牌說)』의 기사인데 그 상세한 내용은 다음과 같다.

大德(충렬왕 23~33) 말년에 文成公 安珦이 재상이 되어 國學을 고쳐 짓고 庠序를 수리하여 李晟, 秋適, 崔元冲 등을 들어 써서 한 경서에 두 명의 교수를 두고 대궐 안에 있는 학교를 개방하여 內侍, 五軍, 三官의 7품 이하와 중앙과 지방의 生員에 이르기 까지 모두 따라서 듣고 배우게 하였다. 또 죽은 郎中 兪咸의 아들이 중이되어 泗州에 살고 있었는데, 그가 『史記』와 『漢書』에 능통하다는 말을 듣고 서울로 불러오게 하고는, 윤신걸(尹莘傑), 金承印, 徐諲, 金元軾, 朴理 등을 보내어 그의 가르침을 받도록 하였다. 이에 도포를 입은 선비와 지위가 높은 벼

---

26) 『국역 회헌선생실기』, 권3, 부록, 「年譜」, 61세 조.
27) 『국역 회헌선생실기』, 권3, 부록, 「年譜」, 62세 조.

슬아치의 무리 중에서 경서에 능통하고 옛 일을 알기를 일삼는 무리들
이 많이 생겼다.[28]

　여기에서 안향은 재상이 되어 國學을 재건하고 학교들을 보수하며, 한
경서에 두 명의 유능한 교수를 배치하고, 궁중의 학교를 개방하여 內侍,
五軍, 三官의 7품 이하의 하급관리와 중앙과 지방의 생원에 이르기 까지
모두 배우게 했다는 것이다. 아울러 郎中 兪咸의 아들이 승려가 되어 泗
州에 살고 있었는데, 그가 『史記』와 『漢書』에 능통하다 하여 서울로 초빙
하여 尹莘傑, 金承印, 徐諲, 金元軾, 朴理 등을 보내 배우게 했다고 한다.
여기서 승려라도 능력 있는 이를 교수로 초빙하여 서울로 불러올려 교육
에 진력한 안향의 노력은 매우 감동적이다.
　또한 이 때 안향의 노력으로 國學이 제대로 기능하고 儒生들의 학문
진작 면모를 『晦軒先生實記』「年譜」에서는 다음과 같이 서술하고 있다.

　교실이 비좁아서 다 수용할 수 없었으나 모두 경서에 통하고 옛것을
배우는 것으로 일삼았다. 선생이 매번 조정에서 물러나 館門에 들어서
면 여러 학생은 교관의 뒤를 따라서 뜰에 차례로 줄지어 예를 행하고
堂으로 올라가 수업을 청하였는데 종일토록 토론하였다. 儒生중에 선
배에게 예를 행하지 않은 자가 있었다. 선생이 노하여 벌을 내리려고
하니, 유생이 사죄하므로 선생이 "나는 그대를 마치 내 자식같이 생각
하거늘, 그대는 어찌하여 늙은이의 마음을 알아주지 않는가?"라고 이
르고, 인하여 유생을 집으로 데리고 가 술을 베풀었다. 유생들이 서로
깨닫고 "선생이 우리를 대우하기를 이처럼 정성으로 하는데, 만약 감

28) 『櫟翁稗說』, 前集, 2

화되어 따르지 않는다면 어찌 사람이라 할 수 있는가?"하고는 서로 경계하여 감히 어긋나지 않았다. 이때부터 선비의 기풍이 크게 진작되어 배우고 싶어 하는 선비가 그름같이 모이고, 비로소 모두 道學이 있는 줄 알게 되었다.29)

이상에서 고려 말 불교시대에서 유교시대로의 이행과정에서 안향이 유교교육에 바친 공헌은 매우 값진 것이다. 사재를 털어 바치고 장학기금을 거국적으로 모금해 조성하고, 유능한 학자들을 교수요원으로 충원해 교육의 질을 높이고, 그 스스로 제자들의 곁에 가까이 서서 사랑으로 훈육하는 모범을 보였던 것이다. 조선에서의 유교가 정착되는 데 하나는 정치적 제도가 필요하고, 또 하나는 교육을 통한 것이라고 볼 때, 안향이야 말로 교육적 측면에서 유교교육의 진흥을 위해 최선의 노력을 다한 가장 대표적인 유학자였다 할 것이다.

3) 불교시대에서 유교시대의 길을 예비하다.

안향이 살았던 13세기 고려의 시대적 상황은 참으로 어려웠다. 鄭仲夫의 난(1170년) 이후 4대 60여년에 걸친 武人시대, 6차례 30여년에 걸친 몽고의 침략(1231년~1259년), 몽고에 대한 三別抄의 저항(1270년~1273년), 원나라와 함께 수행된 수차례의 일본 정벌(1274년, 1281년), 원나라 태조의 막내 동생 乃顏의 반란을 정벌하기 위해 출동(1287년) 등 수많은 전쟁의 수요 때문에 무인뿐만 아니라 문인들조차도 무인이 될 수밖에 없었다. 승려도 싸움에 나아가고 책 읽는 선비도 전쟁에 동원돼 '책을 읽을 수 없는 전쟁의 시대'였다고 할 수 있다. 이것은 다음 李齊賢의

---

29) 『국역 회헌선생실기』, 권3, 부록, 「年譜」, 62세 조.

『역옹패설』을 통해 잘 알 수 있다.

> 선비들은 모두 갑옷과 투구의 차림으로 활과 창을 잡았고, 책을 끼
> 고 다니며 글을 읽는 이는 열 사람 중에 한두 사람도 못되었다. 그리고
> 선배와 늙은 선비들은 다 죽어서 문헌의 傳承이 실낱같이 겨우 이어질
> 뿐이었다.[30]

이러한 시대적 배경 속에서 학문을 일으키고 인재를 양성해야 한다고
앞장서서 선도해 온 이가 바로 안향이다. 그것은 인재양성이 곧 나라가
사는 길이라는 신념으로 위에서 본 것처럼 사재를 바치고 교육기금을 조
성하고 몸소 교육에 모범을 보였던 것이다. 안향은 교육과 함께 교화와
풍속의 변화에도 앞장섰다. 13세기 고려는 불교사상이 주류를 이루고 다
른 한편으로는 巫俗과 같은 異端사상이 민간을 주도하였다. 그 대표적인
사건이 무당들이 경상도 일대를 온통 미신으로 惑世誣民하여 불안과 공
포에 떨게 했던 사건이다. 안향은 33살 때 尙州判官이 되어 이 해괴한 무
당들의 만행을 바로 잡아 民風의 일대 변화를 가져왔으니 다음은 그 내
용이니 참고해 보기로 하자.

> 1275년(충렬왕 원년) 33세에 尙州判官에 임명되다. 당시 여자 무당
> 세 사람이 신을 빙자해서 백성을 현혹시켰다. 陜州로부터 와서 여러
> 고을을 두루 돌아다니면서 이르는 곳마다 공중에서 사람의 소리를 지
> 어 공중에서 불러 은은하게 꾸짖는 것 같으니, 듣는 사람들이 분주히
> 앞을 다투어 祭를 지내니, 비록 수령이라도 또한 마찬가지였다. 그들

---

30) 『櫟翁稗說』, 前集, 2

이 상주에 이르자 선생은 매질한 후에 옥에 가둬버렸다. 이에 여자 무당들은 귀신의 말을 청탁하여 화가 미칠것이라고 위협하니 고을 사람들은 두려워하여 겁을 내었으나 선생은 동요하지 않았다. 며칠 후 여자 무당들이 드디어 풀어달라고 애걸하므로 마침내 놓아주니 요사스런 일이 드디어 근절되었다.31)

경상도 일대를 불안과 공포 속에 몰아넣었던 이 무당들의 행태에 대해 안향은 냉철한 지성으로 판단해 그들을 옥에 가두고 처벌하여 미신타파에 경종을 울렸다. 당시의 분위기로는 관직에 있는 사람일지라도 미신적 신비에 유혹당하기 일쑤였지만 안향은 현명하게 이를 처리하여 명성이 자자하였던 것이다.

안향의 이 女巫사건은 조선 초기에 불교에서 유교로 사회 질서원리의 패러다임이 바뀌는 교체기에 鄭道傳의 역할로 이어진다고 볼 수 있다.32) 다시 말하면 13세기 말 당시의 민간풍속은 불교와 미신이 혼재하여 신비주의와 惑世誣民이 풍미했던 시대였다. 이러한 시대에 불교에서 유교에로의 가치관의 변화, 사고의 변화, 삶의 변화라는 것은 가히 혁명적인 것이었다 해도 과언이 아니다. 안향은 이러한 시기에 불교적 삶에서 유교적인 삶으로, 신화적 사고에서 합리적인 사고에로의 변화를 준비하는 데 그 선구자적인 역할을 수행하였다.

1288년(충렬왕 14) 46세 때 안향은 右司義大夫에서 左副承旨로 옮겼다. 안향은 유학을 좋아하고 더구나 異端의 邪說을 배척하여 內外職을 역임할 때 명성이 아주 높았다.

---

31) 『국역 회헌선생실기』, 권3, 부록, 「年譜」, 33세 조.
32) 신정근, 「안향의 사신 비판과 유교의 부흥」, 『유교사상문화연구』, 제73집, 한국유교학회, 2018, 20쪽.

곳곳마다 香燈이요 사람마다 불공이네.
집집마다 퉁소 불며 귀신에게 복을 비니
두어 칸 되는 孔夫子의 사당에는
풀만 무성할 뿐 적막히 사람도 없네.[33]

　이 시는 「題學宮」이라는 시인데, 이 시대의 사상적 현주소를 잘 보여
준다. 곳곳마다 香燈이고 사람들 마다 佛供을 드린다는 말에서 당시 불
교의 융성을 잘 표현해 주고 있다. 또 집집마다 퉁소 불며 귀신에게 복을
빈다는 말에서 도교 내지 무속의 융성함을 잘 말해주고 있다. 그런데 孔
夫子의 사당에는 풀만 무성할 뿐 찾아오는 사람도 드물다는 것이다. 불
교와 무속의 융성함에 비해 초라한 유교의 현황을 잘 묘사하고 있는 안
향의 시다. 말하자면 당시의 대세는 모두가 불교신앙과 무속신앙에 빠져
있는데, 안향은 이와는 달리 國學 내지 成均館의 황폐함을 심각히 우려
하고 있는 것이다. 즉 안향은 祈佛과 祀神에서 孔子廟로 시선을 돌리고
있는 것이다.[34]
　다음은 안향이 國子監의 여러 학생들에게 준 글인데, 그의 유학에 대
한 신념과 異端에 대한 태도가 극명하게 잘 나타나 있다.

　聖人의 道는 일상생활의 윤리에 불과하다. 자식은 마땅히 효도하고,
신하는 마땅히 충성하고, 가정은 禮로써 하고, 벗은 믿음으로 사귀고,
몸은 반드시 敬으로 닦고, 일은 반드시 誠으로 해야 한다. 저 불교는

---

33) 『高麗史』, 列傳, 「題學宮」, "香燈處處皆祈佛 簫鼓家家亦賽神 惟有數間夫子廟 滿庭秋草寂
　　無人."
34) 신정근, 「안향의 사신 비판과 유교의 부흥」, 『유교사상문화연구』, 제73집, 한국유교학회,
　　2018, 12쪽.

부모를 버리고 출가하여 人倫을 무시하고 의리에 역행되니 일종의 오랑캐의 무리이다. 근래 兵禍로 인하여 학교가 피폐됨으로써 선비는 학문을 할 줄 모르고, 배우는 이들은 佛經을 탐독하여 어둡고 허황된 교리를 신봉하니, 나는 이를 매우 슬퍼한다. 내 일찍이 중국에서 朱晦庵의 저술을 보니 성인의 道를 밝히고 禪佛을 배척하여 그의 공은 孔子와 짝할만하다. 孔子의 道를 배우려고 하면 먼저 晦庵을 배우는것 보다 더 좋은 것이 없으니, 여러 학생들은 새로운 서적을 돌려가며 읽고 학문에 힘써서 소홀히 하지 말라.35)

이 글은 안향의 유학에 대한 확고한 신념과 闢異端의 확고한 의지가 담겨있는 매우 중요한 글이다. 그는 聖人의 道를 일상생활의 윤리로 규정한다. 즉 자식은 마땅히 효도를 하고, 신하는 마땅히 충성을 하고, 가정에서는 禮로써 대하고, 친우 간에는 믿음으로 사귀고, 몸가짐은 반드시 敬으로써 닦고, 일은 반드시 誠으로써 해야 한다고 말한다. 이것은 孟子의 五倫과, 誠, 敬을 성인의 道로 설명한 것이며, 이는 사람이 누구나 일상생활에서 지켜야 할 윤리라고 본 것이다.

그러나 안향은 불교를 다음과 같이 비판한다. 불교는 부모를 버리고 出家하여 人倫을 무시하고 의리에 역행하니, 이것은 일종의 오랑캐의 무리라고 규정한다. 이는 불교의 出家를 인륜의 차원에서 비판하여 夷狄의 道라고 규정한 것이다. 안향의 斥佛 내지 排佛의 입장이 잘 나타나 있다.

그리고 안향은 근래 전쟁의 참화로 학교가 무너지고 선비들은 공부할

---

35) 『晦軒先生實記』, 卷1, 遺集, 文, 「諭國子諸生」, "聖人之道 不過日用倫理 爲子當孝 爲臣當忠 禮以制家 信以交朋 修己必敬 立事必誠而已 彼佛者棄親出家 蔑倫悖義 卽一夷狄之類 近因兵戈之餘 學校頹壞 士不知學 其學者喜讀佛書 崇信其沓冥空寂之旨 吾甚痛之 吾嘗於中國 得見朱晦庵著述 發明聖人之道 攘斥禪佛之學 功足以配仲尼 欲學仲尼之道 莫如先學晦庵 諸生行讀新書 當勉學無忽."(權陽村近文集)

줄을 모르고, 배우는 자들은 불경을 탐독하여 허황된 교리를 신봉하니 이를 매우 슬프게 생각한다 하였다. 자신이 일찍이 중국에 가서 주자의 저술을 읽어보니 성인의 道를 밝히고 불교를 배척한 그의 공은 공자와 짝 할 만 하다고 높이 평가하고, 공자의 道를 배우고자 하면 먼저 주자를 배우는 것 보다 더 좋은 게 없다고 단언하고, 여러 학생들은 주자의 새로운 서적들을 돌려가며 읽고 학문에 힘쓰기를 소홀히 하지 말라고 당부하였다.

이는 안향이 國子監 학생들에게 훈시한 글인데, 짧은 글이지만 안향의 뜻과 생각이 잘 나타나 있다. 불교시대의 말폐를 직시하고 또 원나라 使行을 통해 주자의 신학문을 접하고 새로운 시대에 맞는 지식인의 학문을 주문한 것이라고 볼 수 있다. 아직 1392년 이성계의 혁명이 있기 약 백여 년 전에 문명의 전환을 예측한 안향의 先見之明을 볼 수 있다. 아직 조선의 건국을 알 수 없는 未明에 불교시대에서 유교시대에로의 패러다임의 일대 전환을 요청하는 그의 선견지명을 볼 수 있는 것이다.

4) 평생 공직생활의 모범이 되다.

안향은 1260년(고려 원종 1) 18세에 진사시에 합격한 이후 秘書省 校書郎을 시작으로 1306년(충렬왕 32) 僉議中贊으로 64세에 별세할 때까지 수많은 내외 관직을 역임하였다. 약 36년에 걸친 그의 관직생활은 안향의 전 생애를 대표하는 것이라 할 수 있다. 대체로 유학자는 山林儒와 廟堂儒로 구분하는데 안향의 경우는 대표적인 廟堂儒로써 여말선초 태종, 세종대의 방촌 황희(厖村 黃喜)와 흡사한 면이 있다. 거의 평생을 유학자로서 공직에 봉사했다는 점에서 닮은 점이 많다. 이제 안향이 36년의 공직생활을 통해 보여준 그의 경세가로서의 면모를 검토해 보기로 하자.

안향은 1260년(고려 원종 1) 參知政事 李藏用과 同知樞密院事 柳璥의 문하에서 魏文卿 등과 함께 급제한 후 校書郞에 임명되었다가 直翰林院을 거쳐 왕의 측근비서인 內侍에 임명되었다. 「家乘」에 의하면 1260년(고려 원종 원년) 18세에 魏文卿 등과 함께 진사시에 급제하였다. 그리고 선생은 어려서부터 배우기를 좋아하여 이른 나이에 문장이 성취되니 맑고도 군세어 볼만 하였다.36) 柳璥은 사람을 보는 안목이 높아 세 차례나 과거를 주관했는데, 사람을 선발할 때에는 도량과 식견을 먼저 보고 문예를 뒤로 하였다. 이 때 선발된 이는 모두 지명도가 높은 선비였으니, 李尊庇, 安珝, 李混 등이다. 유경이 선생의 문장을 보고 "후일 반드시 큰 선비가 되리라"고 칭찬하였다.37)

안향은 평생 내외 여러 관직을 역임하며 공직에 종사했는데, 임금의 곁에서 보좌하는 일로써 校書郞, 內侍, 殿中侍史, 左副承旨, 副知密直司事, 同知密直司事, 密直司使를 역임하였고, 중앙관청의 관리로서 版圖佐郞, 員外郞, 左右司郞中, 三司左使, 僉議參理, 贊成事, 都僉議中贊 등을 역임하였다. 또한 연구, 인사, 교육의 업무를 담당하는 國子司業, 儒學提擧, 知貢擧, 世子貳保, 集賢殿太學士, 修文殿太學士, 監修國史, 修國史 등을 역임하였고, 사법직으로 監察御史, 군사직으로 兵馬指揮營에 근무하였고 東南道兵馬使를 역임하고, 지방 관리로서 尙州判官, 行東京留守, 雞林府尹을 역임하였다.

안향의 歷官을 정리하면 하급관료일 때는 비서성, 한림원 등과 같은 文翰官署를 거쳐 국왕의 측근 직인 內侍院에 들어갔다가 감찰어사를 거쳐 외직인 尙州判官에 임명되었다. 이후 어사대, 중서문하성 등에서 중견관료로 활약하다가 국왕의 측근 직인 승지에 임명되었고, 元과의 관계

---

36) 『국역 회헌선생실기』, 권3, 부록, 「年譜」, 18세 조.

37) 『국역 회헌선생실기』, 권3, 부록, 「年譜」, 18세 조.

가 긴밀히 전개되는 가운데서 征東行省의 員外郞, 郞中, 儒學提擧 등의 요직을 겸직하다가 동년들보다 빨리 재상에 임명되었다. 이에서 주목되는 점은 중견관료일 때 관리직인 외관과 상서6부의 관직을 역임하지 않고, 주로 중서문하성, 정동행성 등의 최고 정책결정기관에 재직하였다는 점이다. 또 급제자 출신의 가장 영예 직인 同知貢擧, 知貢擧가 되어 2차에 걸쳐 과거를 주관하였으며, 재상으로 史官을 겸직하여 문필적인 능력을 발휘하였다. 그렇지만 그가 재상의 직위에 오른 1294년(충렬왕 20) 이후 국왕 측근세력들이 정권장악으로 인해 정치의 실권을 장악하지는 못했던 것 같다.[38]

안향은 관직생활을 하면서 여러 가지 괄목할 만한 업적을 남겼으니 그 대강을 검토해 보기로 하자. 안향은 1270년(고려 원종 11) 三別抄난에 억류되었다가 얼마 후 탈출해 돌아왔는데, 그 이듬 해 西道에 사신으로 파견되어 청렴하다는 평을 들어 內侍院에 들어가 내시원의 宿弊를 上奏하고 革罷하였다.

특히 1275년(충렬왕 1) 상주판관이 되어 3년간 재직하였는데, 이 때 女巫 세 사람이 妖神을 받들고 허망한 妖說로 경상도 일대의 관민을 불안케 하여 민심이 흉흉하였다. 이에 안향은 이들을 잡아 옥에 가두고 治罪하여 미신의 정체를 밝혀냄으로써 민심을 안정시켰다. 당시에는 과학적 사고보다는 미신적 신앙에 좌우되던 때에 안향이 과감하게 미신의 타파에 나서 민심의 안정을 꾀한 것은 목민관 내지 유학자로서의 안향의 면모를 잘 보여준 사건이라 할 것이다.

또한 안향은 매우 강직하여 1278년 監察御史로서 잘못된 것을 많이 바로잡아 법이 확립되자 권세에 의지해 불법을 자행하려는 자들은 선생

38) 장동익, 「안향의 생애와 행적」, 『퇴계학과 유교문화』, 44호, 경북대퇴계학연구소, 2009, 205쪽.

의 공평하고 정직한 행실을 꺼려서 감히 함부로 하지 못했다.39)

다음은 안향이 목민관으로 백성들의 가난과 고통을 해소하는데 보여준 善政의 실례를 보기로 하자. 1277년(충렬왕 3) 일본 遠征을 위해 合浦에 兵馬指揮營을 설치하고 戰艦건조, 軍糧 비축을 위해 壯丁을 徵發하고 세금을 거두자 백성들은 곤경에 빠지고 온 고을은 피폐되어 죽을 지경인데, 王命과 응방(鷹坊)에 의한 세금 추징에 백성들의 고통이 매우 심했다. 그런데 안향이 3년 동안 구휼정책을 시행하여 백성들이 다시 소생하게 되었고, 내신들도 감히 제멋대로 포학한 정치를 시행할 수 없었다. 이 해에 慶尙道按廉使가 안향이 선정을 베풀어 백성을 편안케 한 공적을 표창토록 왕에게 알리니 版圖佐郎에 임명되었다.40) 마찬가지로 안향은 1294년(충렬왕 20) 同知密直司事로 東南道兵馬使에 임명되어 合浦로 나가 군사와 백성을 잘 구휼해서 고을이 평안케 되었다.

다음 안향은 유학자로서 유교적 인재의 발굴과 선발에 크게 기여하였다. 1279년(충렬왕 5) 안향은 원나라에 파견되는 독로화(禿魯花)에 선발되어 國子司業으로 승진하였고, 1288년(충렬왕 14) 知貢擧 僉議中贊 許珙과 함께 同知貢擧로서 尹宣佐 등 33인에게 及第를 下賜하였다. 또 1289년(충렬왕 15) 員外郎에 제수되었다가 얼마 되지 않아 左右司 郎中이 되고, 다시 儒學提擧에 임명되었다. 그리고 1294년 7월 안향은 知貢擧로서 同知貢擧 민지(閔漬)와 함께 시험을 주관하여 尹安庇 등 33인을 선발하였다. 이와 같이 안향이 國子司業, 同知貢擧, 儒學提擧의 직책을 역임하면서 훌륭한 인재의 선발을 주관하여 유교인재의 충원에 기여한 것은 그의 유학자로서의 위상과 능력을 잘 보여주는 것이다.

끝으로 안향의 경세경륜과 당시 개혁을 위한 노력에 관해 살펴보기로

---

39)『국역 회헌선생실기』, 권3, 부록,「年譜」, 36세 조.

40)『국역 회헌선생실기』, 권3, 부록,「年譜」, 35세 조.

하자. 안향은 1300년(충렬왕 26) 權臣들이 백성의 토지를 탈취하자 백성들의 원망과 고통이 심했다. 안향이 전부터 土地兼幷의 폐단을 개혁하여 백성을 구제하자고 주장했으나 權臣들의 저지를 당했다.[41]

또한 안향이 丞相府에 있을 때 사무능력이 탁월하고 판단을 잘하니 동료들이 모두 뜻을 받들어 삼갈 뿐이고 감히 논쟁하지 못하였다. 당시 세자는 원나라에 있으면서 경비를 본국에서 공급받고 또 요구하는 것이 많아져 날로 세금이 과중해져 백성들은 살고 싶은 마음이 없었다. 이에 선생이 불필요한 관직을 줄일 것, 청렴한 관리에게 상을 줄 것, 수령 선발에 신중을 기할 것, 빈곤에 허덕이는 사람을 구제할 것 등 다수의 정책을 건의하여 채택된 바가 많았는데 백성들이 차츰 소생하게 되었다.[42]

3. 맺는 말 - 그 位相과 追崇-

한국유학사에서 안향의 위상을 어떻게 보아야 할 것인지 검토해 보기로 하자. 첫째, 우리나라에 처음으로 주자학을 수입하여 전래한 공이다. 물론 이 문제에 대해서는 다소 이론이 없지 않다.[43] 역사학계에서는 『高麗史』를 비롯한 정사에 구체적인 기록이 보이지 않는다는 점에서 이 문

---

41) 『국역 회헌선생실기』, 권3, 부록, 「年譜」, 58세 조.
42) 『국역 회헌선생실기』, 권3, 부록, 「年譜」, 58세 조.
43) 이병도의 『한국유학사(아세아문화사, 1987, 84~88쪽)』에서는 『晦軒年譜』의 기록을 인용하면서도 『고려사』에 보이지 않는다는 점에서 朱子書 전래에 대해서는 의심하고 있고, 이기백의 『한국사 신론(일조각, 1979, 200쪽)』에서는 안향의 유교진흥에 대한 노력은 언급하지만, 주자서 전래에 대해서는 언급하지 않고 있다. 또한 현상윤의 『조선유학사(민중서관, 1948, 18쪽)』에서는 안향의 유교진흥에 관한 공헌은 언급하고 있으나 주자서 전래에 대해서는 언급되지 않고 있으며, 배종호의 『한국유학사(연세대출판부, 1978, 57쪽)』에서는 白頤正을 정주성리학의 전래자로 보고 있다. 그러나 김충렬의 『고려유학사(고려대출판부, 1987, 160~161쪽)』에서는 1290년(충렬왕 16년) 안향이 주자학을 수입한 것으로 보고 있고, 최영성의 『한국유학통사1(심산, 2006, 318쪽)』에서도 안향의 주자학 전래를 인정하고 있다.

제에 대해 신중한 편이다. 철학계에서도 양론이 있으나 필자는 『晦軒先生實記』와 기타 문헌을 참고하여 안향의 朱子書 전래를 긍정적으로 보고자 한다. 안향은 1289년 원나라에 가서 주자서를 처음 접하고 그것이 孔門의 正脈임을 알고 손수 베껴 그 이듬해인 1290년(충렬왕 16) 3월에 주자서를 가지고 돌아왔다고 전한다.

안향은 전쟁의 참화로 학교가 무너지고 선비들은 공부할 줄 모르고, 배우는 자들은 불경을 탐독하여 허황된 교리를 신봉해 이를 매우 슬프게 생각하였다. 이에 자신이 일찍이 중국에 가서 주자의 저술을 읽어보니 성인의 道를 밝히고 불교를 배척한 그의 공은 공자와 짝 할 만 하다고 높이 평가하고, 공자의 道를 배우고자 하면 먼저 주자를 배우는 것 보다 더 좋은 게 없다고 단언하고, 여러 학생들에게 주자의 새로운 서적들을 돌려가며 읽고 학문에 힘쓰기를 소홀히 하지 말라고 당부하였다.

또한 안향은 자신의 집 뒤에 精舍를 짓고 공자와 주자의 초상을 奉安하고 정성껏 받들어 모셨으며, 자신의 號를 주자의 '晦庵'을 본 따 '晦軒'이라 삼았던 것이다. 이렇게 볼 때, 안향이야 말로 최초로 주자학을 이해한 이요 주자학을 소개한 이요 주자학의 보급을 위해 앞장섰던 진장한 주자학도였다고 할 것이다.

둘째, 안향은 고려 말 조선 초 주자학 내지 성리학을 우리나라에 소개, 보급, 전파하는데 선구적인 역할을 하였다. 그 당시 주자학은 새로운 학문이며 낯선 것이 아닐 수 없었다. 더욱이 당시 고려는 불교사회였고 불교문화가 일상이 된 시대였다. 이러한 시대적 환경에서 새로운 유학으로서의 주자학을 소개하고 보급하는 것은 확고한 신념이 없이는 불가능한 일이다. 안향은 고려시대 유학의 전통을 계승하여 국학을 진흥하는 한편, 원으로부터 성리학을 수용하여 白頤正, 崔誠之, 禹倬, 권보(權溥), 李齊賢, 李穀, 이색(李穡), 鄭道傳에게 전수함으로써 개혁을 추진할 기반을 조성하는 역할을 수행하였다. 그 점만으로도 안향은 성리학 수용사 혹은 조선시대 유학사상의 전개에서 전지와 토양을 마련한 인물로, 분석의 대상이 될 만하다. 종래 안향에 대한 연구가 성리학 수용의 측면에서 백이정(白頤正)과 함께 初傳者로서의 위상을 규명하거나 국학진흥이나 문묘종사에 초점을 맞추어 진행된 것도 바로 그 때문이었다.[44]

안향에 의해 파종된 주자학의 씨앗은 그의 문인인 白頤正(1260~1340)을 통해 본격적으로 결실을 맺게 된다. 백이정은 원나라에 가서 10년 동안 주자학을 수업하고 돌아올 때 性理書를 많이 구해 가지고 돌아왔는데, 李齊賢과 朴忠佐가 맨 먼저 수업하였다.[45]

『晦軒實記』의 「門人綠」에 의하면 權溥, 李穀, 李仁復, 李穡, 白文寶, 禹倬, 白頤正, 李瑱, 李兆年, 신천(辛蒇), 李晟, 秋適, 李連松, 金管, 朴全之, 尹宣佐, 尹安庇, 徐諲, 許冠 등이 안향의 문인으로 등재되어 있다.[46] 白文寶(1303~1374)가 쓴 白頤正의 墓誌銘에 의하면, 백이정은 權溥, 禹倬과 함께 晦軒선생의 문하에서 노닐면서 가르침을 받았고 성리학자로 자임하였다 한다.[47] 안향의 문생으로는 1288년(충렬왕 14)의 同知貢擧일 때의 尹宣佐, 1294년(충렬왕 20) 知貢擧일 때의 尹安庇, 李彦沖, 趙延壽, 辛蒇, 洪侑, 金光軾 등이 있었다.[48]

그는 날마다 문인인 菊齋 權溥, 易東 禹倬, 東庵 李瑱, 梅雲堂 李兆年, 이재 백이정(彛齋 白頤正), 덕재 신천(德齋 辛蒇) 등 현인들과 의리를 강

---

44) 도현철, 「안향 –유교의 확산과 문치사회론–」, 『한국학연구』, 제48집, 인하대한국학연구소, 2018, 485쪽.

45) 『국역 회헌선생실기』, 권3, 부록, 「年譜」, 충숙왕 5년 조.

46) 『국역 회헌선생실기』, 권5, 부록, 「문인」, 254~260쪽.

47) 『漆庵逸集』, 卷2, 「文憲公彛齋先生行狀」, "公(白頤正)……早與權文正溥 禹文僖倬 遊晦軒安先生門 講磨訓誨 自任以性理之學 時國家伐叛問罪二十年矣."

48) 장동익, 「안향의 생애와 행적」, 『퇴계학과 유교문화』, 44호, 경북대퇴계학연구소, 2009, 213쪽.

론하여 바른 학문을 倡明하였다. 이로써 儒風이 크게 진작되었으니, 州府郡縣의 학교가 여기에서 시작되었고, 우리나라 사람들이 비로소 朱子의 학문을 알게 되었다.[49]

이와 같이 안향은 처음으로 주자학을 이 땅에 소개하였을 뿐만 아니라 白頤正, 權溥, 李穡, 白文寶, 禹倬, 李兆年, 辛蔵, 李瑱 등 많은 제자들을 배출하여 그 뒤 여말선초 우리나라 성리학을 개척한 鄭夢周, 鄭道傳, 權近 등을 배출하는 토양을 마련했던 것이다.

셋째, 안향은 고려 말 불교시대에 유교의 명맥이 위태로웠던 시기에 유교 내지 주자학의 진흥을 위해 크게 공헌하였다. 상주판관으로 女巫들의 惑世誣民을 단호히 척결한데서 유학자로서의 그의 면모를 잘 볼 수 있고, 원나라에 가서 朱子書를 처음 접하고 이것이 공자의 正脈임을 인식하였으며, 주자서를 베껴 들여오고 또 주자를 공자처럼 존숭하여 사당에 모시고 초상을 걸어 敬慕하며 자신의 號를 주자존숭의 뜻에서 '晦軒'이라 삼은 것들이 모두 안향의 주자학에 대한 학문적 신념임을 보여주는 명백한 증거이다.

또한 『題學宮』 시에 보이는 儒佛觀에서 闢異端의 관점과 유교에 대한 우환의식이 잘 나타나 있다. 아울러 國子諸生들에게 준 글에서도 聖人의 道는 일상생활의 윤리에 불과하다 하고, 자식은 마땅히 효도하고, 신하는 마땅히 충성하고, 가정은 禮로써 하고, 벗은 믿음으로 사귀고, 몸은 반드시 敬으로 닦고, 일은 반드시 誠으로 해야 한다고 교시하였다. 그리고 저 불교는 부모를 버리고 출가하여 人倫을 무시하고 의리에 역행되니, 일종의 오랑캐의 무리라고 규정하였다. 여기에서도 안향의 儒佛觀이 잘 나타나 있고 불교를 夷狄의 무리라고 비판하고 유교를 聖人의 道라 하여

---

49) 영남문헌연구소 편, 『소수서원지』, 소수서원, 2007, 184쪽.

일상의 윤리로 삼아 실천할 것을 강조했던 것이다.

당시 고려의 國子監은 여러 차례 兵禍를 당해 두어 칸만이 남아 있을 뿐이었는데, 안향의 집 뒤 精舍가 聖廟를 대신했고, 원나라 사신이 泮宮의 신축을 권하자 자신의 저택을 조정에 바치고 토지와 노비까지 國學에 바쳤다. 우리는 여기서 안향이 자신의 사재를 아낌없이 국학 진흥을 위해 바친 지극한 정성에 감동하지 않을 수 없다.

당시 학교가 황폐하고 교육이 땅에 떨어져 사대부마저도 성인의 학문을 알지 못하고 모두 異端을 숭상해서 부처에게 기도하고 귀신에게 제사를 올리는 등 풍속이 타락하였다. 그런데 유독 안향은 이것을 근심해 탄식하였고, 異端을 배척하여 聖人의 道를 밝히며 학교를 부흥시켜 인재를 양성하는 것을 자신의 사명으로 삼았던 것이다. 이때 녹봉과 토지를 주고 남종과 여종 각각 100명을 國學에 바쳐 학도의 편의를 제공하였다.

또한 안향은 1304년(충렬왕 30) 62세에 百官으로 하여금 각기 금과 베를 내어 養賢庫에 귀속하고 이것으로 교육의 기금을 마련하고자 청하였다. 안향은 太學이 몹시 피폐되고 유학이 부진함을 근심하여 兩府(中書門下省과 樞密院)에 "재상의 직책은 인재를 교육시키는 것 보다 더 급한 일이 없다. 지금 養賢庫의 기금이 고갈되어 인재를 기를 수 없으니, 6품 이상의 관리는 각기 은 1근, 7품 이하는 품계에 따라서 차등 있게 베를 내게 하여 그것을 養賢庫 기금에 귀속시켜 본전은 그냥 두고 이자만 늘려 教養의 자금으로 삼자"고 건의하니, 양부에서 이를 따라 왕에게 아뢰자 왕도 內庫의 錢穀을 내어 도와주었다. 贍學錢은 일종의 국학생의 학비를 보조하기 위해 낸 장학금이라 할 수 있고, 이 기금을 養賢庫에 귀속시켜 贍學庫라 하기도 하고, 그 이자로써 학교를 운영하게 하였다. 또 그 기금으로 중국에서 많은 서적을 구입해 오기도 하였다.

또한 안향은 1304년 6월 大成殿이 완공되자 先聖의 초상화를 奉安하고, 密直副使로 치사한 李憛과 典法判書 李瑱을 추천하여 經史敎授都監 使로 삼고, 또한 李晟, 秋適, 崔元冲 등을 추천하여 하나의 경전에 두 명의 교수를 배치하고는 禁內學館 內侍三都監 七管 十二徒의 모든 儒生으로 하여금 따라서 학습하게 하니, 책을 옆에 끼고 수업한 사람이 문득 수백 명에 달하였다.[50]

이와 같은 안향의 학문과 인품 그리고 유교진흥을 위한 헌신적인 노력에 대해 당대는 물론 후대에도 높은 평가를 하고 있음을 볼 수 있다. 益齋 李齊賢(1287~1367)은 안향의 손자인 安牧의 영전에 대한 贊을 쓰면서 안향을 한 시대의 儒宗이라고 칭송하였고,[51] 愼齋 周世鵬(1495~1554)은 "益齋(李齊賢)와 圃隱(鄭夢周)이 공의 餘波로 나온 바이니, 선생은 참으로 東方 理學의 鼻祖이다."[52]라고 칭송하였다. 아울러 그는 "晦軒의 공은 晦翁과 짝할 만하다"[53]하고 또 "晦軒의 마음을 보고자 하면 晦翁의 책을 보고 晦翁의 얼굴을 알고자 하면 晦軒의 眞像을 참배하라"[54] 하였다.

또한 東溟 鄭斗卿(1597~1673)은 말하기를, "殷太師가 暗君을 만나 東土로 왔으나 東土는 변하지 않았다. 그러나 太師의 道를 얻어서 사람들에게 파급시킨 이는 오직 安선생 한 사람이다."[55]라고 칭송하였고, 澤堂 李植(1584~1647)은 "晦軒夫子는 海東의 儒宗이다."[56]라고 우러러보았

---

50) 『국역 회헌선생실기』, 권3, 부록, 「年譜」, 62세 조.

51) 도현철, 「안향 – 유교의 확산과 문치사회론–」, 『한국학연구』, 제48집, 인하대한국학연구소, 2018, 512쪽. 『益齋亂藁』, 卷9, 下, 「論頌銘眞贊箴 安謙齋眞贊竝序」, "……安文成公爲世儒宗……

52) 영남문헌연구소 편, 『소수서원지』, 소수서원, 2007, 148쪽.

53) 영남문헌연구소 편, 『소수서원지』, 소수서원, 2007, 148쪽.

54) 영남문헌연구소 편, 『소수서원지』, 소수서원, 2007, 148쪽.

55) 영남문헌연구소 편, 『소수서원지』, 소수서원, 2007, 149쪽.

56) 영남문헌연구소 편, 『소수서원지』, 소수서원, 2007, 149쪽.

다. 또한 晩退 申應榘(1553~1623)는 "고려조의 학문은 앞에 晦軒이 있고 뒤에 牧隱과 圃隱이 있으나, 晦軒이 首倡한 공이 제일이다."[57]라고 평가 했으며, 明나라 유학자들도 "晦軒선생이 海東에서 특출하여 이제부터 濂 洛의 道가 멀리 동쪽으로 갔고 동쪽에서 크게 발전하였다. 晦庵 뒤에 다 시 晦軒이 나와 孔子와 朱子를 宗主로 하여 東方의 聖學을 열었으니, 대 대로 安子라 일컬을 것이다."[58]라고 하였다.

이와 같이 안향은 '東方理學의 鼻祖', '海東의 儒宗'으로 칭송되었고, 孔 子와 朱子를 宗主로 하여 東方의 聖學을 열었으니 '安子'라 일컬어도 좋 다 하였다. 다음 도현철의 안향에 대한 종합적인 평가는 참고할 만하다.

첫째, 1279년(충렬왕 5) 禿魯花, 1289년(충렬왕 15) 征東行省의 儒學提 擧司, 左右司 員外郎과 郎中이 되었는데, 독로화나 정동행성의 관원으로 활약하면서 元 문화를 수용하고 元의 명사들과 교류하며 성리학을 익혔 다. 또한 1298년(충렬왕 24) 원나라로 가는 충선왕을 시종하게 되면서 원 의 유학을 보다 깊이 있게 학습하였다.

둘째, 안향은 1303년(충렬왕 29) 찬성사로 임명되어 학교가 날로 쇠퇴 하는 것을 근심하여 贍學田을 마련하였다. 또한 중국에서 六經, 子史 등 의 서책을 구입하고 禁學 內侍 五軍 三軍의 7품 이하로부터 生員까지 익 히게 하였다. 이에 배우는 자들이 수 백명이나 되었다.

셋째, 이상과 같은 성리학의 습득을 통하여 미신과 같은 淫事를 배격 하고 朱子를 흠모하며 유학진흥에 앞장섰다. 학교를 흥하게 하고 인재를 양성하는 일을 자기 임무로 삼았고, 비록 관직에서 물러나 집에 있을 때 라도 마음속으로 그것을 잊어버린 일이 없었다. 유학진흥에 큰 공이 있

57) 영남문헌연구소 편, 『소수서원지』, 소수서원, 2007, 149쪽.
58) 영남문헌연구소 편, 『소수서원지』, 소수서원, 2007, 184쪽.

어서 文廟에 배향했다는 언급은 안향의 이러한 노력과 성과에 기초한 것이다.[59]

　결론적으로 안향은 한반도가 불교의 나라에서 유교의 나라로 전환되는 패러다임의 교체에서 기여한 대표적인 인물[60]이라고 보는 것이 타당한 것 같다.

　끝으로 안향에 대한 追崇활동에 대해 소개하고 맺고자 한다. 먼저 1319년(충숙왕 6) 6월에 文廟에 從祀되었다. 위로는 조정의 모든 관원과 아래로는 유생에 이르기까지 선생이 道學을 일으키고 학교를 설립하고 인재를 양성한 공이 있다 하여 한결같이 文廟에 종사할 것을 청하자 왕이 허락하였다.[61] 어떤 사람이 "安某가 비록 瞻學田의 설치를 건의하여 인재를 교육한 공이 있다 하나 어찌 이것으로서 從祀할 수 있겠는가?"라고 말하자, 문인인 총랑 辛蔵이 "선생이 正道를 밝혀 異端을 배척하고 학교를 일으켜 인재를 기른 일은 국가에 처음 있는 공이니 종사함이 마땅하다"고 주장하니, 충숙왕은 이를 따라 신위를 동무 제2위에 모셨다.[62]

　묘소는 경기도 장단군 진서면 눌목리 구정동에 있었는데, 경기도 의왕시 월암동으로 이장하였다. 1978년 묘소 아래에 安子廟를 설립하였는데, 공자의 77대손 孔德成씨가 현판을 친필로 써서 보내왔다. 또한 安子廟 옆에는 安子紀念館이 건립되었다.

　또한 1542년(중종 37) 서원을 順興府 白雲洞에 세웠다. 周世鵬이 평소

59) 도현철, 「안향 －유교의 확산과 문치사회론－」, 『한국학연구』, 제48집, 인하대한국학연구소, 2018, 509쪽.
60) 신정근, 「안향의 사신 비판과 유교의 부흥」, 『유교사상문화연구』, 제73집, 한국유교학회, 2018, 9쪽.
61) 『국역 회헌선생실기』, 권3, 부록, 「年譜」, 충숙왕 6년 조.
62) 『국역 회헌선생실기』, 권3, 부록, 「年譜」, 충숙왕 6년 조.

선생을 숭모하더니 풍기군수로 부임해서 먼저 선생의 옛집을 방문하고
는 사모함을 금할 수가 없었다. 마침내 竹溪 위 宿水寺 옛터에 서원을 창
건하니, 곧 선생이 어릴 때 글을 읽던 곳이다.63) 그리고 서원에 안향의
眞像을 봉안하였다. 우리나라에서 최초로 서원이 이곳에 세워졌다.64)
1549년(명종 4) 가을에 '紹修書院'이란 편액을 내리고 이어서 經籍도 하
사하였다. 이 해에 文純公 李滉이 풍기군수로 부임하여 관찰사 沈通源에
게 글을 올려 "송나라 白鹿洞 고사를 따르고 이를 조정에 건의하여 편액
과 서적을 내려 조정에서 덕을 높이고 공을 보답하며 학교를 열고 선비
를 가르치는 덕화를 빛내자"고 요청하였다. 沈通源이 李滉의 글을 보고
조정에 보고하자 임금이 대신에게 이를 의논하도록 명하니, 대신들이 모
두 실행할 것을 주청하여 임금이 이를 허락하였다.65) 紹修란 "무너진 학
문을 다시 이어서 닦는다(旣廢之學 紹而修之)"는 뜻이다.

　그밖에도 1643년(인조 21) 장단에 臨江書院, 1677년(숙종 3) 곡성에 道
東廟, 1716년(숙종 42) 세종시 합강리에 合湖祠, 1765년(영조 41) 개성 桃
洞에 사당을, 1781년(정조 5) 개성 寒泉洞에 서원을 세워 추모하였다.

63) 『국역 회헌선생실기』, 권3, 부록, 「年譜」, 조선 중종 37년 조.
64) 『국역 회헌선생실기』, 권3, 부록, 「年譜」, 조선 중종 38년 조.
65) 『국역 회헌선생실기』, 권3, 부록, 「年譜」, 조선 명조 4년 조.

제2장

一齋 李恒과 高峰 奇大升의 교유와 학문

1. 시작하는 말

一齋 李恒(1499~1576)은 16세기 조선성리학의 전성기 호남을 대표하는 유학자이다. 또한 高峰 奇大升(1527~1572)은 이항보다 28년 후배로서 역시 당시 호남을 대표하는 유학자이다. 일재와 고봉은 柳希春, 盧禛, 朴淳과 함께 '湖南 5賢'으로 불리며,[1] 澤堂 李植은 말하기를 "남에는 上道에 李一齋, 下道에는 奇高峰이 있다"고 할 만큼 일재와 고봉은 당대 호남을 대표하는 유학자였다.

일재는 서울에서 태어나 활동하다가 40여세가 되어 호남 泰仁으로 내려와 만년을 보내고 이곳에서 생애를 마쳤다. 그는 청소년기 武藝가 출중하여 호협한 생활로 보내다가 20대 후반 백부 李自健으로부터 깨우침을 받아 유학의 길로 들어서게 되었다. 일재는 松堂 朴英(1471~1540)의 문하에서 배웠는데, 박영은 鄭鵬의 문인이고 정붕은 金宏弼의 문인이므로 일재의 학문 연원은 金宏弼-鄭鵬-朴英-李恒으로 이어지는 도학계열

---

1) 이항 저, 권오영 역, 『국역 일재선생문집』, 부록, 「청종향성묘소(고종 갑신)」, 일재선생문집국역추진위원회, 2002, 274쪽. 고영진은 『호남사림의 학맥과 사상』(혜안, 2007, 49쪽)에서 박순 대신에 김인후를 꼽고 있다.

에 있다. 그리고 일재는 당대 성리학의 이론가였음을 그의 문집을 통해 잘 알 수 있다.

또한 고봉은 숙부 服齋 奇遵(1492~1521)이 己卯士禍에 연루되어 화를 당하자, 부친이 전라도 광주로 내려와 살게 되어 호남인이 되었다. 고봉은 율곡과 마찬가지로 매우 총명하여 1559년부터 1566년까지 퇴계와 성리논변을 벌려 학계의 주목을 받았다. 그리고 고봉의 성리학은 바로 뒤에 등장하는 율곡 성리학의 先河가 되었다는 점에서 재인식되어야 한다.

본고는 이렇게 16세기 호남을 대표하는 두 유학자 '一齋와 高峰'의 학문적 교유를 살펴보고 이들의 학문세계를 비교 검토하는데 목적이 있다. 그러나 이들이 退溪 李滉과 高峰 奇大升, 栗谷 李珥와 牛溪 成渾처럼 본격적으로 서신 왕래를 지속적으로 하며 학술 토론을 한 것은 아니라는 점에서 전문적인 비교 연구는 어렵다고 생각된다. 다만 일재와 고봉 간에 오고 간 서신과 여타 주변 자료를 통해 양자의 학문적 입장과 학술적 차이를 어느 정도 비교해 볼 수는 있을 것이다. 먼저 양자의 만남과 교유에 관해 살펴보고, 두 분의 학문세계를 비교해 보고자 한다.

2. 一齋와 高峰의 交遊와 學風

고봉은 23세가 되던 1549년 처음 일재를 찾아뵈었지만 학문적 질의는 없었다.[2] 그로부터 9년 후 1558년(명종 13) 4월 고봉은 두류산을 유람하고 7월에 河西 金麟厚(1510~1560)를 배알하였다. 태인을 지나는 길에 일재를 배알하고 「太極圖說」에 관하여 논하였으나 서로 견해가 달라 합치하지 못했다. 이때 고봉의 나이는 32세요 일재의 나이는 60세였다. 이때

---

2) 이형성, 「고봉과 호남의 여러 유학자들」, 『고봉 기대승 연구』, 이화, 2009, 384쪽.

이항의 문하에서 매당 김점(梅堂 金坫)이 공부하고 있었는데, 김점은 고
봉의 큰 며느리의 아버지이며 아들 孝曾의 장인으로, 고봉이 임종을 맞
은 것도 바로 김점의 집이었다. 이 해 10월 고봉은 문과 을과에 1등으로
합격하여 權知承文院副正字가 되어 근무하다 11월에 휴가를 얻어 귀향
하게 되었다. 이때 고봉은 다시 일재를 배알하고 전에 토론했던 문제를
중심으로 토론하다 끝내지 못하고 돌아왔다. 이와 같이 문헌상으로 보면
고봉이 일재를 방문한 것은 3회로 나타나 있다.

또한 두 사람이 주고받은 편지를 보면『一齋集』에 두 편의 편지가 실
려 있는데, 기미년(1559년)에 일재가 고봉에게 보낸 편지(「與奇明彥大
升」)와 庚申年(1560년)에 고봉의 편지에 답한 글(「答奇明彥」)이 있다. 또
『高峰集』(한국문집총간40)에는 일재와의 글이 한 편도 없고, 다만『兩先
生往復書』에 퇴계와의 서한과 함께 일재에게 답한 편지「答一齋書」한
편만이 전해지고 있다. 이렇게 보면 일재와 고봉간의 학문적 교유는
1558년에서 1560까지 약 3년여에 걸쳐 있었던 것으로 추정되지만, 고봉
과 퇴계, 율곡과 우계의 경우처럼 지속적으로 편지를 주고받으며 학술토
론을 한 것은 아니다. 따라서 양자의 학문적 교유나 그 속에서의 학술적
비교는 매우 제한적임을 알 수 있다. 이 때 일재의 나이는 60여세이고 고
봉의 나이는 30대 초반으로 원로 대학자와 소장학자와의 만남이라고 보
아야 할 것이다. 실은 곧 벌어지는 퇴계와의 논변을 대비해 일재와 학술
적인 토의를 하고 또 김인후와 학술토의를 한 셈이 되었다.

그런데 이 짧은 서신왕래 속에서 일재와 고봉간의 학풍의 차이를 어
느 정도 짐작할 수 있다. 처음 토의의 주제가 되었던 周濂溪의「太極圖
說」에 대한 해석에서 일재와 견해를 좁히지 못하자, 고봉은 道는 곧 천지
사이의 公共의 사물이고 한 사람의 私見이 아니라 하고, 지금 마음을 비
우고 기운을 화평하게 가져 지당한 귀결을 구하지 않고 한갓 强辯만을

늘어놓는 것은 진실로 미안하다고 항변하였다. 고봉이 당시 학계의 대원로였던 퇴계와의 논변에서 당당하게 토론에 임했던 것처럼, 28년 선배 대학자 일재에게 할 말을 다하고 있는 것이다. 이러한 고봉의 짜증에 대해 일재는 다음과 같이 설득한다.

보내준 편지에서 의논이 과격해서 소리 지르고 성내는 것에 거의 가깝다고 하였으니 가소롭다. 논쟁이 지극히 公辨인데, 무엇을 혐의하고 무엇을 의심하겠는가? 단지 그대가 스스로 道를 안다고 생각하여 자기를 버리고 남을 따르지 못하니 그것이 나의 우려다. 옛 사람은 아는 것으로도 알지 못하는 사람에게 물었으니, 이것은 진실로 훌륭한 곳을 본 것이다.3)

여기서 일재는 젊은 고봉이 자신만만하여 자기주장에만 고집을 부리고 남의 얘기에 귀를 기울이지 못하는 데 대해 우려를 표하고, 옛 사람들은 자기가 알아도 모르는 사람에게 물었다고 일침을 가한다. 고봉의 이러한 태도는 율곡과 흡사하다. 자신의 견해에 대한 확신이 강하기 때문이다.

그런데 일재와 고봉 양자 간에 오고간 짧은 글속에서도 두 사람의 학풍의 차이가 잘 드러나 있다. 일재는 고봉에게 말하기를, "널리 많은 책을 보는 것은 그만두고, 居敬하고 窮理하며 묵묵히 생각하여 스스로 터득해서 性을 높이고 涵養하는 공이 오래되면, 理와 氣가 비록 두 가지 모습인 것 같으나 渾然한 一物의 體가 되는 것을 자연히 터득할 것이다."4)라고 충고하였다. 즉 일재는 고봉을 비롯해 그 당시 학자들이 博學에 힘

---

3) 『一齋先生遺集』, 卷1, 「答奇明彦(庚申)」.
4) 『一齋先生遺集』, 卷1, 「與奇明彦大升(己未)」.

쓰고 先儒의 학문을 인용해 자신의 견해로 삼고자 하는 태도에 대해 강하게 비판한다. 그는 성리학 일반의 공부법인 居敬窮理를 말하지만, 거기에 自得, 體得, 涵養의 주관적인 審思의 공을 들여야 진리의 究竟地를 이해할 수 있다고 단언한다. 이러한 일재의 주장은 여러 곳에서 나타난다.

일재는 南彦經에게 답하는 글 속에서도 "古今의 학자가 理와 氣를 지나치게 둘로 나누어 둘로 하거나 지나치게 합하여 하나로 하니, 도대체 하나이면서 둘이고 둘이면서 하나인 것을 모른다. 이것은 다른 까닭이 아니라 학문의 공에 居敬과 窮理를 하되 精微를 극진히 하지 못해서인 것이다.5)"라고 하였다. 일재는 성리학의 공부에 있어서도 先儒의 말과 글만 앵무새처럼 외우고 배우면서, 스스로 自得의 노력과 깊은 사색의 공이 없으면 理氣가 하나이면서 둘이고 둘이면서 하나인 오묘한 경지를 알 수 없다고 하였다. 일재는 南彦經에게 다음과 같이 또 학문하는 방법에 대해 설명하고 있다.

주자가 성인이 되는 공에 四書만을 말했고 다른 책을 말하지 않았습니다만, 지금의 학자는 그 평범함을 싫어하여 노력을 하지 않고 보고 들은 책에서 희한한 것을 구하는데 공부하는 힘을 소비하니, 이는 자신을 속이고 남도 속여 마침내 성인의 경지를 엿보지 못하는 것입니다. 그대는 四書를 정밀하게 熟讀하되 반드시 먼저 『大學』을 읽어 두루 이해하고 환하게 파악하여 한 부의 『대학』을 가슴에 품어 孔子, 顔子의 道가 아니라 곧 나의 心事라는 경지에 이르면 다른 책을 보아도 얼음이 녹고 언 것이 풀리는 것 같아 공부를 많이 하는 수고를 하지 않

---

5) 『一齋先生遺集』, 卷1, 「答南時甫彦經」, "古今學者 理與氣 或太分而爲二 或太合而爲一 殊不知一而二二而一焉 此無他故也 學問之功 未能居敬窮理而盡精盡微也."

아도 될 것입니다.6)

　여기서 일재는 공부하는 방법으로 또 하나 四書에 대한 체득을 기초로 해야 한다고 주장한다. 그는 주자가 성인이 되는 공부로써 사서를 중시했음을 상기시키고, 공연히 이 책, 저 책을 널리 보아 잡다한 지식에 매달려 희한한 것에 현혹되는 우를 범해서는 안 된다고 경계한다. 그리고 그 중에서도 특히 『대학』에 대한 온전한 이해와 체득을 강조하였다. 『대학』에 대한 이해가 투철하면 다른 책을 보아도 저절로 이해가 가능하다는 논리다. 일재는 학생들에게 "성인이 되는 功에 주자는 四書만을 말하고 다른 책을 말하지 않았으니, 바라건대 여러분은 雜書를 보지 말고 四書를 정밀하게 숙독하여 두루 이해하고 꿰뚫어 보아 자기의 도덕과 사업으로 삼은 후에 六經에 미칠 수 있도록 하라. 그리하면 크게 되면 賢이 되고 化하면 聖이 될 것이니, 여기에 미치지 못하더라도 아름다운 이름을 잃지 않을 것이다. 아무개가 학자들에게 매번 이것을 알려주었는데도 힘쓰는 자가 드물었다. 여러분은 믿겠는가 믿지 않겠는가?"7)라고 하였다. 여기서도 사서 공부의 정독을 강조하면서 잡서의 독서를 경계하였다.

　이에 대해 고봉은 일재에게 다음과 같이 비판하고 자신과 생각에 차이가 있음을 토로한다.

　　大升의 학은 진실로 博으로 흘러서 雜으로 들어갔습니다 마는, 선생의 소견도 또한 約에 치우쳐서 陋에 가린 듯 합니다. 이것이 바로 서로 닦아야 할 곳이니, 실로 다양한 책들을 널리 보는 것을 그르게 여기고

6) 『一齋先生遺集』, 卷1, 「答南張甫」.
7) 『一齋先生遺集』, 卷1, 「示諸生」.

오로지 묵묵히 사색하여 自得하려고만 해서는 안 됩니다.……오로지 묵묵히 사색하여 자득하려고만 한다면 석가나 노자의 견해로 유입되지 않을 사람이 몇이나 되겠습니까?[8]

고봉은 일재가 자신의 학문태도에 대해 '博으로 흘러 雜으로 들어갔다'고 우려한데 대해, 일재는 '約에 치우쳐서 陋에 가린 듯 하다'고 비판하였다. 그리고 다양한 책들을 널리 보는 것을 그르게 여기고 오로지 묵묵히 사색하고 자득하는 공부에 치우친다면 이는 불교나 도가의 병폐에 빠지고 만다고 대답하였다. 여기서 우리는 일재와 고봉 간에 학문방법을 놓고 매우 다른 견해로 다투는 것을 볼 수 있고, 또 양자의 학풍의 차이를 짐작케 한다. 즉 일재는 사서를 중심으로 하되 그중에도 특히 『대학』을 먼저 온전하게 이해하고 체득해야 한다고 주장한다. 고봉을 비롯한 당시 유학자들이 선유의 글을 널리 읽어 博學을 일삼고 깊은 사색과 自得의 노력에 소홀한 것을 비판하였다. 일재도 성리학 일반의 居敬窮理法을 기본으로 중시하지만, 여기에 주관적인 사색과 體得의 노력을 통해 지식의 深化와 주체화까지 나아가야 한다고 보는 것이다. 이에 대해 고봉은 先儒의 말과 글을 널리 읽고 배우는 것이 결코 학문에 해로운 것이 아님을 강조하면서 일재처럼 묵묵히 사색하고 자득하는 공부만을 강조하면 결국 불교나 도가적 병폐에 빠진다고 경계하였다.

이렇게 볼 때, 고봉이 하서와 일재를 만나 학술토론을 한 것은 퇴계와의 사단칠정 논변에 큰 도움이 되었고, 퇴계도 호남에서의 이러한 학술교유가 매우 의미 있는 것임을 다음과 같이 밝히고 있다.

---

8) 박경래 편역, 『고봉집 백선』, 양선생왕복서, 「일재에게 답하는 편지」. 2014.

卷末에 기록하여 보내준, 공이 李, 金 양군과 太極을 논하면서 5, 6차 왕복하며 변론한 글을 받아보니, 사람의 의사와 안목을 개발하기에 충분하였습니다. 내가 사는 이곳에는 나와 더불어 학문을 강론하려는 사람이 없고, 간혹 한 두 동지가 있다 하더라도 그들 역시 벼슬에 분주함을 면치 못하기 때문에, 늙고 병든 이 사람은 벗들을 잃고 쓸쓸히 지내면서 항상 무디고 머무는 근심을 품었습니다. 그런데 지금 이 논변을 보고 곧 호남에 이러한 인물과 의논이 있는 것을 알았으니, 실로 우리나라에 보기 드문 일이어서 깊이 감탄하고 흠모하여 쏠리는 마음 감당할 수 없습니다.9)

고봉은 일재, 하서와 주고받은 성리학에 관한 편지내용을 멀리 영남의 퇴계에게 보내주면서 이에 대한 조언을 구하자, 퇴계는 위 글에서처럼 호남에 이런 훌륭한 학자들이 서로 만나 학술적 교유를 하고 있음을 부러워하고 우리나라에서 보기 드문 일이라고 감탄하고 칭찬하였다. 1559년부터 1566년까지 퇴계와 고봉이 사단칠정에 관한 논변을 하게 되는데, 젊은 소장학자 고봉이 인근 호남의 선배 유학자인 일재와 하서를 배알하고 성리학에 관한 토론과 대화를 나누고 글을 주고받은 것은 退高四七論辯에 대한 준비과정으로 큰 의의가 있었던 것이다.

일재는 "호남에서 우뚝하게 빼어나 道學을 힘쓰는 자는 그대(金麟厚)와 奇君이다"10)라고 하여 하서와 고봉에 대한 학문적 기대를 크게 가졌던 것이다.

9) 『국역 고봉집』, 제3집, 양선생왕복서, 권1, 「答示論太極書書」.
10) 『一齋先生遺集』, 卷1, 「答金厚之(己未)」.

3. 一齋의 理氣一物說과 高峰의 비판 -界分과 界限-

일재는 주자 성리학을 충실히 계승하면서도 理氣의 유기적 구조를 강조하는 특징적인 측면이 있다. 그러므로 많은 사람들이 그의 理氣說을 가리켜 明代 整庵 羅欽順(1465~1547)을 닮았다고 하며11), 理氣一物說, 理氣渾然一物說, 理氣一體說, 理氣一物一體說 등 다양하게 말하고 있다. 일재는 말하기를 "理氣는 비록 二物이나 그 體는 하나이다. 둘이라 하면 옳지 않다. 고금의 학자들이 理와 氣를 혹 지나치게 나누어 둘이라 하고, 혹 지나치게 합하여 하나가 된다 하였다. 특히 하나이면서 둘이요 둘이면서 하나임을 알지 못한 것으로 이는 다른 까닭이 없는 것이다."12) 라고 하였다. 여기서 일재의 理氣論에 대한 관점이 분명하게 드러난다. 즉 理와 氣는 비록 둘이라고 할 수 있지만 실제로는 하나의 몸 즉 一體로 존재한다는 것이다. 이러한 理氣의 관계를 그는 주자의 말을 빌어 '一而二 二而一'이라고 하였다. 이런 관점에서 理氣를 지나치게 一物로 보는 병폐를 비판하는가 하면, 또 理氣를 지나치게 나누어 二物로 보는 병폐에 대해서도 비판하고 있다. 전자는 羅欽順의 경우를 염두에 두고 하는 말인 듯 하고, 후자는 退溪類를 겨냥해 하는 말인 듯 하다. 이렇게 본다면 일재의 理氣論은 주자나 율곡과 흡사하다. 그런데 일재의 理氣一物說은 당시 호남의 金麟厚나 奇大升에게 받아들여지지 않았을 뿐 아니라 멀리 영남의 퇴계도 비판하고 있다. 김인후는 일재의 理氣論에 대해 비판하기를, "理와 氣는 혼합하여 있다. 그러므로 천지 사이에 충만한 만물이 그

---

11) 유명종, 「이일재의 리기혼일철학」, 『철학연구』, 제21집, 해동철학회, 1975 참조.
최영성, 『한국유학통사, 중』, 심산, 2006, 47쪽.

12) 『一齋集』, 書, 「答南時甫彦經書」, "理氣雖是二物 而其體則一也 二之則不是 古今學者 理與氣 或太分而爲二 或太合而爲一 殊不知一而二二而一焉 此無他故也."

속으로부터 나오지 않음이 없고, 또 그것을 각각 구비하지 않음이 없다. 그렇다면 太極과 陰陽이 서로 분리되어 있다고 할 수 없다. 그러나 道와 器의 구별은 능히 한계가 없을 수 없으니, 태극과 음양을 한 물체라고 말할 수 없다. 주희가 '태극이 음양을 타는 것은 사람이 말을 타는 것과 같다' 했으니, 결단코 사람을 말로 여길 수 없다."13)고 하였다. 즉 김인후는 理와 氣가 혼합해 있듯이 태극과 음양도 서로 떨어져 있을 수 없다 하였다. 그러나 道와 器의 구별은 능히 한계가 없을 수 없으니 태극과 음양을 한 물체라고 말 할 수 없다 하였다.

또한 일재는 허엽(許曄)에게 理氣一體가 불가하다고 하는 것에 대해 불만하고 다음과 같이 설명하고 있다. 理氣가 一體가 된다는 것을 불가하다고 했다. 그렇다면 氣 밖에 理가 있는 것인가? 만약 氣 밖에 理가 있다면 천지 사이에 理 一體가 있고 또 氣 一體가 있어서 兩體가 각각 있는 것이랴. 대개 조금만 道體를 안다면 理가 氣속에 있다는 것도 거의 알 수 있다. 사람의 方寸 사이에 또한 理 一體가 있고 氣 一體가 있어, 兩體가 각각 있는 것인가?14)

일재는 기대승과 김인후가 자신의 견해를 잘 이해하지 못하는데 대해 불만을 토로하고 다음과 같이 설명하였다. 『周易』에서 '太極生兩儀'라 하였는데, 대개 兩儀가 생기기 이전에는 兩儀가 어디에 있으며, 兩儀가 이미 생긴 뒤에는 太極의 理가 어디에 있을까. 이 이면을 따라 深思明辯하면 理氣가 渾然一物임이 거의 드러날 뿐이다. 내가 보건대 太極이 兩儀

---

13) 『河西全集』, 卷11, 「與一齋書」, "蓋理氣混合 盈天地之間者 無不自其中出 而無不各具 不可謂太極之離乎陰陽也 然道器之分 不能無界限 則太極陰陽 恐不可謂一物也 朱子曰 太極之乘陰陽 如人之乘馬 則決不可以人爲馬也."

14) 『一齋集』, 書, 「答許參議曄書」, "理氣所以爲一體者 叔主以爲不可 然則氣外有理耶 若氣外有理 則天地之間 有理一體 又有氣一體 兩體各存焉歟 蓋纔知道體 則理之存乎氣中 庶可知矣 人之方寸之間 亦有理一體 氣一體 兩體各存焉歟."

를 未生한 즈음에는 兩儀가 진실로 太極의 度內에 존재하고, 태극이 양
의를 생한 이후에는 태극의 理가 또한 양의의 안에 있다. 그러므로 양의
가 未生이든 已生이든 간에 원래부터 태극에서 떨어져 있지 않다. 만약
서로 떨어져 있다면 아무 물건도 없을 것이다.……대개 天人은 一理이
니, 예컨대 사람의 지각운동이나 淸濁의 氣가 한 몸에 충만한 것은 陰陽
의 氣요, 또 仁義禮智의 類가 氣안에 具在한 것은 태극의 理이다. 그러나
理와 氣는 한 몸 안에 있어야 할 것이다. 이를 二物이라 할 수 있겠는가.
그리고 二體인가 一體인가. 다시 자세히 체인함이 옳을 것이다. 그대(奇
大升)가 일찍이 나에게 말하기를, "形而上者는 道가 되고 形而下者는 器
가 되니, 太極과 陰陽을 一體라 할 수 없다"고 하였는데, 대개 道와 器에
비록 上下의 나뉨이 있지만, 太極 兩儀의 경우 上下精粗가 圓融無際하여
일체가 된다. 湛齋(金麟厚) 역시 마찬가지로 道器에 상하의 나뉨이 있음
을 가지고 二物이라 하니 탄식할 노릇이다.[15]

이와 같이 일재의 理氣一物說에 대해 金麟厚, 奇大升, 許曄이 이해해
주지 않자 그는 '界限'과 '界分'이라는 용어를 사용하여 이에 대한 자신의
견해를 더욱 확실하게 설명하였다.

대개 理氣는 비록 界分은 있으나 곧 渾然한 一物이다. 이 界分으로
말한다면 理氣만이 界分이 있는 것이 아니라 역시 太極의 理에도 界分

---

15) 『一齋集』, 書, 「贈奇正字大升書」, "又亦曰 太極生兩儀 盖兩儀未生之前 兩儀存乎何處 兩
儀已生之後 太極之理亦存乎何處 從這裏面深思明辨 則庶見理氣之渾然一物耳 余以爲太
極未生兩儀之際 兩儀固存乎太極之度內 而太極已生兩儀之後 太極之理 亦存乎兩儀之中
矣 然則兩儀之未生已生 元不離乎太極也 若相離則無物矣 ……且夫天人一理 如人之知覺
運動强弱淸濁之氣充滿乎一身者 陰陽之氣也 又仁義禮智之類具在乎氣之中者 太極之理也
然則理與氣當在一身之內 是可謂二物耶 謂一體耶 謂二體耶 更精體認可也 君抑嘗謂余曰
形而上者爲道 形而下者爲器 然則太極陰陽 不可謂一體也 蓋道器雖有上下之分 然其太極
兩儀 上下精粗 圓融無際而爲一體者也 湛齋亦狃而以道器之上下爲二物 可歎."

이 있다. 태극의 理는 다른 사물의 理가 아니라 곧 元亨利貞이 이것이다. 元의 理가 있고 亨의 理가 있고 利의 理가 있고 貞의 理가 있다. 이 四德에도 界分이 있는데, 이를 두 물건이라 할 수 있는가. 그렇다면 理氣에 비록 界分이 있더라도 역시 두 물건이라고 할 수 있는가. 그러므로 나는 理氣는 비록 界分은 있으나 渾然한 一物이다 라고 말한다. 그대의 이른바 界限은 역시 理를 밝히기에 부족하다. 界分이라고 하면 괜찮지만 界限이라고 하면 안 된다. 理氣에는 바로 界分이 있으나 진실로 界限은 없다.16)

이와 같이 일재가 말하는 界分은 하나의 사물에서의 경계선을 말하고, 界限은 두 물건이 접해 있는 경계선을 말하는 것 같다. 즉 界分은 한 물건 안에서의 구분이고, 界限은 두 물건의 接合線이다. 사람을 예로 든다면 界分은 한 사람 안에서 머리와 몸통 등의 구분을 말하고, 界限은 두 사람이 서로 끌어안고 있는 중에 그 서로 만난 지점을 말하는 것이다.17) 일재의 理氣一物說은 理氣가 서로 합하여 하나의 사물이 된다는 것으로, 동일체 안에서의 구분이 있는 것으로 보는 것이다.18)

이상의 논의를 중심으로 검토해 보면 일재도 주자의 설에 따라 理氣를 '하나이면서 둘이요 둘이면서 하나(一而二 一而二)'로 보았다. 여기서 하나는 일체이고 둘은 계분상의 표현이다. 일재의 입장에서는 理나 氣는

---

16) 『一齋集』, 書, 「答湛齋書」, "蓋理氣雖有界分 而乃渾然一物耳 以界分言之 則非徒理氣有界分而已 抑亦太極之理有界分焉 太極之道 非他物理 乃元亨利貞是也 有元之理 有亨之理 有利之理 有貞之理 於此四德 亦有界分焉 是可謂二物乎 然則理氣雖有界分 亦可謂二物乎 余故曰 理氣雖有界分 而渾然一物也 君所謂界限字 亦燭理未盡 謂之界分則可 謂之界限則未可也 理氣雖有界分而固無界限焉."

17) 윤용남, 「일재 이항」, 『한국인물유학사 2』, 한길사, 1996, 528쪽.

18) 윤용남, 「일재 이항」, 『한국인물유학사 2』, 한길사, 1996, 528쪽.

그 홀로서는 불완전한 것이다. 理는 氣가 필요하고 氣는 理가 필요하다. 양자의 妙合을 통해 비로소 온전한 일체가 된다. 이러한 논리나 사유는 주자나 율곡과 결코 다르지 않다. 다만 理와 氣를 독립된 실체개념으로 보느냐 아니면 불완전한 理와 氣가 합해서 이 세계를 구성하는 것인가 하는데 있다. 理와 氣가 결코 동일자가 아니라는 데에는 일재나 주자나 율곡이나 같은 입장일 것이다. 또 양자의 만남을 통해 비로소 한 사물이 존재 가능하고 이 세계가 존재한다고 보는 것도 마찬가지일 것이다. 다만 일재는 理와 氣를 상보적 관점에서 보아 理氣一物, 理氣一體를 말하고 있다면, 김인후나 기대승의 경우는 理와 氣를 독립된 실체로 보면서 양자의 묘합을 말하고 있는 것으로 보인다. 필자의 견해로는 일재의 理氣一物說은 그 내용상으로 보면 율곡의 理氣之妙와 다를 바 없는 것으로 이해된다. 문제는 理氣를 상보적으로 보느냐 그렇지 않느냐에 있다고 보아진다.

또한 일재의 경우는 '一而二 二而一'을 界限과 界分의 관점에서 해석했다면, 여타 성리학자들의 경우는 대부분 '하나'라는 것은 존재 자체 즉 현상적 관점에서 하는 말이고, '둘'이라는 것은 존재 자체를 개념적으로 또는 가치적으로 구별해 볼 때 理와 氣 둘로 나누어 본 것으로 이해된다. 아울러 일재는 하나의 측면과 둘의 측면을 아울러 말하고 있지만, 결과적으로는 주자가 말하는 理氣不相離에 치중했다는 비판을 면키 어렵고, 理氣의 묘합과 不相離의 측면을 잘 체득한 것이다.[19]

이제 이에 대한 고봉의 견해를 검토해 보기로 하자. 고봉은 말하기를, "지난 번 서로 강구할 때에는 각자의 주장이 서로 달랐습니다. 太極은 理와 氣를 겸한다고 말한 것은 선생의 요지였고, 저는 천지만물의 이치를

---

19) 최영성, 『한국유학통사, 중』, 심산, 2006, 49쪽.

들어 太極이라고 하였습니다. 그렇다면 이른바 태극이라는 것은 다만 理일 뿐이어서 氣와는 관련되지 않는 것입니다. 우리가 비록 하루 종일 갖가지로 반복해서 논쟁하였지만, 그 요점은 이것을 벗어나지 않습니다."[20] 라고 하였다. 고봉에 의하면 일재는 太極을 理와 氣가 겸하는 것으로 보았고, 자신은 천지만물의 이치를 태극이라고 보았다고 말한다. 고봉은 이 글의 끝에서 다음과 같이 자신의 견해를 밝히고 있다.

> 주자가 "태극은 다만 하나의 理字일 뿐이다"하고, 또 "이른바 理와
> 氣는 결단코 二物이다. 그러나 물속의 측면에서 본다면 二物이 혼륜하
> 여 分開할 수 없어 서로 한 곳에 있으나, 二物이 각각 一物이 된다 해
> 도 해가 되지 않는다. 반면 理의 측면에서 본다면 비록 사물이 있지 않
> 아도 이미 사물의 이치는 있는데, 다만 이 理만 있고 실로 이 사물이
> 있지 않는 경우는 없다"고 하였으니, 이 말을 깊이 음미하여 마음에
> 징험하면 피차의 설을 역시 스스로 터득할 수 있을 것입니다.[21]

이와 같이 고봉은 주자의 말을 근거로 太極은 理라 하고, 理氣의 관계를 하나이면서 둘이요 둘이면서 하나로 볼 수 있음을 말하였다. 즉 일재처럼 理氣一物이라는 측면에서 理氣의 不相離만 볼 것이 아니라 不相雜의 측면도 볼 줄 알아야 한다고 보았다.

16세기는 성리학의 전성기요 晦齋 李彦迪, 花潭 徐敬德, 一齋 李恒, 退

---

20) 『국역 고봉집』, 제3집, 양선생왕복서, 권1, 「答一齋書」, "然當時所相講究者 各自有說 以
太極爲兼理氣而言者 先生之旨也 若大升之意 則以爲擧天地萬物之理 而名之曰太極 則所
謂太極者 只是理而不涉乎氣者也 雖終日爭辨反覆百端 其大要不出於是也."

21) 『국역 고봉집』, 제3집, 양선생왕복서, 권1, 「答一齋書」, "朱子曰 太極只是一箇理字 又曰
所謂理與氣 決是二物 但在物上看 則二物渾淪 不可分開 各在一處 然不害二物之各爲一物
也 若在理上看 則雖未有物而已有物之理 然不但有其理而未嘗實有是物也 深味斯言 而驗
之於心 則其於彼此之說 亦可以自得之矣."

溪 李滉, 河西 金麟厚, 高峰 奇大升, 栗谷 李珥, 牛溪 成渾, 龜峰 宋翼弼 등 기라성 같은 유학자들이 나와 송대 성리학의 체계적 이해와 深化에 전력을 다했던 시기였다. 일재와 고봉, 그리고 하서와의 이 성리 토론은 퇴계와 고봉간의 四七論辯이나 栗谷과 牛溪 成渾과의 성리 논변이 벌어지기 이전 성리 이해의 難解處요 究竟地를 주제로 논의했다는 점에서 중요한 의의가 있다. 즉 성리학의 대전제인 理와 氣를 어떻게 규정할 것인가? 양자의 억할과 관계를 어떻게 볼 것인가 하는 문제는 성리 이해의 난해처였다. 일재와 고봉, 일재와 하서 사이에 논의되는 태극에 대한 개념 이해, 道와 器의 성격과 관계, 理와 氣, 太極과 陰陽의 관계 등이 논의의 초점이 된다. 사실 성리학의 집대성자라고 할 수 있는 주자에 의해 이러한 문제는 어느 정도 정리되었다고 볼 수 있다. 주자는 理 없는 氣도 없고 氣 없는 理도 없다고 하면서 양자는 서로 떨어져서도 안 되고 서로 섞이어 혼동되어서도 안 된다고 하였다. 이를 理氣不相離, 理氣不相雜이라 표현하였다. 그리고 이러한 양자의 合看과 離看의 관점을 아울러 '하나이면서 둘이요 둘이면서 하나' 라는 '一而二 二而一'이라 표현하였다. 이러한 주자의 理氣論에 대한 설명은 완벽할 만큼 균형 잡힌 것이고 종합적인 이해라고 할만하다.

그런데 왜 이러한 문제들이 제기되는 것일까? 그것은 하나는 太極을 어떻게 보느냐 하는 문제이고, 또 하나는 理와 氣를 어떻게 보느냐 하는 문제라고 생각된다. 주자를 비롯한 성리학 일반의 입장에서는 太極은 곧 理를 말하고 陰陽은 곧 氣를 말한다. 그리고 『周易』「繫辭」의 形而上者로서의 道를 理라고 보고 形而下者를 器를 氣로 본다. 따라서 太極, 理, 道는 하나로 상통되고, 陰陽, 氣, 器, 五行은 하나로 상통된다. 그렇지만 氣論者들은 太極을 곧 氣로 해석하기도 하는데 이는 성리학 일반의 견해는 아니다.

그런데 理를 氣보다 중시하는 관점에서는 理에 대한 이중적 개념을 사용하는 것이 일반적이다. 즉 본체상에서의 理와 현상계에서의 理를 구별해 설명하게 된다. 본체상에서의 理는 氣 없이도 존재하는 理로 우주 만물의 근원이다. 필자는 이를 絶對理라고 부른다. 이 관점에서는 理가 氣를 낳았다고 하는 '理生氣'의 논리가 가능하며 理가 氣보다 먼저라고 말할 수 있다. 또한 현상계에서는 氣와 함께하는 理를 생각할 수 있다. 이를 相對理라고 부른다. 이 때 理와 氣는 시간적으로 선후가 없다.

일재를 비롯한 호남의 유학자들 간의 이 논의는 理와 氣를 어떻게 보느냐 하는 것이 관건이다. 일재는 理와 氣를 상보적 관점에서 보아 理와 氣의 일체성을 강조한 것이라면, 고봉이나 하서는 理와 氣의 독립성을 강조하는 관점에서 理와 氣의 유기적 관계를 설명하는 방식이라고 이해된다. 理 없는 氣도 없고 氣 없는 理도 없다고 보는 입장에서는 理氣가 반드시 하나이어야 한다. 그러나 界限의 입장에서 보면 理도 氣도 각기 독립적 존재로 설정된다. 다만 독립적이면서 하나로 만난다는 데 특징이 있다.

4. 맺는 말

본고는 16세기 성리학 전성기 호남의 대표적인 유학자 일재 이항과 고봉 기대승의 학문적 교유와 그 과정에서 나타난 성리학적 토의에 관해 검토해 보았다. 일재와 고봉 두 사람은 나이로 보아도 28년의 차이가 나는데도 불구하고 비교적 대등한 토론을 한 것으로 보인다. 양자의 오고 간 편지에서 보듯이 서로 이해하지 못하고 자신의 견해를 고집하는데서 짜증 섞인 표현도 종종 보인다. 그리고 일재가 고봉을 향해 주관적인 사색공부는 하지 않고 널리 책을 읽어 남의 학설이나 지식을 배워 博學을 일삼는 태도에 선배로서 훈계를 하지만, 고봉은 이를 받아들이지 않고 도리어 일재에게 지나치게 約에 치우쳐 불교나 도가의 병폐에 빠질 우려가 있다고 비판한다. 고봉이 퇴계를 맞아 당당하게 학술 논쟁을 했듯이, 여기서도 일재에게 당당하게 임하는 면을 엿볼 수 있다. 그러면서도 일재는 후배 학자들에 대한 격려와 기대를 잊지 않고 호남에서 도학을 자임하는 이는 오직 하서와 고봉뿐이라고 칭찬해 마지않는다.

비록 일새와 고봉의 만남과 학문적 교유는 불과 3년 정도에 불과하고 또 서신왕래도 많지 않았지만 상호 토의한 주제는 성리학의 難解處요 究竟地를 토론한데서 그 의의가 크다. 즉 理氣의 성격과 그 관계성에 대한 정립인데, 일재는 이를 界分과 界限이라는 말로 구별해 설명하였다.

일재는 理와 氣를 상보적 관점에서 양자의 一體, 一物을 주장한 것이라면, 하서나 고봉은 理氣의 독립성을 전제로 양자의 유기적 관계를 설명한데 차이가 있다. 전자를 界分의 관점, 후자를 界限의 관점이라고 보았다. 주자의 理氣不相離, 理氣不相雜 그리고 一而二 二而一의 논리를 전제하지만, 理氣를 독립적인 것으로 보느냐 아니면 상보적으로 보느냐에 따라 界限의 관점과 界分의 관점으로 나누어 생각할 수 있고, 또 界分의 관점에서는 理氣不相離의 유기적 관계성이 더욱 강조된다면, 界限의 관점에서는 理氣不相雜으로서 理氣의 독립성이 더욱 강조된다고 볼 수 있다.

무엇보다 이러한 호남 유학자들의 성리학에 대한 자유로운 논의가 곧 이어 전개된 退高四七論辯과 栗牛性理論辯의 先河가 되었다고 볼 때 그 의의가 매우 크다 할 것이다.

제3장

退溪와 栗谷의 철학정신

1. 시작하는 말

退溪 李滉(1501~1570)과 栗谷 李珥(1536~1584)는 조선조 유학을 대표하는 위치에 있다. 퇴계는 高峰 奇大升(1527~1572)과의 四端七情 論辯을 통해 한국 성리학의 심화에 초석을 다졌다면, 율곡은 그 기반위에서 퇴계철학을 보완하여 한국 성리학을 발전시켰다. 16세기 퇴계의 학문적 위상은 매우 높았고, 그는 당대 최고의 석학으로 존경받았다. 이러한 퇴계학문에 대한 기대승과 율곡의 도전은 곧 한국 성리학의 발전적 과정이었다 해도 지나치지 않는다. 17세기 이후 葛庵 李玄逸(1627~1704) 등 영남 퇴계 후학들의 율곡 비판이 이어지고, 이에 대한 율곡 후학들의 반론과 재 비판이 고조되면서 한국 성리학은 많은 발전을 가져왔다. 그리고 이런 와중에서 정파와 학파가 연결되면서 조선조 유학은 갈등과 분화 그리고 융합의 과정을 반복하였다.

조선조 유학사는 크게 보면 영남유학과 기호유학으로 대별되고, 영남유학은 퇴계학파가 주류를 이루고 기호유학은 율곡학파가 주류를 이룬다.1) 이들 양대 학파는 조선조 17세기이후 한말까지 이어져 갔고 그 영

---

1) 영남유학에서 퇴계학파가 주류를 이루지만 남명학파 등 제 학파의 존재가 간과되어서는 안 되며, 마찬가지로 기호유학의 경우에도 율곡학파가 그 주류를 이룬다고 볼 수 있지만

향을 미쳐왔는데, 퇴계와 율곡이 그 중심에 서 있다.

또한 퇴계의 理氣互發說과 율곡의 氣發理乘一途說은 양대 학파의 정체성을 규정하는 논거가 되어 왔으며, 이에 대한 철학적 논의는 한말까지 이어져 왔고 지금까지도 논의 중에 있다. 또 이 속에 내재된 퇴계의 理發과 율곡의 理發不可論은 조선조 유학의 최대 관심사였고 지금까지도 미해결의 과제로 남아 있다. 단적으로 퇴계, 율곡의 철학이 미친 영향은 시대와 학파를 떠나 深人하였다는 점에서 이들의 위상을 짐작할 수 있다. 이러한 역사적 평가에서 文廟에 從祀되어 '東國 18賢'으로 추앙받고 있으며, 玄相允은 조선 성리학의 6대가로서 花潭 徐敬德(1489~1546), 退溪 李滉(1501~1570), 栗谷 李珥(1536~1584), 鹿門 任聖周(1711~1788), 蘆沙 奇正鎭(1798~1879), 寒洲 李震相(1818~1885)을 일컫고 있다.

본고는 퇴계와 율곡의 철학정신이 무엇인가를 비교적으로 검토하는 데 목적이 있다. 그동안 퇴계와 율곡에 대한 개별적인 연구는 많이 이루어졌고, 양자의 철학이론에 대한 비교 검토도 없지 않았다. 이러한 기존의 연구 성과를 바탕으로 본고에서는 퇴계와 율곡이 궁극적으로 지향하는 이념적 차이가 무엇이며 철학정신이 무엇인가를 검토하고자 한다. 즉 왜 퇴계가 理發을 고수했고 율곡이 理發을 반대했으며, 왜 퇴계가 사단과 칠정을 구별해 보고자 했으며, 율곡이 사단과 칠정을 함께 보고자 했는가 하는 내면의 철학정신을 가늠해 보고자 한다. 결국 그것은 그들의 삶에 있어서도 내면적 자기수양과 높은 도덕적 세계를 추구하는 퇴계와 현실 정치에 적극 참여하여 왕도를 추구하는 율곡과의 차이로 나타나게 되는 것이다.

이를 위해 먼저 양자의 철학적 입장을 비교 검토해 보고, 퇴계의 理氣

우계학파 등 제 학파의 존재 의미가 간과되어서는 안 된다.

互發과 율곡의 氣發理乘에 담긴 철학정신의 차이를 찾아볼 것이다. 또한 사단칠정론에 있어 퇴계의 '七對四'의 논리와 율곡의 '七包四'의 논리에 담겨진 철학정신이 어떻게 다른지를 검토해 볼 것이다. 끝으로 퇴계의 主敬의 수양론이 갖는 의미와 율곡의 誠 내지 務實의 수양론이 갖는 철학정신의 涵義를 새겨볼 것이다.

2. 퇴계와 율곡의 생애

李滉의 자는 景浩, 호는 退溪, 시호는 文純, 본관은 眞城이다. 그는 16세기 여명이 동트는 1501년 진사 李埴의 7남 1녀 가운데 막내로 경상도 禮安 溫溪里에서 태어났다. 불행하게도 생후 7개월 만에 부친을 여의고 편모슬하에서 어린 시절을 보냈다. 그는 모친과 숙부 송재 이우(松齋 李堣)에게서 훈육을 받았는데 12살 때 『논어』를 배웠다. 어려서부터 학문에 성실하여 20살의 청년기에는 침식을 잊으며 학문에 몰두하여 병까지 얻기도 하였다. 21살 때 부인 허씨 부인과 결혼하였고, 23살 때에는 한양으로 太學에 진학하여 본격적인 학문의 길에 나섰다. 이 때 호남의 유학자인 河西 金麟厚와 매우 친하게 지냈다.

27살에 진사시에 합격했으나 부인과 사별하고, 30살 때 다시 재혼을 하였다. 34살에 문과에 급제한 이후 충청도어사, 홍문관부제학, 공조참판, 공조판서, 홍문관대제학, 예조판서, 의정부우찬성, 이조판서 등 수많은 관직을 받았지만, 실제로 근무한 것은 얼마 안 된다. 퇴계는 43살 이후에는 관직생활에 뜻을 접고 고향으로 돌아가 제자를 가르치고 학문연구에 정진하겠다고 마음먹고, 수많은 관직이 제수되지만 사양하고 마지못해 나아가더라도 불과 며칠 못가 사직하고 만다. 이는 퇴계의 천성이 학문과 교육에 맞고 현실적 정치에 맞지 않음을 잘 보여주는 증거다.

43세 때 隱居를 구상하고 온계리에 조그만 집을 짓고 살다가, 46세 되던 해에 온계리 退溪 하류에 養眞庵을 짓고 '토계(兎溪)'를 '退溪'로 고치고 자신의 호로 삼았다. 나이 50에 한서암을 짓고 독서당을 '靜習'이라 이름하고 그로부터 독서에 몰두하였다. 다음 시는 이 때의 심경을 읊은 시다.

> 몸이 물러나니 내 분수에 편안하고,
> 학문이 뒤늦으니 나이 늙어 걱정이네.
> 시내 언덕위에 거처할 곳 정하고,
> 흐르는 물가에서 날마다 반성해 보네.2)

퇴계는 寒棲庵에서 5년간 지내다가 모여드는 학도들 때문에 陶山 남쪽에 '陶山書堂'을 새로 지었다. 퇴계가 은둔을 고집한 것은 그의 성격상의 문제이기도 하고, 다른 한편으로는 그에게 닥친 개인적인 시련도 한 원인이 되었다고 볼 수 있다. 그는 27살 때 첫째 부인인 김씨를 잃었고, 46살 때 다시 재혼한 권씨 부인과 사별했으며, 48살 때에는 둘째 아들을 잃고, 50살 때에는 형 해(瀣)가 사화에 연루되어 참혹한 죽음을 당했던 것이다. 이러한 가정사의 불운은 그로 하여금 은둔의 빌미를 제공하는 계기가 되기도 했다.

퇴계는 그 스스로가 벼슬을 별로 탐하지 아니하였지만, 임금의 신망이 두터워 크고 작은 벼슬이 연이어 내려졌다. 더구나 43세 이후에는 낙향을 결심하고 여러 가지 명목으로 관직을 사양하지만 벼슬은 계속 주어졌던 것이다. 그가 벼슬을 위해 서울에 머물렀던 기간을 보면 52세시에 3년 11개월, 58세시에 5개월, 67세시에 2개월, 68세시에 8개월로 도합 5

---

2) 『退溪集』, 卷1,「退溪」, "身退安愚分 學退憂暮境 溪上始定居 臨流日有省."

년 정도밖에 안 된다. 그리고 52세 이후에는 거의 벼슬자리에 있지 않았음을 알 수 있다. 그는 52세 때 南冥 曺植(1501~1572)에게 보낸 편지에서 다음과 같이 자신의 소회를 밝힌다.

티끌 세상에 빠져 분주히 지내다가, 그 뒤로 병이 깊어지고 세상에 한일이 없다고 느끼게 되어, 성현의 글을 읽게 되었다. 늦게나마 깨닫고 길을 고쳐 들어, 벼슬을 사양하고 책을 매고 산중으로 들어갔다. 그리하여 지금까지 이루지 못한 것을 만의 하나라도 얻으려고 한 것이요, 10년 내의 소원이었다. 그런데 이 10년 사이에 세 번이나 사양했으나 세 번이나 소환을 당했다. 그리하여 공부가 專一하지 못하여 성공을 어찌 거두겠는가?

48세 때 단양군수(9개월)를 지내고, 49세(1년 2개월)에는 풍기군수를 지냈는데, 이 때 감사에게 청하여 周世鵬이 이 지역출신 安珦의 고향인 백운동에 세운 '白雲洞書院'을 사액(賜額) 신청하여 '紹修書院'이란 편액을 받았으니, 최초의 국가 공인이요 賜額書院의 효시라고 할 수 있다.

퇴계의 나이 58세 때 23살의 청년 율곡을 만나게 된다. 그해 봄 율곡은 당대 석학으로 존경받던 퇴계를 예안으로 찾아뵙는다. 청년 율곡은 장래가 촉망되는 철학도요, 퇴계는 당대 최고의 석학으로 존경받는 유학자였다. 율곡은 퇴계에게 인사를 하고 대화를 나누며 사흘을 머물고 돌아왔다. 이것이 한국을 대표하는 두 유학자의 처음이자 마지막 만남이었다. 이 때 율곡은 퇴계에게 다음과 같은 시를 지어 올렸다.

시냇물은 洙泗派에서 나뉘고,
봉우리는 武夷山처럼 빼어났네.

살아가는 계획은 천권 쯤 되는 경전이고,

거처하는 방편은 두어 칸 집뿐이로다.

마음은 밝은 달 보다 더 깨끗하고,

말씀과 웃음은 狂亂을 안정시킨다.

小子는 道를 듣고 싶어 찾아왔지,

한가히 시간만 보내려고 온 것이 아니라네.3)

이에 대해 퇴계는 다음과 같은 시를 지어 화답했다.

병든 나는 문 닫고 누워 봄이 온 줄도 몰랐는데,

그대가 와서 이야기하자 마음이 상쾌하구나.

이름 난 선비 헛소문 없다는 것을 비로소 알겠건만,

전부터 나는 몸가짐도 제대로 못한 것이 부끄럽다.

아름다운 곡식에는 강아지풀 용납할 수 없고,

갈고 닦은 거울에는 티끌도 침범할 수 없지.

실정에 지나친 말은 모름지기 깎아 버리고,

공부하는데 각자 더욱 힘쓰세.4)

퇴계는 율곡이 다녀간 뒤, 그의 제자 趙穆에게 보낸 편지 속에서 "아무
개가 찾아왔는데, 그 사람됨이 명랑하고 시원스러우며 지식과 견문도 많
고, 또 우리 학문에 뜻이 있으니 '후배가 가히 두렵다(後生可畏)'는 공자

---

3) 『栗谷全書』, 卷33, 「年譜 上」, "溪分洙泗派 峰秀武夷山 活計經千卷 生涯屋數間 襟懷開霽
月 談笑止狂瀾 小子求聞道 非偸半日間."

4) 『栗谷全書』, 卷33, 「年譜 上」, "病我牢關不見春 公來披豁醒心神 始知名下無虛士 堪愧年前
闕敬身 嘉穀莫容稊熟美 遊塵不許鏡磨新 過情詩語須删去 努力功夫各自親."

의 말씀이 참으로 나를 속이지 않았다"고 술회하였다. 퇴계의 말대로 율곡은 후일 퇴계의 학설을 정면으로 비판하였고, 그와 더불어 조선조 성리학의 쌍벽으로 컸던 것이다.

1559년 퇴계의 나이 59살 때 高峰 奇大升(1527~1572)과의 四端七情에 관한 논쟁이 시작된다. 秋巒 鄭之雲이 쓴 「天命圖說」에 대한 퇴계의 사단칠정에 대한 수정이 잘못되었다고 비판한 고봉의 편지로 시작된 이 논변은 1566년까지 장장 8년여에 걸쳐 6차례의 편지가 오가며 진행되었는데, 우리나라 학술사에 매우 소중한 의미를 갖는다.

당대 최고의 대원로 학자인 퇴계와 30대 초반의 소장학자 고봉과의 이 학술논변은 매우 박진감 있게 진행되었고, 당대 지식인 사회의 관심사였다. 인간 심성의 철학적 해석을 놓고 벌어진 이 논변에서 우리는 퇴계, 고봉의 학문에 대한 진지한 열정과 성실한 학문 태도를 배울 수 있다. 그리고 소장학자의 날카로운 질문과 거북한 비판에도 불구하고 이를 너그럽게 용납하는 퇴계의 학자다운 면모를 배울 수 있고, 또 어떠한 권위에도 구애되지 않고 오직 학문과 진리를 위해 원로학자와 학술논변을 서슴지 않는 고봉의 용기를 배울 수 있다.

이 논변으로 인해 퇴계, 고봉 두 사람의 성리학이 정치(精緻)하게 다듬어지고, 조선성리학의 수준이 일층 제고되었다. 뿐만 아니라 이후 율곡과 牛溪 成渾(1535~1598)간의 성리논변에 단서를 제공하였고, 조선 성리학이 중국 성리학과 차별화하는 계기를 제공하기도 하였다.

60살 때에는 고향인 예안 陶山에 陶山書堂(현 도산서원)을 짓고 제자를 가르치고 학문 연구에 몰두했으며, 68살 때에는 선조에게 『聖學十圖』를 지어 바쳤다. 이는 퇴계가 유학을 聖學으로 규정하고, 帝王學의 근본을 유학에서 찾아야 한다는 신념으로 유학의 진리를 圖式化해 만든 것으로 그의 대표적 저술이다. 그는 69살에 안동으로 돌아와 그 이듬해인

1570년 생애를 마감하게 된다.

그는 죽음에 임해 조카에게 유서를 쓰게 했는데, "나라에서 하사하는 禮葬은 사양할 것, 비석은 쓰지 말고 조그만 돌에 전면에는 '退陶晚隱眞城李公之墓'라 쓰고, 후면에 鄕里, 世系, 志行, 出處를 『朱子家禮』대로 간략하게 쓸 것"을 유언하였다. 별세 사흘 전에는 제자들에게 "평소에 잘 모르는 것을 가지고 제군들과 더불어 날마다 종일토록 강론하였다"고 술회하였다.

퇴계는 한 마디로 醇正한 학자요 교육자였다. 그러기에 70년의 생애를 오로지 학문연구에 매진했다. 중국으로부터 들어 온 성리학을 진정 이해하고, 이를 한국적으로 재해석한 이가 바로 퇴계라고 할 수 있다. 퇴계는 많은 저술을 하였는데, 그 가운데 대표적인 것으로는 朱子書節要』, 『啓蒙傳疑』, 『宋季元明理學通錄』, 『答奇高峰四端七情』, 「心經後論」, 「戊辰六條疏」, 『聖學十圖』 등이 있다.

또한 퇴계 문하에는 柳成龍, 金誠一, 鄭逑, 趙穆, 李德弘, 鄭惟一, 黃俊良 등 많은 제자가 있어 후일 퇴계학파로 전개되어 왔다. 특히 퇴계의 학문은 일본에 전파되어 일본 성리학의 효시가 되었다. 일본인 藪孤山은 공자의 道가 송대 程子, 朱子를 거쳐 조선의 퇴계에게 전해지고, 이것이 일본의 야마자키 안사이(山崎闇齋)에게 전해졌다고 평가하였다.

이렇게 볼 때, 퇴계는 우리나라에 성리학이 전래 된 이후 이론 성리학의 기초를 마련하는데 대표적인 위치에 있고, 영남학파의 祖宗으로 '東國 18賢'의 하나로 존숭되었다. 다음은 퇴계에 대한 後儒들의 평가를 보기로 하자. 먼저 율곡의 평을 들어보기로 하자.

整菴, 花潭은 自得의 맛이 많고, 퇴계는 依樣의 맛이 많다.……퇴계는 주자를 깊이 믿어 그 뜻을 깊이 탐구하고 기질 또한 정밀 신중하여,

공부 또한 깊어 주자의 뜻에 다 부합되고 전체를 보았다고 할만하다. 그러나 豁然貫通한 경지에는 아직 이르지 못하여, 그의 견해 중에 밝지 못한 것이 있고, 말에 약간 틀린 것이 있다. '理氣互發' '理發氣隨'의 설은 도리어 識見의 累가 되었다.

이처럼 율곡은 퇴계를 가리켜 주자의 학문을 충실히 계승한 학자로 평가하고, 주자의 학을 모방하는데 장점이 있다고 보았다. 그리고 정밀하고 신중한 학문 태도와 주자학의 체계를 종합적으로 이해한 그의 학문적 위치를 높이 평가하였다. 그러나 自得의 맛이 부족하고 豁然貫通의 경지에는 미흡하다고 평가하였다. 특히 그의 理氣互發說이나 理發而氣隨之의 설은 문제가 있다고 지적하였다. 또한 기호남인계의 실학자로서 퇴계학파에 속한 星湖 李瀷(1681~1763)은 다음과 같이 평가하였다.

퇴계의 글은 도의의 본원과 윤리에 관해서만 전적으로 힘쓰고, 정치에 대해서는 언급하지 않았다. 당시로 말하면 變通할 형세였고 조정의 대우도 천고에 다시없는 기회였다. 時務의 대강만이라도 대략 말하여 5년, 7년의 성과를 기약하였더라면 유감이 없었을 것이다.

星湖는 퇴계의 학문이 윤리에 치중해 있어 경세에는 미치지 못했다고 평가하고, 당시는 개혁의 시기로서 퇴계가 임금의 신망이 두터웠기 때문에 時務를 건의할 좋은 기회였는데 그렇지 못해 매우 아쉬웠다고 평가하고 있다.

또한 澤堂 李植(1584~1647)은 퇴계를 평가하기를, "배우는 자를 이끌어주고 붙들어주며, 병통에 따라 약을 주며 사방으로 응하되 궁색하지 않아서, 정밀하고 깊고 간절하며 다듬어진 학문이 문자 사이에서 사람을 감동시키니, 더욱 그 덕성의 깊음을 보겠다." 라고 하였다. 또 農巖 金昌協(1651~1708)은 "퇴계의 論學文字는 우리 동방에 일찍이 있지 아니한 것이다." 라고 평하였고, 老洲 吳熙常(1763~1833)은 "我朝의 儒先가운데 퇴계가 爲學의 法文이니, 규범을 지키고 질서가 정연하여 학문이 가장 의거함이 있다. 그의 論學文字는 비록 發明의 뜻은 없으나 깊이 自得한 맛이 있어 사람을 感發시키는 바가 있다."고 평가하였다.

한편 栗谷 李珥(1536~1584)는 1536년(중종 31년) 음력 12월 26일 강원도 강릉부 북평촌 烏竹軒 외가에서 아버지 李元秀공과 어머니 申師任堂 사이에서 4형제 중 셋째로 태어났다. 본관은 德水 李氏요 字는 叔獻이고 호는 栗谷이다. '栗谷'이란 호는 경기도 파주 율곡촌이 부친의 고향으로 친족들이 살던 곳이기 때문이다.

율곡은 16세기 조선조의 대표적인 유학자로서 退溪와 더불어 쌍벽을 이룬다. 그는 文廟에 모셔진 '東國 18賢'의 한 분으로 존경 받으며, 기호유학을 활짝 연 철학자이기도 하다. 그는 49년의 짧은 생애를 살았지만, 한편으로는 철학자의 삶을 살면서, 또 다른 한편으로는 경세가로서의 삶을 바쁘게 살았다.

율곡은 1542년 이웃집에 살던 陳復昌이란 사람을 소재로 글을 썼다. 이것이 『율곡전서』에 전해지는 「陳復昌傳」인데, 이는 율곡의 첫 번째 작품이요 글이라 해도 과언이 아니다. 7살의 소년 율곡이 이웃집 진복창의 인품을 소재로 글을 쓴 것인데, 그의 인품을 이렇게 묘사하고 있다.

내가 진복창의 사람됨을 보니 속으로는 불평불만을 품었으되 겉으로는 태연한 척한다. 이 사람이 벼슬자리를 얻게 된다면 나중에 닥칠 걱정이 어찌 한이 있으랴[5]

그런데 진복창은 훗날 윤원형과 함께 을사사화를 일으킨 장본인으로 만인의 비난을 받은 부도덕한 인물이었으니, 율곡의 사람 보는 안목이 예사롭지 않다. 1543년 율곡의 나이 8살 때 그는 경기도 파주 임진강가의 花石亭에 올라 이곳에서 시를 지었는데, 그의 문학적 자질을 엿볼 수 있다.

> 숲속 정자에 어느덧 가을이 저무는데,
> 나그네의 생각 한이 없어라.
> 멀리 흐르는 물은 하늘에 닿아 푸르고,
> 서리 맞은 단풍은 햇볕을 향해 붉었네.
> 산은 둥근 달을 토해내고,
> 강은 만 리의 바람을 머금었도다.
> 하늘가의 저 기러기 어디로 가는지,
> 저무는 구름 속으로 울음소리 끊기네.6)

여덟 살 어린 소년의 글답지 않게 자연을 깊이 관조한 율곡의 문학적 소양을 잘 보여준다. 율곡은 이미 어려서 神童으로 불리었고, 13살에 진사초시에 합격한 이래 무려 아홉 번이나 장원급제를 해 '九度壯元公'이라는 별명을 얻기도 했다. 율곡은 본래 모친에게서 유교적 기초교육을 받았을 뿐이다. 일정한 스승에게서 수학한 일이 없이 독학으로 자득했다고 볼 수 있다.

1551년 5월 17일 율곡의 나이 16살 때 존경하는 어머니 신사임당이

---

5) 『栗谷全書』, 卷33, 「年譜」.

6) 『栗谷全書』, 卷1, 「花石亭」, "林亭秋已晚 騷客意無窮 遠水連天碧 霜楓向日紅 山吐孤輪月 江含萬里風 塞鴻何處去 聲斷暮雲中."

48세를 일기로 세상을 떠났다. 율곡은 1554년 19살 때에 어머니의 3년 상을 마치고 홀연히 금강산으로 들어가게 된다. 율곡의 금강산 출가는 뒷날 두고두고 율곡을 비난하는 빌미가 되기도 했지만, 오늘날 객관적으로 평가해 보면 율곡의 학문과 철학이 보다 깊어지고 넓어지는데 큰 도움이 되었다. 율곡이 퇴계와는 달리 개방적 입장에서 학문을 한 것이나, 실제로 그의 철학에서 느껴지는 회통의 논리는 분명 불교적 영향이라고 아니할 수 없다.

인생에서 친우와의 만남은 매우 중요하다. 율곡의 생애에서 牛溪 成渾 (1535~1598)과 龜峰 宋翼弼(1534~1599)은 평생 돈독한 우정을 함께 했던 道友였다. 이들은 모두 같은 서인계로서 정치적 길을 같이 했고, 인간적인 측면에서도 우정을 변치 않았다. 특히 율곡과 성혼, 송익필은 고향이 같아 어려서부터 친밀한 교우관계를 맺고 있었다. 율곡과 성혼은 파주를 고향으로 함께 하였고, 송익필은 파주에서 가까운 고양에 살았다. 이들 세 사람은 모두 기호유학의 중심인물로 큰 자취를 남겼고, 학문적으로도 크게 성공하여 후세에 존경을 받았다.

율곡은 1555년 20살 때 금강산에 들어 간지 1년여 만에 강릉 외가에 돌아왔다. 오랜 방황을 끝내고 그는 자신의 각오를 다지는 15개조의 맹세문을 썼으니 이것이 「自警文」이다.

그는 제1조에서 '먼저 마땅히 그 뜻을 크게 가져 성인으로 표준을 삼아야 한다'고 전제하고, '만일 털끝만큼이라도 성인에게 미치지 못한다면 나의 일은 아직 완성되지 못한 것'이라 하였다. 여기서 우리는 율곡의 학문적 목표가 영의정이나 6조판서가 아니라 '성인'에 있었음을 알 수 있다.

율곡은 1558년 봄 23살 때 당대 최고의 석학이요 존경받는 유학자였던 퇴계 이황을 경상도 예안으로 방문하였다. 사실 율곡과 퇴계의 이 만남은 역사적인 것으로 두 사람의 처음이자 마지막 만남이었다. 이 때 율곡은 사흘을 머물고 돌아왔는데, 율곡이 돌아간 후 퇴계는 자신의 제자인 趙穆에게 보낸 편지에서 다음과 같이 율곡에 대한 첫 인상을 기록하고 있다.

일전에 서울에 사는 선비 李珥가 星山으로부터 나를 찾아 왔었네. 비 때문에 사흘을 머물고 떠났는데, 그 사람이 밝고 쾌활하며 기억하고 본 것이 많고 자못 우리 학문에 뜻이 있으니, '後生이 가히 두렵다'는 옛 성인의 말씀이 참으로 나를 속이지 않았네.7)

이를 통해서 볼 때, 퇴계는 율곡이 총명하고 쾌활하며 박학하다는 것을 칭찬하고, 『논어』의 공자 말씀을 인용해 "'후배가 가히 두렵다(後生可畏)'는 옛 말이 결코 헛된 말이 아니라는 것을 깨달았다"고 하였다. 23살의 장래가 촉망되는 청년 율곡과 58살의 원로 학자 퇴계와의 만남에서 있은 일이다.

율곡이 후일 퇴계와 쌍벽을 이루는 유학자로 대성하고, 또 고봉 기대승과 함께 퇴계의 성리학을 본격적으로 비판한 대표적인 인물이라는 점에서 두 사람의 만남은 의미 있는 것이었다.

율곡은 총명하게 태어났지만 허약한 체질로 어려서부터 약이 떨어지지 않았다. 율곡은 비록 몸은 약했지만 현실에 대한 뜨거운 열정을 가지고 있었고, 세상을 경영할 포부와 경륜을 가지고 있었다. 퇴계가 늘 고향으로 돌아가 학문에 전념하고 제자들과 더불어 학자의 길, 교육자의 길을 걷고자 한 것과는 대조적으로 율곡은 나라와 백성에 대한 걱정을 잊지 않았다.

---

7) 『退溪全書』, 卷23, 書, 「答趙士敬」, 戊午.

율곡은 1564년 29살 때 대과에 수석으로 합격하여 벼슬길에 나서게 된다. 그의 첫 직책은 호조좌랑이었다. 그 이듬해 봄에 율곡은 예조좌랑이 되어 妖僧 普雨와 權奸 尹元衡을 처단하라는 상소를 올렸다. 이어 11월에 사간원 정언에 임명되어 사퇴하는 상소를 올렸으나 허락받지 못했다. 1566년 3월 다시 사간원 정언에 임명되어 5월에는 동료들과 함께 時務 3事에 관해 상소를 올렸다. 또 겨울에 이조좌랑에 임명되었고, 1568년(선조 원년) 32살 때 사헌부 지평에 임명되었다. 가을에 서장관으로 명나라에 갔다 돌아와 홍문관 부교리 겸 경연시독관 춘추관 기주관에 임명되었다. 11월에 다시 이조좌랑에 임명되었다가 강릉 외조모의 병환으로 사직하고 강릉으로 돌아갔다.

조정은 율곡을 다시 불렀다. 1569년 6월 교리에 임명되어 7월에 서울에 다시 돌아왔다. 9월에 「東湖問答」을 지어 올리고, 동료들과 함께 時務 9事를 논하는 상소를 올렸다. 그 이듬해인 1570년 4월 교리에 임명되어 서울로 다시 돌아왔다. 10월 병으로 사직하고 처가인 해주로 갔다. 이듬해 정월 파주 율곡으로 돌아왔으나 다시 교리로 소환되었으나 병으로 사직하고 해주로 갔다. 6월에 외직인 청주목사에 임명되었는데, 1572년(37세) 병으로 사직하고 파주로 돌아왔다.

1573년(38세) 7월 홍문관 직제학에 임명되어 사퇴했으나 허락을 못 받아 부득이 올라와 3차 상소를 올려 허락을 받고 8월에 파주 율곡으로 돌아갔다. 9월에 다시 직제학에 임명되어 사퇴하였으나 허락을 받지 못했고, 겨울 통정대부 승정원 동부승지 지제 겸 경연참찬관 춘추관 수찬관으로 승진하였다. 1574년(선조 7년) 정월 우부승지로 임명되어 저 유명한 「萬言封事」를 올려 시무를 논하였고, 3월에 사간원 대사간의 중책을 맡고, 10월에는 황해도 관찰사가 되어 목민관의 소임을 다했다. 이듬해인 1575년 3월 병으로 파주 율곡으로 돌아왔는데, 그 이듬 해 우부승지, 대사간, 이조참의, 전라감사에 임명되었으나 모두 병으로 나아가지 않고, 10월에 해주 석담으로 갔다.

1578년(선조 11년) 43세 때 3월 대사간으로 임명되어 서울로 돌아와 사은하고, 4월에 파주 율곡으로 돌아갔다. 5월에 다시 대사간으로 임명되었으나 상소로 사퇴하고 萬言疏를 올렸다.

1579년 5월 대사간에 임명되었으나 상소로 사퇴하였지만 받아들여지지 않았다. 1580년(선조 13년) 12월 대사간으로 다시 조정에 돌아왔다. 그 이듬해 3월 병이 깊어 세 번이나 사직을 청했으나 허락되지 아니했다. 6월 가선대부 사헌부 대사헌으로 특진되었는데, 재차 사직했지만 허락받지 못하고 다시 예문관 제학도 사직코자 했지만 허락받지 못했다. 8월에 동지중추부사에 임명되었고, 9월에는 대사간에 임명되었으나 사퇴하였다. 10월 호조판서에 승진되었고, 조광조, 이황의 문묘종사를 청하고 經濟司 설치를 건의하였다. 1582년(선조 15년) 정월 이조판서에, 8월에는 형조판서, 9월에는 의정부 우참찬에 임명되고 숭정대부로 특진되었다. 의정부 우찬성에 임명되자 사퇴하였으나 허락되지 않자, 만언소를 올려 시국의 폐단을 극진히 간언하였다. 10월 명나라 사신을 접대하라는 왕명을 받고 수행하였는데, 이 때 명나라 사신의 요청에 의해 쓴 글이 「克己復禮說」이다. 12월 다시 병조판서로 임명되자 사퇴하였으나 허락받지 못했다. 1583년(선조 16년) 3월 경연에서 10만 양병을 건의하였고, 6월에 동인들의 탄핵을 받고 파주 율곡으로 돌아갔다. 9월 이조판서에 임명되어 사퇴코자 하였으나 허락받지 못해 10월에 다시 서울로 올라가 사퇴를 청했으나 허락받지 못한 채, 1584년(선조 17년) 1월 16일 서울 대사동에서 49세를 일기로 생애를 마쳤다. 이상이 율곡이 벼슬길에 나아가 활동한 족적이다.

율곡은 중앙관직으로부터 이른바 삼사의 언론직, 그리고 임금을 보필하는 비서직과 외교관, 그리고 황해도 관찰사, 청주목사와 같은 목민관에 이르기까지 다양한 행정의 경험을 쌓았다.

1572년 3월 율곡 37살, 성혼 38살 때 두 사람은 人心道心을 중심으로 성리학에 관한 학술 논쟁을 벌였다. 약 1년여 동안에 걸쳐 9차례의 편지를 주고받으며 벌린 이 논쟁은 退高四七論辯과 더불어 조선 유학사에서 매우 중요한 의미를 갖는다.

율곡은 1583년 9월 28일 그러니까 세상을 떠나기 약 3개월 전이 되는 어느 날, 황해도 재령강가의 밤고지 마을에서 하루를 유숙하게 되었다. 그런데 밤늦게 누군가가 문을 두드린다. 알고 보니 황주 기생 柳枝였다. 유지는 율곡이 10여년 전 황해도 관찰사로 있을 때 시중을 들던 관기였다. 몰락 양반인 선비의 딸인데, 관기가 되어 율곡을 만나게 되었던 것이다. 자료에 의하면 유지는 날씬한 몸매에 얼굴도 곱고 총명한 여인이었다. 유지는 율곡을 존경하고 사모하였다. 또 율곡도 유지를 매우 좋아하였다. 반가운 마음으로 두 사람은 해후를 했다. 그리고 밤늦도록 대화를 나누었다. 이 때 율곡의 건강상태는 최악이었다. 본디 건강이 좋지 않았지만 별세하기 3개월 전이라고 보면 짐작이 간다. 두 사람은 밤새도록 대화를 나누며 정을 나누었다. 율곡은 스스로 말하기를, '정에서 출발해 예의에서 그친 뜻'을 시로써 표현하였다고 설명하였다. 이 시는『율곡전서』에도 빠져있는 것으로 1965년 李寬求씨가 소장한 것을 이화여대 박물관이 구입한 것인데, 鷺山 李殷相 선생의 아름다운 문체로 번역한 것이다.

어허! 황해도에 사람 하나
맑은 기운 모아 신선 자질 타고 났네.
뜻이랑 태도랑 곱기도 할 사

얼굴이랑 말소리랑 맑기도 하이.

새벽하늘 이슬같이 맑은 것이
어쩌다 길가에 버렸던고.
봄도 한창 청춘의 꽃 피어날 제
황금 집에 못 옮기던가, 슬프다! 일색이여.

처음 만났을 젠 상기 안피어
정만 맥맥히 서로 통했고
중매 설 이가 가고 없어
먼 계획 어긋나 허공에 떨어졌네.

이렁저렁 좋은 기약 다 놓치고서
허리띠 풀 날은 언제런고
어허! 황혼에 와서야 만나다니
모습은 그 옛날 그대로구나.

그래도 지난 세월 얼마나 간지
슬프다! 인생의 녹음이라니
나는 더욱 몸이 늙어 여색을 버려야겠고
세상 정욕 재같이 식어졌다네.

저 아름다운 여인이여!
사랑의 눈초리를 돌리는가?
내 마침 황주 땅에 수레 달릴 제

길은 굽이굽이 멀고 더딜레.

절간에서 수레 머물고
강뚝에서 말을 먹일 제
어찌 알았으리, 어여쁜이 멀리 따라와
밤들자 내 방문 두들길 줄을.

아득한 들 가에 달은 어둡고
빈숲에 범우는 소리 들리는데
나를 뒤밟아 온 것 무슨 뜻이뇨?
옛날의 명성을 그려서라네.

문을 닫는 건 인정 없는 일
같이 눕는 건 옳지 않은 일
가로막힌 병풍이사 걷어치워도
자리도 달리 이불도 달리.

은정을 다 못 푸니 일은 틀어져
촛불을 밝히고 밤새우는 것
하느님이야 어이 속이리
깊숙한 방에도 내려와 보시나니
혼인할 좋은 기약 잃어버리고
몰래하는 짓이야 차마 하리오.

동창이 밝도록 밤 자지 않고

나뉘자니 가슴엔 한만 가득
하늘엔 바람 불고 바다엔 물결치고
노래 한 곡조 슬프기만 하구나.

어허! 내 본심 깨끗도 할 사
가을 물위에 찬 달이로고
마음에 선악싸움 구름같이 일적에
그중에도 더러운 것 색욕이거니
사나이 탐욕이야 본시부터 그른 것
계집이 내는 탐욕 더욱 고약해.

마음을 거두어 근원을 맑히고
밝은 근본으로 돌아갈지라
내생이 있단 말 빈 말이 아니라면
가서 저 부용성에서 너를 만나리.
다시 짧은 시 3수를 써 보인다

이쁘게도 태어났네 선녀로구나
십년을 서로 알아 익순한 모습
돌 같은 사내기야 하겠나마는
병들고 늙었기로 사절함일세.

나뉘며 정든 이 같이 설워하지만
서로 만나 얼굴이나 친했을 따름
다시 나면 네 뜻대로 따라가런만

병든이라 세상 정욕 찬 재 같은 걸.

길가에 버린 꽃 아깝고 말고
운영이처럼 배항이를 언제 만날꼬
둘이 같이 신선될 수 없는 일이라
나뉘며 시나 써주니 미안하구나.

1583년 9월 28일 율곡 병든 늙은이가 밤고지 마을에서 쓰다.

이 시는 유학자 율곡의 인간적인 면모를 잘 보여주는 작품이다. 예의와 법도에 철저했던 한 유학자가 유지라는 여인을 좋아하고 사랑하는 감정을 진솔하게 표현했다는 점에서 이 시의 의미는 매우 크다. 朴世采(1631~1695)의 「견문록」에 의하면 유지는 율곡이 별세했다는 말을 듣고 서울로 달려가 곡하고, 3년 상의 복을 입었다고 전한다.

율곡은 1584년 1월 16일 경성 대사동에서 49세를 일기로 세상을 마쳤다. 그는 연초부터 병석에 누워있었다. 1월 14일에는 전방 지휘관으로 임명을 받은 徐益이 율곡에게서 북방 경비의 방략을 듣기 위해 방문하였다. 이에 자제들이 병환이 심하므로 정신을 쓰지 말 것을 간청하였으나 "이는 국가의 대사이니, 이 기회를 그냥 지나쳐 버릴 수 없다" 하고, 곧 부축을 받아 앉아 입으로 불러주며 아우 李瑌를 시켜 쓰게 하였으니, 이 것이 「六條方略」으로 임금의 仁德을 선양할 것, 북방 오랑캐들을 잘 관리할 것, 우리 임금의 위엄을 신장할 것, 배반한 오랑캐를 제압할 것, 사신들의 비용을 줄여 백성들의 힘을 덜어 줄 것, 장수들의 재략을 미리 살펴 위급한 일에 대비할 것 등이었다. 이것이 율곡의 마지막 글이요 나라와 백성을 위한 헌책이었다. 이와 같이 율곡은 마지막 생애를 마치는 순간까지 나라를 위한 애국충정을 잊지 않았다.

그 해 3월 20일 파주 紫雲山 언덕에 장사지냈는데, 부친의 묘소 뒤에 위치하였다. 1624년 '道德博文을 文이라 하고, 安民立政을 成이라 한다' 하여, '文成'의 시호를 받았다. 수많은 유림들이 문묘 배향을 요청하는 상소를 올렸으나 허락되지 않다가, 1681년(숙종 7년) 태학생 李延普 등 8도 유생들이 상소하여 마침내 문묘 배향을 허락받고, 그 이듬 해 1682년에 문묘에 배향하였다. 그러나 1689년(숙종 15년) 동인들의 상소로 율곡은 성혼과 함께 문묘에서 쫓겨나는 수모를 겪었는데, 1694년(숙종 20년) 6월에 다시 復享되었다.

율곡은 파주의 자운서원을 비롯하여 여산의 죽림서원, 청주의 신항서원, 충주의 팔봉서원, 청송의 병암서원, 개성의 창암서원, 풍덕의 구암서원, 경기 광주의 구암서원 등에 제향되었다.

3. 가치론적 관점과 존재론적 관점

세계와 인생을 어떻게 보느냐 하는 것은 철학자에게 있어 매우 중요하다. 같은 시대를 살면서도 생각이 다를 수 있기 때문이다. 퇴계와 율곡은 거의 같은 시대를 살았지만 역사적 상황은 약간의 차이가 있다. 퇴계는 율곡보다 35년 선배로서 16세기 초 1501년에 태어나 1570년에 세상을 마쳤고, 율곡은 1536년에 태어나 1584년에 세상을 마쳤다.

1498년에 戊午士禍가, 1504년에 甲子士禍가, 1519년에 己卯士禍가, 1545년에 乙巳士禍가 연이어 일어났으니, 퇴계의 생애 대부분이 사화시대였다고 할 수 있고, 그의 형 瀣가 을사사화에 연루되어 죽임을 당하기도 했다. 이러한 사화시대는 곧 不義의 시대요 非義理의 시대로서, 유학이 추구하는 王道와는 거리가 먼 것이다. 權奸들에 의해 국정이 농단되고 연산 같은 폭군에 의해 강폭한 정치가 자행되며, 양심적인 사람들이 조정에서 축출되고 핍박받는 정치현실이었다.

중종반정으로 집권한 중종은 趙光祖를 신임하여 그와 더불어 새로운 정치를 펴고자 했으나, 결국 勳舊派의 음모에 雷動하여 趙光祖를 비롯한 많은 유학자들을 죽이고 귀양 보냈다. 또한 尹任, 尹元衡의 대립 갈등으로 일어난 을사사화는 柳仁淑, 柳寬 등 많은 사람들이 죽거나 귀양을 갔다. 이러한 상황에서 言路는 위축되고 士林들은 소극적인 대응을 할 수밖에 없었다. 퇴계는 이러한 시대를 맞아 윤리강상의 재건과 올바른 가치관의 정립이 시대적 과제라고 생각했다. 인간 개체로는 天理가 곧 人性이므로 그 선한 본성을 회복하는 것이 중요하고, 사회적, 정치적으로는 사회정의가 실현되고 의리가 구현되는 도덕사회의 건설이 주된 관심사였다. 그에게는 인간이나 세계에 대한 형이상학적 탐구도 중요하지만, 그보다 어떻게 인간다운 삶을 살고 도덕적인 사회를 실현하는가가 더욱 중요한 문제였다. 다시 말하면 '어떻게 알 수 있느냐'보다는 '어떻게 행하느냐'의 문제, 즉 앎의 문제보다 삶의 문제를 중시하였다.[8] 이처럼 그의 일차적 관심은 윤리문제요 가치의 문제였다.[9] 도덕적 인간이 되고, 도덕적 가정을 이루고, 도덕적 사회, 도덕적 국가를 만드는 것이 그의 주요 관심사였다. 그것은 곧 天理의 실현이며 유학이 추구하는 王道의 이상이기도 했다. 이러한 윤리적 입장에서 퇴계는 理와 氣의 가치적 구별을 강조하고 理氣의 혼동을 경계한다.[10] 理와 氣는 본래 존재론적 개념이지만, 때로 가치 개념화되어 사용되기도 한다. 퇴계의 관심은 理에 있었다. 인간의 마음에서도 理는 곧 性으로 선한 것이며, 이는 天理가 인간

---

8) 유승국, 『동양철학연구』, 근역서재, 1983, 216쪽.

9) 유승국, 위의 책, 210쪽.

10) 유승국, 『한국의 유교』, 세종대왕기념사업회, 1980, 210쪽.

본성으로 내재한 것이다. 그러나 인간은 氣를 떠나 존재할 수 없기 때문에 선할 수도 있고 악할 수도 있는 氣가 문제가 된다. 퇴계는 理를 선한 것, 氣를 악의 가능성이 있는 것으로 본다. 또 理는 귀한 것이라면 氣는 천한 것이요, 理는 높은 것이라면 氣는 낮은 것으로 이해한다.11) 이러한 가치론적 理氣구별은 그의 윤리 중심, 가치 중심의 철학적 입장에서 연유한 것이다. 理는 존귀한 것, 선한 것으로 지켜가야 할 가치요, 반면 氣는 卑賤한 것, 악할 수 있는 것으로 부정적으로 인식된다.

그러면 율곡의 경우는 어떠한가? 율곡은 존재론적 사유에 관심이 많았다. 이 세계는 形而上者로서의 理와 形而下者로서의 氣로 이루어진 세계로 인식된다. 理 없는 氣도 없고 氣 없는 理도 없다. 理氣는 잠시도 떨어질 수 없고, 조금의 간극(間隙)도 허용되지 않는다.12) 즉 理氣는 시간적으로 선후가 없고 공간적으로도 離合이 없다.13) 그러므로 율곡은 理氣는 본래 합해 있어 비로소 합한 때가 있지 않다고 말한다. 만약 理氣를 둘로 보고자 하는 자는 道를 알지 못하는 자라고 단언한다.14) 이처럼 율곡의 관심은 理氣가 서로 다른 둘이면서도 하나의 존재양태로 있고, 또 하나의 존재양상으로 있으면서도 理는 理요 氣는 氣로서 구별되는데 있다. 이를 율곡은 선유의 말을 인용해 '하나이면서 둘이요 둘이면서 하나(一而二 二而一)'라고 말한다.15) 여기에서 '하나'라 함은 존재 자체의 표

---

11) 『退溪全書』, 續集, 卷8, 「天命圖說」, "理爲氣之帥 氣爲理之卒.", 卷12, 「與朴澤之」, "理貴氣賤 然理無爲氣有欲 故主於天理者 養氣在其中 聖賢是也."

12) 『栗谷全書』, 卷10, 書2, 「答成浩原」, "理 形而上者也 氣 形而下者也 二者 不能相離."

13) 『栗谷全書』, 卷10, 書2, 「答成浩原」, "大抵發之者 氣也 所以發者 理也 非氣則不能發 非理則無所發 無先後無離合 不可謂互發也."

14) 『栗谷全書』, 卷10, 書2, 「理氣詠呈牛溪道兄」(小註), "理氣本合也 非有始合之時 欲以理氣二之者 皆非知道者也."

15) 『栗谷全書』, 卷20, 「聖學輯要」, 2, 修己, 上, "有問於臣者曰 理氣是一物是二物 臣答曰 考諸前訓 則一而二 二而一者也 理氣渾然無間 元不相離 不可指爲二物 故程子曰 器亦道 道

현이고, '둘'이라 함은 개념적 가치적표현이다. 그러므로 둘이 곧 하나이고 하나가 곧 둘이라는 식의 모순된 말은 아니다. 理와 氣가 서로 다름에도 불구하고 하나의 양태로 있고, 또 하나로 있으면서도 서로 달리 구별되는 이 오묘한 존재의 신비를 율곡은 관심 있게 보았다. 그래서 그는 이 '理氣之妙'를 말할 때마다 '黙驗', '體究', '難見亦難說', '玩索', '深究', '活看' 등으로 부연 설명을 했던 것이다.16) 율곡이 인식의 문제나 가치의 문제를 소홀히 한 것이 아니라 그의 일차적 관심이 존재의 형이상학에 있었다. 그러기에 퇴계가 鄭之雲의 「天命圖」를 수정하면서 四端은 理의 發, 七情은 氣의 發로 보았을 때, 이를 理氣論的 구조로 보완해야 한다는 高峰의 지적에 대해 적극 동의하는 동시에 퇴계 理發의 문제점을 지속적으로 지적해 비판했던 것이다. 단적으로 인간의 심성세계를 윤리적 시각에서 설명하는 퇴계의 입장에서는 '四端 理發而氣隨之 七情 氣發而理乘之'가 별로 문제 될 것이 없었겠지만, 사단칠정의 존재구조를 理氣論的으로 보는 율곡의 시각에서는 문제되지 않을 수 없었다. 이러한 양자의 철학적 입장, 철학적 관점은 곧 이들의 철학적 이론의 세부적인 각론에 있어서도 차이를 드러낼 수 밖에 없었던 것이다.

4. 理氣互發과 氣發理乘

우리는 퇴계의 사단칠정론을 가리켜 理氣互發說이라 규정하고, 또 율곡의 성리학을 氣發理乘一途說이라 규정한다. 퇴계의 理氣互發說은 高峰과의 성리 논변과정을 통해 성립된 것이라 할 수 있다. 秋巒 鄭之雲

亦器 雖不相離 而渾然之中 實不相雜 不可指爲一物 故朱子曰 理自理 氣自氣 不相挾雜 合二說而玩索 則理氣之妙 庶乎見之矣."
16) 황의동, 『율곡사상의 체계적 이해1』, 서광사, 2001, 43쪽.

(1509~1561)이 「天命圖」를 그려 설명함에 퇴계의 감수를 받게 되는데, 퇴계는 鄭之雲이 '四端 發於理 七情 發於氣'라고 한 것을 '四端 理之發 七情 氣之發'이라고 수정하였다. 이에 대해 고봉은 퇴계가 수정한 '四端 理之發'이나 '七情 氣之發'이라는 표현은 너무 지나치게 理氣를 分屬시킨 표현이며, 또 사단의 경우는 氣가 배제된 표현이고 칠정의 경우는 理가 배제된 표현으로 문제가 있다는 지적이었다. 이러한 고봉의 지적에 대해 퇴계는 사단이나 칠정이나 모두 理氣를 떠날 수 없지만, 중요한 것을 중심으로 지적해 말하면 主理, 主氣의 표현을 왜 할 수 없느냐고 하였다. 즉 근원처에서 무엇을 중심으로 발하느냐에 따라 사단은 主理, 칠정은 主氣로 언표할 수 있다는 것이다.17) 그럼에도 퇴계는 고봉의 사단칠정에 대한 구조적 결함에 대한 비판을 받아들여 마침내 '四端 理發而氣隨之 七情 氣發而理乘之'로 수정하였으니18) 이를 理氣互發說이라 하며 이는 그의 晚年 定論이다.

퇴계에 의하면 사단은 우리 마음속에서 理가 주도적으로 작용한 감정으로, 氣는 그저 理의 작용에 부수적으로 따르기만 한다. 따라서 사단이라는 도덕적 특수감정은 선할 수 밖에 없다. 그러나 칠정의 경우는 우리 마음속에서 氣가 주도적으로 작용해 나타난 감정인데, 이 때 理가 그 氣를 타고 주재한다. 칠정의 경우는 氣가 理의 주재를 받지 않고 자의적으로 작용하게 되면 악의 결과를 초래하게 되고, 반대로 氣가 理의 주재를 받아 작용하게 되면 선한 결과를 갖게 된다. 이와 같이 퇴계의 사단칠정에 대한 설명은 무엇이 주가 되어 우리 마음이 작용하느냐에 초점이 맞

---

17) 『退溪集』, 卷16, 「答奇明彦, 論四端七情第1書」, "由是觀之 二者雖曰皆不外乎理氣 而因其 所從來 各指其所主與所重而言之 則謂之某爲理 某爲氣 何不可之有乎."

18) 『退溪集』, 卷16, 「答奇明彦 論四端七情第2書, 改本」, "大抵有理發而氣隨之者 則可主理 而言耳 非謂理外於氣 四端是也 有氣發而理乘之者 則可主氣而言耳 非謂氣外於理 七情是 也."

추어 있었다. 발용의 근원처가 문제요 무엇이 주도한 발용이냐가 관건이었다. 이러한 관점에서는 당연히 主理, 主氣가 가능하고 또 사단과 칠정의 가치적 구별을 강조할 수 있게 된다. 퇴계는 사단이라는 도덕적 특수 감정과 칠정이라는 일반적 감정을 혼동해서는 안 된다는 것이다. 사단의 감정은 天理에 근본한 인간의 순수한 본성의 발로이므로 선하지 않을 수 없다. 예컨대 버스에 앉아있는데 노인이 내 앞에 있을 경우 마음이 편치 않아 자리를 양보하게 되고, 불쌍한 사람을 보면 측은한 마음이 생기고, 자신의 잘못에 대해 부끄러워하고, 타인의 잘못을 보면 분노가 솟구치는 감정 따위가 그것이다. 고봉이 이의를 제기하기 때문에 할 수 없이 부득이 理發에 '氣隨之'라는 말을 덧붙였지 퇴계의 본의는 처음의 표현대로 사단은 '理의 發'이라 하고 싶었다. 칠정은 이와 달리 우리의 신체, 形氣에서 연유한 감정으로 氣의 발로라는 것이다. 눈이 아름다운 것을 보고, 입이 맛있는 음식을 느끼고, 사지 팔다리가 편한 것을 추구하고, 성욕이 이성을 요구하는 감정 따위를 말한다. 이러한 일반적인 감정의 경우는 상황에 알맞아야 선할 수 있고, 또 理에 맞는 감정의 표출일 때 선할 수 있다. 즉 칠정의 경우는 선할 수도 있고 악할 수도 있다. 퇴계는 비록 칠정 가운데 선한 것이라 하더라도 그것은 사단의 선과는 구별되어야 한다고 보았다. 사단의 선은 天理에 바탕한 감정의 표출이므로 순수한 선이요 절대선이다. 그러나 칠정의 선은 形氣, 육신이 게재된 다시 말하면 氣가 게재된 선이므로 상대적인 선에 불과하다는 것이다. 이러한 엄격한 가치적 구별은 퇴계의 철학정신을 잘 말해주는 것이며, 여기에는 칠정보다 사단을 중시하고 성인을 중심으로 한 그의 인간에 대한 이해가 잘 나타나 있다. 따라서 이러한 인간 이해는 이상주의적 색채가 짙다.

　이와 같이 퇴계는 가치론적 관점에서 사단과 칠정을 엄정하게 구별해 보았다. 사단과 칠정을 상대적으로 놓고 비교하고 구별한 것이다. 그래서 이러한 퇴계의 사단칠정론을 가리켜 '七對四'의 구조라고 하는데,19) 여기에는 그의 엄정한 윤리적 관점이 잘 나타나 있다. 그는 고봉과의 논변을 통해 다른 것은 고치기도 하고 보완도 했지만, 사단과 칠정은 같은 감정이지만 다르다는 점을 고수했다.

이에 대해 율곡의 경우는 사단칠정을 모두 氣發理乘 하나의 구조로 설명한다.20) 퇴계가 사단을 理發而氣隨之, 칠정을 氣發而理乘之로 두 개의 존재구조의 형식을 취한 것과는 달리 율곡은 사단이나 칠정을 하나의 감정으로 보고 이를 '氣發理乘' 하나의 구조로 설명하였다. 율곡은 인간의 감정뿐만 아니라 마음, 본성 그리고 자연세계, 사물에 까지도 이 원칙을 적용하였다. 인간도, 자연도, 사물도, 인간의 심성세계도 모두가 氣가 발하는데 理가 올라 탄 氣發理乘의 구조라고 인식하였다.21) 이를 氣發理乘一途說이라 한다. 율곡철학을 대표하는 '氣發理乘'이라는 말은 본래 퇴계와 고봉의 사단칠정 논변과정에서 나온 말이고, 특히 퇴계가 晩年 定論으로 제시한 理氣互發說에서 칠정을 '氣發而理乘之'라고 설명한 데서 연유한다. 송대 성리학에서는 직접적으로 氣發理乘이라 한 표현은 없는 것 같고, 理가 氣와 함께 있는 표현을 '탄다(乘)', '걸려있다(掛搭)', '깃들이다(寓)', '실려 있다(載)' 등 여러 가지로 표현하고 있는데,22) 율곡은 퇴계의 말을 빌어 '氣發理乘'을 자기의 철학 용어로 삼은 것이다.

율곡은 牛溪 成渾과의 논변을 통해 퇴계 理氣互發說의 문제점을 예리

---

19) 배종호, 『한국유학사』, 연세대출판부, 1978, 77쪽.

20) 『栗谷全書』, 卷10, 書2, 「答成浩原」, "所謂氣發而理乘之者可也 非特七情爲然 四端亦是氣發而理乘之也."

21) 『栗谷全書』, 卷10, 書2, 「答成浩原」, "天地之化 卽吾心之發也 天地之化 若有理化者氣化者 則吾心亦當有理發者氣發者 天地旣無理化氣化之殊 則吾心安得有理發氣發之異乎."

22) 『朱子語類』, 卷1, 理氣上, "無是氣則是理亦無掛搭處.", 『近思錄』, 卷1, 「道體類」, "其實道寓於器 本不相離也." "氣旣有動靜 則所載之理 亦安得無動靜.", 『朱子大全』, 卷45, 18쪽, "太極者 本然之妙也 動靜者 所乘之機也."

하게 분석 비판하였다. 고봉이 퇴계를 비판한 것이 1559년에서 1566년이요, 율곡이 우계를 통해 퇴계설을 비판한 것이 1572년이다. 당시 퇴계의 학문적 위상으로 보면 고봉과 율곡의 퇴계설에 대한 비판은 주목할 만하다.

율곡이 퇴계의 互發說을 비판하는 요점은 사단과 칠정의 理氣論的 구조와 理發에 있었다. 율곡은 인간의 감정이란 칠정으로 대표할 수 있고, 사단은 그 가운데 선한 감정에 불과하다고 보았다.23) 따라서 사단과 칠정의 理氣論的 구조를 氣가 발함에 理가 탄 氣發理乘의 구조로 이해하였다. 율곡이 사단과 칠정을 같은 감정의 범주로 보고 설명하는 것은 보통 사람을 중심으로 한 인간이해이며, 경험적이고 실제적인 인간 이해의 단면을 보여주는 것이기도 하다. 율곡의 이와 같은 一元論的 사단칠정론을 가리켜 흔히 '七包四'의 구조라고 말한다.

여기에 대해 퇴계는 사단은 理가 발함에 氣가 따르는 '理發而氣隨之'요 칠정은 氣가 발함에 理가 탄 '氣發而理乘之'의 구조로 보았다. 앞서 말했듯이 퇴계가 사단과 칠정의 理氣論的 구조를 달리 설명하는 까닭은 두 감정의 근원처가 무엇이며, 무엇이 주도한 감정인가를 설명하자는데 있었다. 단순화 하면 퇴계는 사단은 理가 발한 것, 칠정은 氣가 발한 것이라 하고 싶었다. 이렇게 윤리적, 가치론적 시각에서 사단칠정을 설명하는 과정에서 퇴계는 사단칠정의 존재론적 설명에 다소 미흡했고, 이는 존재론적 시각에 철저한 율곡의 눈으로 볼 때 비판하지 않을 수 없었다. 율곡은 퇴계의 칠정에 대한 설명 즉 '氣發而理乘之'에 대해서는 불만이 없었다. 다만 사단을 '理發而氣隨之'라고 표현한 것에 대해서는 비판을 서슴지 않았다. 그것은 첫째 '理가 발함에 氣가 따른다'는 표현은 理氣의

---

23) 『栗谷全書』, 卷14, 「論心性情」, "七情之外無他情 七情中之不雜人欲 粹然出於天理者 是四端也."

사이에 시간적 선후의 혐의가 있는 표현이라는 것이다. 물론 퇴계 자신은 理氣先後를 말한 것이 아닐지라도 표현상의 문제점은 있다는 것이 율곡의 비판이다. 둘째는 理發의 문제이다. 이는 退. 栗 이후 조선조 유학자들에게서 지속적으로 논의되어 온 문제일 뿐 아니라 오늘날 까지도 미해결의 과제로 남아 있다. 이에 대한 퇴계의 견해가 가장 잘 정리되어 있는 것은 그가 기대승에게 답한 다음 글이다.

퇴계는 주자의 말을 인용하여 格物과 物格을 설명하면서 "……그 用이 비록 人心에서 벗어나지 않으나, 그 用이 되는 妙는 실로 이 理의 발현된 것이 人心의 이르는 바에 따라 이르지 않는 곳이 없고 다 하지 않은 곳이 없으니, 다만 나의 格物이 지극하지 못함을 두려워할 뿐, 理가 스스로 이르지 못함을 걱정할 것이 없다."[24]하고, "格物을 말할 때는 진실로 내가 궁구하여 物理의 지극한 곳에 이르는 것을 말한 것이지만, 그 物格을 말함에 미쳐서는 어찌 物理의 지극한 곳이 나의 궁구한 바를 따라 이르지 않음이 없는 것이라 할 수 없겠는가? 여기에서 情意도 없고 造作도 없는 것은 이 理의 本然의 體이고, 깃들인 곳에 따라 발현하여 이르지 않음이 없는 것은 이 理의 지극히 神妙한 用임을 알 수 있다. 전에는 단지 本體가 無爲한 줄로만 알았고, 神妙한 用이 드러나게 행해질 수 있는 것을 알지 못하여 거의 理를 死物로 알았으니, 道와의 거리가 어찌 매우 멀지 않겠는가?"[25]라고 하였다.

『大學』의 格物과 物格을 설명하는 가운데 그의 理自到의 설과 理發의

---

24) 『退溪集』, 卷18, 「答奇明彦別紙」, "……其用雖不外乎人心 而其所以爲用之妙 實是理之發見者 隨人心所至 而無所不到 無所不盡 但恐吾之格物有未至 不患理不能自到也."

25) 『退溪集』, 卷18, 「答奇明彦別紙」, "……然則方其言格物也 則固是言我窮至物理之極處 及其言物格也 則豈不可謂物理之極處 隨吾所窮而無不到乎 是知無情意造作者 此理本然之體也 其隨寓發見而無不到者 此理至神之用也 向也但有見於本體之無爲 而不知妙用之能顯行 殆若認理爲死物 其去道不亦遠甚矣乎."

입장이 설명되고 있다. 여기서 理自到의 설은 인식의 문제로서, 인식주체와 인식대상과의 관계에서 理의 자발적 능동성을 인정한 이론이다. 퇴계에 의하면 일단 理의 用은 人心의 영역임을 분명히 하고 있다. 理의 발현이 인심이 가는 곳에 따라 이르지 않는 곳이 없고 다하지 않음이 없다고 한다. 그리고 나의 格物이 지극하지 못함을 염려해야지 理가 스스로 이르지 못할 가를 걱정할 필요는 없다고 하였다. 결국 理가 이르느냐 이르지 못하느냐 하는 것은 인식 주체인 나의 格物과 관계되어 있고, 나의 格物이 지극할 때 인식 대상인 사물의 理도 저절로 나에게 이른다는 논리다.

　나아가 퇴계는 자신이 理의 本體上 無爲만 알고 理의 지극히 神妙한 用을 몰라 理를 죽은 것(死物)으로만 알았으니, 道와는 너무 거리가 멀다고 스스로 반성하고 있다. 퇴계는 이제까지 자신의 理에 대한 이해가 잘못된 것임을 솔직히 인정하고, 이를 깨우쳐 준 高峰에게 고맙다는 뜻까지 표현하고 있다. 퇴계의 이 글에 대한 해석을 어떻게 보아야할 것인가? 분명한 것은 퇴계가 理의 發을 用의 측면에서 인정했다면 그것은 이미 理 자체의 발용은 아니라는 점이다. 왜냐하면 用이란 이미 氣와의 관계에서 하는 말이요, 퇴계의 말대로 인심에 따라 理의 用을 말한 것이기 때문이다. 또한 理의 發이라 할 때 그 發의 의미가 무엇이냐 하는 문제다. 시간적, 공간적 변화를 의미하는 현상적, 실제적인 發인가, 아니면 '性이 발하여 情이 된다'는 식의 '性發爲情'의 發인가 하는 것이다. 문제는 퇴계의 이에 대한 언표가 미흡하고 또 혼동의 여지를 주고 있다는 점이다. 이에 대한 전문적인 논구는 차후로 미루고, 여기에서는 율곡이 이를 어떻게 이해하고 있느냐 하는 점만 다루기로 한다. 적어도 율곡의 입장에서는 퇴계의 發을 현상적, 실제적인 발로 이해한 것으로 보인다.26) 만약 율곡이 퇴계의 發을 '性發爲情'의 發로 이해했다면 이에 대한 신랄한 비판이 있지 않았을 것이다. 율곡의 눈으로 보면 퇴계가 사단칠정을 설명하는 하나의 문장 속에 있는 '氣發'과 '理發'의 '發'을 동일하게 해석할 수밖에 없었을 것이고, '理發而氣隨之'와 '氣發而理乘之'가 결국은 사단과 칠정의 존재구조상 설명이라고 볼 때, 理發, 氣隨, 氣發, 理乘은 각기 理氣의 기능과 역할에 대한 해석이라고 보지 않을 수 없었다. 이는 고봉이 퇴계와의 논변 과정에서 "氣가 理를 따라 발하여 조금도 막힘이 없다면 이것은 바로 理가 발한 것이다. 그런데 만약 이것을 도외시하고 다시 理가 발하는 것을 찾는다면, 나는 헤아리고 모색하는 것이 심할수록 더욱 찾을 수 없을 것으로 생각된다"[27]고 한 것이나 "퇴계처럼 서로 발용함이 있고 그 발용 또한 서로 기다린다고 하면, 理가 도리어 감정이나 의지, 계산이나 헤아림, 조작함이 있고, 또 理와 氣 두 가지가 마치 두 사람이 마음을 한 쪽씩 나누어 차지하고, 한 마음 속에 있으면서 번갈아 나오고 用事하여 서로 머리를 따르는 것이 되는 것과 같다. 이것은 도리의 가장 기초가 되는 이론이니 조금의 차이가 있어서는 안 된다."고 한 것에서도 잘 알 수 있다. 이를 통해서 볼 때 고봉의 경우도 이미 그 당시에 퇴계가 理의 發을 잘못 이해하고 있음을 지적하고 있는 것이다.

이렇게 볼 때, 율곡이나 고봉은 퇴계의 본의와는 관계없이 퇴계의 理發이 논리적 의미이거나 用의 측면에서 한 말이 아니라, 현상적인 발용, 실제적인 발용으로 이해하고 있었음을 알 수 있다.[28]

---

26) 『栗谷全書』, 卷10, 書2, 「答成浩原」 "若非氣發理乘一途 而理亦別有作用 則不可謂理無爲也."

27) 『高峰集』, 「四七理氣往復書」, 下篇, 第1書改本, "氣之順理而發 無一毫有碍者 便是理之發矣 若欲外此而更求理之發 則吾恐其揣摩橫索愈甚 而愈不可得矣."

28) 이상은은 퇴계가 사단칠정을 통해 理의 발을 의미할 뿐 아니라 사실상으로도 역설한 의도는 無作爲한 理에 發의 성격을 부여하여 사실상의 發을 역설한 이면에는 혹시 악행으로 유도할지 모를 기질지성의 장애를 예상하여, 선한 본연지성으로서의 理의 본유와 그 자발적인 발현에 대한 자각을 일깨우려는 의도가 있었던 것이 아닌가 추론하고 있다.(이

또한 퇴계의 理發문제는 그의 '理가 氣를 낳는다'고 보는 '理生氣'의 논리나 理를 절대시하고 能發, 能生, 能動의 活物로서의 창조적인 理로 보는데서 더욱 확연해진다.29) 그는 周濂溪의 '太極動而生陽'을 '理動而 氣生'으로 해석한다.30) 주자나 율곡의 경우에는 生字의 의미가 所以, 根 柢, 추뉴(樞杻)처럼 논리적 개념으로 이해되는 것인데,31) 퇴계의 경우는 生成論的 개념으로 해석되고 있다. 여기에서 理의 發과 理의 生은 같은 개념으로 이해되어 진다. 理가 만물을 낳고 만들고 생성하는 창조적 의 미인데, 이는 곧 理의 발용과 다르지 않기 때문이다.

퇴계의 이러한 理發에 대해 율곡은 단호하게 비판한다. 우선 理는 體 用을 불구하고 발용하거나 작용할 수 없다는 것이다. 이는 이미 주자를 비롯해 宋學에서의 定論이거니와 性理이해의 기초이기도 하다. 形而上 者인 理가 시간적으로 다르고 공간적으로 다르다면 이는 이미 理가 아니 다. 理는 시간과 공간을 초월해 보편자이기 때문이다. 율곡이 생각하는 '發'이란 그가 사용하는 '爲'와 같다. 爲란 行爲요 作爲로서 그 스스로 자 기를 시간적으로 공간적으로 바꾸는 것이며, 양적으로 질적으로의 변화 를 의미하는 것이다.

문제는 퇴계 자신의 불분명한 언표에서 기인하는 것이다. 한 문장 속 에 표현된 理發과 氣發의 의미를 어떻게 다르게 볼 수 있는가이다. 과연 氣發의 發은 현상적인 운동 변화, 작용의 의미로 해석하고, 理發의 發은 用으로서의 發로 볼 수 있느냐는 것이다. 만약 양자의 개념이 다르다면

상은,「사칠논변과 대설. 인설의 의의」,『퇴계 이황』, 예문서원, 2002, 326쪽)

29) 최영진,『퇴계 이황』, 살림, 2007, 95쪽.

30)『退溪集』, 卷25,「答鄭子中別紙」, "蓋理動則氣隨而生 氣動則理隨而顯 濂溪云太極動而生 陽 是言理動而氣生也."

31)『栗谷全書』, 卷20,「聖學輯要」, 2, "第以氣之動靜也 須是理爲根柢 故曰太極動而生陽 靜 而生陰."

마땅히 표현을 달리해 글자의 사용을 달리했어야 하기 때문이다. 율곡은 發하는 것은 오직 氣뿐이라고 단언한다. 理는 발할 수 없고 氣 발용의 원인이 되고 주재가 된다고 생각한다.[32] 이러한 근거에서 율곡은 사단이나 칠정 그리고 일체 모든 존재를 氣發理乘의 구조로 이해하는 것이다. 퇴계의 理發 주장은 주자와도 구별되는 그의 특징이지만 성리상의 문제로 지적되는 것이다.[33] 과연 퇴계가 실제적인 理의 發을 주장한 것인지 아니면 用으로서의 發을 말한 것인지는 분명하지 않다. 적어도 율곡의 입장에서는 퇴계의 理發과 氣發이 같은 의미라는 차원에서 비판한 것이라고 할 수 있다.

5. 主理와 理氣之妙

퇴계의 철학적 지향점은 天理에 근거한 인간성의 완전 실현에 있었다. 즉 선한 본성을 지켜 君子가 되는데 있다. 그런데 문제는 인간 존재가 氣와 무관할 수 없다는데 있다. 인간은 신체를 가진 존재이고 形氣를 지닌 존재이며, 결코 氣를 떠날 수 없는 존재이다.[34] 氣를 떠난 인간이란 관념이고 이상이다. 인간 실존의 모습은 理와 氣의 有機體다. 理 없는 氣도 없고 氣 없는 理도 없다. 이 氣는 理를 제약한다. 시간적으로, 공간적으로, 양적으로, 질적으로 그리고 가치상 제약을 한다. 따라서 아무리 理가 선하더라도 氣가 理를 가리면 理는 자기다움을 상실한다. 그러므로 퇴계는 이 氣를 어떻게 理로부터 격리시키고 구별하는가가 관심의 대상이었

---

32) 『栗谷全書』, 卷10, 書2, 「答成浩原」, "發之者 氣也 所以發者 理也 非氣則不能發 非理則無所發(發之以下 二十三字 聖人復起 不易斯言)."

33) 윤사순, 『퇴계철학의 연구』, 고려대출판부, 1983, 215쪽.

34) 『退溪全書』, 卷36, 「答李宏中問目」, "天下無無理之氣 無無氣之理."

다. 물론 여기에는 퇴계의 理氣에 대한 가치 규정이 자리한다. 理는 선한
것, 氣는 악할 가능성이 있는 것, 理는 尊貴한 것으로 높여야 할 것, 氣는
卑賤한 것으로 저급한 것이라는 인식이 자리한다.35) 여기에 理를 중시
하고 理를 강조하는 그의 主理論 철학이 존재한다. 어떻게 보면 유학 자
체가 主理論에 기반 한다고 볼 수 있다. 유교의 인간주의, 도덕주의는 이
를 말해준다. 孟子가 생존욕구(生)와 도덕욕구(義)의 겸비를 이상으로 하
지만, 만약 양자택일을 해야 할 경우에는 生을 버리고 義를 취하겠다든
지,36) 공자가 殺身成仁을 말한 데서 잘 나타난다.

그런데 특히 퇴계의 경우는 이러한 도덕의식이 매우 강했고, 도덕성을
지닌 인간에 대한 믿음과 希求가 더 철저했다고 볼 수 있다. 적어도 퇴계
의 관점에서는 이상적인 정치란 선한 인간성을 지닌 君王에 의해 가능하
고, 治者의 도덕적 모범이 王道의 첩경이라고 보았기 때문이다. 여기에
그의 관심은 인간, 군왕의 도덕적 인격함양에 있었고, 이를 위한 理의 철
저한 體認과 敬의 마음공부를 강조하였던 것이다.

퇴계철학에서 理는 敬과 함께 가장 중요한 화두라고 할 수 있다.37)
퇴계는 자나 깨나 理를 깊이 사색하고 탐구했다. 그에 의하면 古今人의
學問道術이 다른 까닭은 다만 理字를 알기가 어렵기 때문이라고 한다.
理字를 알기 어렵다고 하는 것은 대략 아는 것이 어렵다는 말이 아니라,
참으로 알고 오묘한 경지를 해석하여 십분 극진한 경지에 이르기가 어렵
다는 것이라 하였다.38) 이는 理에 대한 인식이 관념적인 차원이 아니라
주체적으로 체득하고 신념화하며, 실천에 까지 나아가야 한다는 것을 말

35) 『退溪全書』, 卷12, 「與朴澤之」, "理貴氣賤……"
36) 『孟子』, 「告子 上」, "生亦我所欲也 義亦我所欲也 二者不可得兼 舍生而取義者也."
37) 안병주, 「퇴계의 학문관」, 『퇴계 이황』, 예문서원, 2002.
38) 『退溪全書』, 卷16, 書, 「答奇明彦後論」, "盖嘗深思古今人學問道術之所以差者 只爲理字難
知故耳 所謂理字難知者 非略知之爲難 眞知妙解到十分處爲難耳."

해준다.

또한 퇴계는 理를 絶對視하고 神聖視했다. 퇴계에 의하면 理는 지극히 높아서 상대할 것이 없다. 따라서 만물에 명령을 하는 것이지 만물에게 서 명령을 받는 것이 아니다.[39] 마찬가지로 理는 본래 그 높음이 상대 할 것이 없어, 만물에 명령 하는 것이지 만물에게서 명령을 받는 것이 아 니어 氣가 이길 바가 아니다.[40] 이처럼 퇴계에 있어서의 理는 절대적 존재로 인식된다. 理는 그 무엇으로부터 명령 받지 아니하고 만물에게 명령하는 자로 드러난다. 그리하여 理는 氣와 상대할 대상이 아니다. 여 기에서 理는 마치 신이요 절대자로 자리한다. 그리고 理는 만물을 낳는 理로 지극히 神妙한 작용을 하고 만물을 化生하는 創造的 活物로 간주된 다. 이러한 퇴계의 理에 대한 인식은 기존의 理氣論的 理에 대한 이해를 넘어선 것이라 해도 지나치지 않는다.[41] 여기에서 퇴계의 理는 지극히 없는 것 같으면서도 지극히 있고, 움직이되 움직이지 않고, 고요하되 고 요하지 않으며, 심히 깨끗하여 조금도 더할 수 없고 조금도 뺄 수 없는 것으로 설명된다.[42] 이 理는 體와 用, 本體와 現象을 뛰어 넘는 것으로, 고도의 철학적 사색과 주체적 體認을 요청하는 것이다.

퇴계의 이러한 理에 대한 절대적 자리 매김은 그의 윤리적 입장에 연 유한다. 인간은 윤리적 존재이므로 위대하고, 인간은 윤리적일 때 인간 답다는 신념이 자리한다. 그 윤리의 본질이 바로 선한 본성이며, 그것은 天理에 근원한다. 우주자연의 이치가 곧 인간의 본성으로 내재한 것이

---

39) 『退溪全書』, 卷13, 書, 「答李達李天機」, "……此理 極尊無對 命物而不命於物故也."

40) 『退溪全書』, 卷13, 書, 「答李達李天機」, "理本其尊無對 命物而不命於物 非氣所當勝也."

41) 主理論 철학의 공통점이기도 하지만, 퇴계의 경우도 理에 대한 이중적 개념이 보인다. 즉 絕對理와 相對理의 이중적 理 개념을 적용하고 있다.

42) 『退溪全書』, 卷16, 書, 「答奇明彦後論」, "……至虛而至實 至無而至有 動而無動 靜而無靜 潔潔淨淨地 一毫添不得 一毫減不得……"

고, 그것은 순수한 선이라는 논리다. 여기에 天理로서의 理가 문제가 된다. 理는 곧 太極이며 이 세계의 理法이며 본원적 질서이자 가치적으로는 絕對善이다. 이 완전한 선에 일치하고자 하는 인간, 이 선의 질서에 맞는 세계가 퇴계의 꿈이요 이상이다. 그러므로 퇴계에 있어서는 이 理가 중요하고 理가 주요 관심사가 된다. 상대적으로 氣는 부수적 의미를 갖고 관심의 밖이 된다.

이에 비해 율곡의 경우는 퇴계에 의해 경시되어진 氣에 관심을 갖고 理와 氣의 조화와 균형을 추구한다. 율곡은 앞서 말했듯이 존재론적 시각에서 출발한다. 이 세계는 그것이 무엇이든지 形而上의 理와 形而下의 氣로 되어진 세계다. 理와 氣는 서로 필요한 존재로서 相須的 관계요 對待的 관계다. 하나의 존재가 성립하기 위해서는 理와 氣가 반드시 필요하다. 理 없는 氣도 없고 氣 없는 理도 없다. 理가 있으면 반드시 氣도 있어야 하고, 氣가 있으면 理도 반드시 있어야 한다. 그러므로 理나 氣는 모두가 불완전자다. 理는 氣를 통해 補救되고, 氣는 理를 통해 補救된다.[43] 이와 같이 理氣가 서로 다른 둘이면서 하나의 존재로 있고, 하나로 있으면서 각기 자기다움을 잃지 않고 둘로 있는 이 오묘한 관계를 '理氣之妙'라고 불렀다. 그는 理氣之妙의 신비를 통찰하고, 이 경지야 말로 보기도 어렵고 또한 설명하기도 어렵다고 하였다.[44] 퇴계가 理의 오묘한 세계를 體認했다면, 율곡은 理氣가 함께 있는 오묘한 경지를 체인했던 것이다. 여기에 양자의 철학정신의 지향점이 구별된다. 율곡도 유학자이므로 궁극적으로는 主理論의 범주를 벗어나지 않는다. 인간이 중요하고 윤리도덕이 중요하고 理가 중요하다. 그러나 율곡은 氣에 대한 배려를 잊지 않는다. 존재상으로도 理도 중요하지만 氣도 중요하다고 보는 것이

---

43) 황의동, 『율곡 이이』, 살림, 2007, 72쪽.
44) 『栗谷全書』, 卷10, 書2, 「答成浩原」, "理氣之妙 難見亦難說."

율곡이다. 氣 없는 理는 관념적이고 이상적이고 이론적이다. 理는 氣를 통해 구상화되고 실현된다. 理가 우리들이 가야 할 목표요 이상이지만, 그 실현, 실천의 몫은 어디까지나 氣에 있다. 理가 추구해야 할 至善의 가치이지만, 氣的인 환경과 조건이 理의 완전 실현에 영향을 미친다. 이러한 氣의 역할과 위상에 주목한 이가 바로 율곡이다.[45]

인간은 높은 이상을 추구해야 하지만 현실에 발을 디디고 있어야 하고, 이론은 실천되어야 한다. 또 윤리가 중요한 가치이지만 경제를 도외시 할 수 없다. 이와 같이 율곡은 퇴계에 의해 경시되어진 氣의 존재 의미를 다시 복원하고 理氣가 어우러진 조화된 세계를 추구하였다. 사실 율곡의 입장에서 보면 主理的 편향은 미흡하다는 생각을 갖게 된다. 윤리도덕에 치우쳐 민생이 도외시되고, 이상에 매몰되어 현실을 도외시하는 것은 바람직하지 않다.

퇴계는 氣를 부정적으로 보았고, 마치 엄마가 칼을 손에 쥐고 있는 어린 아이를 바라보는 불안한 심정이었다. 그리하여 그는 氣를 불안과 경계의 눈초리로 보았다고 할 수 있다. 이에 대해 율곡은 氣가 비록 불안한 위험성은 있지만, 반드시 필요한 것이라는 전제하에 氣의 가치적 유용성에 주목하였다. 수양론에 있어서는 현실적으로 인간이 氣를 떠날 수 없는 한 기질의 변화가 중요하다는 점을 인식하였고, 사회적으로는 氣의 有爲性이야 말로 변화와 사회발전의 동력이라고 보았다.

이와 같이 퇴계는 윤리적 입장에서 理를 중시한 반면 氣를 부정적으로 보았고, 율곡은 理도 중요하지만 氣도 중요하다는 입장에서 氣의 역할과 위상에 대해 긍정적으로 이해하였다.

---

45) 율곡이 氣에 대해 적극적인 긍정을 하고, 氣의 역할과 위상에 대해 주목했다 해서 그를 主氣論者로 규정하는 것은 문제가 있다.

6. 敬과 誠

　퇴계철학이 理의 인식과 체득 그리고 理의 실현에 있었다면, 그 방법론에 있어서는 敬을 중시하였다.[46] 퇴계는 선조에게 「聖學十圖」를 지어 올리면서 '이 十圖는 모두 敬으로써 위주했다'하고,[47] 敬 한 글자는 聖學을 이루는 시작과 끝이 된다[48]고 하였다. 이처럼 퇴계에 있어서 敬은 聖學의 방법론으로 매우 중시되었다. 퇴계는 "군자의 학문은 이 마음이 발용하기 이전에는 敬에 입각해서 存養공부를 하고, 이 마음이 이미 발동했을 때는 敬에 입각해서 省察공부를 해야 한다"[49]고 하였다. 이처럼 敬은 마음이 발하기 전이나 발한 후에나 항상 요구되는 공부의 본령이었다. 存養이란 存心養性의 준말로 '마음을 간직해서 性을 기른다'는 뜻이다. 마음이 아직 발하기 전에는 오직 내 마음의 본성을 잘 길러야 하니 이것이 存養공부다.

　또한 마음이 이미 발했으면 그것이 바른가 그른가, 또 지나치거나 부족한 점은 없었는가 등을 살피는 것이 省察공부다. 이 때 存養공부와 省察공부를 아울러 敬이라고 한다. 敬은 퇴계철학의 핵심이다. 그는 말하기를 '마음은 우리 몸의 주재자이고, 敬은 마음의 주재자'라고 하였다.[50] 우리의 몸을 주재하는 것이 마음이고, 또 그 마음을 주재하는 것이 敬이다. 그러므로 敬은 우리의 몸과 마음을 다스리는 樞機라고 할 수 있다.

---

46) 퇴계가 敬만을 말하고 誠을 말하지 않은 것이 아니지만, 비교적 학문의 방법 내지 수기의 측면에서 敬을 중시한 것은 분명하다.

47) 『退溪全書』, 卷7, 「大學經」, "今玆十圖 皆以敬爲主焉."

48) 『退溪全書』, 卷7, 「小學題辭」, "吾聞敬之一字 聖學之所以成始而成終者也."

49) 「天命圖說」, "君子之學 當此心未發之時 必主敬而加存養工夫 當此心已發之際 亦必主敬而省察工夫."

50) 『退溪全書』, 卷7, 「心學圖說」, "蓋心者 一身之主宰 而敬又一心之主宰也."

그러면 敬이란 무엇인가? 敬은 마음이 순수하고 專一하게 된 狀態를 말한다. 퇴계는 敬의 방법으로 선유들의 설을 수용하여 다음 네 가지를 제시하였다. 程伊川의 '整齊嚴肅'과 '主一無適', 謝上蔡의 '常惺惺', 尹和靖의 '其心收斂 不容一物'이다. '整齊嚴肅'은 외적인 몸가짐을 단정하고 엄숙하게 하는 것을 말하고, '主一無適'은 한 가지 일에 마음을 모아 흩어짐이 없는 것을 말한다. 또 '常惺惺'이란 마음이 항상 또렷하게 깨어 있는 상태를 유지하는 것이고, '其心收斂 不容一物'이란 그 마음을 거두어 들여 아무런 잡스런 생각이 일어나지 않게 하는 것을 말한다.51) 이러한 敬의 경지는 결코 쉬운 것이 아니다. 퇴계에 의하면 "참답게 노력하기를 오래 쌓아 가면 저절로 마음과 이치가 서로 녹아들게 되어 자기도 모르는 사이에 融會貫通하게 되고, 나의 행동과 하는 일이 서로 익숙해져서 점차 쉽고 평안하게 되어 간다"52)고 하였다. 이와 같이 퇴계의 관심은 治國平天下 즉 外王의 근본이 되는 修己에 있었고, 그 修己의 중핵적 과제가 敬에 있었다. 마음이 아직 발하지 아니했을 때나 이미 발했을 때나, 일이 없을 때나 있을 때나 動靜을 불문하고 敬의 생활화가 수기의 핵심이었다. 敬은 퇴계철학의 究竟地인 理의 인식과 실현을 가능케 하는 현실적인 대안이었고, 언제 어디서나 항상 지녀야 할 생활철학 그 자체였다. 그래서 그는 敬을 이념화한 宋代 眞德秀가 쓴『心經』을 매우 중시하여 말하기를 "心經을 읽은 후에야 비로소 心學의 淵源과 心法의 精微함을 알게 되었고, 평생에 이 책을 믿기를 神明같이 하였고 이 책을 공경

---

51) 이완재,「퇴계의 인간관」,『퇴계 이황』, 예문서원, 2002, 138쪽.
   『退溪全書』, 卷7,「心學圖說」, "學者熟究於主一無適之說 整齊嚴肅之說 與夫其心收斂常惺惺之說 則其爲工夫也盡 而優入於聖域 亦不難矣."「大學經」, "或曰 敬若何以用力耶 朱子曰 程子嘗以主一無適言之 嘗以整齊嚴肅言之 門人謝氏之說 則所謂常惺惺法者焉 尹氏之說 則有其心收斂 不容一物者焉云云."

52)『退溪全書』, 卷7,「進聖學十圖箚 幷圖」, "……至於積眞之多 用力之久 自然心與理相涵 而不覺其融會貫通 習與事相熟 而漸見其坦泰安履."

하기를 엄한 아비와 같이 하였다고 하였다.53) 이와 같이 퇴계의 학문은 敬에 의한 마음공부, 마음공부에 의한 군자의 인격함양, 군자에 의한 王道의 실현, 聖學의 구현에 있었던 것이다.

율곡의 경우는 誠이 수기와 가치론의 핵심으로 중시되었다.54) 물론 율곡도 敬을 말하지 않은 것은 아니지만, 誠이 중핵적 원리로 중시된다. 誠은 본래 『中庸』에서 강조되었는데, 주자는 이를 '진실하여 거짓이 없는 것'으로 해석히였다.55) 따라서 誠은 참, 진실의 의미를 갖는다. 誠은 자연의 도리이고 그 誠을 본받아 참되고자 노력하는 것은 인간의 도리이다. 여기에서 誠은 자연의 질서인 동시에 인간이 밟아 가야할 당위로 규정된다. 송대 주자는 이 誠을 實有之理와 實然之心으로 해석하였다.56) 이를 본받아 율곡은 誠을 實理와 實心으로 해석하였다.57) 誠은 우주자연에 있어서는 참된 이치가 되고, 이것이 인간의 마음에 내재해서는 참된 마음 즉 實心이 된다. 율곡은 인간에게 가장 중요한 것이 바로 實心의 확보라고 보았다. 율곡에 의하면 "한 마음이 참되지 아니하면 만사가 모두 거짓이니 어디를 간들 행할 수 있으며, 한 마음이 진실로 참되면 만사가 모두 참이니 무엇을 한들 이루지 못하겠느냐"고 하였다.58) 이와 같이 율곡은 誠을 말하지만 體로서의 誠보다 用으로서의 誠에 더 관심을 가졌고, 이것이 바로 '誠之'로서 '誠之'의 측면이 그의 務實사상으로 구체화된

---

53) 『退陶先生言行通錄』, 卷2, "先生自言 吾得心經而後 始知心學之淵源 心法之精微 故吾平生 信此書如神明 敬此書如嚴父."
54) 채무송, 「퇴율성리학의 비교연구」, 『율곡사상논문집』, 율곡문화원, 1973, 130쪽.
55) 『中庸』, 第21章, 朱子註, "誠者 眞實無妄之謂 天理之本然也."
56) 『性理大全』, 卷37, "誠者 在道 則爲實有之理 在人 則爲實然之心."
57) 『栗谷全書』, 拾遺, 卷6, 「四子言誠疑」, "天道卽實理 而人道卽實心也."
58) 『栗谷全書』, 卷21, 「聖學輯要」, 3, "一心不實 萬事皆假 何往而可行 一心苟實 萬事皆眞 何爲而不成."

것이라 할 수 있다.59) 인간 주체의 誠實性 확보, 眞實心의 확보가 개인의 수기뿐만 아니라 정치에도 근본이 된다고 보았다.

율곡은 이 實의 추구를 '務實'이라 하고, 眞實心의 확보에서 나아가 實踐性, 實用性, 實效性의 추구를 강조하였다.60) 율곡은 그의 상소문과「東湖問答」등을 통해 당시 현실의 實의 부재현상을 통렬하게 비판하고, 매사에 진실성, 실천성, 실용성이 확보되어야 한다고 보았다.

이러한 율곡의 誠의 윤리, 實의 추구는 퇴계의 敬에 비해 보다 강한 실천성과 현실성을 담고 있다. 율곡에 있어서는 개인의 수기가 바탕이 되지만, 여기에 머물지 않고 철저한 憂患의식으로 나라와 민생을 책임지고 경영하는 데까지 나아간다. 율곡의 이러한 務實的 학풍은 이후 전개되는 17세기 이후 조선조 實學 발흥(勃興)에 지대한 영향을 미쳤고, 율곡학이 성리학과 실학을 겸비한 특성을 갖는다.61) 비교적 관점에서 보면 퇴계는 敬을 통해 윤리적 인간을 희구했고, 율곡은 誠, 實을 통해 진실한 주체를 확립하고 나아가 진실한 사회, 실천적 기풍, 실용적 가치관을 추구했던 것이다. 퇴계의 敬이 개인의 수기적 측면에 초점을 맞추었다면, 율곡의 誠(實)은 개인의 수기에서 나아가 사회적 실현에 대한 강한 의지와 관심을 가졌다는데 특징이 있다. 또 퇴계가 敬을 통해 윤리적 심성과 인격을 함양하고자 한데 대해, 율곡은 誠의 윤리적 가치는 물론 實利, 實用, 實質, 實效라는 경제적, 물질적 가치까지도 함축하고 있다는데 그 특징이 있다.

59) 황의동, 『율곡사상의 체계적 이해2』, 서광사, 1998, 47쪽.

60) 황의동, 『율곡사상의 체계적 이해2』, 53~67쪽 참조.

61) 황의동, 『율곡 이이』, 살림, 2007, 100~104쪽 참조.

7. 맺는 말

　퇴계와 율곡은 거의 같은 시대를 살았지만, 세계를 보는 눈과 철학하는 입장에 있어서 다른 점이 있었다. 우선 퇴계는 가치론적 관점을 지니고 있었지만, 율곡은 존재론적 관점을 갖고 있었다. 퇴계의 관심은 사화시대로 얼룩진 윤리적 위기의 타개, 인륜질서의 회복에 있었다. 그래서 理氣의 혼동을 경계하고 理氣의 가치적 구별을 강조하였다. 이에 대해 율곡은 理氣가 오묘하게 하나의 존재양태로 있는 존재의 신비를 體認하는데 깊은 관심이 있었고, 일단 존재론적 정합성에 주목하고 가치나 수양의 문제로 관심을 옮겨갔다.

　또한 퇴계는 理氣互發論을 통해 사단과 칠정을 구별하고, 도덕적 특수 감정(사단)과 일반 감정(칠정)의 가치적 구별에 주목하였다. 여기에서 퇴계는 사단의 근원처를 理에, 칠정의 근원처를 氣에 두어 理의 능동적 자발성을 강조하였다. 이에 대해 율곡은 氣發理乘을 자연과 인간 모두에 공통적으로 적용하고, 오직 발하는 것은 氣요 理는 그 스스로 발하지 아니하고 발하는 氣의 근본이 되고 주재가 된다 하였다. 따라서 율곡은 사단이나 칠정이나 모두 氣發理乘의 구조로 이해하고, 칠정가운데에서 사단을 이해하고자 하였다. 여기에서도 퇴계가 理의 發을 주장하는 본래적 의도가 가치론적 시각에 있지만, 율곡이 理의 發을 결코 인정하지 않는 것은 존재론적 시각에서 形而上者의 발용을 인정하지 않기 때문이다.

　또한 퇴계는 主理的 입장에서 氣를 상대적으로 경시하고 부정적으로 인식한다. 理의 體認, 理의 實現이 그의 철학적 목표이자 이상이다. 그에게 理는 신이며, 절대적 가치이며, 善 그 자체이다. 理는 절대시되고 만물의 창조적 活物로 간주된다. 여기에 理에 대한 자발성과 능동성을 인정하는 논리가 가능하다. 도덕적 본성의 자발성을 인정할 때 인간의 도덕적 행위가 가능하다는 것이다. 상대적으로 퇴계에 있어서의 氣는 악의 경향성으로 불안하고 위험한 경계의 대상이다. 理에 대한 尊信, 氣에 대한 불신과 부정적 인식이 퇴계철학의 특징이다.

율곡은 이에 반해 理氣之妙의 관점을 견지한다. 理도 중요하지만 氣도 중요하다고 생각한다. 만일 氣가 아니면 理가 실현되지 못하고 理도 불완전자로 남게 된다고 본다. 퇴계의 눈으로 보면 理는 氣와 관계없이 선하고 완전한 것이다. 그러나 율곡의 눈으로 보면 氣 없는 理란 반쪽에 불과하고 氣를 통해 理가 보완된다. 氣도 理 만큼 중요한 위상과 역할을 갖게 된다. 그리고 퇴계에 의해 가치적으로 貶下되었던 氣에 대해 율곡은 도리어 氣의 有爲性 내지 作用性을 변화와 발전의 동력으로 이해한다. 개인적 수기에 있어서는 氣質變化의 원리로, 사회적으로는 개혁의 동력으로 이해하는 것이다. 이념과 사실, 이론과 실천, 정신과 물질, 이상과 현실, 윤리(義)와 경제(利)의 조화와 균형을 추구하는데 율곡 理氣之妙의 의의가 있다.

또한 퇴계는 敬을 개인의 修己나 聖學의 요체로 중시하였다. 理의 체인, 理의 실현도 敬을 통해 가능하다고 보았다. 퇴계에 있어서는 敬을 통해 개인의 수기를 이루고, 帝王의 聖學도 이것이 근본이 된다. 퇴계의 敬은 對人, 對事의 일체 모든 관계에서 적용되지만, 궁극적으로 敬은 인간 주체의 마음공부라고 볼 때 修己的 성격이 매우 짙다. 율곡도 敬을 말하지 않은 것은 아니지만, 그에게는 敬보다 誠이 중시된다. 율곡의 誠은 宋學에 의해 實로 구체화되어 實理, 實心이 되고 實學의 논리로 발전한다. 율곡은 인간 주체의 진실한 마음이 중요하다고 하면서, 이 實心이 사회적으로 확충되고 실현되어야 한다 하였다. 그리고 이 誠은 眞實이라는 윤리적 의미 말고도 實用, 實踐의 의미를 擔持하여 務實學風으로 나타났고, 17세기 이후 조선 후기 실학의 발흥에도 영향을 미쳤다.

제4장 牛溪 成渾의 德行과 尊崇

1. 시작하는 말

牛溪 成渾(1535~1598)은 16세기 조선조 성리학 전성기를 대표하는 유학자로서, 학문과 덕행이 뛰어나 '東國 18賢'으로 추앙되고 있다. 그는 栗谷 李珥, 龜峰 宋翼弼과 더불어 기호유학의 씨를 심고 조선 성리학의 발전에 크게 기여하였다. 특히 1572년 율곡과 성리논쟁을 하여 退高四七論辯에 이은 조선 성리학 발전의 큰 계기를 만든 것은 역사적으로 매우 중요한 의미가 있다. 왜냐하면 조선 성리학의 심화 과정에 있어서 退高四七論辯과 牛栗性理論辯은 매우 중요한 의미를 갖기 때문이다. 여기서 도출된 우계의 理氣一發說은 퇴계의 主理論的 철학정신을 계승하면서도 다른 한편으로는 道友 율곡의 氣發理乘一途說을 받아들임으로써 절충적 성격을 갖는 것이고, 이것이 바로 우계의 철학적 정체성이 되었던 것이다.

그런데 우계는 이처럼 성리의 이론에도 조예가 깊고 밝았지만, 덕행에 있어 남다른 평가를 받아왔다는 점에 주목해야 한다. 유학이란 聖人之道요 君子之道라고 할 때, 그것은 참된 인격, 조화로운 인간, 전인적 인간을 말하는 것이다. 유학은 이론이 중요하지만 실천이 더욱 중요하고, 말보다 행실을 더욱 중요하게 여긴다. 『논어』에서 공자는 실천의 중요성을 특별히 강조하는 것이며,1) 실천이 결여된 군자, 眞儒란 있을 수 없는 것이다. 물론 말과 행동, 이론과 실천을 겸비하는 것이 이상이지만, 유학의 입장에서는 이론이 좀 부족해도 실천이 독실한 것을 더욱 의미 있게 생각한다. 우계는 조선조 유학자 가운데에서 덕행의 측면에서 가장 높은 평가를 받은 한 사람이다. 먼저 그가 죽은 후 사관에 의해 기록된 「卒記」의 내용을 참고해 보기로 하자.

戊戌年(1598년, 선조 31) 6월에 전 의정부우참찬 成渾이 졸하였다. 성혼은 字가 浩原인데, 타고난 천품이 매우 고상하고 德器가 일찍 이루어졌다. 어렸을 때부터 가정의 교훈을 착실히 실천하였고, 또 일찍이 李滉을 尊慕하여 私淑하였다. 학문은 朱子를 기준으로 삼아 강론하여 밝히고 실천하는 공부를 모두 지극히 하였으며, 本源의 공부에 더욱 부지런하였다. 李珥와 四端七情과 理氣의 선후에 대해 논한 말을 주고받은 것이 수천 자에 이르는데, 선유들이 미처 발명하지 못한 것을 많이 발명하였다. 李珥는 일찍이 말하기를, "만약 견해의 造詣를 논한다면 내가 다소 나은 점이 있을 것이나, 操行이 독실하고 확고함에 있어서는 내가 미치지 못 한다"고 하였다.(宣廟寶鑑에 기록된 史臣의 논단)2)

여기서 우계는 일찍이 德器가 이루어진 인물로 평가되고 있고, 가정의 교훈을 착실하게 실천한 인물로 묘사되고 있다. 또한 주자학을 강론해

---

1) 『論語』, 「學而」, "子曰 弟子入則孝 出則弟 謹而信 汎愛衆 而親仁 行有餘力 則以學文."
   『論語』, 「里仁」, "子曰 君子欲訥於言 而敏於行."
   『論語』, 「憲問」, "子曰 君子 恥其言 而過其行."
2) 『국역 우계집3』, 우계연보보유 제1권, 「덕행」.

밝히고 실천하는 공부에 지극하였으며, 율곡의 말을 빌어 操行이 독실하고 확고한 인물로 평가되고 있다.

또 淸陰 金尙憲(1570~1652)은 우계의 「神道碑銘」에서 "선생은 천품이 독실하고 민첩하여 저절로 道에 가까웠으며, 거처하는 집을 默庵이라 호하여 스스로 경계하였다. 처음 聽松이 趙靜庵의 문하에 從遊하여 올바른 학문을 얻어 들었는데, 선생은 가정에서 배워 道를 들음이 매우 빨랐다. 일찍이 한 번 과거에 응시하여 초시에 합격하였으나 병환 때문에 覆試에 응시하지 못하였다. 이로부터 마침내 과거공부를 포기하고 爲己之學에 전념하였다. 평소 趙靜庵과 李退溪를 높이고 사모하였으며, 위로 거슬러 올라가 考亭을 표준으로 삼았다. 이때 栗谷 李文成公 또한 道學으로 자임하여 서로 함께 의리를 강명하여 조예가 더욱 깊으니, 한 시대의 선비들이 모두 귀의하여 牛溪先生이라 칭하였다."3)고 칭송하고 있다. 여기서도 우계는 천품이 독실하고 민첩하여 저절로 道에 가깝다 평하고, 일찍이 爲己之學에 전념하여 한 시대의 선비들이 귀의하여 우계선생이라 존숭했다고 한다.

또 道友 율곡은 우계의 인품에 대해 일찍이 칭찬하기를, "만약 견해의 경지를 가지고 논한다면 내가 다소 나은 점이 있겠으나, 操行의 篤實함은 내가 우계에게 미치지 못 한다"고 고백하였다.4) 율곡의 이 평가야말로 우계의 인품을 가장 적실하게 표현한 것이라 생각된다. 율곡 스스로 操行의 독실함이 자신보다 낫다는 평가를 하는 것이고, 이 점이 우계의 우계다운 점이며 우계의 진면목이 여기에 있다고 볼 수 있다.

우계의 덕행이나 操行에 대한 높은 평가는 그의 친우나 문인 후배 유학자들에 의해 일관되게 나타난다. 우계 문하에서 직접 공부했던 重峰

---

3) 『국역 우계집3』, 「신도비명 병서, 김상헌」.
4) 『국역 우계집3』, 「행장, 이정귀」.

趙憲(1544~1592)은 우계의 인품에 대해 다음과 같이 말한다.

　동방의 남자로서 욕심의 함정에서 스스로 초탈한 자가 李之菡, 成渾
외에 다시 몇 사람이 있겠습니까. 신이 이 세상에서 師事한 자가 세 분
인데 李之菡, 成渾, 李珥입니다. 이상의 세 사람은 학문을 성취한 것은
비록 똑 같지 않으나, 마음을 깨끗이 하고 욕심을 적게하며, 지극한 행
실이 세상의 모범이 된 점에서는 똑같습니다. 신은 그 만분의 일이나
마 따르려고 하나 할 수가 없습니다(『重峰集』, 丙戌年疏)5)

　마음이 통달하고 깨끗하며 道를 봄이 분명하여 사람들로 하여금 심
취해서 자연히 보고서 감동하는 유익함이 있게 하신 분은 율곡선생이
요, 법도를 삼가 지키고 학문하는 순서가 매우 엄격하여 일상생활의
언행이 모두 본받을 만 하므로, 문하에 있는 자로써 비록 재주가 둔한
사람이라도 반드시 소득이 있게 하신 분은 우계선생이니, 그 기상을
논하면 明道와 伊川이 서로 다른 것과 같다.(重峰語錄)6)

조헌은 동방의 남자로서 욕심의 함정에서 초탈한 자로 토정 이지함과
우계 성혼을 들고 있다. 그리고 자신의 스승인 우계, 율곡, 토정 세 분이
모두 마음을 깨끗이 하고 욕심을 적게 하며, 지극한 행실이 세상의 모범
이 된 것은 공통점이라 평하였다. 또 조헌은 법도를 삼가 지키고 학문하
는 순서가 매우 엄격하여, 일상생활의 언행이 모두 본받을 만 하므로 문
하생들 가운데 비록 재주가 둔한자라도 반드시 소득이 있게 한 분이 우
계선생이라고 술회하고 있다. 우리는 중봉의 스승 우계에 대한 이러한

5) 『국역 우계집3』, 우계연보보유 제1권, 「덕행」.
6) 『국역 우계집3』, 우계연보보유 재1권, 「덕행」.

평가를 통해 인격적으로, 도덕적으로 존경하고 흠모하는 제자의 애틋한 스승애를 볼 수 있다.

浦渚 趙翼(1579~1655)은 우계를 변호하는 乙亥年 상소에서 "趙憲은 행실이 뛰어났으니, 또한 백세의 스승이라 할 수 있습니다. 나이가 성혼과 비슷하여 그다지 차이가 나지 않는데도 평생 동안 매우 정성껏 스승으로 섬겼으니, 여기에서도 성혼의 덕행이 높아 사람을 감복시켰음을 볼 수 있습니다."[7] 라고 적고 있다. 여기서 조헌은 우계와 나이가 9살 차밖에 나지 않는데도 평생 스승으로 지극히 존숭해 모셨는데, 그것은 우계의 덕행이 높아 감동했기 때문이라는 것이다.

또한 市南 兪棨(1607~1664)는 "성혼의 학문은 가정에서 얻어 淵源이 매우 바릅니다. 인품이 장중하고 순수하여 겉과 속이 한결 같았으며, 出處와 語默을 모두 성현을 본받아 德器가 성취되어 우뚝이 士林의 영수가 되었으니, 바로 상서로운 기린과 봉황이 당세에 儀表가 되는 것과 같았습니다."(市南 兪棨의 王寅年 疏)[8]라고 평하고 있다. 여기서 유계는 우계를 사림의 영수, 당세의 儀表라고 숭앙하면서 그 이유는 덕행에서 찾았던 것이다.

또 南溪 朴世采(1631~1695)도 "우계 선생은 靜庵 趙文正公의 학문을 선친인 聽松公에게서 배워 坡平山 속에서 강학을 통해 전수하였다. 그리고 栗谷 李文成公과 서로 학문을 강론하여 붕우 간에 유익하게 함이 더욱 지극하였으니, 門路의 올바름과 실천의 독실함이 우리나라 儒賢 중에 혹시라도 이보다 앞설 분은 있지 않다."(『南溪集』)[9]고 평한다. 여기서 박세채는 우계를 가리켜 '문로의 올바름과 실천의 독실함'에서 우리나라의

---

7) 『국역 우계집3』, 우계연보보유 제1권, 「덕행」.
8) 『국역 우계집3』, 우계연보보유 제1권, 「덕행」.
9) 『국역 우계집3』, 우계연보보유 제1권, 「덕행」.

제 일인자라고 평가하고 있는 것이다. 이러한 우계의 덕행에 대한 일관된 평가는 남다른 바 있고, 우계의 학문적 평가 못지않게 중요한 의미를 갖는다.

그럼에도 불구하고 우계 자신은 겸양을 잊지 않는다. 우계는 말하기를, "어리석은 신으로 말하면 局量이 작고 재주가 보잘 것 없는 微物이니, 근본은 확립되었으나 재주가 없는 선비이기에 애당초 기대할 수 없습니다. 그런데 외면만 힘쓰고 爲人之學을 하여 學行이 있다는 명성을 얻었습니다.……그리하여 종래에 아뢰어 천거하는 의논이 모두 평소에 서로 알지 못하는 사람들에게서 나와, 閑人이요 處士라는 명칭을 붙이며 直諫을 하고 道를 행하는 직책에 처하게 하였습니다."10) 라고 한다. 자신의 局量과 재주는 미미하고 爲人之學에 힘써 學行의 명성만 얻었으며, 閑人, 處士라는 칭호를 듣지만 자신에게 과분하다고 말한다. 그는 또 "신은 폐질이 있는데다가 용렬한 자질로 오랫동안 헛된 명성을 도둑질 하여 官爵을 받은 것이 전후에 거쳐 27번이나, 질병이 몸에서 떠나지 않아 봉직할 수 없었으므로 여러 번 글을 올려 위태로운 정상을 모두 아뢰었습니다."11)고 임금에게 자신의 처지를 설명한다. 마찬가지로 "신은 선비로서 참으로 미미하고 미미합니다. 용렬하고 형편없는 보통의 부류로써 학문은 단 하루 동안의 공부도 없고, 정신은 혼몽하고 망녕되어 조금도 쓰임에 적합한 재주가 없습니다. 다만 선친인 成守琛의 이름이 당세에 알려졌으므로, 이로 인하여 이름이 팔려서 외람되이 선발하는 대열에 끼어 사람들을 속이는 처지가 되고 말았으니, 신이 이제 스스로 그 폐해를 입어 도망할 곳이 없습니다."12)라고 하였다. 여기서도 자신은 용렬하고 형

10) 『국역 우계집1』, 제2권, 장소1, 「부르는 명령을 사양한 소」.
11) 『국역 우계집1』, 제2권, 장소1, 「부르는 명령을 사양한 소」.
12) 『국역 우계집1』, 제2권, 장소1, 「부르는 명령을 사양한 소」.

편없는 보통사람이라 하고, 학문도 보잘 것 없고 정신도 망녕되어 조금
도 쓸 만한 재주가 없다고 자신을 말한다. 다만 부친 성수침의 이름과 명
성으로 세상에 알려지고 쓰이게 되니 부끄럽다고 말하는 것이다.

이와 같이 우계는 師友, 문인, 後儒들에 의해 일관되게 그 덕행과 실천
그리고 훌륭한 인품에서 존경과 흠모를 받았음에도 불구하고, 그 자신은
평생 謙讓으로 일관하고 있음을 보게 된다. 이 점이 또한 우계의 우계다
운 점이라 할 것이다.

본고는 우계를 성리의 이론적 측면이 아니라 그의 삶에 드리운 덕행
과 훌륭한 인품을 중심으로 조명하는데 목적이 있다. 한 인물의 드러난
업적이나 행적을 통한 평가는 쉽지만, 그의 삶에 감추어진 덕행과 인품
에 대한 평가는 매우 어려운 일이다. 다만 역사적 기록과 문집 등 관련
자료에 근거하여 우계의 덕행과 그 존숭의 의미를 고찰해 보고자 한다.

2. 孝行의 실천

문인 신응구(申應榘, 1553~1623)는 항상 말하기를, "우리 선생의 효행
을 아는 자가 세상에 드물다. 선생은 일찍이 學行으로 이름나셨기 때문
에 한 가지 선행으로 일컬어지지 못하는 것인데, 실제는 참으로 효자이
다" 하였다. 그리고 어느 유명한 卿이 사람들에게 이르기를, "이 분은 평
소 어버이 섬기기를 지극히 효성스럽게 하였으니, 국가에서는 마땅히 그
분의 집 문에 旌表를 했어야 했다. 그런데 뒤에 학문이 날로 진전되어 이
름이 한 세상을 덮어 儒林의 師表가 되었으므로, 사람들이 효자라고 지
목할 수가 없었던 것이다" 하였다.[13] 이 글을 통해서 우계가 학행뿐만

---

13) 『국역 우계집3』, 우계연보보유 제1권, 「덕행」.

아니라 효행이 뛰어나 이미 젊은 시절부터 세인으로부터 효자로 칭송되었음을 말해 주고 있다. 孝는 백행의 근본일 뿐 아니라 仁의 실천도 孝悌로부터 비롯되는 것이다.14) 유학자로서의 우계, 선비로서의 우계에게 효행의 실천은 가장 기본적인 인간의 도리를 다 했음을 말해주는 것이다.

우계는 젊었을 적에 집이 가난하여 부모를 봉양하느라 힘들게 일하고 고심하여 부모의 마음을 기쁘게 하였으며, 힘써 맛있는 음식을 장만하느라 몸소 물고기를 잡고 사냥을 하는 수고로움을 피하지 아니하여 일찍이 맛있는 음식이 떨어진 적이 없었다고 한다.15)

우계는 부친의 증세가 위독해지자 손가락을 잘라 피를 올리려 하였으나, '손가락은 사람들이 항상 보는 것이니, 효도한다는 이름을 얻으려는 혐의가 있다'고 생각하여, 마침내 두 차례나 넓적다리 살을 베어 올렸다. 그러나 우계는 평생 이 사실을 철저히 숨겨 자손들에게 말씀한 적이 없었으므로 아는 자가 극히 드물었다고 한다.16)

또한 부친 청송이 몇 년 동안 풍병을 앓았는데, 우계는 아버지를 모시고 간호하여 밤낮으로 옷을 벗지 않았으며, 잠시도 곁을 떠나지 않았다. 청송은 선생이 병이 날까 염려하여 밤이 깊으면 물러가 쉬게 하였으나, 선생은 '예예' 대답하고 나와서는 방문 밖에서 기다리고 자기 방으로 가지 않으면서 어버이가 이 사실을 알지 못하게 하였다고 한다. 이때에 병환이 크게 위독해지자 선생은 넓적다리의 살을 베어 재를 만들어서 약에 섞어 올렸는데, 병환이 곧 나았다고 전해진다.17)

---

14) 『論語』, 「學而」, "孝弟也者 其爲仁之本與."
15) 『국역 우계집3』, 우계연보보유 제1권, 「덕행」.
16) 『국역 우계집3』, 우계연보보유 제1권, 「덕행」.
17) 『국역 우계집3』, 「우계연보」, 42년(1563년, 명종 18) 계해 조.

그러나 청송이 거의 정상을 회복한지 반년 만에 예전의 증세가 다시 나타나 날로 위독해지자, 우계는 또다시 넓적다리의 살을 베어 올렸다. 그리고 상을 당하고 초상을 치르고 제사하는 節文을 한결같이 『家禮』를 따랐다.18) 이를 통해서 볼 때, 우계의 효행은 지극했음을 알 수 있고, 자신의 효행이 세상에 드러나는 것조차 경계한데서 효행의 진정성을 볼 수 있다.

우계는 부친의 상을 당하자 3년 동안 여묘살이를 하고, 喪禮의 節文을 모두 『小學』과 『家禮』를 따라 행하였다.19)

아울러 우계는 부친을 여읜 다음 선친의 가르침을 공경히 받들어 돌아가신 분을 살아계실 때와 똑같이 섬겼다. 그리하여 선조의 뜻과 사업을 계승하는 일에 정성을 지극히 하지 않은 것이 없었다. 특별히 제사를 지내는 일을 삼가하여 몸과 마음을 깨끗하고 한결같이 함으로써 정성과 사랑을 지극하게 하였으며, 가정 형편에 맞추어 제물을 장만하되 되도록 정결하게 하였다. 그리고 祭田과 노비를 충분히 마련하여 제사를 받들게 하였으며, 자손들에게 유서를 남겨 자자손손 田宅과 노비를 나누어 갖지 못하도록 하여 영구한 계책으로 삼았다.20)

이와 같이 우계의 효행은 남다른 바 있었고 학행 못지않은 의미를 갖고 있었던 것이다. 물론 孝悌의 실천이 하나의 교양으로 생활화 되었던 시대였지만, 우계의 효행은 하나의 모범으로 일컬어질 만한 충분한 가치가 있었던 것이다.

---

18) 『국역 우계집3』, 「우계연보」, 43년(1564년, 명종 19) 갑자 조.

19) 『국역 우계집3』, 「신도비명, 김상헌」.

20) 『국역 우계집3』, 우계연보보유 제1권, 「덕행」.

3. 道義之交

우계의 일생에서 栗谷 李珥, 龜峰 宋翼弼과의 만남은 매우 중요한 사건이었다. 물론 그밖에도 우계는 松江 鄭澈, 思庵 朴淳과도 친하게 지냈고 정치적 행보를 함께 했다. 이 가운데 율곡, 구봉과의 道義之交는 붕우간의 교제를 어떻게 해야 하는가 하는 하나의 典範이 되고 있다. 우계와 율곡, 구봉은 나이도 비슷하고 삶의 무대도 같은 지역으로 어려서부터 친밀하게 지냈다. 구봉이 1534년에, 우계가 1535년에, 율곡이 1536년에 태어나 각각 한 살 차이가 난다. 그리고 우계는 파주가 본향이고 구봉 역시 파주, 고양에서 생장하였다. 율곡의 경우는 강릉 외가에서 태어났지만 아버지의 본향은 파주였다. 그러므로 자연스럽게 어려서부터 어울릴 수 있었고, 유학에 뜻을 가진 학문적 동지로서 절차탁마(切磋琢磨)했던 것이다. 서로 격려하고 비판 충고하면서 16세기 조선유학의 큰 학자로 대성한 것은 매우 의미 깊은 일이다. 특히 우계와 율곡은 '東國 18賢'으로 추앙되어 사림의 존숭을 받고 있으며, 구봉의 불우한 신분에도 불구하고 이 세 분의 우정이 평생 변치 않았음은 배워야 할 교훈이다. 이제 이러한 세 분의 우정을 통해 우계의 덕행을 검토해 보고자 한다. 우계는 율곡을 친우 이상으로 존경하고 기대가 컸음을 곳곳에서 볼 수 있다.

> 율곡 이 선생과는 弱冠시절에 道義之交를 맺고 성현의 떳떳한 교훈으로 스스로를 다스렸으며, 經籍을 토론하고 의리를 講磨하며 切磋琢磨해서 朋友간에 도움을 주고받은 것이 가장 많았다. 선생은 언제나 말씀하시기를, "율곡은 나의 벗이 아니고 바로 나의 스승이다"라고 하였으며, 忌日을 만나면 반드시 그를 위하여 素食을 하곤 하였다.21)

이와 같이 우계는 20살 때 율곡과 道義之交를 맺고 평생 변함없는 우
정으로 서로 격려하며 훌륭한 유학자로 성장하였다. 우계는 학문에 있어
서 율곡의 도움을 많이 받았음을 알 수 있고, 그 스스로 율곡은 나의 벗
이 아니라 스승이었다고 술회하였다. 우계가 율곡을 얼마나 친우로서 그
리워하고 사랑하는가를 다음 글을 통해 짐작할 수 있다.

> 지난 밤 꿈에 형을 뵙고는 아침에 일어나 사모하는 정이 지극하였는
> 데, 뜻밖에 이 편지를 받고 세 번이나 반복하여 읽고 나니 마음이 위로
> 되고 후련합니다. 돌아오신 뒤에 근황이 한결 나아지셨다 하니 그리워
> 하는 마음 금할 수 없습니다.[22]

다음 글은 우계가 친우 율곡을 어떻게 보고 있는지를 잘 설명해 준다.

> 叔獻을 보면 병이 없고 정신이 맑으며 의리에 민첩하니, 끝내 그를
> 따라갈 수가 없다. 또 보면 몸을 닦아 자신감에 차 있으며, 사무를 처
> 리할 때 여유가 있어 기세가 절로 크니, 사람들이 얕볼 수 없다. 그리
> 고 官爵에 제수되어도 당연한 일로 여기며, 또 운명과 분수가 본디 정
> 해져 있는 이치를 말하곤 하였다.[23]

이처럼 우계가 본 율곡은 총명하고 의리가 밝고 자신만만하며 사무에
능해 도저히 따라갈 수 없는 인물로 묘사되고 있다. 그래서 우계는 율곡
에 대한 기대가 매우 커서 다음과 같이 말한다.

---

21) 『국역 우계집3』, 우계연보보유 제1권, 「덕행」.
22) 『국역 우계집2』, 속집, 제3권, 간독, 「이숙헌에게 보내다」.
23) 『국역 우계집2』, 속집, 제6권, 잡저, 「잡기」.

어리석은 저는 족하에 대한 바람이 매우 큽니다. 그리하여 중대한 임무를 맡고 원대한 경지에 이르기를 오직 족하 한 분에게 기대할 뿐입니다. 그러므로 감히 숨기지 않고 말하여 善言을 듣기 좋아하는 족하에게 올리는 것인데, 高明한 족하가 저의 이 말을 받아들일지 모르겠습니다.[24)]

오직 자질이 아름다운 高明께서 잘못됨이 없이 잘 배워서 斯文을 傳承하는 重任을 맡으시기를 바랄 뿐입니다. 저의 이 말은 병을 삼가라고 권고하는 것이지, 과거에 응시하지 말라고 권하는 것은 아닙니다.[25)]

이와 같이 우계는 道友 栗谷의 타고난 자질과 경륜에 대해 자랑스럽게 생각하고, 율곡이 斯文을 전승하는 重任을 맡아주기를 간절히 기대했던 것이다.

그러나 우계는 율곡에 대해 이러한 칭찬과 격려만 한 것은 결코 아니었다. 총명한 자질을 지녔던 율곡의 한계와 단점을 친우인 우계는 누구보다 가까이서 보고 알았기 때문이다. 그래서 우계는 율곡에게 가혹할만큼 비판과 충고를 서슴지 않는다. 우계는 율곡에게 충고하기를, "尊兄께서는 재주가 너무 높고 행적이 너무 드러나며, 하는 일이 너무 기이하여 이 일이 있기 이전에도 남김없이 표출되고 말았으니, 어찌 오늘에서야 그런 것이겠습니까. 이제부터라도 힘써 함양하고 숨겨 감춘다면 절반쯤은 수습할 수가 있을 것입니다."[26)]라고 한다. 우계는 율곡의 재주가

24) 『국역 우계집2』, 속집, 제3권, 간독, 「이숙헌에게 보내다」.
25) 『국역 우계집2』, 속집, 제3권, 간독, 「이숙헌에게 보내다」.
26) 『국역 우계집2』, 속집, 제3권, 간독, 「이숙헌에게 보내다」.

너무 높고 행적이 너무 드러나며 하는 일이 너무 기이하다고 걱정한다.
여기서 '너무'라는 표현애서 우계의 걱정이 무엇이며 율곡의 문제점이
무엇인가를 짐작케 한다. 따라서 우계는 이제부터라도 제발 겸양하고 함
양하는 공부에 힘쓰기를 당부하는 것이다. 또 우계는 친우 율곡에게 작
심하고 장문의 편지로서 비판과 충고를 아끼지 않는다.

저는 오랫동인 족하를 의심하는 마음이 있었으므로 의혹하는 말을
한 번 족하에게 아뢰지 않을 수 없습니다. 족하는 총명한 재주와 道에
나아갈 수 있는 자품이 있으나 약관의 나이에 이러한 병이 있었습니
다. 그런데도 오히려 몸을 보살피지 않고 한 마음으로 학문에 전념하
여 분발해서 전진하였으니, 이는 바로 옛 사람이 道를 구하던 용맹이
요, 아침에 道를 들으면 저녁에 죽어도 좋다는 뜻입니다.

그러나 병중에 너무 지나치게 사색하고 절제함이 없어 이미 지나치
게 動하는 병폐가 있는데, 더구나 才藝가 많아서 공부를 專一하게 하
지 않고, 여러 가지를 함께 받아들이는 즈음에는 사사로움과 거짓이
날로 기승을 부리게 될 것입니다. 무익한 문장을 지어서 언어로 자랑
하며, 자그마한 녹봉을 도모하여 章句를 背誦하며, 많은 지식을 탐하
고 넓게 보는 것을 힘쓰다 보면 마음이 분주하여 자연스럽게 깊은 세
계에 빠져들어, 오래되어도 싫증이 나지 않는 즐거움은 누릴 수 없을
것입니다.

이렇게 되면 필경 가장 낮은 세속의 무리들과 하루아침의 득실을 다
툴 것이니, 이런 행위는 옳지 못하고 義와 利를 구분하지 못하여 큰 본
분을 잃게 되고 맙니다. 배우지 않을 것을 배우느라 마음의 기운이 안
으로 손상되고 형체와 정신이 밖으로 피폐한다면, 혈육의 몸이 어찌
쇠잔하여 다하지 않을 수 있겠습니까.27)

우계는 율곡이 아픈 가운데 너무 지나치게 사색하고 절제함이 없어 이미 지나치게 활동하는 병폐가 있는데, 더구나 재주가 너무 많아서 공부를 專一하게 하지 않고, 여러 가지를 함께 받아들여 사사로움과 거짓이 날로 기승을 부리게 될 것이라 경계한다. 또 無益한 문장을 많이 지어 자랑하며, 작은 녹봉을 도모하여 章句를 외우며, 많은 지식을 탐하고 넓게 보는 것을 힘쓰다 보면 마음이 분주하여, 자연스럽게 깊은 세계에 빠져들어 오래되어도 싫증이 나지 않는 즐거움은 누릴 수 없을 것이라고 충고한다. 그래서 필경 가장 낮은 세속의 무리들과 하루아침의 得失을 다툴 것이니, 이런 행위는 옳지 못하고 義와 利를 구분하지 못하여 큰 본분을 잃게 된다고 경계하였다. 따라서 배우지 않을 것을 배우느라 마음의 기운이 안으로 손상되고 형체와 정신이 밖으로 피폐한다면, 혈육의 몸이 어찌 쇠잔해 다하지 않을 수 있겠느냐고 우려하였다. 이는 우계의 진심어린 충고이며 재주와 경륜을 아끼는 친우로서의 진정어린 비판이었다. 우계의 이러한 비판과 충고는 계속 다음과 같이 이어진다.

족하의 심신과 내면을 제가 감히 알 수 없으나, 족하의 행적을 가지고 옛사람의 도에 맞추어 보면, 족하의 행위는 실로 의심스러운 점이 있습니다. 바라건대 족하는 은미한 생각을 깊이 살피고 사욕을 이기는 공부를 가하여, 風雷의 유익함을 행하여 옛 습관을 깨끗이 버리고 새로운 뜻을 불러들여야 할 것입니다. 이렇게 한 뒤에 本源을 함양하고 敬과 義의 공부를 함께 하여 爲己之學으로 마음을 세우는 요점을 삼고, 옳음을 구하는 것으로 일을 처리하는 법을 삼아서, 內外, 賓主의 구분과 出入, 生熟의 절차를 깊이 살펴, 이익을 꾀하고 공을 따지는 마음

27) 『국역 우계집2』, 속집, 제3권, 간독, 「이숙헌에게 보내다」.

을 끊어버리고, 속임수와 부황한 것을 사모하는 습관을 끊어버려 大中
至正한 법칙을 따라야 할 것입니다.[28]

옛 사람들은 과거를 중요시하지 않았는데, 족하는 반드시 과거를 중
요시하고 있어 큰 차이가 있습니다.[29]

叔獻의 뛰어남은 同類들이 진실로 따라갈 수 없으나, 그는 오늘날
이미 저술하는 사람으로 자처하니, 비록 지금 세상에 큰 식견을 지닌
자가 없어서 그가 자신 하지 않을 수 없다 하더라도, 그가 끝내 長한
바 때문에 곤궁하게 되어 함양하고 실천하는 공부를 달갑게 여기지 않
을까 염려됩니다. 세상의 지둔(遲鈍)한 자들은 이미 隱微한 것을 발명
하여 지극한 경지에 나아가지 못하고, 明敏한 자들은 또 마음을 비워
스스로 터득하려 하지 않음이 이와 같으니, 이 때문에 道가 밝아지지
못하고 행해지지 못하는 것입니다.[30]

여기서 우계는 율곡의 뛰어난 자품과 역량에도 불구하고 고쳐야 할
근본적인 문제점을 낱낱이 지적하고 있는 것이다. 우계는 율곡이 매사에
지나치게 자신하여 겸양하지 않는 점, 학문에 있어서도 지나치게 자신하
여 저술을 함부로 하는 점, 과거시험을 너무 자주 보고 명성을 즐기는
점, 내면적인 수양에 게으른 점 등을 지적해 충고하는 것이다. 친우 사이
에 자칫 벌어지기 쉬운 오해와 갈등을 넘어서서 진정으로 친우를 아끼고
사랑하는 마음으로 율곡에게 진정한 비판과 충고를 아끼지 않는 우계의
朋友之道를 볼 수 있다.

---

28) 『국역 우계집2』, 속집, 제3권, 간독, 「이숙헌에게 보내다」.
29) 『국역 우계집2』, 속집, 제3권, 간독, 「이숙헌에게 보내다」.
30) 『국역 우계집2』, 속집, 제5권, 간독, 「어떤 사람에게 보낸 편지」.

4. 일상생활의 모범

우계는 무엇보다 일상생활에서 남의 모범이 되고 스스로 자기관리에 충실하였다. 수기, 수양을 통한 군자의 길은 결코 쉬운 것도 아니고 갑자기 이루어지는 것도 아니다. 어려서부터 일상생활에서의 언행이 쌓이고 쌓여 이루어지는 것이다. 우계는 이 점에서 당대 존숭을 받고 남의 본보기가 되었다. 다음 河洛(?~ 1592)의 상소와 浦渚 趙翼(1579~1655)의 상소는 이러한 우계의 일상적인 덕행과 인품의 면모를 잘 대변해 준다.

> 성혼은 山林의 隱逸로 道를 간직하고 스스로 즐거워하였으며, 외물을 사모하는 생각이 없이 오로지 고요하게 스스로를 지키려는 마음만 지니고 있었습니다. 진실한 덕이 안에 쌓여 명성이 밖으로 알려지니, 사람들은 그의 출처를 보고서 세상이 잘되고 잘못됨을 점쳤습니다. 일찍부터 李珥와 道義之交를 맺어 하늘과 인간에 대한 학문과 義와 利의 분별을 서로 강론하며, 절차탁마하여 그 旨趣를 다하고 要諦를 맞췄으니, 비록 마음이 같고 덕이 같다 하더라도 괜찮습니다.(河洛의 癸未年 疏)31)

성혼은 일찍부터 과거공부를 포기하고 오로지 고인의 학문에 뜻을 두어, 山野에서 문을 닫고 학문에 沈潛하여 진리를 탐구해서 젊어서부터 늙어서까지 마음과 몸의 一動一靜을 한결 같이 법도대로 따랐습니다. 집에 거처할 때는 內外의 구별과 長幼의 차례와 선조를 받드는 예절에 있어 모두 일정한 제도를 만들었는데, 한결 같이 옛사람을 법으로 삼았습

---

31) 『국역 우계집3』, 우계연보보유 제1권, 「덕행」.

니다. 李珥와 道義之交를 맺고 서로 절차탁마(切磋琢磨)하여 덕을 이룸에 이르렀으니, 함양하고 體認하는 공부가 깊고 지극하여 종일토록 엄숙히 앉아 있는 것이 마치 소상(塑像)과 같았습니다. 李珥는 말하고 웃는 것이 和樂하여 배우는 자들이 그래도 친근히 할 수 있었으나, 성혼은 배우는 자가 비록 10년을 함께 거처하더라도 더욱 두렵게만 보일 뿐이었습니다.(浦渚 趙翼의 乙亥年 疏)[32]

河洛은 우계의 인품을 말하기를, '道를 간직하고 스스로 즐거워하였으며, 외물을 사모하는 생각이 없이 오로지 고요하게 스스로를 지키려는 마음만 지니고 있고, 진실한 덕이 안에 쌓여 명성이 밖으로 알려졌다'고 한다. 또 趙翼은 말하기를, '山野에서 문을 닫고 학문에 沈潛하여 진리를 탐구해서 젊어서부터 늙어서까지 마음과 몸의 一動一靜을 한결같이 법도대로 따랐으며, 집에 거처할 때는 內外의 구별과 長幼의 차례와 선조를 받드는 예절에 있어 모두 일정한 제도를 만들었는데, 한결같이 옛사람을 법으로 삼았다'고 칭송하고 있다. 진실한 덕이 안에 쌓여 그 명성이 세상에 알려진 이가 바로 우계요, 젊어서부터 늙어서까지 몸과 마음의 일동일정을 한결같이 법대로 따른 이가 우계라고 하였다.

淸陰 金尙憲(1570~1652)은 우계「神道碑銘」에서 "선생은 평소 몸을 收斂하고 단속하여 말씀과 행실이 모두 모범이 될 만하였다. 학문과 실천에 있어서는 후학들이 엿보고 측량할 수 있는 바가 아니나, 기상이 장중하면서도 편안하고 온화하여 바라보면 사람들이 道德君子임을 알 수 있었다."[33]고 평하고 있다. 이러한 우계에 대한 인품의 표현은 실로 유학에서 말하는 도덕군자에 해당하는 것이고, 眞儒로서의 면모를 유감없이 보여주는 것이라 할 수 있다.

---

32)『국역 우계집3』, 우계연보보유 제1권,「덕행」.
33)『국역 우계집3』,「신도비명, 김상헌」.

月沙 李廷龜(1564~1635)는 우계 「行狀」에서 그의 일상적 덕행에 대해 다음과 같이 묘사하고 있다.

아, 선생은 타고난 天稟이 매우 높고 德器가 일찍 이루어졌다. 어려서부터 가정의 교훈을 가슴속에 깊이 새겨 孝悌와 忠信을 立身하는 기본으로 삼았으며, 학문을 함에 있어서는 정밀하게 연구하고 독실하게 실천하여, 知와 行이 겸하여 진전되고 敬과 義가 서로 유지되었다. 그리하여 규모와 절도가 한결같이 주자를 기준으로 삼았으며, 本源인 마음을 操存하는 곳에 더욱 정성을 다하였다. 지극한 供養과 깊은 造詣는 일반인들이 엿보고 측량할 수 있는 바가 아니었으나, 외면에 나타난 것을 가지고 관찰하면 용모가 장중하면서도 편안하고 온화한 기색이 있고, 志氣가 정숙하면서도 억지로 구속하는 수고로움이 없었으며, 말씀이 분명하고 간절하며 행동거지가 단정하고 자상하였다.[34]

이러한 우계의 인품에 대한 설명은 『논어』에 나오는 '君子'[35]를 방불케 하고, 공자의 인격에 대한 설명을 연상케 한다. 知行을 兼全하고, 敬義가 조화를 이루고, 용모가 장중하면서도 편안하고 온화하며, 志氣가 정숙하면서도 자연스러웠으며, 말씀이 분명하고 간절하며, 행동거지가 단정하고 자상하였다 한다.

또한 평소 거처할 때에는 새벽에 일어나 반드시 사당에 배알하고, 저녁에도 이와 같이 하여 날씨가 춥든 덥든, 비가 오든 바람이 불든, 일찍

---

34) 『국역 우계집3』, 「행장, 이정귀」.
35) 『論語』에 나타난 君子의 像은 知行을 겸비하고, 智仁勇을 겸비하고, 修己와 治人을 겸비하고, 中庸의 덕을 갖춘 全人的 인간으로 표현되는데, 우계에 대한 인물평 또한 이를 방불케 하는 것이다.

이 그만두지 않았다고 한다. 그리고 물러나와 서실에 거처함에는 종일토록 엄숙하여 태만한 모습을 몸에 나타내지 않았으며, 사람을 접하고 사물을 대함에 한결같이 겸손하고 온화함을 위주로 하였으나, 사람들이 스스로 존경하고 두려워하여 감히 함부로 나아가지 못하였다고 한다. 집안을 다스리는 데에는 법도가 있어서 절약하고 검소함과 사랑하고 용서함을 힘썼고, 집안사람들에게 직책을 나누어 주고 일을 분담시켜 각각 조리가 있었다고 한다. 그러므로 수고롭지 않으면서도 일이 잘 거행되었다 한다.36) 여기서도 우계의 일상적 덕행은 세밀한 구석까지 빈틈없이 철저함을 알 수 있고, 전인적 인격으로서의 우계를 바라보게 된다.

우계는 집안에 거처할 때 매일 아침 사당에 배알한 뒤에 물러 나와 반드시 바깥사랑채에 거처하여, 일이 있지 않으면 안채에 들어가지 않았다. 내외가 엄격하여 閨門이 정돈되고 엄숙하였으므로, 부인과 의상을 접하고 앉지 않았으며, 앉는 자리를 항상 멀리 떨어지게 하였다.37) 또 평소 근엄하게 지내어 마치 손님을 모시거나 제사를 받드는 것처럼 공손하고 조심스럽게 행동하였다. 일찍이 낮에 눕지 않았으며 나태해지려는 마음이 있음을 깨달으면 그때마다 용모를 정돈하고 수습하여 정신을 다 잡았다. 때로 기운이 쇠진하여 지탱할 수 없으면, 등을 병풍에 기대고 앉아서 눈을 감고 숨을 고를 뿐이었다. 그러다가 잠시 후 기운이 다소 소생하면 곧 일어나 앉아 책을 보았다. 이러기를 밤낮으로 계속하여 몸에 병이 들어도 육체와 정신이 피곤한 줄을 알지 못하였다.38)

우계는 또 집안에서 거처할 적에 화려함을 통렬히 억제하여 집안에 쓸데없이 남아도는 물건이 없었다. 심지어는 관청에서 還子穀을 빌리거

---

36) 『국역 우계집3』, 「행장, 이정귀」.
37) 『국역 우계집3』, 우계연보보유 제1권, 「덕행」.
38) 『국역 우계집3』, 우계연보보유 제1권, 「덕행」.

나 사사로이 대여하여 겨우 곤궁함을 구제할 뿐이었다. 그리고 물건을 사양하거나 받을 때에 감히 털끝만큼이라도 대충 처리하지 않았으며, 州縣에서 보낸 선물은 소소한 토산물 이외에는 비록 쌀 한 말 정도밖에 되지 않더라도 감히 받지 않았다. 그리하여 삼베옷과 草笠으로 일생을 마쳐 처자식들이 굶주림과 추위를 면치 못하였다.

또한 작은 일에도 대충 지나치지 않고 부지런히 하여 무릇 손님을 접대하고, 제사에 올리는 물건이나 내외의 집안일로부터 농사일에 쓰는 집기 등의 하찮은 것에 이르기까지 반드시 미리 조처하였다. 그리하여 크고 작은 것이 각각 조리가 있어 모두 편의함을 얻었으며, 일을 당하여 군색하고 급박하게 해서 낭패를 보는 경우가 없었다. 사람과 약속을 하면 비록 상대의 신분이 미천하고 일이 또한 하찮더라도 일찍이 신의를 잃지 않았으며, 손님들과 한담하는 것을 좋아하지 않고, 방에 고요히 앉아 책을 보며 스스로 즐겼다. 이러한 것들은 학문의 힘이 축적된 결과일 뿐만 아니라 천성 또한 그러했기 때문이다.39)

한편 초상과 제사의 예절은 한결같이 주자의 『家禮』를 따르고, 器用과 祭需는 반드시 지극히 精潔하게 하였으며, 농사일이 끝나면 언제나 제사에 쓸 곡식을 적절히 헤아려 별도로 저장하고 다른 곳에 쓰지 말도록 경계하였다. 집안사람들은 선생의 가르침을 삼가 지켜서 비록 끼니를 여러 번 굶더라도 감히 제수로 쓸 곡식을 갖다 먹지 못하였다. 선조의 忌日을 당하면 슬퍼하고 사모하기를 초상 때처럼 하여 布冠을 쓰고서 하루를 마치곤 하였다.40)

어느 날 율곡과 우계와 鄭澈이 함께 진사 李希參의 집에 모였었는데, 주인집에서 술자리를 베풀면서 명창을 자리에 끼게 하였다. 술잔을 돌리

39) 『국역 우계집3』, 우계연보보유 제1권, 「덕행」.
40) 『국역 우계집3』, 「행장, 이정귀」.

고 노래를 하려 하는데 우계가 갑자기 일어나니, 좌상에서는 감히 아무도 만류하는 자가 없었다. 우계는 평소 음탕한 음악을 듣지 않는 것을 법으로 삼았다.(『畸翁漫筆』)41)

또 새벽에 일어나서는 반드시 세수하고 빗질한 다음 의관을 단정하게 하고 손을 모으고 바르게 앉아 있었고, 점심 무렵이 되면 다시 세수하고 빗질하고 앉아 있었다. 때때로 서책을 펴 보다가 만일 생각할 부분이 있으면 책을 덮고 바른 자세로 묵묵히 앉아 있으니, 바라보면 엄숙하여 공경심을 일으키지 않는 자가 없었다 한다.42)

다음은 우계의 인간에 대한 사랑과 너그러운 인품에 관해 검토해 보기로 하자. 우계는 아들 文濬에게 사후의 일을 당부한 글에서 사람이 사람을 메어 나르는 가마의 문제점을 다음과 같이 경계하였다.

내 비록 사리에 어둡고 어리석으나 살아생전에 사람이 메는 가마를 타는 것을 그르다고 하신 선유의 말씀을 들었다. 그러므로 언제나 어버이의 상에 사람을 동원하여 관을 메고 갔다는 말을 들으면 나도 모르게 이맛살을 찌푸리곤 하였다. 또 나는 신분이 매우 천하니 살아서든 죽어서든 소에 실려 가는 것이 옳지 않겠는가. 관을 수레에 싣고 소를 멍에 하는 것이 가장 합당하나, 다만 수레를 얻지 못할까 염려되고 돌길이 울퉁불퉁하니 이 제도가 더 편리하다.43)

우계는 평소 사람이 사람을 실어 나르는 가마의 사용에 대해 부정적인 견해를 피력하고, 자신이 죽거든 사람을 동원하여 관을 메고 장사를

41) 『국역 우계집3』, 우계연보보유 제1권, 「덕행」.
42) 『국역 우계집3』, 우계연보보유 제1권, 「덕행」.
43) 『국역 우계집2』, 제6권, 잡저, 「사후의 일을 써서 문준에게 부치다」

치르지 말 것을 당부하였다. 그는 사람이 사람을 실어 나르는 것이야 말로 차마 못할 짓이라 본 것이다. 똑같은 인간으로서 인간을 가마에 태워 나르거나 관을 운반하는 것은 인간으로서 차마 해서는 안 될 일이라 보았다.

그는 또 친척과 故舊들에게 돈독히 하여 곤궁한 자를 구휼하고 患難을 구제하는데 정성과 힘을 다하였으며, 아주 가난하고 궁핍한 자가 있으면 매번 재물을 아끼지 않고 노비와 田宅을 주었다.[44]

뿐만 아니라 우계는 행실이 매우 준엄하였으나 포용하는 도량이 매우 커서 남이 경우 없이 침범해도 일일이 따지지 않았으며, 평소에 사람들을 교만하게 대하거나 미워하는 일이 없었다. 그리고 혹 속이거나 무함(誣陷)하는 자가 있어도 조금도 개의하지 않고 처음처럼 대하였으며, 일찍이 말소리와 얼굴빛에 나타내지 않았다. 불선한 행실을 하는 자를 보면 조용히 경계하고 타이를 뿐, 그의 잘못을 남에게 드러내어 말씀하지 않았으므로 시간이 지나면 그 사람이 스스로 복종하였고, 혹 이로 인하여 나쁜 행실을 고친 자도 많았다고 한다.[45]

우계는 어느 날 손님과 바깥사랑채에서 창문을 열어놓고 앉아 있었는데, 촌백성이 말을 타고 백보도 안 되는 곳으로 지나가자, 우계는 즉시 손으로 창문을 닫아 피하고 그를 꾸짖지 않았다. 그러므로 시골에 거처한 50여년 동안 윗사람과 아랫사람들이 모두 편안히 여겨 털끝만큼도 원망하는 자가 없었다고 한다.[46]

이러한 일화 속에서 우계의 인간미, 인정을 알 수 있고, 또 넉넉하고 너그러운 인품을 통해 사람의 貴賤과 親疎를 떠나 사랑과 인자함으로 살

44) 『국역 우계집3』, 우계연보보유 제1권, 「덕행」.
45) 『국역 우계집3』, 우계연보보유 제1권, 「덕행」.
46) 『국역 우계집3』, 우계연보보유 제1권, 「덕행」.

았던 우계의 寬厚한 인품을 배울 수 있다.

또한 우계는 매사 겸손하고 겸양으로 일관하여 존경을 받았다. 그의 외손자 魯西 尹宣擧(1610~1669)는 말하기를, "대저 坡門의 諸公들은 모두 謙讓하는 것을 도리로 여긴 나머지, 스스로 스승의 말씀을 기술하여 어록에 드러낸 자가 없다. 그리하여 우리 후생들이 상고하여 믿을 것이 없게 되었으니, 이는 師門의 遺法이 오로지 자신을 겸손히 낮추는 道를 주장한 네에서 연유하여 그런 것이다."[47] 하였다. 이는 '謙讓'의 덕이 坡山 門中의 특징이며 牛溪 師門의 遺法이라고 보는 것이다. 우계는 스스로 지은 「墓誌銘」에서도 자신의 일생을 겸손하게 평가하고 죽은 후의 일을 다음과 같이 아들에게 당부하였다.

渾은 아들에게 말하기를, "나는 평생 동안 이름을 도둑질하여 국가의 은혜를 저 버렸으니, 예로부터 신하가 은혜를 저버림이 누가 나와 같은 자가 있겠는가. 나의 죄가 크니 나는 죽어도 눈을 감지 못할 것이다. 너는 마땅히 나의 유지를 따라 국가에서 내리는 賻儀와 恩數를 사양하고 묘 앞에 '昌寧成渾墓'라는 다섯 글자만 써서 자손들로 하여금 묻힌 곳을 알게 하면 충분하다. 옛 사람 중에 또한 묘 앞에 관직을 쓰지 말도록 명한 자가 있는데, 그는 깊은 뜻이 있어서였지만, 나로 말하면 죄가 있으므로 스스로 폄하해서 성명만 쓰는 것이다. 일은 같으나 그 실제는 다르니, 옛 사람에 견주어 함께 논할 수가 없다. 삼베옷을 입히고 종이 이불로 염습하여 소달구지에 싣고 돌아가 장례하여 나의 뜻을 어기지 말라" 하였다.[48]

47) 『국역 우계집3』, 우계연보보유 제1권, 「덕행」.
48) 『국역 우계집2』, 제6권, 잡저, 「스스로 지은 묘지」.)

여기서 우계는 자신을 가리켜 평생 이름을 도둑질하여 국가의 은혜를 저버린 사람으로 평가하고, 나라에 지은 죄가 많으니 국가에서 내리는 어떤 혜택이나 도움도 받지 말 것을 당부하였다. 그리고 묘 앞에 '昌寧成渾墓'라는 다섯 글자만 새긴 비를 세우고, 삼베옷을 입히고 종이 이불로 염습을 삼아 소달구지에 싣고 장례를 치르라고 당부하였다.

우계는 1592년(선조 25년) 11월 임진왜란을 당하여 피란 중 사위 八松 尹煌(1572~1639)에게 보낸 유서에서 다음과 같이 사후의 일에 대해 당부하고 있다.

노비들이 모두 흩어져 단지 하인 한 명만을 대동하니, 이렇게 극심한 외로움과 곤궁함은 일찍이 경험하지 못했던 바이다. 옛사람의 말에 궁하면 죽는다고 하였으니, 이는 아마도 나의 목숨이 다한 것인가 보다. 만일 도로에서 갑자기 병이 나서 별안간 죽는다면 遺命을 말하지 못할까 염려되므로 이에 간략히 이것을 써서 사위인 尹生에게 부치는 바이다.

처음 죽거든 얼굴과 손을 씻겨라. 염습은 입고 있는 옷에 삼베옷과 검정 띠를 가하여 成服으로 삼아라. 冠은 程子冠을 사용하여라. 재력이 있어 관을 살만하거든 얇은 판자를 사서 염습하도록 하여라. 죽은 곳에서 가까운 곳에 있는 민가와 멀지 않은 곳을 구하여 묻되, 흙을 쌓아 올려 조금 높게 하고, 민가에 어떤 물품이든 조금 주어 다른 도둑들에게 도굴당하지 않게 하여라. 그런 뒤에 돌아가 나의 처자에게 알리되, 朝上食과 夕上食을 올리지 말도록 하여라. 난리가 진정된 뒤에 부모의 산소 곁으로 백골을 가지고 돌아가 장례하게 되면 관을 바꿀 필요가 없다. 그리고 봉분을 낮게 하고 표석을 세워 '昌寧成渾墓' 다섯 글자만을 쓸 것이며, 재력이 미칠 수 있으면 내가 쓴 誌文을 묻도록 하여라……백골을 가지고 돌아가 장례할 때에는 번거롭게 여러 사람의 힘을 동원하지 말고, 다만 말 한 필의 양쪽 등에 짚단을 묶고 중간에 해골을 안치하면 될 것이다. 무거워서 관을 싣고 갈 수 없으면 관을 버리고 갈대발로 백골을 묶고 겉에 짚자리를 두른 다음 짚자리의 새끼줄로 묶으면 될 것이다.⁴⁹⁾

여기에서 볼 때, 우계는 전쟁의 와중 속에서 혹시 자신의 죽음을 맞게 될지도 모른다는 생각에서 자신의 사후 문제를 매우 세밀하게 걱정하여 아들과 사위에게 당부하는 것이다. 비록 죽는 목숨이지만 인간의 존엄을 지키면서 유교적 의례에 충실해야 한다는 뜻이 잘 나타나 있다. 사후 자신의 장례에 대한 당부에서 겸양과 검소의 미덕이 잘 나타나 있다. 죽음의 경건함과 유교적 의례를 지키면서도 최소한의 검약과 겸양의 정신을 잃지 않는 우계의 선비정신을 볼 수 있다.

또한 우계는 율곡과는 달리 평소 책을 읽고 진리를 탐구하는 것을 일삼았으며, 저술하고 글 짓는 것을 좋아하지 않았다.⁵⁰⁾ 우계가 성리에 밝지 못해서도 아니요, 글을 쓸 줄 몰라서도 아니었다. 그는 저술하는 것이야 말로 신중해야 한다는 입장이었다. 일찍이 저술을 일삼는 율곡에 대해 우계는 매우 불만이었다. 그는 말하기 보다는 듣기를 좋아하고, 글을 쓰기보다는 읽고 연구하기를 좋아했다.

그는 평소에 편안히 즐기는 것을 좋아하지 아니하여, 紛華한 자리에 있어도 흔들리지 않고 우뚝하게 서서 스스로를 지켰으며, 특히 명예와 절개를 소중히 여겨 무너진 풍속을 激揚하였다. 남을 대할 때에는 겸손함으로 자처하였으며, 조금이라도 남과 경쟁하는 데 관계되는 일이면 즉

49) 『국역 우계집2』, 제6권, 잡저, 「사후의 일을 써서 아들 문준에게 부치다」.
50) 『국역 우계집3』, 「신도비명, 김상헌」.

시 버리고 돌아보지 않았다.51) 本州(파주)의 城主를 섬길 적에는 禮와 공경을 극진히 하여 비록 친한 벗을 대하더라도 그의 과실을 언급하지 않았으며, 비록 자신보다 연배가 낮은 자라도 반드시 절하고 맞이하고 보내었다. 본관인 昌寧의 수령에게도 이와 같이 삼가고 공경하였다. 고을에서 부과하는 부역과 세금은 반드시 미리 장만하였으며, 일찍이 가난하다고 핑계하지 않고 항상 마을 백성들의 솔선이 되었다.52)

우계는 또 자신의 잘못에 대해 깊이 반성하고 이를 고치는데 매우 부지런하였다. 우계가 어느 날 양홍주(梁弘澍)에게 南冥 曺植(1501~1572)을 퇴계와 비교하여 평한 일이 있었는데, 이 말을 전해들은 崔永慶(1529~1590)이 우계에 대해 많은 비난을 한다는 얘기를 들었다. 이에 우계는 스스로 自責하기를, "앞으로는 허다한 의논을 하지 않고 수많은 利害를 염두에 두지 않은 채, 오직 한결같이 병을 요양하고 자신의 몸과 마음을 위하여 깨끗이 닦고 스스로 快足하게 되는 것만을 힘써서 죽을 때까지 독실히 믿고 굳게 지키며, 方正하게 행동하고 儉約함을 지켜야 할 것이다. 선배들의 잘잘못을 안다 하여도 자세히 알지 못하고, 또 내가 이분들의 경지에 미치지 못하니, 어떻게 함부로 가볍게 의논할 수 있겠는가. 사양하고 받는 것을 한결같이 正道로써 하고, 利害를 따져 세속을 따르려는 생각을 이 사이에 섞이지 않게 해서 내 마음에 부끄러움이 없게 하여야 할 것이다." 하였다. 내 자신이 말을 간략하게 하지 못하고 과묵하지 못하니, 이 때문에 비방을 불러들이는 것이다. 비록 그들의 말이 심히 거짓된 것이 있으나, 나는 이로 인하여 스스로 살펴 스스로 닦는 공부를 더욱 지극히 해야 할 것이다. 무인년 봄에 도성에 들어가서 또 외인의 비방을 불러들였으므로 이로 인하여 잘못을 생각하고 이것을 써서 스스

51) 『국역 우계집3』, 우계연보보유 제1권, 「덕행」.
52) 『국역 우계집3』, 우계연보보유 제1권, 「덕행」.

로 경계한다고 다짐하였다.53)

또 우계는 丁亥年(1587년) 3월 초순이 지나서 朴仁壽의 아우 禮壽가 방문하여 흉금을 터놓고 말할 적에 자신이 실수한 말이 많았는데, 朴禮壽 또한 나의 잘못을 지적하여 타일러 주었다 한다. 이를 스스로 점검해 보니, 첫째는 큰 근본이 서지 못해서이고, 둘째는 언어를 지루하고 경망하게 하기 때문이었다고 하였다. 이에 깊이 스스로 반성하여 깨닫고는 뼈저리게 한탄하고 자책하였다. 백발이 된 오늘날에도 후회와 부끄러움이 이와 같으니, 어찌 옛 습관을 다소라도 고쳐 한 치 한 푼의 진전인들 바랄 수 있겠는가 하고, 이것을 여기에 써서 후일에 보고 살피는 자료로 삼는다고 하였다.54)

또한 丁丑年(1577년, 선조 10년) 9월 4일에 우계는 율곡과 함께 참판 白仁傑을 배알하고, 이튿날 城主를 고을의 관사에서 배알하였다. 이때 율곡은 몸가짐이 조용하고 마음가짐이 中正하여, 스스로를 깎아내리는 險僻한 행동을 하지 않았다 한다. 이에 깊이 감동하고 흠모하여 정신을 가다듬어 예로써 스스로를 다스려, 자신의 거칠고 태만한 잘못을 다소라도 없애려 한다 하였다. 향교의 大成殿을 배알하고 물러나올 적에 걸음걸이가 군색하고 급박한 일이 있었으므로, 이것을 써서 자신의 후회스러움을 기록하는 것이라 하였다.55)

우계는 또 말하기를, "근일에 나의 가장 큰 잘못을 생각해 보니, 말을 많이 하는 것이었다. 賓客을 접견할 적에 말을 많이 하고 또 때에 따라 의리를 문답 할 적에 利害를 따지는 마음이 是非를 가리는 마음보다 더하며, 사양하고 받는 것이 正大하지 못하니, 이러한 병통은 모두 스스로

---

53) 『국역 우계집2』, 제6권, 잡저, 「잡기」.
54) 『국역 우계집2』, 제6권, 잡저, 「잡기」.
55) 『국역 우계집2』, 제6권, 잡저, 「잡기」.

마음을 잡아 보존하는 공부가 전혀 없어서 이와 같은 것이다. 앞으로는 다소라도 마음을 잡아 지켜야 예전의 내가 되지 않을 것이다."56)하였다.

이와 같이 우계는 곳곳에서 자신을 반성하고 꾸짖으며 다짐하는 것을 많이 볼 수 있다. 丁丑年(1577년) 9월에 문인 安敏學(1542~1501)이 우계에게 말하기를, "後生을 대할 때에 말씀을 너무 번거롭게 많이 하시며, 후생들이 생각하지 못하는 부분에 대해서도 말씀을 많이 하시니, 이와 같이 하면 한갓 빈 말이 될 뿐입니다."하고 경계하였다. 이에 우계는 절하고 이 말을 받아들이며 나의 병통에 딱 들어맞는 절실한 말이라고 받아들인다. 이것은 바로 주자가 말한 "가볍게 자신을 드러내어 외인들의 변론을 야기하고, 지나치게 酬應을 많이 해서 내면으로 향하는 공부를 분산시킨다"는 것이라 하고, 이는 자신의 실제 공부가 없기 때문에 자신도 모르게 이와 같이 들뜨고 경솔한 행동을 하는 것이라 하였다. 사람을 대할 때에는 말을 많이 하는 것이 가장 큰 병통이니, 말을 적게 하는 것이 병을 조섭하는 데에 가장 좋으니, 어찌 몸과 마음에 모두 유익하지 않겠는가 하고, 이것을 써서 경계로 삼는 바라 하였다.(일기 초본)57)

또 10월 13일에 金復慶 基善이 찾아왔는데, 만나서 번거롭게 말을 참 많이 하였으니, 이는 옛 습관이 그대로 남아 있어서이니, 이것을 써서 나의 잘못을 기록하는 바라 하였다.58)

이와 같이 우계는 항상 자신의 행동에 대해 반성하기를 게을리 하지 않고, 다른 사람의 비판과 충고를 기꺼이 받아들여 고치는데 부지런하였다. 이러한 노력을 통해 우계의 높은 인격과 덕행이 이루어졌던 것이다.

---

56) 『국역 우계집2』, 속집, 제6권, 잡저, 「잡기」.
57) 『국역 우계집3』, 우계연보보유 제1권, 「덕행」.
58) 『국역 우계집3』, 우계연보보유 제1권, 「덕행」.

또한 우계는 실천에 매우 부지런하였다. 당시의 학문풍토가 지나치게 사변적이고 공리공담에 빠져 실천이 부족했던 현실에서 우계는 남달리 실천에 모범을 보였다. 율곡은 사람들에게 말하기를, "의리를 아는 부분에 있어서는 내가 우계보다 나아 우계가 나의 말을 따른 것이 많으나, 나는 성품이 느슨하고 해이하여 비록 알면서도 실천하지 못하지만, 우계는 알고 나서는 곧 하나하나 실천하여 실제로 자기 것으로 만드니, 이는 내가 미치지 못하는 점이다" 하였다.(『栗谷別集』)59) 이처럼 율곡은 우계의 실천성은 자신도 따를 수 없는 장점이며 훌륭한 점이라는 것을 인정하였다.

우계는 가정에 있을 때 집안일을 매우 자세하고 치밀하게 처리하였다. 선생은 이른 아침에 명령을 내렸는데 비록 밭 갈고 수확하는 하찮은 일이라도 종들을 부릴 때에 반드시 날짜와 인력을 계산하여 나누어 맡겨서 조금도 착오가 있은 적이 없었다. 이 때문에 시골에 거처하면서도 가난함을 근심하지 않았다.60)

또 우계는 항상 책자 하나를 장만하여 날마다 일기를 써서 退陶의『自省錄』의 예와 같이 하였다. 여기에는 "오늘은 아무 잘못을 반성하고 아무 악행을 고쳤다" 라는 내용이나 "아무 곳의 아무 사람이 훌륭한 행실이 있으니, 이는 공경할 만하다" 라는 내용이나 "아무 사람은 고상한 뜻이 있으니, 이는 가상하다" 라는 내용이 있었다.61) 일기책의 끝에는 '敦厚周愼 平實定靜'의 8자를 두 줄로 쓰고, 分註하기를, "敦篤하면서도 重厚하고, 周密하면서도 謹愼하며, 平淡하면서도 眞實하고, 凝定하면서도 安定하

---

59)『국역 우계집3』, 우계연보보유 제1권, 「덕행」.
60)『국역 우계집3』, 우계연보보유 제1권, 「덕행」.
61)『국역 우계집3』, 우계연보보유 제1권, 「덕행」.

여야 한다"하였다.62) 이와 같이 우계의 덕행은 남달리 뛰어났던 것이며, 일상생활에서 유감없이 발휘되어 타의 존경과 흠모를 받았던 것이다. 일상의 언어, 동작은 물론 겸양, 인간에 대한 사랑, 배려, 인자함, 寬厚한 도량, 검소, 실천, 중용의 덕 등 다방면에서 모범을 보여줌으로써 전인적 인격, 군자의 덕성을 보여주었던 것이다.

5. 학문 활동과 교육 활동에 나타난 교훈

다음은 우계의 학문 활동과 교육 활동 속에 나타난 교훈에 대해 검토해 보기로 하자. 우계는 한편 학자였고 한편 교육자였다. 학문하는 학자로서의 태도, 몸가짐은 어떤 것이며, 또 제자를 가르치는 스승으로서의 師道는 어떠했는지 살펴보기로 하자.

우계의 학문은 대체로 가정에서 얻었는데, 人倫을 근본으로 삼고 忠信, 篤敬, 反躬, 切己를 덕을 진전시키고 학문을 닦는 큰 방법으로 삼았다한다.63) 여기서 우계 학문의 근본은 인륜에 있었는데, 이는 유교교육의 체계에서 볼 때 당연한 것이기도 하다. 그리고 그는 忠信, 篤敬, 反躬, 切己를 덕을 키우고 학문하는 방법으로 삼았다. 여기서 학문방법론으로 제시된 충신, 독경, 반궁, 절기는 모두가 내면적인 자기반성과 진실한 자아의 성찰 그리고 철저한 실천을 그 내용으로 하는 것이다.

어느 날 토정 이지함(土亭 李之菡, 1517~1578)이 일찍이 우계를 방문하였는데, 우계에 와서 타이르기를, "공의 병이 이와 같은 데도 계속해서 책을 보니, 이는 거의 性癖을 이룬 것이다. 옛날 당나라 明皇은 여색에 빠져 몸을 돌보지 않으니 사람들이 모두 비웃었다. 그런데 이제 공은 독

---

62) 『국역 우계집3』, 우계연보보유 제1권, 「덕행」.
63) 『국역 우계집3』, 우계연보보유 제1권, 「덕행」.

제4장 牛溪 成渾의 德行과 尊崇　129

서에 탐닉하여 병을 키웠으니, 책과 여색이 비록 청탁의 다름이 있으나 생명을 해치고 본성을 손상시키는 점에 있어서는 똑같다. 그러니 오늘날 經書와 子書 등 성현의 글은 또한 공에게 나쁜 물건이다" 라고 하니, 선생은 웃으며 사례하였다 한다.[64] 이와 같이 우계는 자신의 건강을 해칠 만큼 독서에 열중했음을 알 수 있고, 학문에 임하는 독실한 자세를 배울 수 있다.

우계는 문인 申應榘(1553~1623)에게 보낸 편지에서 말하기를, "대체로 자신의 병통을 스스로 아는 것이 바로 이것을 치료할 수 있는 좋은 약이니, 다만 평탄하게 마음을 보전하여 묵묵히 공부하고 오랫동안 잡아 지키면 자연 점점 의미를 알게 될 것입니다. 기뻐서 자신도 모르게 몸을 덩실거리게 되고 쓸데없는 생각을 끊어버리는 경지에 이르는 것이야 어찌 초학자가 단번에 뛰어 오를 수 있는 것이겠습니까. 행여라도 미치지 못할 까 걱정하는 마음으로 날마다 오직 이 일에 힘을 다해야 할 뿐입니다."[65] 라고 훈계하였다. 여기서 우계는 학문하는 자세로서 자신의 병통을 스스로 깨닫고 아는 것이 첫째라고 보았다. 그리고 평탄하게 마음을 잘 보전하여 묵묵히 공부하고 오랫동안 마음을 잡아 지키면 자연스럽게 그 의미를 알게 된다 하였다. 학문의 요령은 먼저 자신의 병통을 스스로 깨닫고 묵묵히 마음을 잘 잡아 보전하는 것이라 하였다.

마찬가지로 그는 신응구에게 "보내온 편지에 큰 근본을 세우는 것이 우선이라 하였는데, 이 또한 옳은 말이나 배우는 자는 우선 그 큰 것을 세우기를 힘쓸 뿐이니, 큰 근본이 서는 것으로 말하면 학문의 완성 단계에 가까운 것이니, 어찌 하루 이틀의 공부로 되겠습니까. 세월은 금세 흘러가 버리고 헛된 명성은 얻기가 쉬우니, 진실로 부끄러워할만 합니다.

64) 『국역 우계집3』, 우계연보보유 제1권, 「덕행」.
65) 『국역 우계집2』, 속집, 제4권, 간독, 「신자방 응구에게 보내다」.

잠깐 동안에 일생을 헛되이 보내고 마니, 이것을 알지 않으면 안 될 것입니다."[66] 하고 당부하였다. 여기서는 학문하는 태도로서 중요한 것이 우선 大本을 세우는 것이라 하고, 헛된 인생을 살아서는 안 된다는 점을 당부하였다.

또한 우계는 제자들의 교육과정에서 스승으로서의 師道에 관해 여러 가지 교훈을 남기고 있다. 우계는 공직생활에 분주했던 율곡에 비해 비교적 재야에 많이 있었고, 또 그의 학문과 덕행에 감동한 많은 제자들이 찾아와 일찍이 교육에 종사하였다.

우계 26살 때인 1571년 봄 서당을 열고 「書室儀」 22개조를 게시하여 학생들에게 보여주었다. 또 주자의 편지 중에 학문하는 방법에 관한 것을 뽑아 여러 문생들에게 보여주었으니, 이것이 「爲學之方」이요 「朱門旨訣」이다.[67] 이 「書室儀」에는 학생들이 지켜야 할 구체적인 규범이 적시되어 訓育의 기초로 삼았다.

「家狀」에 의하면 "선생은 後生들을 대할 때에 성의가 간곡하고 지극하였다. 그리하여 학문에 뜻이 있는 자를 보면 그 사람의 재주의 높고 낮음에 따라 지도하되, 반드시 『朱門旨訣』에 의하여 형이하학적인 인사를 배우는 것을 위주로 하고, 師友 간에 강론하는 것으로 補翼하게 하였다. 그리고 말씀은 平淡하고 진실하여 질서정연하게 순서가 있어, 어진 자와 어리석은 자가 모두 유익함을 얻었으며, 감히 高遠하고 기이하며 玄妙한 의논을 하여 후생들을 그르치지 않았다."[68] 한다. 이는 우계의 교육자로서의 모습을 보여주는 것으로 능력에 따른 학습, 형이하학적인 기초학문의 실천에 주력했음을 보여준다. 즉 우계는 高遠하고 기이한 형이상학

66) 『국역 우계집2』, 속집, 제4권, 간독, 「신자방 응구에게 보내다」.
67) 『국역 우계집3』, 「우계연보」, 5년(1571, 선조 4) 신미 조.
68) 『국역 우계집3』, 우계연보보유 제1권, 「덕행」.

적인 思辨에 치우친 교육을 지양하고 일용 생활에 필요한 實事 위주의
교육을 중시했다는 것이다.

우계는 문인 신응구에게 보낸 편지에서 말하기를, "보내준 편지에 학
문을 연마하지 않고 덕을 닦지 않음을 우려하였는데, 마음을 잡아서 보
전하고 성찰하는 공부를 부단히 계속하여 자신의 학문의 경지를 알기를
간절히 바랍니다. 나야말로 현재 구태의연한 생활 속에 빠져 있으니, 이
편시를 받으매 부끄럽고 자책하는 마음이 더욱 깊어집니다."[69]라고 하
였다. 우계는 제자에게 마음을 잡아 보전하고 성찰하는 공부를 당부하면
서도 스승으로서의 자신에 대해 부끄럽고 자책한다는 말을 하고 있다.
끊임없이 자신에 대한 반성과 성찰을 게을리 하지 않고, 철저하게 부끄
러워하고 자책하는 우계에게서 진정한 스승의 상을 볼 수 있다. 우계의
문인이었던 吳允謙(1559~1636)은 우계에게 올리는 「祭文」에서 다음과
같이 스승을 우러른다.

스스로 생각하건대 불초한 제가 외람되이 이끌어 주심을 입어 문하
에 출입한지가 거의 20년이 되었습니다. 선생의 밝으신 지혜로 저의
재질이 용렬하고 낮아서 가르침을 베풀 곳이 없다는 것을 모르지 않으
셨을 것입니다. 그러나 사랑하고 간곡히 타일러 주시며, 우매하다 하
여 버리고 끊지 않으시니, 혹은 덕스러운 모습을 우러러보고 흠모하여
감동하였으며, 혹은 가르침을 받들어 마음속에 깨우쳤습니다. 그리하
여 孝悌忠信이 근본이됨과 師友 간에 講習하는 즐거움을 알았으며, 仁
愛하고 공평한 도리와 王道와 覇道, 義와 利의 분별에 있어서도 또한
일찍이 참여하여 듣고 항상 뜻을 다하였습니다.

---

69) 『국역 우계집2』, 속집, 제4권, 간독, 「신자방 응구에게 보내다」.

다만 마음과 기운이 어둡고 태만하여 사욕에 빠져서, 집에 거처하고 홀로 있을 때와 벼슬살이 하고 일을 처리하는 날에, 실로 들은 바를 높여 따르지 못해서 우리 선생께서 勸勉하신 뜻을 부응하지 못하였습니다. 생각이 이에 미치면 幽明의 사이에 저버린 것이 부끄러워 얼굴을 들 수가 없습니다. 그러나 선생이 생존해 계실 때에는 오히려 공경하고 두려워하는 대상이 있었으므로, 비록 講席을 멀리 떠나고 오랫동안 외로이 있었으나, 간사한 생각이 싹트고 망녕된 행실을 할 때마다 일찍이 되돌아보고 놀라며, 선생을 생각하고 두려워하지 않은 적이 없었습니다. 그런데 지금 이후로는 제 마음이 날로 방탕해지는데도 경계할 줄을 알지 못할까 두려우니, 아, 애통합니다.70)

존경하는 스승 우계에 대한 尊慕의 뜻이 잘 나타나 있다. 앞에서도 언급했지만 우계의 경우 많은 제자들의 존경과 흠모를 받았다. 우계, 율곡, 구봉 三賢은 서로 친밀하게 지냈으므로 제자들도 문호를 가리지 않고 넘나들었는데, 특히 우계에게 많은 제자들이 몰려들었고 그에 대한 존숭이 지극하였음을 잘 알 수 있다. 그것은 학문적 이론보다 유교적 君子像으로 다듬어진 우계의 인품 때문이었다.

또한 우계는 가정교육에도 남다른 면이 있었다. 아들 文濬에게 보낸 글에서 "네가 남의 집에 있으니, 먹고 잠자는 것이 평소만 못할까 염려스럽다. 천만번 부디 몸을 조심하여 음식과 여색 때문에 몸을 손상시키지 않는 것을 긴요하고 간절한 공부로 삼아 힘쓰도록 하여라. 이것이 말하기는 매우 쉬우나 행하기는 매우 어려운 것이다. 너는 이에 대하여 다소 경험을 통하여 알 텐데 참으로 간절하고 치밀한 공부에 힘을 쏟고 있는

---

70) 『국역 우계집3』, 「제문, 또, 오윤겸」.

지 모르겠구나."71) 하였다. 여기서 그는 아들에게 음식과 여색을 경계하고 있다.

또 아들 文濬에게 답한 편지에 이르기를, "군자가 재물을 씀에 있어서 능히 남에게 베풀어주더라도 망녕되이 베풀지 아니하여, 의리상 재물을 써야 할 경우에는 쓰고 쓰지 말아야 할 경우에는 망녕되게 쓰지 않아야 하니, 이것이 재물을 쓰는 방도이다. 나는 재물을 씀에 있어 스스로 의리에 근거해서 질도로 삼고자 한다. 그리하여 집에 거처할 때에는 밭을 갈고 농사에 힘써서 식량이 떨어지지 않게 할 뿐, 이 밖에는 한 푼이나 한 치도 더 축재할 뜻이 없으니, 이것을 지금 너에게 알게 하는 것이다"하였다.(『坡山簡牘』)72)

여기에서는 아들에게 재물에 대한 교육을 하고 있다. 즉 재물이란 꼭 써야 할 경우에는 쓰고, 쓰지 말아야 할 경우에는 망녕되게 써서는 안 된다고 경계하였다. 그리고 재물을 쓰는 도리는 의리에 근거해서 절도에 맞아야 한다 하고, 재물은 먹고 살 정도의 기초적인 생계만 유지된다면 그 이상 축재해서는 안 된다 경계하였다. 이러한 우계의 경제관은 현대적 관점에서 보면 문제가 없지 않으나, 당시 유교적 관점에서 우계는 재물의 필요성을 최소한도로 규정하고 있다고 볼 수 있다. 이는 달리 말하면 재물로 인한 도덕적 타락이나 욕망의 탐닉에 의한 인간성의 추락을 우려한 것이라 할 수 있다. 재물, 물질, 이익이 윤리, 도덕에 미치는 부정적 영향을 중요하게 보는 관점인 것이다.

우계는 또 손자에게 준 편지에서 "성안에 들어가 편안하냐? 깊이 염려된다. 바라건대 부지런히 책을 읽고 술을 끊으며 잠자고 밥 먹는 것을 조심하여 병이 나지 않게 하였으면 한다. 너는 나의 이 말을 깊이 체념하여

---

71) 『국역 우계집2』, 속집, 제5권, 간독, 「아들 문준에게 보내다」.
72) 『국역 우계집3』, 우계연보보유 제1권, 「출처」.

마음속에 장 간직해서 실추하지 말아야 할 것이다."73) 하였다. 여기서는 손자에게 책을 읽고 술을 끊고 잠자고 밥 먹는 것을 조심하여 건강해야 한다는 당부를 하고 있는 것이다. 나라와 민생을 걱정하고 자신의 학문에 몰두하고 또 많은 제자들을 가르치면서도 아들과 손자에 대한 교육을 잊지 않고 자상하게 타이르는 가정교육의 실예를 볼 수 있는 것이다.

6. 出處義理

유학은 '時中之道'를 處世의 표준으로 삼고 있다. 더욱이 유학은 修己와 治人, 內聖과 外王을 본질로 삼는다는 점에서 현실참여의 논리가 중요하게 여겨져 왔다. 즉 벼슬에 나아가고 물러서는 의리가 매우 중요한 처세의 윤리로 중시되었던 것이다.

그런데 우계는 평생 거의 재야에서 학문연구와 교육에 종사했는데, 그의 학문과 덕행으로 임금의 부름은 끊이지 않았다. 특히 우계는 건강이 좋지 않아 평생 병석을 떠나지 않았다. 거듭되는 임금의 부름과 나아갈수 없는 자신의 처지가 출처의리의 문제를 야기할 수밖에 없었다. 우계는 본래 벼슬에 나가지 않겠다는 것은 아니었다. 그도 유학자인 한에 있어서 나라를 사랑하고 백성을 걱정했으며, 자신의 능력을 나라와 백성을 위해 써야 한다는 것은 잘 알고 있었다 그러나 무엇보다 그로 하여금 벼슬에 나아가지 못하게 한 것은 건강이었다. 다음 글을 보면 이러한 사정을 잘 이해할 수 있다.

삼가 생각건대 신이 천거를 받고 관직을 얻은 지가 지금 16년이요, 관직을 여러 차례 제수하여 52번에 이르렀으나 신은 단 하루도 봉직

73) 『국역 우계집2』, 속집, 제5권, 간독, 「손자 역에게 보내다」.

하지 못하였으니, 이는 신이 벼슬길에 나아가는 것을 좋아하지 않아서
가 아니라 고질병이 몸에 있어서 능력을 펼 수가 없었기 때문입니다.
이것으로 관찰한다면 신의 평소의 행실을 앞에 놓고 볼 수가 있습니
다.74)

신은 어려서부터 병을 앓아 몸이 수척해지고 상한 지가 이제 30년이
되었습니다. 항상 병을 앓아 고통스러워서 정신이 흐릿하여 자욱한 안개
속에 파묻힌 듯 하고 꿈속에 앉아있는 듯 하여 현란하고 미혹되어 정신
을 잃은 사람과 똑같습니다.75)

이와 같이 우계는 어려서부터 평생 병에 시달린 것으로 보인다. 또 우
계 본인의 성향도 율곡과는 달리 현실참여에 소극적이었고 謙讓의 덕이
많았다. 그러므로 율곡은 말하기를 松江은 술이 문제고 牛溪는 늘 뒤로
물러서는 것이 문제라고 지적하고 있는 것이다.76)

율곡은 『經筵日記』에서 甲戌年(1574년, 선조7) 3월에 성혼을 계속해서
불렀으나, 성혼은 나아가는 것을 어렵게 여겼다. 이이가 성혼에게 이르
기를, "성상의 명이 이와 같으시니, 어찌 한번 달려가 은혜에 사례한 다
음 물러가기를 청하여 돌아가지 않는가?" 하니, 성혼은 말하기를, "스스
로를 돌아봄에 매우 부족해서이다. 그러나 현명한 군주를 잊을 수가 없
다" 하였다.77) 또 성혼이 부름을 받았으나 병 때문에 오지 못하니, 성상
은 세 번이나 계속해서 불렀다. 그리고 이르기를, "이 사람이 병이 있으
니, 추위를 무릅쓰고 길에 오르게 할 수 없다."하고, 말과 가마를 주어 올

---

74) 『국역 우계집1』, 제2권, 장소1, 「두 번째 소, 계미년 4월」.
75) 『국역 우계집1』, 제3권, 장소2, 「지방관으로 하여금 위문하고 음식과 물품을 주도록 명
   하신 것을 사양한 소, 을유년(1585년) 1월」.
76) 『栗谷全書』, 卷11, 書3, 「答宋雲長」.
77) 『국역 우계집3』, 우계연보보유 제1권, 「출처」.

라오게 하라고 명하니, 사림이 감동하였다고 적고 있다.78) 이처럼 임금의 우계에 대한 배려와 예우는 각별했던 것이다.

思庵 朴淳(1523~1589)은 우계가 소명을 받들어 도성에 들어왔다는 말을 듣고는 기뻐하여 사람들에게 말하기를, "우리 주상은 호걸스러운 군주가 아니겠는가. 아주 촘촘하게 그물을 짜서 마침내 牛翁을 그물질해 왔다" 하니, 한 세상이 전하여 미담으로 삼았다고 『經筵日記』는 적고 있다.79)

明齋 尹拯(1629~1714)은 朴世采에게 보낸 편지에서 말하기를, "율곡이 癸未年에 우계를 추천할 때 경륜의 책임을 맡길만하다고 지목하였습니다. 우계는 실로 경륜을 갖추고 있었으며, 뜻도 또한 나오지 않으려고만 하시지 않았으므로 율곡이 이끌어 나오게 한 것입니다. 만약 우계가 그럴만한 재주가 없으면서 나오려고 하시지 않았다면 율곡이 반드시 이끌어 나오게 하지 않았을 것이니, 우계는 고요함을 지키려고 하였는데, 율곡이 억지로 끌어낸 것이 아닙니다." 하였다.80) 이와 같이 우계의 경우 출처의 문제는 논란의 여지를 안고 있었는데, 우계가 경륜이 부족해서도 아니고 또 우계가 억지로 참여하게 된 것이 아니라는 것을 윤증은 설명하고 있는 것이다.

다음 글은 우계의 진정을 담은 글로써 임금의 부름에 응할 수 없는 심정을 잘 표현하고 있다.

삼가 바라건대 전하께서는 신의 글을 거듭 살펴보시고, 신의 간곡한 정성을 살피시어 애처롭고 가엾게 여기시고, 특별히 병으로 사직함을

---

78) 『국역 우계집3』, 우계연보보유 제1권, 「출처」.
79) 『국역 우계집3』, 우계연보보유 제1권, 「출처」.
80) 『국역 우계집3』, 우계연보보유 제1권, 「출처」.

허락하시어 田野로 돌아가게 해 주소서. 그리하여 신의 남은 목숨을 부지하여 잠시라도 죽지 말아서 조금이라도 염치를 사모할 줄 알게 하고 분수와 의리를 넘기 어려움을 알게 하며, 영화로운 벼슬은 헛된 명성으로 취할 수 없고 군주의 은혜에 대해서는 지위를 도둑질하여 보답할 수 없음을 알게 하신다면, 천지가 생성해 주는 은덕이 여기에 있을 것이요, 훌륭한 사람은 등용하고 그렇지 못한 사람은 버려서 백성을 복종시키는 방도가 여기에 있을 것입니다.[81]

이 글은 우계의 출처에 대한 입장과 또 왜 나아갈 수 없는가에 대한 명분이 잘 드러나 있다. 염치를 알게 하고, 분수와 의리를 지키고, 벼슬이라는 헛된 명성을 경계하고, 임금의 은혜에 반하는 벼슬을 탐닉해서는 안 된다는 것을 강조하고 있다. 그리고 이를 통해 인사의 공정성과 명분을 확실히 하여 민심을 얻도록 해야 한다고 보았다. 이와 같은 우계의 처세에 대해 金集(1574~1656)은 "선생은 행하고 멈춤에 반드시 의리를 따르고, 평탄하든 험하든 지키는 바를 변치 아니하여 출처의 올바름을 神明에게 質正할 수 있으니, 일반인들이 할 수 있는 바가 아니다."[82]라고 칭송하였다. 마찬가지로 尹宣擧(1610~1669)는 우계의 출처의리를 평하기를, "우계 선생은 학문의 門路가 올바르고 평생 進退의 의리가 순수하여 한결같이 옛 성현으로 법을 삼았으니, 우리나라 先儒 중에 이런 분은 없었다. 이는 내가 좋아하여 아첨하는 말이 아니니, 후세에 주자와 같은 분이 있다면 반드시 단정하여 말씀할 것이다."(『魯西集』)[83] 라고 하였다.

81) 『국역 우계집1』, 제2권, 장소1, 「부름에 달려가는 도중에 병이 났으므로 명령을 거두어 줄 것을 청한 소」.
82) 『국역 우계집3』, 「묘표음기, 김집」.
83) 『국역 우계집3』, 우계연보보유 제1권, 「덕행」.

즉 평생 진퇴의리가 순수하여 한결같이 옛 성현으로 법도를 삼은 사람은 오직 우계뿐이라는 것이다.

또한 탄옹 권시(炭翁 權諰, 1604~1672)도 일찍이 말하기를, "부르는 명이 없다 하여 달려가지 않는 의리는 유독 牛溪만이 할 수 있는 것이니, 타인은 따를 수 없다. 처음부터 끝까지 進退와 動靜을 한결같이 우계와 같이 한 뒤에야 이러한 일을 할 수 있으니, 만약 상투적으로 진퇴하는 자라면 비록 이것을 따르려고 하더라도 될 수가 없다. 만약 그런 자가 대번에 이것을 따르려고 한다면 도리어 의리를 크게 손상시킬 것이다. 우계의 출처는 실로 의심할 것 없이 문묘의 종사에 오를만하다" 하였다.(『魯西集』)84) 權諰도 우계의 출처의리는 남다른 바가 있고 그 만이 할 수 있는 것이라고 높이 평가하고 있다.

또한 朴知誡(1573~1635)의 아들 朴由淵이 말하기를, "우리나라에 우계만큼 출처가 올바른 분이 없으니, 先考(潛冶 朴知誡)께서 항상 모범으로 삼았다. 정묘년(1627년, 인조 5)의 호란에 사람들이 난리에 달려갈 것을 권하는 자가 있었는데, 선고께서는 '옛 사람 중에 이 의리를 행한 분이 있으니, 우계가 바로 그러한 분이다. 후인이 어찌 감히 달리 하겠는가'라고 대답하셨다" 하였다. (『魯西集』)85) 여기서도 박지계에 의해 우계는 출처가 가장 올바른 사람으로 평가되고 있다.

우계는 출처의리에 다음과 같이 말한다. 즉 천하의 의리가 때에 따라 같지 않으니, 똑같지 않은 것은 바로 처한 상황이 각각 다른 것이라 한다.86) 마찬가지로 의리는 精微하여 만나는 경우에 따라 일정하지 않으니, 어찌 일찍이 정해진 규칙이 있겠느냐 반문하고, 出處와 進退는 오직

---

84) 『국역 우계집3』, 우계연보보유 제1권, 「출처」.
85) 『국역 우계집3』, 우계연보보유 제1권, 「출처」.
86) 『국역 우계집2』, 속집, 제3권, 「이숙헌에게 보내다」.

의리가 있는 대로 할 뿐이니, 어찌 반드시 군주의 명령을 듣고 바삐 달려가는 것만을 신하의 당연한 분수와 의리로 삼을 수 있겠느냐 하였다.[87]

이렇게 볼 때, 우계야 말로 신체적 病弱에도 불구하고 현실참여의 명분을 결코 잊지 않았고, 임진왜란이라는 미증유의 민족적 위기 속에서는 자신의 경륜을 유감없이 발휘하여 전란중의 수습책을 구체적으로 제시했던 것이다.[88] 선비가 지녀야 할 현실참여의 명분과 의리를 잃지 않으면서 또 구차한 명성에 벼슬을 파는 몰염치를 경계했던 것이다. 위에서 살펴보았듯이 우계는 출처의리의 모범으로 일컬어져 많은 後儒들의 존숭을 받았음을 알 수 있다.

7. 맺는 말

한 인간에 대한 평가는 여러 측면에서 할 수 있다. 그 사람이 이룩한 여러 가지 업적이나 공훈이 평가의 척도가 될 것이다. 그것은 겉으로 드러난 외면에 대한 평가라고 할 수 있다. 그러나 더욱 중요한 것은 그 사람이 살아온 생애에 감추어진 내면의 세계에 대한 평가다. 즉 그의 인격과 덕망 등 보이지 않는, 감추어진 내면의 아름다움을 찾는 일이다. 우계는 이미 앞에서 많은 자료를 통해 소개했듯이 당대 師友나 동료 그리고 후학들로부터 많은 존경을 받았고 또 덕행으로 추앙을 받았다. 그것은 율곡의 입을 통해서 여실히 입증된다. 성리의 이론에 있어서는 율곡 자신이 우계보다 나을지 모르지만, 操行 실천에 있어서는 자신보다 우계가 뛰어나다고 고백하였다. 그리고 율곡, 우계, 구봉의 문하를 넘나들었던 趙憲의 우계에 대한 尊慕는 남다른 바가 있다. 우계의 학문이 아니라 우

---

87) 『국역 우계집2』, 속집, 제3권, 「이숙헌에게 보내다」.
88) 「時務便宜15條」와 「行朝上便宜時務」가 대표적이다.

계의 덕행과 인품을 우러러 보는 그의 찬사는 결코 가볍게 볼 수가 없다. 조헌보다 불과 9살 위인 우계에 대한 존숭과 흠모는 가히 감동적이다. 그리고 율곡이나 구봉보다도 많은 문인들이 우계 문하에 모여들었고, 한 결같이 우계에 대한 존숭의 마음을 나타내고 있다는 점에서 우계의 덕행이나 인품에 대해 주목하게 된다.

무엇이 우계의 보이지 않는 거룩한 교훈인가? 우계의 감추어진 덕망의 실체가 무엇인가를 검토해 보는 것이 이 논문의 목적이다. 우계는 어려서부터 효행을 실천했고, 율곡, 구봉과의 道義之交를 통해 자아를 성취시켰으며, 家學으로서의 道學에 충실하여 小學的 실천에 부지런했음을 알 수 있다. 즉 부친의 가르침을 통해 靜庵의 道學에 닿아있고, 멀리 圃隱, 冶隱의 의리를 배웠던 것이다. 또한 학문하는 법도나 교육하는 師道에서는 항상 敬을 중심으로 한 마음공부에 치중하였고, 小學的 실천을 중시하였다. 아울러 작게는 소학적 실천으로부터 크게는 출처의리에 모범을 보임으로써 眞儒의 길, 선비의 길을 보여주었던 것이다.

현대 한국사회가 직면한 제 문제는 궁극적으로 인간의 문제요 자아실현, 자기관리의 문제임을 생각할 때, 우계의 전인적 인격, 모범적 덕행이 보여주는 교훈은 매우 크다 할 것이다. 우계는 성리의 이론 계발이나 심화에서도 많은 업적을 남겼지만, 특히 德行이나 操行에 있어 남다른 면이 있어 많은 존경과 흠모를 받았다. 이 점이 우계의 우계다운 점이고 그의 정체성을 말해주는 중요한 요체다. 내면이 꽉 차있으면서도 항상 謙讓과 반성으로 일관하고, 爲己之學의 길을 묵묵히 걸으며 眞儒로서 師友와 後儒들의 많은 존경과 흠모를 받은 우계에게서 현대지성의 오만하고 불성실한 태도를 반성하고 고쳐야 할 것이다.

제5장

鹿門 任聖周의 栗谷性理學 계승과 創新

1. 문제의 제기 -녹문 성리학에 대한 시비 논란-

　　鹿門 任聖周(1711~1788)는 18세기 조선조를 대표하는 醇正한 유학자의 한 사람이다. 그는 평생 오직 학문연구에 전념한 진정한 유학자였다. 그리고 그는 율곡학파의 직계는 아니었지만 율곡의 성리학을 흠모하여 이를 심화하고 創新하는 데 앞장섰다.

　　그런데 조선유학사에서 보면 녹문의 철학은 당대는 물론 오늘날까지 논란이 없지 않다. 그것은 그의 철학 내지 성리학이 갖는 특성 때문인데, 먼저 이에 대한 학계의 다양한 견해들을 검토해 보기로 하자.

　　현상윤은 『조선유학사』에서 임성주를 조선성리학에 있어 6대가의 한 사람으로 높이 평가하였는데,[1] 그것은 그를 花潭 徐敬德과 함께 대표적인 主氣論者로 보았기 때문이다.[2] 역사학자 이병도는 『한국유학사』에서 "녹문은 理氣合一을 주장하였지만 사실은 철저한 주기론자이었음을 의심할 여지가 없다" 하고, 이러한 사상은 명나라의 羅整庵, 조선의 徐花潭, 李蓮坊, 李栗谷 등의 학설과 함께 통한다고 하였다. 그리고 녹문은 율곡

---

1) 현상윤, 『조선유학사』, 민중서관, 1948, 67쪽.

2) 현상윤, 『조선유학사』, 민중서관, 1948, 403~411쪽.

의 주기적인 경향을 계승 발전시켜 완전한 기일원론에 도달하였다고 평가하였다.[3]

또한 배종호는 『한국유학사』에서 '임녹문의 唯氣論(氣一分殊說)'이라 제목을 정하고, 녹문은 유기론을 수립함으로써 理를 氣의 自然, 當然의 然字의 뜻으로 해석하여 리를 기의 속성이나 법칙으로 격하시켜 버렸다고 하였다. 그리고 녹문의 心性一致論은 그가 유기론적으로 표현한 말이라 하였다.[4] 마찬가지로 유명종도 『조선 후기성리학』에서 '녹문 임성주의 氣 일원 사상'이라 이름하고, "녹문의 一原分殊論은 理氣의 渾一한 일원분수론이므로 기일원론이라 단정하기도 어려울 듯 한데, 전통적인 程朱學처럼 理를 氣의 所以라 한 것마저 배제하고 혼일성을 강조하고 있기 때문에 기일원론이라 한다."하였다.[5]

또한 김현에 의하면, 임성주는 心의 純善性을 확보하기 위해 심을 이루는 기의 순선성을 강조하였으며, 그 결과 純粹와 雜駁을 리와 기에 분속시키는 理氣二元論的인 구도를 부정하기에 이르렀다. 그리고 자연의 모든 運化현상을 하나의 생명현상으로 파악한 임성주는 그와 같은 자연현상을 가능케 하는 궁극적인 존재를 명확하게 氣라는 이름으로 지칭하였으며, 이 氣 이외의 理라는 이름의 독립적인 실체가 있지 않다고 주장하였다. 그는 본체를 설명함에 理라는 이름도 버리지는 않았으나, 그 내용은 유일한 실재인 氣의 내재적인 특성을 의미하는 것에 지나지 않았다고 평가하였다.[6]

이와 같이 녹문의 철학을 주기론으로 보는 견해와는 달리 이상익은

3) 이병도, 『한국유학사』, 아세아문화사, 1987, 404~405쪽.
4) 배종호, 『한국유학사』, 연세대출판부, 1978, 241~253쪽.
5) 유명종, 『조선후기 성리학』, 이문출판사. 1985, 177~185쪽.
6) 김현, 「임성주의 철학사상」, 『조선유학의 학파들』, 예문서원, 1996, 413~414쪽.

『기호성리학 연구』에서 老洲 吳熙常, 일본인 학자 다까하시 도루(高橋亨), 현상윤 이후 배종호, 이병도, 유명종, 김현, 허남진, 김형찬, 정인재 등이 녹문을 주기론자로 본 것에 대해 비판하고, 홍정근, 최영성, 신동호 등이 녹문을 전통적인 성리학의 범주에서 보아야 한다는 견해에 주목하였다.

그런데 이상익도 녹문의 「鹿廬雜識」의 冒頭는 기일원론으로 규정할만한 소지가 있음을 언급히고, 다만 녹문 자신이 자신의 글 속에서 누차 이를 해명하였고, 무엇보다 녹문의 본지는 氣 위에 나아가 理氣의 진면목을 보고자 하여 그것을 '理氣同實 心性一致'로 표방한 것이라 결론하였다.7)

최영성은『한국유학통사』에서 녹문에 대해 평하기를, 理氣合一과 氣一分殊의 논리에 입각하여, 氣 자체에도 보편적인 도덕성을 부여함으로써 이를 극복하고자 했던 것이라 하고, 이러한 주장은 主理論者나 理氣二元論者의 이론적 한계를 보완하려 한 것으로서, 분명 그의 氣 중시적 경향과 직접적인 관련이 있다고 하였다.8)

손흥철은『녹문 임성주의 삶과 철학』에서 녹문은 理氣同實과 心性一致를 제시함으로써 리기론에 대한 새로운 지평을 열었다 하고, 녹문의 철학을 주리파로도 규정할 수도 없고 또한 유기론이나 주기파의 연장으로 이해할 수 없다 하였다. 그리고 녹문의 철학적 목표는 理를 중심으로 한 원리의 규명도 물론 중시하였지만, 동시에 氣를 통한 원리의 실현에 대한 적극적인 근거와 가능성을 확립하는데 있었다고 평가하였다.9)

이상 녹문 연구가들의 견해는 크게 보면 둘로 구분된다. 하나는 녹문

---

7) 이상익,『기호성리학연구』, 한울아카데미, 1998, 311~339쪽.

8) 최영성,『한국유학통사』, 하, 심산, 2006, 303쪽.

9) 손흥철,『녹문 임성주의 삶과 철학』, 지식산업사, 2004, 449~452쪽.

을 主氣 내지 氣철학자의 군으로 보려는 것이고, 다른 하나는 전통 성리학의 범주에서 보려는 것이라 할 수 있다. 뒤에서 다시 설명하겠지만 녹문의 이러한 시비는 녹문 자신에게서 비롯된 문제라고 보아진다. 녹문이 율곡의 理氣之妙의 입장을 계승한 나머지 氣의 현실성을 더욱 강조하고자 한 데서 主氣의 혐의를 받게 되는 것이라 생각된다.

녹문 철학에 대한 이러한 시비의 본질이 무엇인가를 밝히고, 녹문이 평생 추구한 철학정신에 따라 녹문의 철학을 바로 세우는 데 초점을 맞추고자 한다. 이를 위해서 녹문의 학문태도, 녹문의 학문적 뿌리를 더듬어 보고 녹문철학과 율곡철학의 보편적인 지평을 검토해 보고자 한다. 그리고 녹문의 율곡철학 비판에 입각하여 이에 대한 시비를 재평가해 보고, 나아가 녹문의 철학이 갖는 창신의 의미를 새겨보고자 한다.

2. 진정한 학자로서의 '鹿門 任聖周'

조선시대의 유학자들은 대체로 학문연구와 강학 그리고 벼슬을 통해 나라와 백성에게 봉사하는 삶을 살았다. 녹문은 그 가운데에서도 거의 평생을 학문연구에 바친 유학자였다. 그는 17세 때인 1728년 『心經』을, 그 이듬해에는 『소학』을 주석하였다. 1729년에는 『논어』, 1735년에는 『중용』, 1741년에서 1742년에는 『儀禮』, 1742년에서 1743년에는 『주역』, 1765년에서 1766년에는 『尙書』, 1781년에는 『대학』을 주석하였다.

특히 1730년에서 1734년까지 약 5년 동안 그의 정신적 지주이자 존경하는 스승 陶菴 李縡(1680~1746)와 5년 동안 함께 질의하고 토론하여 『寒泉語錄』이 나왔으며, 1734년에는 『중용』을 가지고 괴산 화양동에 들어가 보름동안 정좌하고 독서하여 『疑義』를 저술하였다. 1736년 겨울에는 宋明欽, 宋文欽 형제와 宋能相, 金元行, 金亮行 등과 함께 회덕의 玉溜

閣에서 『대학』을 강의하여 『玉溜講錄』이 나왔다. 1737년에서 1743년까지 晝耕夜讀하며 김원행, 金遇洙 등과 학문을 토론하였다.

또한 1759년에서 1760년에는 그의 성리학적 입장을 정리한 『녹려잡지』가 발표되었는데, 이는 그가 人物性同論에서 相異論으로 전향한 후에 저술한 것이다. 또 그는 尤菴 宋時烈의 『朱書箚疑』가 아직 초고로서 완성되지 못한 것이었는데, 녹문이 10여년에 걸쳐 보충하여 『朱書箚疑補』를 저술하기도 하였다.10)

이와 같이 녹문은 유학의 제 경전의 주석은 물론 성리학에 대한 전문적인 연구에 매달려 큰 업적을 남겼으며, 그의 문집에는 예학에 관한 저술이 매우 많다. 학자란 자신의 학문적 업적을 말과 글로 대신한다고 볼 때, 녹문이야 말로 경학, 성리학, 예학 제 분야에서 독실한 연구 성과를 보여준다고 할 것이다.

이제 그의 문집을 통해 그의 학문에 대한 열정과 성실한 학문태도에 관해 검토해 보기로 하자. 『鹿門集』 서문에서 李敏輔(1720~1799)는 녹문의 사람됨과 학문하는 태도 그리고 그의 학문규모에 대해 다음과 같이 표현하고 있다.

공은 세상에 드문 총명과 睿智의 소유자였다. 成童의 나이에 이미 학문에 뜻을 두었으며, 노년에 들어서는 더욱 독실하였다. 沈潛하고 玩繹하여 터득하지 않으면 그냥 놔두지 않았으며, 60년을 하루같이 이 일을 계속하였다. 대개 蘊蓄한 것이 두텁고 견해가 투철하였기 때문에 언어 문자로 드러낸 것이 거의 모두가 종횡으로 周密한 가운데 超詣하고 融脫하였다. 天人造化와 理氣無間의 오묘함에 대해서 말할 때에는

10) 이상 손흥철의 『녹문 임성주의 삶과 철학』 참조.

本末을 끝까지 환히 밝혔고, 人物五常과 聖凡虛靈의 논변에 대해서 말할 때에는 극히 微細한 부분까지 분석하였다.[11]

이와 같이 녹문은 타고난 총명에 호학의 기질을 겸하고 매사 독실한 성정으로 학문에 전념하여 종횡으로 매우 정밀한 가운데 조예가 깊고 초탈하였다.

그러나 녹문의 학문여정은 그리 순탄했던 것만은 아니다. 그는 청소년 시절 자신이 학문하는 과정에서 겪은 어려움을 다음과 같이 말하고 있다.

내가 어려서 학문에 뜻을 둔 뒤로부터 지금 17세가 될 때까지 성리에 관한 諸書를 거의 모두 읽었고, 고인의 명언을 거의 모두 보았으며, 마음을 괴롭히며 골똘히 생각한 것이 이미 오래되었다. 그런데 門庭을 찾지 못했을 뿐만 아니라 도리어 정신이 피로해지고 기운이 소모되는 것만 느끼겠기에, 혼자서 나름대로 괴이하게 여기고는 한밤중에 잠을 이루지 못한 채 끌끌 혀를 차며 스스로 탄식하기를, "내가 학문에 뜻을 두고서 몇 년이 되도록 중단하지 않았으니 뜻이 세워졌다고 이를 만하고, 성현의 글을 읽으면서 잠자는 것도 잊고 밥 먹는 것도 잊었으니 힘을 쏟았다고 이를 만하다. 그렇다면 당연히 날마다 달마다 나아가는 효과가 있어야 할 터인데, 어찌하여 어물쩍거리고 제 자리 걸음만 하며, 한 치쯤 나아가면 한자가 뒤로 물러나니, 이처럼 느려 빠진 채 축 늘어지고 말았단 말인가"라고 하였다.[12]

---

11) 『鹿門集』, 「序(李敏輔)」.
12) 『鹿門集』 卷21, 「學有門庭說, 丁未」

이와 같이 녹문은 17살까지 벌써 성리에 관한 책들을 거의 읽었다고 말한다. 그리고 스스로 학문에의 입지도 세웠고 發憤忘食의 열정과 노력도 했지만 학문의 진보를 느끼지 못하고 좌절의 탄식을 하고 있는 것이다. 다음 글도 마찬가지로 학문의 여정에서 고뇌하는 자신을 잘 표현하고 있다.

그래서 아는 것이 있어도 철저하게 알지 못하고 행하는 것이 있어도 철저하게 행하지 못한 채, 미적거리고 머뭇거리면서 한 치를 나아갔다가는 한 자를 물러나는 등 도무지 이루는 일이 없습니다. 이러한 사실을 알긴 하면서도 도리를 강구하여 일약 뛰쳐나가기가 쉽지 않은데다, 붕우들이 별처럼 흩어져서 극구 講討할 수도 없는 처지라서, 보낼 서한을 앞에 두고는 이 때문에 장탄식을 하는 바입니다.[13]

그런데 그에게 다행스러웠던 것은 이종 형 宋明欽(1705~1768), 宋文欽(1710~1752) 형제와의 교유였다. 그는 말하기를, "나는 어려서부터 좀처럼 남과 마음이 맞지 않았으나, 유독 행운이라고 한다면 이종형인 능천 송공 형제를 따라 노닐었다는 것이다."[14]라고 술회하고 있다. 송명흠 형제는 同春堂 宋浚吉(1606~1672)의 후예로서 懷德 玉溜閣에서 함께 공부를 하고 또 이들을 통해 학문하는 데 도움을 받았다.

반면 녹문은 자신의 공부가 점점 진보하여 스스로 학문의 깊은 경지를 깨닫게 됨을 밝히기도 한다. 그는 1734년 槐山 華陽洞에 들어가 『중용』을 공부하였는데, 그 소회를 다음과 같이 밝히고 있다.

13) 『鹿門集』卷2, 「與櫟泉宋兄, 12月」
14) 『鹿門集』卷24, 「姨兄閑靜堂宋公墓誌銘」

나는 지난 달 초에 화양산에 와서 머물며 『중용』을 읽고 있는데, 3, 4
일쯤 지나면 공부를 다 마칠 수 있을 것입니다. 이제는 '道'라는 글자
에 대한 소견이 확실해져서 아무리 붙잡아 보려 해도 안 되었던 지난
날과는 같지 않은 것을 자못 느낍니다.15)

『중용』을 읽으며 침잠해 터득한 道의 경지를 말하면서 자신의 학문이
날로 성장해 감을 고백하고 있다. 또 녹문은 말하기를, 요즈음 일용의 사
이에서 천리와 인욕의 기미가 나뉘는 것이 점차 분명하게 보이는 듯도
하니, 앞으로 큰 진전이 있을 것 같은 생각이 들기도 한다고 고백한
다.16) 그리고 대개 儒者가 나가지 않는다면 모르지만, 일단 나간 이상
에는 임금과 백성을 요순의 시대로 이끄는 것으로써 安身立命의 바탕을
삼아야 마땅할 것입니다17) 라고 하여, 유학자의 사명이 수기에서 치인,
內聖에서 外王에 까지 나아가야 한다는 자신의 원대한 학문목표를 확인
하기도 한다. 녹문은 또 진리탐구에 대한 자신의 소견을 다음과 같이 말
한다.

삼가 생각하건대 의리라고 하는 것은 천하의 公物이니, 形跡에 구애
받거나 번리(藩籬)로 제한할 수 있는 것이 아니고, 소견에 따라 의심나
는 점을 말씀드려서 시원하게 풀리기를 기대하는 것이 의리에 있어 혹
해가 되지 않을 것 같기도 합니다.18)

---

15)『鹿門集』卷2,「答櫟泉宋兄, 甲寅 4月」
16)『鹿門集』卷2,「與櫟泉宋兄, 辛酉元月」
17)『鹿門集』卷3,「答櫟泉宋兄, 3月」
18)『鹿門集』卷3,「答金幼道, 砥行, 辛巳7月」, "竊念義理者 天下之公 非可以形跡拘而藩籬限
者 隨見貢疑 以冀開釋 於義似或無害."

녹문은 의리라고 하는 것은 '천하의 공물'이라고 단언한다. 그러므로 형적에 구애를 받아서도 안 되고 그 어떤 것으로 제한해서도 안 된다고 말한다. 자유로운 토론과 소통을 통해 명쾌한 답을 찾아야 한다고 하였다. 이러한 그의 진리탐구에 대한 소신은 그의 학문 여정에서 유감없이 발휘되고 있다.

　　먼저 녹문은 자신이 존경해 마지않는 율곡에 대해서도 예리한 비판의 시선을 놓지 않는다. 뒤에서 시술히겠지만 율곡의 理通氣局에 대해서도 기탄없이 자신의 소견으로 비판하고 있다. 율곡의 리통기국이라는 표현이 理의 通, 氣의 局에 막혀 氣의 通, 理의 局을 함축하지 못한다 하여 불만을 표시하였다. 그리고 율곡이 理通氣局을 설명하는 가운데 '湛一淸虛之氣가 있지 않은 경우도 많이 있다(湛一淸虛之氣 多有不在)'는 말을 했는데 이에 대한 비판도 하고 있다. 즉 율곡이 氣의 본체, 마음의 본체에 있어 湛一淸虛를 부정한 것이 아닌가 의심하여 이를 비판한 것이다. 이에 대한 논의는 뒤로 미루기로 한다.

　　또한 녹문은 林隱 程復心의 「心學圖」에 대한 퇴계와 율곡의 논의에 대해서도 다음과 같이 자신의 견해를 밝힌다.

　　생각건대, 林隱 程復心은 이 「心學圖」를 지은 뜻이 반드시 있을 것이다. 그런데 黃墩 程敏政이 『심경』편의 첫머리에 이를 게재하였고, 퇴계가 또 深密하다고 극구 칭찬하였으니, 두 분 賢者가 또한 어찌 살펴 본 것이 없이 그렇게 하였겠는가. 그런데 율곡 때에 와서 처음으로 불만스럽다는 주장을 제기하여, 퇴계와 왕복하며 토론한 것이 무려 수백 언에 이르렀다. 그 뒤로 학자들이 마침내 서로 爭論하여 헐뜯으면서, 「심학도」의 본의는 구명하지 않고 그저 율곡이 만들어 놓은 설에 의거하여 거리낌 없이 분란을 일으키는가하면, 더러는 율곡이 생각지도 못했던 의논을 말하기도 하였으니, 신기한 것을 좋아하는 말세의 속폐로서는 본래 당연한 일이기도 하였다.

지금 퇴계와 율곡 두 선생의 설을 참고하여 생각해 보건대, 퇴계의 설이 끝내 圓確하고 精詳하여 도저히 깨뜨릴 수 없는 반면에, 율곡의 주장은 언뜻 보면 쾌활하여 걸리는 것이 없는 것 같지만 끝내는 먼저 흠집을 찾아내는 병통을 면치 못했다고 여겨진다.……내 생각에는 퇴계의 설이 아무래도 定論으로 여겨지는데, 어떨지는 모르겠다.19)

여기서 녹문은 자신이 존숭하는 율곡의 견해를 따르지 않고 도리어 퇴계의 설에 동조하고 있다. 율곡의 설은 언뜻 보면 쾌활하여 걸리는 것이 없는 것 같지만 끝내는 먼저 흠집을 찾아내는 병통을 면치 못했다고 평가하고, 자신의 생각으로는 퇴계의 설을 정론으로 삼겠다고 하였다. 이는 녹문이 진리는 公物이라는 입장에서 스승의 견해라도 잘못되면 따를 수 없다는 것을 보여준 것이다.

또한 녹문은 당시 율곡과 高峰 奇大升간에 있었던 『대학』의 '止於至善'과 '中'에 관한 논변에 대해서 다음과 같이 평한다.

奇高峰이 止至善을 단지 行에만 소속시킨 것은, 그 말에 비록 曲節이 부족하다고 해도 매우 잘못되었다고는 할 수 없는데, 율곡선생이 너무 과하게 論斥하면서, "知에도 한 개의 至善이 있고, 行에도 한 개의 至善이 있다. 知가 십분 합당한 곳에 이르러 다시 변동함이 없게 되면, 그것이 바로 知가 '至善에 머문 것'이고, 行이 십분 합당한 곳에 이르러 다시 변동함이 없게 되면 그것이 바로 行이 '至善에 머문 것'이

19)『鹿門集』卷12, 雜著, 經義,「心經, 戊申」, 心學圖.

다"라고 말하기까지 하였다. 참으로 이와 같다면 이는 두 개의 至善이 있어서 知와 行이 판연히 두 개가 될 것이니, 매우 미안한 듯싶다.[20]

여기서 녹문은 율곡의 설은 知와 行 두 개의 至善이 있어 知와 行이 판연히 둘로 나뉘는 문제가 있다 하여 비판하고 기대승의 설에 동의하였다.

또한 녹문은 율곡의 格物, 物格에 대한 해석에 대해서도 다음과 같이 비판하며 자신의 견해를 밝혔다.

> 그런데 다만 선생이 "格에는 窮과 至라는 두 개의 뜻이 있는데, '格物'의 格은 窮字의 뜻이 다분하고, '物格'의 格은 전적으로 至字의 뜻이다."라고 말한 것은 그래도 완전히 밝혀내지 못한 점이 있지 않나 싶다. ……『章句』'窮至'는 단지『或問』에서 말한 極至의 뜻일 뿐인데도, 栗翁 역시 窮字를 思索의 뜻으로 간주했기 때문에 窮과 至의 두 글자를 나누어 두 개의 뜻으로 본 것이고, 또 格物과 物格의 두 格字를 나누어 둘로 보았으므로, 그만 "어떤 것은 窮字의 뜻이 다분하고, 어떤 것은 전적으로 至字의 뜻이다"라고 한 것이다. 그러나 이와 같이 하면, 格字가 하나의 뜻으로 통할 수가 없어서 誠, 正 등의 글자와 의례가 맞지 않으니, 이는 옳지 않을 듯싶다.[21]

---

20) 『鹿門集』卷16, 雜著, 經義, 「大學, 辛丑」, "奇高峰以止至善只屬於行 其言雖少曲折 未爲 甚失 而栗谷先生斥之太過 至以爲知亦有箇至善 行亦有箇至善 知到十分恰好處 更無移易 則爲知之止於至善 行到十分恰好處 更無遷動則爲行之止於至善 誠如是則是有兩箇至善 知行判而爲二 恐甚未安."

21) 『鹿門集』卷16, 雜著, 經義, 「大學, 辛丑」, "栗谷先生始掃諸說而發輝出正義 朱子之意於是 乎明矣 但其所謂格有窮至兩義 格物之格 窮字意多 物格之格 專是至字意云者 恐猶有未盡 瑩者……章句窮至只是或問極至之義 栗翁亦以窮字作思索義看 故分窮至二字爲兩義 又以 格物物格兩格字 析而爲二 乃曰或窮字意多 或專是至字意 如此則兩格字不得通爲一義 與

格物, 物格에 대한 시비는 당시 학계에 많은 논란이 있었던 문제인데, 율곡은 格物의 格은 窮字의 뜻이 많고 物格의 格은 至字의 뜻이 많다고 해석하고, 窮至는 사색의 의미로 해석하였다. 이에 대해 녹문은 格字를 두 가지 뜻으로 해석하는데 불만을 표시해 비판하였고, 窮至의 경우도 窮字와 至字를 둘로 나누어 해석한 것은 문제가 있다고 보았다. 이렇게 볼 때, 녹문은 스승이나 일체의 권위에 굴하지 않고 당당하게 자신의 학문적 소신을 펼친 것을 알 수 있다.

또한 당시 湖論의 주창자였던 南塘 韓元震(1682~1751)에 대해서도 "남당이 한 평생 입이 닳도록 변론한 것은 기껏해야 荀楊의 문에 기어 들어간 것이로세."[22]라고 혹평하고 있다.

또한 녹문은 항상 南溪 朴世采(1631~1695)의 사람됨을 혐오하였는데, 閔遇洙에게 누차 글을 보내 辨別하고 質正한 내용이 모두 수 백 언에 이르렀다. 이때 박세채의 문집이 막 나왔었는데 그 心術이 隱微하여 사람들이 변별하지 못하다가, 녹문이 글을 지어 밑바닥까지 파헤치면서 그의 진짜 속마음을 모두 노출시켰으므로, 閔公이 극구 칭찬하며 世道에 큰 도움이 되었다고 평하였다고 한다.[23]

사실 녹문은 높은 학덕에도 불구하고 큰 벼슬도 받지 못했고 사후 신도비조차 없었다. 그는 사도세자와 정조의 侍講을 했음에도 그의 벼슬길은 초라했다. 필자의 소견으로는 당시 湖洛論에서의 변신, 율곡직계요 노론 직계인 南塘 韓元震에 대한 노골적인 비판, 尤菴 宋時烈, 明齋 尹拯과 더불어 3거두로 큰 영향력을 가졌던 소론계 지도자 南溪 朴世采에 대한 비판, 나아가 율곡의 理通氣局說에 대한 비판 그리고 당시 세도가였

　　誠正等字 義例不合 恐未然."
22)『鹿門集』卷26, 詩,「次渼湖神氣吟三篇 再疊因足成心性雜詠三十六首, 己丑」
23)『鹿門集』附錄,「行狀」

던 洪國榮의 미움 등이 그의 처신을 외롭게 한 것이 아닌가 짐작된다. 당색과 권력지형을 가리지 않고 오직 유학의 道를 향해 매진하는 그의 眞儒로서의 학문태도가 스스로 자신을 외롭게 하고 세상으로부터 소외된 것이 아닐까 생각된다.

다음은 그가 만년에 쓴 글들 속에서 자신의 학문 여정을 반성하고 또 자신의 학문적 소신을 밝힌 것들을 살펴보기로 하자. 그는 어렸을 때부터 爲己之學에 뜻을 두었음을 다음과 같이 말한다.

> 나는 어렸을 적부터 자신의 힘을 헤아리지도 않고, 망녕되이 古人이 말한 爲己之學에 뜻을 두었는데, 자질이 凡庸할 뿐더러 행실에도 힘쓰지 않은 탓으로, 지금 늙어서 백발이 된 채 그저 올연(兀然)이 앉아 있는 일개 庸劣한 인간이 되어 있을 뿐입니다.24)

녹문은 어려서부터 이른 바 爲己之學에 뜻을 확고히 하고 평생 이를 실천해 왔다고 하면서도 그 스스로는 일개 용렬한 인간이 되었다고 겸양하고 있다. 반면 자신의 학문적 성과와 소신에 대한 자부심도 분명하게 표현하고 있다.

> 道術이 분열하여 사람마다 의견을 달리하고 있기 때문에 나의 한 번 얻은 견해에 대해서 나 자신은 "천지에 세워놓고 귀신에게 물어보고 성인을 기다려도 어긋나거나 의혹되는 일이 없다"라고 생각하지만, 내 마음속으로만 혼자서 자신하고 있을 뿐이요 서로 契合하는 사람은 없는 형편입니다.25)

---

24) 『鹿門集』 卷3, 「答金幼道, 砥行, 辛巳7月」
25) 『鹿門集』 卷5, 「答李伯訥, 12月」

녹문은 李敏輔(1720~1799)26)에게 자신의 성리학적 지론에 대해 가까운 金元行이나 宋明欽도 이해해 주지 못하는데 대해 안타까움과 불만을 토로하며, 자신의 학문적 확신을 『중용』의 말을 인용해 "천지에 세워놓고 귀신에게 물어보고 성인을 기다려도 어긋나거나 의심되는 일이 없을 것이라"고 자신한다.

특히 성리학에 있어서 그의 氣論的 설명이나 湛一淸虛之氣에 관한 이론에 대해서 녹문 주변의 많은 사람들이 간과하거나 함께 공감하지 않았던 것으로 보인다.

공이 일찍이 이런 내용을 가지고 누차 諸公에게 말했지만, 제공들은 옛 견해만을 고수하여 끝내 契合하지 못하였고, 심지어 어떤 이는 氣를 理로 誤認한다고 공을 의심하기까지 하였다. 이에 공은 개연히 말하기를, "吾道가 외로웠던 것은 예로부터 그러하였다. 나는 장차 遺經을 부둥켜안고 백세의 뒤에 아는 이가 나오기를 기다린다"고 하였다.27)

자신의 理氣同實과 心性一致를 氣論으로 오해하는 주변의 시각에 대해 녹문은 매우 외로웠던 것으로 보인다. 오죽해야 遺經을 부둥켜안고 먼 훗날 자신의 설을 알아주는 이가 나오기를 기다린다는 절규를 하고 있는 것이다.

---

26) 李敏輔의 자는 伯訥, 호는 常窩, 본관은 延安인데, 『鹿門集』에 보면 성리학에 관한 깊이 있는 대화를 가장 많이 나눈 사람 중의 하나이다.

27) 『鹿門集』附錄, 「行狀」, "公嘗以是累言于諸公 而諸公株守舊見 訖未有契 至或疑之以認氣 爲理 公慨然曰吾道之孤 自古而然 吾將抱遺經而竢百世乎."

그리고 그는『대학』을 매우 중요시하여 평생『대학』의 주석과 연구에
진력하였는데, 71세의 나이에 다시『대학』의 주석을 마치며 다음과 같이
그 소회를 밝히고 있다.

　　내가 17, 8세부터『대학』을 읽으면서 정밀하게 사색해 마지않았는
　데, 지금 71세가 되었으니 일생의 정력을 여기에 다 쏟았다고 말해도
　좋을 것이다. 주자가 일찍이 말하기를, "『대학』과『啓蒙』은 내가 열심
　히 연구하여 전인이 미처 도달하지 못한 곳을 터득하였다"라고 하였는
　데, 지금 내가 감히 이렇게 말하지는 못하더라도, 한두 가지 여측(蠡測)
　한 것이 없지 않기에, 자그마한 책자로 나의 의견을 간략히 써서 아이
　들에게 보여주는 바이다. 신축년(1781년, 정조 5년) 6월에- 鹿翁은 쓰
　다.28)

　여기서 녹문은 자신이『대학』의 연구와 주석에 일생의 정력을 다 쏟았
다고 말하고 있다. 그리고 주자의 말을 인용해『대학』의 연구에 있어서
남들이 미처 하지 못한 경지를 개척했다는 創新의 자부심을 표현하기도
하였다.
　또한 녹문은 58세 때 쓴「次渼湖神氣吟三篇再疊因足成心性雜詠三十
六首」의 맨 끝 시에서 다음과 같이 읊고 있다.

　道의 體가 가는 곳마다 밝게 드러나 있으니
　沈潛思索의 功이 얕으면 또 알기 어려우리
　이 말 중에 한 글자라도 만약 잘못되었다면

---

28)『鹿門集』卷16, 雜著, 經義,「大學, 辛丑」

하늘이 나를 버리리라 하늘이 나를 버리리라.29)

여기서도 침잠사색의 공이 깊어야 道體를 체인한다 하고, 자신의 철학
시가 만약 한 글자라도 틀렸다면 하늘이 나를 버릴 것이라고 말하고 있
다. 녹문의 학문하는 마음가짐과 태도가 얼마나 성실하고 진지한가를 잘
보여주고 있다.

이 글은 녹문 77세 죽음을 앞에 두고 쓴 글이다. 만년에 눈이 어둡고
심신이 피곤한 가운데에서도 『朱子大全箚疑』의 연구와 교정에 진력하는
녹문, 그리고 그것을 즐기며 피곤할 줄 모른다는 말 속에서 發憤忘食과
好學의 열정을 보게 된다. 평생 경학연구에 매진하고, 성리연구를 통해
율곡의 설까지도 비판적으로 수용하며, 人物性同異論에서는 스승의 설
과도 길을 달리하였다. 그리고 평생 오직 한 길 학문의 길을 걸어온 녹
문, 그에게서 진정한 유학자의 典範을 보게 된다.

나는 또 나이 한 살을 더 먹어 八旬에서 세 살이 모자랄 뿐이니, 한
편으로는 놀랍고 한편으로는 서글퍼서 어떻게 마음을 다 잡을 수가 없
다.……요즈음 『朱子大全箚疑)』를 교정하는 일로 心眼을 잠시도 쉬지
못하였으니 노곤함이 또한 매우 심하였다. 옆에 있는 사람들은 모두
무엇 때문에 고생하며 이런 일을 하느냐고 괴이하게 여기지만, 나 자
신은 이 일을 즐기면서 스스로 피곤한 줄을 알지 못하니, 韓子(韓愈)가
"가령 道가 나로 말미암아 조금이라도 전해진다면, 비록 죽어 없어진
다 하더라도 절대로 유감이 없을 것이다"라고 한 것이 그야말로 眞切
한 말이라고 하겠다. 모르겠다만 이 뒤로 다시 얼마만큼의 세월을 빌

---

29) 『鹿門集』卷26, 「次渼湖神氣吟三篇 再疊因足成心性雜詠三十六首, 己丑」, "道體昭森隨處
是 潛思功淺亦難知 此言一字如非理 天厭之兮天厭之."

려서 얼마만큼의 사업을 이룰 수 있을거나.30)

3. 녹문의 학문적 뿌리

녹문의 학문적 연원이 어디에 있는지 검토해 보기로 하자. 첫째는 성
리학자로서 그가 늘 존숭하여 배우고자 한 이는 주자와 율곡이고 가까이
는 陶庵 李縡였다. 녹문은 젊었을 적에 스스로 글을 지어 말하기를, "나
이 16살에 율옹의 글을 보다가 천인합일의 妙理가 있다는 것을 알고서
크게 뜻을 세우게 되었다"라고 하였다.31) 녹문의 학문적 입지는 16살
때의 일이고, 그 계기는 율곡의 글을 읽으며 천인합일의 묘리를 깊이 깨
달았다는 것이다.

그는 또 독서의 방법을 논하는 가운데에서도 주자의 「法旨」와 율곡의
「要訣」을 준수하여 제자들을 강론하겠다고 다음과 같이 설명한다.

학문하는 일은 물론 한 가지가 아니겠지만, 그 요체는 독서보다 우
선할 것이 없는데, 독서하는 방법은 주자의 「行宮箚」에 자세히 나와
있고, 독서하는 순서는 栗翁의 擊蒙書에 갖추어져 있다. 나는 어릴 때
부터 나름대로 仁을 구하는 공부에 뜻을 두고 성현의 글을 읽으면서,
성현이 학문한 것을 배워 보려고 소망한 것이 어언 30년이나 되었다.
…… 이에 감히 참람하고 망녕됨을 헤아리지 않고 한 고을의 연소자
중에 뜻이 있는 선비를 뽑아 놓고, 일체 주자의 법지와 율옹의 요결을
준수하여 과정을 엄히 세우고 숙독하며, 자세히 강론함으로써, 同安

30) 『鹿門集』 卷11, 「與舍妹申氏婦, 丁未正月」
31) 『鹿門集』 附錄, 「行狀」, "公少時自爲敎曰年十六時 因看栗翁語 有省知天人合一之妙 而大
志立."

(주자)과 石潭(율곡)이 남긴 발자취를 뒤따라 밟아보고자 한다.32)

여기서도 주자와 율곡의 남긴 발자취를 따라서 밟아보겠다는 다짐을 하고 있는 것이다. 아울러 제자들을 가르치는 강학에 있어서 주자의 「行宮箚」와 율곡의 『擊蒙要訣』이 가장 적의한 교과서라 하여 다음과 같이 설명하고 있다.

 율곡선생이 저술한 『격몽요결』은 학자가 뜻을 세우고 실행에 옮기는 기본적인 방법과 집안에 거하고 세상에 처하는 중요한 도리에 대해 구비해 놓지 않음이 없어서 학자에게 무엇보다도 절실한 책이니, 맨 먼저 익히 강구해서 趣向을 정하지 않으면 안 된다. 그래서 道峰講規에서도 『소학』의 앞에다 이 과목을 배정했던 만큼 지금 역시 이를 遵用하려 하는데, 다만 염려되는 것은 깊은 산골이라 이 책을 보관한 곳이 드물어서 학자들이 얻기 어렵다고 불평할까 하는 점이다.33)

또 洪養之에게 답한 글에서도, "조금 얻은 것으로 만족하지 말고, 다시 『맹자』의 「性善章」과 『擊蒙要訣』의 「立志章」을 가져다 반복해서 탐구하여, 성인은 꼭 이루어야 하고 俗態는 정말 슬퍼해야 할 일임을 참으로 보아서, 凡俗함을 벗어나 첫째가는 인물이 되어야 하겠다고 스스로 다짐해야 할 것이다."34) 라고 훈계 하였다.

그리고 자신이 요즈음 병으로 누워 있는 여가에 한가로이 율곡의 책을 취해 몇 차례 펼쳐보던 중에, 율곡이 질의하고 問難할 때에는 반드시

---

32) 『鹿門集』 卷25, 「校院下帖, 12月」
33) 『鹿門集』 卷25, 「帖諭諸生, 乙亥 正月」
34) 『鹿門集』 卷4, 「答洪養之, 丙辰正月」

窮理를 위주로 하고, 立言하고 著論할 때에는 반드시 持敬을 근본으로 하여, 章句를 표절하여 作文하는 일에는 아예 붓을 적시지 않고, 利欲을 分辨하는 일은 입에서 끊이지 않은 그것이, 녹문 자신이 그동안 익혀 왔던 것과 비교해 볼 때 하늘과 땅처럼 서로 같지 않을 정도만이 아니라는 사실을 알게 되었다고 자신하였다. 35)

또한 녹문이 자신의 스승으로 존숭한 이가 바로 도암 이재다. 녹문은 172/년 16살 때 처음으로 도암에게 글을 올리고 도암의 문하에서 공부하고 싶다는 자신의 소회를 다음과 같이 밝혔다.

> 소생이 선생을 사모하며 뵙기를 원한지가 오래되었습니다. 어려서 나름대로 사람들에게 듣건대, 모두 말하기를 "오늘날 문장이 뛰어나고 도덕이 높아서 한 세상의 宗主로 우러름을 받는 분은 오직 선생 한 사람이 있을 뿐"이라고 하였습니다.…… 삼가 원하건대 선생께서는 앉아서 제자의 절을 받아주시고 찾아온 뜻을 저버리지 말아 주소서. 그리하여 바른 길로 이끌어 주시어 새 사람으로 만들어 주시면 다행이겠습니다.36)

이와 같이 녹문은 도암을 가리켜 문장과 도덕이 높아 한 세상의 종주로 우러름을 받는다고 칭송하고, 자신을 문하의 제자로 받아주고 바른 길로 이끌어 달라고 간곡히 간청하였다. 그러면서 "내가 비록 예물을 바치고 수업을 청하지는 않았지만, 문하에 출입한 것이 수십 년이나 되었습니다."37) 라고 하여, 자신이 도암의 문인임을 분명히 확언하였다. 그

---

35) 『鹿門集』 卷20, 序 ,「自序, 丙午」
36) 『鹿門集』 卷1,「上陶庵李先生」.
37) 『鹿門集』 卷2,「與櫟泉宋兄, 丙寅11月」

래서 오늘날 우리 학계에서는 이의 없이 녹문을 도암의 문인으로 분류하고 있다.

또한 녹문의 학문적 연원은 程朱와 張橫渠에도 닿아있다. 李敏輔는 『녹문집』서문에서 녹문을 평하기를, "고루하지도 않고 방탕하지도 않으면서 獨得의 경지에 깊이 나아가 여러 다양한 주장들을 절충하며 말없이 정주(程朱)의 本旨에 契合한 이가 있었다. 그는 바로 몇 년 전에 작고하신 鹿門先生 任公이시다."[38] 라고 하였다. 여기서 그는 녹문을 단적으로 '정주에 계합한 이'라고 표현하고 있다. 이는 녹문의 학문적 뿌리가 정주 성리학에 있음을 분명히 한 것이다. 그러므로 녹문의 아우 任靖周는 「行狀」에서 "공은 평생토록 주자의 글에 가장 깊이 힘을 기울였다."[39]고 적고 있는 것이다.

녹문은 주자의 「感興詩」 20편을 註解하여 「感興詩集覽」을 저술하였고, 『소학』 本註를 閑靜 宋文欽과 함께 교정, 내용을 간추려 別本으로 정리하였고, 주자의 『周易本義』를 수정 편찬하기도 하였다. 또 尤庵이 쓴 「朱書箚疑」는 초고뿐이었는데, 이를 權尙夏 등 제현이 하다가 마치지 못하자 그 후 녹문이 십 수 년 동안 이 일에 매달려 마침내 완성하여 『箚疑補』를 저술하였다.[40]

그러므로 아우 임정주는 「행장」에서 녹문을 평하기를, "내가 시험 삼아 위아래로 옛사람들을 논하면서 品評해 보건대, 공은 어쩌면 龍門의 忠純한 신하요, 考亭의 척안(隻眼)이 아닐까 싶기도 하다."[41]고 평하였다. 이는 녹문을 程伊川의 忠純한 신하요 주자의 진실한 正見을 갖춘 慧

---

38) 『鹿門集』「序(李敏輔)」, "其不固不蕩 深造獨得 折衷衆淆之言 而黙契程朱之旨者 惟近故鹿門先生任公乎."

39) 『鹿門集』, 附錄, 「行狀」

40) 『鹿門集』, 附錄, 「行狀」

41) 『鹿門集』, 附錄, 「行狀」

眼이라고 평한 것이다.

또 녹문은 말하기를, 理氣의 설은 程朱가 발명하는 과정을 거치면서부
터 과분하다고 할 정도로 환히 드러나 더 이상 밝힐 뜻이 남아 있지 않게
되었다 하고, 다만 그들이 설한 것을 보면 혹 對證한 취지가 다르기도 하
고 혹 편리할 대로 放言하기도 하였으니, 묵묵히 인식하며 묘하게 契合
하지 않은 채, 그저 구절이나 글자의 사이에서 흐름을 찾고 그림자나 좇
는다면 착오를 범하지 않는 경우가 없을 것이라 경계하였다.[42]

이와 같이 녹문의 학문이 정주와 율곡, 도암에 그 뿌리를 두고 있지만,
또한 송대 장횡거와 명대 羅整庵의 영향도 간과할 수 없는 것으로 보인
다. 그것은 氣의 측면에서 사물과 세계를 설명하는 그의 입장 때문이며,
또 理와 氣의 불가분성을 강조하는 그의 특성 때문이다. 먼저 장횡거에
대한 그의 입장을 보기로 하자.

이른바 元氣라고 하는 것은 張子가 말한 太虛이고 太和이며, 맹자가
말한 浩然之氣로서, 천지를 가득 채우고 고금에 유행하는 것이다. 그
리하여 陰陽에 있으면 음양을 채우고, 五行에 있으면 오행을 채우고,
人物에 있으면 인물을 채우는 것이다. 비유하건대 물고기가 물속에 있
으면 胸中이 모두 이 물인 것과 같다. 율곡선생이 일찍이 말하기를, '湛
一하고 淸虛한 氣는 존재하지 않는 것이 많이 있다'라고 하였는데, 내
생각에는 그렇지 않을 듯싶다. 대개 치우치고 막히고 더러운 곳이라
할지라도 이 氣는 뚫고 들어가지 않는 곳이 없는데, 形氣에 갇혀 막힌
탓으로 드러나 뚜렷이 행해지지 못할 따름이다.[43]

---

42) 『鹿門集』 卷19, 「鹿盧雜識」, "理氣之說 自經程朱發明 太欸顯煥 更無餘蘊 但其爲說 或對
    證異指 或隨意放言 苟非黙識妙契 而徒尋流逐影於句字之間 則未有不差謬者也."
43) 『鹿門集』 卷19, 「鹿盧雜識」, "所謂元氣者 卽張子所謂太虛太和 孟子所謂浩然之氣 充塞天

이와 같이 녹문은 자신이 말하는 元氣가 곧 장횡거가 말하는 太虛, 太和이며, 맹자가 말하는 浩然之氣라고 말한다. 그리고 율곡이 '湛一淸虛한 氣는 없는 곳도 많다'고 한 것에 대해 비판하고 있다. 중요한 것은 그가 이 세계를 설명하는 元氣가 곧 장횡거의 太虛, 太和라는 사실이다. 그리고 氣의 본체는 湛一 할 뿐이지만, 그것이 오르고 내리고 드날리며 느끼어 만나 엉겨 모일 즈음에 혹은 크고 혹은 작으며, 혹은 바르고 혹은 치우치며, 혹은 굳세고 혹은 부드러우며, 혹은 맑고 혹은 흐리는 등 자연히 천차만별이 되지 않을 수 없어서, 그것이 엉겨 모이는 데에 따라 각각 하나의 氣가 된다고 한다. 이것이 장횡거가 말한 "떠돌아다니는 氣가 어지러이 뒤섞이며 합쳐져서 形質을 이루는데, 이것이 만 가지로 다른 사람과 만물을 나오게 한다" 라는 것이라 하였다.

그러나 "각각 하나의 氣가 된다" 라고 말하더라도 氣의 본체라고 하는 것은 원래 거기에 나아가 존재하면서 각각 그것이 엉겨 모이는 바에 따라 발현하지 않은 적이 없다고 한다. 마치 엉겨 모여서 사물이 될 경우에 타오르며 위로 올라가는 것은 이 氣가 발현하여 불의 성을 이루는 것과 같다고 하였다. 이는 만물이 만나는 바의 剛柔가 같지 않은 데 말미암는 것으로, 이 때문에 그 性도 각각 다르게 되는 것이라 한다. 그러나 이 모두에는 氣의 生意가 작용하지 않는 것이 없으니, 대개 아래로 흐르고 위로 타오르는 것은 이 氣가 한 끝에서 발현한 것이요, 사람이 선한 것은 그 전체가 발현한 것이라고 할 것이라 하였다.[44]

地 流行古今 在陰陽滿陰陽 在五行滿五行 在人物滿人物 譬如魚在水中而肚裏 皆這水也 栗谷先生嘗云湛一淸虛之氣 多有不在 竊恐未然 蓋雖偏塞惡濁處 此氣則無不透 特被形氣 所局塞 不能呈露而顯行焉爾."

44) 『鹿門集』卷19,「鹿廬雜識」, "氣之本一而已矣 而其升降飛揚 感遇凝聚之際 或大或小 或 正或偏 或剛或柔 或淸或濁 自不能不千差萬別 而隨其凝聚 各爲一氣 卽張子所謂游氣紛擾 合而成質 生人物之萬殊者也 雖曰各爲一氣 所謂氣之本者 固未嘗不卽此而在 而各隨其所 凝聚而發現焉 如凝聚爲水則其潤下而下者 卽是氣之發現而成水之性焉 應聚爲火則其炎而

녹문은 또 명대 羅整庵이 理氣의 極妙處를 잘 洞見하였다 하여 칭찬한다. 대저 理一分殊라는 네 글자 속에 모든 설명이 다 들어있는데, 나정암이 이 네 글자 안에 담긴 의미를 드러내 밝힌 그 뜻이 지극히 좋다고 평가하였다.[45] 그리고 整庵은 妙悟의 측면에는 능한 반면에 周到綿密의 측면에서는 부족한 점이 있다고 평가한다. 나정암은 理와 氣에 端始가 없고 離合이 없는 대목에 대해서는 터득한 것이 참으로 밑바닥까지 이르렀는데, 그 精微한 곡절과 직절(直截)한 근원의 대목에 대해서는 실로 빠짐없이 融會하지 못하고 영롱(玲瓏)하게 투철하지 못한 점이 있다고 비판하였다. 이 때문에 나정암이 명백하게 말한 곳은 지극히 명백한 반면에 애매모호한 곳은 여전히 애매모호하여 왕왕 스스로 상호 모순되는 곳이 많이 보이곤 한다고 하였다.[46]

이런 관점에서 녹문은 말하기를, 정암은 또 일찍이 楊方震이 "만약 一을 논한다면 理가 一일 뿐만 아니라 氣도 一인 것이며, 萬을 논한다면 氣가 만일 뿐만 아니라 理도 만인 것이다. …… "한 것을 논하여 말하기를, "이 말이 매우 타당하다. 다만 亦이라는 글자는 조금 타당하지 못한 느낌이 든다"라고 하였는데, 정말 치밀하게 꿰뚫어 곧장 밑바닥까지 궁구했다고 말할 수 있겠다고 평하였다.[47] 그럼에도 불구하고 녹문은 다음과

上者 卽是氣之發現而成火之性焉(推之萬物皆然) 由其所遇之剛柔不同 是以其性亦異 然莫非是氣生意之所爲也 盖潤下炎上者 是氣之見於一端者 而人之善則其全體也(此非以氣爲性 成在生意上 意字亦似下得重 只當輕看活看 以意會之)

45) 『鹿門集』卷20,「人物性圖立說, 辛未」, "大抵理一分殊四字 說得盡 羅整庵發揮此四字 其意極好."

46) 『鹿門集』卷19,「鹿廬雜識」, "盖整庵長於妙悟而短於周到其於理氣 無端始無離合處 見得誠到 而至其精微曲折直截根源處 實未能纖悉融會玲瓏透徹 以此其言明白處儘明白 而鶻突處依舊鶻突 往往有自相矛盾者多."

47) 『鹿門集』卷19,「鹿廬雜識」, "整庵又嘗論楊方震所謂若論一則不徒理一 而氣亦一也 若論萬則不徒氣萬 而理亦萬也 云云者曰 此言甚當 但亦字稍覺未安 可謂通透微密 直窮到底矣."

같이 나정암의 문제점을 비판하고 있다.

　　내가 항상 괴이하게 여긴 것은 이 노인이 理氣의 源頭에 대해서는 스스로 '妙한 경지에 깊이 나아가서 程朱가 보지 못한 이치를 나 홀로 보았다' 라고 말할 정도로 그 의논이 英發하여 참으로 남보다 크게 뛰어난 점이 또한 있으나, 결국에는 소견이 거칠기가 이와 같아서, 理氣의 門路를 전혀 알지 못하는 것과 같은 점이 있다. 그래서 전날의 의논과 비교해 보면 판연히 다른 두 사람의 의견 같기만 하니, 이렇게 된 것은 그 이유가 과연 어디에 있는가? 아무리 반복해서 생각해 보아도 끝내 이해할 수 없다.[48]

　녹문은 나정암이 理氣의 源頭處에 있어서 오묘한 경지를 본 것에 대해서는 높이 평가하면서도, 전체적인 논리에 있어서는 정밀하지 못하고 거칠어서 애매모호한 측면이 있다고 평가하였다. 이와 같이 녹문의 학문은 기본적으로 정주의 성리학에 바탕을 두고 율곡과 도암의 학문을 계승하고 있다. 다만 氣를 통한 현상계의 설명에 강조점을 둔 나머지 송대 장횡거의 氣論에 영향을 받고 있으며, 理와 氣의 오묘한 極妙處를 강조하는 측면에서는 명대 나정암의 설을 부분적으로 공감하고 있다고 보아진다.
　그렇지만 녹문의 학문정신은 성리학에만 머물렀던 것은 아니다. 그것은 그의 평생 학문연구의 성과가 그것을 잘 말해주고 있고, 그의 평생 학문여정에서도 잘 나타나 있다. 녹문의 학문은 말할 것도 없이 孔孟經學

---

48) 『鹿門集』 卷19, 「鹿廬雜識」, "嘗怪此老於理氣源頭 自謂深造妙詣 獨見程朱所未見之理 而議論英發 誠亦有大過人者 乃其下稍 所見鹵莽若此 有若全不識理氣蹊逕者 與前日議論判若二人 此其故果何哉 反復思之 終未可曉."

즉 사서삼경, 사서오경에 근본하고 있다고 볼 수 있다. 그러므로 그는 "이에 六經에서 구하여 그 근본을 탐구하고, 四書에서 고찰하여 그 요지를 넓히고, 百家의 여러 서적을 참고하여 그 同異를 정정하여 그 歸結되는 것을 통하게 하니, 是非의 분별과 義利의 변론이 가슴에 환하게 되고, 修己治人의 중요 도리와 성인을 갈구하고 하늘을 갈구하는 지극한 공 또한 그 방책을 살펴볼 수가 있어서 숨길 수 없었다."[49]고 자신의 학문세계를 종합적으로 설명하고 있는 것이다. 이 말은 흡사 茶山 丁若鏞의 "六經四書로써 修己하고, 一表二書로써 천하국가를 다스리니, 本末이 갖추어진 것이다"[50]라는 말을 방불케 한다.

이런 관점에서 그는 "나는 달리 잘하는 것은 없고, 그저 孔. 孟. 程. 朱를 독실하게 믿을 따름입니다."[51] 라고 고백하고 있는 것이다. 공자. 맹자. 정자. 주자에 독실했던 대표적인 유학자 그가 바로 녹문 임성주였다. 녹문은 여타 성리학자들과 조금 다른 점이 보이는 게 바로 이 점이다. 대부분의 성리학자들은 성리학 전개의 근거를 周濂溪, 程明道, 程伊川, 張橫渠, 邵康節, 朱子 등 宋儒들에게서 찾는 것이 일반적이다.

그런데 녹문은 程朱를 말하면서도 어떤 측면에서는 성리학적 근거를 선진유학 즉 사서삼경, 사서오경 속에서 더욱 찾고 있는 것이다. 아마도 이것은 녹문이 성리학을 공맹의 철학정신과 일치시켜 보려는 데서 그런 것이 아닌가 생각된다. 물론 성리학이라는 것이 공맹유학에 기반을 두고 있는 것이지만, 녹문의 글속에서 보면 성리 이론 전개에서 유학 경전의

---

49) 『鹿門集』 卷20, 「自序, 丙午」, "於是九諸六經 以探其本 考諸四書 以述其指 參之以百家諸書 以訂其同異 以通其歸趣焉 則是非之分 義利之辨 了然於胸中 而修己治人之要道 希聖希天之極功 亦可得而考之方冊 而不可掩矣."

50) 丁若鏞, 『詩文集』 卷16, 「自撰墓誌銘」, "六經四書 以之修己 一表二書 以之爲天下國家 所以備本末也."

51) 『鹿門集』 卷5, 「答李伯訥, 8月」

용어들을 그대로 원용하는 경우가 대부분이다. 이 점이 녹문이 여타 성리학자들과 구별되는 점이 아닌가 생각된다.

4. 녹문의 율곡성리학 계승

1) 녹문의 理氣同實/ 율곡의 理氣之妙

녹문의 성리학에서 사물과 세계를 보는 눈은 자연에 있어서는 '理氣同實'이고 인간 심성에 있어서는 '心性一致'로 대표된다. 여기서는 녹문의 '理氣同實'을 중심으로 율곡의 理氣之妙와 비교해 그 철학정신을 살펴보고자 한다. 먼저 이에 관한 녹문의 견해를 보기로 하자.

> 理氣를 논할 적에는 반드시 '理와 氣는 實을 같이 하고, 心과 性은 일치한다'는 것을 宗旨로 삼아서, 心의 虛靈洞徹한 것이 氣의 湛一을 연유하여 나타나고, 性의 仁義中正이 心의 虛明을 통해 드러나서, 내외가 昭融하고 본말이 洞然하게 함으로써, 맹자의 性善의 뜻이 이와 같이 해가 중천에 떠서 八窓이 영롱(玲瓏)한 것처럼 되었으니, 이것이 과연 性惡說이나 善惡混在說과 비슷한 것이겠습니까?[52]

여기서 녹문은 理氣同實과 心性一致를 자신의 성리학적 종지로 삼고 있음을 분명히 하고 있다. 그리고 心性의 일치, 理氣의 同實이라는 차원에서 心의 虛靈洞徹과 氣의 湛一을, 性의 仁義中正과 心의 虛明을 하나로 연계시켜 설명하고 있는 것이다. 따라서 자신의 이러한 설명이 과연

---

52) 『鹿門集』 卷5, 「答李伯訥」, "論理氣則必以理氣同實 心性一致爲宗旨 心之虛靈洞徹 由氣之湛一而見性之仁義中正 以心之虛明而著內外昭融 本末洞然 孟子性善之旨 於是乎如日中天 八窓玲瓏矣 此果近於性惡善惡混之說乎."

荀子의 性惡이나 楊雄의 性善惡混說과 비슷한 것이겠느냐고 반문하였다.

녹문의 성리학을 가장 체계적으로 설명하고 있는 글이 「녹려잡지(鹿廬雜識)」이다. 여기에서 녹문은 理氣同實의 함의를 이렇게 설명하고 있다. 그렇게 하려 하지 않아도 그렇게 되는 것은 원래 하나의 텅 비고 원만하며 盛大한 物事가 있어서이다. 이것은 앙연(块然)하고 浩然하여, 內外노 없고 分段도 없으며, 邊際도 없고 始終도 없이 전체가 昭融하며, 온통 生意로 채워져 있어서 유행하여 멈추지 않으며, 만물을 내는 것이 헤아릴 수 없는 그런 것이다. 이것을 體의 측면에서는 天이라 하고 元氣라 하고 浩氣라 하고 太虛라 하며, 生意의 측면에서는 德이라 하고 元이라 하고 天地之心이라 하며, 流行不息의 측면에서는 道라 하고 乾이라 하며, 不測의 측면에서는 神이라 하며, 그렇게 하려하지 않아도 그렇게 되는 自然의 측면에서는 命이라 하고 帝라 하고 太極이라 하는데, 요컨대 모두 이 虛圓盛大한 物事에 대하여 분별해서 이름을 세운 것들이니, 사실 알고 보면 똑 같은 것이다.53)

녹문은 理와 氣가 빈틈없이 하나로 있는 존재 그 자체를 이렇게 설명하고 있다. 특이한 것은 녹문은 선진 경학에 근거를 두고 설명하고 있다는 점이다. 즉 體로 보면 天, 元氣, 浩然之氣, 太虛라 하고, 生意로 보면 德, 元, 天地之心이라 하고, 유행의 측면에서는 道, 乾이라 하고, 不測의 측면에서는 神이라 하고, 自然의 측면에서는 命, 帝, 太極이라 한다. 이것들은 모두 虛圓盛大한 사물에 대해 분별해 이름을 세운 것들이니 사실

---

53) 『鹿門集』 卷19, 「鹿廬雜識」, "莫之然而然 自有一箇虛圓盛大底物事 块然浩然 無內外無分段 無邊際無始終 而全體昭融 都是生意 流行不息 生物不測 其體則曰天曰元氣曰浩氣曰太虛 其生意則曰德曰元曰天地之心 其流行不息則曰道曰乾 其不測則曰神 其莫之然而然則曰命曰帝曰太極 要之皆就這虛圓盛大物事上分別立名 其實一也(莫之然而然 卽所謂自然也)."

알고 보면 다 똑같은 것이라고 하였다. 녹문은 形上과 形下, 道와 器, 理와 氣가 하나로 있는 物事 그것에 대해 깊은 관심을 갖는다. 그리고 그것을 사람들은 여러 측면에서 다양한 용어로 언표하고 있다는 말이다. 녹문의 요점은 하나로 있는 허원 성대한 사물 그 자체다.

다음은 녹문이 理와 氣에 관해 설명한 대표적인 글이다. 인용해 보기로 한다.

대개 나름대로 생각해 보건대 우주 사이에서 위아래를 관통하며 안과 밖도 없고 시작과 끝도 없이 널리 가득 채운 가운데, 허다한 조화를 만들어내고 허다한 인물을 낳는 것은 단지 하나의 氣일 뿐이니, 여기에는 理라는 글자를 다시 안배할 조그마한 틈도 없는 것이다. 다만 그 氣가 이와 같이 성대하고 이와 같이 작용할 수 있는 것은 어떤 것이 그렇게 되도록 시켜서 그런 것이 아니라, 원래 '그러해서 그런 것(自然而然)'에 지나지 않을 따름인데, 이 自然處에 대해서 성인이 이름을 붙여서 道라고 하고 理라고 한 것일 뿐이다.[54]

그 氣로 말하면 원래 空虛한 物事가 아니라, 전체가 昭融하고 表裏가 洞徹한 것으로서, 그것이 또 온통 生意로 채워져 있기 때문에 이 氣가 한번 발동하면 만물을 발생하고 한번 고요하면 만물을 收斂하는데, 발생하면 元이 되고 亨이 되는 것이요, 수렴하면 利가 되고 貞이 되는 것이다. 이것이 바로 氣의 性情으로서 '自然'에서 나와 '當然之則'이 되는 것인데, 이 '當然處'에 대해서 성인이 이름을 붙여 道라고 하고 理라고 한 것일

---

54) 『鹿門集』 卷19, 「鹿廬雜識」, "盖竊思之 宇宙之間 直上直下 無內無外 無始無終 充塞彌漫 做出許多造化 生得許多人物者 只是一箇氣耳 更無些子空隙可安排理字 特其氣之能如是 盛大如是作用者 是孰使之哉 不過曰自然而然耳 卽此自然處 聖人名之曰道曰理."

뿐이다.55)

여기서 녹문은 우주 사이를 꽉 채우고 시간과 공간을 초월해 무한한 조화와 인물을 낳는 것이 하나의 氣일 뿐이라고 말한다. 그리고 여기에는 理라는 글자가 들어갈 조그만 빈틈도 없다고 말한다. 그러면서 이 氣가 이러한 조화와 생성의 작용을 할 수 있는 것은 무엇이 시켜서 그런 것이 아니라 저절로 그러해서 그런 것(自然而然)이라고 말한다. 이것이 氣의 성정으로 自然에서 니와 當然之則이 되는 것인데, 이 當然處를 성인들은 道 또는 理라고 이름을 붙였다는 것이다.

마찬가지로 이 氣는 生意를 가진 것으로 이 氣가 발동하면 만물을 발생하고 수렴하여 元亨利貞의 과정을 초래하는데, 이것이 바로 氣의 性情으로 自然에서 나와 當然之則이 되고, 이 當然處를 가리켜 道, 理라고 한다는 것이다.

녹문의 이러한 사물과 세계에 대한 이해는 분명 氣를 중심으로 본 설명으로 氣論 내지 主氣論이라는 오해를 살만한 충분한 근거가 된다. 녹문에게서 理는 氣의 발동이 저절로 그러한 당연한 법칙에 불과하고 氣에 내재한 속성에 불과하다.

녹문에 의하면 '自然'이라고 말하고 '當然'이라고 말하는 그것도 별도로 경계가 있는 것이 아니라, 단지 氣의 측면에 나아가 말한 것일 뿐으로서, 然字는 바로 氣를 가리키고 自字와 當字는 그냥 갖다 붙여서 그 의사를 형용한 것에 불과할 따름이라고 한다. 참으로 이런 의사를 인식할 수만 있다면 氣를 일컬어 理라고 한다 해도 안 될 것이 없다는 것이다.56)

---

55) 『鹿門集』卷19,「鹿廬雜識」, "且其氣也 元非空虛底物事 全體昭融 表裏洞徹者 都是生意 故此氣一動而發生萬物 一靜而收斂萬物 發生則爲元爲亨 收斂則爲利爲貞 此乃氣之性情 出於自然而爲當然之則者也 卽此當然處 聖人又名之曰道曰理."

56) 『鹿門集』卷19,「鹿廬雜識」, "然而其所謂自然當然者 亦非別有地界 只是就氣上言之 然字正指氣 而自字當字不過虛設而形容其意思而已 苟能識得此意思則雖或指氣爲理 亦未爲不

그러므로 녹문은 萬理, 萬象이라 하고, 五常, 五行이라 하고, 健順, 兩儀라 하고, 太極, 元氣라 하는 용어는 모두 氣에 대해 그 이름을 붙인 것이라고 단언한다.57) 여기서 녹문은 萬理와 萬象, 五常과 五行, 健順과 兩儀, 太極과 元氣를 氣로 통일해 언표 한다. 녹문은 철저하게 '就氣上言之' 즉 氣 위에 나아가 말한다는 입장에서 氣的인 표현을 강조한다. 물론 그의 진심은 理氣同實에 있다. 결국 이 세계는 氣를 통해 생성되고 氣를 통해 구현된다고 보아 氣의 입장에서 사물을, 세계를 설명한다. 그리고 理는 그 氣의 自然處 내지 當然處 그 이상도 이하도 아니다.

이상 녹문의 사물 이해, 세계에 대한 이해를 살펴보았다. 그것은 요컨대 '就氣上言之' 즉 氣 위에 나아가 보는 그의 입장에서 하는 말이고, 理와 氣가 실은 같다고 보는 그의 세계관에서 기인한다. 녹문의 이러한 입장은 본질적으로 율곡의 理氣之妙의 입장을 철저하게 계승한 것이라고 보아진다. 율곡은 당시 퇴계가 윤리적 입장 내지 가치론적 관점에서 理尊, 主理의 특성을 보이고, 나아가 理와 氣의 가치적 구별을 지나치게 강조한 나머지 존재상 理氣의 간극(間隙)과 시간적 차이를 언표한데 대해, 이를 극력 비판하고 理와 氣의 無先後, 無離合 즉 理氣之妙, 理氣妙合을 주창했던 것이다. 이 理氣之妙는 율곡철학의 사물과 세계를 보는 관점이면서 그의 철학적 특징이기도 하다.

율곡을 깊이 私淑했던 녹문은 율곡의 이러한 철학정신을 계승하여 율곡의 理氣之妙에서 한 걸음 더 나아가 理氣同實을 표방했던 것이다. 녹문의 理氣同實은 표현 그대로 보면 마치 理와 氣가 실은 같다는 의미로 해석될 소지도 있다. 그러나 녹문의 진의는 理와 氣는 분명히 다른 것으

可也."

57) 『鹿門集』 卷19, 「鹿廬雜識」, "萬理萬象也 五常五行也 健順兩儀也 太極元氣也 皆卽氣而名之者也."

로 구별되지만, 실상은 같은 것과 다를 바 없다는 의미다. 여기서 녹문이 강조하고자 하는 바는 氣 위에서 보면 모두가 氣의 所爲로 보이기 때문에 소위 理라고 하는 것도 氣 속에서 이해되어지는 것으로 비쳐진다. 그리고 理와 氣의 떼려야 뗄 수 없는 불가분성을 강조한 나머지 理와 氣의 同實을 말한 것이기도 하다.

결론적으로 녹문의 理氣同實은 율곡의 理氣之妙의 철학정신을 투철히 體認하고 이를 계승한 것인데, 氣 위에 나아가 말한다는 입장 즉 현상적 관점을 더욱 강화시켜 본 것이 녹문의 理氣同實이라고 생각된다.

2) 녹문의 心性一致/ 율곡의 心性情 一路境界

녹문의 심성론에 대한 대표적인 화두는 '心性一致'라고 할 수 있다. 이 말은 心과 性을 나누어 보는데 대한 녹문 나름의 비판적 대안이다. 녹문은 말하기를, "心과 性은 하나이니, 心을 제외하고서는 性이 없고, 성을 제외하고서는 다시 심이 없다."[58]고 말한다. 또한 "心과 性은 빈틈없이 혼합되어 있으므로 심을 말하면 성이 그 안에 있고, 성을 말하면 심이 그 안에 있으니, 참으로 이치상 떨어질 수가 없다. 그러나 그 혼합된 중에서도 분별해 낼 수가 있는데, 그럴 경우에 心 자체는 氣이고 性 자체는 理이니, 그 분별은 또 문란하게 할 수가 없다."[59]고 하였다. 마찬가지로 "대개 心과 性은 하나이다. 心의 體가 바로 性의 體이고, 性의 用이 바로 心의 用이니, 같으면 모두 같고 다르면 모두 달라서 둘을 분리할 수 없다."[60]고 하였다.

---

58) 『鹿門集』 卷19, "心與性一也 除了心更無性 除了性更無心."
59) 『鹿門集』, 卷1, 「上陶庵李先生(丁巳 3月)」, "且心與性 混合無間 言心則性在其中 言性則心在其中 固無可離之理 然就其混合之中 分別出來 則心自是氣 性自是理 其分又不容紊亂矣."
60) 『鹿門集』, 卷5, 「答李伯訥, 丙午2月」, "盖心性一也 心之體卽性之體 性之用卽心之用 同則

이와 같이 녹문은 心과 性, 성과 심을 하나로 일치시켜 보았다. 心을 말하면 그 속에 性이 있고, 성을 말하면 또 그 속에 심이 있다는 것이다. 다만 그런 가운데에서도 분별해 볼 수 있는데, 心 자체는 氣이고 性 자체는 理라고 보았다. 녹문이 이렇게 心性을 일치시켜 보는 것은 근본적으로 그의 氣質之性 중심의 性論에 근거한다.

인성이 선한 것은 그 기질이 선한 것일 뿐이니, 이 기질 이외에 따로 선한 성이 있는 것이 아니다. 그러므로 "불선한 사람이 없으며, 아래로 흐르지 않는 물이 없다"라고 하고, 또 "사람을 상하고 해쳐서 仁이나 義를 한다고 주장할 것인가?"라고 하여, 人字와 水字만 설했을 뿐 다시 性字를 거론하지 않았으니, 여기에서도 그 뜻을 알 수가 있다. 따라서 性善을 설하는 것도 浩然之氣를 설하는 대목에 이르러서야 그 뜻이 비로소 분명해졌으니, 明道가 "맹자가 그 가운데에 나아가서 또 호연지기를 발휘해 내었으니, 극진하다고 이를 만하다"라고 말한 것도 바로 이 때문이라고 하겠다. 그런데 오늘날 사람들은 많이들 人과 性을 둘로 나누어 "기질이 악하더라도 성은 원래 선하다."라고 하는데, 理와 氣를 두 개의 물건으로 나눈 것으로서, 性이 선하다는 것도 진실로 선한 것이 되기에는 부족한 것이라고 하겠다.61)

녹문은 인성이 선한 것은 오직 기질이 선하기 때문이라고 본다. 유가의 성선설이 맹자의 浩然之氣論에 이르러 더욱 분명해지고 극진해졌다

俱同 異則俱異 不可分也."

61) 『鹿門集』卷19, 「鹿廬雜識」, "人性之善 乃其氣質善耳 非氣質之外別有善底性也 故曰人無有不善 水無有不下 又曰戕賊人以爲仁義 但說人字水字 更不擧性字 其意可見 故孟子說性善 至說浩氣 其義乃明 明道所謂孟子去其中發揮出浩然之氣 可謂盡矣者 正以此也 今人多分人與性爲二 以爲氣質雖惡 性自善 是理與氣判作兩物 而性之善者 未足爲眞善也."

고 평가한다. 많은 사람들이 心과 性을 둘로 나누어 보는데, 이것은 理와 氣를 둘로 나누어 보는데서 연유한다고 보았다. 녹문은 理氣同實의 입장에서 心性一致를 말하는 것이라고 하겠다.

그런데 녹문은 氣質之性을 중심으로 性을 보아 心性一致를 말하는데, 그것은 그가 性을 발한 후의 현상으로 보는데서 기인한다.

맹자가 말하기를, "천하에서 性이라고 말하는 것은 이미 발현된 현상을 유추한 것일 뿐이다"라고 하고, 또 말하기를 "形과 色에 天性이 깃들어 있다"라고 하였다. 이 두 개의 발언을 사람들은 대부분 소홀히 하는데, 나는 性의 뜻을 밝힌 것 중에 이보다 더 분명한 것은 없다고 생각한다.[62]

이와 같이 그는 맹자의 '天下之言性則故'와 '形色天性'의 설을 인용해 性이란 드러난 현상을 중심으로 말해야 한다고 주장하는 것이다. 녹문은 예를 들어 다음과 같이 성을 설명한다.

예컨대 적시며 내려오는 것이 물의 성이지만, 아직 산에서 나오기 전에는 어떻게 징험할 길이 없다가, 흘러서 아래로 내려온 뒤에야 비로소 그 성이 내려오는 것임을 알게 되고, 태우며 올라가는 것이 불의 성이지만, 아직 타오르기 전에는 어떻게 확인할 길이 없다가, 불붙어 타오른 뒤에야 비로소 그 성이 올라가는 것임을 아는 것과 같다. 이는 단지 '불꽃이 위로 타오르는 것'과 '물이 아래로 흐르는 것'을 예로 든 것일 뿐이지만, 아직 그렇게 되지 않은 것이 性이고, 이미 그렇게 된

---

62) 『鹿門集』卷19, 「鹿盧雜識」, "孟子曰天下之言性則故而已 又曰形色天性也 此兩言者 人多忽之 然性之義 莫明於此也."

것이 故인 것이니, 故 이외에 다시 성이라는 것은 없다.63)

이처럼 녹문은 맹자의 말을 인용해 천지의 性이란 결국 故 즉 이미 그
렇게 되어 나타난 현상이라고 보았다. 물이 아래로 흐르는 것이 물의 본
성이지만, 그것이 골짜기에서 흘러 내려올 때 비로소 물의 본성을 아는
것이고, 불은 위로 타오르는 본성이 있지만, 실제로 화재현장에서 활활
타오르는 불을 보고서야 비로소 불의 본성을 알게 된다는 말이다.

다음은 녹문이 기질지성을 설명하면서 선유들의 설을 통해 입증하는
것인데 참고해 보기로 하자.

대저 기질에 관한 설은 程子와 張子로부터 비롯된다. 그 기원은 대
개 공자의 '性相近'과 周子의 '剛柔善惡'의 가르침이라고 할 것인데, 모
두 성이 발하는 것을 가리킨 것일 뿐이요, 성의 체를 가리킨 것은 아니
다. 주자는 정자가 설한 '才字'를 논하여 "바로 張子가 氣質之性이라고
말한 것이다"라고 하였으며, 또 '才字'를 해석할 때에는 "사람이 잘하는
것이다"라고 하고, "性에서 발하는 것이다"라고 하였으니, 이것을 보면
기질지성을 發한 後의 측면에서 말한 것임이 어찌 너무나도 분명하지
않은가.

대개 性이라고 하는 것을 情의 상대개념으로 말한다면 물론 靜과 動
의 구분이 있다고 하겠지만, 性字를 단독으로 거론하여 그것만을 말한
다면 未發과 已發 모두에 대해서 성이라고 말할 수가 있는 것이다.64)

---

63) 『鹿門集』卷19, 「鹿廬雜識」, "如潤下是水之性 然未出山以前 無由驗之 唯流而就下然後乃
知其性之下也 炎上是火之性 然未燃之前 亦無由見之 唯噓而炎之然後乃知其性之上也 是
則只一炎上潤下耳 未然卽是性 已然卽是故 而故外更無所謂性者."

64) 『鹿門集』卷21, 「題李敬思遺牘後」, "夫氣質之說 起自程張 而其源盖出於孔子性相近 周子
剛柔善惡之訓 皆指性之發 而非直指性之體也 朱子論程子所說才字 以爲正張子所謂氣質

여기서 녹문은 기질의 설이 송대 선유들에 의해 이어져 왔다 하고, 기질지성은 발한 후의 측면에서 말한 것이 분명하다고 강조한다. 이 발한 후의 성이 곧 기질지성임은 말할 것도 없다.

그러면서도 녹문은 性을 情과의 상대 개념으로 보면 動靜의 구분이 있다고 말하고, 性字만을 단독으로 말한다면 未發, 已發 모두가 性이라고 말하기도 한다. 성을 기질지성 중심으로 보는 점, 그리고 성을 발한 후의 현상으로 보는 점은 그의 특징이라고 할 수 있다.

또한 녹문의 심성론에서 주목할 점은 心의 본체, 氣의 본체를 湛一淸虛로 보고 있다는 점이다.

> 비록 기질이 濁駁한 경우이더라도 그 본체가 湛一한 것은 같지 않음이 없다. 대개 사람이 천지의 正氣를 稟賦받고 태어나 方寸이 空通하니, 바로 공통한 이 속에서 담일한 본체가 곧바로 洞然해져서 천지와 막힘없이 通貫하여 환히 드러나 유행하는 것이다. 그리하여 그 德에 대해서는 性이라 하고, 그 神에 대해서는 心이라 하며, 그 用에 대해서는 情이라 하는 데, 이 모두는 이 氣를 말미암아서 그런 이름을 붙인 것이다. 소위 濁駁과 같은 그것은 그 正氣중의 찌꺼기일 뿐인데, 이 찌꺼기가 重하면 본체가 은폐되는 것도 理勢의 필연이라 할 것이다. 그러나 어찌 이런 것을 가지고 본체가 선한 것에 대해서 의심해서야 되겠는가?[65]

之性 而其釋才字則曰人之能曰發於性 是其以氣質之性 就發後言之者 豈不明甚矣乎 盖所謂性 對情言之 則固有動靜之分矣 單擧性字而專言誌則未發已發 皆可謂之性也.”

65) 『鹿門集』卷19, 「鹿廬雜識」, “曰雖氣質之濁駁者 其本體之湛一則無不同 盖人稟天地之正氣以生 而方寸空通 卽此空通之中 湛一本體 便已洞然 與天地通貫無碍 呈露流行 其德則曰性 其神則曰心 其用則曰情 皆由是氣而立名者也 若其所謂濁駁者 乃其正氣中渣滓耳 渣

녹문은 비록 기질이 濁駁한 경우라 하더라도 그 본체는 湛一하다고 보는 것이다. 그리고 그 湛一한 氣의 본체를 중심으로 그 德을 性이라 하고, 그 神을 心이라 하고, 그 用을 情이라 하는데, 이 모두가 氣로 말미암아 붙인 이름이라는 것이다. 인간의 心性에서 氣의 본체를 맑고 깨끗하다고 보는 관점, 즉 氣의 본체를 착하다고 보아 긍정적으로 보는 이 관점은 녹문 심성 이해의 핵심이라 할 것이다. 이것은 종래 유학자들이 理는 性으로 선한 것, 氣는 기질로 악의 가능성으로 보아 부정적으로 본 것과는 대조적인 관점이다.

이상 위에서 녹문의 心과 性을 하나로 일치시켜 보는 관점, 氣質之性 중심의 性論, 發用 이후의 현상에서 性을 보는 관점, 心의 본체 내지 氣의 본체를 긍정적으로 보는 관점에 대해서 살펴보았다. 이제 이러한 녹문의 심성론을 율곡과 접목시켜 생각해 보기로 하자.

과거 선진유학에서는 인간의 심성세계를 정밀하게 분석해 보지 않았다. 『주역』, 『맹자』, 『논어』, 『대학』, 『중용』에서 心, 性, 情은 통용되었다. 예컨대 『맹자』의 四端之心은 주자에 의해 四端之情으로 규정되고 仁義禮智는 性으로 분류되었다. 이처럼 선진유학에서는 인간의 심성에 대한 논의를 분석적으로 하지 않았다. 그러나 송대에 이르러 형이상자로서의 理와 형이하자로서의 氣로 사물과 세계를 설명함에 따라 인간의 심성세계도 理와 氣로 설명되어지고 분석하게 되었다. 이런 理氣論的 사물 이해와 인간 이해의 중심적 인물은 말할 것도 없이 주자다.

성리학에서는 인간의 심성을 理와 氣로 설명한다. 마음도 理와 氣로 되어 있고, 본성도 理와 氣로 되어 있고, 감정과 의지도 理와 氣로 되어

___

滓重則本體隱焉者 亦理勢之必然 然豈可以是而致疑於本體之善哉."

있다. 이렇게 본다면 心과 性과 情 그리고 의지는 모두가 하나로 관통된다. 다만 性의 경우 기질지성이 실제의 성인데, 그 속에서 理만을 가리켜 본연지성이라 불렀던 것이다.

율곡은 心, 性, 情이 한 길이고 또 각기 다른 경계가 있음을 다음과 같이 명쾌하게 말한다.

> 性은 바로 心의 理요 情은 바로 심이 動한 것이니, 정이 동한 뒤에 정을 인연하여 計較하는 것이 意가 된다. 그런데 만약 심과 성을 나누어 둘로 하면 道와 器가 서로 떠날 수도 있을 것이고, 情과 意를 나누어 둘로 하면 인심이 두 근본이 있게 되니, 어찌 크게 잘못되는 것이 아니겠는가? 모름지기 性, 心, 情, 意는 단지 한 길이면서도 각각 경계가 있음을 안 연후에 가히 어긋나지 않는다고 이를 수 있다. 무엇을 한 길이라 하는가? 心의 未發이 性이 되고 已發이 情이 되며, 발한 후에 헤아려 재는 것이 意가 되니, 이것이 한 길이라는 것이다. 무엇을 각각 경계가 있다 하는 것인가? 心이 寂然하여 움직이지 않을 때 이것이 性의 경계요, 감동하여 마침내 통하는 때가 이것이 情의 경계요, 감동한 바에 따라 생각을 찾아내고 헤아리는 것은 意의 경계가 되니, 다만 같은 一心으로써 각각 이러한 여러 가지 경계가 있는 것이다.66)

心, 性, 情, 意, 志가 모두 理氣를 겸한 것으로 마음 하나의 다양한 현상에 지나지 않는다. 그렇지만 마음의 현상은 동일한 것만은 아니어서 心

66) 『栗谷全書』 卷14, 「雜記」, "性是心之理 情是心之動也 情動然後緣情計較者爲意 若心性分二 則道器可相離也 情意分二 則人心有二本矣 豈不大差乎 須知性心情意只是一路 而各有境界然後 可謂不差矣 何謂一路 心之未發爲性 已發爲情 發後商量爲意 此一路也 何謂各有境界 心之寂然不動時 是性境界 感而遂通時 是情境界 因所感而紬繹商量爲意境界 只是一心 各有境界."

의 이치로서 아직 드러나지 아니한 상태가 性이고, 性이 어떤 외물에 의해 드러난 것이 情이고, 그 정이 어떤 가치적 지향을 갖는 것이 意이고, 그 지향성이 굳어 행동으로 나아가는 계기가 志라고 한다. 이와 같이 율곡은 인간의 심성세계를 하나로 통일해 보고 또 나누어 구별해 보기도 하였다.

율곡은 心을 人心과 道心으로 구별해 보지만, 모두가 理氣의 妙合 구조로 보는 것은 마찬가지다. 또 性도 氣質之性을 중심으로 보아 소위 本然之性이란 理라고 해야지 性이라고 불러서는 안 된다고 단언하였다. 그리고 그 기질지성이란 결국 기질 속에 理가 들어있는 性을 의미하는 것이다. 아울러 情의 경우에도 四端, 七情을 구별하지만, 사단이나 칠정이나 모두가 理氣妙合, 氣發理乘의 존재구조임은 마찬가지다. 즉 율곡은 心, 性, 情, 意, 志 모두를 理와 氣의 묘합체로 이해하는 것이다.

이렇게 볼 때, 녹문의 心性一致라는 설은 기본적으로 율곡이 心, 性, 情, 意, 志를 한 길로 보는 관점을 계승한 것이라고 할 수 있다. 心과 性을 나누어 보려고 했던 일군의 견해는 곧 理와 氣를 나누어 보려는 것과 논리적 맥락을 함께하는 것이다. 녹문의 理氣同實과 心性一致는 곧 율곡의 理氣之妙, 氣發理乘, 理通氣局의 정신을 계승한 것이다.

다만 율곡의 경우는 녹문보다 理氣論的인 분석이 더욱 정밀하다는 점에서 두 분의 차이는 엄연히 존재한다. 녹문이 비록 율곡의 理氣之妙 즉 일체 사물, 세계를 理와 氣가 오묘하게 합해 있다고 보는 관점에 전폭적으로 동의한 것은 맞지만, 理氣同實, 心性一致라는 화두에 대해 율곡이 동의했을까 라는 의문은 여전히 남는다. 왜냐하면 율곡의 철학적 시선으로는 理와 氣는 하나로 볼 수도 있지만 분명 나누어 보아야 하고, 心과 性의 경우도 하나로 일치시켜 볼 수 있지만 엄밀히 나누어 보기도 해야 하기 때문이다.

3) 녹문의 理一分殊/ 율곡의 理通氣局

녹문의 성리학에 있어서 그가 깊이 있게 천착한 것이 理一分殊論이다. 이것은 율곡의 理通氣局論을 비판하는 가운데 세워진 그의 이론이다. 理一分殊論은 멀리 宋代 周濂溪, 張橫渠, 程伊川, 朱子를 거쳐 만들어진 유학의 體用論이다. 체용론은 불교에서 많이 사용하는 이론이지만 유학에서도 이미 『주역』을 비롯한 유가 경전 곳곳에 체용론이 자리하고 있다. 체용론이란 존재의 이해에 있어서 본체와 작용, 본체와 현상을 하나로 보기도 하고 나누어서 보기도 하는 이론이다.

성리학이 이 세계, 사물 일체를 理와 氣의 묘합으로 보기 때문에 여기서 복잡한 체용론이 이루어지게 된다. 理一分殊論은 장횡거의 「西銘」에서 그 근거를 찾기도 한다. 理는 우주만물의 기본원리로서 一이지만, 자연현상이나 인간의 현상에서는 分殊的 多로 전개된다. 多는 一로부터 생기고 一은 多로 인해서 이루어진다. 그러므로 理一分殊라고 말한다.[67]

주자는 말하기를, 理는 단지 한 개의 도리로는 같지만 그 나뉨은 같지 않다. 君臣에게는 군신의 理가 있고 父子에게는 부자의 理가 있다고 하였다.[68] 또 주자는 합해서 말하면 만물이 統體一太極이지만, 나누어서 말하면 一物이 각각 한 太極을 갖춘다고 하였다.[69] 여기서도 본체상의 一原인 統體一太極과 현상적 分殊에서의 各具一太極이 존재하는 것이다. 그러므로 "만물의 일원을 논하면 理는 같으나 氣는 다르다. 만물의 異體에서 보면 氣는 오히려 서로 가까우나 理는 절대로 같지 않다"[70]고

---

67) 韋政通 편저, 『中國哲學辭典』, 대림출판사, 중화민국67년, 567쪽.
68) 위의 책, 567쪽 참조.
69) 『性理大全』 卷1, 31쪽, "蓋合而言之 萬物 統體一太極也 分而言之 一物 各具一太極也."
70) 『性理大全』 卷29, "論萬物之一原 則理同而氣異 觀萬物之異體 則氣猶相近 而理絶不同."

하였던 것이다. 만물의 한 근원을 보면 理는 동일하다는 것이다.

그러나 만물이 각기 다른 것으로 보면 氣는 오히려 서로 가깝지만 理는 매우 다르다는 것이다. 즉 본체에서 보면 理同氣異이지만, 현상으로 보면 반대로 氣同理異라고 말할 수 있다는 말이다. 이는 理의 보편성과 氣의 특수성 내지 차별성을 중심으로 본 것이라 할 수 있다.

이렇게 볼 때, 程朱의 理一分殊는 理는 만물의 보편성을 갖는다는 입장에서 一이라고 본 것이고, 현상계로 나아가면 分殊之理가 된다고 본 것이다. 결국 理를 중심으로 理의 체용을 일원적으로 표현한 말이라고 할 수 있다. 理의 체는 理一之理가 되고, 理의 용은 分殊之理가 되는데, 體와 用은 떨어질 수 없으므로 理一分殊라고 표현한 것이다. 녹문은 이러한 程朱의 理一分殊論에 대해서 다음과 같이 설명한다.

오늘날 사람들은 매양 '理一分殊'라는 용어를 '理는 같고 氣는 다른 것'이라고만 간주할 뿐, 理가 一인 것은 저 氣가 一인 데에서 확인되는 것을 전혀 알지 못한다. 만약 氣가 一이 아니라면 무엇을 통해서 理가 반드시 一이라는 사실을 알 수 있겠는가? 理一分殊라는 말은 理를 위주로 말한 것이니, 分字도 理에 속해야 마땅하다. 만약 氣를 위주로 말한다면 氣一分殊라고 말해도 안 될 것이 없다.[71]

녹문은 理一分殊를 글자 그대로 해석하지 않고 理一分殊 저 너머에 감추어진 의미까지 해석하는데 그의 특징이 있다. 위에서 말한 대로 본래 理一分殊란 理의 體用을 일원적으로 설명한 것이 분명한데, 녹문은

---

71) 『鹿門集』, 卷19, 「鹿盧雜識」, "今人每以理一分殊 認作理同氣異 殊不知理之一 卽夫氣之一 而見焉 苟非氣之一 從何而知其理之必一乎 理一分殊者 主理而言 分字亦當屬理 若主氣而 言則曰氣一分殊 亦無不可矣."

일체 사물이 理氣로 되어 있다는 전제아래 氣一分殊와 理一分殊를 짝하여 해석하고 있는 것이다. 程朱의 理一分殊가 녹문의 해석대로 맞는 것인가는 의문이지만, 적어도 理一分殊의 논리적 정합성을 잘 설명하고 있다는 점에서는 녹문의 탁월한 선견이라고 할만하다. 理의 체용과 氣의 체용은 맞물려 있기 때문에 본체에서는 理一과 氣一이 짝을 이루고, 현상에서는 分殊之理와 分殊之氣가 짝을 이루어야 논리적으로 합당한 것이다. 정주의 理一分殊를 이렇게 해석한 것은 분명 녹문의 성리학적 創新이다. 다음 글은 율곡의 理通氣局을 비판하면서 자신의 理一分殊論을 설명하는 내용이다.

通과 局을 꼭 理와 氣에 나누어 소속시킬 것은 없다. 대개 一原의 측면에서 말하면, 理가 一일 뿐만 아니라 氣도 一이니 一이고 보면 通인 것이며, 萬殊의 측면에서 말하면 氣가 萬일 뿐만 아니라 理도 萬이니 萬이고 보면 局인 것이다. 하나이기 때문에 神妙하고, 兩者가 있기 때문에 헤아릴 수 없게 되니, 이것이 通이 아니겠는가? 仁이면 義가 될 수 없고, 義이면 仁이 될 수 없는 것이니, 이것이 局이 아니겠는가?(通局을 가지고 理氣를 나누는 것은, 그 말이 신기하긴 하지만 뜻은 정체되어 있다. 이 理通氣局論은 理一分殊論이 理를 위주로 하면서도 氣가 그 안에 들어있어 혼연히 봉극(縫隙) 즉 이어진 틈새가 없고, 그 말이 매우 평이하면서도 뜻이 獨至의 경지에 이른 것만 못하다)[72]

율곡은 理는 無形, 氣는 有形이라는 理氣의 개념에서 理通氣局을 말하

---

72) 『鹿門集』, 卷19, "通局二字 不必分屬理氣 盖自其一原處言之則不但理之一 氣亦一也 一則通矣 自其萬殊處言之則不但氣之萬 理亦萬也 萬則局矣 一故神 兩在故不測 非通乎仁作義不得 義作仁不得 非局乎(以通局分理氣 語新而意滯 不若理一分殊之論 主理而氣在其中 渾然無縫隙 語甚乎平易而獨至也)."

게 되는데,73) 녹문은 理通, 氣局의 표현보다는 오히려 程朱의 理一分殊가 표현상 더 낫다고 보았다. 그것은 通은 理, 局은 氣에만 쓸 수 있는 것이 아니라 반대로 氣에도 通을 쓸 수 있고 理에도 局을 쓸 수 있다는 것이다. 이러한 녹문의 지적은 한편 타당한 것으로 이해된다. 다음 글도 녹문의 理一分殊에 대한 글이다. 조금 길지만 참고해 보기로 한다.

무엇을 分殊라 하는 것인가? 하늘의 道가 변화하여 각각 性과 命을 바르게 해 주는 것이니, 개의 성은 소의 성이 아니고 소의 성은 사람의 성이 아니며, 附子와 大黃 역시 모두 각각 하나의 성을 지니게 되는 이것이 바로 分殊이다. 무엇을 理一이라 하는 것인가? 五行도 하나의 陰陽이요 陰陽도 하나의 太極인 것이니, 개, 소와 사람 그리고 부자와 대황 모두가 하나의 性인 것이다. 대개 分殊라고 말하고 理一이라고 말하는 것이 말하는 측면에 따라 다르다고 할지라도, 사실 알고 보면 一 가운데에 萬者가 갖추어져 있고 萬 가운데에 一者가 포함되어 있으니, 애당초 두 가지 일이 있는 것이 아니다. 오직 그것이 萬이기 때문에 一理라 할지라도 형형색색으로 크기도 하고 작기도 하며 낱낱이 각각 하나의 성을 지니고 있어서 뒤섞일 수 없으니, 이것이 '준동(蠢動)하는 중생들 모두 佛性이 있다'라고 말하면 안 되는 이유이다. 오직 그것이 一이기 때문에 分殊라고 할지라도 그 一物에 나아가면 만물의 理가 모두 그것의 바깥에 있지 않으니, 이것이 '만물이 모두 나에게 구비되어 있는 것은, 사람만 그런 것이 아니라 物도 또한 그러하다'라고 말한 이유이다.74)

73) 『栗谷全書』 卷20, 「聖學輯要2」, "理無形而氣有形 故理通而氣局."

74) 『鹿門集』 卷19, 「鹿廬雜識」, "何謂分殊 乾道變化 各正性命 犬之性非牛之性 牛之性非人之性 附子大黃 亦皆各是一性是也 何謂理一 五行一陰陽 陰陽一太極 犬牛與人 附子與大

녹문은 말하기를, "一原이라는 것은 본연의 체요, 萬殊라는 것은 본연의 용이다. 體와 用이 一源이고 本과 末이 일치하니, 一源이 없으면 萬殊도 물론 근본을 둘 곳이 없지만, 萬殊가 아니면 一源도 어떻게 행해질 수가 없다."[75]고 한다. 一源과 萬殊, 본연의 體와 用을 하나로 이해하여 本末, 體用을 일원적으로 설명하고 있다. 마찬가지로 一源이나 分殊나 氣에 나아가서 理를 가리킨 것이니, 一源에 나아가도 分殊가 포함되고, 분수에 나아가도 일원이 들어있는 것이라 한다. 그리고 氣와 분리되지 않는 측면에서 말한다면 分殊만 떨어지지 않는 것이 아니라 一源도 떨어지지 않는 것이며, 氣와 뒤섞이지 않는 측면에서 말한다면 一源만 뒤섞이지 않는 것이 아니라 分殊도 뒤섞이지 않는 것이라고 말한다.[76]

이와 같이 녹문은 程朱의 理一分殊에 적극 동의하고 이것이 理氣의 妙融과 理氣의 體用을 함께 설명한 말이라 이해하였다. 그리고 율곡의 理通氣局은 도리어 理의 通, 氣의 局에 막혀 氣의 通과 理의 局을 제대로 표현할 수 없는 한계가 있다고 비판하였다. 이러한 녹문의 理一分殊說과 녹문의 율곡 理通氣局에 대한 비판은 과연 타당한 것인가 하는 문제가 남는다. 이에 관한 상세한 논의는 뒤에서 다루기로 한다.

黃 都是一性是也 盖曰分殊曰理一 所從言雖異 其實一之中萬者具焉 萬之中一者包焉 初非有二事也 惟其萬也 故雖是一理 而形形色色 或大或小 箇箇各是一性 不可混也 此所以蠢動含靈 不可謂皆有佛性也 惟其一也 故其分雖殊 而卽其一物萬物之理皆不外焉 此所謂萬物皆備 不獨人爾 物皆然者也."

75) 『鹿門集』卷5,「答李伯訥, 12月」, "一原者本然之體也 萬殊者本然之用也 體用一源 本末一致 無一原則萬殊固無所本 非萬殊則一原亦何以行乎."

76) 『鹿門集』卷20,「金幼道一原分殊說籤, 丙午2月」, "一原分殊 皆卽氣而指理也 卽一原而分殊包焉 卽分殊而一原在焉 以其不離乎氣者言之則不但分殊爲不離 一原亦不離也 以其不雜乎氣者言之則不但一原爲不雜 分殊亦不雜也."

5. 녹문의 율곡성리학 비판과 창신(創新)

1) 녹문의 理氣論 이해와 특성

녹문의 성리학은 기본적으로 율곡의 성리학에 기반 해 있으며 율곡의 철학정신을 계승한 것으로 보인다. 그것은 첫째 율곡이 퇴계와는 달리 氣를 간과하지 아니하고 氣의 위상과 역할에 주목하여 '氣發理乘'이라는 성리학적 존재론의 모형을 도출했다는 점이다. 이는 율곡이 세계와 사물에 대한 존재론적 이해에 있어서 지금 여기 존재하는 사물의 현상적 실태를 중시하고, 또 시시각각으로 변화하는 현상세계에 주목했다는 것을 의미한다. 이러한 율곡의 현상적 관점의 철학정신을 계승하여 더욱 강조하고자 한 것이 녹문의 성리학이라 생각된다.

또 하나는 율곡이 퇴계와는 달리 理와 氣의 밀접한 관계성에 주목하여 이를 '理氣之妙'라는 말로 표현하고 평생 그의 지론으로 삼았는데, 녹문도 이러한 율곡의 理氣不相離, 理氣妙融의 철학정신을 계승하려 한 것으로 보인다. 마찬가지로 이러한 녹문의 철학정신이 강조되는데서 자신의 해명에도 불구하고 그의 존재설명이 氣論的 오해를 받게 되는 것이다.

먼저 녹문의 理氣論 즉 理와 氣에 대한 개념이해, 역할, 위상에 대한 이해를 통해 율곡과의 차이가 무엇이고 녹문의 지향점이 무엇인가를 검토해 보기로 한다.

녹문은 "대개 천지가 만물을 낼 적에는 理로 主를 삼고 氣로 材를 삼을 뿐이다."[77] 라고 말한다. 그리고 "대저 理氣가 물론 서로 떨어지지 않는다 하더라도 그것이 나뉘는 것은 문란하게 할 수는 없는 점이 있

---

77) 『鹿門集』 卷2, 「答渼湖金公, 戊午 秋」, "夫天地之生物也 理以爲主而氣以爲材."

다."78)고 한다. 여기서 녹문은 理를 주재하는 것으로, 氣를 재료 개념으로 이해하고, 양자는 서로 떨어지지도 아니하고 또 혼동해서도 안 된다 하였다. 이것은 녹문이 理와 氣의 개념을 主宰와 依着으로 이해하고, 理氣不相離와 함께 또 理氣不相雜을 강조한 것이라고 할 수 있다. 녹문은 또 "대저 형체가 없어도 주재함이 있는 것은 理다."79) 라고 하여, 理를 無形의 형이상자로 보면서 氣를 주재하는 것으로 보았다. 다음은 理氣의 관계를 설명한 녹문의 글이다.

> 떨어지지 않으면서 뒤섞이지 않는 것이니, 이것은 나누어서 둘로 할 수가 없습니다. 各具의 곳이야 물론 떨어지지 아니하면서 뒤섞이지도 않지만, 統體의 곳 역시 떨어지지 아니하면서 뒤섞이지도 않기는 마찬가지입니다.80)

여기서 녹문은 理氣가 서로 떨어질 수 없는 불가분의 관계성을 강조하면서, 동시에 理氣는 서로 뒤섞이지도 않는다 하여 理氣의 엄밀한 분별을 강조하였다. 이것이 소위 주자가 말하는 理氣不相離와 理氣不相雜이며, 合看과 離看이며, '하나이면서 둘이요 둘이면서 하나(一而二 二而一)'라는 것이다. 그리고 이것은 分殊의 各具와 一原의 統體에서도 配應 관계로 얽혀 있다고 보았다. 이상 『鹿門集』에 실려 있는 理氣의 개념설명을 살펴보았는데, 너무나 소략하다는 생각을 하게 된다. 기본적인 理氣의 개념 설명이나 理氣의 성격, 역할, 위상에 대한 설명이 매우 부족한

---

78) 『鹿門集』卷4,「答尹重三」,"夫理氣固不相離 然其分則有不容紊亂者."

79) 『鹿門集』卷5,「與李伯訥, 六月」,"夫無形體 而有主宰者 理也."

80) 『鹿門集』卷5,「答李伯訥, 七月」,"不離不雜 不可分而二之 各具處 固不離不雜 統體處 亦不離不雜."

편이다. 이 점도 녹문의 하나의 특징이 아닌가 생각되어진다.

그런데 다음 세 글은 녹문의 理氣論 내지 이 우주자연에 대한 대표적
인 설명으로 이를 중심으로 그의 理氣觀을 검토해 보기로 하자.

그렇게 하려 하지 않아도 그렇게 되는 것은 원래 하나의 텅 비고 원
만하며 盛大한 物事가 있어서이다. 이것은 塊然하고 浩然하여, 內外도
없고 分段도 없으며, 邊際도 없고 始終도 없이 전체가 昭融하며, 온통
生意로 채워져 있어서 유행하여 멈추지 않으며 만물을 내는 것이 헤아
릴 수 없는 그런 것이다.

이것을 體의 측면에서는 天이라 하고 元氣라 하고 浩氣라 하고 太虛
라 하며, 生意의 측면에서는 德이라 하고 元이라 하고 天地之心이라
하며, 流行不息의 측면에서는 道라 하고 乾이라 하며, 不測의 측면에
서는 神이라 하며, 그렇게 하려하지 않아도 그렇게 되는 自然의 측면
에서는 命이라 하고 帝라 하고 太極이라 하는데, 요컨대 모두 이 虛圓
盛大한 物事에 대하여 분별해서 이름을 세운 것 들이니, 사실 알고 보
면 똑 같은 것이다.81)

대개 나름대로 생각해 보건대, 우주 사이에서 위아래를 관통하며 안
과 밖도 없고 시작과 끝도 없이 널리 가득 채운 가운데, 허다한 조화를
만들어내고 허다한 인물을 낳는 것은 단지 하나의 氣일 뿐이니, 여기
에는 理라는 글자를 다시 安排할 조그마한 틈도 없는 것이다. 다만 그

---

81) 『鹿門集』卷19,「鹿盧雜識」, "莫之然而然 自有一箇虛圓盛大底物事 塊然浩然 無內外無分
段 無邊際無始終 而全體昭融 都是生意 流行不息 生物不測 其體則曰天曰元氣曰浩氣曰太
虛 其生意則曰德曰元曰天地之心 其流行不息則曰道曰乾 其不測則曰神 其莫之然而然則
曰命曰帝曰太極 要之皆就這虛圓盛大物事上分別立名 其實一也(莫之然而然 卽所謂自然
也)."

氣가 이와 같이 성대하고 이와 같이 작용할 수 있는 것은 어떤 것이 그렇게 되도록 시켜서 그런 것이 아니라, 원래 '그러해서 그런 것(自然而然)'에 지나지 않을 따름인데, 이 自然處에 대해서 성인이 이름을 붙여서 道라고 하고 理라고 한 것일 뿐이다.82)

그 氣로 말하면 원래 空虛한 物事가 아니라, 전체가 昭融하고 表裏가 洞徹한 것으로서, 그것이 또 온통 生意로 채워져 있기 때문에 이 氣가 한번 발동하면 만물을 발생하고 한번 고요하면 만물을 收斂하는데, 발생하면 元이 되고 亨이 되는 것이요, 수렴하면 利가 되고 貞이 되는 것이다. 이것이 바로 氣의 性情으로서 '自然'에서 나와 '當然之則'이 되는 것인데, 이 '當然處'에 대해서 성인이 이름을 붙여 道라고 하고 理라고 한 것일 뿐이다.83)

위 글에서 보면 녹문은 분명히 氣를 중심으로 이 세계를 설명하고 있다. 다른 성리학자들이 말하는 氣의 변화를 그는 '그렇게 하려 하지 않아도 그렇게 되는 것'이라 표현한다. 그리고 그 氣는 텅 비고 원만하며 성대한 사물인데, 넓고 浩然하여 안팎도 없고 分段도 없고 경계도 없고 始終도 없다고 말한다. 특히 이 氣는 生意로 온통 채워져 있어 만물의 생성 변화를 주도한다. 녹문의 氣는 자연과 인간 그리고 사물을 낳는 근원이며 생성변화의 실체다. 그가 이렇게 氣를 앞세워 강조하는 것은 그의 말

---

82) 『鹿門集』卷19, "盖竊思之 宇宙之間 直上直下 無內無外 無始無終 充塞彌漫 做出許多造化 生得許多人物者 只是一箇氣耳 更無些子空隙可安排理字 特其氣之能如是盛大如是作用者 是孰使之哉 不過曰自然而然耳 卽此自然處 聖人名之曰道曰理."

83) 『鹿門集』卷19, "且其氣也 元非空虛底物事 全體昭融 表裏洞徹者 都是生意 故此氣一動而發生萬物 一靜而收斂萬物 發生則爲元爲亨 收斂則爲利爲貞 此乃氣之性情 出於自然而爲當然之則者也 卽此當然處 聖人又名之曰道曰理."

대로 '氣 위에 나아가서 말한다'는 입장 때문이다. 이 氣 위에 나아간다는 말은 곧 현상적 관점이다. 지금 우리 앞에 드러난 세계, 있는 그대로의 사물을 중심으로 보는 관점이다.

대부분의 성리학자들은 설사 이러한 현상을 말하더라도 그 이면에 감추어진 형이상의 세계, 道, 理의 가치와 위상을 더욱 강조하게 마련이다. 녹문의 이러한 관점과 시각은 일반적인 성리학자들의 시각과는 구별되는 점이다. 이 점이 그의 성리학이 오해받는 지점이며 비판받는 지점이다. 물론 녹문 자신은 그게 아니라고 부정한다. 필자는 녹문의 철학적 진술이 비록 氣論的 오해를 받을 만하지만 이해하려고 한다. 그것은 율곡의 氣發理乘, 理氣之妙, 理通氣局을 더 한층 심화 강조한 것이 녹문의 理氣論이라고 보기 때문이다.

그런데 녹문에게서 또 일반 성리학자들과 다른 점이 발견되는 것은 바로 그의 理에 관한 진술이다. 녹문은 氣속에서 理를 설명하는가 하면, 어떻게 보면 理氣의 혼동이라는 오해를 가질 만도 하다. 녹문은 이 氣를 體의 측면에서는 天이라 하고 元氣라 하고 浩氣라 하고 太虛라 하며, 生意의 측면에서는 德이라 하고 元이라 하고 天地之心이라 하며, 流行不息의 측면에서는 道라 하고 乾이라 하며, 不測의 측면에서는 神이라 하며, 그렇게 하려하지 않아도 그렇게 되는 自然의 측면에서는 命이라 하고 帝라 하고 太極이라 하는데, 요컨대 모두 이 虛圓盛大한 物事에 대하여 분별해서 이름을 세운 것들이니, 사실 알고 보면 똑 같은 것이라 한다.[84]

녹문은 天, 元氣, 浩然之氣, 太虛, 德, 元, 天地之心, 道, 乾, 神, 命, 帝, 太極이라는 말이 측면에 따라 분별해 부르는 이름이지만 사실은 똑 같은

---

84) 『鹿門集』卷19, "莫之然而然 自有一箇虛圓盛大底物事 塊然浩然 無內外無分段 無邊際無始終 而全體昭融 都是生意 流行不息 生物不測 其體則曰天曰元氣曰浩氣曰太虛 其生意則曰德曰元曰天地之心 其流行不息則曰道曰乾 其不測則曰神 其莫之然而然則曰命曰帝曰太極 要之皆就這虛圓盛大物事上分別立名 其實一也(莫之然而然 卽所謂自然也)."

것이라 한다.

녹문의 입장은 아마도 예를 들면 氣로서의 太虛라 말하지만 그것은 太極과 함께 일체로 있으므로 태허를 태극이라 해도 무방하다는 것이다. 道를 말하지만 그것은 器와 함께 일체로 있으니 道와 器를 하나로 보아도 된다는 말이다. 나아가 理와 氣가 하나로 있으니 氣를 理라고 해도, 理를 氣라고 해도 무방하다는 표현이다. 이러한 녹문의 견해는 위에서 말한 내로 氣 위에서 나아가 사물과 세계를 보는 관점에서 비롯되는 것이고, 또 하나는 理와 氣의 관계성을 하나로 보는데서 이러한 표현이 나온 것으로 보인다.

또한 녹문의 理氣論에는 분명 일반 성리학에서 볼 수 없는 理의 역할과 위상이 보인다. 즉 氣속에서 理가 설명되고, 氣 운동의 일정한 법칙내지 조리를 理로 보는 것 이다. 다시 말하면 녹문에게서의 理는 氣의 내재적인 속성 정도로 매우 약화되어 설명된다.

녹문은 수많은 조화와 인물을 낳는 것은 단지 하나의 氣일 뿐이라 하고, 여기에는 理라는 글자를 안배 할 조그만 틈도 없다고 말한다. 녹문의 理에 대한 관점과 이해를 잘 이해할 수 있는 대목이다. 그리고 그 氣가 만물을 낳고 생성 변화하는 것은 氣가 원래 그러해서 그런 것이지 무엇이 시켜서 그런 것이 아니라 한다. 따라서 이 氣의 自然處를 성인들은 道라고, 理라고 이름 붙였다는 것이다.

마찬가지로 녹문은 '自然'이라고 말하고 '當然'이라고 말하는 그것도 별도로 경계가 있는 것이 아니라, 단지 氣의 측면에 나아가 말한 것일 뿐으로서, 然字는 바로 氣를 가리키고 自字와 當字는 그냥 갖다 붙여서 그 의사를 형용한 것에 불과할 따름이라고 한다. 참으로 이런 의사를 인식할 수만 있다면 氣를 일컬어 理라고 한다 해도 안 될 것이 없다는 것이

다.[85)

이러한 관점에서 녹문은 萬理, 萬象이라 하고, 五常, 五行이라 하고, 健順, 兩儀라 하고, 太極, 元氣라 하는 용어는 모두 氣에 대해 그 이름을 붙인 것이라고 보았다.[86) 이처럼 萬理와 萬象, 五常과 五行, 健順과 陰陽, 太極과 元氣 나아가 理와 氣를 하나로 보고자 한 것이 녹문의 이른바 理氣同實이다. 理와 氣는 이름은 다르지만 실상은 같다는 말이다.

이러한 녹문의 理氣 이해, 理의 이해는 전통적인 성리학이나 율곡의 이해와는 조금 다른 것이다. 이제 율곡의 理氣 이해를 통해 녹문 理氣論의 특성이 무엇이고 문제는 무엇인가를 검토해 보기로 하자.

율곡의 성리학은 理氣論에 매우 충실한 것이 특징이다. 아마도 그것은 주자에 충실한 것이리라. 율곡은 기본적으로 이 세계, 사물, 인간은 모두가 理와 氣로 되어 있다고 한다. 율곡의 성리학에서 理 없는 氣나 氣 없는 理는 말이 안 된다. 반드시 이 세상, 이 세계, 만물은 理와 氣 양자를 필요로 한다. 그래서 그는 "理는 氣를 떠나지 않고 氣는 理를 떠나지 않으니, 이와 같으면 理氣가 하나다"[87) 라고 말한다. 그리고 율곡은 理와 氣를 철저하게 분석해 설명한다. 理는 형이상자로서 無形이라면, 氣는 형이하자로서 有形, 理는 無爲라면 氣는 有爲, 理는 발할 수 없는 것이라면 氣는 발하는 것이다.[88) 또 理는 시간과 공간을 초월해 같은 것 즉 보편성을 담지 한다면, 氣는 시간과 공간에 제약되어 다른 것 즉 차이성을 담지 한다. 이것을 율곡은 理의 通, 氣의 局이라 하여 理通氣局說을 논한

---

85) 『鹿門集』卷19, "然而其所謂自然當然者 亦非別有地界 只是就氣上言之 然字正指氣 而自字當字不過虛設而形容其意思而已 苟能識得此意思則雖或指氣爲理 亦未爲不可也."

86) 『鹿門集』卷19, "萬理萬象也 五常五行也 健順兩儀也 太極元氣也 皆卽氣而名之者也."

87) 『栗谷全書』卷10, 書2, 「答成浩原」, "氣不離理 理不離氣 夫如是則理氣一也."

88) 『栗谷全書』卷12, 書4, 「答安應休」, "理雖無形無爲而爲有形有爲之主者 理也 有形有爲而爲無形無爲之器者 氣也."

것이다.89)

　또한 율곡은 理와 氣의 기능과 역할에 대해 상보적으로 이해한다. 발하는 것은 氣요 발하는 까닭은 理다. 氣가 아니면 발할 수 없고 理가 아니면 발할 바가 없다.90) 운동변화의 當體는 氣다. 理는 그 스스로 운동변화할 수 없으나 氣로 하여금 운동 변화할 수 있는 원칙이 되고 내용이 된다. 이런 점에서 理의 氣에 대한 주재를 말하게 되고 다른 말로는 樞杻, 所以, 根柢라는 표현을 쓴다. 또 理는 氣의 主宰요 氣는 理의 탈 바이다. 理가 아니면 氣가 根柢할 바가 없고, 氣가 아니면 理가 依着할 바가 없다.91) 여기서 理가 氣의 主宰라는 말은 理가 氣 운동, 氣 실현의 원칙이 되고 내용이 된다는 의미다. 그리고 氣는 理의 탈 바로서 시간적 공간적 조건이 된다. 즉 氣가 없으면 理는 있을 곳이 없어 하나의 관념적 존재로 남고 실현되어질 수 없다. 理의 실현은 氣의 몫이다. 그렇지만 또 理가 없다면 氣는 실현할 그 무엇도 없어 맹목이 되어 공허한 것이 되고 만다. 이와 같이 율곡은 理와 氣를 엄격히 구별하면서도 理와 氣의 밀접한 관계성에 많은 관심을 기울였다.

　퇴계가 理와 氣의 가치적 구별에 치중하다 존재상 理와 氣의 간극(間隙)을 초래한 문제점을 통찰하고 이를 바로 잡고자 주장한 화두가 理氣之妙다. 理氣之妙는 주자의 理氣不相離와 理氣不相雜, '하나이면서 둘이요 둘이면서 하나'라는 '一而二 二而一'의 논리를 계승한 것이다. 요컨대 율곡은 이 세계, 사물을 理와 氣로 설명하고 이 양자의 구별을 강조하면서도 떼려야 뗄 수 없는 관계성을 통찰한 것이다.

---

89) 『栗谷全書』 卷20, 「聖學輯要」 2, "理無形而氣有形 故理通而氣局."
90) 『栗谷全書』 卷10, 書2, 「答成浩原」, "發之者 氣也 所以發者 理也 非氣則不能發 非理則無所發."
91) 『栗谷全書』 卷10, "夫理者 氣之主宰也 氣者 理之所乘也 非理則氣無所根柢 非氣則理無所依着."

이러한 율곡의 理氣論 내지 성리학의 관점에서 보면 녹문이 理氣를 하나의 관계성으로 보고자 한 측면은 율곡과 같지만, 理와 氣를 同實(물론 다르지만 하나)로 보는 표현에 대해서는 문제가 없지 않아 보인다. 왜냐하면 율곡의 입장에서는 녹문이 理氣의 同實과 하나라는 관점에 치우쳐 理氣의 혼동을 초래할 우려가 있다고 보기 때문이다.

그리고 녹문은 그의 글 속에서 율곡의 성리학이 理와 氣의 차별성, 구별을 지나치게 강조해 理와 氣의 간극의 혐의를 가져온다고 우려하지만, 기실 이러한 녹문의 우려는 타당해 보이지 않는다. 왜냐하면 율곡의 "理氣는 본래 합한 것이니, 비로소 합한 때가 있는 것이 아니다. 理氣를 둘로써 하고자 하는 자는 모두가 道를 알지 못하는 자이다"[92]라는 말이나, "理氣는 원래 서로 떨어져 있지 않으니 어찌 합함이 있으랴. 단지 混融無間하므로 妙合이라 말한 것이니, 또한 活看해 보아야 할 것이다."[93]라는 말 들이 이를 입증한다. 율곡은 또 "理氣之妙는 보기도 어렵고 또한 설명하기도 어렵다"[94]고 하여, 理氣의 묘합처를 洞見하는데 깊은 관심을 갖고 또 이를 일관되게 강조하였다. 이렇게 본다면 녹문이 율곡의 理氣 분리 혐의를 걱정하는 것은 옳지 않은 것 같다.

요컨대 녹문의 理氣同實은 분명 율곡의 理氣之妙의 철학정신을 계승한 것이다. 다만 氣 위에 나아가 현상을 중심으로 보는데서 主氣의 오해를 사게 되었고, 표현상 理氣의 同實을 강조한 나머지 理氣의 구별에 소홀했다는 지적은 면할 수 없을 것 같다.

또한 녹문의 理에 대한 이해 즉 理의 역할, 위상에 대한 이해는 율곡과

---

92) 『栗谷全書』卷10, 書2,「理氣詠呈牛溪道兄」, "理氣本合也 非有始合之時 欲以理氣二之者 皆非知道者也."

93) 『栗谷全書』卷20,「聖學輯要」2, "理氣元不相離 豈有合哉 只是混融無間 故曰妙合 亦可活看."

94) 『栗谷全書』卷10, 書2,「答成浩原」, "理氣之妙 難見亦難說."

차이가 있다. 녹문은 理를 氣속에서 이해하고 있고 理는 氣에 내재한 속성으로 약화되어 있다. 그러나 율곡의 경우는 형이상자로서의 理와 형이하자로서의 氣를 분명히 구별하고 양자의 역할과 기능을 상보적으로 이해한다. 아울러 율곡의 경우 理와 氣는 대등한 위상을 갖는데 특징이 있다. 이러한 점이 녹문 자신의 다음과 같은 해명에도 불구하고 氣論 내지 主氣의 오해를 받게 되는 것이라고 생각된다.

내가 본래 말한 내용은 理를 위주로 말한다면 理가 본래 純一하기 때문에 氣도 자연히 순일하게 되는 것이지만, 氣의 측면에서 말한다면 氣가 순일한 것이 바로 理가 순일한 것이 되는 것이다. 理가 순일하지 않으면 氣도 물론 혼자서 순일해 질 수 없지만, 氣가 순일하지 않다면 理가 허공에 매달려서 홀로 순수해지겠는가라는 것이었습니다. 이 몇 마디는 내가 생각해도 본말이 완전해서 아무리 박살을 내려 해도 깨지지 않을 것이니, 비록 성인이 다시 일어나시더라도 내 말을 바꾸지는 않으리라 확신합니다. 따라서 사람들이 나의 말을 主氣라고 하여 병통으로 여기는 것은 아마도 言議의 곡절을 아직 자세히 알지 못해서 그런 것이 아닐까 합니다. 그리고 主氣를 병통으로 여기는 것은, 혹 작용을 성성으로 여겨 禪家의 本心之說에 떨어지는 것이거나, 혹 기질을 心에 해당시켜 荀楊의 善惡之論에 빠지는 것인데, 내가 비록 매우 昏謬하긴 하지만 반복해 점검해 보아도 이 두 가지 병통이 있는 것을 깨닫지 못하겠습니다.[95]

95) 『鹿門集』卷5, 「答李伯訥」, "若孤行此一句則誠亦未盡 而乃區區本語則曰自理而言則理本純 故氣自純 從氣而言則氣之純 卽理之純 理不純則氣固無自以純矣 氣不純則理將懸空而獨純乎 此數語 自謂本末完足 攧 不坡 雖聖人復起 不易吾言 人之以爲主氣而病之者 恐其未悉乎言議曲折而然耳 且所病於主氣者 或作用爲性 墮乎禪家本心之說也 或氣質當心 陷於荀楊性惡之論也 區區雖甚昏謬 反復省檢 未覺其有是二病也."

그리고 理氣를 논할 적에는 반드시 '理와 氣는 實을 같이 하고, 心과 性은 일치한다'는 것을 宗旨로 삼아서, 心의 虛靈洞徹한 것이 氣의 湛一을 연유하여 나타나고, 性의 仁義中正이 心의 虛明을 통해 드러나서, 내외가 昭融하고 본말이 洞然하게 함으로써, 맹자의 性善의 뜻이 이와 같이 해가 중천에 떠서 八窓이 영롱한 것처럼 되었으니, 이것이 과연 性惡說이나 善惡混在說과 비슷한 것이겠습니까?[96]

또한 녹문은 이른바 주자의 '決是二物' 즉 '理와 氣는 결단코 둘이다'라는 명제에 대해 불만을 표시한다. 그것은 율곡도 주자의 '決是二物'을 받아들여 마찬가지라고 보기 때문이다. 그런데 사실 주자나 율곡이나 '決是二物'만 강조한 것은 아니라는 점이다. 다음 주자의 원문을 보기로 하자

소위 理와 氣는 이것은 결단코 二物이다(決是二物). 단지 物 위에서 보면 二物이 渾淪하여 分開할 수 없어 각각 한 곳에 있다. 그렇지만 二物이 각각 一物이 됨을 해치지 않는다. 만약 理 위에서 보면 物이 아직 있기 전에 이미 物의 理가 있다. 그렇지만 또한 단지 그 理가 있을 뿐이지 일찍이 실제로 이 物이 있은 적이 없다.[97]

다음은 율곡의 理氣之妙를 잘 표현하고 있는 글을 보기로 하자.

96) 『鹿門集』卷5, "論理氣則必以理氣同實 心性一致爲宗旨 心之虛靈洞徹 由氣之湛一而見性之仁義中正 以心之虛明而著內外昭融 本末洞然 孟子性善之旨 於是乎如日中天 八窓玲瓏矣 此果近於性惡善惡混之說乎."
97) 『朱子大全』卷46, 「答劉叔文」, "所謂理與氣 此決是二物 但在物上看 則二物渾淪 不可分開 各在一處 然不害二物之各爲一物也 若在理上看 則未有物而已有物之理 然亦但有其理而已 未嘗實有是物."

신에게 묻는 이가 있어 말하기를, 理氣는 一物인가 二物인가? 신이 답해 말하기를, 前訓에서 상고해 보면 '하나이면서 둘이요 둘이면서 하나'이다. 理氣가 渾然無間하여 원래 서로 떨어지지 아니해 二物이 된다고 가리킬 수 없다. 그러므로 程子가 말하기를, '器 또한 道요 道 또한 器'라고 하였다. 비록 서로 떨어지지 아니하지만 혼연한 가운데에서도 실은 서로 섞이지 아니하여 二物이 된다고 가리킬 수 없다. 그러므로 주자가 말하기를, '理는 스스로 理요 氣는 스스로 氣여서 서로 협잡하지 않는다'고 하였다. 두 설을 합해서 玩索하면 理氣之妙를 거의 볼 수 있다.[98]

위 주자의 글과 율곡의 글에 대해서 녹문은 다음과 같이 불만을 표시한다.

그런데 오늘날 사람들은 이러한 뜻은 알지 못한 채, 그저 주자의 "결단코 두 개의 物이다"라는 말만을 믿고서 왕왕 理와 氣라는 두 개의 物事가 있는 것으로 진짜로 여기는가 하면……[99]

대저 氣 이외에는 따로 理가 없고, 性 이외에는 따로 物이 없는 것이다. 氣를 위주로 하여 말하면 萬者야 물론 氣이겠지만, 一者라고 해서 유독 氣가 아니겠는가. 理를 위주로 하여 말을 하면 一者야 물론 理이

---

98) 『栗谷全書』卷20, 「聖學輯要2」, "有問於臣者曰 理氣是一物是二物 臣答曰 考諸前訓 則一
而二二而一者也 理氣渾然無間 元不相離 不可指爲二物 故程子曰 器亦道道亦器 雖不相離
而渾然之中 實不相雜 不可指爲一物 故朱子曰 理自理氣自氣 不相挾雜 合二說而玩索 則
理氣之妙 庶乎見之矣."
99) 『鹿門集』卷19, 「鹿盧雜識」, "今人不識此意 只信朱子決是二物之語 往往眞以理氣爲有兩
箇物事…"

겠지만, 萬者라고 해서 유독 理가 아니겠는가. 아, 理와 氣가 쪼개져서 두 개가 된 것이 오래 되었으니, 俗見이 어둠속에서 더듬거리며 언어에 집착하여 本旨를 이해하지 못하는 현상을 괴이하게 여길 것이 또 뭐가 있겠는가.100)

이와 같이 녹문은 주자나 율곡이 理와 氣를 둘로 쪼개 보는 것에 대해 비판을 하고 있는 것이다. 위 글에서 녹문은 "주자의 '결단코 두 개의 물이다(決是二物)'라는 말만을 믿고서 왕왕 理와 氣라는 두 개의 사물이 있는 것으로 진짜로 여기는가 하면……"이라고 말한다. 그러면 理와 氣는 정말 둘이 아닌가? 아니라면 理가 氣이고 氣가 理라는 말인가? 라는 의문이 생기게 된다.

녹문이 이렇게 주자나 율곡의 '理氣二物'의 혐의를 비판하는 본의는 이해할 수 있다. 즉 理와 氣가 다르다, 理와 氣는 떨어져 있다는 말을 강조함으로써 理氣의 불가분적 관계성에 결함이 생긴다고 보는 것이다. 그런데 녹문의 이러한 우려는 공감하기 어렵다. 왜냐하면 주자의 경우도 理와 氣는 결단코 二物이라고 하지만, 理와 氣가 渾淪해 하나로 있으나 또한 이 둘이 각각 一物이 됨을 방해하지 않는다고 보기 때문이다. 理氣不相離와 理氣不相雜을 아울러 보고 있는 것이다.

또한 율곡의 경우도 理와 氣가 하나인가 둘인가 라는 물음에 답하면서, 理와 氣는 각기 다른 둘이지만 하나로 있고, 하나로 있지만 理는 理요 氣는 氣로써 둘이라고 하였다. 즉 理와 氣의 관계를 '하나이면서 둘이요 둘이면서 하나' 즉 '一而二 二而一'이라 말하고 이것을 잘 보면 理氣之

---

100) 『鹿門集』卷19, "夫氣外無理 性外無物 主氣而言則萬者固氣也 一者獨非氣乎 主理而言則一者固理也 萬者獨非理乎 噫 理氣之判而爲二也久矣 俗見之暗中摸象 執言迷旨者 膺何怪乎."

妙를 이해할 수 있다 하였다.

이와 같이 주자나 율곡의 경우 理와 氣는 서로 다른 二物임을 말하면서도 이 양자가 존재상으로는 하나의 一物로 있음을 강조하고 있는 것이다. 주자나 율곡의 입장에서 반론한다면 그럼 理와 氣는 같은 동일자인가라고 물을 수밖에 없는 것이다. 녹문이 氣 위에 나아가 현상적 관점에서 氣속에서 理를 하나로 보아 이를 강조하려는 것이 본의임을 알지만, 주자나 율곡이 과연 理氣二物만 보고 渾淪無間한 理氣의 존재양태를 보지 못했는가 하는 것은 이해하기 어렵다. 주자나 율곡이나 이 세계를 구성하는 두 실체로서 理와 氣를 전제하는 것이고, 다만 이 둘은 존재상 하나의 양태로 있다고 보는 입장이다. 그러므로 理와 氣는 전혀 다른 二物이지만 하나의 모습으로 있고, 하나의 존재 양태로 있으나 理는 理고 氣는 氣라는 것이 그들의 일관된 지론이다.[101]

2) 녹문의 良能, 鬼神論과 理氣渾融無間之妙

녹문의 성리학을 일관하는 논리는 妙로 표현되는 일체적인 사유다. 율곡은 理와 氣를 설정하고 양자의 구별을 엄격히 하면서 그 관계성에 있어서는 하나의 존재양태라는 理氣之妙를 말하지만, 녹문은 이에서 한 걸음 더 나아가 氣를 중심으로 한 하나의 존재를 강조하는데 특징이 있다. 이것은 근본적으로 그가 말하는 '氣 위에 나아가 말한다'는 그의 철학적 입장에서 기인되는 바다. 氣 위에 나아간다는 말은 현재 존재하는 세계, 드러나 실재하는 현상세계를 중심으로 하는 말이다. 따라서 실재하는 세계의 진상은 氣일 수 밖에 없는 것이고, 理는 氣속에 내재하는 자연의 질

---

101) 『栗谷全書』卷20,「聖學輯要2」, 修己 第2上, 窮理章第4, "有問於臣者曰, 理氣是一物, 是二物? 臣答曰. 考諸前訓, 則一而二, 二而一者也. 理氣渾然無間, 元不相離, 不可指爲二物, 故程子曰, 器亦道, 道亦器. 雖不相離, 而渾然之中, 實不相雜, 不可指爲一物, 故朱子曰, 理自理, 氣自氣, 不相挾雜. 合二說而玩索, 則理氣之妙, 庶乎見之矣."

서 정도로 약화되어 표현되는 것이다. 위험을 무릅쓰고 말한다면, 녹문의 경우 理氣不相離에 관심이 집중되어 있고, 理氣不相雜이라는 명제는 간과되고 있다는 느낌을 지우기 어렵다. 아울러 녹문의 경우는 理氣가 하나로 있는(녹문의 입장에서는 氣가 드러난) 존재양상에 관심을 갖지 理와 氣의 구별엔 별 관심이 없는 것 같다.

녹문의 이와 같은 一元的 妙合의 사유는 분명 율곡의 철학정신을 계승하고 있는 것이다. 녹문은 항상 말하기를, "天과 人은 하나이고, 心과 性은 하나이고, 體와 用은 하나이고, 知와 行은 하나이다" 라고 한다.102) 바로 이것이 녹문의 묘합적 사유를 잘 표현한 것이다.

그는 우주자연과 인간의 합일, 인간 심성에 있어서는 心과 性의 합일, 體와 用의 합일, 知와 行의 일치 나아가 理와 氣의 同實 내지 妙合을 추구하는 것이다.

녹문이 우주자연이나 인간 심성에 대한 논의에서 묘합적 사유를 강조하는 측면을 고찰해 보기로 하자. 그는 말하기를, "理一의 측면에서는 心도 같고 性도 같으며, 分殊의 측면에서는 心도 다르고 性도 다르다는 이설이야말로 '心과 性은 실체가 같고 理와 氣는 일치 한다' 라는 것으로서, 來諭가 명백하니 내가 정말 듣고 싶었던 말이라고 한다.103) 心性을 理一分殊로써 體用一源으로 설명하고, 心과 性은 同實이고 理와 氣는 일치한다는 말이 자신이 정말 듣고 싶어 했던 말이라고 동감하는 것이다.

녹문은 또 "理가 이미 하나라면 氣가 어떻게 하나가 되지 않겠습니까? 그리고 氣가 하나가 아니라면 理가 어떻게 혼자서만 하나가 되겠습니

---

102) 『鹿門集』卷16, 雜著, 經義, 「大學, 辛丑」, "余常謂天人一 心性一 體用一 知行一."

103) 『鹿門集』卷6, 「答金伯高, 癸未 冬」, "以理一則心亦同性亦同 以分殊則心亦異性亦異 此正所謂心性同 實理氣一致者 來諭極明白 固所願聞."

까?"104) 라고 하여, 理의 본원과 氣의 본원이 하나로 합일하는 경지를 깊이 통찰하고 있다. 이러한 관점에서 녹문은 "『중용』의 「鬼神章」을 요즘 다시 세밀히 보았는데, 理氣가 混融한 곳에 대해서 의심할 것 없이 분명한 뜻을 더욱 느꼈습니다."105) 라고 말한다. 즉 『중용』「귀신장」을 보면서 理氣妙合의 의미를 더욱 절실하게 깨닫게 된다 하였다.

이처럼 녹문의 관심은 理氣가 하나로 混融해 있는 妙의 지점에 있었다. 녹문의 이러한 理氣混融, 理氣妙合의 究竟地 이해는 그의 理一分殊 설명에서도 잘 나타난다. 一原이라는 것은 본연의 체요, 萬殊라는 것은 본연의 용이다. 體와 用이 一原이고 本과 末이 일치하니, 一原이 없으면 萬殊도 물론 근본을 둘 곳이 없지만, 萬殊가 아니면 一原도 어떻게 행해질 수가 없는 것이라 한다.106) 一原과 萬殊는 곧 體用一源을 가리키는 것이고, 一原과 萬殊는 맞물려 짝이 되는 配應의 관계로 있는 것이다.

또한 녹문은 湛一本體의 인식에 있어서도 역시 理氣가 혼용해 있는 하나의 경지를 洞見해야 된다고 다음과 같이 말한다.

湛一 운운한 것이야 말로 의리상의 지극히 精微한 곳인 만큼, 큰 근원이 되는 대목에 대하여 정밀히 사색하고 힘껏 구명하여 곧장 밑바닥까지 궁구해 보시기 바랍니다. 그리하여 참으로 理와 氣가 일치하고 心과 性이 실제로 같아서 나눌 수 없다는 것을 보게 된다면, 많은 이야기를 할 필요가 절로 없어질 것입니다.107)

---

104) 『鹿門集』 卷5, 「答李伯訥, 七月」, "理旣一則氣何以不一 氣不一則理何以獨一乎."

105) 『鹿門集』 卷2, 「與櫟泉宋兄, 丁巳」, "鬼神章近復細看 於理氣混融處 益覺分明無可疑."

106) 『鹿門集』 卷5, 「答李伯訥, 十二月」, "一原者 本然之體也 萬殊者 本然之用也 體用一源 本末一致 無一原則萬殊固無所本 非萬殊則一原亦何以行乎."

107) 『鹿門集』 卷9, 「答權生昊, 丙申 六月」, "湛一云云 乃義理極精微處 非卒乍所可究 願更於理氣大源頭 精思力究 直窮到底 眞見得理氣一致 心性同實 不可分處 則自無許多說話

녹문은 理氣同實의 理氣論에서는 理氣不可分開와 元不相離를 기본으로 하고 있는데, 良能과 鬼神에 관해서도 理氣渾融無間之妙를 중심으로 펼치고 있다.108) 그런데 녹문의 良能과 鬼神을 통한 理氣渾融無間之妙는 전기의 설이라면, 理氣同實, 心性一致의 설은 후기의 설이라 할 수 있다.109)

이와 같이 녹문의 관심사는 오로지 율곡처럼 理와 氣가 오묘하게 합해 있는 究極處를 보고 이해하는 데 있었다. 이것을 녹문은 理氣混融無間之妙라 불렀는데, 이것은 율곡의 理氣之妙를 계승한 것이며, 철학정신으로 보면 거의 같은 것이라고 보인다. 이처럼 녹문 자신은 분명히 理氣渾融無間之妙를 견지하고 있으나, 그의 氣 중심적 언표로 인해 主氣的 오해를 받게 되는데 대해 안타깝게 생각하였다.

그리고 내가 반드시 이와 같이 말한 것은, 바로 근원으로 곧장 나아가서 이 理와 氣라고 명명하게 된 까닭을 분석함으로써 그 진면목을 드러내려고 한 것일 뿐입니다. 그런데 지금 理라는 글자가 없다는 이유로 오로지 氣만 말했다고 문득 배척하였으니, 이는 내가 高明에게 바라던 바가 결코 아닙니다.110)

녹문의 진의와는 상관없이 그 당시에나 오늘날에도 氣論者 내지 主氣論者의 오해를 받는 것은 녹문에게는 억울한 일이지만, 왜 그런 오해를 받게 되었는가에 대한 성찰은 필요한 것 같다.

也."

108) 손흥철, 『녹문 임성주의 삶과 철학』, 지식산업사, 2004, 79쪽.

109) 위의 책, 99쪽.

110) 『鹿門集』卷6, 「答金伯高, 癸未 冬」, "且區區必如是爲說者 正欲就直截根源上剖析 其曰 理曰氣之所以名 以顯出這箇眞面目耳 今以其無理字 便斥其專說氣 甚非所望於高明也."

이제 녹문의 良能과 鬼神에 관한 이론을 통해 그의 理氣混融無間의 사유를 검토해 보기로 하자. 良知, 良能은『맹자』에서 비롯된 말이다. 특히 王陽明은 良知를 차용해 자신의 철학의 주요 화두로 삼았다. 맹자는 말하기를, "사람이 배우지 않고도 능한 것이 良能이며, 생각하지 않고도 아는 것은 良知다"[111] 라고 하였다. 이에 대한 宋儒들의 해석을 참고해 보기로 하자.

주자는 "良은 本然의 선이다" 라고 하였고, 程子는 "良知와 良能은 모두 말미암는 바가 없이 天으로부터 나와 사람에게 매이지 않는다"고 하였고, 眞西山은 "善은 性에서 나오므로 본연의 能은 배움을 기다리지 않고도 능하며, 본연의 知는 배움을 기다리지 않고도 아는 것이라" 하였다.[112] 이와 같이 良能은 사람이 배우거나 노력하지 않고도 가지고 있는 선한 능력을 말하는 것이고, 良知는 배우거나 생각하지 않고도 아는 자연한 知的 능력을 말하는 것이다.

그런데 녹문은 이 가운데 良能을 중심으로 많은 논의를 하고 있는데, 특히 渼湖 金元行(1702~1772)과 이 문제를 중심으로 깊은 논의를 한 바 있다. 녹문은 良能을 理氣混融의 측면에서 이해하여 다음과 같이 말한다.

오직 良能과 靈處에 나아가서 理氣가 渾融한 측면에 대해 분명히 안목을 붙인다면, 허다한 의심이 자연히 없어질 것이다.[113]

---

111) 『孟子』,「盡心 上」, "孟子曰 人之所不學而能者 其良能也 所不慮而知者 其良知也."

112) 『孟子』, 註, "良者 本然之善也 程子曰 良知良能 皆無所由 乃出於天 不繫於人 西山眞氏曰 善出於性 故有本然之能 不待學而能 本然之知 不待學而知也."

113) 『鹿門集』 卷13, 雜著, 經義,「中庸」, "惟於良能靈處 理氣混融上 明著眼目 自無許多疑礙耳."

녹문은 良能을 氣之靈 理之妙로 설명하는데, 이것은 녹문이 율곡의 理氣之妙를 계승하면서도 한 걸음 더 나아가 創新의 맛을 보여준다. 이에 대한 녹문의 실명을 보기로 하자.

그렇다면 能이라는 것은 과연 무엇인가? 그것을 理라고 하면 理는 無爲인데 能은 有爲다. 그것을 氣라고 하면 氣는 자취가 있는데 能은 자취가 없다. 만약 理도 아니고 氣도 아니라고 한다면 理氣의 밖에 따로 어떤 사물이 있은 적이 없다. 그렇다면 이른바 能이라는 것은 과연 무엇인가? 氣의 靈이며 理의 妙라고 하는 것에 지나지 않는다.(細註: 理의 妙는 理가 妙用할 수 있는 所以를 말하는 것이다. 주자도 역시 말하기를, '理에 비교하면 微妙하나마 흔적이 있고, 氣에 비교하면 自然이며 또한 靈妙하다'고 하였으니, 氣보다 특별히 神靈스러운 것임을 알 수 있다.)114)

녹문에 의하면 能을 理라고 하면 理는 無爲인데 能은 有爲이고, 만약 氣라고 하면 氣는 자취가 있는데 能은 자취가 없다는 것이다. 그러므로 理라고 하기도 그렇고 氣라고 하기도 애매하다는 것이다. 그래서 녹문은 能을 氣의 靈이며 理의 妙라고 표현하였다. 여기서 理의 妙란 理가 妙用할 수 있는 까닭을 말하는 것이다. 주자는 能은 理에 비교하면 微妙하나마 흔적이 있고, 氣에 비교하면 自然이며 靈妙하다고 하여 氣보다는 특별히 神靈스러운 것이라 하였다.

다음은 녹문이 良能을 마음의 틀 속에서 보고 氣質과의 연관 속에서 설명한 내용이다.

---

114) 『鹿門集』 卷2, 「答渼湖金公, 戊午秋」, "然則能者果何物也 謂之理耶則理無爲而能有爲也 謂之氣耶則氣有迹而能無迹也 謂之非理非氣耶 則理氣之外 未別有物也 然則所謂能者 果何物也 不過曰氣之靈而理之妙也(理之妙 言理之所以能妙用者也 朱子亦曰比理微有迹 比氣自然又靈 可見別神於氣也.

마음이라고 하는 것은 다른 것이 아니라 단지 氣質의 良能일 뿐이니, 기질을 놓아두고서는 따로 마음을 찾을 곳이 없기 때문입니다. 따라서 마음이 동작하고 운용하는 것은 전적으로 기질에 의지하니, 기질이 아니면 마음이 발용할 수가 없는 것입니다.……마음이 비록 기질을 벗어나는 것은 아니라고 할지라도, 일단 良能이라고 말을 하면 볼 수 있는 형체도 없고 들을 수 있는 소리도 없이 虛靈해 어둡지 않고 神明不測하니, 이것을 또 어떻게 기질의 범위 안에 포함시킬 수 있겠습니까?[115]

녹문은 인간의 마음이란 기질의 良能에 불과하다고 말한다. 그것은 기질을 떠나 마음을 말할 수 없기 때문이다. 마음의 운용, 작용은 전적으로 기질에 의존하므로 기질 없이 마음은 발용할 수 없는 것이다. 그렇지만 마음이 비록 기질을 떠날 수 없는 것이라 하더라도 일단 良能이라고 하면 볼 수도 없고 들을 수도 없이 虛靈해 밝고 神明不測하니, 기질의 범주 속에만 가둬둘 수는 없다는 것이다. 즉 良能은 마음, 기질과 떼어놓고 말할 수 없는 것이지만, 일단 양능이라고 하면 그것은 無形의 존재로 볼 수도 없고, 들을 수도 없고 虛靈해 어둡지도 않아 神明不測하니 氣라고 규정할 수만도 없다는 것이다.

결국 이것은 良能이 갖는 이중성을 잘 말해주는 것이다. 즉 理도 아니면서 氣도 아니고, 理이면서 氣라는 등식의 설명이 가능한 것이라 하겠다. 良能에 대한 이러한 의미 해석은 녹문이 理氣混融無間之妙를 깊이

---

115) 『鹿門集』 卷2, "心者非他也 只是氣質之良能 捨氣質 無別討心處 故心之所以動作運用 全籍氣質 非氣質則心無以發用 …… 心雖不外乎氣質 而旣曰良能則無形可見矣 無聲可聞矣 虛靈不昧矣 神明不測矣 則亦豈氣質所得以圍者哉."

있게 통찰한 것으로 율곡의 理氣之妙에서 한 걸음 더 나아간 創新의 의미를 갖는다.

녹문은 이 良能에 대해 매우 다양한 논의를 하고 있는데, "대저 하늘에 있으면 神이라고 하고 사람에게 있으면 心이라고 하는 것일 뿐, 사실은 모두가 일개 能일 따름이라"고 말한다.[116] 하늘의 神이 인간에게 주어지면 心이라 하는데, 결국 이것은 하나의 能일 따름이라는 것이다. 마찬가지로 一氣의 근원에서 주재하면서 만물 가운데에 두루 펴져있고, 方寸의 내면에 환히 드러나 있으면서 일용하는 사이에 유행하는가 하면, 清濁과 偏正이 있는 그 속에 그대로 기대면서 청탁과 편정이 없는 밖으로 멀리 벗어나는 것, 이 모두가 소위 일개 能이라 하였다.[117] 녹문은 이 能의 역할과 성격에 대해 매우 상세한 설명을 다음과 같이 한다.

대저 천지가 만물을 낼 적에는 理로 주를 삼고 氣로 材를 삼을 뿐입니다. 따라서 이 둘 사이에 다시 이른바 靈과 妙라는 것이 있게 한다면 군더더기 비슷하게 되지는 않겠습니까? 하지만 理氣가 交接하면서 人物을 생성할 적에 작용하는 그 관건은 오로지 이 能에 있다고 해야 할 것입니다. 理라고 하더라도 이 能이 없으면 소위 理라고 하는 것도 玄虛하여 쓸모가 없게 되고, 氣라고 하더라도 이 能이 없으면 소위 氣라고 하는 것도 딱딱하게 굳어서 죽은 물건이 되고 말 것이며, 천지에 이 能이 없으면 조화를 행할 수가 없고, 人物에 이 能이 없으면 知覺할 수가 없을 것입니다. 이것이 바로 「鬼神章」이 『中庸』의 골자가 되고, 明

---

116) 『鹿門集』卷2, "大概 夫在天曰神 在人曰心 其實一箇能而已."
117) 『鹿門集』卷2, "主宰乎一氣之原而遍體乎萬物之中 昭著乎方寸之內而流行乎日用之間 因依乎有清濁偏正之裏 而超脫乎無清濁偏正之表者 無非所謂一箇能也."

德이라는 두 글자가 『大學』의 宗旨가 되는 까닭이라고 하겠습니다.118)

이 能은 理氣가 만나 인간을 비롯해 만물을 생성함에 있어서 관건이 된다고 한다. 理라고 하더라도 이 能이 없으면 玄虛해 아무 소용없는 것이 되고, 氣라고 하더라도 이 能이 없으면 死物이 되어 생성작용을 할 수 없다는 것이다. 理가 理답고 氣가 氣다울 수 있는 것이 바로 이 能이라는 것이다. 따라서 이 能이 없으면 천지만물의 생성조화가 불가능하고, 사람에게 이 能이 없으면 지각이 불가능하다는 것이다. 율곡은 理氣의 오묘한 경지를 통찰하고 이를 강조한 것은 맞지만, 녹문처럼 能을 통해 理氣의 妙合을 설명하는데 까지 이르지는 못했다. 이 점은 분명 녹문의 장점이며 남들이 못한 바를 개척한 학문적 공헌이라 평가된다. 다음 글도 역시 녹문이 能을 理氣混融無間之妙의 차원에서 설명하는 내용인데 검토해 보기로 하자.

그러고 보면 소위 能이라는 것이 필경 귀결되는 곳을 찾아본다면, 바로 沖漠無朕의 理나 仁義禮智의 性과 완전히 일치하는 것임을 알 수 있습니다. 대개 靈이라고 하고 妙라고 하면 氣分과 관련이 없지 않은 느낌이 들 수도 있지만, 사실은 소위 靈과 妙라고 하는 것은 당초 볼 수 있는 形影이나 듣고 맡을 수 있는 聲臭가 있는 것이 아니라, 자연히 그러한 것으로(語類에 "良能은 자연히 그러한 것이다"라고 하였다.) 兩者가 있기 때문에 헤아릴 수 없게 되는 것입니다.(橫渠가 神에 대해 논하면서 "兩者가 있기 때문에 헤아릴 수 없게 되는 것이니"라고 하였다.) 氣에는

<hr>

118) 『鹿門集』, 卷2,「答渼湖金公, 戊午 秋」,"夫天地之生物也 理以爲主而氣以爲材 二者之間 更有所謂靈與妙者 不幾於贅乎 然而理氣交接之際 人物生生之機 其作用關捩 專在乎此 理而無此則所謂理者玄虛無用矣 氣而無此則所謂氣者頑然死物矣 天地無此則無以爲造 化矣 人物無此則無以爲知覺矣 此所以鬼神一章 爲中庸之骨子 明德二字 爲大學之宗旨."

微와 顯의 차이가 있지만 理에는 通과 局의 다름이 없습니다. 그래서 선유들의 논을 보면 '理와 합해서 말한 것'이 많습니다.[119]

여기서 녹문은 能이라는 것은 충막무짐(沖漠無朕)의 理나 仁義禮智의 性과 완전 일치하는 것이라 하고, 氣의 靈이나 理의 妙라고 하는 것은 형상이 없고 소리도 없고 냄새도 맡을 수 없는 것으로 자연히 그런 것이라 한다. 그리고 理氣 양자가 있으므로 張橫渠의 말처럼 神妙不測한 것이라 하였다. 결국 能이란 氣의 靈함이요 理의 妙함인데, 그 靈이니 妙라는 것은 形而上의 표현이므로 자연히 그런 것이라 하였다. 그리고 이 能은 理氣가 靈과 妙로 하나 된 究竟地이므로 神明不測하다고 보는 것이다.

그런데 녹문은 理와 能의 같음과 다름에 대해 다음과 같이 설명한다. 일단 合이라는 글자를 썼다면 能과 理가 참으로 분별되는 점이 없다고 할 수는 없다 하고, 그러나 여기서 말하는 合이라는 것은 理氣가 渾淪한 것을 일반적으로 말할 때의 경우와는 결코 같지 않다고 하였다. 따라서 氣에 속한다고 할지라도 未嘗不 理라고 말할 수가 있으니, 이런 곳이야말로 지극히 精妙하고 지극히 툭 트인 마음으로 살펴보아야 할 것이라 하였다.[120] 여기서 이 能이 氣에 속한다 할지라도 또한 理라고 하지 않을 수 없다는 말에서 能의 理氣混融無間之妙를 파악할 수 있다.

다음 글은 녹문이 이 能의 역할과 기능에 대해서 천지만물의 생성 차원에서 구체적으로 설명한 내용이다. 能이라는 것은 氣의 靈인데, 그렇

---

119) 『鹿門集』, 卷2, "所謂能者 畢竟歸宿 便與沖漠無朕之理 仁義禮智之性 泯然無間矣 蓋曰靈曰妙 似若未離乎氣分 而其實所謂靈與妙者 初非有形影可見 聲臭可聞 自然恁地(語類良能是自然恁地) 而兩在不測(橫渠論神云兩在故不測) 語氣則有微顯之殊 而於理則無通局之異 故先儒之論 多與理合而言之."

120) 『鹿門集』, 卷2, "細註: 旣下合字則能與理 固不能無分別 然所謂合者 與泛言理氣渾淪都同 所以雖屬乎氣而亦未嘗不可謂之理也 此處正宜 極精妙極活絡看."

다면 氣를 따라서 等分이 있지 않은 것은 무엇 때문이라고 하겠는가? 氣라는 것은 物을 생하는 材이니, 材는 형체를 가지고 있고, 能이라는 것은 물을 생하는 機이니, 機는 자취가 없다. 형체가 있는 것은 物이고, 자취가 없는 것은 神이다. 이 때문에 氣라는 물건은 위로 올라가면 하늘이 되고 아래로 내려오면 땅이 되니, 하늘은 땅이 아니고 땅은 하늘이 아니며, 動하면 春夏가 되고 靜하면 秋冬이 되니, 춘하는 추동이 아니고 추동은 춘하가 아니다. 나아가 人物의 賢愚와 飛潛하는 동·식물에 이르기까지 형형색색으로 같은 것이 있지 않은 것은 다른 이유에서가 아니라 바로 '物은 국한되어 통하지 않는다'는 사실 때문이다.

가령 저 能으로 말하면 당초 무슨 物을 지닌 적이 있었겠는가? 단지 만물의 形氣의 작용을 묘하게 하면서 만물이 그렇게 될 수 있도록 하는 것일 뿐이다. 혹은 위로 올라가서 하늘에게 그렇게 될 수 있도록 하고, 혹은 내려와서 땅에게 그렇게 될 수 있도록 하며, 혹은 動하여 春夏에게 그렇게 될 수 있도록 하고, 혹은 靜하여 秋冬에게 그렇게 될 수 있도록 한다. 하늘에게 그렇게 될 수 있도록 하는 것은 곧 땅에게 그렇게 할 수 있도록 하는 것이며, 秋冬에게 그렇게 할 수 있도록 하는 것은 곧 春夏에게 그렇게 할 수 있도록 하는 것이다. 나아가 人物의 賢愚와 飛潛하는 동·식물 등 形形色色으로 서로 다른 만물에 이르기까지 그렇게 되도록 할 수 있는 能은 단지 하나의 能일 따름이니, 이것은 바로 만물 속에서 묘한 작용을 하는 神이 그렇게 하는 것이다.121)

121) 『鹿門集』, 卷2, "能者 氣之靈也 而不隨氣而有等分者何也 盖嘗論之 氣者生物之材也 材則有形 能者生物之機也(機字有精粗 此機字當以極精處看)機則無跡 有形者物也 無跡者神也 是故氣之爲物 升而爲天 降而爲地 而天非地也 地非天也 動而爲春夏 靜而爲秋冬 而春夏非秋冬也 秋冬非春夏也 以至人物賢愚 飛潛動植 形形色色 莫有同焉者 無他焉 物則不通故也 若夫能則初何嘗有物 只是妙萬物形氣之作用而能然之而已 或升而能然於天 或降而能然於地 或動而能然於春夏 或靜而能然於秋冬 而能然於天者 卽能然於地者也 能然於秋冬者 卽能然於春夏者也 以至人物賢愚 飛潛動植 形色有萬 而能則只一箇能而

여기서 녹문은 이 能이 만물을 생성하는 과정을 구체적으로 예를 들어 설명하였다. 결국 能은 만물의 생성작용을 하는 능력이다. 다만 이 能으로 하여금 妙한 작용을 하도록 하는 것이 神인데 이것이 바로 理인 것이다. 따라서 천지만물의 생성작용이란 氣의 靈과 理의 妙 즉 이 能에 의해 이루어지는 것이라 하겠고, 이는 곧 다름 아닌 녹문의 理氣混融無間之妙요 율곡의 理氣之妙인 것이다.

또한 소위 能이라고 하는 것은 본시 天地人 三才와 만물을 관통하는 것으로, 精도 없고 粗도 없으며 限量도 없고 分段도 없는데, 여기에 붙는 형기는 원래 精이 있고 粗가 있으며 원래 한량이 있고 분단도 있다. 그렇기 때문에 能이 이 속에서 운용할 때에는 또한 그에 따라서 광활하고 편협하며 치우치고 온전한 차이가 없을 수 없는 것이다.[122] 그리고 소위 能이라고 하는 것이 비록 靈妙하여 헤아릴 수 없다고 하더라도 볼 수 있는 형상이 없으므로, 발동하여 운용할 때에는 전적으로 형기에 의지하게 되니, 형기가 아니면 기대어 붙을 수가 없는 것이다.[123] 여기서도 이 能은 靈妙하여 神妙不測한 것인데, 이것이 발동해 운용할 때에는 형기가 아니면 불가능한 것이다. 氣의 靈과 理의 妙가 하나로 묘합되고 또 기능적으로는 상보적 역할을 통해 이 能의 역할과 기능이 온전하게 수행되는 것이라 할 수 있다.

또한 이 能을 知覺의 측면에서 보면, 여기에서 기질의 界分을 돌려주고 나면 그 나머지로서 지각으로 돌아가는 것은 자연히 하나의 能知하고

已 是則神妙萬物者然也."

122) 『鹿門集』, 卷2, 「答渼湖金公, 戊午 秋」, "所謂能者 固通三才貫萬物 無精無粗 無限量無分段 而其所寓形氣則自有精有粗 自有限量自有分段 故能之 運用乎此者 亦隨而不能無闊狹偏全之不同焉."

123) 『鹿門集』, 卷2, "盖所謂能者 雖曰靈妙不測 而亦無形象可見 故其發運作用 專籍形氣 非形氣則能無所依着."

能覺하며 靈妙하고 神明한 것일 뿐인데, 소위 能知하고 能覺하며 靈妙하고 神明한 것은 또 단지 천지의 생생하는 機요 陰陽의 본연의 靈으로, 至虛하고 至微하여 理와 하나로 합쳐지는 것이라 하였다.124) 이것은 지각의 측면에서도 氣의 靈과 理의 妙가 하나로 관통하는 理氣混融無間의 경지를 상정하고 있는 것이다.

같은 맥락에서 녹문은 대저 心의 虛靈한 것을 물론 氣에 소속시켜야 하겠시마는, 허령하다고 하는 그것이 무슨 物이 있는 깃이겠느냐 빈문하고, 이는 하나의 良能에 불과한 것으로 天命之性과 차이 없이 합치하는 것이고 보면, 또한 그것을 理라고 말해도 안 될 것이 없다 하였다.125)

다음은 녹문의 鬼神論을 통해 理氣混融無間의 사유를 검토해 보기로 하자. 녹문은 24세 때『중용』16장의 鬼神에 관한 문제의식을 갖고 연구하여 48-9세 때 완성한「녹려잡지(鹿廬雜識)」에서 자신의 귀신관을 정립한 바 있다.『중용』제16장에는 "공자가 말하기를 '귀신의 德됨'은 지극하지 않은가"라는 구절이 있는데, 이에 대해 集註는 다음과 같이 설명을 한다.

程子는 "鬼神은 천지의 功用이며, 조화의 자취이다"라고 하였고, 장횡거는 "귀신은 陰과 陽 두 氣의 良能이다"라고 하였다. 내가 생각하건대, 二氣로써 말하면 鬼는 陰의 靈이요, 神은 陽의 靈이며, 一氣로써 말하면 이르고(至) 펴짐(伸)은 神이 되고, 돌아가고 回歸함은 鬼가 되니, 그 실제는 하나의 사물일 뿐이다. '덕 됨'이란 타고난 본성과 공효를 말

---

124)『鹿門集』, 卷2, "而還他氣質界分則其所餘而還於知覺者 自不過一箇能知能覺靈妙神明者 而已 而所謂能知能覺靈妙神明者 則又只是天地生生之機 陰陽本然之靈 至虛至微 而與 理合一者矣."

125)『鹿門集』, 卷4,「答尹重三」, "夫心之虛靈 固當屬乎氣矣 然所謂虛靈 何嘗有物 不過一箇 良能 而與天命之性 渙合無間 則亦何嘗不可謂之理乎."

하는 것 같다.

이렇게 볼 때, 鬼神이란 말은 천지만물의 생성변화를 의미하는 말이며, 陰陽 두 氣의 良能은 陰陽의 조화에 따라 나타나는 모든 기능을 의미하는 것이다. 주자는 鬼神의 鬼는 陰의 靈으로, 神은 陽의 靈으로 나누어 설명하고, 一氣로써 말하면 陽은 이르고 펴지는 것으로 神이 되고, 陰은 돌아가고 回歸하는 것으로 鬼가 된다 하였다. 그리고 귀신의 덕 됨이란 사람에게는 타고난 본성이요 만물에게는 공효라고 보았다.

녹문은 말하기를, "鬼神은 陰陽 二氣의 神靈함이다. 비록 보고 듣지는 못하나 진실로 形而下를 떠난 적이 없다. 그러나 章句에서 보고 듣지 못하는 것을 隱微함에 귀속시킨 것은 무엇 때문인가? 이것은 내가 여러 해 동안 의문을 가졌지만 아직 통하지 못하였다."[126]고 고백하였다. 녹문이 볼 때 鬼神은 분명 陰陽 二氣의 神靈함을 말하는데, 볼 수도 없고 들을 수도 없다. 즉 鬼神이란 理氣論的으로 보면 氣에 속하는 것이 분명한데, 無形의 존재로서 神明不測하다는 점에서 의문을 갖게 된 것이다. 이러한 의문에서 출발해 자신의 鬼神論을 정립하게 되는 것이다.

대개 鬼神은 二氣의 良能이며 陰陽의 神靈함이다. 그러므로 그 경계의 구분을 논하면 진실로 形而下에 속한다. 그러나 이른바 良能이라 하고 神靈함이라 하는 것은 그 실은 있으나 볼 수 있는 형상이나 소리, 냄새를 알 수 있는 것은 아니고, 단지 자연히 이와 같을 뿐이다.

바로 주자가 말한바 천지와 통하는 것이다.(세주: 주자는 '精氣는 사물에 나아가 말 한 것이고, 혼백(魂魄)은 인간에 나아가 말한 것이며, 鬼神은 인간을 떠나서 말한 것이다. 屈伸과 往來라거나 陰陽의 合散이라고 하지 않고

---

126) 『鹿門集』卷13, 雜著, 經義, 「中庸」, "鬼神是二氣之靈處 雖其不可見聞 固未離乎形而下者 而章句以不見不聞 屬乎隱者何也 此乃愚之積年蓄疑 而未能通者也."

鬼神이라고 했으니, 鬼神은 대개 천지와 통하며, 그러므로 만물의 체가 되고 사물의 終始가 되는 것이니 버릴 수가 없다'고 하였다) 그러므로 비록 理라고 하여도 역시 무방하다.(세주:『주역』의 '神이라는 것은 만물을 神妙하게 한다는 말이다'는 구절에 대한 註에서 주자는 所以然으로 말하였고,『通書』의 註에서는 바로 神을 太極으로 여겼으며, 張子도 역시 이와 같은 말을 많이 하였다.)127)

이와 같이 녹문은 鬼神은 陰陽 二氣의 良能이며 神靈함이라 하였다. 따라서 理氣論的 경계를 나누자면 鬼神은 形而下의 氣에 속한다고 보았다. 그렇지만 귀신의 속성과 본질이 良能이고 神靈스럽다고 한다면, 그것은 형상이 없는 것으로 보이지도 않고 들리지도 않고 냄새도 없는 것으로 理라고 해도 무방하다는 것이다. 물론 녹문이 이렇게 鬼神을 氣에서 한 걸음 더 나아가 理로 보는 데는『주역』, 주자,『通書』, 張橫渠 등 선유의 해석에 근거를 둔 것이다. 다음 글도 鬼神을 理氣混融無間之妙의 입장에서 보고 있는 글이다. 참고해 보기로 하자.

良能이나 神靈함이라고 하는 것은 곧 鬼神의 바른 뜻이다. 비록 理로서 말했다고는 하지만 어찌 良能이나 神靈함 외에 따로 무슨 鬼神이 있겠는가? 그러므로 단지 하나의 관점일 뿐이다. 그 능히 屈伸하는 것에서 말하면 氣에 속할 수 있고, 그 자연스럽게 이와 같은 것에서(細註:

127)『鹿門集』卷13, "盖鬼神者 二氣之良能 陰陽之靈處也 故論其界分 固當屬乎形而下者矣 然所謂良能也靈處也 有實非有形象可見聲臭可聞 只是自然如此 正朱子所謂與天地通者 也(朱子曰精氣就物而言 魂魄就人而言 鬼神離乎人而言 不曰屈伸往來陰陽合散 而曰鬼神 則鬼神盖與天地通 所以爲萬物之體 而物之終始不能遺也) 故雖謂之理 亦自無妨(易 神也者 妙萬物而爲言 註朱子以所以然者言之 而通書註則直以神爲太極 程子亦多如此 說).

자연스럽게 이와 같다는 것 역시 주자의 말이다.) 말하면 理에 속할 수 있다. 그 나눔은 대개 호발(毫髮)로써도 불가능하고 모두 良能이나 神靈함의 밖에서 나오는 것은 아니다.(細註: 이것이 곧 理氣가 혼융하여 사이가 없는 妙이다.) 따라서 이 장을 해석하면서 이 말을 버리면 屈伸의 妙를 드러낼 것이 없다.128)

良能이나 神靈함이란 鬼神의 바른 의미라고 한다. 능히 屈伸하는 것으로 보면 氣에 속하지만, 그 자연스럽게 이와 같은 것에서 보면 理에 속한다는 것이다. 녹문은 이 鬼神을 理와 氣로 구분하는 것은 터럭만큼으로도 불가능하다고 말하고, 이 귀신의 良能과 神靈함이란 그 속에 理氣가 혼융하여 조그만 빈틈도 없는 理氣混融無間之妙가 있는 것이라 해석하였다.

녹문에 의하면 천지 사이에는 理와 氣가 있을 따름이니, 理가 아니면 곧 氣인 것이고 氣가 아니면 곧 理인 것이다. 따라서 어떤 때는 理가 되고 어떤 때는 氣가 되어 양쪽의 지위를 모두 겸하는 물건은 있지 않은데, 유독 이 鬼神만은 氣라고 말하는 것도 가능하고 理라고 말하는 것도 가능하다. 대개 그것이 至精, 至微하고 至神, 至妙하여 애당초 일정한 體가 없고 일정한 이름도 없이, 오직 가리키는 바가 어떤 것인지에 달려 있기 때문이니, 이것이 바로 혼융하여 간격이 없는 妙理라고 하는 것이다. 이 때문에 氣를 위주로 해서 말을 하면 陰과 魄이 鬼가 되고, 陽과 魂이 神이 되어 鬼와 神이 모두 形而下의 것이 되고, 理를 위주로 해서 말을 하면 仁과 禮가 神이 되고 義와 智가 鬼가 되어(이 말에 놀랄 수도 있을 것 같

---

128) 『鹿門集』 卷13, 雜著, 經義,「中庸」, "曰良能靈處 乃鬼神之正義也 雖曰以理言之 豈於良能靈處之外 有別般鬼神乎 故只一箇地頭耳 自其能屈能伸處言之 則可屬乎氣 自其自然恁地處 (自然恁地 亦朱子說)言之 則可屬乎理 其分 盖不能以毫髮 而皆不出乎良能靈處之外也(此正理氣混融無間之妙) 是以釋此章者 舍此語 則無以著屈伸之妙."

지만, 자세히 완미한다면 의심하지 않아도 될 것이니, 단지 주자가 '仁은 木神이고 義는 金神이다' 라고 말한 것만 보아도 알 수 있다.) 神과 鬼 모두 形而上의 것이 된다.129) 이를 도식화하면 다음과 같다.

중국철학에서 鬼神에 관한 논의는 이미 오래전부터 많이 있어 왔다. 『주역』, 『논어』, 『좌전』, 『예기』 등 유교 경전 상에 나타난 귀신에 대해 宋儒들의 다양한 성리학적 해석이 있어왔다. 녹문은 선유들의 귀신에 대한 해석을 참고로 하여 자신의 귀신관을 정립했다. 녹문은 鬼神을 陰陽 二氣의 良能이며 神靈함이라 해석하고, 이를 理氣論的 관점에서 재해석하고자 노력하였다. 즉 鬼神은 분명 陰陽 二氣의 良能이요 神靈함이므로 氣에 속하는 것이 맞다.

그런데 그 鬼神의 속성인 良能과 神靈함이란 형상이 없이 보아도 보

---

129) 『鹿門集』卷13, "夫天地之間 理與氣而已 非理則便是氣 非氣則便是理 未有或理或氣兩占地步之物 而獨鬼神謂之氣也 亦可謂之理也亦可 盖其至精至微至神至妙 初無定體 亦無定名 惟在所指之如何爾 此正所謂混融無間之妙者也 是故主乎氣而言則陰魄爲鬼 陽魂爲神 而鬼與神雖形而下者也 主乎理而言則仁禮爲神 義智爲鬼(此言雖若可駁 然細玩之則可以無疑 只朱子所謂仁爲木神 義爲金神者 可見矣) 而神與鬼皆形而上者也."

130) 손흥철, 『녹문 임성주의 삶과 철학』, 지식산업사, 2004, 91쪽

이지 않고 들어도 들리지 않고 냄새도 없는 것이다. 따라서 이러한 관점에서 보면 귀신은 形而上者로서의 理에 해당한다고 보아도 무방한 것이다. 鬼神의 良能, 神靈함 속에서 理氣를 나눌 수 없는 오묘한 경지가 존재한다고 보는 것이다. 鬼神은 氣라고 말해도 되고 理라고 말해도 된다. 또 氣라고만 말해서도 안 되고 理라고 만 해도 안 되는 것이다. 鬼神은 곧 理 이면서 氣요 氣 이면서 理인 것이다. 이를 녹문은 理氣混融無間之妙라 표현했는데, 이는 율곡의 理氣之妙와 상통하는 것이다. 여기에서 녹문의 성리학이 율곡의 理氣之妙의 철학정신을 잘 계승하고 있음을 확인할 수 있다.

3) 녹문의 율곡 '理通氣局' 비판

율곡의 理通氣局說은 율곡 스스로 자부하듯이 자신의 독창이며 율곡 철학의 깊이를 보여주는 대표적인 이론이다. 물론 조선조 많은 성리학자들이 율곡의 학설을 祖述하거나 또 비판하고 있지만, 율곡의 理通氣局說에 관해 깊은 관심을 갖고 이를 심도 있게 연구한 이는 녹문이 가장 대표적이다. 율곡의 理通氣局說은 理氣論, 體用論을 종합한 것이며, 적어도 율곡 자신은 程朱의 理一分殊說을 능가한 것이라는 확신이 있었다. 먼저 이에 관한 녹문의 글을 보기로 하자.

通과 局을 꼭 理와 氣에 나누어 소속시킬 것은 없다. 대개 一原의 측면에서 말하면, 理가 一일 뿐만 아니라 氣도 一이니 一이고 보면 通인 것이며, 萬殊의 측면에서 말하면 氣가 萬일 뿐만 아니라 理도 萬이니 萬이고 보면 局인 것이다. 하나이기 때문에 神妙하고, 兩者가 있기 때문에 헤아릴 수 없게 되니, 이것이 通이 아니겠는가? 仁이면 義가 될 수 없고, 義이면 仁이 될 수 없는 것이니, 이것이 局이 아니겠는가?(通

局을 가지고 理氣를 나누는 것은, 그 말이 신기하긴 하지만 뜻은 정체되어 있다. 이 理通氣局論은 理一分殊論이 理를 위주로 하면서도 氣가 그 안에 들어있어 혼연히 봉극(縫隙) 즉 이어진 틈새가 없고, 그 말이 매우 평이 하면서도 뜻이 獨至의 경지에 이른 것만 못하다)[131]

오늘날 사람들은 매양 '理一分殊'라는 용어를 '理는 같고 氣는 다른 것'이라고만 간주할 뿐, 理가 一인 것은 저 氣가 一인 데에서 확인되는 것을 전혀 알지 못한다. 만약 氣가 一이 아니라면 무엇을 통해서 理가 반드시 一이라는 사실을 알 수 있겠는가? 理一分殊라는 말은 理를 위주로 말한 것이니, 分字도 理에 속해야 마땅하다. 만약 氣를 위주로 말한다면 氣一分殊라고 말해도 안 될 것이 없다.[132]

녹문이 율곡의 理通氣局을 비판하는 것은 두 가지 문제라고 할 수 있다. 하나는 理通氣局이라 하여 理는 通으로 氣는 局으로 소속시켜 말한 것이 문제가 있다는 말이고, 또 하나는 율곡의 '湛一淸虛之氣 多有不在' 즉 '湛一淸虛한 氣는 있지 않은 경우도 많이 있다'는 구절이다.

먼저 전자의 논의 즉 理通과 氣局이라는 율곡의 표현에 대해 생각해 보기로 하자. 녹문은 理는 通으로, 氣는 局으로 특징지어 표현한 것에 불만을 표시하였다. 율곡은 一原의 측면에서 보면 理만 一일 뿐 아니라 氣도 一이며, 分殊의 측면에서 보면 氣만 萬일 뿐 아니라 理도 萬일 수 있다는 것이다. 즉 理의 體用이 있으면 氣의 體用도 있게 되고, 理一分殊가

---

131) 『鹿門集』卷19, 「鹿廬雜識」, "通局二字 不必分屬理氣 蓋自其一原處言之則不但理之一 氣亦一也 一則通矣 自其萬殊處言之則不但氣之萬 理亦萬也 萬則局矣 一故神 兩在故不 測 非通乎仁作義不得 義作仁不得 非局乎(以通局分理氣 語新而意滯 不若理一分殊之論 主理而氣在其中 渾然無縫隙 語甚乎平易而獨至也)."

132) 『鹿門集』卷19, 「鹿廬雜識」, "今人每以理一分殊 認作理同氣異 殊不知理之一 卽夫氣之 一而見焉 苟非氣之一 從何而知其理之必一乎 理一分殊者 主理而言 分字亦當屬理 若主 氣而言則曰氣一分殊 亦無不可矣."

있으면 氣一分殊도 가능하다는 말이다. 따라서 녹문은 본체상에서는 理
一과 氣一이 짝이 되어야 옳고, 分殊上에서는 理分殊와 氣分殊가 짝이
되어야 옳다는 것이다. 따라서 通局을 가지고 理氣에 소속 시키는 것은
표현에 문제가 있다는 것이다. 그러면서 程朱의 理一分殊는 理를 위주로
하면서도 氣가 그 안에 들어 있어 理通氣局보다는 온전한 표현이라고 보
았다. 다음 녹문의 시도 마찬가지로 理通氣局보다는 理一分殊가 낫다는
말이다.

> 栗翁의 글에도 약간 의심스러운 점이 있으니
> 理通氣局은 근원을 끝내 둘로 만들었다 할까
> 그보다는 程門의 理一分殊의 말이 좋으니
> 꿰맴도 없고 틈도 없어 절로 기특하도다.

녹문은 一原의 측면에서 말하면 理가 一일 뿐만 아니라 氣도 一이니,
一이고 보면 通인 것이라 한다. 또 萬殊의 측면에서 말하면 氣가 萬일 뿐
만 아니라 理도 萬이니, 萬이고 보면 局인 것이라고 한다. 지금 율곡이
通과 局을 理와 氣에 나누어 소속시키면, 끝내 두 개의 물건이 있는 것
같다는 의심이 들게 한다고 비판한다. 그보다는 理一分殊의 설이 渾然하
여 이어진 틈새가 없는 것만 못하다 하고, 평이한 가운데 '지극히 묘하고
지극히 묘한 것'이 들어 있는 것이라 하였다.[133]
이와 같이 녹문은 도처에서 율곡의 理通氣局이 通과 局을 理와 氣에
分屬시켜 표현함으로써 理氣의 분속이 심하다고 보아 理一分殊만 못하

---

133) 『鹿門集』卷26, 詩, 「次渼湖神氣吟三篇 再疊因足成心性雜詠三十六首, 己丑」, "栗翁書亦
有些疑 通局源頭終二之 豈若程門理分句 無縫無隙自然奇 自一原處言則不但理之一 氣
亦一 一則通矣 自萬殊處言則不但氣之萬 理亦萬 萬則局矣 今以通局分屬理氣 終似有二
物之疑 不若理一分殊之論 渾然無縫隙 平易之中有至妙至妙者存焉耳."

다고 보았다.

그러면 율곡의 理通氣局論은 어떠한 것인지 검토해 보기로 한다. 율곡은 말하기를, "理는 無形인데 氣는 有形이다. 그러므로 理通氣局이다."[134] 라고 하여, 그의 理通氣局이 理 無形, 氣 有形이라는 理氣개념에서 도출되었음을 분명히 한다. 그리고 그의 氣發理乘一途說은 理 無爲, 氣 有爲라는 그의 理氣개념에서 비롯된 것이다.[135] 율곡은 理는 형이상자이므로 無形이라 하고 氣는 형이하자이므로 有形이라 하였다. 이것은 『주역』「繫辭傳」에서 '形而上者謂之道 形而下者謂之器'라는 명제가 유학 존재론의 대원칙이 된 것과 그 맥을 함께 한다.

유학은 이 세계, 이 세상 인간과 사물이 모두 형이상자와 형이하자가 하나로 묘합 되어 있고, 道와 器가 하나로 묘합 되어 있고, 理와 氣가 하나로 묘합 되어 있다고 보았다. 이 명제는 유학의 가장 기초적인 존재론의 화두라고 할 수 있다. 無形, 有形으로 理氣를 분별해 보는 것은 形上과 形下를 분별해 보는 근거가 된다. 理는 형상이 없으므로 시간과 공간에 국한되지 아니하고 두루 통한다. 이 의미를 율곡은 '理通'이라 표현한 것이다. 氣는 형상이 있으므로 시간과 공간에 국한되어 제약된다. 이 의미를 율곡은 '氣局'이라 한 것이다.

율곡은 理通氣局을 설명하면서 理의 體用과 氣의 체용을 아울러 설명한다. 먼저 그의 理一分殊論을 보기로 하자.

理에도 진실로 體用이 있다. 一本의 理는 理의 體요 萬殊의 理는 理의 用이다. 理가 어떻게 만 가지로 다른가? 氣가 같지 아니하므로 氣를 타고 유행하니 이에 만 가지로 다른 것이다. 理가 어찌 유행하는가? 氣

134) 『栗谷全書』 卷20, 「聖學輯要2」, "理無形而氣有形 故理通而氣局."
135) 『栗谷全書』 卷20, "理無爲而氣有爲 故氣發而理乘."

가 유행하므로 理가 그 機를 타기 때문이다.136)

율곡은 理에도 體用이 있다고 말한다. 一本의 理가 理의 體요 萬殊의 理는 理의 用이다. 즉 理一之理는 理의 체이고 分殊之理는 理의 용이다. 그런데 理가 어떻게 다양하게 다른가? 그것은 理氣가 하나로 있는 가운데 氣가 같지 아니하므로 氣를 타고 유행해 만 가지로 다르다는 것이다. 또 理가 어떻게 유행하는가? 理 자체는 움직이거나 유행하는 게 아니지만 氣와 하나로 있기 때문에 氣가 유행하므로 理도 유행하는 것처럼 이해된다는 것이다.

이와 같은 설명은 다음에서도 반복된다. 理는 비록 하나지만 이미 氣에 탔으므로 그 나뉨이 만 가지로 다르다. 그러므로 천지에 있어서는 천지의 理가 되고, 만물에 있어서는 만물의 理가 되며, 사람에 있어서는 사람의 理가 되니, 이렇게 만 가지로 고르지 못한 것은 氣의 所爲다. 비록 氣의 하는 바라 하더라도 반드시 理가 있어 주재하는 것이니, 만 가지로 고르지 못한 소이는 역시 理가 마땅히 그러한 것이요, 理가 그렇지 아니한데 氣만 홀로 그러한 것은 아니다. 천지와 사람과 만물이 비록 각각 그 理가 있으나 천지의 理가 곧 만물의 理요, 만물의 理가 곧 사람의 理니, 이것이 이른바 統體一太極이다.

비록 하나의 理라 하더라도 사람의 性이 만물의 性이 아니요, 개의 性이 소의 性이 아니니, 이것이 이른바 各一其性이다.137)

---

136) 『栗谷全書』 卷12, 書4, 「答安應休」, "理有體用固也 一本之理 理之體也 萬殊之理 理之用也 理何以有萬殊乎 氣之不齊 故乘氣流行乃有萬殊也 理何以有流行乎 氣之流行也 理乘其機故也."

137) 『栗谷全書』 卷10, 書2, 「答成浩原, 壬申」, "理雖一 而旣乘於氣 則其分萬殊 故在天地而爲天地之理 在萬物而爲萬物之理 在吾人而爲吾人之理 然則參差不齊者 氣之所爲也 雖曰氣之所爲 而必有理爲之主宰 則其所以參差不齊者 亦是理當如此 非理不如此 而氣獨如此也 天地人物 雖各有其理 而天地之理 卽萬物之理 萬物之理 卽吾人之理也 此所謂統體一

여기서 율곡은 統體一太極과 各一其性을 상세하게 설명해 주고 있다. 천지, 사람, 만물이 각각 그 理가 있으나 本原에서 보면 하나의 理라는 것이다. 이것이 統體一太極이다. 그러나 理가 비록 하나라고 하더라도 현상계에서는 사람의 理, 만물의 理, 천지의 理가 다른데 이를 各一其性이라 하였다. 여기서 統體一太極은 理一之理를 말하고 各一其性은 分殊之理를 의미하는 말이다.

그러면 理에 體用이 있으면 氣에도 체용이 있어야 할 것 아닌가? 그래야 논리적으로 맞는 설명이 된다. 율곡은 다시 氣一分殊의 이론을 다음과 같이 전개한다.

오호라! 一氣가 運化하여 흩어져 萬殊가 된다. 나누어 말하면 天地萬象이 各一氣요, 합해서 말하면 천지만상이 同一氣이다.[138]

크고 작고 길고 짧은 것이 物의 數이다. 그러므로 천지는 크고 또 길지만 人物은 작고 또 짧다. 합해서 말하면 천지만물이 同一氣요 나누어서 말하면 천지만물이 各一氣가 있다. 同一氣이므로 理一인 것이요, 各一氣이므로 分殊인 것이다. 두텁고 엷은 氣와 길고 짧은 數가 같지 않은 것은 그것이 分殊에 있지 않은가?[139]

율곡은 氣의 세계에서도 본체와 현상에 따라 氣의 체용을 말하게 된

太極也 雖曰一理 而人之性非物之性 犬之性非牛之性 此所謂各一其性者也."
138) 『栗谷全書』卷14,「天道策」, "嗚呼 一氣運化 散爲萬殊 分而言之 則天地萬象 各一氣也 合而言之 則天地萬象 同一氣也."
139) 『栗谷全書』拾遺卷5,「壽夭策」, "大小長短 物之數也 故天地大且長 而人物小且短焉 合而言之 則天地萬物 同一氣也 分而言之 則天地萬物 各有一氣也 同一氣 故理之所以一也 各一氣 故分之所以殊也 厚薄之氣 脩短之數 所以不同者 其不在分殊乎."

다고 설명한다. 一氣가 운동 변화하여 흩어져서 만 가지가 된다. 이 때 나누어서 말하면 천지만상이 각각 하나의 氣이지만 합해서 말하면 천지만상이 同一氣인 것이다. 여기서 同一氣는 氣의 體요 各一氣는 氣의 用이다. 同一氣는 氣一之氣요 各一氣는 分殊之氣인 것이다.

마찬가지로 천지만물이 합해서 말하면 同一氣요 나누어서 말하면 各一氣라 하였다. 氣의 體用을 同一氣와 各一氣로 설명한 것으로 이는 다름 아닌 氣一分殊의 설명이다. 그런데 여기서 율곡은 매우 중요한 설명을 하고 있으니, '同一氣이므로 理一인 것이요, 各一氣이므로 分殊인 것'이라는 표현이다. 율곡은 氣一分殊를 설명하면서 同一氣의 저 편에 짝해 있는 理一을 말한 것이고, 各一氣의 저 편에 짝해 있는 分殊理를 언급한 것이다. 이는 율곡이 理一分殊라 해서 氣와 격단(隔斷)된 理만의 체용을 말한 것이 아니라는 말이고, 氣一分殊라고 해서 理를 배제한 氣만의 체용을 말한 것이 결코 아니라는 말이다. 理一分殊를 말해도 氣一分殊를 깔고 하는 얘기요, 氣一分殊를 말해도 理一分殊를 깔고 하는 말임을 말해주는 것이다.

이러한 입장에서 그는 理通氣局을 다음과 같이 종합적으로, 입체적으로 설명한다. 理通氣局은 요컨대 본체상에서 말해야 하지만, 본체를 떠나서 따로 유행을 구할 수는 없다. 사람의 性이 物의 性이 아닌 것이 氣의 局함이요, 사람의 理가 곧 物의 理인 것이 理의 通함이다. 모나고 둥근 그릇이 같지 않으나 그릇 속의 물은 하나요, 크고 작은 병이 같지 않지만 병 속의 공기는 하나다. 氣의 一本은 理의 通함 때문이고, 理의 萬殊는 氣의 局함 때문이다. 본체 가운데에 유행이 갖추어 있고, 유행 가운데에 본체가 있으니, 이로부터 미루어 보건대 理通氣局의 설은 과연 한

쪽에 떨어지겠는가? 라고 하였다.140)

여기서 율곡의 理通氣局이 어느 한 편에 치우친 이론이 아니라는 것이 분명해진다. 율곡은 本體를 떠나 流行만을 말해도 안 되고, 유행을 떠나 본체만을 말해도 안 된다는 것이다. 즉 본체와 유행이 體用一源으로 존재한다는 말이다. 특히 율곡이 "氣의 一本은 理의 通함 때문이고, 理의 萬殊는 氣의 局함 때문이다. 본체 가운데에 유행이 갖추어 있고, 유행 가운데에 본체가 있으니, 이로부터 미루어 보건대 理通氣局의 설은 과연 한 쪽에 떨어지겠는가?"라고 한 말에서 율곡의 理通氣局에 대한 논리와 철학정신이 잘 나타나 있다.

氣의 一本은 理의 通함 때문이고, 理의 萬殊는 氣의 局함 때문이라는 것이다. 율곡이 비록 理通氣局만을 말했지만 이 글의 참뜻을 헤아리면 녹문이 아쉽다고 생각한 '理局氣通'도 가능하다는 진술인 것이다. 이 점이 녹문이 불평하고 불만였던 점이지만, 녹문의 다음 글은 율곡의 이러한 경지를 이해한 것으로 보인다.

栗翁이 제시한 理通氣局에 대해 내가 마음속으로 항상 의심해 왔다.

140) 『栗谷全書』卷10, 書2,「與成浩原」, "理通氣局 要自本體上說出 亦不可離了本體 別求流行也 人之性非物之性者 氣之局也 人之理卽物之理者 理之通也 方圓之器不同 而器中之水一也 大小之瓶不同 而瓶中之空一也 氣之一本者 理之通故也 理之萬殊者 氣之局故也 本體之中 流行具焉 流行之中 本體存焉 由是推之 理通氣局之說 果落一邊乎."

149) 『栗谷全書』卷9, 書1,「答成浩原」, "夫本然者 理之一也 流行者 分之殊也 捨流行之理 而別求本然之理 固不可 若以理之有善惡者 爲理之本然則亦不可 理一分殊四字 最宜體究 徒知理之一 而不知分之殊 則釋氏之以作用爲性 而猖狂自恣是也 徒知分之殊 而不知理之一 則荀揚之以性爲惡或以爲善惡者是也."

150) 『栗谷全書』卷10, 書2,「答成浩原, 壬申」, "理雖一 而旣乘於氣 則其分萬殊 故在天地而爲天地之理 在萬物而爲萬物之理 在吾人而爲吾人之理 然則參差不齊者 氣之所爲也 雖曰氣之所爲 而必有理爲之主宰 則其所以參差不齊者 亦是理當如此 非理不如此 而氣獨如此也 天地人物 雖各有其理 而天地之理 卽萬物之理 萬物之理 卽吾人之理也 此所謂統體一太極也 雖曰一理 而人之性非物之性 犬之性非牛之性 此所謂各一其性者也."

그러나 다시 생각해 보니, 이 설은 理와 氣를 나누어 두 개의 물건으로 여긴 것이 아니라, 하나는 一原에 소속시키고 하나는 分殊에 소속시킨 것이었다. 이 一原處는 理를 위주로 하여 말했기 때문에 理通이라 했지만 氣가 그 안에 들어있고, 分殊處는 氣를 위주로 하여 말했기 때문에 氣局이라고 했지만 理가 또한 그 속에 들어 있으니, 栗翁이 "氣가 一本인 것은 理가 通하기 때문이요, 理가 萬殊인 것은 氣가 局하기 때문이다.……"라고 한 말을 살펴보면 그 본의를 알 수 있다.(주자가 "理는 같고 氣는 다르다(理同氣異)"라고 말한 것도 그러하다.) 栗翁이 "湛一清虛한 氣가 존재하지 않는 곳도 많이 있다"라고 말한 것도, 단지 程子가 "三이 출현하면 一과 二는 없어진다"라고 말한 경우와 같은 것일 뿐이요, 氣 밖에 따로 物이 있다는 말은 아닌데, 다만 句語 사이에 표현이 잘못된 것이 없지도 않으니, 독자는 이를 상세히 살펴서 융통성 있게 보아야 할 것이다.[141]

필자가 볼 때 녹문은 처음에는 율곡의 理通氣局을 오해했다가 위 글에서 보듯이 "氣가 一本인 것은 理가 通하기 때문이요 理가 萬殊인 것은 氣가 局하기 때문이다."라는 글을 통해 어느 정도 율곡의 깊은 경지를 이해한 것으로 보인다.

녹문의 입장에서는 一原이나 分殊나 氣에 나아가서 理를 가리킨 것이니, 一原에 나아가도 分殊가 포함되고, 分殊에 나아가도 一原이 들어있

---

141) 『鹿門集』 卷19, 「鹿盧雜識」, "栗翁理通氣局一語 心常疑之 更思之 此非判理氣爲二物 一屬之一原 一屬之分殊也 只是一原處則主乎理而言之 故曰理通而氣在其中 分殊處則主乎氣而言之 故曰氣局而理亦在其中 觀於所謂氣之一本子 理之通故也 理之萬殊者 氣之局故也云云者 可見其本意(朱子所謂理同氣異亦然) 至於所謂湛一清虛之氣 多有不在 恐亦只如程子所謂三見則一二亡者 非謂氣外有物也 但句語間或不無成於病者 讀者詳之而活看焉可也."

는 것이다. 氣와 분리되지 않는 측면에서 말한다면 分殊만 떨어지지 않는 것이 아니라 一原도 떨어지지 않는 것이며, 氣와 뒤섞이지 않는 측면에서 말한다면 一原만 뒤섞이지 않는 것이 아니라 分殊도 뒤섞이지 않는다는 것이다.142)

마찬가지로 理의 측면에서 말하면 理가 본래 純一하므로 氣도 자연히 純一하지만, 氣의 측면에서 말하면 氣가 純一해서 바로 理가 純一한 것이다. 理가 純一하지 못하면 氣가 물론 스스로 純一하지 못하겠지만, 氣가 純一하지 못하면 理가 장차 공중에 걸린 채 홀로 純一하겠는가.143)라고 말한다.

이상의 논의를 통해서 볼 때 율곡의 理通氣局에 대한 녹문의 오해는 어느 정도 해소된 것으로 보이고, 녹문이나 율곡이나 그들이 추구한 존재 세계의 오묘한 경지를 함께 공감한 것으로 볼 수 있다. 그것은 이 세계가 理氣가 하나로 있고 理의 體用과 氣의 體用이 하나로 이해되는 그러한 경지를 녹문은 程朱의 理一分殊라고 이해하였고, 율곡은 자신의 독창으로 理通氣局이라고 본 것이다.

다음은 녹문의 율곡 理通氣局에 대한 또 하나의 과제 '湛一淸虛之氣'에 관한 이론적 시비에 대해 고찰해 보기로 하자. 녹문에게 있어서 氣는 그의 주요 철학적 관심이다. 그의 성리학적 진술은 거의 氣로 시작해 氣로 끝난다. 그러므로 녹문이 자신의 해명에도 불구하고 氣論者 내지 主氣論者로 오해받는 이유다. 녹문은 氣의 본체를 理와 같이 깨끗하고 순

142)『鹿門集』卷20,「金幼道一原分殊說籤, 丙午2月」, " 一原分殊 皆卽氣而指理也 卽一原而分殊包焉 卽分殊而一原在焉 以其不離乎氣者言之則不但分殊爲不離 一原亦不離也 以其不雜乎氣者言之則不但一原爲不雜 分殊亦不雜也."

143)『鹿門集』卷26,「次溪湖神氣吟三篇 再疊因足成心性雜詠三十六首, 己丑」,「理之純者氣之純 氣不純時理豈純 每將渣滓賺元體 謂此性純實未純 自理而言則理本純 故氣自純 從氣而言則氣之純 卽理之純 理不純則氣固無自以純矣 氣不純則理將懸空而獨純乎."

수하고 밝은 것으로 보았다. 대체로 성리학자들은 악의 가능성을 氣에서 찾는다. 그것은 氣가 갖는 변화의 속성 때문이다.

그러나 理는 언제 어디서나 변치 않는 恒常性을 擔持한다. 선한 天理를 부여받은 인간의 본성은 착하다고 보는 것이 유학의 기본 입장이다. 다만 인간이 氣 내지 氣質을 벗어날 수 없으므로 선한 理가 영향을 받는다고 보는 것이다. 다음 글은 녹문이 氣의 湛一本體를 설명한 글이다.

하늘이 物을 낼 적에 그 物로 하여금 하나에 근본 하였는데, 근본이 하나라는 것은 理가 하나일 뿐만 아니라 氣도 하나인 것을 의미하니, 이른바 '湛一이 氣의 본체이다'라고 한 것이 이것입니다. 이미 하나라고 말했고 보면 어찌 둘이나 셋이 있겠습니까? 둘이나 셋이 있게 되면 그것은 이미 하나가 아닌 것입니다.(이 한 구절에 착안해야 합니다) 사람은 陰陽五行의 빼어난 기운을 받고 태어나기 때문에 方寸이 텅 비고 通明한 것이니, 바로 이렇게 텅 비고 통명해서 湛一의 전체가 밝게 드러나 천지와 통하게 되는 것입니다. 여기에 강하고 약하고 어둡고 밝고 많고 적고 두텁고 얇은 차이가 있게 되는 것은 모두 기질의 찌꺼기가 그렇게 만드는 것일 뿐, 湛一의 본색이 그래서 그런 것은 아니니, 湛一의 본색은 응당 未發의 시점에서 인식해야 합니다.144)

여기서 녹문은 사람의 기질의 본체는 湛一淸虛하여 천지와 통하는데, 그것이 강하고 약하고, 어둡고 밝고, 많고 적고, 두텁고 얇은 차이가 나는 것은 모두가 기질의 찌꺼기 때문이라 하였다. 湛一의 본색은 결코 그렇

---

144) 『鹿門集』卷5,「答李伯訥」, "天之生物 使之一本 一本者 不但理之一 氣亦一也 所謂湛一氣之本是也 旣曰一則豈復有二三乎 二三則非一也(此一句當着眼) 人品二五之秀氣以生故方寸空通 卽此空通 湛一全體 呈露昭著 與天地通 其有强弱昏明多寡厚薄者 皆氣質渣滓之爲耳 非湛一本色也 湛一本色 當於未發時認取."

지 않다 하고, 이것은 어디까지나 未發의 시점에서 인식해야 한다고 하였다.

또 대개 氣의 본체는 湛一할 뿐이지만, 그것이 陰陽으로 나뉘고 五行으로 나뉘어 오르고 내리고 드날리며 느끼어 만나 엉기어 모일 즈음에 자연히 천차만별이 되지 않을 수 없으니, 이것이 바로 張橫渠가 말한 "떠돌아다니는 기운이 어지러이 뒤섞이며 합쳐서 형질을 이루는데, 이것이 만 가지로 나른 사람과 물건을 나오게 한다" 라는 것이라 하였다.

그러나 천차만별이라고는 해도 이 氣의 본체는 理에 뿌리를 두고서 날마다 생하는 것이니, 본래 浩然하여 湛하면서 一 아닌 적이 없다고 하였다.145) 이러한 입장에서 그는 율곡의 理通氣局論에 문제가 있다고 보아 다음과 같이 비판하였다.

율곡선생이 理氣의 源頭에 대해서 獨得의 경지에 깊이 나아가 그 견해가 지극히 明透하고 그 논설이 지극히 영롱(玲瓏)하였으니, 주자이후에 이런 도리를 파악한 자는 거의 없었다고 할 것인데, '氣의 本이 하나'라는 이 한 대목에 대해서만은 완전히 투명하지 못한 점이 보이기도 한다. 선생이 '理의 本源이 一일 뿐이라면 氣의 본원도 一일 뿐이다 라고 하고, 또 '道心을 本然之氣'라고 한 것을 보면, 역시 이런 도리를 강구하여 이해하지 않았다고 말할 수가 없는데, 理通氣局論에서 전적으로 氣를 萬殊로 귀결시키는가 하면, 또 '湛一淸虛한 氣가 존재하지 않는 곳도 많이 있다'라고 말하기까지 하였다. 따라서 그 종착점을 추구해 보면 아무래도 理와 氣를 두 개의 물건으로 보았다는 혐의를

---

145) 『鹿門集』 卷5, 「與李伯訥, 六月」, "盖氣之本則湛一而已 而分爲陰陽 分爲五行 升降飛揚 感遇凝聚之際 自不能不千差萬別 卽張子所謂游氣粉擾 合而成質 生人物之萬殊者也 雖 曰千差萬別 而是氣之本體 根於理而日生者 固未嘗不浩然而湛且一也."

면치 못할 터인데, 어쩌면 이 문제에 대해서 미처 집중하여 사색할 겨를이 없어서 그런 것인지도 모르겠다. 만약 그 당시에 이런 의견을 가지고 質正하는 자가 있었더라면 반드시 선생이 대번에 자신의 실수를 깨닫고서 귀담아들었으리라는 것은 의문의 여지가 없으니, 생각하면 애석한 일이다.[146]

녹문은 율곡이 理氣의 源頭에 대한 통찰에서 타의 추종을 불허 할 만큼 깊이 있는 경지에 이르렀다고 평가한다. 즉 理의 一과 氣의 一을 짝으로 설명하고, 氣의 本源과 理의 본원을 하나로 보는 데서 율곡의 이에 대한 깊은 경지를 볼 수 있다고 본다. 그러나 녹문은 율곡이 理通氣局을 설명하는 가운데 '湛一淸虛之氣가 있지 않은 경우도 많이 있다(湛一淸虛之氣 多有不在)'는 말은 실수라고 보았다. 이것은 아마도 율곡이 깊이 집중해 사색하지 못해 생긴 실수라고 보고, 그 당시 만약 누군가 질문하는 자가 있었다면 자신의 실수를 인정하고 시정했을 것이라 하였다.

이러한 관점에서 다시 녹문은 이렇게 말한다. 이른바 元氣라고 하는 것은 張橫渠가 말한 太虛이고 太和이며, 맹자가 말한 浩然之氣로서, 천지를 가득 채우고 고금에 유행하는 것이다. 그리하여 陰陽에 있으면 음양을 채우고, 五行에 있으면 오행을 채우고, 人物에 있으면 인물을 채우는 것이다. 비유하건대 물고기가 물속에 있으면 胸中이 모두 이 물인 것과 같다. 율곡선생이 일찍이 말하기를, '湛一하고 淸虛한 기는 존재하지 않는 것도 많이 있다' 라고 하였는데, 내 생각에는 그렇지 않을 듯싶다.

---

146) 『鹿門集』卷19,「鹿廬雜識」, "栗谷先生於理氣源頭 深造獨得 見得極明 透說得極玲瓏 朱子以後殆未有臻斯理者也 獨於氣之本一處 猶或有未盡瑩者 其曰理之源一而已 氣之源亦一而已 又以道心爲本然之氣者 亦不可謂不講究到此 而乃於理通氣局之論 專以氣歸之萬殊 又以爲湛一淸虛之氣 多有不在 究其歸 終未免於二物之疑 豈未及致思而然歟 若使當時有以此論質之者 其必渙然而耳順也無疑矣 惜哉."

대개 치우치고 막히고 더러운 곳이라 할지라도 이 氣는 뚫고 들어가지 않는 곳이 없는데, 형기에 갇혀 막힌 탓으로 드러나 뚜렷이 행해지지 못할 따름이라고 보았다.147) 湛一하고 淸虛한 氣는 다른 것이 아니라 바로 天이니, 天이 어찌 있지 않은 데가 있겠는가 반문하고, 율곡의 설은 아무래도 의심스러운 느낌이 든다고 하였다.148) 그리고 '至正至通'이라는 네 글자가 비록 栗翁에게 뿌리를 두고 있더라도, 『大學或問』에 의거하면 正通은 단지 기질을 설하는 것일 뿐이라 한다. 心體위에는 단지 虛靈이나 神明등의 글자를 두어야지, 正通이라는 글자를 두어서는 안 된다 하였다.149)

그리고 녹문은 마음의 본체를 理氣의 합인 마음으로 보고, 그것은 淸濁이나 厚薄으로 말할 수 없다 하였다. 氣가 다르다는 것은 혼백(魂魄)이나 五臟이나 百骸 즉 신체적인 조건의 차이를 의미하는 것으로 보았다. 마음의 본체를 理氣의 합으로 보는 것은 율곡도 마찬가지다. 또 마음의 본체를 긍정적으로 보는 것도 녹문과 율곡은 마찬가지라고 생각된다. 녹문은 마음의 본체, 氣의 본체에서 淸濁, 厚薄 등 氣의 차이를 인정하지 않고, 氣의 차이는 어디까지나 魂魄이나 五臟이나 百骸 등 인간의 신체적인 조건의 차이로 보았다.

이에 대해 율곡의 경우는 인간이 心身一體의 존재로서 마음과 신체가 결코 자유롭지 못하다고 본다. 그 말은 신체에서도 理와 氣가 하나로 연

---

147) 『鹿門集』 卷19, "所謂元氣者 卽張子所謂太虛太和 孟子所謂浩然之氣 充塞天地 流行古今 在陰陽滿陰陽 在五行滿五行 在人物滿人物 譬如魚在水中而肚裏 皆這水也 栗谷先生嘗云湛一淸虛之氣 多有不在 竊恐未然 蓋雖偏塞惡濁處 此氣則無不透 特被形氣所局塞 不能呈露而顯行焉爾."

148) 『鹿門集』 卷19, "湛一淸虛之氣 非他也 乃內 天也 天豈有不在者乎 栗谷說 終覺可疑."

149) 『鹿門集』 卷8, 「答李任之」, "至正至通四字 雖本栗翁 然據大學或問則正通只是說氣質耳 心體上只當下虛靈神明等字 不可下正通字也."

계되어 있고 마음에서도 理와 氣가 하나로 연계되어 있는 것이다. 心身이 하나로 묘합해 있고 理氣가 하나로 묘합해 있는 인간 존재에게서 마음의 본체를 유지한다는 것은 이론적으로는 가능할지 모르지만, 현실적으로는 불가능할지도 모른다. 왜냐하면 인간의 몸과 마음은 시도 때도 없이 변화를 일삼기 때문이다. 氣가 발하지 않는 고요의 시간이 언제 가능할까? 발하더라도 마음의 본체를 유지할 수 있는 경지는 과연 가능한 것인가? 적어도 녹문이나 율곡이 마음의 본체, 氣의 본체의 湛一淸虛를 인정했다고 하더라도 인간은 살아 움직이는 존재요 시시각각으로 눈앞의 현실에 따라 작동하는 존재라는 점에서 마음의 본체를 그대로 유지한다는 문제는 쉽지 않아 보인다. 이 점에서 율곡의 경우는 氣發理乘이라는 화두로 대응했던 것이 아닌가 생각된다. 현실적 인간이 현재적 사태에 대응하는 인간의 존재방식을 그는 氣發理乘이라고 불렀던 것이다.

같은 맥락에서 녹문은 氣가 만 가지로 다르다고 하는 것은 단지 魂魄과 五臟과 百骸의 氣를 가리켜 말한 것일 뿐이요, 이 마음의 본체를 말한 것은 아니라고 한다. 이 마음의 본체는 무엇인가? 그것은 즉 주자가 "生하게 하는 所以를 얻어서 一身의 主로 삼지 않는 것이 없다"라고 말한 그것으로, 理와 하나로 합해진 것이라 한다. 여기에 어떻게 淸濁이나 厚薄이라고 말할 만한 것이 있을 수 있겠느냐고 하였다150)

녹문은 주자의 말, 즉 "生하게 하는 所以를 얻어서 一身의 主로 삼지 않는 것이 없다"는 것이 결국 理라고 보았다. 이 말은 결국 마음의 본체 즉 氣의 본체도 理와 일체화된 것임을 말한 것이다. 이렇게 본다면 녹문의 경우 마음의 본체라고 할 때 그 마음은 理氣가 혼융된 것임은 물론이

---

150) 『鹿門集』卷2, 「答渼湖金公, 戊午 秋」, "所謂氣有萬殊者 特指魂魄五臟百骸之氣耳 非此心本體之謂也 此心本體者何也 卽朱子所謂莫不得其所以生 以爲一身之主 而與理合一者也 此安得有淸濁厚薄之可言耶."

지만, 마음의 본체는 신체를 제외한 순수한 마음만을 일컫고 있다는 점이 특징이다. 그런데 인간이 마음과 육신이 하나가 된 心身一體의 존재라고 볼 때 과연 신체를 제외한 마음만의 본체가 가능한 것인가 하는 문제는 남는 것이고, 율곡과는 다른 관점이 아닌가 보아진다.

또한 녹문은 氣의 본체의 湛一 즉 氣의 본체를 긍정적으로 보고자 하는데서 수양론의 경우에도 이를 적용한다. 녹문은 이러한 관점에서 '氣를 잘 기른다(善養氣)' 하고 '기질을 변화 시킨다(變化氣質)'라고 하는 것도 그 氣의 본체를 회복하는 것을 말할 뿐이라 한다. 그래서 주자가 養氣를 해석할 때에도 반드시 '復其初'라고 말한 것이라 하였다.151)

녹문이 수양론에서 氣의 회복 즉 '復其氣'를 말하는데, 율곡도 이미 氣의 본연을 회복해야 한다고 하여, '復其氣'를 말한 바 있다.152) 당시 학계는 대체로 '復其性'을 말하지 '復其氣'를 말하기를 꺼렸던 것이 사실이다. 그런데 율곡과 녹문은 함께 '復其氣'를 말하고 있는데, 이것은 氣의 본체를 湛一로, 순수하게 긍정적으로 보는데서 가능한 것이다. 본체의 性을 회복하려면 본체의 氣도 회복해야 맞는 것이기 때문이다. 왜냐하면 理와 氣는 떠날 수 없기 때문이다.

녹문은 당시 학자들이 氣의 湛一 本體에 대해 깊이 있게 이해하지 못함을 안타깝게 여겨 다음과 같이 개탄한다.

근세 諸儒의 주장을 보면 湛一의 本體에 대해 그다지 着眼하지 못하고 있는 점이 많이 눈에 띈다. 그래서 이를 낮게 보는 자들은 氣가 心

---

151) 『鹿門集』卷5, 「與李伯訥, 6月」, "所謂善養氣 所謂變化氣質者 亦謂復其氣之本體耳 故朱子釋養氣 亦必以復其初爲言."

152) 『栗谷全書』卷10, 書2, 「答成浩原」, "聖賢之千言萬言 只使人撿束其氣 使復其氣之本然而已 氣之本然者 浩然之氣也 浩然之氣 充塞天地 則本善之理 無所掩蔽."

에 부정적인 영향을 끼친다고 하여 鏡鐵精粗의 설을 제기하고, 이를 높게 보는 자들은 心을 氣에서 떼어 내어 氣의 濁駁은 心體와 관계없다고 말하는데……153)

여기서 경철정조(鏡鐵精粗)의 설은 南塘 韓元震의 明德分殊說을 말하는 데, 거울을 만든 쇠에도 精粗의 차이가 있는 것처럼 明德에도 氣의 차이가 있다는 설이다. 湛一本體를 주장하는 녹문은 南塘의 설을 도처에서 비판하고 있음을 볼 수 있다.

그러면 녹문의 율곡 이른바 '湛一淸虛之氣 多有不在'에 대한 비판은 과연 옳은 것인가? 이제 율곡의 이에 대한 설명을 통해 검토해 보기로 하자. 다음 글은 율곡이 理通氣局을 논리적으로 설명한 대표적인 글이다.

理通은 무엇을 말하는가? 理는 本末도 없고 先後도 없다. 본말도 없고 선후도 없기 때문에 아직 感應하지 않았을 때에도 먼저인 것이 아니며, 이미 감응 하였을 때에도 뒤인 것이 아니다.(程子의 설이다) 그러므로 氣를 타고 유행하여 천태만상으로 고르지 아니하나 그 본연의 妙理는 없는 데가 없다. 氣가 치우치면 理도 역시 치우치게 되나 그 치우친 바는 理가 아니라 氣이며, 氣가 온전하면 理도 역시 온전하나, 온전한 바는 理가 아니라 氣이다. 맑고 탁하고 순수하고 雜駁한 것과 찌꺼기, 재, 거름, 오물가운데에도 理가 있지 않은 곳이 없어 각각 그 性이 되지만, 그 본연의 妙理는 손상되지 않고 그대로이다. 이것을 理通이

---

153) 『鹿門集』 卷26, 詩, 「次渼湖神氣吟三篇 再疊因足成心性雜詠三十六首, 己丑」, "近世諸儒之論 多於湛一本體上未甚著案 低者以氣累心而爲鏡鐵精粗之說 高者以心別氣而爲氣之濁駁 無與於心體……"

라고 하는 것이다.

氣局이란 무엇을 말하는가? 氣는 이미 形迹에 관계되기 때문에 本末이 있고 先後가 있다. 氣의 본체는 湛一淸虛할 뿐이니, 어찌 일찍이 지게미, 재, 거름, 오물 같은 氣가 있으리오마는, 오직 그것이 오르고 내리고 드날려서 조금도 쉬지 않으므로 천태만상으로 고르지 않아 만가지 변화가 생긴다. 이에 氣가 유행할 때에 그 본연을 잃지 않는 것도 있고 그 본연을 잃어버리는 것도 있으니, 이미 그 본연을 잃어버리면 氣의 본연은 이미 있는 데가 없다. 치우친 것은 치우친 氣요 온전한 氣가 아니며, 맑은 것은 맑은 氣요 탁한 氣가 아니며, 지게미나 재는 지게미, 재의 氣요 湛一淸虛의 氣가 아니니, 이는 理가 만물 가운데서 그 본연의 妙理가 어디서나 그대로 있지 않는 것이 없는 것과는 같지 않으니, 이것이 이른바 氣局인 것이다.**154)**

여기서 율곡은 氣의 본체는 湛一淸虛할 뿐이라고 단언한다. 또 다른 곳에서는 一氣의 근원은 湛然淸虛**155)**하다고도 하는데 마찬가지 의미라고 볼 수 있다. 율곡의 理氣 源頭에 대한 설명은 두 가지 차원에서 이해해야 한다. 하나는 이 세계, 이 세상, 인간과 만물이 모두 理와 氣로 되어 있다는 점에서 理와 함께 氣는 반드시 있어야 한다. 이 때 본체상에서는

---

154) 『栗谷全書』 卷10, 書2, 「答成浩原」, "理通者何謂也 理者 無本末也 無先後也 無本末無先後 故未應不是先 已應不是後(程子說) 是故乘氣流行 參差不齊 而其本然之妙 無乎不在 氣之偏則理亦偏 而所偏非理也 氣也 氣之全則理亦全 而所全非理也 氣也 至於淸濁粹駁糟粕煨燼糞壤汚濊之中 理無所不在 各爲其性 而其本然之妙則不害其自若也 此之謂理之通也 氣局者何謂也 氣已涉形迹 故有本末也 有先後也 氣之本則湛一淸虛而已 曷嘗有糟粕煨燼糞壤汚濊之氣哉 惟其升降飛揚 未嘗止息 故參差不齊而萬變生焉 於是氣之流行也 有不失其本然者 有失其本然者 旣失其本然 則氣之本然者 已無所在 偏者偏氣也 非全氣也 淸者 淸氣也 非濁氣也 糟粕煨燼 糟粕煨燼之氣也 非湛一淸虛之氣也 非若理之於萬物本然之妙無乎不在也 此所謂氣之局也."

155) 『栗谷全書』 卷21, 「聖學輯要3」, "臣按 一氣之源 湛然淸虛……"

理의 本原과 氣의 本原이 짝이 되어 하나로 있고, 현상계에서는 分殊의 理와 분수의 氣가 짝이 되어 하나로 있는 것이다. 理의 본원은 본래 선하고 氣의 본원도 湛一淸虛하다고 보는 것이다.

만약 氣의 본원이 흐리고 잡박하면 理 본원의 善도 보장할 수 없는 것이다. 따라서 理의 본원이 선하고 氣의 본원이 湛一淸虛할 때 이것이 理氣의 본연이요 본체상 理氣의 모습이다. 이처럼 율곡은 氣의 본원, 氣의 본체를 湛一淸虛하다고 인정하는 것이다. 심지어는 불탄 재나 오물, 쓰레기 같은 더러운 것에도 그 氣의 본체는 湛一淸虛하다고 보는 것이다. 다만 氣가 유행함에 본연의 氣를 잃는 것도 있고 본연의 氣를 잃지 않는 것도 있다는 말이다.

다음은 율곡이 花潭 徐敬德의 氣論을 자신의 理通氣局論으로 비판하는 글이다.

花潭은 총명이 남보다 뛰어났으나 重厚함이 부족하여 그 讀書와 窮理가 문자에 구애되지 않고 자기의 의사를 많이 작용시켰다. 총명이 남보다 뛰어났기 때문에 보는 것은 어렵지 않았으나, 重厚함이 부족하였기 때문에 적은 것을 얻고도 만족하게 여겼다. 그는 理氣가 서로 떠나지 못하는 그 妙處에 대하여 明瞭하게 눈으로 보아서, 다른 사람들이 글만 읽고 모방하는 류가 아니었기 때문에, 곧 그것으로 지극한 즐거움을 삼아 "湛一淸虛한 氣는 어떤 물에나 있지 않은 데가 없다"고 하여, 스스로 이것이 "千聖이 다 전하지 못한 妙理를 터득했다"고 하였다.

그리고 그는 다만 그 위에 다시 '理通氣局'이라는 한 구절이 있어, '繼善成性'의 理는 어느 물에나 있지 않은 데가 없지만, 湛一淸虛한 氣는 있지 않은 데가 있음을 알지 못했다. 理는 변화가 없으나 氣는 변화가 있으니, 元氣가 生生不息하여 가는 것은 지나가 버리고 오는 것은 그 뒤를 잇게 되어 이미 지나간 氣는 이미 있는 곳이 없는데, 화담은 "하나의 氣가 長存하여, 가는 것도 지나가지 아니하고 오는 것도 뒤를 잇지 아니 한다"고 하였으니, 이것이 화담이 氣를 보고 理로 아는 병통이 있는 까닭이다. 비록 그러나 부분적이든 전체적이든 간에 이것이 화담의 自得의 견해이다.156)

율곡은 花潭이 理氣의 妙處를 깊이 체득한 것으로 보고 이를 높이 평가하였다. 다만 湛一淸虛한 氣는 어떤 物에나 있지 않은 데가 없다는 주장을 하여 千聖이 다하지 못한 妙理를 터득했다고 자부했는데 이것은 그렇지 않다고 비판하였다. 즉 繼善成性의 理는 어느 물에나 있지 않은 데가 없지만, 湛一淸虛한 氣는 있지 않는 데가 있다고 비판하였다. 이는 화담은 오직 氣로써 설명한데 대해 율곡은 理氣로써 설명하는데서 이러한 차이가 오는 것이다. 더욱이 화담은 一氣의 長存을 주장하여 마치 理와 같은 혐의를 받게 된다고 보았던 것이다. 요컨대 율곡은 氣의 본체는 湛一淸虛하지만 氣 자체의 속성이 변화에 있으므로 그 본연을 잃는 경우도 생기지 않을 수 없다고 본 것이다.

이렇게 볼 때, 녹문이 율곡의 理通氣局說에서 氣 본체의 湛一淸虛를 부정한 것으로 보는 것은 오해가 아닌가 생각된다. 그것은 위 글에서 녹문이 그 스스로 "율곡선생이 '理의 본원이 一일 뿐이라면 氣의 본원도 一일 뿐이다' 라고 하고, 또 '道心을 本然之氣'라고 한 것을 보면, 역시 이런

---

156)『栗谷全書』卷10, 書2,「答成浩原」, "花潭則聰明過人 而厚重不足 其讀書窮理 不句文字 而多用意思 聰明過人 故見之不難 厚重不足 故得少爲足 其於理氣不相離之妙處 瞭然目見 非他人讀書依樣之比 故便爲至樂 以爲湛一淸虛之氣 無物不在 自以爲得千聖不盡傳 之妙 而殊不知向上更有理通氣局一節 繼善成性之理 則無物不在 而湛一淸虛之氣 則多有不在者也 理無變而氣有變 元氣生生不息 往者過來者續 而已往之氣 已無所在 而花潭 則以爲一氣長存 往者不過 來者不續 此花潭所以有認氣爲理之病也 雖然偏全間 花潭是 自得之見也."

도리를 강구하여 이해하지 않았다고 말할 수가 없는데," 라고 한데서 짐작할 수 있다. 녹문도 율곡이 氣의 본체를 湛一清虛로 보고 또 道心을 本然之氣로 보는가 하면, 理의 본원과 氣의 본원을 하나로 보는데서 율곡이 氣의 湛一을 완전히 부정했다고 보지는 않은 것 같다.

사실 율곡이 氣의 본체를 긍정적으로 보는 것은 여러 가지로 입증된다. 율곡은 '矯氣質'과 함께 '復其氣'를 말하기도 한다. 성현의 千言萬言이 단지 사람들로 하여금 그 氣를 검속하여 그 氣의 본연을 회복할 뿐이라 하고, 氣의 본연이 곧 浩然之氣라 한다.157) 대체로 '復其性'이라고 말하지 '復其氣'라고는 하지 않는다.

그런데 율곡은 '復其氣之本然'이라 하여 氣의 본연을 회복한다고 말하고, 그 氣의 본연이 바로 이른바 浩然之氣라 하였다. 浩然之氣는 本然之氣로 천지에 가득 차면 本善之理가 조금도 엄폐되지 않는다 하였다.158) 여기서 율곡은 本然之氣를 곧 浩然之氣라 하고 本善之理가 온전히 드러난다 하였다. 결국 本然之理, 本善之理, 本然之氣, 浩然之氣는 하나로 상통하는 것이다. 따라서 율곡이 어떻게 氣의 본연을 湛一清虛로 보지 않았다고 할 수 있겠는가?

이렇게 볼 때, 녹문이 비록 율곡의 理通氣局說을 비판하고 있지만, 부분적인 오해에서 비롯된 것임을 알 수 있다. 녹문은 율곡의 理通과 氣局이 한쪽에 치우쳐 氣通과 理局을 모른다고 비판하지만, 율곡의 글 속에 반영된 理氣 體用論은 논리적으로 거의 완벽하다는 생각을 갖게 된다. 理氣之妙, 理一分殊, 氣一分殊가 하나로 妙融된 종합적이고 입체적인 사유체계가 理通氣局인 것이다.

---

157) 『栗谷全書』 卷10, 書2, 「答成浩原」, "聖賢之千言萬言 只使人撿束其氣 使復其氣之本然而已 氣之本然者 浩然之氣也."
158) 『栗谷全書』 卷10, "浩然之氣 充塞天地 則本善之理 無少掩蔽."

녹문은 율곡의 理通氣局이 氣通理局을 함축하지 못한 표현이라고 비판하지만, 율곡의 입장에서 보면 녹문이 선호하는 '理一分殊'라는 것도 氣一分殊를 함축하지 못한 표현임은 마찬가지라고 보는 것이다. 네 글자 속에 理의 체용, 氣의 체용, 理氣妙合을 함께 표현하는 데는 한계가 있음을 말해주는 것이다. 따라서 표현의 不備를 말한다면 理一分殊나 理通氣局이나 마찬가지라고 보아야 할 것이다.

그럼에도 불구하고, 녹문은 理通氣局보다는 程朱의 理一分殊가 더 낫다고 생각한다. 다만 녹문이 추구한 철학정신으로 보면 율곡과 결코 다르지 않은 것이고, 녹문은 철저하게 율곡의 철학정신을 계승하고 있다고 볼 수 있다. 理氣의 종합적인 체용론을 심도 있게 연구한 이가 바로 율곡이고, 그 뒤를 이어 더욱더 철저한 체용론의 체계를 추구한 이가 녹문이라 할 것이다.

또한 녹문이 율곡의 '湛一淸虛 多有不在'를 비판하지만, 이것도 위에서 논한 것처럼 율곡과 다르지 않다. 理의 본연이 선한 것처럼 氣의 본연도 湛一淸虛하다는 것은 녹문이나 율곡이나 마찬가지다. 율곡은 氣의 가변성을 전제로 본연의 湛一淸虛를 잃는 경우도 없지 않다고 본 것이다. 氣의 본연을 긍정적으로 보려는 입장과 태도는 녹문이나 율곡이나 마찬가지라 하겠다.

다만 녹문은 氣속에서 理를 보고자 하여 理의 역할과 위상이 매우 약화된 감을 주지만, 율곡의 경우는 理와 氣가 대등한 역할과 위상을 갖는 데 특징이 있다. 이러한 녹문의 主氣的 성향은 그 자신의 해명에도 불구하고 율곡의 氣發理乘보다도 아니 理氣之妙보다도 더 드러난 현실, 실재하는 현상을 중심으로 보려는 그의 세계 인식과 사물에 대한 인식에서 비롯된 것이라 생각된다. 이것이 바로 그의 '氣 위에 나아가 본다'는 근본 입장인 것이고, 이러한 입장 때문에 오해도 받게 되는 것이라 생각된다.

제2부 조선유학의 실천적 학풍

제1장

유교적 경세의 실천, 厖村 黃喜

1. 시작하는 말

방촌 황희(厖村 黃喜: 1363~1452)는 조선조의 대표적인 유교 경세가라고 할 수 있다. 조선조 역사상 경세의 대가라고 하면, 조선의 건국 과정에서 유교국가의 디자인을 했던 三峰 鄭道傳(1337~1398)이 있고, 우리 역사상 가장 성공적인 시대로 불리 우는 세종시대의 주역 방촌 황희가 있고, 16세기 조선의 개혁에 구체적 대안을 제시했던 栗谷 李珥(1536~1584)가 있다. 그리고 17세기 조선의 전면적인 개혁을 주장하며 그 청사진으로 『磻溪隨錄』을 저술한 磻溪 柳馨遠(1622~1673)이 있으며, 18세기 조선의 실학을 집대성한 茶山 丁若鏞(1762~1836), 한말 개화사상가로서 근대적 유교경세론을 편 惠崗 崔漢綺(1803~1877)가 있다.

그런데 정도전, 이이, 유형원, 정약용, 최한기는 모두가 유학자이면서 경세가였지만, 오직 황희는 60여년의 생애를 공직에 종사한 직업적인 관료요 행정가였다. 이 점에서 황희는 구별된다. 물론 그가 유교의 경전에 무식했다거나 유교적 소양이 없었던 것은 결코 아니다. 다만 그에게는 학자로서의 강학과 연구를 할 기회가 거의 없었다는 점이다.

그는 천성이 학문을 좋아하여 밤낮으로 공부에 힘썼고, 經史와 諸子百家의 글에 통달하지 않음이 없다고 전한다.[1] 또 장계를 올려 왕세자에게 매일『尙書集註』10장을 세 번씩 읽을 것을 청하기도 하였다.2) 27세에 문과에 급제하고 28세에 성균관 학관에 보직되었다. 태조는 경전에 밝고 操行이 단정한 황희를 世子右正字를 삼았다.3) 이런 기록으로 보면 분명히 황희는 다른 유학자들과 마찬가지로 유교의 경서 공부에 게으르지 않았고, 경전에 밝아 성균관 학관이나 세자를 보필하는 일을 맡았던 것으로 보인다.

황희는 학통이라 할 만한 것도 드러나 있지 않다. 自得의 학술적 이론도 없고, 저술도 없고, 문인 제자도 없다. 그렇다면 전문성 있는 유학자라고 하기 어렵다. 황희의 삶은 兼善의 길이었다. 이 길은 모든 儒者의 꿈이다. 이 길은 본인의 선택만으로 가능한 것이 아니다. 遇 不遇는 하늘의 소관 사항이라 한다. 황희는 儒者로서 최고의 성취를 이룬 大臣에 해당한다. 그는 성리학적 삶의 규범과 양식인『朱子家禮』에 따른 삶을 살았다. 그는 불교에 대한 비판 또는 배척을 실행했고, 정책적으로 이를 관철하려 하였다.4) 그는 대신의 덕목을 지니고 유교정치의 이상을 구현하려고 하였다.5)

조선왕조의 기틀이 확고하게 자리 잡히던 태종과 세종대 50여년 간에 황희는 국가의 가장 중요한 직책을 맡고 있었다. 그러므로 그는 조선왕조의 역사상 가장 민감했던 시기에 정치적으로 매우 중요한 역할을 할 수 있는 위치에 있었다. 이처럼 황희는 이 시기에 나라의 가장 중요한 직책에서 가장 오랫동안 있었던 인물임에도 불구하고, 그가 청렴한 관리였

---

1)『방촌황희선생문집』, 「연보」1, 9년 계해 선생 21세 조.

2)『방촌황희선생문집』, 「연보1」, 10년 무신 선생 66세 조.

3)『방촌황희선생문집』, 「연보1」, 조선태조개국원년 임신 선생 30세 조.

4) 곽신환, 「겸선의 유자 황희」, 『백성의 신 황희와 그 후예들』, 책미래, 2018, 143쪽.

5) 이영자, 「방촌 황희의 경세사상과 그 의의」, 『방촌 황희의 학문과 사상』, 책미래, 2017, 93쪽.

다는 사실만이 야사처럼 전해질 뿐 국가경영에 미친 그의 정치적 역할은 거의 알려지지 않고 있다.[6]

본고는 황희를 유교 경세가라는 측면에서 검토해 보고자 한다. 그것은 조선이 바로 유교 입국을 천명한 나라였고, 황희는 조선 건국 초기 유교 국가의 문물제도를 만드는데 중심적 역할을 했기 때문이다. 위에서 들었던 대표적인 유교 경세가들은 시국을 진단하고 처방하는데 탁월했던 학사들이다. 그렇지만 오랫동안 임금의 절대적인 신임을 받으며 국정의 전반을 직접 추진하고 실천했던 이는 아마도 황희가 대표적인 사례가 될 것이다. 정책을 이론으로 제시하는 것과 실제로 추진해 백성들에게 그 시혜를 베푸는 것은 차원이 다르다. 적어도 황희는 세종시대만 두고 보아도 18년간 영의정의 위치에서 한글창제를 비롯하여 육진사군의 개척, 원만한 외교관계, 집현전의 활성화, 과학기술의 개발, 예제의 정착, 민생의 안정 등 국정 전반에 관한 문제들을 안정적으로 추진함으로써 역사상 가장 성공한 세종시대를 실현했던 것이다. 유교의 정치이론에 기초하여 방촌의 경세활동을 새롭게 인식하고 평가해 보고자 한다.

2. 여말 왕조교체기 황희의 처세와 斯道自任

황희는 고려가 망하고 조선이 건국되는 왕조교체기를 살았다. 특히 고려는 불교국가였고 조선은 유교국가였기 때문에 지식인의 처세는 매우 중요한 문제였다. 특히 조선은 유교국가로서 不事二君의 忠節을 중시하는 데, 황희가 고려 유민으로 조선의 조정에서 높은 벼슬살이를 한 것은 비난의 대상이 된다. 「舊年譜」와 「程巾川文集」에는 방촌의 조선왕조 출

---

6) 정두희, 「조선 초기 황희의 정치적 역할」, 『방촌 황희의 학문과 사상』, 책미래, 2017, 9~10쪽.

사에 대한 전말이 이렇게 전해진다.

　선생이 평일에 梨花亭 李公과 情誼가 친밀하였는데, 고려 말엽에 정
사가 어지러우니, 李公이 금강산에 들어가 숨어버렸다. 고려가 멸망하
고 조선이 들어섬에 미쳐 선생이 찾아가 함께 숨으려 하니, 이공이 듣
지 않고 말하기를, "만약 그대가 나를 따른다면 저 東土의 億兆蒼生은
어이 하겠는가?"라고 하였다 하고, 또 "혁명이 일어나던 날에 선생이
麗朝의 舊臣 72인과 함께 杜門洞에 들어가니, 그들이 蒼生의 囑望으로
서 선생을 천거하여 부탁하거늘, 선생이 이에 벼슬길에 나갔다"고 하
였다.7)

　황희도 처음에는 杜門洞에 들어가 일생을 마칠 뜻을 두었다. 태조
원년(1392년)에 經學이 밝고 수행이 단정한 선비를 채택할 때 그를 여
러 번 불렀으나 응하지 않다가, 두문동 諸賢들이 懼夫(황희)가 나가지
않으면 蒼生이 어떻게 되겠느냐고 권하고, 또 召命이 계속되자 할 수
없이 하산하게 되었다. 程巾川이 그의 부채에 "그대는 靑雲에 올라 떠
나고, 나는 靑山을 향해 돌아섰네. 靑雲과 靑山이 이로부터 떨어지니,
눈물이 벽라의 (碧蘿衣)에 젖는 구려"라는 唐人의 시를 적어주며 전송
하였다.8)

　황희가 조선의 건국을 맞이하여 杜門洞에 들어가 있었다는 일화는 正
史 사료에는 확실한 근거가 있지 않다. 그러나 조선이 건국되고서 조정

---

7) 『방촌황희선생문집』, 「연보1」, 조선태조개국원년 임신 선생 30세 조.
8) 『방촌황희선생문집』, 부록 상, 「程巾川文集」, 1465~1466쪽.

과 동료들의 요청으로 出仕한 것은 어느 정도 사실로 여겨진다.[9] 이와 같이 황희는 고려가 망하자 두문동에 들어가 은둔하고자 하였으나 諸賢들이 나라와 백성을 위해 방촌의 현실참여를 권장하여 부득이 출사하게 되었다고 전해진다.

유교는 修己와 治人, 內聖과 外王을 그 내용으로 삼는다. 즉 한편 자기 수양을 통해 지도자의 자질을 함양해야 하고, 또한 자신의 역량을 나라와 백성을 위해 바쳐야 한다. 따라서 수기가 없는 치인이나 수기만 있고 치인이 없다면 이는 유학자로서 부족하다고 보게 된다. 반드시 修己와 治人, 內聖과 外王을 겸하는 것을 이상으로 삼는다. 이런 유교의 관점으로 보면 황희야 말로 이성무의 평대로 '偉人'의 반열에 설 만큼 훌륭한 인품의 소유자였고,[10] 나아가 6조 판서를 두루 역임하고, 대사헌, 한성부윤을 역임하고, 재상만 24년, 영의정을 18년간 봉직하여 국정전반에 걸친 행정책임자로서의 역할을 수행했던 것이다. 즉 황희는 이론으로 수기치인을 얘기 한 것이 아니라 몸소 전 생애에 걸쳐 경세를 실천하였던 것이다.

황희는 상소문을 올리면서 "거의 죽게 된 신으로서는 더욱 마음이 아픕니다. 신은 보잘 것 없는 용렬한 사람으로서 지금 백관의 우두머리로 있고 斯文의 책임을 맡게 되었습니다. 신 자신만 顯達할 뿐 아니라 은총이 九族까지 미치게 되었어도 조금도 보답한 일이 없었습니다."[11]라고 하였다. 여기서 그는 자신을 가리켜 백관의 우두머리요 斯文의 책임을 맡게 되었다고 자부하고 있다. 이는 황희가 정부의 중요한 직책에 있지

---

9) 소종, 「조선 태종대 방촌 황희의 정치적 활동」, 『방촌 황희의 학문과 사상』, 책미래, 2017, 124쪽.
10) 이성무, 『방촌 황희 평전』, 민음사, 2014, 7쪽.
11) 『방촌황희선생문집』, 「興天寺 舍利閣에 대한 慶讚을 그만두도록 한 상소」, 46쪽.

만 유교적 사명감에 충실함을 잘 보여주는 사례다.

황희는 학문적으로나 실천적 차원에서 성리학에 대해 상당한 소양을 갖추었음을 충분히 짐작할 수 있다. 황희는 1389년(고려 창왕 1년)에 과거에 급제하였는데, 당시 과거를 주관한 座主는 이종학이었다. 이종학은 고려 말 성리학의 수용과 이해를 주도한 牧隱 李穡의 아들로, 그가 주관한 과거에 합격한 황희의 학문적 지향역시 이에서 크게 벗어나지 않았을 것으로 짐작된다.12)

특히 중종 대 靜庵 趙光祖(1482~1519)가 재상의 지위에 있으면서 교화를 편 사람은 황희와 허조 뿐이라거나, 세종이 일세의 다스림을 이룰 수 있었던 것은 황희와 허조가 재상으로 있었기 때문이라고 지적했던 사실은 결코 간과되어서는 안 된다.13)

황희는 당대의 기준에 비추어 보면 古制를 회복하여 일대의 제도를 수립하고 3代의 정치를 이루고자 하는 이상을 누구보다 적극적으로 추구한 인물이었다고 평가할 수 있다.14) 이런 점에서 볼 때, 황희는 세종의 정치적 이상에 부합하는 적격의 인물이었던 것이다.

이렇게 볼 때, 황희는 여말교체기에 두문동에서 나와 伊尹과 같은 사명감으로 斯道를 自任하였던 것이며, 유교 국가 건설의 주역으로 활약했던 것이다.

---

12) 이민우, 「세종대 공법제정에서 황희의 역할」, 『방촌 황희의 학문과 사상』, 책미래, 2017, 306쪽.

13) 『중종실록』, 권32, 중종 13년 3월 25일 갑자 조. 권35, 중종 14년 3월 1일 갑오 조.

14) 이민우, 「세종대 공법제정에서 황희의 역할」, 『방촌 황희의 학문과 사상』, 책미래, 2017, 308쪽.

3. 세종시대의 주역 -聖君賢相의 모범이 되다-

　유교의 이상은 王道의 실현에 있고, 또 大同사회의 구현에 있다. 왕도나 대동이 유교의 정치적, 사회적 유토피아를 일컫는 말이지만, 그 내용은 민생의 안정과 윤리의 정립에 있다. 그리고 이를 실천하고 구현함에 있어서는 聖王과 賢相의 만남을 통해서 이루어진다. 聖君이 있어도 賢相이 없으면 王道정치를 구현하기 어렵고, 또 아무리 훌륭한 현상이 있어도 성왕을 만나지 못하면 실제로 왕도정치를 이루기 어렵다. 그러므로 중국이나 우리나라의 역사를 통해 聖君賢相이 만나 이상적인 정치를 실현한 경우는 실제로 매우 드물다. 중국의 경우 유교 경전에 나타난 성군현상의 아름다운 미덕을 말하고 있지만, 이 또한 시대적으로 고대의 옛 얘기요 시간적으로 보아도 장기간에 걸쳐 안정된 태평성대는 아니었던 것이다.

　그러나 조선조 세종시대는 1419년부터 1450년까지 약 31년에 해당한다. 그리고 황희는 1405년(선생 43세) 태종이 朴錫命의 추천으로 知申事(都承旨)로 임명한 이후 태종, 세종시대의 중요한 역할을 수행하였다. 조선 건국 후에는 새 왕조의 권력구조 개편을 둘러싸고 수많은 정쟁이 꼬리를 물고 이어졌다. 여기에 새 왕조의 왕권을 어떻게 정립할 것인가라는 문제가 겹쳐서 왕자들 간에 왕위다툼이 이어졌으며, 또한 당시 양반관료들의 정치적 이해관계가 겹쳐 사태를 더욱 악화시켰던 것이다. 이는 새 왕조의 운명에 심각한 위기를 조성한 것이었다. 조선왕조는 이제 왕권을 안정시키면서 양반관료들의 사적인 세력 확대를 저지시킬 수 있는 확고한 중앙집권적인 통치체제를 구축해야만 하였다. 태종대의 정치개혁은 바로 여기에 초점을 둔 것이며, 황희는 이러한 시대적 요청에 부응할 수 있는 인물이었다. 이것이 태종과 세종이 황희를 그처럼 신뢰한 까닭이었다.15) 황희가 죽은 후 조선의 사관들이 내린 다음과 같은 평가는 이를 뒷받침해 준다. 1452년(문종 2년) 황희가 90세로 세상을 떠남에 『문종실록』에 실린 그에 관한 「卒記」의 내용은 다음과 같다.

> 황희는 寬厚하고 沈重해 재상의 식견과 도량이 있었으며, 자질이 크고 훌륭했으며, 총명이 남보다 뛰어났다. 집을 다스림에는 검소하고, 기쁨과 노여움을 얼굴에 나타내지 않았으며, 일을 의논할 때는 正大해 大體를 보존하는 데 힘쓰고, 번거롭게 변경하는 것을 좋아하지 않았다. 세종이 중년 이후에는 새로운 제도를 많이 제정하니, 황희는 생각하기를, '祖宗의 옛날 제도를 경솔히 변경할 수 없다' 하고, 홀로 반박하는 의견을 올렸으니, 비록 다 따르지 않았으나 중지시켜 막은 바가 많았으므로 옛날 재상의 기풍이 있었다. 獄事를 議定할 때에는 寬容으로써 주견을 삼아서 일찍이 사람들에게 이르기를, '차라리 형벌을 가볍게 해 실수할지언정 억울한 형벌은 할 수 없다' 고 했다. 비록 늙었으나 손에서 책을 놓지 않았으며, 항시 한쪽 눈을 번갈아 감아 시력을 기르고, 비록 잔 글자라도 또한 읽기를 꺼리지 않았다. 재상이 된지 24년 동안에 중앙과 지방에서 우러러 바라보면서 모두 말하기를, '어진 재상'이라 했다. 늙었는데도 기력이 강건해 紅顔白髮을 바라다보면 신선과 같았으므로 세상에서 그를 송나라 文潞公 (文彦博)에 비했다.16)

이와 같이 황희는 寬厚하고 沈重해 재상의 식견과 도량이 있고 자질이 크고 훌륭했으며, 총명이 남보다 뛰어났다고 평하고 있다. 가정을 다스림에는 검소하고, 기쁨과 노여움을 얼굴에 나타내지 않았으며, 일을

15) 정두희, 위의 글, 33쪽.
16) 『문종실록』, 권12, 문종 2년 2월 임신.

의논할 때는 正大하여 大體를 보존하는 데 힘쓰고, 번거롭게 변경하는 것을 좋아하지 않았다고 한다. 재상이 된지 24년 동안에 중앙과 지방에서 우러러 바라보면서 모두가 '어진 재상'이라고 불렀다고 한다.

李穆(1471~1498)의 「評事所記」에서 "세종은 진정 동방의 舜이며 湯이다. 그러나 30년 동안의 태평을 이룬 것은 어진 재상을 얻었기 때문이다. 황희와 같이 大體를 아는 이와 許稠와 같이 正大한 이가 나와서 재상이 되었으니, 그 당시의 인재의 융성함을 이루다 말할 수 없다."[17]고 하였다.

1463년(세종 9년) 가을 황희는 어머니가 돌아가시자 관례에 따라 사직하였다. 그러나 세종은 친상을 당하면 관직을 버리고 3년 상을 지내야 하는 조선 왕조의 관례를 깨고 황희를 다시 등용하였다. 그만큼 세종은 그를 필요로 하였다.[18]

許穆의 『미수기언(眉叟記言)』에 "黃相國은 태종과 세종을 도와 庶政이 모두 확장되고 백성이 생업에 安樂하여 사방에 걱정이 없었다. 태평을 이룩한 어진 보필이라 하여 지금까지 황상국과 병칭하고 있는 것은 이만한 까닭에서이다."[19]라고 적고 있다.

세종은 1431년(세종 13년) 69세의 황희를 영의정으로 임명하였다.[20] 그 이후 황희는 나이가 많다는 것을 이유로 여러 차례 사직을 원하였지만, 세종은 이를 허락하지 않았다. 황희가 83세가 되던 1445년(세종 27년) 6월에는 매일 출근하지 않고서도 일을 처리하도록 허용할 정도였

---

17) 『방촌황희선생문집』, 부록 상, 野史節抄, 「評事所記」, 1448쪽.

18) 『세종실록』, 권38, 세종 9년 10월 임술조.

19) 『방촌황희선생문집』, 부록 상, 野史節抄, 「眉叟記言」, 1450쪽.

20) 『세종실록』, 권53, 세종 13년 9월 갑자조.

다.21) 그리고 그가 물러나도 좋다는 허락을 받은 것은 세종이 승하하기 불과 몇 달 전인 1449년(세종 31년) 10월이었으며,22) 이때 황희의 나이는 87세였다. 이렇게 볼 때, 황희는 세종의 전 치세기간을 왕과 더불어 나라를 이끌어 갔던 것이다. 조선시대에 황희처럼 오랜 기간 동안 국가의 최고 지위라 할 수 있는 의정부의 대신 직을 역임한 사람은 거의 없었다.23)

왕의 신임이 두텁고 그의 지위가 너무나 높았기 때문에 황희에 대하여 질시하는 사람이 없을 수 없었다. 그러므로 황희는 대간에 의해 여러 차례 탄핵을 당하기도 하였다. 그러나 세종은 그때마다 "태종도 황희의 재능을 지극히 아꼈는데, 내가 어찌 연소한 대간의 말에 따라 그를 등용치 않을 수가 있겠느냐"고 하며, 그러한 비난을 모두 일축하였다. 그만큼 세종은 황희를 믿고 의지하였다.

1431년(세종 13년) 9월 세종이 자신의 측근으로 지신사였던 安崇善 (1392~1452)과 황희에 대하여 의견을 나눈 적이 있었는데 그 내용을 보기로 하자.

안숭선 : "나라의 일을 의논하는데 있어서 황희처럼 생각이 깊고 먼 앞날을 내다 보는 통찰력을 갖춘 사람은 없습니다."

세종 : "과연 그대의 말이 옳다. 지금 대신 중에 황희 같은 사람은 많지 않다. 예전의 대신들을 논한다면, 河崙, 박은(朴블), 李原 같은 사람을 들 수 있으나, 이들은 모두 재산을 탐한다는 평을 듣고 있다. 하륜은 자신의 욕심을 추구했던 사람이며, 박은은 임금의 뜻에 맞추기만 하는

---

21) 『세종실록』, 권108, 세종 27년 6월 경신조.
22) 『세종실록』, 권126, 세종 31년 10월 임자조.
23) 정두희, 위의 글, 29쪽.

신하였다. 그리고 이원은 이해관계가 얽히면 의리도 버리는 사람이
다."

안숭선: "과연 임금님의 말씀과 같습니다. 당시의 사대부들이 말하
기를, 하륜은 평소 가까운 사람들의 이름을 써서 주머니에 넣고 다니
며 인사행정을 할 때 이를 이용하였다고 합니다."……

세종: "그대의 말이 옳다. 태종이 황희를 지신사로 삼으려고 하륜에
게 의논하였다. 그때 하륜은 황희는 간사한 소인이니 깊이 믿고 등용
하면 안 된다고 답하였다. 태종은 하륜의 말을 듣지 않고 황희를 지신
사로 임명하였다. 그래서 하륜이 인사행을 장악하자 趙末生을 執義에
임명하였다. 그러나 당시 대사헌이었던 황희는 조말생의 告身에 서명
하지 않았다. 하륜이 재차 황희의 집에 찾아갔지만 황희는 듣지 않았
다. 이후 하륜은 '태종이 황희를 지신사로 임명할 때 나는 반대하였다.
황희가 이 말을 듣고 나서 나의 청을 이처럼 들어주지 않는 것이며, 황
희의 실책은 이미 역사책에 기록되어 있다'라고 공언하였다.[24]

여기서 세종과 안숭선은 나라의 일을 의논하는데 있어서 황희처럼 생
각이 깊고 먼 앞날을 내다보는 통찰력을 갖춘 사람은 없다는데 뜻을 같
이 한다. 그러면서 세종은 당시 대표적인 대신으로 하륜(河崙), 박은(朴
블), 李原 세 사람을 들고, 이들은 모두 재산을 탐한다는 평을 듣고 있다
고 보았다. 또 하륜은 자신의 욕심을 추구했던 사람이며, 박은은 임금의
뜻에 맞추기만 하는 신하였고, 이원은 이해관계가 얽히면 의리도 버리는
사람이라고 평가하였다. 세종은 하륜이 황희를 미워하고 부정적으로 보
는 이유를 잘 알고 있었다.

---

24) 『세종실록』, 권53, 세종13년 9월 기사 조.

1432년 4월 20일 황희가 영의정을 사직하고자 하자 세종은 이를 허락하지 않고 다음과 같이 비답하였다.

생각하건대 卿은 덕과 그릇은 크고 두터우며, 지식과 局量은 침착하고 깊어 큰 일을 잘 결단하며 憲章을 밝게 익혔도다. 마침 國運이 창성한 시기에 재회하였으며, 밝으신 우리 先考(태종)에게 신임을 받아 일찍 喉舌(承旨)의 직에 복무하였고, 곧이어 가장 신임하는 重臣의 위치에 두어졌도다. 아름다운 문채는 국가의 빛이 되었으며, 삼가 三事를 밝히니 진실로 나라를 다스릴만한 그릇으로써 모든 官員을 마땅하게 바로잡았다.

내가 보잘 것 없는 몸으로 王業을 이어 받들게 되매, 깊은 못가에 선 것 같고 얕은 얼음을 밟는 것처럼 두려워하며 밤낮으로 오직 삼가니, 마땅히 오로지 대신들에게 맡겨서 前代의 끼치신 功業을 두텁게 하기를 바랄 뿐이다.

돌아보건대 그렇게 많던 대신들이 점점 새벽하늘의 별처럼 드물어지고, 오직 한 사람의 늙은 재상이 의젓이 높은 산처럼 우뚝 솟아 서서 시정을 모아 잡을 만한 人望이 공을 버리고 그 누구이겠는가? 이에 三公의 우두머리에 위치하여 신하와 백성들의 師表가 되게 하였도다. 아름다운 계책으로 임금에게 獻策하여 바야흐로 보살피고 의지하는 정이 깊더니, 몸을 보전하라는데 明哲하여 갑자기 물러가 한가롭게 지내기를 청하는가?

더군다나 卿은 나이가 아직 80, 90에 이르지는 않았으며, 병도 치료할 수 없을 만큼 固結함에 이르지는 않았으니, 기운과 힘이 오히려 굳세어서 庶政을 균평하게 하는 임무를 담당할 수 있겠노라.25)

세종은 황희의 덕과 그릇은 크고 두터우며, 지식과 局量은 침착하고 깊어 큰 일을 잘 결단하며 나라의 憲章에 대해 밝게 이해하고 있다고 하였다. 마침 태종의 신임을 받아 일찍이 承旨의 직책을 맡으며 가장 신임하는 重臣이 되었다고 평가하였다. 그의 아름다운 문장은 국가의 빛이 되었으며, 正德, 利用, 厚生의 三事를 밝히니 진실로 나라를 다스릴만한 그릇으로써 모든 관원을 마땅하게 바로잡았다고 평가하였다.

세종은 자신이 보잘 것 없는 몸으로 王業을 이어 받들게 되매, 깊은 못 가에 선 것 같고 얕은 얼음을 밟는 것처럼 두려워하며 밤낮으로 삼가하여, 오로지 대신들에게 맡겨 前代에 부끄럽지 않기를 바랄 뿐이라 하였다.

그런데 그렇게 많던 대신들이 점점 새벽하늘의 별처럼 드물어지고, 오직 한 사람의 늙은 재상 황희만이 의젓이 높은 산처럼 우뚝 솟아 서서 시정을 모아 잡을 만한 人望이 있으므로 三公의 우두머리에 위치하여 신하와 백성들의 師表가 되게 하였다고 하였다. 여기서 세종의 황희에 대한 신망과 기대가 얼마나 큰 것인가를 짐작할 수 있다.

또한 그 해 4월 25일 세종은 사직하려는 황희에게 오히려 궤장(几杖)을 하사하며 다음과 같은 교서를 내렸다. 그 내용을 보면 세종의 황희에 대한 사랑과 존경이 어떠한지를 잘 수 있다.

정승인 신하가 이미 나이가 많고 학문과 덕행이 높으니, 군주는 마땅히 우대하는 은총을 내려야 하는 것이다. 이에 좋은 恩典은 사사로운 은혜는 아니다. 卿은 세상을 도운 큰재목이며, 나라를 다스리는 큰그릇이다. 지혜는 일만 가지 정무를 통괄하기에 넉넉하고, 덕은 모든

---

25) 『세종실록』, 권56, 세종 14년 4월 20일 무신.

관료를 진정시키기에 넉넉하도다. 우뚝 높은 지위와 명망, 의젓한 典型은 예스럽다. 몸소 4대의 임금을 섬겨 忠義는 더욱 두텁고, 壽는 70에 이르러 榮達함과 尊貴함이 갖추었으니, 진실로 국가의 주춧돌이며 寡人의 고굉(股肱: 다리와 팔)이로다. 의지하고 의뢰함이 깊음에 어찌 老成의 아름다움을 정표(旌表)하지 않을 수 있겠는가? 궤장(几杖)을 내려 일어서고 앉는 것을 穩便하게 하고자 함이니, 경은 氣體를 보전해 和氣를 기르고, 心力을 다해 정치를 보살피라![26]

세종은 황희를 가리켜 '세상을 도운 큰 재목', '나라를 다스리는 큰 그릇'이라 했다. 그리고 그의 지혜는 온갖 정무를 통괄하기에 넉넉하고, 덕은 모든 관료를 진정시키기에 넉넉하다고 했다. 그러기에 그의 모습은 우뚝 높은 지위와 명망, 의젓한 典型이 예스럽다고 묘사하였다. 또한 4대 임금을 섬겨 忠義가 두텁고 壽는 70에 이르러 榮達함과 尊貴함을 갖추어 진실로 '국가의 주춧돌'이며 '寡人의 股肱(다리와 팔)'이라고 하였다. 영의정을 사직하는 황희에게 오히려 궤장을 하사하며 내린 세종의 이 말은 더 이상 설명이 필요 없는 최상의 예우요 칭찬이다. 세종은 사의를 표명한 방촌에게 다음과 같이 나무란다.

廟堂에 무슨 의문이 생기면 卿이라야만 處決할 수 있고, 政刑에 무슨 의론이 있을 때도 경이라야만 꼭 알맞게 해낼 수 있다. 모든 施爲에 있어서도 모두 경만 쳐다보고 있는 참인데, 왜 風聞에 따라 탄핵받았다는 이유를 내세우고 갑자기 대신의 책임을 사면하려 하느냐. 내가 벌써 거기에 대한 사실은 환히 알도록 했는데 경은 무엇 때문에 아직

---

26) 『세종실록』, 권56, 세종14년 4월 25일 계축.

껏 마음속에 끼고 있느냐.27)

여기서 세종의 황희에 대한 신망은 극에 달한다. 마치 어린 아이가 엄마에게 매달려 의지하듯이 세종은 국정의 달인으로서 황희의 역량과 인품을 신뢰하고 존경한다. 그 임금에 그 신하라는 말이 어울리는 경우다. 우리 역사상 어느 임금이 이렇게 신하를 믿고 사랑하고, 어느 신하가 임금을 믿고 존경하며 충성을 다하였는가?

황희에 대한 신망과 역사적 평가는 역대 임금들이 내린 「賜祭文」에서도 마찬가지다. 정조는 "뛰어난 翼成이여! 고요(皐陶)와 기(夔)만이 짝할 수 있도다." 라고 찬탄하였다. 고요와 기는 순임금의 신하인데, 마치 세종과 황희의 경우를 순임금과 고요, 기에 비유해 찬탄한 것이다.

또 순조는 "우리나라의 명상으로 翼成이 으뜸이었다. 漢의 蕭何, 曹叅과 宋의 韓琦, 富弼로 英陵이 大位에 계실 때 禮, 樂을 제정한 것은 사실 卿의 보필이었으며, 백성은 지금까지 그 덕을 기리고 있소."라고 찬탄하였다. 여기서 황희는 한나라의 소하, 조참, 송나라의 한기, 부필과 같이 조선의 예악을 제정한 인물로 평가되고 있다. 예악의 제정은 유교국가에 있어서는 가장 근본적인 제도의 구축이라는 면에서 황희의 유교적 업적을 간과해서는 안 될 것이다.

마찬가지로 순조는 "하늘이 나라를 창건하는 데는 반드시 어진 보필을 내는 법, 漢의 蕭何, 唐의 房玄齡 만이 경의 짝이 될 수 있네."28) 라고 칭송하였다. 여기서 황희는 한나라의 소하나 당나라의 방현령에 비유해 일컬어지고 있다.

---

27) 『방촌황희선생문집』, 「좌의정을 사양한 상소」, 방촌황희선생문집간행위원회, 2001, 31쪽
28) 『방촌황희선생문집』, 부록 상, 「순조조 사제문」, 1354쪽.

그의 「墓誌銘」에서는 "연세 90이 되어서도 총명이 감소되지 않아, 조정의 법도와 經, 史, 子書들을 촛불처럼 환히 기억하였고, 더욱이 算數에 있어서는 제아무리 젊은이라도 감히 공을 따를 수 없었으므로, 평론하는 이가 賢相을 칭할 때 으레 공을 우두머리로 쳤고, 그 勳業과 德量을 宋의 王文正 旦과 韓忠獻 琦에 비하였다."[29]고 적고 있다. 여기서 황희는 賢相의 으뜸으로 칭송되고 있고, 송나라의 왕탄, 한기에 비유되어 일컬어지고 있다.

이상의 여러 자료를 통해서 볼 때, 황희는 위대한 세종시대의 주역으로 聖君 世宗을 도와 역사상 가장 훌륭한 유교적 이상정치를 실현하는데 중심적 위치에 있었다. 우리나라 역사상 聖君賢相의 가장 모범적인 사례가 바로 이 경우라 하겠고, 실제로 30여년의 오랜 기간 임금과 신하가 뜻을 같이하여 君臣共治의 실적을 남긴 것도 처음이라 할 것이다.

4. 王道의 이상과 유교국가 건설

1) 인간의 존엄과 평등

황희의 인품을 여러 가지로 말할 수 있지만, 대체로 寬厚, 正大, 淸廉, 聰明으로 보는 것이[30] 비교적 정당한 평가로 생각된다. 특히 그의 인품에 대해 많은 사람들이 너그럽고 인자하다고 평가하고 있다. 그의 이러한 너그러운 성품, 모나지 않은 성격이 오랜 세월동안 관직생활을 할 수 있었던 원동력이었고, 또 역대 임금들을 보필할 수 있었던 이유가 되고, 수많은 관료들 사이에서 원만하게 국정을 이끌고 어려운 시국 현안들을

---

29) 『방촌황희선생문집』, 부록 상, 「묘지명」, 1361~1362쪽.
30) 오기수 교수는 『황희, 민본시대를 이끈 행복한 2인자』(고반, 2017)에서 황희의 인물됨을 寬厚, 正大, 淸廉, 聰明으로 평가하였다.

해결하는 해결사로서 탁월했던 것이 아닌가 짐작된다.

『연려실기술(燃藜室記術)』에 의하면 "우리 조선의 어진 정승을 논할 때면 반드시 공을 제일로 삼았으며, 공의 勳業이나 德量을 송나라의 王文正과 韓忠獻에 견주었다"고 기록하고 있다. 이렇게 황희는 조선 역사상 최고의 어진 재상으로 일컬어졌다. 寬厚란 '마음이 너그럽고 후덕하다'는 뜻이다. 아마도 황희에 관한 인물평이나 일화 속에서 가장 많이 나오는 것이 어질고 너그럽고 넉넉한 인품이다. 우리가 흔히 말하는 '덕이 있다'는 말은 이러한 표현과 상통한다고 볼 수 있다. 남에게 너그럽고 후덕하다는 말은 남을 사랑하고 포용하고 이해하는 폭과 깊이가 넓고 깊음을 말해준다. 즉 사람에 대해 귀천을 따지지 않고 대하고, 호불호를 따지지 않고 대하고, 신분과 직업을 따지지 않고 대하는데서 가능해진다. 이는 달리 말하면 인간에 대한 사랑, 인간생명에 대한 존엄을 근저로 하는 것이다. 소위 유학이 말하는 仁人이 이에 해당한다.

이제 황희의 생애 속에 나타난 너그럽고 넉넉한 일화를 살펴보기로 하자. 황희는 나이가 들수록 원숙하고 노련해져 형벌을 무겁게 매기지 않고, 특히 백성들의 어려움을 보살펴 주는 데 앞장섰다고 한다.[31] 蔣英實은 본래 그 아비가 원나라 소주, 항주 사람이고, 어미가 기생이었는데 솜씨가 뛰어나 태종이 보호하고 세종이 아껴 인재로 쓰려고 하니, 이조판서 許稠, 병조판서 趙末生 등이 반대를 했다. 다시 황희, 맹사성에게 의논하니 기꺼이 찬성하였다. 황희 같은 어진 재상이 있었기에 세종이 신분을 초월한 인사를 할 수 있었던 것이다.

1449년(세종 31년) 10월 황희가 87세에 관직을 물러나게 되었을 때, "황희는 수상의 지위에 20년이나 재직하였다. 항상 그가 논하는 바는 너

---

31) 이성무, 위의 책, 6쪽.

그럽고 관대하였으며, 소란스럽게 이것저것을 자주 바꾸는 것을 좋아하지 않아서 나라 사람들을 능히 전정시킬 수가 있었다. 그래서 사람들이 황희를 두고 진정한 재상감이라고 칭하였다."[32] 고 기록하고 있다.

또한 『大東野乘』에는 황희의 너그러운 인품과 일화에 대해 다음과 같이 자세히 소개하고 있다.

익성공 황희는 세종 조 때 수상이 되어 거의 30년이 되었으나 기쁨과 노여움을 말이나 얼굴에 한 번도 나타내지 아니하고, 종들을 대할 때도 사랑을 하여 일찍이 매질을 하지 아니하였다. 사랑하는 侍婢가 어린 종놈과 장난이 너무 심하여도 공은 보고 문득 웃었다. 일찍이 말하기를, "奴僕 또한 하느님께서 내린 백성인데 어찌 포악하게 부리겠느냐?" 하고, 글을 지어 자손에게 끼쳐 주었다. 일찍이 홀로 동산을 거닐고 있었는데 이웃집에 철없는 아이들이 한창 무르익은 배에 돌을 던져 땅에 가득히 떨어졌다. 공이 큰 소리로 侍童을 부르니, 아이들은 시동을 부르는 것은 반드시 우리들을 잡아가려는 것이라 하고는 놀래어 모두 달아나 몰래 숨어 엿듣고 있었다. 그런데 시동이 오니 그릇을 가져오라 하여 "떨어진 배를 주워서 이웃집 아이들에게 주라"하고는 아무 말도 아니하였다.

文康公 李石亨(1415~1477)이 장원급제하여 正言이 되어 공을 뵈니, 공은 『綱目』과 『通鑑』을 한 질씩 내놓고 그에게 제목을 쓰도록 명하였는데, 바로 못된 계집종이 간소한 음식을 차려가지고 공을 기대고 앉아서 문강을 내려다보다가 공에게 말하기를, "술을 드리겠습니다" 하니, 공이 나지막하게 "아직 두어라" 하였다. 계집종이 다시 공의 곁에

32) 『세종실록』, 권126, 세종 31월 10월 5일 임자 조.

한참 서 있다가 성낸 소리로 "어찌 그리 더디시오"하니, 공은 웃으면서 "가져 오너라" 하였다. 드린 즉 두어 명의 작은 아이들이 모두 떨어진 옷에 맨발로, 어떤 아이는 공의 수염을 잡아당기고, 어떤 아이는 공의 옷을 밟으면서 차려 놓은 음식을 모두 퍼먹고 또한 공을 두들기니 공은 "아프다. 아프다"라고만 하였다. 이 작은 아이들은 모두 노비의 자식들이었다.

황희는 노복들을 하느님께서 내린 백성이라 하고 그들에게 포악하게 매질을 하거나 함부로 대하지 않았다. 종들의 일상을 웃어넘기는 황희, 배를 따는 종들을 나무라지 않고 오히려 나누어 주는 마음, 어린 종의 자식들이 손님 앞에서 음식에 손을 대고 자신의 수염을 만지고 옷을 밟아도 아무렇지 않게 대하는 모습에서 그의 너그러운 인품을 볼 수 있다.

또한 徐居正(1420~1488)의 『筆苑雜記』에는 다음과 같은 일화가 전한다.

익성공 황희는 도량이 넓어 대신의 체통이 있었다. 정승의 지위에 있는지 30년이요, 향년이 90세였다. 국사를 의논하여 결정할 때는 관대히 하도록 힘썼으며, 평소에는 담담하여 비록 兒孫童僕들이라도 좌우에 늘어앉아 울부짖고 또는 껄껄 웃어대며 희롱하여도 꾸지람하거나 금하는 일이 없었다. 혹은 공의 멱살을 잡아당기고 뺨을 쳐도 그들이 하는 대로 따라갈 뿐이었다. 일찍이 각료들과 국사를 의논하며 붓으로 먹을 찍어 막 글씨를 쓰려 할 때 한 童奴가 그 위에 오줌을 쌌으나 공은 아무 노여운 기색도 없이 손수 그것을 훔칠 따름이었으니 德量이 이와 같았다. 일찍이 남원에 귀양살이를 할 때에는 7년간을 閉門端坐하고 賓客을 접하지 않으며, 다만 손에는 한 질의 詩韻을 들고 정신을 집중하여 주목해 읽을 따름이었다. 뒤에 나이가 많아서도 글 뜻한 마디 글자 한 획을 백에 하나도 그르친 일이 없었다.

위와 비슷한 내용이지만 다시 인용하였다. 나랏일을 처리할 때는 늘 관대하기를 힘썼고 집안에서는 아이들이나 손자들이 웃거나 장난을 해도 다 용납하였다. 붓으로 글씨를 쓰려하는데 어린 종아이가 그 위에 오줌을 쌌어도 혼내지 않고 걸레로 닦기만 했다 한다. 황희가 살았던 15세기의 역사적 배경을 생각하면 그의 이렇게 너그러운 처세가 얼마나 어려운 일인가를 짐작할 수 있다. 이기(李墍, 1522~1600)의 『송와잡기(松窩雜記)』에는 다음과 같은 일화가 전해진다.

黃翼成公 喜는 고려 말에 積城의 訓導로 있었다. 하루는 적성에서 松京으로 가는 길에 한 노인이 검은 소와 누른 소 두 마리로 밭을 갈다가 멍에를 떼어 놓고 나무 밑에서 쉬는 것을 보고 노인에게 묻기를, "소 두 마리 중 어떤 소가 일을 더 잘하느냐?" 하고 물었다. 그러자 노인이 공의 귀에 입을 대고 말하기를, "검은 소가 낫습니다" 하였다. 공이 묻기를, "그 말을 하는데 어찌 귓속말로 하느냐?"고 하니, 그 농부가 하는 말이 "비록 짐승이라 할지라도 제가 못한다 하면 섭섭하지 않겠습니까?" 하였다. 공의 한평생 겸손하고 仁厚한 덕은 그 노인의 한 마디가 귀감이 되었던 것이다.[33]

이 소에 얽힌 일화는 널리 알려진 것인데, 밭가는 노인에게서 교훈을 얻어 평생 사람을 대함에 仁厚한 德을 실천했다는 것이다. 마찬가지로

---

33) 이 일화가 柳夢寅의 『於于野談』에는 황희가 암행어사로 민정을 살필 때의 일로 장소만 다르게 기록되어 있다.

이기의 『송와잡기』에는 황희의 '네 말도 옳다'는 유명한 일화가 다음과 같이 전해진다.

공은 정사에만 전념할 뿐 집안일에는 무관심하였다. 하루는 계집종 둘이 다투더니 한 종이 공의 앞에 와서 말하기를, "저것이 이러저러했 으니 간악한 년"이라 말하니, 공이 "네 말이 옳다"하였다. 조금 뒤에 이 제는 다른 종이 와서 "저년이 이러저러했으니 나쁜년"이라 하니, 공이 또 "네 말이 옳다" 하였다. 그 말을 공의 조카가 듣고 있다가 공에게 두 사람이 싸웠으면 시비를 가려 주어야지 둘 다 네 말이 옳다고만 하시 니 그럴 수가 있습니까?" 하니, "네 말도 옳다"고 하며 계속 글만 읽고 있었다.

이 일화는 계집종 두 사람이 서로 다투다가 서로 황희 정승에게 자신의 정당성을 일러 바쳤다는 것이다. 그러자 황희는 두 계집종에게 '네 말이 옳다'고 각각 얘기해 주었다. 이를 옆에서 본 조카가 황희에게 시비를 분명히 가려줄 일이지 두 사람에게 '네 말은 옳다' 또 '네 말이 옳다'고 하는 것은 옳지 않다고 하였다. 그러자 황희는 다시 조카에게 '네 말도 옳다'고 했다. 혹자는 이 일화를 황희의 우유부단한 성격과 태도라고 비판하기도 하지만, 여기에는 매우 깊은 논리와 철학이 담겨져 있다. 계집종 A와 B의 말다툼에 대해 황희는 각기 옳은 요소가 있다는 입장에서 '네 말도 옳다'고 했던 것이며, 또한 조카의 말에도 옳은 요소가 있으므로 '네 말도 옳다'고 한 것이다. 이는 서로 대립되는 세 가치를 상보적 관점에서 이해하는 것이다. 황희의 이 일화는 마치 동양철학의 陰陽妙合의 논리나 元曉의 和諍의 논리 그리고 율곡의 '理氣之妙'의 논리와 상통하는 것이다. 서로의 대립을 지양하여 소통하고 화합하는 민주적 조화의 사상이 내재해 있다. 나만 옳고 너는 틀렸다고 보는 것이 아니라, 나도 틀릴 수 있는 동시에 남도 옳을 수 있다는 것을 전제하는 것이다. 30개의 관현악 합주에서 볼 수 있듯이 저마다의 악기가 각기 자기 소리를 내지만 전체적으로는 하나로 和音되는 것이다. 황희의 이 일화도 이러한 논리와 정신을 담고 있다는 점에서 높이 평가된다. 황희가 이러한 너그러움과 남의 주장이나 의견을 포용하는 넉넉함이 있었기 때문에 24년간 재상의 지위에 있으면서 존경을 받고 봉사할 수 있었던 것이다. 또한 林泳 (1649~1696)의 『滄溪錄』에는 다음과 같은 일화가 전해진다.

방촌이 입궐한 뒤 부인이 배 몇 개를 얻어 공에게 드리려고 공의 침소 시렁위에 넣어두고 가까운 친가에 갔는데, 공이 퇴근하여 방에 보니 쥐가 시렁위에 들락거리면서 배를 물어가려고 애쓰다가 물어갈 수 없자 마침내 다른 쥐 한 마리를 데리고 와서 한 마리는 배를 안고 드러눕고 다른 한 마리는 배를 안고 있는 쥐를 물고 나갔다. 이렇게 몇번을 들락거리더니 마침내 배를 다 물어갔다. 얼마 후에 부인이 들어와 배를 찾으니 없었다. 공은 무엇을 생각했던지 시치미를 떼고 보지 못했다고 했다. 부인이 집 보던 여종들을 추궁하니 모른다고 하므로 노하여 매를 들고 때리자 겨우 몇 대를 맞고는 제가 먹었다고 거짓 자백했다. 공은 그 일을 보고 크게 탄식하였다. 그 며칠 뒤 공은 조정에서 그 일을 이야기하고 지금 국내에는 매를 못 이겨 애매한 형을 받은 자가 많을 것이라고 했다. 왕이 즉시 行會에 명하니 오랫동안 수감되어 있는 죄수를 석방하라고 하여 경향 각지의 옥이 텅 비었다.

황희는 집안에서 배를 쥐가 물어갔는데 부인은 집을 보던 종을 의심해 매질을 하여 거짓 자백을 받은 사건을 보면서 깊이 깨달았다는 것이다. 오늘날도 그렇지만 고문과 가혹한 형벌로 거짓 자백을 받는 사법제도의 문제점을 지적한 것이다. 황희는 이 사건을 계기로 조정의 억울한 죄수들을 석방해 주고 범죄 조사의 과정에서 가혹한 고문이나 형벌을 배제하도록 노력하였다. 또 李尙眞(1614~1690)의 『晩庵集』에는 다음과 같은 일화가 전해진다.

黃公이 수상으로 있을 때 무슨 일이 있어 관료 수 십명과 함께 政廳에서 식사를 하게 되었는데, 황공이 밥을 덜어 놓으려고 할 때 밥 속에 벌레가 들어 있었다. 그러나 황공은 그 벌레를 덜어놓은 밥 속에 숨겨 버리고 아무 말 없이 밥을 먹었다. 관료 중에 그 사실을 안 사람이 있었으나 수상이 그러하므로 그도 아무 말 없이 밥을 먹었다. 만일 그 일이 탄로나면 주방 하인들이 중죄에 걸릴 자가 많을 것이므로 공이 덮어버린 것이다.

요즘도 있을 수 있는 일이지만, 황희가 정승으로 있을 때 政廳에서 수십 명이 함께 식사를 하는데 밥 속에서 벌레가 발견되었다. 황희는 그 일이 드러나면 음식을 한 여러 명이 다칠 것을 우려해 조용히 밥 속에 묻어 놓고 그냥 식사를 마쳤다. 사소한 일이지만 이러한 일화에서 황희의 남에 대한 배려와 이해 그리고 너그러운 인품을 읽을 수 있다.

이상 여러 가지 일화와 그의 삶 속에서 보통사람이 접하기 어려운 경지의 너그러움과 넉넉함을 볼 수 있었다. 그것은 그의 탁월한 장점이면서 그가 오랜 관직생활을 성공적으로 할 수 있었고, 또 24년 동안 재상으로 봉직하고, 18년 동안 영의정의 자리에 있을 수 있었던 소중한 자산이라고 볼 수 있다.

이상의 일화들 대부분이 종이나 하인들과의 관계에서 나온 것들이다.

당시 현실을 고려하면 한 나라의 재상으로써 종들의 인격을 존중하고, 종의 어린 아이들 실수를 아무렇지 않게 포용한다든지, 그들과 소통하고 지낸 것은 시대를 뛰어넘어 인간의 귀천을 따지지 않고 인간평등을 몸소 실천한 황희의 인품을 잘 말해 주는 것이다. 여기서도 황희의 경우는 다른 유학자들과 구별된다. 왜냐하면 다른 유학자들의 경우는 그들의 말과 글을 통해 인간의 존엄을 말하고 귀천의 평등을 주장하고 있지만, 방촌의 경우는 몸소 실천으로 보여주고 있기 때문이다.

이러한 인간존엄과 평등의 실현은 그의 개인 생활에서 뿐만 아니라 그의 오랜 관직생활에서도 잘 나타난다. 즉 정책의 실현으로 나타나 있다.

"한 죄인의 잘못으로 아무것도 모르는 그 처자를 모조리 緣坐시킨다면 너무 억울한 일이 아니겠습니까? 저들의 죄의 輕重을 구분하여 석방시키는 것이 옳겠고, 또 大小를 막론하고 公罪와 私罪를 구분하여 還收한 職牒도 되돌려주는 것이 타당할 듯 합니다" 하니, 임금께서 "그렇게 하라"고 하였다.34)

여기서 황희는 연좌제의 문제점을 지적하여 한 번 죄를 저질렀다고 연좌의 책임을 묻는다면 이것은 너무도 억울한 일이므로 시정해야 한다고 건의하였다. 또 죄의 경중을 분명히 가리고 公罪와 私罪를 구분하여 처벌해야 한다고 하여 형벌의 공평성과 인권의 보호를 적극 주장하고 있다. 유학은 王道정치, 仁政을 지향하는 바, 그 근본은 바로 백성의 생명과 재산을 보호하고 인간다운 대우를 하는데 있기 때문이다. 황희는 또 장

---

34) 『방촌황희선생문집』, 「억울하게 연좌된 죄인을 석방하도록 한 議」, 129쪽.

애자인 맹인에 대한 처우와 배려에 대해서도 다음과 같이 언급하고 있다.

> 지금도 맹인에게 官爵을 제수하는 것이 타당할듯합니다. 그러나 我朝에는 檢校란 관직이 없고 다만 內侍府에만 검교란 직위가 있습니다. 지금부터 이 맹인에게 내시부 검교를 제수시키고 또 성적에 따라 사옹원(司饔院) 司直으로 승진하도록 하는 것이 어떻겠습니까? 그 계급에 있어서는 정4품으로 한정하는 것이 옳을 듯 합니다.35)

오늘날도 장애인에 대한 처우와 복지가 뜨겁게 논의되는 현실에서, 황희는 맹인에게도 관작을 제수하는 것이 옳다는 주장을 하고 있다. 당시 조선조 사회는 양반과 상민의 차별, 嫡庶의 차별, 남녀의 차별, 지역적 차별 등이 심각했던 상황에서 방촌이 장애인들에 대해 차별 없는 취업과 승진을 주장하는 것은 시대를 뛰어넘는 선견으로 볼 수 있다. 황희는 또 "新白丁이 모두 도적이 아니니, 그 직업을 잡고 편안히 살아 평민과 같은 자도 매우 많습니다. 그런데 만약 죄악을 구분하지 않고 강제로 가산을 모두 방매하여 떠나게 한다면 억울함이 또한 지극할 것이니, 그 조처하는 법은 六典에 실려 있습니다."36) 라고 하였다. 이는 백정에 대한 신분 보장과 인간적 대우 그리고 차별적 조치에 대한 언급으로 황희는 백정이라 하더라도 억울한 대우를 받아서는 결코 안 된다고 주장하였다. 또한 황희는 걸인들에 대한 대책에서도 임금에게 획기적인 대안을 다음과 같이 제시하였다.

---

35) 『방촌황희선생문집』, 「맹인에게도 官爵을 주는 제도를 개진한 議」, 164쪽.
36) 『방촌황희선생문집』, 「신백정의 통치 방책을 아뢴 狀啓」, 278쪽.

"거지가 되어 떠돌아다니는 사람들은 심문당하는 것을 꺼려하여 원래 賑濟場에 들어오지 않고 모두 지름길로 말미암아 깊숙한 山林으로 들어가니, 구제하기가 매우 어렵습니다. 청컨대 그윽한 마을과 人家의 조밀한 곳에 진제장을 베풀어, 무릇 떠돌아다니는 자와 거지가 오거든 우선 安接시켜 구제하고, 서서히 根地를 물어 봄철이 되거든 본 적지로 돌려보내게 하시옵소서" 하니, 임금께서 이를 따랐다.37)

어느 시대나 걸인들은 있게 마련이다. 가난하여 삶의 터전을 잃어버리거나 부모의 부양을 받지 못하면 가난한 걸인이 된다. 황희에 의하면 당시 걸인들은 심문당하는 것이 싫어서 진제장에 들어가지 않고 깊은 산속으로 숨어 산다는 것이다. 그러므로 걸인에 대한 구제가 어려우니 그윽한 마을과 사람들이 많이 사는 곳에 진제장을 만들어 거지들의 안식처로 만들어 우선 구제하고, 봄철이 되면 본적지로 돌려보내도록 하는 것이 좋겠다고 하였다. 16세기 아산현감을 맡았던 土亭 李之菡(1517~1578)은 乞人聽을 만들어 그들의 자활과 생활안정을 도왔다고 하였는데, 15세기 황희는 걸인들을 위한 진제청의 역할을 강조하고 있다. 이와 같이 황희는 사회적 약자였던 죄인, 장애인, 걸인들에 대해 깊은 관심과 대책을 강구하였을 뿐만 아니라, 각 도와 고을의 노비를 혁파할 것을 청하여 임금의 허락을 받기까지 하였던 것이다.38)

이러한 황희의 인간 평등의식이나 인간 존엄에 대한 대책은 하나의 말이나 이론으로서가 아니라 실제의 생활로, 정책으로까지 실천되었다는데서 다른 이들과 차별화되는 것이고, 이러한 인간존엄과 평등의 실현

---

37) 『방촌황희선생문집』, 「流離丐乞하는 사람을 구제하여 본적지로 돌아가게 하는 방책을 아뢴 장계」, 303쪽.
38) 『방촌황희선생문집』, 「연보2」, 14년 임자 선생 70세 조.

은 곧 유교 왕도정치 사상의 근본이라는 점에서 매우 중요한 의의가 있
다.

2) 禮, 樂문화의 제도화

유학은 본래 禮와 樂을 문화의 근간으로 삼는다. 周公이 중국 유교문
화에서 중요한 위상은 주나라의 문물제도를 갖추는데 크게 기여했다는
점이다. 禮란 넓게 법까지 포함하는 질서의 개념이고, 樂은 음악을 비롯
한 예술문화의 총칭이다. 禮는 백성에게 方正性을 준다면, 樂은 圓融性
을 준다. 禮樂의 조화야 말로 유교의 이상이다. 규범과 질서가 잘 지켜지
면서도 인간의 따뜻하고 아름다운 정서가 잘 발휘될 수 있다면 그것이
곧 예악이 조화된 세상이다.

이성계가 혁명을 통해 조선을 세운 것이 황희 30세의 일이고, 황희가
세상을 떠난 것은 조선이 세워진지 60년이다. 따라서 황희의 시대는 건
국 초기로서 유교 국가의 체제를 갖추는데 정치적 역량이 집중되었던 때
다. 유교적 법제와 유교적 예문화, 유교적 교육체제를 세우는데 많은 노
력이 필요했다. 이 와중에서 중요한 위치에서 중요한 역할을 했던 이가
바로 황희다.

『문종실록』에 실린 황희의 「卒記」에는 그가 어머니가 죽었을 때 佛事
를 일으키지 않고 일체 『家禮』를 따랐으며, 황희가 3년 상을 치르고자 하
였으나 임금이 그를 起復시키고자 하여 여러 차례 사양했다는 기록이 보
인다. 또한 그가 일찍이 遺書를 작성하여 자손들에게 보여주면서 자신이
죽은 뒤에 장례의 예는 일체 『家禮』를 따르도록 했다는 일화가 전해진
다.39)

---

39) 『문종실록』, 권12, 문종 2년 2월 8일 임신 조.

이 시기 朱子의 『家禮』가 사대부 계층에서도 제대로 시행되지 않았으며, 설사 시행되었다 하더라도 그 내용과 의미를 완전히 이해하지 못하는 경우가 많았음을 고려하면,[40] 황희가 일찍부터 『家禮』의 시행을 적극적으로 따랐을 뿐만 아니라 遺書를 통해 자손들에게 이를 당부했다는 사실은 그가 주자의 학문적 경향을 따르는 데에 상당한 수준에 이르렀음을 보여준다. 그를 起復시키고자 하는 국왕의 의지에도 불구하고 3년 상을 온전히 치르고자 했다거나, 1397년(태조 6년) 鄭蘭을 起復시키는데 동의하지 않아 拾遺직에서 파직되었던 일화[41] 역시 마찬가지 맥락에서 이해할 수 있다.[42]

아울러 황희는 태종 재위 후반 이래 줄곧 조정에서 몇 손가락 안에 꼽히는 예제와 법제의 전문가로 활약하였다. 황희는 1413년(태종 13년)부터 1415년(태종 15년)까지 약 2년에 걸쳐 예조판서를 역임했는데, 태종대 6조의 판서를 두루 거친 그의 경력에서도 예조판서로 재임한 기간이 가장 긴 편에 속한다.[43] 세종대에 이르러서는 다시 관직에 복귀한지 1년 만인 1423년(세종 5년)에 다시 예조판서로 임명되기도 하였다.[44]

특히 그는 세종 9년 이후에는 李稷, 許稠, 卞季良, 申商, 趙啓生, 鄭招, 金孝孫 등과 함께 세종 17년에 儀禮詳定所가 혁파될 때 까지 의례상정소의 提調직을 맡았다. 당시 의례상정소가 단순히 예조의 자문기구를 넘어 법전 편찬과 의례 상정의 업무를 통합적으로 수행하던 기구였다는 점을 고려하면, 황희는 이직, 허조 등과 더불어 예제와 법제에 관한 소수의

40) 고영진, 「15, 16세기 주자가례의 시행과 그 의의」, 『한국사론』, 21, 1989, 109쪽.

41) 『태조실록』, 권12, 태조 6년 11월 29일 정축 조.

42) 황향주, 「고려 기복제와 14세기 말 기복논쟁」, 『한국사론』, 2011, 57쪽 참조.

43) 소종, 「조선 태종대 방촌 황희의 정치적 활동」, 『역사와 세계』, 47, 2015, 108~110쪽.

44) 『세종실록』, 권20, 세종 5년 5월 27일 병오 조.

전문가 그룹의 일원으로 인정받았던 것이다.**45)**

황희는 어머니의 상을 당해 3년의 예를 갖추고자 하는데, 부득이 왕명으로 起復을 하게 하는 부당성을 다음과 같이 비판하고 있다.

옛날 성인이 부모상에 3년 복을 마련하여 온 천하 사람들에게 통용하도록 했다는 것입니다. 어진 이는 그대로 지키고 불초한 자도 그대로 꼭 따르도록 하였으니, 이 3년상이란 제도는 고금을 막론하고 제왕의 大典입니다. 신은 지나간 태종 2년(壬午, 1402년)에 父喪을 만났을 때 겨우 석 달만에 起復하게 되어 3년 복을 제대로 입지 못했습니다. 그때는 몰아닥친 事勢가 끝내 피할 수 없어서 자식된 직분을 폐하게 되었으나, 생각할수록 슬픔과 느낌을 금할 수 없습니다. 지금 또 죄가 천지에 가득차자, 갑자기 화가 닥쳐서 어머님이 세상을 떠났습니다. 오직 정해진 喪制에 따라 망극한 마음을 펴려고 했는데, 또 겨우 석 달을 지나 起復하라는 教命을 받게 되었으니, 하늘을 쳐다보아도 부끄럽고 땅을 내려다보아도 부끄러우며, 또 황공한 심정도 한량없습니다. 대개 親喪 중에 服을 입는 孝心을 뺏고 起復하도록 하는 것은 본래 좋은 법이 아닙니다. 혹 兵亂이 일어나 국가가 위급할 무렵에 安危의 책임을 가진 자에게 하는 수 없이 權道에 따르도록 하는 것입니다. 지금은 국가에 아무 일도 없는데 왜 하는 수 없이 權道로 시키는 이 제도를 못난 신에게 덮어씌워서, 고금에 통용하는 이 3년상 禮制를 무너뜨리게 합니까?**46)**

45) 이민우, 「세종대 공법제정에서 황희의 역할」, 『방촌 황희의 학문과 사상』, 책미래, 2017, 308쪽.
46) 『방촌황희선생문집』, 「起復就職을 사양한 편지」, 56쪽.

황희는 『家禮』뿐만 아니라 국가 典禮에 있어서도 깊은 관심을 가졌다.[47] 그는 의정부 참찬 시절 祭享에 쓰이는 돼지는 거세한 것을 미리 기르도록 하자는 예조의 건의에 적극 동의하면서 이를 시행하도록 하였다.[48] 또한 국가의 백년대계를 위해 왕실제사의 素膳을 주장하여 마침내 관철시키기도 하였다.[49]

팔도 유생들은 두 차례나 황희의 문묘종사를 조정에 청원하였는데, 그 이유는 황희가 『國朝五禮儀』를 제정하여 문물제도의 기틀을 잡고, 이단을 배척하여 正學을 숭상하는 기풍을 굳건히 심어, 조선이 儒冠과 儒服, 儒行과 儒言에 힘쓰게 했다고 하였다고 주장하였다.[50]

『國朝五禮儀』의 제정은 『經國大典』의 완성에 짝하는 것이었다. 전자가 '禮'를 대표하는 것이라면, 후자는 '法'을 대표하는 것이었다. 이로써 조선왕조의 문물제도는 사실상 완비된 것이다.[51] 황희의 연보나 실록 기사를 보면 방촌이 조선의 禮制를 만드는데 얼마나 기여했는지 잘 알 수 있다. 다음은 그 하나의 예라고 볼 수 있다.

"신 등은 이 『近思錄』과 『文公家禮』 등 두 서적을 보니, 옛 사람은 제사지낼 때 영정을 쓰지 않았다는 것이 틀림없습니다. 더구나 우리 태종께서 맨 처음 廣孝殿을 창건할 때 말씀 하시기를, '婦人은 畫像을 그리기 어려운 일이다' 하고 禮官에게 명하여 神主만 모시도록 했습니

---

47) 곽신환, 위의 글, 147~149쪽 참조.
48) 『세종실록』, 6년 1424년 8월 11일 조.
49) 오기수, 「경세가 방촌 황희 -백성을 위한 왕실제사의 소선-」, 『오늘의 한국과 방촌 황희』, 방촌황희선생사상연구회, 2018. 11. 9.
50) 『방촌황희선생문집』, 1581~1582쪽, 「請厖村先生陞廡疏」 참조.
51) 최영성, 「황희, 그 역사적 평가와 위상에 대한 일 고찰」, 『백성의 신, 황희와 그 후예들』, 책미래, 2018, 223쪽.

다. 이로 본다면 태종께서 하신 일이 先儒의 말과 꼭 부합되는 것입니다. 신 등도 이 原廟에는 태종께서 결정한 이 成憲에 따라 신주만 모시도록 하는 것이 타당할 듯 합니다." 라고 하니, 임금께서 그대로 따랐다.[52]

이와 같이 그는 관혼상제는 물론 국가의 典禮에 이르기까지 조선 초기 유교 예제의 확립에 있어서 중추적인 역할을 했던 것이다. 그는 또 유언에서 다음과 같이 유교 예법에 의한 장례를 자손들에게 당부하고 있다.

내가 죽은 후에 喪制에 대한 예절은 모두 家禮에 따르되, 만약 우리 나라에서 행하기 어려운 일은 반드시 억지로 따를 필요는 없는 것이다. 힘과 분수에 맞추고 家勢有無에 맞추어 시행할 뿐이고 허례허식 하는 일은 일체 행하지 말며, 家禮 중에 음식일체를 꼭 그대로 하면 병이 날까 두려우니, 이는 尊長의 명령을 기다리기 전에 억지로라도 죽은 먹어야 할 것이며, 이미 전해온 家法에 따라 행하고 佛家에서 하는 짓은 전혀 하지 말라. 빈소에 7일 동안 소전(澆奠)하는 일은 가례에 없는 일인 바, 부처를 좋아하는 자들이 모두 私見에 하는 것이니, 이는 절대 행하지 말라.[53]

또한 황희는 禮에 능하여 예제의 정립에 크게 기여했을 뿐만 아니라, 樂을 만드는데도 중요한 역할을 했다. 이기(李塈)의 『松窩雜記』에 의하면 "黃翼成은 英陵의 聖代를 만나 禮를 제정하고 樂을 만들며, 큰 일을

---

52) 『방촌황희선생문집』, 「原廟에 영정을 설치하지 말도록 한 啓」, 95쪽.
53) 『방촌황희선생문집』, 「자손에게 유언한 글」, 189~190쪽.

의논하고 큰 의논을 결정하면서 날마다 임금의 덕을 도와 정치를 성취시키는 데만 전념할 뿐, 家事의 크고 작은 것에는 일체 관심이 없었다."[54]고 하였다. 여기서 방촌의 역할은 禮뿐만 아니라 樂의 정립에도 크게 기여했음을 짐작케 한다.

오병무 교수는 말하기를, "방촌은 樂律에도 능했다. 당시 朴堧이 音律에 정통하여 儀禮詳定所를 설치했는데, 임금이 영의정 黃喜, 우의정 孟思誠, 좌찬성 許稠, 總制 鄭招 등 음악에 밝은 사람들에게 명하기를 박연과 함께 提調가 되어 樂律을 제정하도록 하였다."[55]고 평가하고 있다. 이와 같이 황희는 조선 초기 禮와 樂의 정립에 있어서 매우 중요한 역할을 했음을 알 수 있다.

3) 불교 배척과 유교 장려

황희는 조선 초기 유교 입국의 과정에서 야기되는 불교신앙의 문제에 대해 단호한 척불의 태도를 견지하였다. 물론 조선이 유교 입국을 천명하고 왕실에서 만백성에 이르기까지 유교적 예제와 생활을 계도하고 강요했지만, 아직도 신앙으로서의 불교는 소멸된 것은 결코 아니었다. 더구나 왕실에서 조차 신앙의 차원에서는 불교가 용납되었고, 세종 역시 이에서 자유롭지 못했다. 이러한 상황 속에서 황희는 조선의 정체성을 유교에서 찾고자 했고, 이에 대한 확고한 신념으로 정책을 추진해 나아갔다.

저 佛氏의 탄생에 대해서는 先儒들이 다 변론하였고, 천하의 聖學으

---

54) 『방촌황희선생문집』, 부록 상, 野史節抄, 「松窩雜記」, 1429쪽.
55) 오병무, 「조선조의 명재상 방촌 황희의 생애와 사상」, 『방촌 황희의 학문과 사상』, 2017, 책미래, 84쪽.

로서도 이 불교가 생민의 모적(蟊賊)이 된다는 것을 분명히 알고 계시니, 신이 무엇을 더 여쭐 것이 있겠습니까? 그러나 우리 聖朝이후 부터는 이 佛氏를 여러 차례 도태시킨 결과 국가를 손상시키고 백성을 좀먹는 폐단이 십분의 칠 쯤은 없어졌습니다. 신은 생각하기를 전하께서 그 근본을 뽑아 없애고 그 근원을 막아버려서 점차 제대로 다 없어지게 되도록 하면, 장차 옛날 二帝三王의 至治를 다시 볼 수 있겠다 하고, 마음속으로 아주 慶幸스럽게 여겼던 것입니다. 왜 오늘날 새삼스럽게 慶讚까지 베풀려 하십니까?……성상께서는 신의 간절한 이 마음을 보살피고 모든 여망을 따라 잘못된 이 일을 빨리 그만두도록 해야 장차 聖德에도 累가 없고 吾道에도 다행할 것이며, 斯民에 있어서도 크게 다행일 것입니다.[56]

여기서 황희는 불교를 생민을 해치는 적이라 비판하고, 3할 정도 남은 불교 잔재를 없애버려 三王의 至治를 이룩하자고 말한다. 아울러 이렇게 해야 장차 聖德에도 누가 없고 吾道에도 다행이고 斯民에도 다행일 것이라 하였다. 황희가 유교적 자긍을 吾道로 표현하고 斥佛을 통해 三代至治를 이루고자 한데서 그의 유교적 신념을 확인하게 된다. 또 황희는 불교의 폐해를 다음과 같이 비판한다.

대개 釋氏의 학설이 백성만 괴롭히고 국가에도 아무 유익이 없다는 것은 성상께서도 벌써 밝게 아시는 바입니다. 늙은 신으로서 뭐 다시 여쭐 필요가 있겠습니까? 하지만 신의 생각에는 아무리 나라에 이익되고 백성을 편케 할 수 있는 일이라 하더라도 사람마다 싫어하면 그

---

56) 『방촌황희선생문집』, 「흥천사 사리각에 대한 경찬을 그만두도록 한 상소」, 45~46쪽.

270 제2부 조선유학의 실천적 학풍

대로 따라야 할 줄로 압니다. 지금 이 佛宇를 세운다는 것은 다만 국가의 재정을 모손시키고 백성의 마음을 해롭히는 것 뿐 입니다.……그런데 신은 예부터 佛宇를 세워 조상을 받들었다는 말은 듣지 못했습니다. 지금 전하께서 모든 여망에 따라 내리신 敎命을 다시 거두어들인다면 조상을 받드는 정성이 옛날 성현에게도 어긋나지 않고 간하는 말을 받아들이는 미덕도 길이 후세에 전해질 것입니다. 이 佛宇를 세우는 것은 전하께서도 이미 떳떳하지 못한 일인 줄 알고 폐지 시킨 지 벌써 오래인데, 왜 또다시 세워서 후세에 웃음거리를 남길 필요가 있겠습니까? 옛날 제왕은 아무리 祖宗朝의 成憲이었다 하더라도 혹 時宜에 알맞지 않으면 시대에 따라 줄이기도 보태기도 한 것이 많습니다. 전하께서는 왜 이 佛堂을 祖宗朝에서 세웠다 하여 고치지 않으려고 합니까? 또 후세에서 전하를 어떻게 여기겠습니까?[57]

황희는 여기서도 불교를 '백성만 괴롭히고 나라에 해로운 것'으로 규정하고, 조상을 위해 불당을 세우려는 왕실의 처사에 대해 강력히 비판하는 것이다. 그는 또 사찰의 불상 조성에 있어서 생기는 문제점 즉 불상과 불경을 금은으로 채색하는 사치스러움에 대해서도 다음과 같이 비판하였다.

이제 우리나라 사찰의 수가 幾千 혹은 幾萬인지 헤아릴 수 없는데, 큰 사찰에는 불상이 수백에 이르고 암자에도 또한 불상이 이십, 삼십개가 되지 않는 곳이 없습니다. 塑像은 순금으로 도금을 하고 畵像은 彩色을 써서 금은을 사용하지 않는 불상이 없는데, 이 불상이 억만 개

---

57) 『방촌황희선생문집』, 「불당을 건축하지 말도록 한 상소」, 51~52쪽.

가 되는지 알지 못하고, 金字로 쓴 불경이 또한 몇 만 질이 되는지 알지 못합니다. 그런즉 불가에서 소모하는 여러 가지 금은이 어찌 한량이 있겠습니까? 만약 중국 사람들이 와서 본다면 우리나라에 황금이 없다고 이르지는 못할 것이니, 이도 또한 염려되지 않을 수 없는 일입니다.58)

황희는 말하기를, 지금 삭발한 僧徒들의 탐욕, 집착이 도리어 세속인보다도 더욱 심하다59)하고, 승려들의 세속화 현상을 부정적으로 보아 비판하고 있다. 아울러 興天寺의 불사에 대해 비판하면서 다음과 같은 논리를 펴고 있다.

"전하는 학문의 聖德이 光明正大하여 만고에 초월하였고, 政事의 법도를 제정하여 옛날 성인과 부합되지 않는 바가 없사옵니다. 그런데 어찌 홀로 아비도 없고 임금도 없어 人倫을 끊게 하는 敎를 깨끗이 버리지 못하여 이치에 어긋난다는 기롱을 받으며, 무슨 까닭으로 無益한 일을 하여 여러 사람의 노여움을 自招하십니까? 전하를 위하여 깊이 애석한 바이오며, 애석하다 못하여 눈물을 흘리옵니다. 엎드려 바라옵건대, 興天寺의 모임을 속히 파하여 태평성대에 한 점의 하자(瑕疵)를 제거 하시옵소서" 하니, 임금께서 윤허하지 않았다.60)

여기서 황희는 불교를 부모를 부정하고 임금을 부정하는 반윤리적인 가르침으로 규정하고, 흥천사의 불사를 중지할 것을 임금에게 힘써 권고

---

58) 『방촌황희선생문집』, 「불교배척을 청하는 서」, 201쪽.
59) 『방촌황희선생문집』, 「불교배척을 청하는 서」, 202쪽.
60) 『방촌황희선생문집』, 「불교배척을 청하는 서」, 204쪽.

하고 있다. 또 그는 僧徒의 度牒을 고찰하여 도첩이 없는 자는 還俗하게 하라 하고, 집현전을 열어 儒賢을 선발하고, 그 額員을 보충하여 經史를 강론하게 하라 하였다.[61] 즉 도첩이 없는 승려들은 다시 환속하게 하고 대신 집현전을 활짝 열어 儒賢을 선발하고, 그 액원을 보충하여 經史를 강론하게 함으로써 유교의 진흥을 꾀해야 한다 하였다. 조선 초기 유교 입국의 정체성 확립을 위해 斥佛의 기치를 높이 들었던 황희는 그의 죽음에 임해서도 家禮에 따른 상례를 후손들에게 당부했던 것이다.

> 내가 죽은 후에 喪制에 대한 예절은 모두 家禮에 따르되, 만약 우리 나라에서 행하기 어려운 일은 반드시 억지로 따를 필요는 없는 것이다. 힘과 분수에 맞추고 家勢有無에 맞추어 시행할 뿐이고 허례허식 하는 일은 일체 행하지 말며, 家禮 중에 음식일체를 꼭 그대로 하면 병이 날까 두려우니, 이는 尊長의 명령을 기다리기 전에 억지로라도 죽은 먹어야 할 것이며, 이미 전해온 家法에 따라 행하고 佛家에서 하는 짓은 전혀 하지 말라. 빈소에 7일 동안 소전(燒奠)하는 일은 가례에 없는 일인 바, 부처를 좋아하는 자들이 모두 私見에 하는 것이니, 이는 절대 행하지 말라.[62]

그러므로 일찍이 南孝溫(1454~1492)은 『秋江冷話』에서 "佛法이 횡행하던 시기를 만나 혼자 세속에서 벗어나 바른 道만을 지키고 거기에 흔들리지 않은 이는 黃翼成 한 사람 뿐이었다."[63] 하였고, 한말 황희의 문

---

61) 『방촌황희선생문집』, 「僧徒를 考察할 것과 아울러 集賢殿을 열 것을 청하는 疏」, 208쪽.
62) 『방촌황희선생문집』, 「자손에게 유언한 글」, 189~190쪽.
63) 『방촌황희선생문집』, 부록 상, 野史節抄, 「秋江冷話」, 1390쪽.

묘종사를 청원했던 전국의 유생들도 그 청원의 이유로써 그의 斥佛 노력을 거론했던 것이다.

4) 백성을 위한 정책의 실현

유학의 정치 이상은 王道정치이고, 왕도의 내용은 민생의 안정과 윤리 사회의 구현이다.[64] 이렇게 볼 때, 유교의 경세사상이 갖는 중요한 의의는 무엇보다 나라가 부강하고 백성들이 잘 사는 것이다. 물론 백성들이 잘 산다는 것은 먼저 경제적으로 안정되어야 하고, 인권과 자유 그리고 평등하고 정의로운 세상이 되어 행복해야 한다.

세종시대는 역사적으로 흔히 태평성대로 일컬어지며 內治와 外治가 모두 원만하게 조화된 그런 정치로 인식한다. 이러한 세종시대의 성공적인 구현에 있어서 황희의 역할은 매우 중요하다. 원만한 국제관계, 튼튼한 안보, 민생의 안정, 과학기술의 발달, 훈민정음의 창제, 문화예술의 융성, 인재의 발굴과 등용, 농사법의 개량 등 성공적인 치세를 이룩하였다.

황희는 "모든 백성은 국가의 근본이므로 이 근본이 튼튼해야 국가가 편안한 것입니다."[65]라고 하여, 백성의 생활 안정이 국가의 근본이라고 보았다. 그러므로『조선왕조실록』에 보이는 황희의 장계 가운데 농업정책에 관한 문제가 15회, 굶주린 백성에 대한 구제책에 관한 것이 26회나 되며, 그것이 거의 윤허되었다.[66]

황희는 재직 중 농업정책에 유의하여 뽕나무 심기를 권장하고, 양을 기르도록 권장하였다. 그리고 곡식 종자의 예비와 배급, 농민의 노력 동

---

64)『孟子』,「梁惠王章 上」.

65)『방촌황희선생문집』,「驛吏가 民田을 빼앗아 부치는 폐단을 금하도록 한 議」

66) 오병무,「조선조의 명재상 방촌 황희의 생애와 사상」,『방촌 황희의 학문과 사상』, 책미래, 2017, 73쪽.

원 감축, 농사의 작황 조사, 농민의 이민 실시 등 여러 가지 정책을 권장하고 규정을 만들었다. 또 흉년이나 그 밖의 재해 때 이재민과 빈민의 구제책, 또는 조세나 공물의 감면, 의탁할 곳 없는 사람이나 노인, 걸인 등에 대한 구호책, 관청 창고의 관리 책, 굶주린 백성의 구제에 소홀한 지방관에 대한 문책, 죄수를 죽게 하거나 옥에서 죽은 사람의 가족문제, 천민의 혹사문제 등 농민과 빈민, 또는 천민에 대한 구호 보호책에 대한 규정을 만들고 이에 관한 시책을 베풀었다.[67] 이러한 민생 대책들은 현대적으로도 부족함이 없을 만큼 선구적인 것 들이다.

1423년(세종 5년) 7월 강원도에 혹심한 기근이 들었는데 강원도 관찰사 이명덕이 백성을 구휼하는데 실패하였다. 이에 세종은 황희를 강원도 관찰사로 보냈는데, 황희는 정성을 다 해 백성을 구휼하는데 성공하였다. 이로부터 황희는 세종의 절대적인 신임을 받게 되었다. 이를 기념해 강원도의 백성들은 이른바 '召公臺'를 만들어 그의 공적을 기렸다.[68]

황희가 내외 관직을 두루 하면서 가장 중요하게 생각한 행정의 잣대는 '백성'이었다.

> 굶주리면서 억지로 사는 백성은 제집 貢物도 다 제대로 바칠 수 없는 형편인데, 또 떠나간 백성의 공물까지 겹으로 바치게 되니, 폐단이 이보다 더 심한 것이 있겠습니까?[69]

가난에 굶주리며 공물에 시달리는 백성의 고통과 아픔을 지적한 말이다. 당시 조세제도는 백성들의 삶에 큰 부담이었다. 어떻게 합리적으로

---

67) 오병무, 위의 글, 73쪽.

68) 申叔舟가 지은 「墓誌銘」.

69) 『방촌황희선생문집』, 「강원도 飢民에게 減貢하도록 청한 계」, 90쪽.

세금을 부과하여 나라의 재정에 도움이 되고 백성들에게는 공평하고 부담이 되지 않도록 하는 것이 문제였다.

> 京外에 모든 관리가 받아들이지 못하고 그냥 손실된 잡물은 推徵하지 말도록 해야겠습니다. 또 세종 15년(계축, 1433년) 이전에 미납된 공물도 모두 면제해 주고, 그 중 흉년이 심한 평안, 황해, 두 도에 있어서는 지난 해 還上穀을 每戶에 얼마만큼 줄여서 백성들을 돌보아 주어야겠습니다. 또 闕內와 각 관청에서 받아들여야 할 잡물도 혹 도적이 훔쳐갔거나 또는 파괴되어 쓰지 못하게 된 물품들은 더 이상 바치지 말도록 해야겠습니다.[70]

백성들의 기초 생활을 보장해 주고 흉년이 든 평안도, 황해도에는 환상곡을 감면해 주며, 관청에서 받아야 할 잡물도 훔쳐갔거나 파괴되어 못쓰게 된 물품들은 더 이상 바치지 말도록 해야 한다 하였다. 마찬가지로 충청, 전라, 경상도, 경기좌도의 가뭄으로 인한 백성들의 고통을 말하고, 이를 위한 여러 가지 비상한 대책을 진언하여 결재를 득하였다.

> "충청, 전라, 경상의 여러 도와 경기좌도의 여러 고을은 가뭄으로 인하여 백곡이 타서 추수의 희망이 이미 끊어졌으니, 민생의 문제가 크게 염려되옵니다. 금년에 납부 할 材木을 모두 탕감해 줄 것이요, 또 옛 규례에 해마다 가을철에는 충청도의 백미를 수로로 운반하여 백관들의 春正月 녹봉을 주었습니다. 그런데 금년에는 가을부터 백성의 식량이 絶乏되었으니, 양곡의 上納을 중지시키고 명년 춘정월의 녹봉을

---

70) 『방촌황희선생문집』, 「京外의 각종 공물을 줄여 없애도록 한 議」, 148쪽.

적당히 감하게 하시옵소서" 하니, 임금께서 이를 따랐다.[71]

황희는 또 "지금 下三道에 큰 흉년이 들어 민생의 문제가 심히 염려되옵니다. 이제 파견하는 敬差官은 각 고을을 巡行하고 査察하여, 만약 굶주려 부황난 백성이 있거든 그 고을 수령 三品이상은 狀啓를 올려 죄에 처하고, 四品이하는 법에 의하여 즉시 처단하게 하시옵소서"[72] 하고 건의를 하여 임금의 허락을 받았다.

이와 같이 그는 민생의 안정, 백성들의 삶을 정치와 행정의 가장 중요한 척도로 삼고, 국정 전반에 있어 섬세하게 대책을 마련하여 실천하였던 것이다. 이러한 민본정책의 실현은 우선 그 의지와 지향이 분명해야 하는 것이고, 또 하나는 구체적으로 이를 실현할 방책이 마련되어야 그 실효를 볼 수 있는 것이다. 이 점에서 방촌은 6조 판서를 두루 역임하고, 지방관의 경험을 통해 원만한 국정수행과 해결사로서의 역할을 할 수 있었던 것이다.

5. 공법제정을 통해서 본 정책결정 과정의 민주화

세종은 집권하면서 고려시대의 조세법인 踏驗損實法을 중국식 공법으로 개정하고자 했다. 이것은 이론적으로는 좋은 세법이었지만, 관리들의 재량권이 너무 커 관리의 부정이 문제였다. 이에 1428년(세종 10년) 세종은 처음으로 이 문제를 좌의정 황희와 호조판서 안순에게 상의하였다. 황희는 세종의 공법안에 반대하였고, 이후 세종은 황희는 물론 많은

---

71) 『방촌황희선생문집』, 「가뭄이 심한 각도에 부역 탕감하기를 청하는 장계」, 290쪽.
72) 『방촌황희선생문집』, 「下三道의 飢民구제에 태만한 수령의 죄를 다스리기를 청하는 장계」, 299쪽.

관료들과 이 문제를 협의하면서 합리적인 대안을 도출하는데 정성을 다하였다. 이를 위해 세종은 역사상 누구도 따라할 수 없는 과거시험의 출제, 여론조사 및 25년간의 연구, 15년간의 조정에서의 논의 등의 과정을 거쳐 완성하였다.[73)]

심지어 세종은 문과 과거시험에 "공법을 사용하면서 이른 바 좋지 못한 점을 고치려 한다면 그 방법은 어떻게 해야 하겠는가?"라는 출제를 하여[74)] 새로운 공법의 대안을 모색하기도 하였다.

그는 또 5개월 동안의 여론조사를 실시하였는데, 『세종실록지리지』에 실린 조선의 인구가 692,477명인 것을 고려하면, 인구의 4분지 1인 172,806명이 참여한 것이다. 이 때 찬성이 57.1%, 반대가 42.9%였지만 세종은 바로 시행하지 않았다. 그 이유는 황희를 비롯한 조정 대신들의 반대가 너무 컸기 때문이다. 반대하는 대신들은 무려 90.2%에 달하였다.[75)]

황희는 세종이 가장 혼신을 다해 혁신하고자 한 공법을 처음부터 끝까지 반대한 사람이다. 세종이 공법을 개혁하고자 하여 첫 번째로 논의한 상대가 세종 10년에 좌의정 황희였다. 이때부터 황희는 세종의 공법에 대해 무려 15년 동안 끝까지 굽히지 않고 반대 의견을 내었다.[76)] 황희가 공법을 반대한 이유는 貧益貧富益富 현상을 우려했기 때문이다. 그 결과 황희는 세종이 백성을 위해 더 공평하고 편리한 공법을 만들도록

---

73) 오기수, 「조세의 중립과 공평을 추구한 황희의 위민사상」, 『방촌 황희의 학문과 사상』, 책미래, 2017, 243쪽.

74) 오기수, 「조세의 중립과 공평을 추구한 황희의 위민사상」, 『방촌 황희의 학문과 사상』, 책미래, 2017, 248쪽.

75) 오기수, 「조세의 중립과 공평을 추구한 황희의 위민사상」, 『방촌 황희의 학문과 사상』, 책미래, 2017, 252쪽.

76) 오기수, 「조세의 중립과 공평을 추구한 황희의 위민사상」, 『방촌 황희의 학문과 사상』, 책미래, 2017, 246쪽.

하였다.

황희가 말하기를, "만일 지금 田分 6等과 年分 9等의 제도가 완성되면 조세법이 바르게 될 것입니다."77) 라고 하였다. 이것은 중국의 제도를 모방하는 것이 아니라 우리나라 실정에 맞는 백성을 위한 조세제도의 창안이었다. 즉 이 최종 공법은 田畓을 肥沃度에 따라 6개의 등급으로 나누어 1結의 면적을 계산하여 1차적인 공평성을 실현하고, 다시 그 해 농사의 豊凶에 따라 9개의 등급으로 나누어, 1결당 20말에서 4말까지 차등 있게 세액을 산정하고 징수하게 하여 2차적인 공평을 실현하도록 하였다. 백성이 소유한 각 토지의 조세 등급을 무려 54단계로 세분하여 공평과세를 실현한 것이다. 이는 세종의 훌륭한 리더십의 결과라고 할 수 있지만, 황희와 같은 뛰어난 재상이 있었기에 가능한 것이었다.78)

세종은 황희 등의 뜻을 받아들여, 경무법(頃畝法)을 결부법, 田分 5等을 田分 6等으로 수정한 공법을 제안하여 확정하였다. 황희 등의 경무법에 대한 비판을 수용한 것이다. 이로써 田分 6等, 年分 9等의 공법이 최종 확정되었다.79) 세종대왕은 조세인 田稅를 징수할 때 공평하고 편리하며 관리들의 농간을 배제하는 조세법으로서 貢法을 입법하고자 하였다. 그래서 세종대왕이 입법한 공법은 공평과세와 징세의 편의, 징세비의 최소화를 위한 조선 최고의 체계화된 조세법이었다.80)

세종은 공법 도입을 직접 제안했을 뿐만 아니라 공법 도입에 대해 강력한 의지를 지니고 있었다. 그러나 세종은 황희가 공법에 대해 줄곧 반

---

77) 『세종실록』, 28년 4월 30일조.
78) 오기수, 「조세의 중립과 공평을 추구한 황희의 위민사상」, 『방촌 황희의 학문과 사상』, 책미래, 2017, 277쪽.
79) 오기수, 『황희, 민본시대를 이끈 행복한 2인자』, 고반, 2017, 163쪽.
80) 오기수, 「조세의 중립과 공평을 추구한 황희의 위민사상」, 『방촌 황희의 학문과 사상』, 책미래, 2017, 243쪽.

대 입장을 고수하였음에도 불구하고 공법에 대한 논의에서 황희의 의견을 끝까지 존중하였을 뿐 아니라 그에게 직접 공법의 절목들을 마련하는 책임을 맡기기까지 하였다. 황희 역시 공법에 대해 일관된 반대 의사를 표명하면서도 세종의 지시에 따라 공법 제정에 적극적으로 참여하였다. 실제로 세종 18년~19년의 공법 시행안은 세종이 황희, 안순, 신개, 하연, 심도원 등에게 명하여 마련하도록 한 것이었다.81)

이러한 공법 제정의 과정을 검토해 볼 때, 세종과 황희가 보여준 리더십은 오늘날 현대에도 감히 따라갈 수 없는 높은 수준의 민주적 과정이었다. 임금이 제시한 안을 어느 누가 반대하는가? 그것도 한 두 번이지 15년 동안 반대하며 소신을 내세운 신하를 용납하는 군주로서의 세종은 이 시대에 평가해도 훌륭한 지도자임에 틀림없다. 우리가 세종을 聖君이라 하는 이유가 결코 헛된 얘기가 아님을 보여준다.

또한 방촌은 신하로서 임금의 정책에 대해 일관된 소신으로 반대하며 대안을 제시하고, 그 책임을 맡아 마침내 훌륭한 세법을 만들어냈다. 오늘날 어느 누가 대통령의 정책에 반대하며 그것을 바꾸고 보완하고 고치도록 할 수 있는가? 눈치 보기에 급급하고 출세와 영달에 매달리는 현실에서 나라와 백성을 위한 일관된 소신으로 임금의 정책 마련에 17년 동안 소신으로 일관한 방촌에게서 관료의 모범을 배우게 된다.

1428년(세종 10년)부터 1444년(세종 26년)까지 추진된 세종의 공법 제정 과정에서 보여준 세종과 황희의 민주적 리더십은 오늘날 현대에도 큰 교훈을 준다.

---

81) 이민우, 「세종 대 공법제정에서 황희의 역할」, 『방촌 황희의 학문과 사상』, 책미래, 2017, 305쪽.

6. 文廟從祀의 청원과 書院 享祀를 통해서 본 유교적 위상

전통적으로 유교에 있어서 문묘종사는 매우 중요한 일이다. 그것은 유교가 堯, 舜, 禹, 湯, 文, 武, 周公, 孔子의 道統을 중시하듯이, 유교가 전승되어 내려온 學統과 道統을 아울러 중시하기 때문이다. 우리나라의 경우도 성균관을 비롯하여 각 향교에 유학자들을 봉향하는데, 이 종사는 매우 엄격한 절차와 공론을 거쳐 시행되어 왔다. 그 결과 우리나라의 경우 18분이 배향되어 있는데, 崔致遠, 薛聰, 安珦, 鄭夢周, 金宏弼, 鄭汝昌, 趙光祖, 李彦迪, 李滉, 金仁厚, 李珥, 成渾, 金長生, 趙憲, 金集, 宋時烈, 宋浚吉, 朴世采가 있다. 비록 황희가 문묘에 배향되지는 못했지만, 문중과 팔도 유생들에 의해 문묘 종사 청원운동이 활발하게 전개되었음을 알 수 있다.

방촌 황희에 대한 문묘종사를 청하는 상소는 1점 남아있다. 공주 유학 宋智修를 疏首로 경상도와 전라도 유생 약 200여명이 연명한 것이다. 이 상소가 現傳하는 것은 당시 올리지 못하였기 때문으로 보인다. 실제로 황희의 문묘 종사운동은 19세기 들어 모두 네 차례가 있었다. 이들은 각기 다른 곳에서 진행된 것이었지만, 방촌의 主享處인 玉洞書院이 주도하여 추진한 사실들도 여러 교원의 통문에서 확인이 된다.

『고종실록』과 『승정원일기』에는 황희의 문묘종사와 관련된 상소가 네 차례 나타난다. 황희의 문묘 배향에 대하여 처음 거론한 것은 1883년(고종 20년) 12월 22일 경기도에 사는 후손 黃心顯의 상소였다. 그는 황희의 업적과 선유들의 그에 대한 칭송을 제시하며 문묘에 배향해 줄 것을 요청했지만, 고종은 문묘에 배향하는 일은 중대한 예법이며, 갑자기 시행할 수 없으니 다시 후일의 공론을 기다리라고 비답 하였다. 이어 1884년 4월 4일에 팔도 유생 李承璪 등이 상소하여 儒林의 公議로서 황희의 문묘종사를 청한다고 하였다. 그러나 고종의 비답은 마찬가지로 거절되었다. 1884년 6월 6일 李世夏를 疏首로 해서 다시 황희의 문묘 배향을 요청하는 상소를 올렸지만 다시 윤허되지 않았다. 이후 한동안 승무소(陞廡疏)는 등장하지 않다가 5년 후인 1891년 6월 4일에 李穡과 黃喜를 문묘에 배향할 것을 청하는 洪在衡 등의 상소가 있었다. 이에 다시 비답을 내려 황희가 憲章을 제작한 것과 李穡이 후학에게 사표가 된 것은 의당 그 공에 대해 의논이 있어야 하지만, 문묘에 배향하는 것은 지극히 신중하여 가볍게 논할 수 없으니 물러가라 하였다. 관찬 자료에는 남아 있지 않지만, 英陽鄉校에 남아있는 통문을 보면, 李承璪, 李世夏 외에 5명이 연명하여 보낸 것으로 1894년 2월 27일 황희의 陞廡疏를 들고 한양에 입성하여 유림들의 의견을 전달하였고, 긍정적인 비답을 듣고 재차 상소를 올리기 위해 빚을 내어 체류하는 모습을 확인할 수 있다.[82] 이렇게 볼 때, 황희에 대한 문묘종사 운동은 비록 실패했지만, 상주뿐만 아니라 전국적으로 일어났었다는 점에서 방촌의 유림사회에서의 위상을 짐작해 볼 수 있다.

황기인(黃夔仁)은 「방촌선생의 文廟配享을 청한 實事序」에서 방촌의 문묘 배향 이유를 이렇게 설명하고 있다.

우리 태조가 건국한 초기에 杜門洞의 諸賢은 모두 선생에게 세상을 濟度할 임무를 지우면서 나갈 것을 권유하였고, 선생은 그 임무를 스스로 지고 나왔으니, 그 마음은 伊尹이 湯에게 나아간 것과 같고, 그 義는 箕子가 武王에게 洪範을 전수한 것과 같다. 또한 세종조에 이르러 禮를 제정하고 樂을 만든 것은 周公의 규모요, 邪를 배격하고 正을

---

82) 경상북도, 「상주 옥동서원 사적 지정 자료보고서」, 2014, 43~44쪽 참조.

붙잡은 것은 맹자의 道統이며, 冠婚喪祭의 禮가 문란하지 않고 孝悌忠信의 行이 알지 못하는 가운데 실현되었으니, 400여년 이래 儒冠, 儒服과 儒行, 儒言이 모두가 어찌 선생의 遺澤에서 나온 바가 아니겠는가? 위로는 圃隱, 牧隱을 계승하고, 아래로는 晦齋, 退溪에게 전수하여 원만히 우리 儒道의 宗師가 된 것이다. 이는 괜히 아첨하는 말이 아니라 부녀자와 어린애까지도 다 아는 사실이며, 더욱이 역대 왕조의 제문이 뚜렷하고 선배들의 공론이 정확함에랴……또한 南秋江(孝溫)은 '佛法이 횡행하던 시기를 당하여 홀로 세속에서 벗어나 바른 道만을 지키고 거기에 흔들리지 않았다' 하였고, 趙靜庵은 '經筵에서 자주 士氣를 배양시켰다'고 칭찬하였으며, 先生實記에는 '어려서는 性理의 글을 배우고 장성하여서는 聖明한 임금을 만나 그 실천이 독실하고 효용이 뚜렷하다' 하였다.

이밖에도 여러 군데 散在되어 있는 좋은 언행들을 이루 다 서술할 수 없지만, 만약 선생이 없었던들 圃隱, 牧隱의 개발은 마치 꿰어놓지 않은 돈과 같고, 晦齋, 退溪의 계승은 높은데 오를 때 사다리가 없는 것과 같았을 터이니, 그 덕을 어디서 상고하겠는가? 그 道學의 淵源과 脈絡이 이처럼 뚜렷한데도 선생만이 文廟의 配享을 받지 못하고 있으니, 어찌 國典의 欠缺이며 士林의 억울함이 아니겠는가?[83]

또한 방촌의 문묘 배향을 청원한 상소에서는 다음과 같이 그 이유를 설명하고 있다.

엎드려 생각하건대, 고 영의정 翼成公 黃喜의 나라를 경륜하는 典禮

---

83) 『방촌선생문집』, 잡록, 「방촌선생의 문묘배향을 청한 실사서」, 1579쪽~1581쪽.

와 백성을 다스리는 憲章을 보면 참으로 우리 東方의 眞儒이며 百世의 宗師입니다.……대저 道學이란 사람의 생명이며 만물의 원칙입니다. 이는 천지를 다하고 만고를 통하여 변함이 없는 것으로, 二帝 三王과 孔, 孟, 程, 朱로부터 우리 동방의 晦軒선생 安裕와 圃隱선생 鄭夢周에 까지 이르렀습니다. 翼成의 이것으로써 전수받고 또 이것으로써 전수해 준 사실이 국사에 뚜렷이 기재되어 낱낱이 상고할 수 있으며, 역대 聖祖에서 내린 祭文에도 융숭하고 장중하게 언급되어 있습니다.

또한 文貞公 臣 南孝溫은 正道만을 지키고 邪道에 흔들리지 않은 이는 黃翼成 한 사람이었다 하였고, 文正公 臣 趙光祖는 經筵에서 자주 士氣를 배양시켰다고 칭찬하였습니다. 역대 聖祖의 영령을 위로한 바와 두 賢人의 공로를 추앙한 바로 보아 百世의 恩典과 多士의 본보기가 어떠하다는 것을 알 수 있습니다. 그런데도 지금까지 문묘에 배향되지 아니한 것은 참으로 士林의 억울한 일이며 국가의 欠缺된 일입니다.……지금 翼成을 문묘에 배향하자는 奏請에 있어 정식으로 접수된 소는 두서너 장에 불과하지만, 士論에 發起된 지는 벌써 수 십년이 넘었습니다. 아! 우리 전하는 上聖의 자질로 中興할 國運을 만나시고 東宮邸下도 明哲한 계승이 마치 堯의 舜과 같으시니, 이는 바로 儒風을 드러내고 士類를 仰揚시켜야 할 기회입니다.

신 등이 외람됨을 불고하고 다시 정성을 드리오니, 엎드려 바라건대 전하는 깊은 생각을 돌리시고 대중의 바람에 따르시어, 翼成公 臣 黃喜를 文廟에 從祀시키라는 특명을 내려주소서. 신 등은 그저 기원하면서 두근거리고 황공해 하면서 기대가 간절할 뿐이옵니다.[84]

---

84) 『방촌선생문집』, 잡록, 「방촌선생 문묘배향을 청한 소」, 1582쪽~1584쪽.

이러한 상소에 대해 임금은 문묘 배향은 결코 경솔히 할 수 없다 하고, 그대들은 물러가 학업에나 힘쓰라고 비답하였다. 이상의 문묘 배향 청원 상소의 내용을 종합해 보면, 400여년 이래 儒冠, 儒服과 儒行, 儒言이 모두 황희의 遺澤에 힘입은 바라고 평가하고 있고, 또한 불교를 배척하고 正道를 바로 세운 공로를 높이 평가하고 있다.

다음은 書院 享祀를 통한 황희의 유교적 위상에 대해 검토해 보기로 하자. 성균관과 향교에 배향하는 것은 조정의 공인 절차를 통한 것이었다면, 서원 향사문제는 지역 유림들의 공의가 중요한 역할을 하였다. 이런 점에서 방촌의 서원 향사문제는 그의 유교적 위상을 살펴보는데 중요한 근거가 된다. 황희는 유학자가 아님에도 불구하고 충청, 전라, 경상, 강원도 등 전국적으로 서원에 향사되고 있다. 그 과정과 전말을 간단히 살펴보기로 하자.

1580년(선조 13년) 황희의 5세손 현감 惇 등이 白玉洞 影堂을 상주 中牟縣 壽峰村에 세웠다. 이 마을은 곧 그의 仲子 少尹公의 別業인데, 황희가 일찍이 이곳에 와서 逍遙하였다. 이 마을에 사는 후손이 그 遺躅을 사모하여 影堂을 지어 遺像을 받들고 春秋로 享祀하였다.[85]

1693년(숙종 19년) 장수현감 閔鎭崇이 본 현의 사림과 더불어 滄溪書院을 현 북쪽 柹嶺아래 仙倉村에 세웠다. 烈成公과 兪好仁, 張應斗를 함께 配享하였다.[86] 1714년(숙종 40년) 상주사림이 白玉堂 影堂을 승격시켜 서원으로 만들었다. 처음에는 忠簡公 全湜을 배향하였다가, 1786년(병오)에 황희의 현손 이조참판 黃孝獻과 7세 손 지평 黃杻를 함께 배향하였다.[87]

85) 『방촌황희선생문집』, 「연보4」, 1338쪽.
86) 『방촌황희선생문집』, 「연보4」, 1339쪽.
87) 『방촌황희선생문집』, 「연보4」, 1339쪽.

1727년(영조 3년) 황희의 13세손 忠烈公 黃璿이 白玉洞의 遺像을 모사하여 伴鷗亭과 滄溪書院에 봉안하였다.[88] 1788년(정조 12년) 남원 사림이 楓溪書院을 府 서쪽 楓山아래 見所谷坊 山水村에 세우고 遺像을 奉安하였다.[89] 1790년(정조 14년) 공주 사림이 岐湖書院에 배향하였고,[90] 1856년(철종 7년) 연기 사림이 台嶽書院을 縣 서쪽 台山村에 세웠다.[91] 이 태악서원은 그동안 문헌이 부족해 그 실체를 알 수 없었는데, 최근 상주 박씨 문중(박창섭)이 보관해 오던『栗村先生實記』가 세상에 밝혀지면서 그 전모가 밝혀지게 되었다.

또한 1857년(철종 8년)에는 삼척 사림들이 山陽書院을 府 남쪽 召公臺 아래에 세웠고,[92] 고종 말에 전주 사림들이 완주군 용진면 구억리에 龍進書院을 세우기도 하였다.[93]

사실 서원은 대체로 훌륭한 유학자를 主享者로 하여 그 문인들에 의해 현창해 온 것이 일반적이다. 황희의 경우는 유학자도 아니고 문인도 없는 현실에서 전국 곳곳의 서원에서 향사의 영예를 갖게 된 것은 결코 우연이 아니며, 적어도 조선 초 건국의 과정에서 불교를 배척하고 유교를 정도로 세우고자 한 공로와 조선 초 예악의 제도화에 기여한 공로가 인정된 것으로 보인다.

---

88) 『방촌황희선생문집』, 「연보4」, 1340쪽.
89) 『방촌황희선생문집』, 「연보4」, 1341쪽.
90) 『방촌황희선생문집』, 「연보4」, 1342쪽.
91) 『방촌황희선생문집』, 「연보4」, 1343쪽.
92) 『방촌황희선생문집』, 「연보4」, 1344쪽.
93) 『방촌황희선생문집』, 「연보4」, 1344쪽.

7. 맺는 말

　본고는 방촌 황희를 유교적 관점에서 조명해 보았다. 황희는 퇴계나 율곡처럼 자신의 학설을 가지고 있지도 않고, 또 강학을 통해 많은 제자를 거느린 교육자도 아니다. 그는 유교 경세가요 유교 행정가요 유교 정치가라고 할 수 있다. 비록 황희가 유학자는 아닐지라도 그는 분명 유교와 밀접히 연관되어 있고, 평생 유교 속에서 산 인물이다. 이 점에서 황희와 유교의 연관성과 그 위상을 검토해 보는 것은 의미가 있다.

　조선은 1392년 불교국가 고려를 멸망시키고 들어선 유교국가였다. 인물의 교체뿐이 아니라 이념의 변화가 정치적, 사회적, 문화적으로 이루어졌다는 점에서 매우 중요하다. 鄭道傳이 조선의 유교국가 디자인을 했지만, 그는 얼마 안 되어 암살당했고, 유교국가의 실현을 직접 추진하지 못했다.

　반면 栗谷 李珥, 磻溪 柳馨遠, 茶山 丁若鏞, 惠崗 崔漢綺 같은 이들은 비록 학자로서 경세의 탁월한 경륜과 아이디어를 가지고 있었지만, 그들이 자신의 생각과 이상을 실현하는 데는 한계가 있었다. 즉 임금도 아니었고 그럴만한 위치에 있지도 않았다. 설사 재상이나 판서가 되어도 그 임기가 안정적으로 보장되지 아니하면 자신의 정치적 이상을 실현하기 어려웠다. 그리고 중요한 것은 왕과의 협력체제다. 즉 왕이 신하를 믿고 맡기며 신하도 그 왕을 존경해 모실 때 君臣相遇, 聖君賢相의 協治가 가능해진다. 그러나 조선조 전 시대를 통틀어 보아도 이런 경우는 지극히 드물다. 이 점에서 황희의 경우는 특이하다 할 수 있다.

　황희는 60여년의 관직생활, 24년간의 재상 경험, 18년간의 영의정 역임, 6조 판서를 두루 거친 행정 경험, 그 밖에도 지신사, 대사간, 강원도 관찰사, 한성판윤 등 내외 관직을 두루 경험하였다. 아마도 이러한 행정

경력은 세계적으로도 전무후무한 기록일 것이다. 황희의 유교정치, 유교국가, 유교문화, 유교사회의 실현에 대한 참여는 일찍이 태종대부터 시작되어 세종시대 전체를 아우른다. 특히 우리 역사상 가장 성공했던 시대로 평가받는 세종시대에 그는 2인자로서의 영의정만 18년을 했다. 세종의 황희에 대한 존경과 신뢰는 많은 자료에 잘 나타나 있다. 유교정치에서 이상으로 일컫는 聖君賢相의 協治가 조선시대에 세종과 황희에 의해 이루어졌다는 것은 모범적인 사례에 속한다.

황희는 자신이 물론 유교 이념에 충실했을 뿐만 아니라, 세종이라는 聖君을 만나 2인자로서 유교정치의 이상을 몸소 실현하고 구현하는데 최적의 환경에 있었던 것이다. 황희의 업적과 역사적 기여가 무엇이냐고 했을 때, 역대 임금의 賜祭文이나 卒記, 申叔舟가 쓴 神道碑文, 세종이 황희에게 내린 여러 글들, 문묘종사 청원의 상소, 서원 향사의 글들을 종합해 볼 때, 하나는 조선의 건국 초기에 유교적 禮樂문물을 갖추는데 결정적 역할을 했다는 점이고, 또 하나는 불교국가에서 유교국가로의 이행과정에서 유교입국의 방향과 의지를 분명히 하여 순정한 유교국가 건설에 기초를 세웠다는 점이다. 물론 훈민정음 창제를 비롯하여 세종시대의 내치, 외치의 자랑스런 업적들이 황희와 무관한 것은 드물다. 다만 여기에서는 황희가 조선의 유교 국가 건설에서 어떤 역할을 했고, 유교적 관점에서 어떻게 평가해야 하는가를 조명해 보았다. 이런 점에서 볼 때, 그는 유교적 정치 이상을 몸소 실천한 대표적인 인물임에 틀림없다. 土亭 李之菡이 비록 포천현감 1년, 아산현감 2개월을 했지만, 백성을 위한 행정을 어떻게 해야 하는가 하는 위대한 모범을 보였듯이, 황희는 조선의 2인자로서 건국 초기 유교국가 건설에 몸소 실천했던 진정한 유교경세가였다고 할 수 있다.

申叔舟가 쓴 다음 「神道碑文」은 황희의 인품과 업적 그리고 그 위상에 대해 잘 말해주고 있다.

공은 정부에 있은 지 가장 오래였는데, 祖宗의 법도를 삼가 준수하고 뜯어고치기를 좋아하지 않았으며, 혹 임금에게 현행법을 고치자고 제의하는 이가 있으면 일체 저지시켰다. 한평생 남의 이전의 잘못을 새겨두지 않았고, 평소의 처사에는 관용을 위주하여 상대방에게 섭섭함을 주지 않다가도, 대사를 의논하는 데는 시비를 직접 가려내어 조금도 용납함이 없었으며, 모든 상소와 건의문이 거의 공이 손수 만든 것으로서 그 辭意가 창쾌하여 한번만 읽어 보아도 공의 지성을 엿볼 수 있었으므로 우리나라의 賢相을 말하는 이는 의례 공을 우두머리로 쳤다. 공의 安葬하는 날에는 신분의 귀천을 막론하고 저마다 달려와 애통해하고 아쉬워하였으며, 각 부처의 胥吏는 물론 奴僕까지도 제각기 앞을 다투어 布貨를 내어 祭奠을 드리되 무척 호화스럽게 하여 그 경비를 꺼리지 않았으니, 옛 사람가운데 그 遺愛가 한 지방 한 고을에 그친 이는 더러 있었지만, 공처럼 온 나라가 허둥대며 사모한 이는 천고에 드문 바이다.[94]

---

94) 『방촌황희선생문집』, 부록 상, 「신도비명」, 1366~1367쪽.

제2장 | 율곡의 리더십과 務實論

1. 經世家 栗谷 李珥

栗谷 李珥(1536~1584)는 16세기 조선의 대표적인 성리학자요 경세가
이다. 그는 퇴계와 더불어 쌍벽을 이루는 성리학자이지만, 또 조선 후기
실학의 선구자로서 탁월한 경세가이기도 했다. 율곡은 천재형의 철학자
였는데 경세에 남다른 자질이 있어 현실 정치에 깊숙이 참여하였다. 본
래 유학이 修己와 治人을 그 내용으로 하듯이, 율곡도 나라와 백성에 대
한 우환의식에 투철하였다. 그는 임금에게 수많은 상소문을 올리고 시국
의 문제점을 분석하고 그 대안을 명쾌하게 제시하였다. 이러한 율곡의
개혁론이나 경세책은 후일 조선 후기 실학자들에게 많은 영향을 주었다.

율곡은 당시 임금이었던 선조를 聖君으로 만들고 싶었고, 또 유교가
추구하는 王道정치를 실현하고자 하였다. 그래서 자신의 우국충정을 남
김없이 임금에게 전하고, 조선 개혁의 프로그램을 상세하게 제시하고 설
득하였다. 그러나 율곡의 이러한 간언과 경세론은 현실에서 수용되지 못
하였다.

율곡은 비록 타고난 건강은 나빴지만 현실에 대한 뜨거운 관심은 남
달랐다. 그는 죽는 날까지 임금에게 개혁의 비젼을 제시하였고 경세의
대안을 제시하였다. 율곡은 조선조 오백년 동안 수많은 유학자가 있었지

만, 최고의 경세가라고 해도 지나치지 않는다. 그는 경세의 이론가였을 뿐만 아니라 실제로 정치현실에 참여하여 몸소 실천한 유교적 경세가였다. 이러한 율곡의 경세철학은 무엇인가, 율곡의 리더십은 무엇인가를 검토해 보기로 하자.

2. 역사인식과 통찰력

율곡은 16세기 후반을 가리켜 '更張期'라 규정하였다. 지도자는 역사의 통찰이 필요하다. 지금이 어떤 상황인가를 정확하게 인식해야 한다. 의사는 진단을 잘해야 처방도 잘 할 수 있다. 지도자도 마찬가지다. 현실 상황을 정확히 인식하고 이에 대한 대처를 잘해야 한다. 율곡은「萬言封事」에서 "정치에는 때를 아는 것이 귀하고, 일을 하는데 있어서는 實을 힘쓰는 것이 중요하다"[1]고 하였다. 유교에서는 역사인식을 創業期, 守成期, 更張期로 구별해 설명한다.[2] 당시 조선은 건국한지 2백 여 년이 지나 내부모순이 발생하고 개혁이 필요했던 시대였다. 율곡은 조선의 현실을 명확히 인식하였다. 그는 나라의 危亂을 미리 알고 대비하는 자를 上智라 하고, 나라의 危亂을 이미 깨닫고 이를 대비하는 자를 中智라 하고, 危亂을 보고서도 이를 대비하지 않는 자를 下智라 하였다.[3] 율곡은 선조가 적어도 中智가 되기를 기대했다.

율곡은 나라가 고질에 빠진지 어언 20여년이 지났다 하고, 위아래가 因循에 빠져 털끝만큼도 고치지 않아 지금 民力이 이미 다하고 국가의

---

1)『栗谷全書』, 卷5,「萬言封事」, "政貴知時 事要務實……"

2)『栗谷全書』, 卷25,「聖學輯要7」, "臣按時務不一 各有攸宜 撮其大要 則創業守成與夫更張 三者而已."

3)『栗谷全書』, 卷7,「陳時弊疏」, "臣聞上智 明於未然 制治于未亂 保邦于未危 中智 覺於已然 知亂而圖治 識危而圖安 若夫見亂而不思治 見危而不求安 則智斯爲下矣."

비축이 이미 다하여, 만약 更張하지 않으면 나라가 장차 나라가 될 수 없다 하고, 조정에 서 있는 선비가 어찌 장막의 제비와 무엇이 다르냐고 하였다. 그리고 밤중에 이것을 생각하면 벌떡 일어나게 된다 하였다.[4] 율곡은 투철한 역사의식을 갖고 나라와 백성을 걱정하였다. 이러한 율곡의 우환의식은 개혁론으로 구체화되어 나타났던 것이다.

율곡의 경장론은 그 이면에 變通論을 철학적 기반으로 삼고 있다. 율곡은 법이란 때로 인해 만드는 것이라 하고, 때가 변하면 법도 같은 것이 아니라 하였다.[5] 법이 오래되면 폐단이 생기고, 폐단이 생기면 마땅히 고쳐야 한다 하였다.[6]

이처럼 율곡은 지도자의 역사인식을 매우 중시하였다. 지도자가 주어진 상황을 어떻게 보느냐 하는 것은 정치의 성패를 좌우한다. 율곡은 마땅히 守成해야 할 때 更張을 힘쓰면 이는 병이 없는데도 약을 쓰는 것과 같아 도리어 병을 만드는 것이고, 마땅히 경장해야 할 때 遵守에 힘쓰면 이는 병이 있는데도 약을 버리고 누워서 죽음을 기다리는 것과 같다 하였다.[7] 지도자는 상황을 정확히 인식하고 이에 맞는 대응을 하는 것이 지도자의 능력이요 리더십이다.

3. 지도자의 立志

율곡은 立志를 학문에 있어서나 정치에 있어서나 매우 중요시하였다. 立志란 뜻을 세우는 것이다. 율곡은 「東湖問答」에서 임금이 三代의 정치

---

4) 『栗谷全書』, 卷9, 「上退溪先生書」.
5) 『栗谷全書』, 卷5, 「萬言封事」, "蓋法因時制 時變則法不同."
6) 『栗谷全書』, 卷15, 「東湖問答」, "大抵法久則弊生 弊生則當改."
7) 『栗谷全書』, 卷25, 「聖學輯要7」, 識時務.

를 하고자 한다면 무엇을 먼저 힘쓰겠느냐 묻고, 立志보다 먼저 할 것이 없다 하였다. 예부터 무엇을 해보고자 하는 임금은 먼저 그 뜻이 정해지지 않은 이가 없고, 뜻이 王道에 있으면 堯舜의 정치가 다 내 마음 안에 있는 것이라 하였다.[8]

율곡은 한 나라가 다스려지고 어지러워짐이 임금 한 사람에게 달려 있고, 임금 한 사람이 훌륭하고 그렇지 못함은 한 마음에 달려 있는데, 한 마음이 지향하는 바를 뜻이라 한다 하였다. 그러므로 임금이 선에 뜻을 두어 治道를 따르면 흥성하지 않음이 없고, 악에 뜻을 두어 나쁜 일을 한다면 망하지 않는 자가 없다 하였다.[9] 이처럼 임금은 한 나라의 근본으로 治亂에 관건이 되는 것이다.[10] 그러므로 율곡은 먼저 큰 뜻을 세워 반드시 성현으로써 표준을 삼고 三代를 기약해야 한다 하였다.[11] 임금은 한 나라의 治亂, 成敗, 興亡을 좌우한다. 임금의 마음이 무엇을 지향하느냐가 중요하고, 임금의 뜻이 어떻게 섰는가가 중요하다. 임금이 마음을 세우는가 세우지 않는가, 뜻을 세웠는가 세우지 않았는가가 정치의 성패를 좌우하는 것이다. 율곡은 「萬言封事」, 「東湖問答」, 「聖學輯要」, 「學校模範」, 「擊蒙要訣」 등 도처에서 立志를 강조하고 있다.

현대 정치학에서도 치자의 목표설정과 의지의 설정은 매우 중요하다. 훌륭한 지도자는 반드시 목표를 설정하고 뜻을 세운다. 그리고 뜻을 향해 구체적인 계획을 세우고 이를 성실히 추진한다. 지도자의 덕목, 지도자의 조건으로서 입지는 반드시 필요하고 매우 중요한 것이다.

---

8) 『栗谷全書』, 卷15, 「東湖問答」.
9) 『栗谷全書』, 卷3, 「玉堂陳時弊疏」.
10) 『栗谷全書』, 卷6, 「應旨論事疏」.
11) 『栗谷全書』, 卷19, 「聖學輯要1」, "伏望殿下 先立大志 必以聖賢爲準 三代爲期……"

4. 도덕적 모범과 정치적 권위의 확립

율곡은 정치의 성공을 위해서는 治者의 도덕적 모범이 전제되어야 한다 하였다. 유교는 본래 치자의 도덕성을 중시하는데, 이는 치자의 도덕적 모범이 백성에게 영향을 미치기 때문이다. 그러므로 유교에서는 성인과 같은 사람이 반드시 임금이 되어야 한다고 보았다. 즉 도덕적으로 성인과 같은 인격을 지닌 사람이 정치적 권력을 가져야 한다고 보았다. 이는 유교 정치론의 매우 중요한 조건이다. 공자가 德治를 말하고,12) 맹자가 王道를 말하는데,13) 이는 치자의 도덕적 모범을 전제하는 것이다. 율곡도 이러한 유교의 정치론에 입각해 德治를 말하게 된다. 율곡은 「萬言封事」에서 君德의 성취를 위해 經筵제도의 활성화를 강조하였고, 수기의 강령으로 첫째, 임금의 뜻을 분발하여 三代의 융성함을 회복하기를 기약할 것, 聖學에 힘써 誠意正心의 노력을 다할 것, 사사로움에 치우치는 것을 제거하고 지극히 공평한 도량을 회복할 것, 어진 선비들을 친애하여 補益을 받도록 할 것을 말하였다. 이러한 내용들은 모두가 치자의 덕망과 도덕성을 제고하는 내용들이다. 그것은 치자가 신하나 백성들에게 도덕적으로 존경을 받지 못하면 정치적 권위가 상실되기 때문이다. 정치적 권위란 권력에 앞서는 진정한 힘이다. 백성들의 신뢰, 존경에서 오는 정치적 힘이 곧 권위이다. 율곡에 의하면 임금이 엄하지 않은 것을 근심하지 않고, 공평하지 못함을 근심해야 한다. 공평하면 밝고 밝으면 엄함이 그 속에 있기 때문이다.14) 정치적 권위란 도덕적으로 정직함,

---

12) 『論語』,「爲政篇」, "子曰道之以政 齊之以刑 民免而無恥 道之以德 齊之以禮 有恥且格."
13) 『孟子』,「公孫丑」, 上, "孟子曰 以力假仁者霸 霸必有大國 以德行仁者王 王不待大 湯以七十里 文王以百里."
14) 『栗谷全書』, 卷5,「萬言封事」, "人君不患不嚴 而患不公 公則明 明則嚴在其中矣."

공정함에서 오는 것이다. 오늘날 우리는 정치권력만 있고 권위는 상실한 정치의 현실을 많이 볼 수 있다. 권위가 없으면 치자가 백성들의 조롱거리가 되고 손가락질을 받게 된다. 그러므로 치자는 강력한 법을 내세워 백성들을 통제하려 한다. 여기서 치자와 피치자간에 갈등과 대립이 초래된다.

율곡은 치자가 자기 수양을 통해 도덕적인 모범을 보여야 백성들의 존경과 신뢰를 받게 되고, 그래야 존경을 받고 정치적 권위가 세워진다고 보았다. 이렇게 정치적 권위를 가진 지도자는 백성을 배경으로 무서운 힘을 가지고 있기 때문에 아무런 어려움 없이 정치를 할 수 있고, 백성과의 관계도 원만하게 설정되어 평화와 상생의 정치질서가 구축된다고 보았다.

5. 개혁적 사고와 務實

율곡은 16세기 조선의 현실을 '更張期'로 인식하여 임금에게 지속적으로 개혁을 勸勉하였다. 그는 '개혁을 좋아하는 사람'이라고 조롱을 받을 만큼 적극적인 개혁론자였다. 율곡이 개혁을 주장하는 이유는 무엇보다 당시의 시대적 상황이 개혁하지 않으면 국가체제가 붕괴될 위험수준에 있다는 현실인식에 근거한 것이고, 또 하나는 잘못된 법과 제도에 의해 백성들이 겪는 고통과 불편이 너무나도 컸기 때문이다. 율곡은 「萬言封事」와 「東湖問答」에서 개혁의 원리로서 務實사상을 제시한다. 즉 어떻게 개혁할 것인가 하는 대안으로 務實을 제시한 것이다. 율곡은 당시 조선의 현실을 實이 없는 無實사태로 규정하였다. 實이 없다는 것은 온통 거짓사회라는 말이고, 말만 많고 실천이 없다는 말이고, 명분과 허례를 숭상해 실질, 실용이 부족하다는 말이다. 율곡의 수많은 말과 글속에는 이러한 務實사상으로 온통 채색되어 있다. 無實은 不實과 같은 말이다. 율곡의 눈에 비친 조선사회는 온통 거짓, 허례허식, 공리공론, 명분과 겉치레로 가득 찬 모순된 사회였다. 율곡은 이를 고치지 않고서는 조선이 나라다운 나라가 될 수 없다고 진단하였다. 그러므로 그는 實功을 말하고 實效를 말하고 實踐을 말하고 實學을 말하고 實事를 말하고 實心을 말하였던 것이니, 이는 다름 아닌 務實의 추구였다. 이러한 율곡의 務實사상이 조선후기 실학에 영향을 미쳤다.

그런데 율곡은 개혁을 말하지만 漸進的 改革을 주장하였다. 그는 앞서 趙光祖의 개혁이 너무나 급진적으로 추진되다 반대파들의 저항으로 실패한 경험을 잘 알고 있었기 때문이다. 그래서 그는 개혁을 너무 서둘러서도 안 되고 너무 느슨해서도 안 된다 하여, 개혁의 緩急을 알맞게 조정해야 한다 하였다. 그리고 성공적인 개혁을 위해서는 치자의 모범이 요구되고, 전 국민으로부터 개혁의 아이디어를 제공받아야 한다 하였다. 이를 위해 言路가 개방되어야 하고 개혁을 추진할 유능한 인재의 발탁이 중요하다고 보았다.

율곡의 수많은 상소문에는 개혁의 아이디어로 가득 차 있다. 그는 당시의 현실을 분석하고 비판만 한 것이 아니다. 시국 전반의 개혁에 관한 대안을 가지고 있었다. 지도자는 정치철학을 가지고 있어야 하고, 또 국가경영, 국가개혁의 대안을 가지고 있어야 한다. 치자 자신이 그러한 역량이 없으면 참모나 백성들로부터 그러한 아이디어와 정책을 수렴할 자세와 능력이라도 있어야 한다.

율곡은 조선의 전 시대를 걸쳐 가장 탁월한 개혁론자였다고 할 수 있다. 물론 그것이 현실적으로 반영되어 정책적으로 구현되지 못한 아쉬움은 남지만, 율곡의 수많은 개혁론, 정책론은 후일 많은 실학자들에게 계승되고 영향을 미쳤다는 점에서 그 의의를 찾을 수 있다.

6. 민주적 리더십

율곡은 440여년 전에 國是論을 제시한 선각자였다. 國是란 정치학적
으로 국가의 지도이념, 한 나라의 최고 이념, 국민의 대표적인 의사를 말
한다. 國是란 온 국민이 옳다고 하는 것이다. 율곡은 1579년(선조 12년)
대사간을 사직하면서 올린 「사대사간겸진세척동서소)辭大司諫兼陳洗滌
東西疏」에서 國是論을 논하였다.

　　國是의 정립은 口舌로서 다툴 수 없는 것이다. 人心이 한 가지로 그
　　러한 바를 일러 公論이라 하고, 公論의 所在를 일러 國是라 한다. 國是
　　란 한 나라 사람들이 꾀하지 아니하고도 한 가지로 옳다고 하는 것이
　　니, 이익으로써 유혹하지 않고 위협으로써 두렵게 하지 않는데도 삼척
　　동자 또한 그 옳음을 아니, 이것이 곧 國是니라.15)

율곡은 國是의 정립은 말로 싸워서 세워지는 것이 아니라 하였다. 국
민의 마음이 모두 한 가지로 그러한 바를 公論이라 하였다. 公論은 일종
의 국민의 普遍心이다. 그리고 이 公論이 모아진 곳에서 國是가 세워진
다. 그러므로 國是는 어떤 인위적인 노력으로 세워지는 것이 아니고 온
나라 사람들의 자발적인 公論으로 세워지는 것이다. 이익으로 유혹하거
나 威力으로 위협하지 않아도 어린 아이들조차도 그 옳음을 아는 것이니
이것이 國是인 것이다. 이렇게 볼 때, 國是란 온 국민의 보편적인 마음,
즉 도덕적 양심, 公心을 바탕으로 하는 것이다. 헤아려보고 계산해 보고

---

15) 『栗谷全書』, 卷7, 「辭大司諫兼陳洗滌東西疏」, "國是之定 尤不可以口舌爭也 人心之所同
　　然者謂之公論 公論之所在謂之國是 國是者 一國之人 不謀而同是者也 非誘以利 非怵以威
　　而三尺童子 亦知其是者 此乃國是也."

나온 마음이 아니라 자연한 본연의 마음이 모아져 公論이 되고, 이 공론이 존재하는 곳에서 국시가 세워지는 것이다. 그러므로 國是는 온 국민이라는 다수의 가치와 옳다고 하는 정당성을 함께 갖춘 것이다.

또한 율곡은 公論은 國人으로부터 나온다 하고, 이것은 막을 수 없는 것이니 興情에 쫓으면 국시가 세워진다 하였다.16) 여기서 興情은 곧 公論과 같은 말로서 공론의 원천이 國人이라 하였다. 또한 율곡은 公論과 달리 浮議를 밀하여 이를 비교해 다음과 같이 설명하였다.

소위 浮議라는 것은 어디서 생겨난 것인지 알 수 없으며, 처음에는 미약하나 점차 성하여 廟堂을 동요시키고 臺閣을 뒤흔들게 되면, 온 조정이 이에 휩쓸려 감히 막아내지 못한다. 浮議의 힘은 태산보다도 무겁고 칼날보다도 날카로워, 그에 한번 부딪히면 公卿도 그 높음을 잃고 賢俊도 그 이름을 잃으며, 張儀, 蘇秦 같은 사람의 웅변도 소용이 없고, 孟賁, 夏育 같은 사람의 용맹도 베풀 바가 없어져 마침내 그 까닭을 알 수 없다.17)

부의(浮議)란 일종의 뜬소문 내지 유언비어로서 그 원천이 묘연하여 國人을 원천으로 삼는 公論과는 근본적으로 다르다. 부의는 그 내용이 허위를 바탕으로 한다면, 공론은 자발적인 정당성을 본질로 하며, 부의는 일부의 의사라면 공론은 자발적인 의사로서 전체의 의사이다. 또한 부의는 그것을 정상적으로 정치에 수렴할 수 없을 뿐 아니라 국가적으로

---

16) 『栗谷全書』, 卷4, 「玉堂論乙巳僞勳箚」, "公論之發 出於國人 不可沮遏 則順輿情 定國是."

17) 『栗谷全書』, 卷7, 「陳時弊疏」, "所謂浮議者 不知其所自來 始微漸盛 終至於動搖廟堂 波盪臺閣 則擧朝靡然 莫敢相抗 浮議之權 重於太山 銛於鋒刃 一觸其鋒 則公卿失其尊 賢俊失其名 儀秦無所用辯 賁育無所施其勇 終莫知其所以然也."

막대한 폐해를 준다면, 공론은 정책결정 과정에 있어서 민의를 가장 합리적으로 수렴할 수 있는 최선의 방법이라는 점에서 그 의의가 크다.

이처럼 율곡은 공론과 부의를 분명히 구별하여 부의의 폐해와 문제점에 대해 철저히 인식하였다. 현대사회는 대중조작이 가능하고 여론 조작이 가능한 상황에서 공론과 부의의 구별은 매우 중요한 문제다.

또한 율곡은 공론의 형성을 위해 言路의 개방이 반드시 필요하다 하였다. 그는 언로가 열리느냐 막히느냐에 국가의 흥망이 달려있다 하여,[18] 언로의 개방 여부가 국가 흥망의 관건이 된다 하였다. 율곡은 언로 개방의 필요성에 대해 이렇게 설명한다.

이른바 言路를 넓혀 여러 대책을 수집하라는 것은 무슨 말인가? 人君은 묘연(眇然)한 몸으로 億兆의 위에 처해 있으므로 그 자신의 총명은 모든 것을 다 듣고 볼 수 없다. 그러므로 옛날의 성왕은 반드시 국인의 귀를 자기의 귀로 삼아 듣지 아니함이 없고, 국인의 눈을 자기의 눈으로 삼아 보지 아니함이 없으며, 국인의 마음을 자기의 마음으로 삼아 알지 못함이 없음에, 천지도 족히 크다고 생각되지 않고 해와 달도 족히 밝다고 생각되지 않는다.[19]

이와 같이 언로를 개방해야 할 이유는 무엇보다 여러 대책 또는 훌륭한 대책을 수집하기 위해 필요하다. 임금도 평범한 백성과 같이 총명에 한계가 있기 때문에 많은 사람의 의견을 들어 국정을 개혁해야 한다.

---

18) 『栗谷全書』, 卷3, 「陳弭災五策箚」, "言路開塞 興亡所係."

19) 『栗谷全書』, 卷3, 「玉堂陳時弊疏」, "所謂廣言路以集群策者 人君眇然之身處 億兆之上 聰明不足以盡聽 明不足以盡視 故古之聖王 必以國人之耳爲我之耳 聽無不聽 以國人之目爲我之目 明無不視 以國人之心爲我之心 知無不盡 天地不足以爲大 日月不足以爲明矣."

또한 언로 개방의 필요성은 민의의 파악이라 할 수 있다. 그것은 치자의 권력은 곧 국인의 동의에 근거하기 때문이며, 국인의 의사를 정상적으로 파악할 수 있기 위해서는 언로가 개방되어야 하는 것이다.

그러면 언로개방의 궁극적 목적은 무엇인가? 율곡은 언로 개방의 궁극적 목적을 爲民에 두고 있다. 민생의 괴로움을 해결하기 위해 更張을 해야 하고, 경장에는 훌륭한 대책이 필요하며, 그것의 수집을 위해서는 말을 구해야 하는 것이다. 여기에 언로 개방이 필요하며 마음을 비우고 기운을 고르게 하여 직언과 비판을 수용해야 하는 것이다. 율곡은 언론의 자유를 매우 중시하여 비록 그 한 말이 조리가 없어 보잘 것이 없고 또 좋지 않은 말이 많아 거리낌이 없는 자라도 역시 내버려 두고 죄를 묻지 말라 하였다.[20]

그러면 율곡은 언로의 범위를 어떻게 보았는가?

엎드려 바라건대, 전하께서는 특별히 의견을 구하신다는 전교를 내리시고 거리낌 없이 문호를 활짝 열어, 위로는 조정 신하로부터 아래로는 서민에 이르기까지, 안으로는 서울로부터 밖으로는 먼 곳에 이르기까지 모두 각각 시국의 폐단을 올리게 하십시오.[21]

이와 같이 율곡은 언로의 범위를 조정에서 서민에 이르기까지, 서울에서 시골에 이르기까지로 규정하여 사실상 전 국민을 언로의 범위로 규정하였다. 이러한 율곡의 언로관은 실로 획기적인 것이며 근대의식의 소산이라 할 수 있다.

---

20) 『栗谷全書』, 卷3, 「諫院陳時事疏」.
21) 『栗谷全書』, 卷3, 「諫院陳時事疏」, "伏望殿下特頒求言之敎 大開不諱之門 上自朝臣 下至
　　氓俗 內自京邑 外至遐裔 皆令各陳時弊 務盡其情……"

율곡은 언로의 개방을 통해 공론이 형성되고, 공론을 통해 국시가 정립되어야 한다고 보았으니, 이는 현대 민주주의 정치론과 다를 바 없다. 현대 민주주의는 언론자유를 그 핵심으로 하며, 대의정치를 추구하고 있다. 나라와 국민의 중대 사안은 곧 국시로 귀결되는 것이고, 국시는 공론을 통해 결정된다는 점에서 율곡의 민주의식을 확연히 볼 수 있다. 16세기라는 역사적 한계에도 불구하고 시대를 뛰어넘어 근대를 향해 나아간 율곡의 국시론이나 언로개방사상은 오늘날에도 그 의의를 높이 평가할 수 있다.

7. 백성을 위한 정치와 애국심

정치란 왜 존재하는가? 임금이란 왜 존재하며 행정이란 왜 존재하는가? 율곡은 정치의 목적, 행정의 목적을 '나라와 백성'에 두었다. 그는 「時弊七條策」에서 진실로 나라에 편안하고 백성에게 이로우면 모두가 해야 할 일이요, 진실로 그 나라를 편안하게 할 수 없고 그 백성을 보호할 수 없다면 모두가 해서는 안 될 일이라 하였다.[22] 이처럼 율곡은 해야 할 일과 해서는 안 될 일의 척도를 나라와 백성의 편안함과 이로움에 두었다. 또한 옳고 그름은 일정한 형태가 없고 일에 따라 나타난다 하고, 대개 나라에 이로우면 옳은 것이고 나라에 해로우면 그른 것이라 하였다.[23]

또한 율곡은 읍을 설치하고 관리를 두는 것이 단지 牧民을 위함에 있

---

22) 『栗谷全書』, 拾遺, 卷5, 「時弊七條策」, "苟可以便於國利於民 則皆可爲之事也 苟不能安其國保其民則皆不可爲之事也."

23) 『栗谷全書』, 卷10, 書2, 「答成浩原」, 若以是非言之 是非無定形 隨事而現 大抵利於國者爲是 害於國者爲非矣."

다 하였다.24) 이는 행정의 존재 이유가 牧民에 있음을 분명히 한 것이다. 아울러 개혁을 하는 목적도 백성의 아픔과 고통을 해소하는데 있다 하고,25) 잔폐(殘廢)한 小邑을 통합하자는 것도 민력을 펴주기 위함이라 하였다.26)

율곡은 유교 정치론에 입각해 정치의 목적을 爲民, 利民, 便民, 保民에 두었던 것이다. 이는 율곡이 '백성(民)'을 정치와 행정의 목적적 가치로 삼고 있음을 말해주는 것이다.

이와 함께 율곡은 그 자신이 몸소 평생을 나라와 백성을 위한 삶을 살았다. 그는 기회가 있는 대로 임금에게 지성으로 王道를 권면했고, 또 개혁의 대안을 제시하였다. 그의 120여 편이 넘는 疏箚文은 우국충정의 표현 아닌 것이 없었다. 그는 시국을 분석해 문제점이 무엇인가를 임금에게 일깨워 주었고, 또 반드시 그 대안을 제시해 임금에게 권면하였다. 특히 안보상의 위기의식을 강조하고, 十萬養兵을 제안 하였다. 그는 어느 날 경연석상에서 동아시아 안보정세를 의식하면서 십만 양병의 필요성을 설득하였다. 그러나 대부분이 이에 반대하고 율곡은 도리어 무안을 당하기까지 하였다. 율곡은 상소문의 끝에서 늘 '이대로 가다가는 십년도 못가 나라가 망할 것이라' 극언하였는데, 실제로 율곡이 세상을 떠난 지 8년 만에 임진왜란이 현실로 닥쳐왔다. 율곡은 세상을 떠나기 전 해인 1583년(선조 16년) 임금의 요청에 의해 종합적인 국방 대비책으로 「六條啓」를 올렸으며, 세상을 떠나기 전날 전방근무의 명을 받고 徐益이 찾아와 율곡에게 자문을 청하자, 율곡은 누워서 구술하였으니 이것이 「六條方略」이다. 이처럼 율곡은 세상을 다하는 날까지 나라와 백성에 대

24) 『栗谷全書』, 卷7, 「陳時弊疏」.
25) 『栗谷全書』, 卷35, 「行狀」.
26) 『栗谷全書』, 卷8, 「六條啓」.

한 우환의식을 잊지 않았다.

지도자의 리더십은 무엇보다 나라와 백성에 대한 책임감이요 우환의식이다. 치자가 나라와 백성에 대해 관심이 없다면 그는 지도자가 될 수 없다. 율곡은 그 스스로 뜨거운 애국심을 갖고 평생 나라와 민족에 대한 애정과 관심을 버리지 않았다. 율곡에 있어 정치의 목적은 나라와 백성에 있었고, 그의 삶의 목표도 나라와 백성의 안녕과 행복에 있었다. 치자의 투철한 애민의식과 애국심은 백성들의 존경과 신뢰를 수반한다. 율곡은 이 점에서 모범을 보여주었던 경세가였다.

제3장

默齋 李貴의 경세실천과 율곡철학의 계승

1. '忠憤'과 '疏魔', 양극의 인물 '李貴'

默齋 李貴(1557~1633)는 인조반정의 주역이며 또 율곡, 우계의 문인이다. 그동안 역사학계에서는 인조시대 정치연구의 대상으로 이귀에 대한 관심이 약간 있었지만,[1] 철학계에서의 이귀 연구는 매우 드문 것 같다.[2] 그것은 아마도 이귀의 저술로써 理氣心性論 같은 철학적 내용이 거의 없다는데 기인하기도 하고, 또 하나는 율곡의 문인이면서도 다른 이와 달리 소외되었기 때문인 것 같다. 따라서 默齋 李貴는 잊혀진 유학자요 올바른 평가를 받지도 못한 불우한 인물이라고 볼 수 있다.

조선조 유학자들을 살펴 볼 때 하나는 순수하게 학문에만 몰두한 경우가 있고, 또 하나는 학문과 경세를 겸비한 경우가 있다. 유학이 內聖과 外王, 修己와 治人을 아우르는 것이 이상이라고 할 때, 학문과 경세를 겸비하는 것이 유학자 본래의 모습이라고 볼 수 있다. 그런데 이 경우에도 경세, 경륜을 말과 글로 쓰고 주장하는 경우와 실제로 정치 현실에서 몸소 실천하는 경우는 구별된다. 이귀는 바로 이 후자의 경우 즉 경세의 실

---

1) 김용흠, 박홍규, 박설수, 이종우, 이홍식, 오수창, 정만조 등의 연구가 있다.
2) 이지희의 「묵재 이귀의 생애와 사상 연구」(성균관대대학원, 석사, 2010)가 있다.

천에 가장 충실했던 유학자의 한 사람으로 평가된다.

이귀는 한편 忠憤에 가득 찼던 인물로 평가받기도 하지만, 다른 한편으로는 鄭仁弘 등 大北派 당인들은 그를 '상소에 미친 마귀(疏魔)'라고[3] 조롱하기도 했다. 그가 얼마나 시대정신에 투철하고 나라와 백성을 위한 忠憤에 철저했는가 하는 것은 다음 그 자신의 고백에서도 충분히 입증된다.

신은 한갓 몸을 잊고 국가를 위해 죽을 줄만 알았지 일찍이 제 뜻을 굽혀 세속의 중론을 따르지 않았습니다. 신이 매번 大勢를 추종치 않고 곧은 길만 가려하여 대신과 臺諫과 전하의 앞에서 爭辯하며 忠憤을 못 이겨 격한 언어를 하지만, 절제할 줄 몰라 한갓 많은 조정 신하들의 노여움을 범해 일찍이 한 마디도 시행되지 못하고, 전하의 조정에 신 한 사람만 없으면 조정 스스로 고요해지고, 國論 스스로 한 가지도 다시 다툼이 없을 것이니, 상하가 끄덕이며 농담이나 하고, 같이 시대의 어려움을 구하면 이 어찌 아름답지 않겠습니까?[4]

뿐만 아니라 『仁祖實錄』의 史評에서도 이귀는 '雜君子'로서 '忠憤' 하나만은 제일이라고 다음과 같이 평가한다.

李貴는 志操가 단정하지 못하고 언어가 법도가 없어 이 때문에 세상 사람들에게 웃음거리가 되었다.……또 임금을 친애하고 국사를 근심하여 뭇사람의 비방도 피하지 않고, 생각이 있으면 반드시 진달하였으므로 忠憤 한 가지만은 그와 비교될 사람이 드물었기 때문에 당시 사

---

3) 『국역 이충정공장소 32권』, 5, 158쪽(崔鳴吉 지음, 行狀)
4) 『국역 이충정공장소 32권』, 2, 54쪽(再箚)

람들이 李貴를 雜君子라고 하였다. 경연에 入侍했을 적에 저촉되거나 거슬리는 말이 많아도 上이 죄주지 않았고, 진신(搢紳)들에게 욕설하기를 거리낌 없이 해도 사람들이 성내지 않았다. 매일 같이 箚子를 올리고 상소하였으나 말을 써 주지 않았고, 국가 일을 도모하고자 온갖 정성을 다하였으나 헛된 노력에 그치고 효과가 없었다. 평생의 행사가 대부분 이와 같았다.5)

이귀는 나라와 백성을 위한 애국심이 누구보다 충만했고, 불의를 보면 참지 못하고 임금이나 벼슬에 상관없이 비판하고 직언을 서슴지 않아 인조의 미움도 많이 받고 많은 사람들과 갈등했다. 그는 당색에 관계없이 친소에 관계없이 허봉(許篈), 鄭汝立, 鄭仁弘, 鄭經世, 김류(金瑬), 尹煌, 金尙憲, 申欽, 鄭蘊, 李元翼, 張維, 金長生 등 많은 이들을 비판하여 사이가 좋지 않았다.

公的 이익을 위해 諫言을 하고 直言을 하는 것은 분명 儒者의 올바른 직분이지만, 시도 때도 없이 상소를 올리고 직언을 하고 또한 거친 언행으로 상대방에게 모욕을 주고 감정을 상하게 하는 것은 분명 그의 결점이요 한계였다. 그런데 이귀 자신도 이것을 인정하고 평생 못 고치는 병통이라는 점을 다음과 같이 고백한다.

삼가 신은 성격이 곧아 앞뒤를 계산하여 말을 하지 못하고, 미친 듯이 내뱉는 버릇을 고치지 못하는 것이 신의 70평생의 병통입니다.6)

또한 인조는 吳允謙(1559~1636)과의 대화에서 "李貴는 원래 말이 논

5) 『인조실록』, 권8, 인조3년, 을축, 3월 계유, 33-692. 50나.
6) 『국역 이충정공장소 32권』, 2, 138쪽.(敍復後乞退箚)

리가 없는데다 자기 능력을 뽐내고 싶은 마음까지 있기 때문에 그러한
것인데, 나도 그에게 禮讓이 부족하다고 항상 말하였으나 그의 병통은
여전하였다. 그래서 나이 젊은 자들이 그를 본받아 하나의 풍속이 되어
버릴 까 염려하고 있다"[7]고 혹평하고 있는 것이다. 이러한 점이 예의
와 염치를 중시하는 조선조 유교사회에서 그에 대한 평가가 부정적이게
되는 요인이었다고 생각된다.

그럼에도 불구하고 이귀는 인조대 초반 10여 년 동안 變法的 經世論
을 가장 강력히 제기한 유학자였고,[8] 나라 일을 당하여 견해가 있으면
말하였으며, 관직에 있으면서 법을 만들어 직무를 수행할 때에는 利害를
돌아보지 않았고, 强暴한 무리들을 두려워하지 않았다.[9]

崔鳴吉(1586~1647)이 쓴 그의 「行狀」에서는 그의 죽음에 애도하고 그
를 추모하는 다음과 같은 글이 보인다.

　　공이 이미 저 세상으로 돌아가시자, 조정의 사대부들로부터 거리의
　　천한 노비들까지도 모두 눈물을 흘리면서 울면서 서로 슬퍼하면서 "충
　　신이 돌아갔다"라고 말했다. 비록 공에게 비난을 당했거나 배척을 받
　　은 사람일지라도 "공은 큰 덕인이다"라고 말하지 않은 사람이 없었
　　다.[10]

이와 같이 장점과 단점을 아울러 가지고 호평과 혹평을 아울러 듣는
이가 바로 이귀였다고 생각된다. 필자는 번역본 『李忠定公章疏』를 읽으

---

7) 『국역 이충정공장소 32권』, 4, 548쪽.(인조실록, 07-윤04-21)
8) 김용흠, 『조선의 사상가 열전』, 「연평 이귀, 실학과 탕평론의 선구자」, 157쪽.
9) 『광해군일기』, 권25, 광해군 2년, 경술 2월, 갑인, 31-493, 10가.
10) 『국역 이충정공장소 32권』, 5, 160~161쪽(崔鳴吉 지음, 行狀)

며 많은 감동을 받았다. 그것은 그의 애국심과 나라를 위한 실천에 비하면 그의 유학자로서의 품격은 매우 작은 흠결로 보이기 때문이다.

경세, 경륜을 말과 글로 표현하는 것도 훌륭한 일이지만, 그것을 몸소 정치 현실에 실천해 나라와 민생에 이로움을 주는 것은 더욱 중요하기 때문이다. 이런 관점에서 이귀의 경세론과 그의 삶에 드러난 실천적 지성의 면모를 새롭게 조명해 보고자 한다. 특히 당시 대의명분론에 맞서 主和論을 펼치고 識見을 중시하는가 하면 실천을 몸소 보였다는 점에서 그의 실학적 면모를 짐작케 한다. 또한 율곡의 문인이면서도 정당한 평가를 받지 못한 점에 대해 새로운 시각에서 그의 위상을 바르게 정립해 보고자 한다.

2. 憂患의식과 經世自任

철학이나 사상은 그 시대의 소산이라고 말한다. 이귀가 살았던 16세기 전반에서 17세기 후반은 內憂外患으로 얼룩진 민족적 위기였다. 1592년부터 1598년까지 일어난 임진왜란, 1627년 後金이 쳐들어 온 丁卯胡亂으로 國脈이 위태로웠고, 안으로는 당쟁이 격화되고, 1623년 광해군의 패륜으로 仁祖反正이 일어났으며, 그 이듬해인 1624년 李适의 난이 일어났다. 두 차례나 외세의 침략으로 국가의 존망이 위태롭고, 黨爭, 反正, 內亂으로 국가의 기강이 무너져버린 내우외환의 비상사태였다. 이러한 역사적 배경에서 이귀의 忠憤이 발휘되고 끊임없는 疏箚가 올려졌다. 유학은 나라와 백성을 근심 걱정하는 우환의식을 전제한다. 또한 진정한 儒者는 자기수양과 함께 나라와 백성을 위한 헌신과 봉사를 실천해야 한다. 이런 점에서 이귀의 투철한 우환의식과 伊尹과 같은 經世自任의 실천은 매우 특징적인 것이다. 이귀는 당시의 현실을 이렇게 표현한다.

바로 지금 우리 조선이라는 나라의 일처리가 마치 만 섬의 곡식을
실은 배가 선장도 없이 중류에 표류하고 있는 형국인데, 사람들은 편
안한 마음으로 바라보고 있고, 臣만 혼자 위기감이 들어 광분(狂奮)하
고 큰 소리로 소리치고 있는 상황입니다.[11]

오늘 나라가 처한 형세는 아침 이슬과 같이 위험 속에 처해있습니
다. 많은 조정신료들은 멀리 보고 염려하는 자가 없고, 오직 목전에 당
한 편안하고 작은 일에만 힘쓸 뿐, 국가가 장래 닥칠 위험은 아랑곳 않
는 현실이 가슴 아플 뿐입니다.[12]

이귀는 당시의 현실을 가리켜 만 섬의 곡식을 실은 배가 선장도 없이
표류하는 형국, 아침 이슬과 같은 위험 속에 처해 있는데, 조정신료들은
무관심속에 태평한 데 자신만이 홀로 광분해 큰 소리로 외치고 있다고
토로한다. 이귀는 스스로 말하기를 "臣은 본래 학술이 없고 또 특별한 장
점도 없어 오직 구구한 忠義가 일어나면, 자신의 몸은 잊고 국가에 충성
하고 의리를 추구했으며, 심지어 滅族의 禍도 감수해 만 번 죽음도 무릅
썼음을 어지러운 세상을 바로 잡은 撥亂反正의 의거에서 역시 衷心의 한
자락을 볼 수 있는 것입니다."[13] 라고 말한다. 자신의 忠心은 목숨을 건
것이며 이는 反正의 의거에서 충분히 발휘되었다고 말한다.
또한 전하께서 듣기 싫어하는 것이 많았으며, 경연 석상에서 물러나와

---

11) 『국역 이충정공장소 32권』, 2, 78쪽(辭扈衛大將箚)
12) 『국역 이충정공장소 32권』, 2, 346쪽(請抄選鋒兼陣號牌事宜箚)
13) 『국역 이충정공장소 32권』, 1, 442~443(因別詢勳臣進言箚)

제 사무실에서 곧 밤을 세워가며 다시는 망녕된 말을 하지 않겠다고 다짐을 하며 생각한다고 고백한다. 지금 우리나라의 형세를 보면 위급하여 불똥이 언제 우리나라에 떨어질지 예측하기 어려운데, 조정의 대책은 아직 정해지지도 않아서 하루아침 邊境에 긴급한 상황이 벌어지면 믿을 수 있는 곳이 한 곳도 없는데, 신이 어찌 침묵하고 말을 하지 않아 전하의 은혜를 저버리겠느냐고 반문한다. 감히 장래 국방대책에 반드시 힘써야 할 몇 가지 조항을 적어서 말씀드리니 전하께서 택하여 결단해 주시기 바란다[14] 하고, 8개 조항의 진언을 하였다. 이귀는 상소에서 "신은 國事를 위해 죽겠다는 구구한 마음뿐입니다. 더구나 지금 전하께서 근심은 신의 욕됨으로서 어찌 어리석은 신이 편안할 수 있겠으며, 또 신이 비록 노쇠했지만 스스로 헤아리건대 정력이 말을 타고 가는 것은 감당할 수 있으므로, 신이 직접 서북 변방에 가서 신이 말씀 드린 방어책을 조치할 수 있도록 하명하시기 바라며, 신의 우국충정을 헤아리셔서 西邊대책을 강구하도록 신의 서변 시찰을 허락해 주시면 犬馬之力을 다해 비록 변경에서 만 번 죽어도 한이 없습니다."[15]라고 간청하였다. 이귀는 자신이 비록 늙었지만 직접 서북 변방을 방문하여 여진의 침략을 방어할 수 있는 서변대책을 세울 수 있도록 허락해 달라고 간청하지만 인조는 그의 건강을 염려하여 허락하지 않는다. 다음 글도 이에 관한 내용인데 이귀의 우환의식과 保國安民을 걱정하는 진정이 잘 표현되어 있다.

신이 금년 67세로 어찌 몸을 보전하고 집을 보호하고 부귀를 누리는 즐거움을 모르겠습니까? 개인의 험난함을 피하지 않고 국가의 위급함에서 실지 부득이함 때문에 이런 방안이 나온 것입니다. 전하는 신의

---

14) 『국역 이충정공장소 32권』, 1, 471쪽(陳備虜機務畫一箚)
15) 『국역 이충정공장소 32권』, 1, 484쪽(陳備虜機務畫一箚)

간청을 허락하지 않으시고 매번 신이 노쇠해서 멀리 못보낸다고 하시는데, 때를 잃는 안타까움에 어찌해야 할지 모르겠습니다. 근래 국사를 보건대, 두서가 없이 조정의 의논이 여러 갈래가 나와 정해지지 못하고, 상하가 근심만 하여 1623년 3월 12일 反正으로 전하의 정권수립 후 7개월이 지났는데도 한 가지도 제대로 완료된 것이 없습니다.…… 침공이 제 눈앞에 보이는데 손을 묶고 적에 대항 할 수 없는것이니, 미리 서북변경에 가서 대비를 직접 하는 것이 이때를 맞아 마땅한 대책이며, 신이 비록 노쇠한 67세이지만 아직은 정신과 근력이 말을 타고 갔다 올 수 있으며, 또 임금을 섬길 날이 길지 않습니다. 이렇게 수년이 지나면 전하가 쓰시고 싶어도 신은 이 세상사람이 아니기에 쓸 수 없을 것입니다.……만일 신의 계책을 쓸 수 있다면 직접 현지에 가서 그 국경을 책임지는 도원수와 병마절도사 및 감사 등 지방관들과 제 장수들과 충분한 상의를 하여 하나의 침략 방어 대책을 정한 후에야 변경의 정세가 안정을 취할 수 있어 서쪽의 백성들이 안정을 얻을 수 있을 것입니다. 신이 西邊에 가고 안가고가 국가의 운명에 관계가 되는 것이며, 전하께서 추위와 노쇠함을 염려하시는데 제 한 몸을 돌볼 겨를이 없는 중차대한 시점입니다.

만일 신이 추운 곳에 오래 있으면 건강을 해친다 하시니, 그러면 추워지기 전 한 번만 갔다 오는 것으로 한 번 가서 5진관의 새로운 제도를 백성들에게 알려 그 지역 전반이 연계하여 방어하도록 조치만 하고 곧바로 돌아오겠으니 허락해 주시고, 이것은 국가와 백성을 위한 公을 위함이지 저 개인의 몸에는 실지 해가 되는 것입니다.16)

16) 『국역 이충정공장소 32권』, 1, 485~487쪽(陳備虜機務畫一箚)

67세의 나이로 서북 변경을 직접 가서 안보상황을 파악하고 현지 군관들을 만나 면담하여 방어대책을 세우겠다는 이귀의 충정은 가히 감동적이다. 그리고 여기에는 이렇게 급히 서둘러 대책을 세우지 않으면 분명히 여진의 외침이 곧 닥치리라는 확신과 나라가 망한다는 우려가 곳곳에 나타나 있다. 이에 대해 인조는 비답하기를 "상소를 읽고 더욱 경이 나라를 위하여 몸을 잊는 뜻을 아름답게 여겼소. 경은 지금 노인이라서 결코 멀리 갈 수 없으니, 나의 뜻을 살펴 조정에 있으면서 헤아려 계획하는 것이 옳겠소"라고 하였다.17)

이귀는 자신이 본래 나라 걱정을 너무 많이 하는 마음을 가지고 있다고 다음과 같이 고백한다.

생각건대 신의 나이가 70에 가까워 임금 섬길 날이 길지 못하니, 미천한 신의 정성이 출발에 임하여 더욱 간절합니다. 비록 자주 왕래하라는 전교를 받았습니다마는, 신은 본래 국가 일에 너무 걱정을 많이 하는 마음을 가지고 있습니다.18)

그리고 전하께서 정치를 하신지 7년 동안 몸은 지키고 있으나, 국가의 형세는 날로 약해지고, 인심은 날로 떠나가고 있다19)고 인조의 실정에 대해 노골적으로 직언을 서슴지 않는다.

이귀는 자신을 제2의 요괴(妖傀) 趙憲이라 하고, 조헌이 임진왜란을 예언했듯이 자신이 지금 여진족 누르하치의 침략을 예고하고 있다고 다음과 같이 말한다.

17) 『국역 이충정공장소 32권』, 1, 488쪽(陳備虜機務 一箚)
18) 『국역 이충정공장소 32권』, 2, 32쪽(陛辭請於歲時入覲箚)
19) 『국역 이충정공장소 32권』, 3, 339쪽(玉堂箚申辨朋黨箚)

오늘날 경박하고 부박한 무리들이 신을 가리키며 33년 전 임진왜란 1년 전 반드시 내년에 왜적이 온다는 趙憲을 妖傀라고 했듯이 만주 여진족의 침략을 예고하며 自强策을 격렬하게 논하는 신을 한단(邯鄲)의 妖傀라고 부릅니다. 뒷날 나라가 망할 지경의 禍亂을 당하여 신이 말한 바와 같이 딱 맞게 되면 사람들이 장차 말하기를, "李貴는 사람들이 능히 보지 못하는 바를 능히 보았다며 마치 임진왜란 1년 전에 왜적이 온다고 예측한 趙憲의 말이 맞았듯이 말할 것을 생각하여 이곳에 이르면 간담이 무너지는 듯 합니다.20)

이귀는 74세 때 병조판서로서 만주 오랑캐의 준동을 목도하고 국방대책 17개조를 올리며 다음과 같이 진언한다.

나이가 74세로 조정에서 물러나야 하는 70이 훌쩍 넘은지 오래 되어 병조판서로 만주 오랑캐의 날뛰는 위험을 목도하고도 근시안적으로 대처하며 뒷다리 거는 備局의 행위와, 결단하지 못하는 전하로 인하여 방어대책을 성사시켜 대처하지 못하고 있습니다. 이를 바로 잡지 못하고 앉아서 국가가 망하기만 기다리는 게 어찌 온당한 일이겠습니까? 일찍이 17개 조항을 올려 국방대책의 藥石이 될 것으로 아뢰었으나 열흘이 지나도록 가부의 정함이 없고 고요하기만 합니다.21)

마찬가지로 77세로 운명하기 13일 전 다시 反正의 元勳으로 무거운 책임을 통감하며 안보상의 위기를 걱정하며 다음과 같이 진술하였다.

20)『국역 이충정공장소 32권』, 1, 35쪽(이지희, 解題)
21)『국역 이충정공장소 32권』, 3, 476쪽(論倭情箚)

신은 80이 내일 모레로 늙고 망령된 자로서 뜻과 생각이 흐리고 쇠약하여 모든 국가의 일에서 물러나 침묵하고 발언을 하지 않아야 마땅한 바이나, 큰 계책을 어지럽혀 매번 국가 大計에 신 혼자만이 전하를 번거롭게 해 분수를 범한다는 사실은 알고 있지만, 신은 反正을 한 元勳으로서 국가가 편안하면 신도 편안하고 국가가 위태로우면 신도 위태로우므로, 비록 중한 벌을 입었다 하여도 마음에 하고자 하는 바를 감히 모두 아뢰지 않을 수가 없으니, 여기에 이르러서는 신의 죄가 더욱 큰 것입니다.[22]

이귀는 말하기를, 臣과 崔鳴吉은 다 元勳인데 다만 벼슬의 차이만 있을 뿐이라 하고, 어찌 국가가 망하면 臣만이 위태롭고 최명길은 위태롭지 않겠느냐고 반문한다. 이같이 국가가 존재하느냐 망하느냐 하는 위급한 때를 당해서, 모든 軍務의 變通하는 일을 廟堂은 '천천히 기다리라' 하고, 在臣은 '아직 기다려 보겠다' 하고, 聖上 역시 '서서히 의논하라' 전교하시어, 위아래가 편안하려고만 하고 自强하기 위해 진작하는 일에는 뜻이 없으니, 여진 적병이 서서히 오지 않고 하루아침에 침공해 닥쳐오면 장차 어떻게 방어할 것인지 알지 못하겠다고 우려한다. 그리고 만약이 때에 비록 신의 말을 쓰시려 해도 미칠 수 없을 것이라 하였다.[23] 이러한 이귀의 상소를 보면 그는 이미 만주 국경지대의 안보상의 위기를 알고 있었고, 머지않아 여진의 침략을 받게 되리라는 것을 훤히 보고 있는 듯 하다.

결국 이귀가 세상을 떠난 후 3년 1636년에 병자호란이 일어났다. 인조는 조정대신 이하 많은 신하들을 돌아보고 이조판서 崔鳴吉의 손을 잡고

---

22) 『국역 이충정공장소 32권』, 4, 533쪽(請遣朴蘭英於虜中箚)
23) 『국역 이충정공장소 32권』, 5, 400쪽(年譜)

울면서 "이귀가 11년 동안 나에게 말한 만주 여진 방어의 국방정책을 쓰지 않았음이 한스럽다. 만약 이귀가 살아있다면 틀림없이 나를 이 남한 산성에서 청나라 철기 병에 둘러싸여 고립된 곤경에서 탈출케 할 수 있을 것이다"라고 한탄하였다.24)

이귀는 伊尹과 孟子가 自任하였듯이 자신이 이 시대 안보상의 위기에서 이를 해결할 수 있는 적임자임을 그 스스로 다음과 같이 자임하였다.

신 역시 임진왜란 이전부터 스스로 행동과 능력을 헤아려 제일 출중하다는 자들 栗谷 李珥와 柳成龍, 李德馨, 李恒福 등과 국방대책의 일을 30년간 힘을 쏟아 조금은 일을 할 수 있어 감히 중국 한나라의 趙充國과는 비교할 수가 없지만, 지금 전하의 세상에 적임자를 구한다면 신만 한 자도 역시 얻을 수가 없을 것입니다.

어찌 감히 스스로를 자랑하는 것을 혐의쩍은 것으로 삼아 나라가 망할 걱정인데 입을 다물고 잠잠히 물러나 앉아 있을 수 있겠습니까? 지난 번 탑전에서 신이 兵農을 분리하라는 주장을 특별히 글로 써 올리라는 전하의 옥음을 받고, 신이 삼가 신의 일생에 지은 疏狀과 제 재신들과 문답한 말들을 합해서 한 권의 책을 만들어 올리오니, 聖明께서 특별히 읽어 보시고 쓸 수 있으면 쓰시되 의심하지 마시고, 국가의 勝敗와 存亡의 책임을 맡겨주시고, 신보다 더 나은 자를 구할 수 없을 것이니, 여진 적을 방어하고 정벌할 책임을 전적으로 신 한 사람에게 맡기시면, 得失을 헤아리고 利害를 미루어 헤아려 스스로 책임을 갖고 만주 여진족 침공을 방어할 수 있겠습니다.25)

---

24) 『국역 이충정공장소 32권』, 1, 12쪽(朴世采, 序)
25) 『승정원일기』, 1636년(병자년) 12월 17일 조 참조.

이와 같이 이귀는 자신은 이미 이이, 유성룡, 이덕형, 이항복 등과 함께 30여년 간 군사에 대한 경험을 가지고 있고, 자신이 이 시대의 군사위기를 극복할 적임자임을 스스로 자임하였다. 그리고 만약 자신에게 국방에 관한 전권을 맡겨준다면 여진의 침략을 막아낼 수 있을 것이라 확신하였다. 비록 당시 이귀는 인조로부터도 귀찮은 존재로 인식되었고, 많은 동료 신하들에게서도 거친 언행, 잦은 상소와 직언, 위아래가 없는 시비로 많은 비판을 받고 심지어는 조롱과 따돌림을 받았지만, 그의 진정한 충정과 탁월한 경세경륜은 시대를 앞서가는 선구적 혜안이었던 것이다.

다음 朴世采가 쓴『李忠定公章疏』의 서문과「配享敎書」의 글은 이러한 그의 경세가의 면모와 위상을 잘 대변해 준다.

아아! 슬프다. 대개 공이 뜻이 크고 義氣가 호걸스럽고, 그 학문에 忠信正直을 주로 삼아 먼저 大義를 세우고 언어행동에도 小節도 폐하지 아니하였고, 어떠한 일이고 그 일에 대한 정의를 판단할 때에 넓고 깊고 탁월하게 멀리 보아서 범인의 생각보다 뛰어났다. 처음에는 이상적이고 현실과 거리가 있다며 이해하기 어려우나 마침내는 틀림없이 마치 符節처럼 딱 들어맞고, 그 말이 質朴하고 정성스러워 이치가 트여 반드시 의리가 명백해 저절로 깨우치지 않을 수 없었다. 요약해 말하면 임금을 사랑하고 처한 시대를 근심하며 국가를 위해 만세토록 기여함이었지만, 조정의 잘못을 간하다가 위로는 임금의 진노함을 일으키고 아래로는 대신과 臺諫들과 더불어 得失을 논쟁함에는 온 세상에서 비방하고 모욕할지라도 조금도 꺾이지 않았다.26)

---

26)『국역 이충정공장소 32권』, 1, 13쪽(朴世采, 序)

卿은 어질고 너그러운 마음씨에 생각이 넓고 도량이 커서 바다를 품은 것 같았으며 기개(氣慨)가 있고 매사에 公明正大하여 국가만을 생각하고, 조정에서 자기의 이름을 탐하는 속물들을 경멸하였다.……그러므로 비록 험난하여 어렵더라도 마음만은 형통한 志士로써 구렁 속에 처해 있어도 항상 나라 일을 經綸하고 세상을 구제함에 책임을 품었다.[27]

3. 經世論과 經世具現

1) 帝王之學으로서의 聖學 勸勉

이귀는 임금에게 聖學을 勸勉하였다. 그는 말하기를 옛 부터 帝王의 다스림은 배움에 근본을 두어서 시작하지 않으면 안 되기에, 반드시 帝王之學을 배운 후에야 제왕의 다스림을 이룰 수 있는 것이라 한다. 학문에 근본을 두지 않고 이룰 수 없는 것이기 때문에 배워서 지극한 정치를 이룰 수 있는 것이다. 신하된 자의 책임은 어렵지만 마땅히 임금을 堯舜이 되게 함을 목표로 삼아야 하는 일이라 한다. 그렇기 때문에 신이 오늘날 전하의 다스림에 過失이 없게 하고, 전하의 덕에 훼손과 부족함이 없도록 감히 바라지 않을 수 없기에, 오직 열심히 聖學에 매진하기를 앙망하는 것이라 하였다.

따라서 儒臣을 자주 접하여 매일같이 성인이 말 한바와 행한 바가 그 聖經에 있으니, 매일 經을 공부하라고 권면한다. 시간이 한가할 때 한가하게 보내지 말고, 聖經에 쓰인 이치와 그 사례를 아는 것을 몸에 체득,

27) 『국역 이충정공장소 32권』, 5, 204쪽(配享敎書)

힘쓰는 것으로 열심히 스스로 궁구해야 하지 經筵때 만 해서는 聖學공부가 되지 않는다 하였다. 聖學은 大人之學이고 帝王學이기 때문에 제왕이 中을 잡지 않는다면 堯舜의 지극한 정치는 물 건너 저만치 흘러가는 것이라 하였다. 虛를 좇지 않고 實을 聖經에서 찾아야 한다 하고, 이것은 聖學의 요체를 부연 설명한 것이라 하였다.28)

또한 무릇 국가를 위하는 방법은 한 가지만 있는 것이 아니지만, 그 중에서도 백성들의 마음을 얻는 것이 군주로서의 제일 중요한 일이라 하였다.29) 민심을 얻는 것이 군주의 제일 과제라고 본 것이다.

2) 시국의 진단과 變通論

이귀는 폐단을 바로 잡는다는 '救弊'이 두 글자는 만일 기왕의 폐를 알고 있다면 그 폐를 變通하는 것이 마땅함을 말하는 것이라 하였다.30) 이와 같이 그는 임금이 해야 할 급무로서 시국의 폐단을 알아서 마땅히 變通하는 것이라 하였다. 변통을 강조하는 이귀의 말을 보기로 하자.

> 무릇 일이란 그 요체를 얻지 못하면 실마리를 풀 수 없는 것은 事勢의 이치가 그렇기 때문입니다. 오늘의 國勢는 병이 생긴 곳이 많지 않다고 할 수 없어, 마땅히 變通하지 않을수 없는 것 같습니다. 變通하면 그에 따른 폐가 생길 수 있지만, 변통하지 않으면 앉아서 나라가 망하기만을 기다리는 것입니다.31)

---

28) 『국역 이충정공장소 32권』, 1, 448~450쪽(因別詢勳臣進言箚)
29) 『국역 이충정공장소 32권』, 2, 341쪽(論入送南軍之弊箚)
30) 『국역 이충정공장소 32권』, 2, 521쪽(申論軍務畫一箚)
31) 『국역 이충정공장소 32권』, 3, 13쪽(請赦潰逃軍兵箚)

여기서 변통이란 결국 개혁을 의미하는 것이다. 이귀는 당시 나라의 형세가 병폐가 많기 때문에 마땅히 변통하지 않을 수 없다는 것이다. 변통하면 그에 따라 폐단이 생길 수도 있지만, 그렇다고 변통하지 않아 나라가 망하기만을 기다릴 수는 없는 것이라 하였다.

　이귀는 그의 장소 곳곳에서 개혁을 말하는데 다음은 당시 군사행정의 개혁을 거론한 내용이다.

　조정이 만약 軍律을 묻는다면 반드시 도망간 장수를 죽여야 하지만, 그 도망가고 무너진 장수는 현재 官爵을 버젓이 유지하고, 그 장수를 따라 무너져 흩어진 졸병들만 軍律로 죽이겠다고 하니 이 무슨 군법이 이렇게 됩니까?……수 백명의 도망병을 오늘날 같은 국가의 형세 아래서 일일이 잡아 죽이겠습니까? 만약 모두 잡아 죽일 수가 없다면 그 친속들이 고향을 떠나 멀리 가버려 모두 居所를 잃어버린 자가 무려 1천 여명이나 됩니다.……신의 어리석은 생각으로는 가뭄을 구하는 대책의 말을 구할 때, 어쩔 수 없이 장수들이 도망가 군대의 대오도 무너져 따라서 도망친 졸병들을 대 사면하시어, 민심을 一新시켜 인심을 수습하는 게 지금의 급선무입니다.

　또 備局이 군법을 행하고자 함은 평상시 해야 하는 일이고, 어리석은 신이 누차 전하를 번거롭게 하며 석방을 청함은 상황에 맞게 變通하는 조치입니다. 權이 변하여 經이 되는것 또한 그 형세에 기인하는 것입니다. 만약 이 기회를 잃는다면 비록 후회하여도 미칠수가 없으니, 삼가 원하건대 밝으신 성상께서 특별히 신이 올린 차자를 다시 廟堂에 내리고 명령하여, 깊이 논의하여 잘 처리하시면 매우 다행이겠으니 재결하여 주시기 바랍니다.[32]

이와 같이 군법과 군율이 무너진 상황에서 도망병에 대한 변통의 대책을 촉구하고, 그들에 대한 일대 사면조치를 건의하였다.

이귀는 말하기를, 국가를 경영하고 백성을 구제하는 방도 즉 經世濟民의 지략은 젊어서 이미 스승으로부터 직접 배웠고, 軍兵의 方略은 임진왜란 때 왜적과 싸웠으며, 西厓 柳成龍 막부에서 오랫동안 종사관과 막부 도총검찰관으로 종사하면서 軍務의 大要를 들었고, 또 십대부터 친구 영의정 漢陰 李德馨과 도원수 서평부원군 韓浚謙과 체찰사 옥성부원군 張晚 등 제 將相들과 함께 교유하며 그 중요한 점을 취사하여 긴요성을 이해하고 통달하여 이치에 부합하고 선현의 가르침에 근거가 있으니, 나라를 지키고 적을 방어하는 중요한 방략으로 무장되었다고 술회하였다.[33]

3) 王道의 기초 −민생의 안정−

유학의 이상적인 정치를 일컬어 王道정치 또는 大同세계라고 일컫는다. 『書經』과 『孟子』에 거론되는 王道는 仁者에 의한 仁政을 의미하고 有德者에 의한 德治를 의미한다. 즉 인간은 누구나 착한 인성으로서의 仁義禮智를 가지고 태어났으므로, 이 착한 인성을 사회에, 나라에, 인류세계에 펼치기만 하면 왕도가 실현되어진다고 생각한다. 또한 『禮記』에 등장하는 '大同'의 이념은 천하가 公共의 것이 되어져 네 것 내 것이 없고, 남녀노유, 직업과 신분에 관계없이 사회적 약자라도 누구나 소외되지 않고 인간다운 대접을 받는 그런 사회를 大同이라 하였다.

그런데 이 왕도정치나 대동세계란 그 내용에 있어서 민생의 안정과 正倫세계의 구현을 말한다. 맹자는 왕도정치의 기초를 민생의 안정이라

---

32) 『국역 이충정공장소 32권』, 3, 133~137쪽(請赦再逃軍人箚)
33) 『국역 이충정공장소 32권』, 1, 13쪽(朴世采, 序)

하였고, 나아가 왕도정치의 완성은 윤리도덕을 통해 이루어진다고 보았다. 아울러 大同의 이념도 그 내용을 보면 하나는 물질적 부가 보장되는 것이고, 또 하나는 윤리의식과 정의의 가치를 함양하는 것이었다.

이귀는 이러한 유학의 경세론에 충실히 기반하여 그의 경세론을 전개하고 있다. 먼저 왕도정치의 기초로서 민생의 안정이라는 과제를 중심으로 살펴보고, 다음은 왕도정치의 완성이라는 측면에서 그의 윤리추구, 정의사회 구현에 관해 검토해 보기로 한다.

① 牧民官으로서 부실재정의 개혁과 민생의 안정

이귀는 민생의 안정이 왕도정치의 근본이라고 생각하여 다음과 같이 말한다.

> 백성들의 마음을 얻지 못하면 결국에는 아무런 이익이 없는 데로 돌아갑니다. 지금의 국가의 대책은 민심을 수습하여 백성을 길러 군사를 강화하고 나라를 부하게 하는데 전념하는 것만큼 중요한 게 없으며, 그런 연후에 국가의 다른 일을 논의할 수 있는 것입니다.[34]

정치는 민심을 얻는 것인데, 그 방법이 바로 국방을 강화하여 나라의 평안을 유지하고 나라를 부하게 하여, 백성들이 먹고 사는데 불편함이 없도록 하는 것이라 하였다. 이를 위한 구체적 방안이 軍籍과 量田의 정비라 보고 그 기초적인 과제가 號牌法의 시행이라고 보았다.

지금 마땅히 처리해야 할 사항이 하나만 있는 것이 아니니, 軍籍과

---

34) 『국역 이충정공장소 32권』, 3, 168쪽(復論逃軍事及代射諸人依正律科罪箚)

量田 두 가지는 금일의 급하게 힘써야 할 일입니다. 병력 증강과 민생 안정을 위하여 이 두 가지 일을 하고자 하면 먼저 號牌를 결정하지 않으면 어렵습니다. 어떤 자는 號牌를 먼저 하지 않고 量田을 행하는 것이 가능하다고 하지만, 이것은 때의 변화하는 것을 알지 못해서 그런 것입니다.[35]

이와 같이 이귀는 軍籍의 정비와 量田의 개혁이 당시 최우선 과제라 보고, 이를 위해 그 기초작업으로 號牌法의 시행을 하지 않으면 안 된다고 보았다.

또한 이귀는 국가가 안정된 정치를 펴고 튼튼한 국방 대비를 하며 민생의 안정을 보장하기 위해서는 국가재정의 안정성이 확보되어야 함을 강조하였다. 오늘날 우리나라도 국가재정의 부실, 과중한 국가채무 문제가 중대한 문제로 제기되어 있는데, 이귀가 17세기 조선조에서 국가의 건전재정의 중요성을 인식하고 이를 위해 대안을 제시한 것은 실로 선구적인 것이라 평가된다. 이귀는 1624년 1월 6일에 올린 「論度支調度之策疏」에서 다음과 같이 말하고 있다.

삼가 지금 우리나라가 처해 있는 상황은 모든 일이 허물어지고 흩어져서 수습할 수 없는 현실입니다. 그 중에서 국가재정의 심각성은 국가존망과 군대 병력의 명맥이 모두 관계가 되기 때문입니다. 그래 국가 재정조달의 실책은 매번 구차하게 작은 절목에 관심만 있고, 국가의 원대한 계획을 하지 않기 때문입니다.……신의 생각으로는 국가재정의 수입과 지출을 책임져야 하는 부서인 戶曹에 있는 廊廳 8명을 호

---

35) 『국역 이충정공장소 32권』, 1, 471~484쪽(請行號牌軍籍量田箚)

조판서에게 명하셔서 호조판서는 명사와 음관, 포의의 출신을 논하지 말고, 능력이 있는 자면 호조판서가 주관하여 인물을 스스로 선빌 8명의 郎官으로 하여금 조선 8도를 한 도씩 담당케 하고, 또 조선 8도의 도사를 신중히 선발하여 조정의 안과 지방이 서로 관장하면 국가재정 조달계획의 두서가 잡혀 반드시 큰 효과를 보게 될 것입니다.

자고로 국가재정을 조달하는 理財에는 어업, 소금, 철 생산만큼 중요한 것이 없습니다. 수산물과 소금 그리고 철의 생산이 많이 생산된다면 국가재정의 수입도 마땅히 늘어나게 되는데 그러면 재정 부족의 걱정이 없어지는 것입니다.……또 조선의 모든 公과 私에서 소유하고 있는 선박을 모두 戶曹에 관장케 하여 모든 배의 출입을 호조가 전담 호조의 통제 없이는 호조에 船稅를 내지 않고는 출항을 하지 못하게 함으로써, 힘을 쓰는 豪强者나 세력이 있는 宮家로 수입이 들어가지 못하게 하고, 모든 수입을 호조로 일원화해서 국가의 부를 창출하는 것입니다. 모든 수입의 3분의 1은 호조를 통해 국고로, 3분의 2는 개인 선주 및 백성들의 몫으로 하면 즐거운 마음으로 이익을 서로 취할 것입니다.36)

이귀는 조정의 관리들이 단기간의 수입 지출에만 매달려 국가재정의 원대한 계획에는 관심도 없고 이에 대한 계획도 전혀 없다고 우려한다. 그는 신분에 구애 없이 능력 있는 자 8명의 낭관을 호조가 선발하여 8도에 배치하고, 국가재정의 관리를 전담케 할 것을 주장하였다. 이것은 중앙과 지방의 재정상황과 계획을 효율적으로 조율하는데도 매우 유용하다고 보았다.

---

36) 『국역 이충정공장소 32권』, 2, 33~35쪽(論度支調度之策疏)

또한 이귀는 국가의 재정을 충실하게 하는 방안으로서 어업의 육성, 소금산업의 발전, 철 생산의 장려를 말하였다. 17세기 조선의 현실에서 국부 증진의 가장 효율적인 방안이 어업, 소금산업, 철광산업의 육성이라고 보았던 것이다.

또한 당시 선박의 운용과 이익이 국가에 도움이 못되고 일부 특권층에 의해 전횡되는 문제를 제기하고 이에 대한 개혁안을 제시하였다. 즉 모든 선박의 등록과 출입을 호조가 관장하고, 모든 수입의 3분의 1은 호조가 맡아 국가재정에 도움을 주고, 3분의 2는 개인선주와 백성들의 이익으로 나누어 갖도록 하자고 주장하였다.

이귀는 1625년 6월 16일에 올린 상소 「請令廟堂料理經費畫再箚」에서 12개 조항의 국가재정의 안정 방안을 다음과 같이 제안하였다.

첫째, 호조판서가 능력 있는 郎官 6명을 차출하여 6개도에 파견, 전라, 충청, 경상도 등 6개 도의 소금 생산, 수산물 획득, 철의 생산 그리고 버려진 屯田의 개간사업을 관장케 할 것.

둘째, 8도의 모든 선박을 호조에 소속시켜 관리하고 3분의 1의 세금을 받을 것.

셋째, 현재 8도의 어업, 소금 업, 철 생산을 개인 세력가들이 관장하는데, 이를 소속 衙門과 戶曹가 관리하여 국가 재정에 보탬이 되도록 할 것.

넷째, 소금 굽는 鹽과 漁場을 호조가 관리할 것

다섯째, 호조에 명령하여 농토에서 수확하는 田結에 의해 收米穀을 計量하여 매년 계산해 저축을 하여 常平倉의 옛 규칙대로 할 것.

여섯째, 곡식 산출량의 판별을 경성에서 파견한 관리에 의해 하지 말고, 그 지역 수령 책임하에 할 것.

일곱째, 본 읍 수령들에게 명하여 屯田을 짓기 위해 농민들을 모집하고, 3년 한 모든 소출은 그 지방 창고에 들어가게 하며 3년 후에는 功臣들과 각 衙門에 환급할 것

여덟째, 민간에도 은 개발을 허용하고, 은 재련 기술의 보급과 이에 따른 과세를 적의하게 할 것.

아홉째, 모든 관청은 어업, 소금 염업, 은광 채굴업, 철 생산업, 버려진 屯田에 종사할 사람들을 모집, 3년 동안은 모든 賦役의 침해로부터 자유롭게 해 3년이 지난 후 家産이 이루어진 다음에 身役 등 부역을 하게 할 것.

열째, 우리나라에서 물건과 교환하는 화폐는 반드시 쌀과 포목으로서 민간이 매일 같이 입고 먹는 물건으로 오래 갈 수 없으므로, 錢을 화폐로 사용할 것.

열 한번 째, 무든 무역 판매 시 소득의 매번 3분의 1은 관이 갖고, 3분의 2는 백성의 몫이 되도록 할 것.

열 두번 째, 인사가 중요하니 연해의 수령은 반드시 국사에 성심으로 임할 자를 뽑고, 또 재주가 있는 자를 책임 주고 맡기며, 이 일에 적합한 자를 수령으로 임명할 것.[37]

이귀는 反正 이듬해인 1624년부터 조선 정부의 재정의 건전성에 대해 깊은 관심을 갖고 이에 대한 구체적인 대안을 제시하고 있다. 국가재정의 전담자 6인(또는 8인)을 호조가 뽑아 6도에 배치하여 재정운용의 합리성과 효율성을 기해야 한다고 보았다. 또 버려진 둔전을 적극적으로 개간해 國富에 보태고, 어업, 소금 업, 철 생산은 민간에 맡기지 말고 衙

---

37) 『국역 이충정공장소 32권』, 2, 158~162쪽(請令廟堂料理經費畫再箚)

門과 戶曹가 관리하여 국부의 충실을 기해야 한다고 보았다. 마찬가지로 소금 굽는 鹽과 漁場의 관리도 호조가 관리해야 하여 국부를 증진할 것을 주장하였다. 또 곡식의 산출량 판별을 중앙에서 하지 말고 그 지역 수령의 책임 하에 하고, 민간에 은 개발을 허용하고 은 제련기술의 보급과 이에 대한 적절한 과세를 주장하였다. 그리고 모든 관청은 어업, 소금염업, 은광 채굴업, 철 생산업, 버려진 둔전에 종사할 사람들을 모집하여 그들에게는 3년 동안 부역을 면제해 본업에 충실할 수 있도록 보호해 줄 것을 주장하였다. 또한 물물교환의 방법으로 錢을 화폐로 사용할 것을 주장하고, 모든 무역에서 판매 시 3분의 1은 관의 몫으로, 3분의 2는 백성들의 몫으로 할 것을 주장하였다. 특히 이 모든 일을 추진하는 데에는 사람이 중요하다 하여 능력과 열성을 중심으로 담당자와 수령을 선발할 것을 주장하였다.

그런데 이귀는 상소로서 임금에게 이러한 대책을 수없이 건의하고 면대해 진언했지만, 더욱 중요한 것은 그가 지방의 목민관으로 직접 이러한 재정의 부실을 개혁하는데 앞장서고 많은 업적을 남겼다는 점에 주목할 필요가 있다.

이귀는 1600년 김제군수가 되어 자신이 직접 田結과 軍政의 폐해를 시정한 것을 다음과 같이 구체적으로 예시하고 있다.

1600년 이해 가을 신이 김제군수가 되어 田結과 軍政을 보니, 장부와 실 숫자가 달라 황무지이거나 사망한 자가 많아 권력을 행세하는 土豪들이 점유하고 있어, 田結 400을 신이 760結로 증가시켰고, 丁酉再亂 시 비용 탕척 후 신이 官穀을 찾아낸 것이 3500석이며, 또 전라도 水軍을 책임지는 주사도청 차사원에 겸직되어 고부군 등 전라도 여섯개 고을에 사망을 거짓으로 청하여 水兵의 숫자를 숨긴 430명을 적발하니, 비록 이웃 고을 수령들과 전라도 토호들 자신들의 이해와 관계되니 심한 미움을 사 그들이 권력자들과 연결 마침내 파직을 받았으나, 이 또한 전라도에 권력과 결탁 기생하는 土豪들의 잘못을 바로 잡았으니 凶悖한 일이 아닙니다.38)

또한 양재역 도찰방으로서 驛의 田畓이 특권층에 의해 불법으로 빼앗긴 것을 도로 찾고 노비들도 도로 환수 시킨 일을 다음과 같이 설명하고 있다.

신이 경성의 초입인 양재역 도찰방일 때, 驛의 관리와 노비가 매일 같이 200여명 이었으며, 13개 驛의 전답 중 수백 結이 임진왜란 이후 모두 여러 宮家가 가져가고, 세력있는 재상과 병사들이 힘으로 빼앗아 갔기에, 신이 임금께 狀啓를 올리고 祖宗의 법전에 의해 직위 고하를 막론하고 불법 점유자의 토지 및 노비 등을 1년 내에 환수시켜, 노비 80여명을 일시에 양재역으로 쇄환시켰으며, 무단 점유했던 토지 400여결을 환수시켰습니다.39)

또한 1607년 배천군수가 되어 세력 있는 자들에게 빼앗긴 田結을 도로 찾고, 과세의 불공평을 시정하고, 軍政에 있어서의 부정과 폐해를 바로 잡은 일을 다음과 같이 적시하고 있다.

1607년(丁未年) 신이 배천군수가 되어 이 읍의 田結을 세력 있는 자들이 많이 점유했으나 세금은 적고, 세력이 없는 자는 농지면적은 적

---

38) 『국역 이충정공장소 32권』, 1, 301쪽(甲寅繳辭)
39) 『국역 이충정공장소 32권』, 1, 303~304쪽(甲寅繳辭)

은데 세금은 많게 책정되었음을 볼 수 있었습니다. 軍役에 있어서도 세력자들에 속한 戶는 壯丁이 있어도 병력에 뽑히지않고, 세력이 없는 戶는 노인들도 병력에 뽑히는 모순을 보고, 노약자들과 토호들이 뒤바뀐 처사를 바로 잡은 지 10여일 만에 황해도 배천군수에 좌천 함경도 함흥판관으로 쫓겨갔으니, 이도 悶悖한 일이 아닙니다.40)

또한 1610년 숙천부사가 되어서는 윤삼빙이 회수하지 못한 잡곡 수백 여석과 민간에서 회수치 못한 곡식 8천여 석을 2년 내에 모두 거둬들이고, 義倉을 설치하고 소금을 굽고 屯田을 경작하여 곡식 수백 석을 軍糧에 비축했다고 다음과 같이 보고한다.

신이 庚戌年(1610년) 숙천부사가 되었는데……전 부사 윤삼빙이 회수치 못한 잡곡 수백 여석과 민간에 산재하여 회수치 못한 곡식 8000여석을 2년 내에 모두 거둬들였습니다. 義倉을 설치하고 소금을 굽고 屯田을 경작 곡식 수백 석을 軍糧에 비축 만약의 사태에 대비했습니다.41)

이귀는 또 영의정 柳永慶을 비판한 죄로 황해도 배천군수로 간지 10일 만에 함흥판관으로 좌천되어 15개월 동안 군사의 충원과 군량 조달에 다음과 같이 혁혁한 공을 세웠다.

함흥판관이 되어서 북방의 여진 적에 가까운 지역으로 병졸들을 훈련시키고 軍糧을 備蓄하는 것을 여진 적의 방어대책을 삼아, 먼저 잡

---

40)『국역 이충정공장소 32권』, 1, 304쪽(甲寅繳辭)
41)『국역 이충정공장소 32권』, 1, 305쪽(甲寅繳辭)

색 아병을 모집 500명을 별도로 調鍊하고, 도망갔다 돌아온 633명과 새로 閑丁에서 正軍으로 한 507명을 합하여 총 1316명을 거느리고, 군량을 조달 쌀과 콩 1500석, 면포 2000필과 무기 등을 준비하여 감사에게 장계하고, 군량창고 60칸을 신축했으며, 조선 태조의 본궁을 짓고, 덕산 驛館을 지었으니, 이것이 15개월에 신이 한 일이니, 이는 凶悖한 일이 아닙니다.42)

이제까지 이귀가 김제군수, 양재역 도찰방, 배천군수, 숙천부사, 함흥판관 등 지방의 작은 벼슬을 하면서 그가 몸소 행정의 일선에서 불법과 폐해를 시정하여 재정의 확충과 민생의 구제를 위해 힘쓴 것을 살펴보았다. 이것을 보면 그가 얼마나 실무에 밝고 정의로우며 말로서가 아니라 몸소 실천한 탁월한 경세가임을 입증해 준다. 위와 같은 행정의 실적 사례는 아마도 조선조 역사에서 매우 보기 드문 사례로 생각된다. 많은 유학자, 사상가들이 말과 글로서는 주장하지만, 이귀처럼 자신이 직접 행정의 책임자로서 개혁하고 실천하여 구체적인 성과를 거양한 경우는 보기 힘들다. 만약 이귀가 보다 큰 위치에서 나라의 대임을 맡았다면 나라와 백성을 위해 괄목할만한 성과를 거두었으리라는 확신을 아니 할 수 없다.

② 號牌法의 실시

이귀는 당시 국가적 급무가 국방대비와 민생의 안정에 있다고 보아 軍籍과 量田의 정비를 주장하였다. 그리고 이를 위한 가장 기초적인 과제가 號牌法의 시행이라고 보았다. 그는 말하기를, "지금 우리 조선의 형

---

42) 『국역 이충정공장소 32권』, 1, 305쪽(甲寅繳辭)

세를 헤아리건대, 만일 號牌를 실시하지 않으면 나라는 어려움에 반드시 봉착하여 앉아서 망하는 것이 되니, 망하기를 기다리는 것 보다는 반드시 신속히 호패를 시행해서 적의 침공을 막기 위해 조선 스스로 살 길을 찾는 호패로서 自强策을 삼아야만 하는 그 길 뿐입니다."43) 라고 하였다. 이귀는 호패법의 시행이 군사대비의 가장 시급하고 효과적인 자강책이라고 보았으며, 만약 이것을 시행하지 않으면 가만히 앉아서 나라가 망하는 것을 기다리는 것이라 경고하였다.

그러면서 제일 근본이 되는 전 국민의 호패를 먼저 실시하여 인구수와 직업 별, 연령 별 모든 조사를 그 지방 수령이 법을 엄격하게 집행함으로써, 자기가 속한 지역을 병역이나 세금을 피하지 못하게 제도상으로 확립한 후 量田을 해야 하는 것이지, 양전을 선행하겠다는 것은 생각이 매우 부족하게 국사를 처리하는 것이라 하였다.44) 호패법의 시행은 그것을 통해 전 국민의 인구수, 직업별 숫자, 연령별 숫자, 성별 숫자를 정확히 파악함으로써 軍役과 量田의 기초자료로 활용할 수 있기 때문이다. 특히 軍役의 문제는 공평성과 효율성이 문제였는데, 이를 합리적으로 해결할 수 있는 기초가 號牌法을 통한 정확한 통계의 확보였던 것이다. 이러한 관점에서 이귀는 다음과 같이 호패법의 유용성과 그 방법에 대해 다음과 같이 설명하였다.

신이 1623년 3월 12일 反正한 초기에 이 정권의 핵심정책이 만주 여진족의 침공 대비라고 보아, 그 방어에 제일 요체가 병력의 확보와 확충이라고 보았기에, 그것을 위하여 반드시 선행되어야 하는 우리의 인구를 지역별, 연령별로 號牌를 각자가 모두 착용케 법을 만들어 그 백

43) 『국역 이충정공공장소 32권』, 2, 189쪽(申請行號牌法箚)
44) 『국역 이충정공공장소 32권』, 2, 129쪽(請行號牌軍籍量田箚)

성의 숫자를 조선 8도를 손금을 보듯 먼저 확정해 놓는 호패를 실시하
자고 전하의 앞에서 매번 청했습니다.

먼저 號牌法을 행하여 병력을 뽑고 量田을 뒤따라 행하는 차례를 반
드시 지켜, 국가의 장래를 순항코자 했으나, 전하를 포함해 모든 사람
들이 호패를 할 때가 아니라 했으니, 국가 장래의 兵禍를 막기 위해 무
엇이 이루어지겠습니까? 불행하게 지난 해 국가에 큰 일이 많아 호패
가 거행되지 못하였고, 反正 후 1년만이 지났습니다. 지금에 이르러는
백 가지 일이 흐트러져 수습할 수가 없어 호패가 행해지지 못하는 소
치입니다.[45]

이와 같이 이귀는 反正 후 핵심정책이 여진침략에 대비하는 것이었고,
그 군사 대비의 핵심이 병력의 확보라는 것이다. 이를 위해 정확한 통계
의 확보가 중요한데 그 대안이 호패법의 시행이었다. 그러므로 호패법의
시행을 먼저 하고 量田을 하는 것이 올바른 순서라고 보았다. 호패법의
시행을 주장하는 이귀의 疏箚는 그 수를 헤아릴 수 없고, 호패법의 필요
성과 그 유용성에 대한 주장도 이루 헤아릴 수 없으니 그 예를 보기로 하
자.

신의 생각으로는 호패를 시행하지 않으면 백성의 주거가 일정하지
않아서 병력 징병을 위한 기초군적을 만들 길이 없을 것입니다.[46]

신은 백성을 편안하게 하고자 한다면 반드시 먼저 號牌를 시행한 뒤
에야 役이 있는 자들의 고충을 덜어줄 수 있고, 친족과 이웃이 侵奪당

---

45) 『국역 이충정공장소 32권』, 2, 129쪽(請行號牌軍籍量田箚)
46) 『국역 이충정공장소 32권』, 2, 188쪽(申請行號牌法箚)

하는 근심을 없앨 수 있을 것이라고 생각합니다. 그렇지 않으면 적과 대치한 상황에서 크고 작은 徵兵이 없는 해가 없을 것이고, 민심이 조금 안정되기를 기다려 행하고자 한다면 끝내 호패를 시행 할 기약이 없게 될 것입니다.47)

그러나 당시 李元翼, 김류(金瑬), 鄭經世 등 동료 신하들이 자신의 정책에 사사건건 반대하자 그는 말하기를, "신의 말을 얻어서 국정을 행하시면 전하의 나라가 창성할 것이고, 신의 정책에 반대만 하는 한 두 사람의 말을 행하시면 장차 전하의 나라는 망할 것입니다."48) 라고 극언하였다. 그리고 오늘날 이 일(호패법)에 국가의 존망이 달려 있는데, 李貴가 아니면 감히 누가 죽음으로써 爭辯하여 옛날 임진왜란 1년 전에 내년에 왜적의 침공이 있을 것이니 대비하라 할 때에 趙憲을 '귀신 도깨비 같은 선비'라 여겼는데, 그 후로 과연 조헌의 말과 같이 왜적이 침공했음을 생각하니, 신이 바로 오늘날의 조헌이라고 비유하였다.49)

③ 국방개혁론과 군사대비책

李貴가 특히 역점을 두고 강조한 것은 군사제도의 개혁이었다.50) 그것은 시대적 환경의 소산이기도 하다. 임진왜란 7년 전쟁을 겪고 얼마 안 되어 다시 여진의 침략 즉 정묘호란을 겪었기 때문이다. 그가 1633년에 세상을 떠난 지 3년 후 1636년 병자호란의 치욕을 당하게 되는 것이다. 이귀는 그 스스로 군사문제에 있어 자신이 전문가이며 적임자임을

---

47) 『국역 이충정공장소 32권』, 2, 200쪽(申請行號牌法 第三箚)
48) 『국역 이충정공장소 32권』, 2, 334쪽(再箚)
49) 『국역 이충정공장소 32권』, 2, 208쪽(승정원일기, 1625년, 03-07-12)
50) 김용흠, 『조선의 사상가 열전』, 「연평 이귀, 실학과 탕평론의 선구자」, 160쪽.

자부하며 다음과 같이 임금에게 호소한다.

저도 스스로 헤아려보건대 품행과 능력, 문장과 변론은 여러 신하들
보다 가장 아래에 있지만, 兵家의 일에 대해서는 삼십년 동안 힘써 와
서 대강의 소득이 있습니다. 비록 저를 감히 趙充國에 비할 수는 없겠
지만, 지금 세상에서 찾아본다면 저와 같은 사람은 또한 많지 않을 것
입니다. 어찌 감히 스스로 자랑한다는 말을 들을 것을 혐의하여 침묵
하고 가만히 앉아 있을 수 있겠습니까?51)

이귀는 자신이 30여 년간 군사문제에 관심을 기울여왔고, 비록 前漢
의 장군으로 흉노정벌에 공을 세운 趙充國(기원전 137~기원전 52)과 비
교할 수는 없지만, 이 시대에 자신만큼 유능한 군사전문가는 드물다고
자부하였다.

그런데 이귀는 정말 자신의 생애 속에서 몸소 전쟁에 참여하여 군사
모집, 군량조달, 작전기획, 지휘 등 다양한 실전경험을 하였다. 대부분의
유학자들은 전쟁 속에서도 말로 글로 나라걱정을 하고 군사대비를 외치
지만, 이귀처럼 몸소 전쟁에 참여하여 실적을 남긴 이는 거의 드물다고
생각된다. 이 점이 이귀의 훌륭한 점이고 남다른 점이다.

먼저 임진왜란 때 그의 활동상을 살펴보기로 하자. 이 때 이귀의 나이
는 30대였다. 임진왜란을 당해 선조가 경성에서 평양을 거쳐 의주로 조
정을 옮겨 파천하게 되었다. 이때 이귀는 명종의 능 강릉참봉이었는데,
능에 곡을 하고 능을 떠나 피난 조정이 있는 평양의 행재소까지 자진하
여 달려가 왕릉을 버리고 온 자기의 죄를 다스려 주기를 청하였다. 이에

---

51) 『延平遺事』, 卷3, 「進所論時務册子仍請以韓浚謙爲體察使疏」.

선조는 측근도 도망가는데 외직에 있는 신하가 나라를 구하러 조정을 찾아온 정성을 가상하게 여기고, 곧 왜적에 대항할 3도 모병과 군량을 조달하는 삼도소모관으로 명하였다. 이귀는 임금의 명을 받들어 임진강과 한탄강을 파수하다 왜적에게 패해 흩어진 병력을 수습하는 등 모병활동을 하였다.52)

또한 1592년 7월 세자 광해군을 이끌고 왜적을 피신중인 영의정 최흥원과 우의정 유홍이 이귀가 올린 명단을 보고 광해군이 하교하기를, "그대는 관직이 무엇이며 어떤 병력을 인솔하고 있는가?"하였다. 이에 답하기를 "신이 三道 즉 평안도, 황해도, 강원도의 의병 병력과 군량의 조달을 대조(선조)로부터 명을 받고 임진강과 한탄강의 방어에 실패로 민심이 흩어지므로 강원도 이천의 아전들과 백성들이 폭도화 되어 장차 역모 반란이 위험하다고 판단하여 소신 李貴가 폭도 진압계책을 세워 폭도를 진압하여, 이천현을 폭도들로부터 접수 평란하여 지금 세자행렬을 맞이하러 모집한 의병 중 폭도에 가담한 자도 사면하여 이끌고 나왔습니다" 하자, 광해군이 "참으로 가상하다"하였다.53) 이귀는 이때의 상황을 다음과 같이 설명하였다.

신이 왕명을 들어 사면을 선포한지 10여일 만에 도망병 백 여명이 신의 진영에 돌아왔습니다. 그래서 의병의 군세가 점차 늘어나 170명에 달해 그 중 강건한 자 70명을 양양부사 김수연에게 배속시켜 강원도 동쪽을 지키게 하고, 나머지 병력을 이끌고 한탄강에 주둔한 이일의 군중에 가서 왕의 왜적과 싸운 전쟁터 도망병에 대한 사면령을 선포하고, 조선육군의 주력을 지휘하던 장수 이일의 병력이 불과 백 여

52)『국역 이충정공장소 32권』, 1, 7쪽(朴世采, 序)
53)『국역 이충정공장소 32권』, 1, 283쪽(甲寅緘辭)

명 미만으로 신이 모집해 거느린 의병 병력을 그의 휘하로 이속시켰으니 이도 凶悖한 일이 아닙니다.54)

이와 같이 이귀는 임진왜란이 발발하자 강릉참봉을 내던지고 의주파천을 위해 평양에 머물고 있는 행재소까지 찾아가서 삼도소모관으로 명을 받고 3도의 군사모집과 군량조달의 책임을 맡아 이를 수행했던 것이다. 또 이천의 아전들과 백성들이 폭도화되는 상황에서 이를 사전에 진압하고 흩어진 의병을 수습하여 관리하였던 것이다.

또한 1592년 9월 4일에는 임금이 용강에 머물 때 복수교서를 청하여 교서를 받들고, 많은 읍을 방문하여 군량 600여석, 목 5동, 소 10수를 개성부의 명나라 군사들의 군량을 공급하고 복수교서의 이행을 영변의 임금에게 보고하였다.55)

또한 이귀는 1593년 柳成龍의 막부에서 종사관이 되어 군량 조달의 계책을 세워 단기간에 개성부에 콩과 마초를 도착시켜 군량부족을 해결하였다. 이에 유성룡이 크게 기뻐하며 기이하게 생각해 체찰사 막부 도총검찰관으로 임명 군무 기밀을 의논하였으므로 그 명성이 더욱 높아졌다.56)

또한 1593년에는 이귀가 전라도 장성현의 현감이 되었는데, 왜적이 나라를 뒤흔드는 틈을 이용 전라도의 조선인 도적떼들이 곳곳에서 집단으로 일어나, 고부군수 윤선정이 전라도 여섯 개 고을의 관군을 투입했으나 도적에게 패하여 전라감사와 전라병사가 모두 조정에서 죄를 묻게 되었다. 이에 이귀가 정예병 40명을 뽑아 '담용군(膽勇軍)'이라 칭하고

---

54) 『국역 이충정공장소 32권』, 1, 279쪽(甲寅繳辭)
55) 『국역 이충정공장소 32권』, 1, 295쪽(甲寅繳辭)
56) 『국역 이충정공장소 32권』, 1, 8쪽(朴世采, 序)

출동시켜 도적의 괴수 박검동과 고패 등을 체포하였다. 또 장성현의 병사 3백 명을 교련 浙江兵法을 가르쳤으며, 정읍에 승려들을 동원하여 입암산성을 쌓아 軍糧을 비축하고 만약의 사태에 대비하였는데, 전라도 관찰사 이정암이 선조에게 보고하여 직급이 올라가게 되었다[57]

1594년 명나라 군사가 경성에 가득하여 군비가 다 고갈되었다. 조정은 어찌할 줄 몰라 영의정 유성룡과 호조판서 김수는 이귀를 備局으로 불러 軍糧을 조달할 계책을 물었다. 이귀가 즉시 10여 조목으로 진술하였더니, 모든 신하들이 옳다 하고, 즉시 啓請하여 이귀를 경기, 황해, 강원 3도의 宣諭官으로 삼았다. 이에 명을 받아 이귀가 한 번 巡行하여 쌀과 콩 1만 5천여 석을 마련하고, 또 철원, 삭녕 등 고을에서 마련한 쌀과 콩 4백여 석은 바로 양주로 운반시켜 그때 봉급 받는 여러 신하에게 직접 실어오도록 하였다.[58]

또한 1607년 이귀가 영의정 柳永慶에게 자격이 없으면 수상직에서 내려오라고 한데 대해 앙심을 품고, 황해도 배천군수로 간지 10일 만에 좌천시켜 함경도 함흥판관이 되었다. 이에 이귀는 북방의 여진 적에 가까운 지역으로 병졸들을 훈련시키고 軍糧을 備蓄하는 것을 여진 적의 방어대책으로 삼아, 먼저 잡색 아병을 모집 500명을 별도로 調鍊하고, 도망갔다 돌아온 633명과 새로 閒丁에서 正軍으로 한 507명을 합하여 총 1316명을 거느리고, 군량을 조달하여 쌀과 콩 1500석, 면포 2000필과 무기 등을 준비하여 감사에게 장계하고, 군량창고 60칸을 신축했으며, 조선 태조의 본궁을 짓고 덕산역관을 지었다. 이것이 불과 15개월 동안에 이귀가 한 일이다.[59] 이상 예에서 보았듯이 이귀는 전쟁의 와중에서도

57) 『국역 이충정공장소 32권』, 1, 297~298쪽(甲寅緘辭)

58) 『국역 이충정공장소 32권』, 1, 300쪽(甲寅緘辭)

59) 『국역 이충정공장소 32권』, 1, 305쪽(甲寅緘辭)

몸을 숨기지 아니하고 스스로 임금 앞에 나아가 할 일을 찾았고, 군사모집과 군량 조달 그리고 몸소 군사지휘관이 되기도 하고 작전계획을 수립하기도 하여 큰 실적을 남겼다. 그러므로 좌참찬 牛溪 成渾이 교분이 두터운 좌의정 尹斗壽에게 서신을 보내어 제자 李貴에 대해 다음과 같이 말하였다.

나의 제자 李貴가 나에게 제언하기를 "지금 의병대장을 임명하거나 대신을 파견하여 경기, 강원, 황해 3도의 체찰사로 삼아서, 임금을 대신하여 산재한 의병조직을 한데로 대병을 만들어 체찰사의 지휘를 따르게 해서 소소한 왜적을 잡아 목 베는 행위를 하지말고, 성에 주둔한 왜병을 협공하여 차례로 토벌하게 한다면 한 치의 땅이라도 되찾아 지켜서 바야흐로 국가를 회복하는 실질적인 공적이 될 것입니다. 또 새로 임명한 의병대장으로 하여금 관군까지도 통솔하고 각도 감사들을 지휘하게 한다면, 氣勢가 한데 모아져서 병력이 분산되지 않을 것입니다."하였소. 이와 같은 李貴의 대책은 진실로 지극히 좋은 방법이오. 李貴는 오랫 동안 왜적들의 가운데 있었으므로 지금 상황을 깊이 살피고는 지성으로 국가와 백성들을 함께 구제하려는 생각에서 나온 것이니, 李貴의 나이가 젊다하여 좌상께서 소홀히 하지 마시고 임금께 강력히 주장해 주시기를 간절히 바라는 마음 금할 수가 없습니다. 깊고 멀리 생각하여 人才로 하여금 자신의 뜻을 펴게 하신다면 매우 다행이겠습니다.60)

이와 같이 스승 牛溪 成渾은 자신의 제자인 이귀의 애국심과 열정 그

---

60) 『국역 이충정공장소 32권』, 1, 278쪽(甲寅緘辭)

리고 군사에 관한 전문능력을 인정하여 그를 나라의 인재로 유용하게 써 달라고 좌의정 尹斗壽에게 추천하였던 것이다.

다음은 壬亂 후 여진족의 침략에 대비한 그의 활동과 군사대비책에 관해 검토해 보기로 하자. 이귀는 「陳備虜機務畵 一箚」에서 종합적인 군사대비책 8개 조목에 관해 다음과 같이 구체적으로 제시한다.

감히 장래 국방대책에 반드시 힘써야 할 급한 몇 가지 조항을 적어서 말씀드리오니 전하께서 택하여 결단해 주시기 바랍니다.

첫째, 율곡의 十萬養兵을 교훈삼아 여진과 왜군 침략에 대비 수도권 방위에 힘쓸 것.

둘째, 제일의 요새인 南漢山城을 수축하여 위급 시 조정의 역할을 하게 할 것.

셋째, 접경지역의 작은 여러 堡를 합해 큰 鎭을 만들어 대비할 것.

넷째, 평안도와 황해도 본도 兵으로 邊境의 방어를 맡게 하고, 남쪽에서 懲兵하여 邊境 방비를 맡기는 것을 금할 것.

다섯째, 북방 邊境지역의 군량문제 해결을 위해 평안도와 황해도의 기존 軍卒과 새로운 병력을 뽑아 농사에 활용할 것.

여섯째, 평안도와 황해도의 인재를 뽑아 적절하게 쓸 것.

일곱째, 조상 대대로 시행했던 오랑캐 방어책 5鎭管체제를 평안도의 구성, 영변, 안주, 평양, 성천에서 다시 실시할 것.

여덟째, 邊境 강가의 광활한 옥토를 농사짓게 할 것.61)

여기에서 볼 때 이귀의 국방대책은 매우 다양할 뿐 아니라, 현실을 고

61)『국역 이충정공장소 32권』, 1, 471~484쪽(陳備虜機務畵一箚)

려한 실제적인 군사대비에 특징을 갖고 있다. 이귀는 1625년(인조 3년) 6월 2일에 올린 「陣入送南軍七弊箚」에서 도체찰사 張晩(1566~1629)이 후금 오랑캐를 막기 위해 전라, 충청, 경상도의 南軍 8천명을 들여보내기를 요청한데 대해 그 불가함을 역설했다.[62] 평상시의 보초는 평안도와 황해도 본토 병으로 하고, 전쟁이 발발함에는 조선 8도 전 병력을 발동하면 되는 일이지, 평시 전 백성에게 걱정을 끼치며 남방 병력을 출동시키는 행위는 어리석은 짓이라 하였다.[63] 이에 대한 이귀의 구체적인 설명을 보기로 하자.

당면한 계책으로는 청천강 이남의 精銳한 군사를 뽑아서 각각 그 고을을 지키게 하고, 평안 병사는 청천강 이북에서 뽑은 정예한 군사 수천 명을 인솔하여 적의 침공에 응전하는 것입니다. 그리고 강원, 황해, 북도(함경도)의 군사들도 역시 무장을 하고 변을 기다리게 했다가 만일 위급한 일이 있으면 적시에 출전하도록 하고, 三南과 경기의 군사는 변을 들으면 모두 경성에 집결 護衛에 전속, 그때그때 응해 쓰는 계책을 세운다면 '居重御輕과 重內輕外'의 방어책 즉 수도에 정예병을 두고 주가 되며, 지방에 나머지를 배치하고, 나라의 수도인 근본을 중하게 하고 밖을 가볍게 하는 방어 방법보다 더 절실한 것은 없습니다.[64]

이귀는 또 적을 알고 나 자신을 알면 싸움에서 이긴다는 兵家의 말에 따라 1627년(인조 5년) 7월 8일에 올린 「陳軍務畫一箚」에서 여진족의 군

---

62) 『국역 이충정공장소 32권』, 2, 178~186쪽(陣入送南軍七弊箚)

63) 『국역 이충정공장소 32권』, 2, 183쪽(陣入送南軍七弊箚)

64) 『국역 이충정공장소 32권』, 2, 341~342쪽(論入送南軍之樊箚)

사적 장점 9가지와 조선의 9가지 단점을 구체적으로 제시하고, 우리 조선의 세 가지 장점이 여진족의 아홉 가지 장점보다 뛰어난 점도 있다고 평가하였다.[65]

또한 1631년(인조 9년) 6월 25일 병자호란이 일어나기 5년 전에 「進禦敵三策請令廟堂議處箚」를 올려 여진의 침략에 대한 세 가지 대책을 진언하였다. 첫째, 松京에 군 지휘부를 설치하고 임금이 직접 진주하여 군사를 모집하고 明과 협공을 도모할 것, 둘째, 충청도, 경상도, 전라도에서 군사를 모집해 올리는 폐단을 중지하고 평안도와 황해도에서 군병을 모집하여 국경을 방비하게 하되, 선봉을 모집 선발하여 전쟁의 효율을 높일 것, 셋째, 수도방어를 위해 군사요새인 남한산성을 최대한 활용할 것을 진언하였다.[66]

또한 평안도와 황해도 각 읍의 백성들로 하여금 미리 험한 지역에 거처할 요새를 설치하여, 전쟁이 일어나면 급히 그 지역에 모든 사람들이 적병의 칼날이 오기 전에 백성들의 피신처를 마련해야 한다고 주장하였다. 그리고 하물며 조총은 반드시 숙련이 된 후에나 쏠 수 있지만, 탄환이 조총의 6배나 많이 장착할 수 있는 三穴砲는 말 위에서 창을 가지고 싸우던 자들이 배우지 않고도 삼혈포를 쏘았다 하고, 이 삼혈포를 우리 조선이 여진 적의 기마병에 대항하면 적의 간담을 놀라게 해 우리 조선군이 승리할 수 있는 두 번째 장점이라 하였다.[67]

이귀는 왜군은 步兵이기에 보병은 보병으로 혹 對敵하는 게 가능하다. 그러나 만주 여진족 오랑캐는 騎馬兵이기 때문에 보병으로써 기마병을

---

65) 『국역 이충정공장소 32권』, 2, 457~458쪽(陳軍務畫一箚)
66) 『국역 이충정공장소 32권』, 4, 192~200쪽(進禦敵三策請令廟堂議處箚)
67) 『국역 이충정공장소 32권』, 2, 462~467쪽(陳軍務畫一箚)

어찌 對敵하는 이치가 있겠느냐 하였다.68) 그러므로 위에서 말했듯이 탄환을 조총보다 6배나 많이 장전할 수 있는 삼혈포를 가지고 대응해야 한다고 보았다.

한편 이귀는 전쟁에 있어서 將帥의 중요성에 대해 다음과 같이 말한다. 兵의 요체를 아는 자로 하여금 믿고 맡겨서 책임지고 군사력을 이룰 수 있도록 하여야 할 뿐이라 한다. 무기는 흉기요 전쟁은 위험한 일이다. 군의 죽고 사는 게 국가가 존속하느냐 망하느냐가 달려 있어 순식간에 결판이 난다. 적을 알고 나를 알면 이미 승부는 결정된 것이다. 재상의 능력과 장수의 능력을 갖춘 자를 相將이라 하지 않고, 將相이라고 부르기 때문에 재상을 얻는 게 어려운 게 아니고 장수를 얻는 게 더욱 어렵다는 것을 또한 볼 수 있다. 대신을 잃으면 오히려 구할 수 있지만, 장수를 구하는데 기회를 잃으면 구하기가 어렵다. 만약 그 장수를 얻으면 반드시 그 소임을 전적으로 맡긴 후에 그 효험을 볼 수 있는 것이다. 이렇기 때문에 천자가 장수를 환송하고 장수 역시 몸을 잊고 적을 막는 것이다. 장수가 죽음을 각오하고 싸우면 장교와 병졸들도 장수를 위해서 죽기를 각오하고 싸운다는 것은 말을 하지 않아도 된다.69) 군사에 있어서도 인사가 중요하고 재상의 능력과 장수의 능력을 아울러 갖춘 자가 將相인 것이다.

이귀는 곳곳에서 임진왜란 10여년 전에 栗谷 李珥가 사전에 군사대비를 해야 한다고 진언했던 先見之明을 다시 상기시켜 강조한다.

우리나라에서는 임진왜란 10여 년 전 故 贊成 李珥가 국가의 軍兵을 다스리는 요체를 깊이 알고 전하의 조부인 선조임금의 탑전에서 군인

---

68) 『국역 이충정공장소 32권』, 3, 213쪽(請變通兵制箚)
69) 『국역 이충정공장소 32권』, 3, 211쪽(請變通兵制箚)

과 농부를 완전히 구분할 것을 청하면서, 조선 8도에 10만 병력을 얻어 6개월 씩 경성을 교대로 지키면서 5만 명의 병력이 경성에 상시 복무 긴급 상황 시 반드시 10만 명이 모두 경성을 지킵니다. 李珥가 이 10만 養兵을 선조께 조정에서 청했을 때는 태평한 시대가 2백년 간 지속되어 이 말을 누가 기꺼이 믿고 듣겠으며, 마침내 고 領相 柳成龍이 10만 養兵을 할 수 없다고 저지했습니다. 임진왜란 시 체찰사 柳成龍이 고인이 된 李珥의 先見之明에 깊이 탄복했습니다.[70]

율곡이 임진왜란을 직시하고 십만 양병을 주장하고 군사와 농업을 구분해야 한다고 주장하였지만, 선조를 비롯한 동료 대신들은 도리어 평화로운 시대에 무슨 養兵이냐고 율곡을 힐난했던 것이다. 이귀는 자신이 직접 모셨던 柳成龍이 그때 율곡의 주장에 반대한 것을 후회하고 그의 先見에 감복했다는 것을 증언하였다. 이상 설명을 통해 이귀야 말로 풍전등화 같은 민족적 위기를 직시하고 여진의 침략에 대비해야 한다는 구체적인 대안을 제시하고 때로는 임금에게 협박조의 진언을 하였지만, 결국 그가 죽은 후 3년 만에 병자호란이 닥쳐 인조는 남한산성에서 굴욕적인 항복을 하고 죽은 이귀를 도로 찾으며 후회하였던 것이다.

④ 공직자의 생활안정과 청렴의무
이귀는 관리들의 생활안정이 행정의 안정성을 확보하는 길이라고 믿었다. 대체로 공직자의 청렴은 말하지만 공직자들에게 적정한 보수를 줘 생활안정을 기해야 한다고 말하는 경우는 드물다. 위에서 보았듯이 이귀는 왕도정치의 기초로서 백성들의 생활안정 즉 민생의 안정을 위해 많은

---

70) 『국역 이충정공장소 32권』, 3, 219~220쪽(請變通兵制箚)

노력을 하였다. 마찬가지로 그는 나라와 백성들을 위해 수고하는 관리들에게 적정한 봉급을 주어 생활안정을 꾀해야 한다고 보았다.

　삼가 신이 보건대 조정의 백관들이 받는 급료가 매년 삭감되어 위로는 부모를 봉양하는것이 불능하고, 아래로는 처자를 키우기가 불능할 정도로 지급 못하는 마음이 몹시 급해 허둥거리는 상황입니다. 이러한 때 마땅히 청렴과 절개를 굳게 지키라고 하는 조치는 죽음을 종용하는 것과 다름이 없다는 것을 탑전에서 전달했습니다.……지금 하급관리의 급료는 항상 부모처자를 부양하는데 부족하여 근심하는 마음이 있어, 비록 깨끗한 관리가 되고자 해도 그 처한 형세가 청렴하기가 불가능한 상황으로 국가를 위하는 사람들 모두 걱정입니다.

　각 관청의 제일 하급관리인 서리(胥吏)들이 재물을 탐하는 것에 대하여 탐욕을 제거하는 방법을 모르는 것이 아닙니다. 서리의 淸廉을 모두가 바라면서 청렴에 이르게 하는 근본을 알지 못하는 것입니다. 신이 일선에서 근무하는 하급관리들의 탐욕을 제거하고 청렴에 이르게 할 수 있다고 여기는 것은 그들의 급료를 후하게 주고 그 급료를 고루 주어 차별이 없게 하는 방법뿐입니다.

　무릇 집안에 먹고 입을 것이 없으면 비록 엄한 아버지와 인자한 어머니라도 그 자식을 제어할 수가 없는데, 하물며 군주와 재신들이 그 신하를 제어하는 데는 말할 필요가 없습니다. 추위와 굶주림이 자기 몸에 와 닿을 때는 商나라 신하로 周나라의 새로운 신하가 되지 않겠다고 수양산 고사리를 먹고 살았다는 비록 伯夷와 叔齊같이 절개를 지킨다는 행위가 불가능합니다. 무릇 사람은 능히 그 청렴결백을 지켜야 마땅하지만, 신의 말은 옛 사람의 말과 같이 고사리나 꺾어 먹고 산다는 현실성이 없는 얘기와 서로 합치가 되지 않아 매우 조심스럽습니

다.71)

뿐만 아니라 관리들의 생활안정이 곧 청렴의 지름길 이라고 보았다. 관리들이 처자를 먹여 살리고 관혼상제의 예를 실천하기에 부족하면 결국 부정과 부패를 하게 된다고 보았다. 당시 관리들에게 청렴은 강조하면서도 그들의 처우와 복지는 외면했던 것을 고려하면 이귀의 이러한 생각은 매우 실제적인 것이고 선구적인 것임을 알게 한다. 이 말은 결국 백성의 입장에서도 맹자의 말대로 恒産이 보장되어야 恒心을 지킬 수 있다는 것을 의미하는 것이다. 이귀의 말이 새로운 것은 아니지만 당시 유학자들이 오로지 청렴만을 외쳤던 것을 감안하면 이귀의 생각은 훨씬 현실적이고 합리적이라는 판단이 든다.

2) 王道의 완성 -윤리세계의 실현-

이귀는 정치나 행정에 있어서 먹고사는 현실문제에만 매달렸던 천박한 유학자가 아니다. 사실 이귀가 그 당시에도 그리고 역사적으로도 제대로 평가받지 못하는 이유 중의 하나가 이귀의 경세론이 유학의 원칙을 벗어난 망발이라고 폄하하는데 있다. 즉 지나치게 事功만을 강조한 천박한 유학자라고 보는 시각이 많다는 말이다. 그러나 그는 결코 이익만을 추구하고 事功만을 추구했던 천박한 유학자가 아니었다. 이러한 관점에서 그의 경세론에 나타난 정의의 가치 추구, 윤리세계의 지향에 관해 검토해 보기로 하자.

---

71) 『국역 이충정공장소 32권』, 2, 153~154쪽(請令廟堂料理經費畫一箚)

① 忠諫과 의리의 실천

이귀는 타고난 성품이 곧고 강개한 기품을 지녔던 것으로 보인다. 불의와 부정을 보면 참지 못하고 바른 소리를 해야 하는 성품이었다. 그것이 그의 장점이면서 그를 폄훼하는 결정적 요인이 되기도 했다. 그의 疏箚 곳곳에는 목숨을 걸고 임금 앞에 바른 소리를 하는 모습을 많이 보게 된다. 특히 그가 仁祖反正을 주도하여 인조정권을 수립한 후 그의 사명감과 책임의식은 더욱 고조된다. 먼저 다음 浦渚 趙翼(1579~1655)이 쓴 그의 「神道碑銘」을 보기로 하자.

공은 소싯적부터 奇偉한 氣節을 지니고서 자기 한 몸의 利害와 榮辱은 생각하지 않고 오직 當世의 일만을 걱정하였다. 그리하여 국가에 큰 시비가 걸린 일이 있을 때마다 반드시 極言하면서, 설혹 큰 처벌을 받는 일이 있다 하여도 두려워하여 위축되는 일이 조금도 없었다. 그러다가 大勳을 세운 뒤에는 세상에 드문 知遇를 받게 되었다고 스스로 여기고는 그런 발언을 더욱 많이 하고 또 극진히 하였다. 그리하여 일을 논할 때마다 상의 뜻을 거스르면서 범하는 경우가 많았으며, 당시에 公卿, 名人으로 상의 우대를 받는 자들에 대해서도 조금도 용서없이 비판하였다. 이 때문에 임금도 매우 염증을 냈을 뿐만 아니라 조정의 관원들 또한 대부분 좋아하지 않았으므로 낭패를 당하는 경우도 여러 차례나 되었지만, 끝까지 고치거나 후회하지 않고 더욱 거세게 발언하곤 하였다.

대개 공이 말한 내용 중에는 사람들이 감히 발언하지 못하는 것들이 많았고, 사람들의 사려가 미치지 못하는 것들이 많았다. 그래서 그 말을 듣는 자들이 많이 의심하기도 했지만, 뒤에 와서는 그런 일들이 사실로 확인되곤 하였으므로 사람들이 공의 先見之明에 탄복하였다. 공이 세상을 떠나자 조정의 사대부들로부터 민간의 천한 백성들까지 모두 忠臣이 죽었다고 말하였으며, 혹 조정에 잘못된 일이 있으면 으레 "延平이 살아 있다면 반드시 이런 일을 바로 잡았을 것이다"라고 말하였다. 그리고 상 역시 공의 말을 채용하지 않은것을 후회하였는데, 1636년 병자호란을 맞아 남한산성에서 곤욕을 치를 때에는 "延平이 만약 있었다면 일이 어찌 이 지경까지 이르렀겠는가"라며 탄식하기도 하였다.……아! 공은 한 시대의 偉人이라고 할 수 있다.[72]

이 글은 이귀가 얼마나 忠諫에 열심이었으며 그로 인해 그가 얼마나 많은 사람들에게서 비난을 받았는가를 잘 보여준다. 충간은 아무나 할 수 있는 게 아니다. 그런데 이귀는 충간이 일상이 되어 버렸다. 거듭되는 충간에 인조도 염증을 느끼게 된다. 마치 靜庵 趙光祖가 중종의 총애에서 멀어지듯이 이귀도 인조에게서 점점 멀어져 간 것은 분명해 보인다. 그러나 많은 사람들은 이귀의 先見之明에 놀라게 되고 어떤 사건이 지난 후에는 그의 말이 옳았다는 것은 인정하게 된다. 특히 인조의 경우에는 병자호란 때 치욕의 항복현장에서 이귀를 그리워하고, 그의 수많은 충고와 경륜을 듣지 않은 것을 후회하였다 한다. 鄭仁弘(1535~1623)을 비판하는 이귀를 사헌부 朴榟가 탄핵하려 함에 이귀는 다음과 같이 말한다.

신이 젊었을 때에는 오만한 역적 鄭汝立과 凶暴한 영의정 柳永慶도 이치에 어긋난 일은 감히 신에게 대항하지 못하였는데, 뜻밖에도 오늘날 하찮은 사헌부 朴榟가 감히 신에게 머리를 들고 항거하려 합니다.……아! 박재의 무리가 절의를 지키고 충성을 다하는 자를 괴귀(怪

---

72) 『국역 이충정공장소 32권』, 5, 186~187쪽(趙翼 지음, 神道碑銘)

鬼)라 하며, 임금을 등지고 나라를 저버리는 자를 士類라 하니, 신은 차라리 趙憲과 같은 怪鬼가 될지언정 박재와 같은 士類가 되기를 원하지 않습니다.73)

이귀는 당시 동서분당의 갈등에 대해 몹시 우려하였다. 더욱이 자신의 스승인 栗谷과 牛溪가 東人들에 의해 억울하게 文廟에서 출향(黜享)되는 수모를 보면서 偏黨의 폐해가 얼마나 사악한 것인가를 잘 알고 있었다. 그리하여 그는 장문의 상소를 올려 율곡과 우계의 출향이 부당함을 논변하였고, 이귀는 자신이 서인당인으로 지목되고 있지만 오로지 公과 私, 是와 非를 가려 公과 是를 추구할 뿐이라 하여 다음과 같이 논변하였다.

신 역시도 偏黨하는 것으로 전하가 지목한 사람 중의 하나입니다. 사람들로부터 처음에 편당하는 것으로 지목받는 까닭은 善惡과 是非를 도리의 옳고 그름을 판단하여 결정하기 때문입니다. 오직 도리의 옳고 그름을 판단하여 결정하는 것은 차마 그 마음을 속이는 것을 참지 못하기 때문에 소시 적부터 노인이 된 지금에 이르기 까지 배척과 곤궁의 어려움을 겪으면서도 그 믿는 바를 변치 않는 것입니다. 이렇게 자신의 옳은 소견을 지켜 오래 지속되면 결정해야 하는 순간순간 그 偏重됨을 생각지 않고 결정하게 됩니다. 그렇지만 신 역시 어찌 감히 스스로 편중함이 없다고 말하겠습니까? 그러나 신의 마음 씀은 단지 公을 위함과 옳음(是)을 위함의 연속이었습니다. 종전 신이 西人 편당을 하는 것으로 지목되었지만 일생을 困窮히 살았고 괴로움이나 책망 따위를 기꺼이 받아들이고 마음이 변치 않았으며, 역시 公을 위하

---

73) 『국역 이충정공장소 32권』, 1, 365~366쪽(甲寅縅辭)

고 옳은 것을 위함이었습니다.……公과 私를 통틀어 편당이 된것은 신의 책임이 아닙니다.74)

이귀는 마음이 선한 자는 비록 過失이 있다 해도 반드시 公을 減하고 私益을 위해 임금을 저버리고 나라를 그르치는 데에 이르지 않게 된다고 한다. 그 하는 바가 반드시 군주에 이익이 되고 국가에 이익이 되어 이와 같은 사람에게 진실로 위임해서 전결 처리하도록 하면 반드시 나라의 일이 충분히 조정에서 화해와 협력해서 또한 반드시 선한 자가 국사를 처리하게 된다 하였다.75) 여기서 이귀는 자신의 분노와 忠諫이 결코 사사로운 감정이 아니라 公과 是라는 척도에 있음을 분명히 하였다.

또한 이귀는 인조에게 군신간의 의리에 관해 논리정연하게 다음과 같이 설파한다.

신은 전하와 의리 상 나라와 함께 기쁨과 근심을 같이 해야 함을 어찌 한 시각이라도 전하 곁을 떠나 전하의 넓고 큰 은혜를 저버리겠습니까? 다만 임금에 있어서 신하가 마땅히 신하로서의 禮를 다해야 하고, 신하가 임금을 위해 마땅히 충성을 다해야 하지만, 임금도 신하 부리는 것을 禮로써 하지 않으면 이는 짐승을 기르는 것입니다. 이른 바 禮라는 것은 한갓 겉으로 표하는 禮貌만으로 그 신하를 대하는 것이 아닙니다. 군주가 신하의 말을 들어주면 계책을 써 주어 시국의 어려움을 함께 구제하는 것이요, 이른바 신하가 충성을 다한다는 것은 한갓 임금의 뜻을 좇아 순종하는 것만이 아닙니다. 도리로써 임금을 섬기다가 자신의 의견을 들어주지 않으면 떠나가는 것입니다. 그러나 이

74) 『국역 이충정공장소 32권』, 1, 442~443쪽(因別詢勳臣進言疏)
75) 『국역 이충정공장소 32권』, 1, 446쪽(因別詢勳臣進言疏)

는 임금과 신하의 義를 범범하게 논한 것 뿐 입니다. 전하와 신에게 있어서는 그렇지가 않습니다. 한번 말해서 쓰지 않으면 반드시 다시 말하고, 한번 諫言해서 듣지 않으면 반드시 다시 간언하여, 기어코 반드시 시행하고 반드시 들어준 다음에 그만두는 것이 이 臣의 직분 안의 일입니다. 그러므로 전하 즉위 이래 진실로 한 가지 깨닫는 것이 있으면 입이 쓰도록 힘껏 말하고 여러번 다투어도 들어주지 않으면 탑전에서 울기까지 하였습니다. 그리하고도 오히려 그칠 줄을 몰랐으니 성상께서 마침내 깨닫지 못하시니, 조정의 신하들도 저의 미치고 망녕됨을 비웃었습니다. 신이 대세가 흐르는 대로 쫓아가면 몸도 보존하고 집도 보존하는 것을 모르는 바가 아닙니다.76)

이귀는 임금은 禮로서 신하를 부리고, 신하는 忠으로써 임금을 섬기는 것이 군신간의 도리라고 말한다. 임금이 신하에게 禮로써 대한다는 말은 단지 예모만을 갖추는 것이 아니라 신하의 말을 경청해서 옳으면 써서 나라와 백성에게 도움이 되어야 한다고 한다. 또 신하가 임금에게 忠으로 섬긴다는 말도 단순히 신하가 임금의 지시에 무조건 순종만 하는 것이 아니라 諫言을 해야 하고, 그래도 듣지 않으면 사표를 내고 떠나는 것이 신하의 도리라 하였다.

그런데 이귀는 이것은 군신의리의 일반적인 경우이고, 자신과 인조의 경우는 다르다는 것이다. 그것은 反正을 통해 세워진 인조정권은 자신과 인조가 함께 짊어져할 짐이요 역사적 책무라는 것이다. 그러므로 입이 쓰도록 간청하고 그칠 줄 모르게 간언하고 때로는 울면서 하소연했다는 것이다. 자신도 남들과 같이 대세를 따라 처신을 하면 자신도 편안하고

---

76) 『국역 이충정공장소 32권』, 2, 59~60쪽(還朝陳十罪仍請罷免箚)

집안도 편안함을 모르는 바 아니나, 목숨을 바쳐 이룩한 정권에서 그 책임이 임금과 자신에게 있으므로 임금의 逸脫과 실수 그리고 정치의 성공을 위해 바른 말을 하지 않을 수 없다는 것이다.

利害를 돌보지 않고, 거침없이 왕의 얼굴을 살피지 않고, 利害를 따지지 않고 말하는 자는 겨우 臣 李貴 한 사람뿐입니다. 그러나 신의 諫하는 말은 위로는 임금의 거스름을 받고 아래로는 돕는 자들이 적어, 조정에서 매번 거친 풍랑을 일으켜 비록 충정과 간곡한 말을 하지만 신의 몸에 해로움만 쌓이고 비방의 바탕이 되었습니다.

신의 자식, 조카, 친한 자들까지 임금이 싫어하는 諫言을 멈출 것을 청했지만, 신은 도리어 후회할 줄 모르고 죽음을 스스로 기약하며, 차마 위로는 전하를 저버릴 수 없으며 아래로는 신의 初心을 배반할 수가 없기 때문이었습니다.……바라건대 전하께서 마음을 공평하게 가지고 기질을 편안하게 하시고 헤아리시어, 신하들이 입을 다물고 순순히 군주의 뜻에 따르게 하여 입맛에 맞는 노련한 신하들만 만들지 마시고, 곧고 바른 말을 성질이 굳세고 옳은 말로 삼아 귀에 거슬린다 생각하지 마시고, 반드시 道에 맞는 것인지 찾아보소서.

설혹 諫言하는 자가 정말 허물이 있다 하여도 마땅히 실지 사실의 잘못을 논하시고, 또한 다른 잘못이 없는지를 살펴 별다른 것이 없다면 너그럽게 받아들여 바른 말을 토하게하여, 臺閣에 생기를 불어 넣으면 조정은 임금의 덕을 더욱 높일 것이고, 더욱 빛나 상하가 서로 통하여, 국가를 다스리는 道가 날로 융성하고 태평하면 만세의 기쁨이 여기에 있는 것 아니겠습니까?77)

---

77) 『국역 이충정공장소 32권』, 2, 152~153쪽(因臺諫論陵原君佛請優容言路箚)

위 글에서 우리는 이귀가 왜 임금도, 동료 신하들도, 친구들도, 자식도 이제 간언을 멈추라고 요청하는데도 멈추지 않는 까닭을 알 수 있다. 차마 임금을 져버릴 수 없고, 자신이 반정의 초심을 배반할 수 없다는 것이다. 그리고 임금이 말잘 듣는 신하만을 총애하고 간언하는 신하를 멀리해서는 안 된다 하였다. 조정에서 忠諫을 장려하여 言路를 활짝 트고, 諫言이 듣기 싫어도 그것이 옳으면 받아들여 나라와 백성에게 베풀어야 한다는 것이다.

이귀는 節義를 국가의 元氣라 하여 다음과 같이 그 중요성을 강조하였다.

삼가 아뢰건대 국가에 있어서 절개와 의리는 사람에게 있어서 元氣와 같아, 元氣가 없는자는 반드시 죽는 것으로 국가에 節義가 없으면 반드시 망하는 것입니다. 자고로 나라를 창업하고 나라를 중흥시킨 임금은 절의를 높여 崇仰하고 포상(褒賞) 하는 일을 급하게 먼저 힘써야 할 바입니다. 절의를 지킨 신하를 알 수 있는 요체는 신이 아는 바로는 평시에는 조정에서 면전에서 배척을 당하고 국가의 兵亂에 임해서는 절개를 지켜 의롭게 죽는자를 말합니다.……그가 1592년 왜적이 온다는 예견과같이 임진왜란이 일어나자 아무 벼슬도 없는 趙憲이 鄕兵을 규합하여 천 명이 못되는 義兵을 이끌고 마침내 義를 내세워 청주성을 진격 왜적을 물리치고, 전라도 금산의 싸움에서 衆寡不敵으로 大功을 세우기 전에 7백의 의로운 병사들과 함께 죽었습니다.……

아! 直言의 어려움이 용납되고 節義가 서지 않는다면 나라의 큰 걱정입니다.……바라옵건대 전하께서는 사기를 진작시켜 충성스런 諫言을 받아들이고, 순종하는 자들을 물리쳐 선비의 기풍을 一變시켜 국가의 元氣를 진작시킴이 어찌 아름다운 일이 아니겠습니까? 78)

이귀는 율곡 문하의 동문인 重峰 趙憲의 의리를 추앙하면서 임금과 나라가 절의를 숭상해야 한다고 강조하였다. 절의란 조정에서는 바른 소리를 해 임금을 바로 잡고, 외세의 침략을 받아 나라가 위태로우면 의병을 이끌고 싸우다 의롭게 죽는 것이라 하였다. 만약 직언이 용납되지 않고 절의가 서지 않는다면 나라가 위태롭다고 극언하였다. 이런 관점에서 자신의 동문인 趙憲은 바로 자신이 배워야 할 친구요 닮고 싶은 동지였다.

이귀는 자신의 이러한 忠諫의 의리는 스승 율곡에게서 배운 바라 하여, "신이 선각자로부터 들은 바는 임금을 섬기는 것은 숨기지 않음을 제일의 의리로 삼기 때문에 매번 전하께 듣기 싫어하는 소리 하는 것을 그칠 줄 모릅니다."[79] 라고 하였던 것이다. 율곡 또한 선조에게 수많은 상소를 올려 시국을 걱정하고 임진왜란을 경고하고 그 대책을 진언하였던 것이다.

② 인권존중과 사법정의의 실현

이귀는 獄事에 있어서 공정한 법 집행과 함께 죄 없는 사람이 억울하게 형벌을 받아서는 안 되며, 또 임금이 백성에게 어진 마음을 베푸는 심정에서 옥사가 이루어져야 한다고 보았다. 즉 "임금이 세상을 다스릴 때에 반드시 仁을 체득하여 만물로 하여금 다함께 그 사랑을 얻을 수 있도록 하여, 원한을 가진 자가 없도록 베풀어준 이후에 군주의 道를 다했다고 할 수 있습니다.……전하께서 옥사를 처리하는 데 있어서 더욱 지극한 뜻을 더하셔서 비록 역적의 獄에 관한 일이라도 반드시 생각하시고 반드시 신중히 하여, 비록 한 사람이라도 횡액(橫厄)을 입어 천지의 화합

78) 『국역 이충정공장소 32권』, 2, 239~242쪽(進抗義新編箚)
79) 『국역 이충정공장소 32권』, 2, 564쪽(因備局回啓辭職箚)

에 상처가 있을까 두려워해야 합니다. 그러므로 매번 사면의 날에 죄를 씻어주는 하교를 내리시어, 어질다는 소리가 사방에 넘쳐흘러 혈기 있는 자 누구인들 감격하지 않겠습니까?"80) 라고 하였다.

여기에서 이귀는 임금의 어진 마음 즉 仁을 가지고 옥사를 다스려야 한다고 보았다. 따라서 죄 지은 백성들에게 벌을 줄 때는 신중하게 다루지 않으면 안 되고, 또 죄인들에게 사면의 하교를 내려 임금의 어진 정치가 백성들을 감동케 해야 한다고 하였다.

이러한 관점에서 그는 이괄(李适)의 난을 처리하는 과정에서 발생한 옥사에서 신중하지 못한 처사가 있었다고 지적하고, 이제라도 玉石을 가려 죽은 자들의 억울함을 풀어주어야 한다고 보았다.

전하께서 獄을 다스리는 일에 있어서는 더욱 지극한 뜻을 다하시고, 비록 반역의 獄事와 관계가 되었더라도 반드시 조심하고, 반드시 신중히 하여 한 사람이라도 죄 없이 화를 당하여 천지의 화합에 상처를 입힐까 두렵습니다.……바라옵건대 조금이라도 억울한 죽음이 없게 하는 것이 王道의 지극한 정치인 것입니다. 다만 1624년 李适의 반란을 보고 받고 叛徒들이 경성에 들어오는 즈음 逆獄과 관련된 전 영의정 奇自獻 등 38인은 모두 여러 적을 취조하는 과정에서 나온 자들로, 그 정황이 급하여 內應할 염려가 급한 상황이라서 상하가 모두 당황스런 때였습니다. 의논이 모두가 만약 속히 禍根을 단속치 않으면 어려움에 처할 것이라고 예측해 죽이지 않을 수 없어 처단한 것입니다. 비록 그 처단이 부득이한 정황에서 나온 일이지만, 玉石을 가리지 않고 처단하려 하므로 국문(鞫問)을 한 후에 죄를 주자고 강력히 청했으나 타 의견

80) 『국역 이충정공장소 32권』, 5, 323~324쪽(年譜)

에 저지를 당해 이 지경에 이르렀습니다. 지금 1년 반이 지나 생각하니 그때 좀 더 신중하였으면 하는 후회가 막급입니다. 바라건대 聖明께서 이괄의 반역과 內應했음이 취조 중에 이름이 나온 자들을 국문을 통해 옥석을 구분않고 죽인 자들의 罪案을 대신에게 특별히 명하여, 公論에 따라 명백하게 조사하여 구천에서나마 억울하다는 포원이라도 억울함을 밝힐 수 있게 해야, 聖明의 지극한 다스림의 아래에서 하늘의 재앙을 없앨 것이며, 인심을 감동시켜 나라의 영구함을 기쁘게 하는 것으로 반드시 이에 근본치 않음이 없을 것입니다.[81]

이와 같이 그는 1624년(인조 2년) 李适의 난 때 奇自獻 등 38명의 처단에 있어 제대로 절차를 밟지도 않고 간혹 억울한 경우가 있으므로, 이제서라도 다시 심사하여 그들의 억울함을 풀어주어야 한다고 주장하였다. 1626년 6월 28일에도 다시 「申請甲子冤死諸人箚」를 올려 그들의 억울한 죽음의 진상을 가리고 억울함을 풀어주어야 한다고 상소하였다.

이귀는 오늘 날 죄인을 처벌할 때 죄는 미워할지라도 그 사람은 불쌍히 여겨야 한다는 생각으로 사건의 전말을 신중히 다루어 억울한 형벌을 받지 않게끔 해야 한다 하고, 지난날의 옥사관련 건에 대한 사면조치를 감히 말씀드려, 전하의 송사와 재판을 공정하게 처리하여 사랑하는 마음을 어찌 저버릴 수 있겠느냐 하였다.[82]

이귀는 말하기를, 법이라는 것은 나라를 다스리는 도구라 한다. 군주가 勸善懲惡의 모든 것이 이 三尺 두께의 법전 안에 있다 하고, 국가의 기강이 해이되고 인심이 태만함은 실지로 국법이 행해지지 않는 데서 연유된 것이라 하였다. 우리 조정의 선대부터 내려오는 국법은 사랑과 미

---

81) 『국역 이충정공장소 32권』, 2, 237~238쪽(請伸甲子冤死諸人箚)
82) 『국역 이충정공장소 32권』, 1, 453쪽(請於昏朝舊臣中隨才收用疏)

움에 따라 형량이 가감될 수 없고, 세력의 쇠함과 성함에 따라 가감될 수 없는 것이므로, 위에 있는 사람은 법 지키기를 金石같이 하고 법을 믿기를 사계절을 믿듯이 한 연후에야 백성들이 수족을 둘 곳이 있게 되는 것이라 하였다.83)

마찬가지로 그는 말하기를, 삼가 왕이 나라를 다스림에 도움은 법을 근본으로 삼는 일보다 중요한 일이 없다 하고, 법이 한번 흔들리면 백성들이 수족을 둘 곳이 없게 된다 하였다. 이러므로 군주가 법을 집행하기를 마치 사계절의 운행을 믿듯이 하고, 마치 金石과 같이 견고하여서 만 백성들로 하여금 말하기를 "우리 왕은 법의 집행을 貴賤에 의하지 않고, 親疎에 의하지 않고, 王法을 조금이라도 범하면 용서받을 수 없다"는 것을 깨달은 연후에야 명령이 행해져 금지와 기강이 이로 인하여 서게 되며, 만사가 이로 인하여 이루어지는 것이 무슨 어려움이 있겠으며, 적으로부터 나라를 지키는데 무슨 어려움이 있겠느냐 하였다. 그러나 근래 조정에서는 是非가 밝지 않고 公義가 행해지지 않으며, 또한 자기와 같으면 죄를 묻지 않고 자기와 다르면 벌을 주고, 한갓 진압해서 안정을 취하며, 먼저 국법이 어떠한지 고려치 않고 심지어 臺諫까지 옳고 그름을 계산치 않고 진압하여 안정을 꾀하는 영합을 말로 삼는다고 개탄하였다.84) 여기서 이귀는 법 집행에 있어서의 공평성을 강조하였다. 법의 집행은 귀천이나 친소에 의하지 아니하고 오직 법에 의해야 한다고 보았다. 그런데 당시 상황은 시비가 밝지 않고 公義가 행해지지 않아 자기와 같은 편이면 죄를 묻지 않고 자기와 다르면 벌을 주는 법치의 불공정이 횡행하고 있다고 개탄하였다.

이귀는 말하기를 법이란 祖宗의 법이지 전하의 법이 아니라 한다. 아

---

83) 『국역 이충정공장소 32권』, 1, 459쪽(論申純─當用緣坐之律啓)
84) 『국역 이충정공장소 32권』, 2, 325~326쪽(因事辭判義禁箚)

니 祖宗의 법이 아니고 천하의 법이라 한다. 법이 한번 흔들리면 백성들이 손을 놓을 곳이 없다. 이렇기 때문에 법을 지키는 군주나 법을 집행하는 신하는 법을 견고히 지키기를 마치 金石같이 해야 한다 하였다. 법을 집행하여 믿음을 마치 사계절이 愛憎에 따라 변할 수 없듯이, 법 역시 사람의 귀천에 의해 변할 수 없다는 것이다.[85]

이런 관점에서 이귀는 당시 선조의 아들이요 인조의 숙부였던 仁城君에 대한 처벌에 우유부단했던 인조의 처신에 대해 수차례 상소를 올려 간언하였다.

선조 임금의 일곱째 아들인 그 仁城君의 죄가 신하들의 앞장을 선 좌의정 한효순보다 더 심한 것입니다. 백관의 수장으로 그들을 인솔하고 임금의 어머니 仁穆大妃를 廢位할 것을 1618년 昏君 光海에게 청한 한효순은 죄를 물어 목을 이미 베었는데, 자식으로서 전주이씨 왕실의 종친의 우두머리로 선조 임금의 자식, 손자, 조카들을 인솔하여 선조 임금의 正妃이며 군주 昏君 光海의 어머니이며 인성군 자신에게도 어머니인 아무 의지할 곳 없는 仁穆大妃를 어린 永昌大君을 죽인 후 또 폐하고 감금시켜 죽음으로 내모는 청을 한, 전하의 숙부 인성군을 특별히 혼자 죄를 면해주는 것입니까? 이는 조선의 왕법은 만인에게 공정하게 적용되어야 하는데 이것 이 왕법이 지극히 공정하다고 할 수 있는 것입니까?[86]

이귀는 광해와 함께 패륜에 동참한 仁城君에 대해 올바른 척결을 하지 못하는 인조에 대해 수차에 걸쳐 비판을 서슴지 않는다. 조선의 왕법

---

85) 『국역 이충정공장소 32권』, 3, 188쪽(待罪後陳情箚)
86) 『국역 이충정공장소 32권』, 2, 12쪽(論三司不治仁城君珙之罪疏)

은 만인에게 공정한 것으로 평등해야 하는데 왜 인성군에만 특별한 사면을 베푸느냐는 것이다.

또한 인조의 이종 형 洪振道의 처벌에 대해서도 특별히 恩典을 베풀어 법의 공평성을 해치고 있다고 신랄하게 비판하였다.

> 전하께서 매번 經席에서 기강이 서지 않는다는 것을 경계로 삼아 洪振道 한 명의 외척으로 인하여 신 등의 말을 믿지 않으시고, 전하의 이종 형의 배척하는 말만 믿어 새로운 정치를 하기에 여념이 없어야 하는 때 累가 되는 것입니다.……지금 조선의 법은 조상 대대로 내려 오는 법이지 전하 마음대로 할 수 있는 법이 아닙니다. 전하의 이종 형 洪振道 혼자만이 이렇게 용납하여 숨겨주시면 죄를 법에 의해 처리하는 것이 아닙니다. 전하께서 어찌 선대 왕들로부터 전해 내려오는 조선의 법을 마음대로 폐하시려는 것입니까?……청컨대 전하의 이종 형 洪振道를 감옥에 구금시켜 有司로 하여금 刑律에 따라 죄를 정하여 기강을 엄숙히 하도록 하시면 매우 다행이겠습니다.87)

여기서 이귀가 임금 앞에서 임금의 친척인 仁城君과 洪振道의 처벌을 강력히 주장하는 것도 용기가 없이는 할 수 없는 일이며, 또 이 나라 법이 전하가 마음대로 할 수 있는 법이 아니라 祖宗의 법이요 백성의 법이요 천하의 법이라고 하는데서 그의 법치신념이 잘 나타나 있다. 법치가 확립되어야 나라의 기강이 서고 인심이 바로 설 수 있다고 하는데서 그의 경세론이 事功에만 치우쳤다고 하는 편향된 시각은 잘못된 것임을 확인할 수 있다.

---

87) 『국역 이충정공장소 32권』, 1, 455~456쪽(申請洪振道依律定罪啓)

③ 言路의 개방

이귀는 임금에게 言路의 중요성을 강조하였을 뿐 아니라 그 자신이 언로의 주체로서 가장 열심히 활동한 인물이다. 그는 말하기를 "言路라는 것은 국가의 血脈입니다. 혈맥이 막히면 사람이 반드시 죽고 言路가 막히면 나라가 반드시 망합니다."[88]라고 하여, 언로가 국가의 혈맥과 같다고 하였다. 따라서 혈맥이 막히면 사람이 죽듯이 언로가 막히면 나라도 반드시 망한다고 경계하였다. 물론 이러한 언로개방론은 靜庵 趙光祖나 스승 栗谷의 遺志를 계승한 것이지만, 그 자신이 언로개방을 위해 몸소 임금의 권위 앞에 목숨을 걸고 싸운 것은 높이 평가 할만하다. 이귀의 경우는 忠諫을 통해 君臣의 소통과 조정의 소통을 꾀한 것이라 볼 수 있다.

다음 글도 이귀가 言路의 중요성을 강조한 글이다.

李珥가 예전에 전하 조정으로 돌아오던 날 成渾이 상소를 올려 머물러 지체시키지 말고 속히 오게 하자는 뜻으로 성상 앞에서 아뢰었는데, 廷院에 지시하여 크게 言路를 열어주게 하는 터전이 되었으니, 이것이 참으로 군자가 조정에 서서 하는 일인 것입니다. 비록 그러나 이때는 公論이 조정에 있었던 까닭에 言路가 열리기는 하였으나 草野의 분격한 의논이 어디로부터 일어날 데가 없었습니다. 어찌 일찍이 오늘의 時輩와 같이 극력 막아도 결국 금할 수 없는 것과 같겠습니까? 아, 公論이 천하에 있는 것은 물이 땅으로 흘러감과 같아, 그 형세를 따라서 순리대로 인도하면 순하고도 근심이 없습니다만, 그 형세를 거슬려 틀어막게 되면 솟구쳐 해로움이 있게 마련입니다.

---

88) 『국역 이충정공장소 32권』, 1, 36쪽(이지희, 解題)

예로부터 오늘에 이르기까지 국가의 흥하고 망함과 다스려지고 어지러워짐이 이로 말미암지 아니함이 없었습니다. 이러므로 公論이 있는 데에는 지혜로운 계책으로도 금할 수 없으며 威勢로도 제지할 수 없어, 옛 사람의 이른 바 '돌로 죽순을 누르면 옆으로 나온다'는 것이니, 이것이 좋은 비유임을 알겠습니다.[89]

이와 같이 이귀는 公論이 천하에 있는 것은 물이 땅으로 흐름과 같아 순리대로 인도하면 순하고 근심이 없지만, 그 형세를 거슬러 틀어막게 되면 물이 솟구쳐 올라오게 된다 하였다. 예부터 나라의 흥망성쇠와 治亂이 이에 말미암지 않은 적이 없다하여 公論은 지혜로운 계책으로도 막을 수 없고 무서운 위력으로도 막을 수 없다 하였다. 여기서 公論과 言路는 서로 밀접히 연계되는데, 공론의 형성에 필요한 수단이 곧 언로의 개방인 것이다. 공론은 결국 國是의 원천이 된다는 점에서 올바른 공론의 형성이 중요하고, 이를 위해서는 반드시 폭넓은 언로의 개방이 요청되었던 것이다. 신하가 임금에게 바치는 忠諫 또한 넓게 보면 언로의 일종이라고 볼 수 있는 것이다.

④ 공정한 인사

이귀는 공정한 인사가 정치의 성패를 좌우한다고 보고 이를 위해 많은 노력을 하였다. 그는 말하기를 무릇 네 편 내 편 가르는 것과 국가보다는 내 몸을 먼저 챙기는 즉 '偏私' 이 두 글자가 정치에 있어서 무엇보다도 제일 심한 害惡이라 하고, 국가를 다스리는 방법은 用人과 賞罰이 있을 뿐이라 하였다. 이미 偏黨의 사사로운 이익에 치우침이 있으면 인

---

89) 『국역 이충정공장소 32권』, 1, 190쪽(申明栗谷先生議論本末疏)

재가 있어도 쓰지 않고, 상을 주고 벌을 가해야 하는 것이 있어도 행하지 않으니, 그 害惡은 말로 다 할 수가 없을 정도로 매우 큰 것이라 하였다.90) 用人과 賞罰은 정치에 있어서 매우 중요한 것인데, 偏黨에 치우쳐 인사를 하고 상벌을 시행하면 그 해악은 이루 말할 수 없다 하였다.

李貴는 아뢰기를 "지금의 急務는 朋黨을 제거하는데 있습니다. 신이 편당성이 없는 것은 사람들이 다 알고 있습니다. 상께서 모름지기 편당이 없는 대신을 등용하여 인물을 진퇴시키는 발판으로 삼으소서. 시비가 분명하면 선악이 저절로 판별될 것입니다."91) 라고 하였다. 이와 같이 당시 당쟁으로 인해 생긴 偏黨의 문제가 인사에 있어서도 심각한 장애임을 말한 것이다. 따라서 편당이 아니라 是非를 가리고 선악을 가려 인재를 등용해야 한다 하였다.

마찬가지로 사람을 쓰는 데는 그 사람의 선과 악을 보아서 진퇴시킬 뿐이라 한다. 선하면 그 부류를 묻지 말고 쓸 것이며, 악하면 그 부류를 묻지 말고 물리쳐야 한다. 그 등용하고 물리침이 한결같아 공정하고 사사로움을 없게 하면 수년만 행해도 자연히 선한 자가 저절로 한 부류가 될 것이며, 악한 자는 자연 물러나게 될 것인데, 朋黨을 없애기가 어렵다고 어찌 걱정하겠느냐 하였다.92) 인사에 있어서 선한 이를 쓰고 악한 이를 물리치면 자연스럽게 공정의 질서가 세워져 붕당을 없애는 효과를 보게 될 것이라 하였다.

그는 또 시내와 연못은 오물을 받아들이고, 산과 숲은 독충을 끌어안으며, 훌륭한 옥도 하자를 품는 것은 성왕의 大德이라 하였다. 하물며 나라를 구제해야 하는 어려운 시기에 더욱 불가불 인재를 거두어 들여 함

90) 『국역 이충정공장소 32권』, 1, 441쪽(因別詢勳臣進言疏)
91) 『국역 이충정공장소 32권』, 3, 175쪽(인조실록, 06-10-15)
92) 『국역 이충정공장소 32권』, 2, 123쪽(第二箚)

께 국사를 구제해야 한다 하였다. 지금 국사가 어려운데 어찌 한 쪽의 사람들만 써서 되겠느냐 하고, 오늘같이 변화와 관용을 베푸는 시기에 관대함에 힘쓰고, 이미 죄의 輕重을 따져 물었으니 비록 한 둘이 누락되어 빠졌다 하여도 새로운 시대에 더 이상 묻지 말아야 한다 하였다.[93]

특히 북쪽 邊境 방비를 위한 군사 지도자의 발탁에 대해서 다음과 같이 말한다. 평안도와 황해도의 인재를 뽑아서 써야 한다 하고, 兩西지역 천리의 땅에 어찌 인재가 없겠느냐 하였다. 반드시 재능과 지식과 용기가 출중한 자가 있을 터이니 넓게 뽑아 써서, 지혜와 사려가 있는 자는 계획을 도모하는데 참여토록 하고, 용기와 힘이 있는 자는 掌令의 직을 임명하여 각기 능력에 따라 쓴다면, 그 변경에 사는 자들이기 때문에 그 지역의 물정을 잘 알고, 적의 형세를 잘 알며, 또 그 지역의 산천과 도로들의 험하고 쉬운 곳을 알기 때문에, 적병 방어대책에 반드시 기발한 계획을 내서 이 시대의 일을 구제할 수 있을 것이라 하였다.[94]

특히 이귀는 인사에 있어서 好名을 우선하고 識見을 소홀히 하는데서 폐단이 생겼다고 보았다.

오늘의 폐단은 다른데서 온 게 아니고 모두가 好名을 우선하는데서 기인했습니다. 심지어 국가의 장래보다 우선 자신의 명예를 빛내는 일이 더 중요하다는 말입니다. 국가의 모든 일을 논의하고 결정하여 국가와 국민의 장래에 결정적 역할을 하는 위치에 있는 자들은 識見이 우선입니다. 식견이 밝지 않다면 비록 학문과 도덕적으로 어질다 하여도 국가의 일을 이루지 못하기에, 국가 경영을 담당할 수 없다는 게 선유들의 격언입니다.……전하의 조정에서 사람을 등용하여 쓸 때에는

93) 『국역 이충정공장소 32권』, 1, 451~452쪽(請於昏朝舊臣中隨才收用疏)
94) 『국역 이충정공장소 32권』, 1, 451~482쪽(陳備虜機務畫一箚)

한갓 겉으로 드러나는 虛名만을 높이어 사람을 등용하는 잣대로 하면서 識見을 취하지 않았습니다. 식견이 없으면 옳고 그름을 가리지 못하고, 국가의 백성들을 위해 조정을 경영하는 사람들이 우선해야 하는 국방 즉 여진 적이 침공해서 온다는 판단을 못하고 있는 실정이며, 침공을 막을 대책을 적극적으로 정확하게 때를 잃지 않고 우리의 처한 상황을 꿰뚫어 볼 줄 아는 자가 식견이 있는 자입니다.[95]

이처럼 이귀가 인사에 있어서 허울 좋은 간판이나 好名보다도 識見의 중요성을 강조하는 것은 당시 여진의 침략이 노골화되는 위기에서 군사에 밝고 실전에 능한 군사 인재가 절실하게 필요했기 때문이다. 그는 식견이 밝지 않다면 비록 학문과 도덕이 훌륭하다 하더라도 인재로 쓰기에 부적합하다고 보았다. 여기서 識見이란 현실 파악 능력이며 문제를 해결하는 대처능력을 의미하는 것이다. 정치나 행정 그리고 군사에 있어서 전문적인 식견은 매우 중요한 요소라고 할 수 있다. 아무리 인품이 도덕적으로 훌륭해도 실무능력이 부족하고 사태해결의 지혜와 판단력, 결단성이 부족하다면 무능한 관리가 될 수밖에 없고, 더욱이 군사의 경우에는 실수나 실패가 용납될 수 없기 때문이다.

이러한 관점에서 이귀는 지금 이 시점에 이르러 평상시 장려해서 쓴 이 헛된 이름만 보고서 기용한 자기 이름만 내기를 좋아하는 무리들을 버리시고, 이 난국을 타개 할 俊傑들을 얻어 마침내 國家安危의 대책을 맡기면 좋을 것이라 하였다.[96]

---

95) 『국역 이충정공장소 32권』, 2, 451~452쪽(陳軍務畫一箚)
96) 『국역 이충정공장소 32권』, 2, 452쪽(陳軍務畫一箚)

4. 묵재 경세론의 실학적 성격과 율곡철학의 계승

1) 묵재 경세론의 철학적 배경 −의리(義)와 실리(利)의 조화−

유학은 궁극적으로 大同의 세계를 지향하고 정치적으로는 王道를 지향한다. 大同과 王道의 이상향은 義理와 實利, 倫理와 經濟가 잘 어우러진 사회요 세상이다.97) 유학을 지나치게 엄숙한 도덕주의로만 보는 것은 유학에 대한 오해요 편견이다. 유학의 정치론을 다룬 대표적인 경서 『孟子』만 하더라도 恒産과 恒心을 말하고,98) 王道之始로서의 養民과 王道之終으로서 敎民을 일컫는다.99) 孟子는 "生 또 한 내가 하고자 하는 바요, 義 또한 내가 하고자 하는 바이지만, 이 두 가지를 겸하여 얻을 수 없다면 生을 버리고 義를 취한다"100)고 하였다. '生'은 인간의 생존욕구요 '義'는 도덕욕구다. 이 두 가지 가치가 인간이 가장 원하는 바라고 한다. 유학의 입장에서 보면 의식주(물질, 경제)에 문제가 없이 잘 사는 것과 도덕적 양심에 부끄럼 없이 떳떳하게 사는 것이 인간이 가장 원하는 바다. 다만 이 두 가지를 모두 취할 수 없어 택일해야 한다면 生을 버리고 義를 취한다는 말이다. 양자택일의 이 경우란 극단적 상황으로 목숨을 바쳐 도덕적 가치를 지키기도 하고, 굶더라도 도둑질을 아니 하는 경우다. 이를 孔子는 '殺身成仁'이라 하기도 했다.101) '舍生取義'와 '殺身成仁'을 가지고 유학을 도덕지상주의로 오해할 수 있다. 진정한 유학은

---

97) 맹자는 王道之始로서 민생의 안정을 말하고, 王道之終으로서 윤리적 교화를 말한 바 있으며,(『孟子』, 梁惠王 上)『禮記』「禮運篇」에서는 大同을 경제적 풍요로움과 윤리적 교화를 통한 절대 평등의 사회, 누구나 소외되지 않고 인간다움을 누리는 이상세계로 묘사하고 있다.

98)『孟子』,「梁惠王 上」:"無恒産而有恒心者 唯士爲能 若民則無恒産因無恒心."

99)『孟子』, 같은 곳.

100)『孟子』,「告子章 上」:"生亦我所欲也 義亦我所欲也 二者不可得兼 舍生而取義者也."

101)『論語』,「衛靈公篇」.

生과 義, 實利와 義理, 경제와 윤리를 겸하는데 있다. 어느 하나도 부족한 것이고 반쪽이다. 다만 유학의 정신은 이 양자 가운데 生보다는 義, 이익(實)보다는 정의, 경제보다는 도덕의 가치에 우위성을 인정하는 논리다. 이 점에서 인간이 다른 동물과 구별될 수 있다.

율곡도 이러한 유학 본래의 정신에 따라 大同세계, 王道정치의 내용을 養民과 敎民으로 삼는다. 養民이란 백성을 먹여 살리는 경제의 문제라면, 敎民이란 백성을 知的, 윤리적으로 제고하는 교화, 교육기능을 말한다.

율곡은 「聖學輯要」에서 '安民'과 '明敎'를 말하고 있고, 「東湖問答」에서는 '安民之術'과 '敎人之術'을 함께 말하고 있으며, 「六條啓」에서 국방대책을 말하면서도 '養軍民', '足財用'과 함께 '明敎化'를 함께 일컫고 있다. 여기에서 安民, 養軍民, 足財用은 경제의 문제로서 養民을 말한다면, 明敎, 敎人, 明敎化는 윤리의 문제로서 敎民을 말한다. 그는 또 『聖學輯要』에서도 『禮記』를 인용해 '大同'으로 결론을 맺으면서, 그 大同의 내용을 '물질적 풍요'와 '윤리적 교화'를 통해 모두가 평등하고 인간다움을 누리는 이상세계로 설명하고 있다.[102]

이와 같이 율곡의 경세론은 유학 본래의 王道이념을 계승하여 養民과 敎民을 兩翼으로 삼고 있다. 이에 관해 구체적인 검토를 해 보기로 하자.

왜 율곡은 養民의 문제 즉 경제가 정치의 출발점이라고 생각하는가? 율곡에 의하면 "백성은 먹을 것에 의존하고 나라는 백성에 의존하므로, 먹을 것이 없으면 백성이 없고 백성이 없으면 나라가 없는 것이 필연의 이치이다"[103]라고 말한다. 이는 한 나라의 근본이 백성에 있고, 그 백성

---

102) 『栗谷全書』, 卷26, 「聖學輯要」, 8 참조.

103) 『栗谷全書』, 卷4, 「擬陳時弊疏」: "伏以民依於食 國依於民 無食則無民 無民則無國 此必然之理也."

의 근본이 경제에 있음을 말한 것이다. 따라서 백성들이 살 곳을 잃고 飢寒이 몸에 절실하면 예의를 돌아볼 겨를이 없다고 하였다.104) 이는 孟子의 말대로 일반 백성들이란 "恒産이 없으면 恒心이 없고, 恒産이 있으면 恒心이 있다"는 인간의 원초적인 이해에 근거한 것이다. 그래서 율곡은 백성을 기르는 養民을 우선으로 하고, 백성을 가르치는 敎民을 뒤에 하는 것이 순서라고 하였다.105) 민생의 초췌함이 오늘보다 더 심한 때가 없으니, 급히 弊害를 구하고 급박한 사정을 풀어준 뒤에 鄕約을 시행할 수 있다고 하였다.106) 이처럼 백성들의 윤리적 교화는 먼저 민생의 기초가 해결될 때 가능하다는 것이다.

또 「東湖問答」에서는 백성을 기른 연후에 敎化를 베풀 수 있는데, 교화를 하는 방법은 학교보다 먼저 할 것이 없다고 하였다.107) 마찬가지로 「聖學輯要」에서도 먼저 백성을 富하게 해놓고 뒤에 가르치는 것이 理勢의 당연함이기 때문에, 安民의 뒤에 明敎로서 끝맺게 次序를 정했다고 하였다.108) 이처럼 율곡은 도처에서 '先富後敎'를 경세의 기본 원칙으로 말하고 있는데, 이는 오늘날 현대정치가 경제를 우선으로 삼는 것과 다르지 않다.

그러나 경제문제가 해결되었다고 정치가 온전한 것은 결코 아니다. 인간은 다른 동물과 같이 생물적 본능만으로 살아갈 수 없다. 인간은 도덕적 가치를 의식하고 그것을 추구하며 살아가는 존재이기 때문이다. 따라서 경제문제, 민생의 문제가 경세의 출발점이지만 이것만으로는 반쪽에

---

104) 『栗谷全書』, 卷5, 「玉堂陳戒箚」: "百姓失所 故飢寒切身 不顧禮義."
105) 『栗谷全書』, 卷29, 「經筵日記」2 : "養民爲先 敎民爲後……"
106) 『栗谷全書』, 같은 곳.
107) 『栗谷全書』, 卷15, 「東湖問答」: "養民然後可施敎化 設敎之術莫先於學校."
108) 『栗谷全書』, 卷25, 「聖學輯要」, 7, "先富後敎 理勢之當然 故安民之後 終之以明敎."

불과하다. 진정한 경세는 경제와 윤리, 實利와 義理를 겸비해야 한다.

『大學』에서는 '德을 근본이고 재물은 말단이라' 하였는데,[109] 이 또한 경제와 윤리의 겸비를 함축한 말이다. 德이 근본이고 재물이 말단이라 하여 경제가 필요 없다는 말은 아니다. 다만 무엇이 더 근본이냐 할 때에는 경제적 가치보다 윤리적 가치가 더 소중하다는 유학의 입장을 언표한 것이다. 율곡은 『聖學輯要』에서 '教養生民이 곧 王道'[110]라 하였다. '백성을 가르치는 것(教民)'과 '백성을 기르는 것(養民)'이 곧 王道라는 말이다. 백성을 가르치는 것은 윤리도덕의 문제요, 백성을 기르는 것은 경제의 문제다. 궁극적으로 왕도정치, 유가의 경세란 이 두 가지를 벗어나지 않는다. 백성들로 하여금 의식주에 부족함이 없고 경제적으로 윤택하게 잘 사는 동시에, 저마다 도덕이성에 의해 공동체를 영위하고 수준 높은 윤리사회를 실현하는 것이 大同의 세계요 王道정치라 할 수 있다.

이렇게 볼 때, 이귀의 경세론을 事功중심의 경세론 또는 實用중심의 경세론으로 보아 그가 마치 윤리적 가치나 정의의 가치를 간과한 것으로 보는 것은 옳지 않다. 이미 앞에서 논의했듯이 이귀의 경세론은 한편 부국강병을 추구하지만, 다른 한편으로는 의리를 추구하고 있기 때문이다. 이는 유교 경세론에 충실히 기반한 것이며, 또한 그의 스승인 율곡의 경세론을 충실히 계승하고 있는 것이라 할 수 있다.

2) 경세론에 담긴 실학정신

위에서 이귀의 삶과 그 속에서 이루어진 경세론을 검토해 보았는데, 이귀는 조선조 유학자군에서 독특한 위치에 있는 것으로 보인다. 그것은 그의 저술 속에 理氣心性에 관한 성리학적 요소가 거의 보이지 않고, 오

---

109) 『大學』, 傳 10章: "德者 本也 財者 末也."
110) 『栗谷全書』, 卷25, 「聖學輯要」, 7 : "夫躬行仁義者 天德也 教養生民者 王道也."

로지 당면한 국가적 위기에 대한 대안에 충실하기 때문이다. 이런 점에서 학계의 그에 대한 다음과 같은 평가는 가능하다고 생각된다.

崔鳴吉의 官制變通論이 18세기 실학자들의 개혁사상의 중요한 구성요소인 것을 감안하면, 비록 李貴가 주자를 내세우고 있지만 그의 학문은 결국 주자학보다는 實學 쪽에 보다 가까운 것으로 그 성격을 규정하지 않을 수 없다.111)

李貴를 당대의 여론은 事功에 힘쓴 인물로 평가하였는데, 이는 그가 사회의 功利를 증진시키는데 주력하였다는 의미이다.······현대의 한국사 연구자들도 心性개혁보다는 制度개혁에 더욱 노력했던 李貴를 여타 성리학적 명분론자들과 구별되는 '脫朱子學的 정치사상가'로 파악하고 있다.112)

하나는 이귀를 실학의 범주 속에서 보려는 관점이고, 또 하나는 脫朱子學的 경향으로 보는 관점이다. 실학의 개념이나 역사적 이해는 매우 다양하고 논란이 많은 문제다. 이른바 역사학계가 설정한 조선 후기 英. 正祖 시대의 학풍이라는 한정에서 벗어나 실용, 실천을 강조하는 유학의 학풍으로 본다면 분명히 이귀는 실학적 범주 속에서 볼 수 있다고 생각된다.

實學이라 하더라도 말이나 글로 주장하는 것과 실제로 삶을 통해 실

---

111) 김용흠, 「연평 이귀의 정치론과 학문관」, 『한국사상사학』, 29, 한국사상사학회, 2007, 87쪽.
112) 박홍규, 박설수, 「이귀의 제도개혁론과 사공의 문제」, 『정치사상연구』, 제20집, 2호, 2014 가을, 98쪽.

천하는 것은 구별된다. 학문이란 본래 그 실천에 목적이 있다면 오히려 실천하는 것이야 말로 진정한 실학이라고 할 수 있다. 필자는 이귀와 같이 말과 글로써 뿐만 아니라 몸소 경세의 구현에 앞장서서 실천한 대표적인 인물로 厖村 黃喜, 重峰 趙憲, 土亭 李之菡을 들 수 있다고 생각한다.113) 이제 이귀의 삶과 경세론을 통해 그의 실학적 면모를 살펴보기로 하자.

첫째, 이귀의 실천적 삶은 仁祖反正의 주도에서도 잘 나타난다. 1623년 3월 12일 이귀는 昏君 光海를 폐하고 선조 임금의 손자 인조를 받들어 反正을 하였다.114) 반정에 대한 역사적 평가는 논란의 여지가 있을 수 있지만, 적어도 당시 광해의 패륜이 유교국가 조선에서 보편적으로 비판받았다는 사실이다. 부모와 형제에 대한 인륜은 유교의 중요한 가치요 지켜야 할 규범이었다. 더욱이 한 나라의 군주가 패륜을 했을 때 유교적 입장에서 임금의 권위는 실추될 수 밖에 없다. 이러한 명분에서 이귀는 反正을 감행했고 그 혁명의 중심에 서서 성공을 했다. 집권이후 이귀는 반정의 명분에 부끄러움이 없어야 한다는 역사적 사명감으로 인조에 대한 忠諫을 서슴지 않았다. 그 스스로 고백하고 있듯이 인조와 자신의 관계는 단순한 군신관계가 아니라 반드시 임금을 바르게 이끌어 성공적인 정사를 이룩해야 할 역사적 책무가 있다고 본 것이다. 다음 교서는 이귀의 反正功臣으로서의 위상과 명분 그리고 책임을 잘 말해주고 있다.

---

113) 황희는 학자는 아니지만 60여년의 공직생활, 6조판서를 두루 거치고 재상만 24년, 영의정을 18년을 하면서 세종과 함께 세종시대의 내치, 외치에 큰 공을 세웠다. 조선 초 유교국가의 제도적 정비에 황희의 역할은 지대하였다. 중봉 조헌은 이귀와 동문으로 이귀가 닮고자 했던 인물이며, 우환의식과 충절, 실천적 삶에서 이귀와 많이 비슷하다. 이지함은 포천현감, 아산현감으로 보여준 그의 실천적 목민관의 모습에서 실학풍을 볼 수 있다. 그리고 이들은 모두가 이기심성의 사변적 논의에서 벗어나 있다는 점에서도 공통적이라 할 수 있다.

114) 『국역 이충정공장소 32권』, 1, 9쪽(朴世采, 序)

뜻있는 선비로서 자기 몸을 잊고 스스로 백성들을 구제할 것을 기약해 신하로서의 忠과 節義를 다했으며 자신의 功名에 뜻을 두지 않았다.……卿은 장차 망하려는 데에서 社稷을 안정 시켰으니 나라가 나라답게 되었고, 이미 무너진 데에서 떳떳한 윤리를 폈으니 사람다운 사람을 얻은 것이다.……당시 后稷과 설(契)이 堯, 舜을 섬기던 일 같이 卿은 자신의 책임으로 삼고 堯, 舜의 정치를 하고자 함이었다.115)

宗廟에 나라의 큰 공훈이 있는 延平府院君 李貴의 신주를 영구히 조선 왕들의 사당에서 제사지내게 하는 특전을 만세에 시행해, 무엇보다도 먼저 하나의 신하와 임금이 알고 만난 것이 살아 있을 때나 죽은 뒤에나 간격이 없다는 것을 보여주는 일이다. 忠定公 李貴는 오직 忠孝의 성품을 타고난 데다 文武를 모두 겸비하였다.116) 이것은 仁祖廟庭에 배향하는 교서의 일부분인데 여기서 이귀는 오직 忠孝의 성품을 타고나 文武를 兼備했다고 평가하고 있다.

둘째, 李貴는 대내외적 격동기를 살면서 국가적 위기를 극복하기 위한 방안을 가장 자주, 그리고 가장 많이 제출한 儒者이자 官人이었다.117) 수많은 유학자들이 危亂에 대비한 경고와 방안을 제시하지만, 그 횟수와 분량에 있어서 이귀를 따를 자가 드물다.

신이 1592년 임진왜란이 일어난 직후부터 1614년 오늘까지 재주와 힘을 생각하지 않고 국가에 보답해야겠다는 의리와 충성의 일념으로

115) 『국역 이충정공장소 32권』, 5, 194~195쪽(李明漢 지음, 仁祖反正 一等功臣 李貴 策勳 教書)
116) 『국역 이충정공장소 32권』, 5, 203쪽(配享教書)
117) 김용흠, 「연평 이귀의 정치론과 학문관」, 『한국사상사학』, 29, 한국사상사학회, 2007, 75쪽.

몸을 잊고 오직 나라만을 위해 왜적을 방어……신은 국가를 위하여야
한다는 일념이 타고난 천성에 뿌리를 두어 마음에 녹아들어 있어 죽을
고비를 수차 넘겼지만 조금도 후회하지 않았습니다.118)

이귀는 그 스스로 오직 나라만을 위한 충성의 일념으로 살아왔다고
자부한다. 그는 임진왜란 전 명종의 능 강릉참봉으로 하급 벼슬길에 들
어 선조가 평양에 행재소에 머물 때, 임금을 모시던 측근 신하들이 제 목
숨을 보전하려고 도망갔음에도 불구하고, 자신은 임금이 부르지도 않은
평양조정을 찾아가 무언가 국가를 위해 일을 하고자 평양 조정으로 임금
을 찾아갔다고 말한다. 그는 삼도소모관, 삼도선유관, 삼도방어사 종사
관, 상서원 직장, 공조좌랑, 명나라 사령관 접반종사관, 유성룡 막부 종사
관과 도총검찰관, 세자 광해군의 호위장령과 동조의 종사관, 전라도 장
성현감, 군기판관, 김제군수, 양재 도 찰방, 형조좌랑, 경상도 전라도 체
찰사 막하관, 황해도 배천군수, 함경도 함흥판관, 안산군수, 충주목사, 평
안도 숙천부사 등의 수많은 관직을 수행하면서 시세에 순응하며 부화뇌
동하지 않고, 부귀와 영화를 추구하지도 않았으며, 왜적의 칼날도 두려
워하지 않았다 한다. 선왕(선조) 때 대사헌이었던 鄭仁弘이 경상 감사들
을 두렵게 한 경상도의 豪强세력인데, 이귀가 그 豪强을 두려워 않고
1600년 경상도의 민폐를 암행하던 중 발견한 정인홍의 열 가지 죄를 선
조에게 직언하였는데, 그 후유증이 14년이 지난 지금 전하 조정의 권력
자 정인홍의 사주를 받은 사헌부 집의 朴梓가 鄭仁弘의 위세를 등에 업
고 자신을 죽음으로 몰려고 거짓으로 凶悖한 자로 몰고 있다 하였다. 이
귀는 국가를 위해 25년간 전라도에서 함경도까지 가는 곳마다 병력을

118) 『국역 이충정공장소 32권』, 1, 306쪽(甲寅繳辭)

훈련하고 산성을 쌓아 적의 방어 진지를 구축했으며, 군량을 비축하고 무기를 준비하기에 여력이 없었으며, 사헌부의 검찰 박재가 말하는 흉패(凶悖)한 일은 가깝지도 않다 하였다. 이귀는 三司의 言官들이 나라를 위해 임금을 위해 직언하고 忠諫하는 하는 것이 도리지만, 언관들의 부당한 횡포로 公義가 무너지고 나라와 백성에게 해가 될 때엔 이에 맞서 싸웠던 것이다.

처음부터 지금까지 臣은 국가에 대한 정성스럽고 참된 마음 이외에 다른 것은 없고, 오직 倫紀를 바로 잡고 紀綱을 세우며 朋黨을 타파하여 뭇사람의 마음을 진정시킴을 힘쓰는것으로 삼았기 때문에, 三司의 言官들이 잘못을 하면 實을 논하여 탑전에서 누차 論斥하였습니다.119)

이와 같이 이귀는 한편 임금에게 목숨을 걸고 忠諫을 하였고, 또 言官과 부당한 권력의 횡포에 맞서 싸우는 의리를 실천하였고, 또 다른 한편으로는 왜적과 여진 오랑캐에 맞서 몸소 군사를 모으고 성을 쌓고 군량미를 조달하고 전략을 마련하고 군사를 조련하는 데 일생을 바쳤던 것이다.

이귀는 1614년(광해군 6년) 이이첨(李爾瞻)의 사주를 받은 사헌부 박재(朴梓)가 자신을 탄핵하자 「갑인함사(甲寅緘辭)」를 광해군에게 올려 29개 조항으로 자신이 임진왜란 이후 나라를 위해 실천한 사례를 구체적으로 예시하며 박재의 탄핵이 부당함을 해명하였다.

---

119) 『국역 이충정공장소 32권』, 2, 122쪽(第二箚)

신이 앞에서 전하께 말씀드린 임진왜란부터 지금까지 29개 조항의 행한 바는 모두가 愛君憂國의 충정에서 행한 일이지 어떤 게 凶悖한 일인지 가깝지도 않게 신을 지목 凶悖하다 하는지 알지 못하겠습니다. 이미 뚜렷하게 죄목이 드러났으니, 사헌부 朴梓와 신을 불러 임금님 앞에서 면대하여 죄를 숨겼는지 밝혀야 하겠습니다.[120]

이 장문의 상소는 이귀의 愛君憂國의 실천 사례를 구체적으로 알 수 있는 자료로 지면상 일일이 소개할 수 없으나 아래 글은 그 하나의 예라고 할 수 있다.

충정공 李貴가 이때 장성수령으로 의병을 이끌어 의병조직을 성취하게 하니, 이에 壇을 모아서 의병들이 서로 맹세하고 김경수를 추천하여 의병의 맹주로 삼고, 김제민이 순창현감으로 웅치에서 왜적을 격파하고 와서 합세하니, 추대하여 의병장으로 삼아서 군사를 거느리고 서쪽으로 나아갈 때, 체찰사 송강 정철에게 계책을 올리고 직산에 이르러 왜적을 만나 왜적 수 십명을 참살하고 진위에 이르러 또 왜적 수 십명을 죽이고 용인에 진주하였다.……1593년 5월에 천병(明軍)이 남쪽으로 내려오므로 모든 의사들이 격서를 발하여 집에 돌아간 의병을 소집하고 장성현감 李貴가 정예한 군사를 선발하여 담용군(膽勇軍)이라 이름하니 군사력이 더욱 강하였다. 담용군의 기습병을 매복하여 적의 통로를 차단 적장 고패 무리를 잡아 죽였다. 또한 장성현감 李貴가 절강진법으로 鄕軍 300명을 교련하니 그에 응모하는 자가 더욱 많았다.[121]

---

120) 『국역 이충정공장소 32권』, 1, 309쪽(甲寅緘辭)
121) 『국역 이충정공장소 32권』, 1, 212~213쪽(판서 홍양운, 호남 오산 남문 창의 비문)

또한 그는 여진의 침략을 막기 위해서 많은 노력을 기울였는데, 朴世采는 말하기를 "시대의 급무인 만주 여진 적병의 방어를 위해, 공이 스스로 만주 여진의 적과 대치하는 관서지방에 가서 군사대책을 정리하고 아울러 평시에 주장해 온 군사대책을 논한 책을 만들어 만주 여진 침공 전쟁의 화를 대비하여 막을 수 있는 방책을 진언하였으나 인조의 윤허를 얻지 못하였다."122)고 기술하고 있다.

이와 같이 이귀가 평생 한편 의리를 실천하고 한편 忠君愛國을 실천한 것은 조선조 그 어떤 유학자보다도 실천적 면모를 보여준 것으로 그의 실학풍을 잘 말해준다.

셋째, 정묘호란 시 그의 主和論은 명분보다 나라와 백성의 실질적인 이익을 위한 것이었다. 조선조 유학은 역사적으로 의리를 중시하는 도학적 특징을 갖는다. 그리고 의리라는 가치는 유교문화의 지고한 가치로 존숭되어 왔고, 조선조 역사에서도 의리는 가장 중요한 가치로 숭상되어 왔다. 임진왜란과 정묘호란, 병자호란은 외세의 침략에 맞서 싸우는 충군애국의 의리를 더욱더 고무신장하는 데 큰 계기가 되었다. 정묘호란 당시에도 여진의 침략에 대응하는 조선의 지도층은 主戰과 主和로 양분되었다. 명분과 대의를 강조하는 측에서는 斥和義理를 말하였고, 우선 나라와 백성의 명맥을 지키기 위해서는 일시적 變通으로 和議를 주장했던 것이다.

이귀를 따라 병자호란 때 主和에 앞장섰던 지천 최명길(遲川 崔鳴吉)은 이귀의 「行狀」에서 "대신 이하 여러 사람들이 두려워서 감히 화의를 말하지 못했지만, 공만은 유독 뭇 사람들의 비방을 물리치고 화의를 힘써 주장하였다.(이 행장을 쓰는 최명길이 이귀의 主和論을 따랐다)123)고 말

---

122) 『국역 이충정공장소 32권』, 1, 10쪽(朴世采, 序)
123) 『국역 이충정공장소 32권』, 5, 163쪽(崔鳴吉 지음, 行狀)

하였다. 이와 같이 당시의 분위기는 척화의리가 대세여서 斥和를 말하기는 쉽지만 主和를 말하는 것은 결코 쉬운 일이 아니었다.

1627년 정묘호란이 일어나 만주 여진의 철기병 3만 명이 조선을 내습하였다. 그러나 조선은 自强을 하지 않아 만주 철기병을 싸워서 당할 방도가 없었다. 공이 이에 대하여 主和의 비난을 무릅쓰고 국가와 백성들의 생명을 보호하기 위해 적과 화해하는 기미책(羈縻策)을 올리니 마침내 받아들여졌다.[124]

정묘호란 그 이듬해인 1628년(인조 6년) 인조와 張維, 鄭經世, 이목(李楘), 吳允謙, 洪瑞鳳 등은 後金이 요구한 포로의 쇄환을 반대하며 "차라리 조선이라는 나라가 망할지언정 후금의 요구를 따르지 않겠다"고 이귀와 대립하였다. 이에 대한 이귀의 말을 보기로 하자.

　　신은 識見이 우매하여 적의 침공이 만약 張維의 큰 소리같이 작년에 머물렀던 그곳에 만주 여진족 後金의 적병이 황해도 평산에 다시 이르게 되면 조선이라는 국가의 존망 역시 예측할 수가 없겠습니다. 이는 신이 늙어 겁이 많아 적이 침공해서 국가가 망해도 제 주장만 관철시키겠다고 큰소리 친 젊은 張維의 배가 되기 때문입니다.

　　아! 온 나라의 公論이 모두 젊은 이조판서 張維에게 돌아갔으니, 신이 비록 뭇사람의 공격과 배척을 받아도 만약 老臣의 말로 인하여 만일 宗廟社稷을 보존할 수 있다면 나라에 욕되게 한 죄를 달게 받겠으며, 한갓 큰 소리 치는 것으로 앉아서 국가가 망하는 것을 차마 기다릴 수 없기 때문에 無禮를 범한 것이 이에 이르렀으니, 삼가 원하건대 밝으신 성상께서 망할 위험이 조석 간에 임박했으니, 사람의 말을 폐하

---

124) 『국역 이충정공장소 32권』, 1, 10~11쪽(朴世采, 序)

지 마시고 다시 廟堂의 대신들에게 명령을 하여 조정의 넓은 의견을 수렴하고, 시대에 깊이 헤아리고 힘쓰는 자들의 때에 맞는 마땅함을 얻어 變通하시어 배꼽을 물으려 해도 물어뜯을 수 없는 형국이 되어서 후회하는 일이 없도록 하심이 어떻겠습니까?125)

당시의 공론은 젊은 이조판서 張維의 의리와 명분론이 대세였던 것이다. 이에 대해 이귀는 적의 침략으로 나라가 망할 것을 심히 우려하며 變通을 통해 시국의 위기를 잘 넘기고 自强의 노력으로 대처해야 한다고 보았다. 자신이 비록 비겁하다는 비난을 받아도 나라와 백성을 살리기 위해서는 부득이 적과의 타협을 해야 한다는 것이다.

마찬가지로 다음은 이귀가 당시 講和를 주장하게 된 명분과 논리를 설명한 글이다.

신의 망녕된 생각에 오늘날 우리가 만주 후금의 왕과 전하가 맺은 講和의 약속은 宗廟와 社稷을 위해서일 뿐만 아니라, 백성의 생명을 보호하기 위한 것입니다. 조선을 경영하고 먼 장래를 생각하는 입장에서 말하면, 올해 後金의 여진 병사들 3만명이 말을 타고 무인지경으로 평안도와 황해도를 휩쓸어, 평안도 황해도 兩西의 백성들이 혹심한 전쟁의 화를 지금 입었습니다. 열 집중 아홉은 집이 비었고, 부모가 약탈당하고 어린 자식들이 도로위에 죽어 자빠지고, 수많은 병졸들 중 한둘 만이 그 참혹한 전쟁터에서 도망해 돌아와서 보니, 집은 모두 파산되어 의지하고 돌아갈 곳이 없어 스스로 살 방안을 구하는데 겨를이 없는 상황에서, 굶어죽는 자가 계속되는 기막힌 지금의 상황에 얼마나

125) 『국역 이충정공장소 32권』, 3, 118~119쪽(請對不許時啓)

많은 餓死者가 나올지도 모르는데, 조정에서는 그 백성들이 죽어나가는 현실을 서서 바라만보고 구제할 수가 없으면서, 어느 겨를에 수 천명의 무고한 병졸들, 그들의 장수가 먼저 도망가 따라서 흩어진 궤졸 (潰卒)로 하여금 금년에 지키기 어려운 성을 쌓으라 하십니까?[126]

이귀는 당시 후금의 침략으로 평안도와 황해도가 혹심한 전쟁의 화를 입은 현실을 적나라하게 표현하고 있다. 열 집중 아홉 집이 텅 비어있고 부모들은 약탈당하고 어린 자식들은 도로위에 죽어 있고, 굶어 죽은 시체가 즐비한 상황에서 어떻게 병졸들을 수습하여 다시 싸우기 위한 성을 쌓을 수 있겠느냐는 것이다. 이귀는 아무리 적의 침략에 분한 마음으로 싸워야 할 의리가 있지만, 종묘사직을 보호하고 백성을 지키기 위해 부득이 물러서서 적과 강화하지 않을 수 없다는 것이다. 여기에는 일시적인 분노에 찬 의리보다 냉철한 현실인식에 기초한 실질적인 대응이 필요하다는 실학적 사고가 바탕 되어 있다고 볼 수 있는 것이다. 이귀는 무릇 적을 방어하는 전술은 싸우고(戰), 지키고(守), 화친(和)하는 세 가지 계책에 불과하다고 말한다. 和親이란 우리를 분노케 하고 적들을 태만하게 하는 것이다. 조선 스스로 군사력을 강화하지 않으면 여진 오랑캐의 술책에 떨어지고 만다. 지금 조선이 後金의 오랑캐 적의 토벌이 불가능하다는 주장은 토벌을 않는 것이지 할 수 없는 게 아니라 하였다.[127]

이귀는 단지 講和만을 주장한 게 아니다. 그는 일시적으로 적과 강화를 하지만 실질적으로는 自強을 통해 적과 싸워야 할 힘을 길러야 하다고 보아 "적이 물러 간지 이미 오래인데, 오히려 우리 스스로 自強하여

---

126) 『국역 이충정공장소 32권』, 2, 522~523쪽(申論軍務畫一箚)
127) 『국역 이충정공장소 32권』, 4, 187~188쪽(請先治臣主和之罪專意征討啓)

진작하는 조치가 없으니 신은 삼가 답답합니다" 라고 하였던 것이다.128)

　이와 같이 정묘호란 때 이러한 李貴의 主和論은 당시의 현실에 입각하여 주자학의 명분론과 의리론을 굽힐 수 있다고 본 것으로서, 당시의 주류 官人, 儒者들과는 다른 새로운 사고의 등장을 의미하는 것이었다. 이러한 그의 새로운 사고는 병자호란 당시 崔鳴吉의 主和論과 함께 조선후기 실학으로 계승 발전되었다. 즉 李貴의 主和論은 본인의 의도와는 관계없이 조선후기 근대를 전망하는 새로운 사상의 출발점이 되었던 것이다.129)

　이귀는 중세 해체기에 등장한 근대 지향적 사상으로서의 실학과 그것을 정책으로 구현하려는 탕평론의 선구적 존재였음을 알 수 있다.130) 그러므로 『실록』에 의하면 "이귀를 이조참찬으로 삼았다. 이귀는 사람됨이 호방하였다. 젊었을 적부터 강개(慷慨)하며 큰 뜻이 있어 항상 事功으로 自任하였다."131)고 평하는 것을 볼 수 있다. 이귀는 주자학의 명분론을 활용하여 자신의 제도개혁론이 私나 利를 추구하는 마음에서가 아니라, 어디까지나 義와 公을 추구하는 중에 나오게 된 것임을 주장하였다.132)

　넷째, 이귀는 인사에 있어서 識見을 강조하였다.

　오늘의 폐단은 다른데서 온 게 아니고 모두가 好名을 우선하는데서 기인했습니다. 심지어 국가의 장래보다 우선 자신의 명예를 빛내는 일이 더 중요하다는 말입니다. 국가의 모든 일을 논의하고 결정하여 국

---

128) 『국역 이충정공장소 32권』, 5, 395쪽(年譜)

129) 김용흠, 「조선 후기 정치와 실학」, 『다산과 현대』, 2, 연세대 강진다산실학연구원.

130) 김용흠, 『조선의 사상가 열전』, 「연평 이귀, 실학과 탕평론의 선구자」, 170쪽.

131) 『仁祖實錄』, 元年 3月 14日, 甲辰 條.

132) 박홍규, 박설수, 「이귀의 제도개혁론과 사공의 문제」, 『정치사상연구』, 제20집, 2호, 2014 가을, 112쪽.

가와 국민의 장래에 결정적 역할을 하는 위치에 있는 자들은 識見이 우선입니다. 식견이 밝지 않다면 비록 학문과 도덕적으로 어질다 하여도 국가의 일을 이루지 못하기에, 국가 경영을 담당할 수 없다는 게 선유들의 격언입니다.……전하의 조정에서 사람을 등용하여 쓸 때에는 한갓 겉으로 드러나는 虛名만을 높이어 사람을 등용하는 잣대로 하면서 識見을 취하지 않았습니다. 식견이 없으면 옳고 그름을 가리지 못하고, 국가의 백성들을 위해 조정을 경영하는 사람들이 우선해야 하는 국방 즉 여진 적이 침공해서 온다는 판단을 못하고 있는 실정이며, 침공을 막을 대책을 적극적으로 정확하게 때를 잃지 않고 우리의 처한 상황을 꿰 뚫어 볼 줄 아는 자가 식견이 있는 자입니다.133)

이귀는 당시의 폐단이 好名 즉 이름 내기를 좋아하는 병통에 있다고 지적하였다. 그리고 인사에 있어서도 識見이 부족한데 학문과 도덕이 높은 사람은 경세가로서 마땅하지 않다고 보았다. 虛名만을 따져 인사등용을 하지 말고 시국을 판단하는 안목과 대처 능력, 나라와 백성을 위한 경세대안, 전문적인 식견을 보고 인재를 발탁 등용해야 한다고 보았다. 학문과 도덕보다 실용적 식견을 중시하는 데서 이귀의 실학적 태도는 잘 나타나 있다. 다음은 이귀가 군사대책을 말하는 가운데 그의 식견 중시의 태도를 볼 수 있다.

만약 전하께서 신의 군사대책을 써서 조선 8도의 선봉을 뽑으시면 어찌 3천명에 그치겠습니까? 다만 병력을 뽑는 게 한갓 명목만 그럴 듯이 중히 여기고 實이 없으니 비록 수 만명의 건장한 장정을 얻는다

---

133) 『국역 이충정공장소 32권』, 2, 451~452쪽(陳軍務書—箚)

해도 실지 전투에 쓰는데 무익한 것입니다. 그렇기 때문에 나라의 국방력을 결정하는 병력의 힘은 군사의 精銳함을 힘써야지 많은 게 중요한 게 아니라는 兵家의 말이 지극한 것입니다.[134]

여기서도 이귀는 군사대책에 있어서의 실질적인 대응을 강조하고 있는 것이다. 즉 나라의 국방력은 양에 있는 것이 아니라 군사의 정예함에 있다는 것이다.

그는 또 精銳兵을 선발하는데 있어서도 구체적인 방안을 다음과 같이 제시하고 있다.

신이 원하는 것은 조선 8도에 正軍, 保人, 公賤, 私賤, 衙前官屬, 재주꾼, 白丁, 승려의 차이를 불문하고 용감하고 건장한 자들을 모집하여 사격을 할 수 있는 자, 말을 잘 타는자, 맹수를 잘 때려잡는 자, 목이 마른 악조건 하에서도 잘 인내하는 자들, 모두가 백 명중에 한 명, 한 읍에 많아야 백 명 적으면 5, 6십 명, 또 적으면 3, 4십 명, 아주 정예한 실질적인 것을 힘쓰는 것으로 삼아, 수령은 번민하지 말고 일일이 사람 등을 방문 초대해서 본 후, 실지 시험을 한 연후에 명단을 한 권의 책으로 만들어 우대하여 보호하고 은덕을 베풀어 도망이나 이사를 가지 않도록 합니다. 만약 이렇게 하면 한 도에서 모두 정예병 4, 5백 명이 되니 백 부의 將을 얻습니다. 이런 후에 때때로 모여 훈련하고 진지훈련도 가르치고, 유사시에는 장수가 각 지방에 내려와 징집하여 이 군졸을 전쟁터에 내 보냅니다. 전투의 진지 간에는 높고 낮음이 험해 출입과 멀고 가까움에 대한 대책과 응함이 여의치 않음이 없어 가르치지

134) 『국역 이충정공장소 32권』, 2, 468쪽(陳軍務畫一箚)

않아도 군공이 천 만배나 됩니다.135)

　여기에서 이귀는 정예병을 선발함에 있어서 신분 고하를 막론하고 오로지 실질적인 武藝의 능력만을 보고 뽑아야 한다는 것이다. 그것도 수령들이 직접 면접을 통해 그들의 능력과 기상을 확인하고 선발하여 유사시를 대비해 훈련과 조련을 해 대비해야 한다는 것이다.

　따라서 이귀는 이러한 국가 중대사인 軍務의 일을 명색만 추구해 實效를 착실하게 보지 않고, 한갓 조정의 軍務를 총괄하는 備局의 휴지 한 장으로 해결하려 하니, 전하의 국사가 끝내 완성하는 날이 없겠기에 신이 민망하고 답답하여 분통이 나는 것이라 하였다.136)

　이귀는 학문에서는 주자가 말한 義理와 識見, 德業과 事功을 동시에 강조하지만, 국사를 논하는 조정에서는 識見과 事功을 우선시 하였다.137)

3) 율곡 務實사상의 계승과 율곡학파에서의 위상

　이상 위에서 논자는 이귀의 애국적인 삶과 탁월한 경세론의 면모를 검토해 보았고, 특히 정묘호란 전후 그의 국방에 관한 활동과 대책에 관해서도 살펴보았다. 이러한 그의 경세론과 경세의 실천은 율곡의 철학정신을 충실히 계승한 것으로 보인다. 여기서는 그의 경세론과 경세 실천의 삶을 율곡과 연관해 그 의미를 새겨보고자 한다. 朴世采는 이귀에 관해 다음과 같이 소개하고 있다.

---

135) 『국역 이충정공장소 32권』, 2, 486쪽(陳軍務畫一箚)
136) 『국역 이충정공장소 32권』, 2, 559쪽(申論軍務畫一箚)
137) 이지희, 「묵재 이귀의 생애와 사상연구」, 논문요약, 성균관대대학원(석사), 2010.

공은 천품이 탁월 재주와 도량이 넓고 젊어서부터 의롭지 못한 것을
보고 정의심이 북받치어 행동에 옮겼으며, 큰 뜻을 품고 독서하고 실
천하여 20세에 율곡선생께 학문을 청하였다. 선생이 장차 국가를 경영
할 그릇으로 인정하고 날이 갈수록 더욱 중히 여겨서 국가의 큰 일은
반드시 알게 하였다.[138]

여기에서 이귀는 20세 때 율곡의 문하에 들어가 그의 가르침을 받은
것으로 보인다. 그리고 탁월한 재주, 넓은 도량, 타고난 의협심, 강한 실
천성으로 율곡의 촉망을 받았다. 이귀는 스스로 말하기를 "20세가 되어
비로소 작고하신 스승 栗谷 李珥의 문하에 들어가 사람이 되는 방향의
대체를 알았습니다. 신이 스승이 가정에서 행하는 일을 보고서 우리 부
모 섬기는 바를 생각하였고, 스승이 나라에 충성하는 것을 보고 우리 임
금 섬기는 바를 생각하였으며, 스승이 偏黨에 들지 않는 것을 보고 마음
을 공정하게 가질 것을 생각하였고, 스승이 임금을 바른 데로 인도하는
것을 보고 임금 앞에서 바른 말을 하여 속이지 않을 것을 생각하였으며,
스승이 선조 임금께 여러 차례 疏狀을 올려 그 所懷를 직접 전달하며 利
害에 움직이지 않는 것을 보고 신도 所懷가 있으면 반드시 陳達할 것을
생각하였고, 스승이 운명할 때에 북쪽 변방에 變亂이 있음을 듣고 方略
을 불러주며 숨지는 것을 보고 軍務에 마음 다 할 것을 생각하였습니
다."[139] 라고 하였다. 여기에서 이귀는 자신의 학문적 목표와 방향이 율
곡에게서 주어졌음을 분명하게 고백하고 있는 것이다. 이귀는 율곡의 시
대적 역할과 그 위상에 대해서 다음과 같이 평가하고 있다.

---

138) 『국역 이충정공장소 32권』, 1, 연안이씨의정공정화파종중, 2019, 6쪽.(朴世采, 序)
139) 『국역 이충정공장소 32권』, 1, 272쪽(甲寅繊辭)

우리나라의 태조, 태종, 세종께서 앞서 문명스런 정치를 열어 억만 년토록 다함이 없을 복의 터전을 마련할 수 있었던 것은 모두가 유교를 높이 받들었기 때문입니다. 불행히도 己卯士禍 이후로 儒道가 무너져 전하지 않아 인심이 나빠졌습니다. 선비들이 모두 살육당하고 학문의 계통이 끊어진 뒤, 李滉이 떨쳐 일어나 創導함으로써 선비들의 기풍이 一變하였습니다. 그러나 儒道를 깊이 알고서 돈독하게 좋아한 자는 오로지 李珥와 成渾 뿐 이었습니다. 李滉이 죽은 뒤로는 두 사람의 도덕이 더욱 높아져 百世의 儒宗이 되었습니다. 참으로 질투하고 미워하는 사람이 아니라면 모두들 敬慕하면서 그들의 얼굴을 못 볼까 염려하였으며, 제자의 예를 갖추고 그의 문하에서 종사한 자들이 그 수를 알 수 없습니다. 오늘날 사대부들이 조금이나마 윤리와 예법을 알 수 있게 된 것은 모두가 李滉과 李珥와 成渾의 공입니다.[140]

이귀는 己卯士禍 이후 즉 靜庵 趙光祖의 죽음이후 儒道가 무너졌는데, 退溪가 일어나 유학의 기풍을 진작하였고, 실질적으로 儒道를 깊이 이해하고 돈독하게 실천한 이는 오로지 栗谷과 牛溪로서 退溪 사후에는 百世의 儒宗이 되었다고 평가하였다.

이귀는 1585년(선조 18) 29세 때 성균관 생원으로 栗谷, 牛溪 양선생의 억울함을 伸救하는 상소를 올렸으니 그것이 「伸救栗谷牛溪兩先生疏」이다.

신 같이 어리석고 보잘 것 없는 자가 어찌 감히 옛 사람들과 만에 하나나 비교가 되겠습니까마는, 그러나 죽은 李珥의 문하에 출입을 했기

에 李珥와 成渾에 대해서는 제가 두 사람의 심사와 행동한 흔적 등을 알고 있는데, 집권당 동인들이 속이는 거짓말을 차마 참을 수가 없어 죽음을 무릅쓰고 상소를 올리니, 삼가 원하옵건대 전하는 조금 굽어 살피소서.141)

또한 1587년(선조 20) 성균관 생원 이귀가 율곡선생의 지론과 무함받은 본말을 아뢰는 장문의 상소를 다시 올렸다.

아, 작고한 스승 李珥는 평생에 당파를 세우지 아니하고 오직 힘을 다하여 선비들을 화합시켜 한 시대의 어려움을 구제하려 하였으나, 품은 뜻을 이루지 못하고 불행하게도 정성을 다하여 애쓰다 죽고 말았으며, 국사가 일단 실패로 돌아갔으므로 신 등은 일찍이 너무도 가슴 아프게 여겼는데, 李珥가 죽은 뒤로 그 言論과 風旨는 사라져서 전함이 없고, 사리에 맞지 않는 말이 무리들의 사이에서 나올 줄을 어찌 생각이나 했겠습니까?142)

이후 朋黨이 나뉘고 각기 주장을 세워 의논이 분분하여 그 형세가 서로 용납할 수 없게 되었다 하고, 이때를 당하여 충성을 다해 나라를 걱정하며, 公을 위하고 私를 잊으며 우뚝하게 홀로 서서 東西의 당파 사이에 물들지 아니한 사람은 오직 李珥 한 사람 뿐이었다고 변명하였다.143) 그리고 율곡의 十萬養兵策이 마침내 행해지지 않고 1592년 4월 왜적 20여만명이 침공을 했는데, 고 상신 西厓 柳成龍 역시 일찍이 율곡의 養兵策

---

141) 『국역 이충정공장소 32권』, 1, 102쪽(伸救栗谷牛溪兩先生疏).
142) 『국역 이충정공장소 32권』, 1, 113~114쪽(申明栗谷先生議論本末疏)
143) 『국역 이충정공장소 32권』, 1, 116쪽(申明栗谷先生議論本末疏)

을 沮止했음을 임진왜란이 일어난 후 柳成龍이 栗谷 李珥의 先見遠慮에 感服했음을 언급 柳成龍 자신이 沮止한 것을 후회했다고 증언하였다. 그 역시 직접 그가 후회하는 것을 임진년 유성룡 막부의 종사관과 도총검찰 관으로 있으면서 직접 들었다고 증언하였다.[144]

그리고 자신 같이 재능이 없고 부족한 자가 신의 스승 李珥의 학식과 德業을 우러러 본받고자 하나 어찌 감히 바랄수가 있겠는가마는, 군주를 사랑하고 나라를 근심하는 지극한 정성에 있어서만은 자신 역시 고인이 된 스승 李珥에게 양보할 수가 없다 하였다.[145]

이와 같이 이귀는 율곡의 문인으로 율곡을 지극히 존경 흠모하고 있으며, 그의 경세론과 경세의 실천에 있어서 율곡의 철학정신이 자리하고 있음을 알 수 있다.

그런데 이귀는 불행하게도 명실상부한 율곡의 문인임에도 불구하고 오늘날 우리 학계에서 주목받지 못하고 있다. 아니 철학계에서는 아예 그의 이름조차 거론되지 않고 있다. 물론 이귀는 사변적인 성리학에 있어서는 별 관심이 없었던 듯 싶고, 그의 성리학적 저술은 단 한편도 보이지 않는다. 다만 경세론에 있어서는 다른 어느 제자 못지 않게 가장 대표적이라 할만하다.

유학은 본래 修己와 治人, 內聖과 外王을 함께 아우른다. 이 양자 가운데 어느 하나도 간과되어서는 안 된다. 성리학이란 학문적 성격으로 보면 修己之學이요 內聖의 學이고, 實學 내지 經世學이란 治人之學이요 外王의 學이라 할 수 있다. 율곡의 학문적 지평은 퇴계와는 달리 修己之學과 經世學 양면을 함께 지니고 있다는 점에서 특징적이다. 율곡은 성리학에 있어서 일가를 이루어 사상사적으로도 높이 평가받는다. 또한 그는

144) 『국역 이충정공장소 32권』, 1, 472~473쪽(陳備虜機務畫一箚)
145) 『국역 이충정공장소 32권』, 2, 56쪽(再箚)

평생 나라와 백성을 근심 걱정하는 우환의식에 가득 찼고, 시국을 걱정하여 개혁안을 제출하고 나라의 부강과 백성의 편안한 삶을 도모하는데 앞장섰다. 그리하여 그는 조선 후기 실학의 선구자로 일컬어지고 조선후기 실학에 영향을 많이 미쳤다. 그리고 이러한 율곡의 실학사상, 경세론의 철학적 기초는 務實사상이라 할 수 있다. 즉 實心, 實功, 實踐, 實效, 實用을 추구하는 그의 務實사상은 율곡학에 있어서 성리학과 함께 兩翼이 되는 것이다.

그런데 율곡 이후 기호학파 내지 율곡학파의 전개과정에서 보면 성리학적 繼述은 분명해 보이지만, 경세론 내지 務實학풍의 측면에서는 매우 부족함을 느끼게 된다. 이른바 율곡의 嫡統이라 일컬어지는 金長生-宋時烈, 宋浚吉-權尙夏-韓元震의 맥락에서 보면 거의 성리학이나 예학에 침잠, 율곡이 그렇게 강조하고 중시했던 務實학풍은 미약하기 그지없다. 만약 重峰 趙憲이 殉節하지 않았다면 아마도 율곡의 務實학풍이 그에게서 융성하게 계승되었으리라는 추정이 가능하다. 이렇게 볼 때 이귀의 학문적 위상은 새롭게 조명 받아야 할 충분한 이유가 된다.

첫째, 이귀는 의리적 측면에서도 존숭 받아야 한다. 그는 평생 바른 소리, 忠諫으로 일관해 왔다. 반대편에 의해 소마(疏魔)로 지목받을 만큼 그는 나라와 백성을 위해, 그리고 정의의 편에서 수많은 상소를 올려 임금에게 간언하고 충언하였다. 아마도 조선조 전체를 통틀어도 이귀만큼 상소를 많이 올린 이는 드물 것이다. 대체로 유학자들의 상소란 대부분의 의례적인 상소가 많지만 이귀의 상소는 거의 모두가 시국의 문제를 분석하고 대안을 제시하며 임금에게 충언하는 것으로 가득 차 있다. 그리고 구체적인 수치와 통계, 실적을 담고 있어 그의 상소의 신뢰성과 객관성을 더욱 높게 해 준다. 다만 이귀는 신분과 직위 고하를 가리지 않고 무섭게 질타하고 상소의 언어가 거칠며 상대방에게 때로는 무례하다는 점에서 그의 忠諫은 과소평가되고 무시되었다. 심지어는 임금에게도 할 말을 다하고 시도 때도 없이 상소를 올려 임금의 미움과 빈축을 샀던 것이다.

둘째, 이귀는 임진왜란과 정묘호란이라는 두 차례의 전쟁 속에서 몸소 군사를 모집하고 군량을 조달하고 직접 전투에 참여한 실천적 儒者라는 점에서 남다른 평가를 받아야 한다.

그는 임진왜란이 발발하자 강릉참봉을 내던지고 의주파천을 위해 평양에 머물고 있는 행재소까지 찾아가서 삼도소모관으로 명을 받고 3도의 군사모집과 군량조달의 책임을 맡아 이를 수행했다. 또 利川의 아전들과 백성들이 폭도화 되는 상황에서 이를 사전에 진압하고 흩어진 의병을 수습하여 관리하였다.

또한 1592년 9월 4일에는 임금이 용강에 머물 때 復讐教書를 청하여 교서를 받들고, 많은 읍을 방문하여 군량 600여석, 목 5동, 소 10수를 개성부의 명나라 군사들의 군량을 공급하고 복수교서의 이행을 영변의 임금에게 보고하였다.146) 또한 1593년 柳成龍의 막부에서 종사관이 되어 군량 조달의 계책을 세워 단기간에 개성부에 콩과 마초를 도착시켜 군량 부족을 해결하였다.

또한 1593년에는 장성현감으로 담용군(膽勇軍)을 선발하여 도적떼들을 소탕하였다. 또 장성현의 병사 3백 명을 교련 浙江兵法을 가르쳤으며, 정읍에 승려들을 동원하여 입암산성을 쌓아 軍糧을 비축하고 만약의 사태에 대비하였다.

셋째, 이귀는 크고 작은 관직에 종사하면서 실제로 개혁을 실천하고 선정을 베풀어 많은 실적을 거양하였다. 김제군수가 되어 잘못된 田結과

---

146)『국역 이충정공장소 32권』, 1, 295쪽(甲寅繳辭)

軍政을 바로 잡았고, 양재역 도찰방이 되어서는 驛의 전답을 특권층들이 빼앗은 것을 도로 찾고 노비들도 도로 환수시켰다. 배천군수가 되어서는 세력 있는 자 들이 빼앗은 田結을 도로 찾고 과세의 불공평을 해결하고 軍政의 부정과 폐해를 시정하였다. 숙천부사가 되어서는 윤삼빙이 회수하지 못한 잡곡 수 백석과 민간에서 회수하지 못한 곡식 8천여 석을 거둬 들이고, 義倉을 설치하고 소금을 굽고 屯田을 경작하여 곡식 수백 석을 軍糧에 비축하였다. 함흥판관 15개 월 동안에 군사 1316명을 모집하여 조련시키고, 쌀과 콩 1500석, 면포 2000필, 군량창고 60칸을 신축하였다. 위의 예를 보아도 그의 목민관으로서의 실천은 남다른 바 있고, 일하는 행정가로서의 그의 업적은 눈부신 바 있다.

넷째, 이귀는 군사의 전문가였고 그 자신이 군사에 관한 한 최고라는 자부심이 충만하였다. 그는 자신이 품행과 능력, 문장과 변론은 여러 신하들보다 가장 아래에 있지만, 兵家의 일에 대해서는 삼십년 동안 힘써와 대강의 소득이 있다 하고, 지금 세상에서 찾아본다면 자신과 같은 사람은 또한 많지 않을 것이라 하였다.

이귀는 「陳備虜機務畫 一箚」에서 종합적인 군사대비책으로 첫째, 율곡의 十萬養兵을 교훈삼아 여진과 왜군 침략에 대비 수도권 방위에 힘쓸 것, 둘째, 제일의 요새인 南漢山城을 수축하여 위급 시 조정의 역할을 하게 할 것, 셋째, 접경지역의 작은 여러 堡를 합해 큰 鎭을 만들어 대비할 것, 넷째, 평안도와 황해도 본도 兵으로 邊境의 방어를 맡게 하고, 남쪽에서 懲兵하여 변경 방비를 맡기는 것을 금할 것. 다섯째, 북방 변경지역의 군량문제 해결을 위해 평안도와 황해도의 기존 軍卒과 새로운 병력을 뽑아 농사에 활용할 것, 여섯째, 평안도와 황해도의 인재를 뽑아 적절하게 쓸 것, 일곱째, 조상 대대로 시행했던 오랑캐 방어책 5鎭管 체제를 평안도의 구성, 영변, 안주, 평양, 성천에서 다시 실시할 것, 여덟째, 변경 강가의 광활한 옥토를 농사짓게 할 것147) 등을 제시하였다.

이귀는 1625년 6월 2일에 올린「陣入送南軍七弊箚」에서 도체찰사 張晚이 후금 오랑캐를 막기 위해 전라, 충청, 경상도의 南軍 8천명을 들여보내기를 요청한데 대해 그 불가함을 역설했다. 평상시의 보초는 평안도와 황해도 본토 병으로 하고, 전쟁이 발발함에는 조선 8도 전 병력을 발동하면 되는 일이지, 평시 전 백성에게 걱정을 끼치며 남방 병력을 출동시키는 행위는 어리석은 짓이라 하였다.

또한 1631년 6월 25일 병자호란이 일어나기 5년 전에「進禦敵三策請令廟堂議處箚」를 올려 여진의 침략에 대한 세 가지 대책을 진언하였다. 첫째, 松京에 군 지휘부를 설치하고 임금이 직접 진주하여 군사를 모집하고 明과 협공을 도모할 것, 둘째, 충청도, 경상도, 전라도에서 군사를 모집해 올리는 폐단을 중지하고 평안도와 황해도에서 군병을 모집하여 국경을 방비하게 하되, 선봉을 모집 선발하여 전쟁의 효율을 높일 것, 셋째, 수도방어를 위해 군사요새인 남한산성을 최대한 활용할 것을 진언하였다.148)

또한 평안도와 황해도의 각 읍의 백성들로 하여금 미리 험한 지역에 거처할 요새를 설치하여, 전쟁이 일어나면 급히 그 지역에 모든 사람들이 적병의 칼날이 오기 전에 백성들의 피신처를 마련해야 한다고 주장하였다. 그리고 삼혈포(三穴砲)는 말 위에서 창을 가지고 싸우던 자들이 배우지 않고도 삼혈포를 쏘았다 하고, 이 삼혈포를 우리 조선이 여진 적의 기마병에 대항하면 우리 조선군이 승리할 수 있는 두 번째 장점이라 하였다.149)

---

147)『국역 이충정공장소 32권』, 1, 471~484쪽(陳備虜機務書一箚)
148)『국역 이충정공장소 32권』, 4, 192~200쪽(進禦敵三策請令廟堂議處箚)
149)『국역 이충정공장소 32권』, 2, 462~467쪽(陳軍務書一箚)

이상 설명을 통해 이귀야 말로 풍전등화 같은 민족적 위기를 직시하고 여진의 침략에 대비해야 한다는 구체적인 대안을 제시하고 때로는 임금에게 협박조의 진언을 하였지만 결국 그가 죽은 후 3년 만에 병자호란이 닥쳐 인조는 남한산성에서 굴욕적인 항복을 하고 죽은 이귀를 도로 찾으며 후회하였던 것이다.

다섯째, 그의 主和論과 識見중시의 인사론에서 務實학풍을 볼 수 있다. 정묘호란 후 당시 조정의 공론은 後金에 대한 斥和義理가 주류를 이루었으나, 이귀는 적의 침략으로 무너진 국방과 피폐한 백성들의 참혹한 현실을 목도하고 主和, 自强의 길을 걸었던 것이다. 그리고 행정과 군사의 인사에서도 신분보다 실제적인 능력 즉 識見을 중시하였다.

여섯째, 그는 정묘호란 후 여진의 침략에 대비해야 한다는 구체적인 대안을 제시하고 임금과 조정에 수없이 진달하였다. 그는 율곡이 왜의 침략에 대비해야 한다고 十萬養兵을 주장했듯이, 병자호란을 내다보고 이에 대한 대비를 진언했지만 수용되지 않아 그가 죽은 후 3년 만에 남한산성의 수모를 당해야 했다. 이귀는 인조에게 자신이 직접 접경지대를 방문하여 군 지휘관들과 면대하고 문제점을 찾아 여진 방어의 대책을 만들어 대비코자 하였으나 인조는 허락하지 않았다. 이귀의 선견지명과 나라를 위한 우국충정은 높이 평가받아야 한다.

이렇게 볼 때, 이귀는 조선조를 통틀어 가장 실천적인 실학자로 평가받아도 무방하다고 생각된다. 그리고 그의 우환의식과 개혁정신, 평생 나라를 위한 실천, 구체적인 경세경륜, 목민관으로서의 탁월한 업적은 율곡의 務實정신을 계승한 것이며, 율곡학파에서의 그의 위상도 새롭게 재평가되어야 마땅하다.

5. 맺는 말

이귀는 율곡의 문인으로 율곡학파의 일원임에도 불구하고, 단지 인조반정의 주도자로 주로 역사학계에서만 다루어온 감이 없지 않다. 철학계에서는 거의 주목받지 못했고 율곡학파라는 측면에서도 제대로 평가받지 못하였다.

논자는 이 글을 쓰면서 이귀의 애국심과 실천적 삶에 많은 감동을 받았으며, 한국유학사에서 새롭게 조명되고 재평가를 받아야 한다고 생각한다. 그는 평생 忠憤에 가득 찬 인물이었고, 다른 한편으로는 '疏魔'로 불릴 만큼 상소에 미친 사람으로 회자되었다. 그는 20대부터 정의감에 불타 상소를 올리기 시작하였고, 그 이후 평생 상소의 붓을 놓지 않았다. 그만큼 그는 조선조 역사에서 가장 많이 상소를 올린 인물로 기억될 것이다. 그것은 그의 상소문을 모아 놓은 『李忠定公章疏』가 이를 입증한다. 그는 이 상소에서 임금에게 목숨을 걸고 忠諫을 하였으며, 조정의 대신들을 향해서도 굽힘없이 시비하고 질책을 서슴지 않았다. 또한 시국을 진단하여 그 문제점을 발굴하고, 문제 해결의 방안을 구체적으로 제시하였다. 이귀는 경세가이면서 또한 경세사상가라고 할 수 있다. 그는 직접 행정 일선에서 제도를 개혁하고 폐해를 바로 잡는데 솔선수범하였다. 그것은 그의 章疏에 구체적으로 적시되어 있듯이 그가 목민관으로 또 군사 책임자로서 이룩한 실적은 그의 탁월한 리더십과 능력을 보여주는 예증이다.

이귀는 율곡이 임진왜란에 대한 대비를 말했듯이 정묘호란 후 여진의 침략을 내다보고 이에 대한 만반의 대비를 수없이 강조하였으나 결국 병자호란의 수모를 당해야 했다. 인조는 남한산성에서 그 수모를 겪으며 이귀를 거론하며 痛恨의 후회를 했다고 전한다.

이귀의 경세론과 그의 삶에서 특징적인 것은 대의명분에 집착하지 아니하고, 나라와 민생을 걱정하는 우환의식에서 실용의 길을 선택했다는 점이다. 정묘호란 후 임금과 조정의 공론이 斥和義理를 내세우는 상황에서 온갖 비난을 감수하고 後金과의 타협을 선택하였다. 이것은 그의 말대로 싸울 힘이 없는 백성들을 고려한 선택이며, 自强을 통해 후일을 도모하자는 뜻에서였다. 먼저 나라를 살리고 백성을 살려야 한다는 실용적 선택이었다고 볼 수 있다. 그리고 그는 인사에 있어서도 성리학적 학문보다 전문적인 識見을 중시하였다. 즉 사변적인 성리학에 밝은 학자보다 현실을 보는 안목이 총명하고 실무에 밝은 유능한 인재를 등용해야 한다고 주장하였다. 무엇보다 그가 율곡의 제자임에도 불구하고 성리학적 연구에 전념하지 않고 오로지 군사대책, 민생대책, 경세경륜에 매달렸던 것은 임진왜란, 정묘호란이라는 외침과 광해군의 패륜이라는 시대적 상황과 무관하지 않다. 그의 타고난 忠憤의 義氣와 적극적인 현실참여가 평생 상소를 올리는 소마(疏魔)가 되고 忠憤에 가득 찼던 志士가 된 것이 아닐까?

이러한 이귀의 務實학풍과 경세경륜의 실천은 그의 말대로 그가 존경하고 배우고자 했던 율곡의 철학정신을 충실히 계승한 것이다. 율곡의 학문은 크게 보면 성리학과 경세학으로 대별된다. 이 둘을 함께 아울러야 진정한 의미에서 율곡학이 완성된다. 이런 점에서 볼 때, 金長生-宋時烈-權尙夏-韓元震으로 이어지는 율곡학파의 전통에서 務實학풍이나 경세론은 매우 부족하다고 생각된다. 이러한 측면에서 율곡의 務實학풍과 경세론을 가장 충실히 계승 실천한 이가 바로 '默齋 李貴'라고 생각된다. 이귀의 학문적 위상이 새롭게 재평가되어야 할 까닭이 바로 여기에 있는 것이다.

제3부 '향토유학'의 전개양상과 특성

제1장 상주유교문화와 중모(中牟)학풍

1. 시작하는 말

尙州는 安東과 더불어 영남유학의 본 고장이다. '慶尙道'라는 지명이 慶州와 尙州에서 유래되었다는 것만 보아도 상주의 역사적 위상은 분명해진다. 그럼에도 불구하고 일반인들에게 상주의 찬란한 유교적 전통과 문화는 매우 낯설다. 상주는 적어도 유교적 관점에서 보면 우리나라 유교의 중심지임에 틀림없다. 상주시민의 자긍심과 상주 지역사회의 분발이 요청된다. 상주의 유교적 전통은 한편 관학인 鄕校를 통해 이루어졌고, 다른 한편으로는 사학인 書院을 통해 이루어졌다. 그리고 상주출신의 저명한 유학자들과 이 지역에 연고를 가진 많은 유학자들에 의해 상주의 유교문화는 발전해 왔다.

관학인 상주향교는 992년(성종 11년) 고려 전기 지방제도에서 州와 郡에 학사를 설립할 때 창설되어 조선 개국 초기인 1398년(태조 7년) 전국에 일제히 향교를 설립할 당시보다 400여년 앞서 설립된 것으로 보인다.1) 이렇게 보면 상주향교의 역사는 연면한 전통을 가지고 있는 것이며, 이러한 이유에서 국가 사적으로 지정되는 영예를 안게 된 것이다.

---

1) 금중현, 「상주향교의 역사와 문화 개관」, 『향교의 역사문화 전국학술대회 -상주향교를 중심으로-』, 2020, 6, 11, 76쪽.

반면 사학인 상주의 서원은 道南서원, 興巖서원, 玉洞서원, 玉城서원, 孝谷서원, 鳳山서원, 臨湖서원, 淵嶽서원, 淸巖서원, 낙암(洛嵒)서원, 鳳崗서원, 西山서원, 道安서원, 長川서원이 있다.[2] 상주에 14개의 서원이 있다는 것 만해도 상주의 유교적 위상은 분명해지며, 특히 1606년(선조 39년)에 최초로 세워진 도남서원은 圃隱 鄭夢周, 한훤당 김굉필(寒暄堂 金宏弼), 일두 정여창(一蠹 鄭汝昌), 晦齋 李彦迪, 退溪 李滉 5賢을 享祀함으로써[3] 영남학파의 초석을 놓았다는 의미를 갖는다.

특히 상주목사였던 申潛(1491~1554)은 1552년(명종 7년) 18개의 서당을 세워 유교교육의 진흥에 앞장섰고, 1580년(선조 13년) 상주목사로 부임한 西厓 柳成龍(1542~1607)도 강학을 통해 鄭經世, 全湜, 李埈, 李埈 등 많은 유학자들을 배출하여 상주유교의 씨를 뿌렸다.

또한 상주는 역사적으로 많은 유학자들이 이곳에서 태어나고 또한 다양한 연고를 통해 상주유교를 지켜오고 발전시켜 왔다. 고려 말 홍건적을 물리친 商山金氏의 3元帥 蘭溪 金得培, 金得齊, 金善致 3형제가 유명한데, 그 중에도 특히 김득배(1312~1362)는 '상주유학의 태두'로 포은 정몽주의 스승이다.[4]

또한 愼齋 周世鵬(1495~1554)은 관향이 상주이고 스스로 상주인으로 자처하였다. 고려 말에서 조선 초까지 상주 청리에서 세거하다가 고조부 대에 경남 합천으로 이거하였는데, 신재는 평소 '상주는 나의 고향이다'라고 하였다.[5] 주세붕은 1543년 紹修서원의 전신인 白雲洞서원을 세워 우리나라 최초의 서원교육 창시자라고 할 수 있다.

---

2) 상주시사편찬위원회, 『상주시사』, 제3권, 문화예술1, 상주시, 2010, 224~259쪽 참조.

3) 뒤에 盧守愼, 柳成龍, 鄭經世가 追配되었다.

4) 금중현, 「백화산 자락의 유교문화」, 『백화산권의 역사성 재조명을 위한 학술대회-백화산과 상주』, 백화산을 사랑하는 모임, 2013, 12, 2, 81쪽.

5) 『상주문화의 특장』, 박약회 상주지회, 2019, 27쪽.

또한 고려 말 성리학을 최초로 들여온 晦軒 安珦(1243~1306)은 충렬왕 원년에 상주판관에 되어 미신타파에 앞장섰고,[6] 鳳山서원에 배향되어 있는 소재 노수신(穌齋 盧守愼, 1515~1590)은 성리학자로 양명학에도 조예가 깊었다.

또한 愚伏 鄭經世(1563~1633)는 우리나라 예학의 쌍벽으로 일컬어졌으며, 특히 임진왜란 후 1599년 成覽, 李埈 등과 함께 우리나라 최초의 사선 의료기관인 存愛院을 설립하여 상주지역 주민들의 의료구호에 앞장섰다.

月澗 李𡊠(1558~1648)과 蒼石 李埈(1560~1635) 형제의 우애를 그린 「兄弟急難圖」는 지방유형문화재 제217호로 두 형제의 우애를 담은 작품이다. 1593년 봄 임진란 때 이전, 이준 형제가 중모의 고모담에 있던 鄕兵所에 머물고 있었는데, 졸지에 왜적의 습격을 받고 아우 이준이 기동도 못하는 것을 형 이전이 그를 업고 천신만고 끝에 백화산 정상에 올라 목숨을 구했다는 그림이다. 이전, 이준은 李兆年의 증손으로 유성룡의 문하에서 수학하였고, 이준은 인조, 선조 대 국가적 위난기에 時務策을 제시하고, 정경세와 함께 유성룡의 학통을 이어받았으며, 남인계의 지도자로 활약하였다. 상주 최초의 향토지인 『尙山誌』를 편찬하였고, 『兄弟急難之圖』를 편찬하였다. 상주 玉城서원, 풍기 愚谷서원에 배향되었다.

또한 식산 이만부(息山 李萬敷, 1664~1732)는 近畿實學의 전통을 이어 성리학을 하면서도 實心實學을 하여 영남학파 내에서 매우 독특한 위치에 있다. 그밖에도 咸昌 3文章으로 남계 표연수(藍溪 表沿沫, 1449~1498), 許白亭 洪貴達(1438~1504), 뇌재 채수(懶齋 蔡壽, 1449~1515)[7]가 유명하고, 또 영남 4문장으로 白下 黃磻老(1764~1840), 谷口 鄭象觀(1776~

6) 『상주문화의 특장』, 박약회 상주지회, 2019, 81쪽.

7) 『상주문화의 특장』, 박약회 상주지회, 2019, 100쪽.

1820), 과암 강세은(過庵 姜世誾, 1780~1835), 雨坪 黃麟老(1785~1 830)[8]
가 일컬어진다.

　이와 같이 상주의 유교적 전통은 매우 화려하다. 본고는 상주의 유교
적 전통에 뿌리를 둔 옥동서원의 유학자들을 조명해 보는데 목적이 있
다. 즉 옥동서원의 배향인물, 옥동서원 출신 유학자들, 또 그들과 연관이
있는 상주지역의 대표적인 유학자들을 통해 중모의 유교적 학풍을 검토
해 보고자 한다. 황희의 둘째 아들인 少尹公 黃保身이 상주 중모에 입향
한 이후 옥동서원이 세워지고 옥동서원을 중심으로 전개된 중모학풍의
줄기와 특성을 고찰해 보고자 한다. 다만 대상 인물이 너무 많고 아직 문
집 내용을 전반적으로 이해하는데 한계가 있어 기초적 연구라는 점을 밝
혀둔다. 장수황씨 출신 유학자들을 중심으로 하고, 이들과 학문적 교유
관계에 있는 상주의 대표적인 유학자들만 다루기로 한다.

2. 상주의 유교적 전통

1) 상주목사 申潛의 18書堂 건립

　상주의 유교적 발자취는 참으로 깊고 화려하다. 상주유교문화에 대한
연구는 이미 많이 이루어진 편이다. 권태을의 『상주문화의 특장』[9], 「옥
동서원의 존재의의」[10], 「연대기로 본 상주향교의 교육적 역할과 기
능」[11] 등은 상주의 유교문화연구에 초석이 되는 연구라고 평가되며, 금

---

8) 『상주문화의 특장』, 박약회 상주지회, 2019, 103쪽.

9) 권태을, 「제1편 상주문화의 특장」, 『상주문화의 특장』, 박약회상주지회, 2019.

10) 권태을, 「옥동서원의 존재의의」, 『제2회 옥동서원학술대회』, 옥동서원, 2018.

11) 권태을, 「연대기로 본 상주향교의 교육적 역할과 기능」, 『향교의 역사 문화 전국학술대
　　회』, 상주향교, 2020.

중현의 「백화산 자락의 유교문화」[12] 또한 상주 유교문화에 대한 대표적인 연구 성과라고 생각된다.

정우락은 상주유학의 특징으로 첫째, 회통성 즉 畿嶺學과 嶺南學의 交織이라 하고, 그 대표적 인물로 鄭經世, 成灠, 金聃壽 등을 들었다. 둘째, 실용성으로 애민정신을 들고 그 예로 李堣, 李埈 형제와 鄭經世, 李埈 등의 存愛院 활동을 들었다. 셋째, 독창성을 들고 그 예로 盧守愼의 陽明學風을 거론하였다.[13]

이상의 상주 유교문화의 전통과 역사를 이해하면서 필자는 먼저 1552년에 상주목사 靈川 申潛(1491~1554)이 상주에 18개의 書堂을 건립하여 興學에 힘쓴 것에 주목하고자 한다. 신잠은 申叔舟의 증손자로 1552년부터 1554년까지 2년 동안 상주목사로 재임했는데, 18개의 서당을 세워 상주지역의 興學운동을 주도하였다.

상주에 선비들이 강학을 할 장소가 없는 것을 매우 병통으로 여기고, 堂, 院을 열고 땅을 골라 건물을 지었는데, 비록 극심한 기근을 당하더라도 능히 늠용(廩用)을 절약하여 그 비용을 제공하였고, 또 백성들을 번거롭게 하지 않았다. 이 때문에 州의 인사들이 다투어 서로 흠모하여 본받아 궁벽한 村, 社에 이르러서도 모두 私建하고, 또 이를 위해 힘든 일을 도와주어, 그들로 하여금 모두 학업에 나아갈 수 있게 하였다. 그중 서당으로 이름 난곳이 무려 열 곳쯤이었다. 또 朱文公의 故事에 의거하여 고을의 수양된 인사들을 골라 堂長으로 삼아 이를 주관

---

12) 금중현, 「백화산 자락의 유교문화」, 『백화산권의 역사성 재조명을 위한 학술대회－백화산과 상주』, 백화산을 사랑하는 모임, 2013, 12, 2.

13) 정우락, 「강안학으로 본 상주 유교문화와 그 특성」, 『제1회 옥동서원학술대회 －옥동서원과 상주유교문화』, 2017년 12월 14일, 옥동서원, 60~69쪽.

하게 하였다. 바야흐로 遵行할 교육의 조목을 가지고 學式을 간행하매, 小學과 性理學 등의 서적을 많이 구입해 여러 서당에 나누어 주어 收藏케 함으로써 배우는 이들에게 영구한 이익이 되게 하였다.14)

신잠이 세운 서당은 구체적으로 露谷서당, 道谷서당, 石門서당, 首陽서당, 魯東서당, 修善서당, 龍門서당, 영빈(穎濱)서당, 梅嶽서당, 梧山서당, 孤峰서당, 鳳城서당, 白華서당15), 鳳巖서당, 松嶽서당, 智川서당, 竹林서당이다. 지방의 목민관이 지역의 교육을 위해 몸소 이렇게 많은 서당을 세워 교육진흥에 이바지 한 것은 매우 드문 사례며, 신잠의 상주 교육에 바친 공헌은 지역사회에 큰 감동을 주었다. 그래서 상주의 백성들은 모두 號哭하였고, 金範(1512~1566)은 「遺愛銘」에서 "하늘이 어진 목사님 내시어, 실로 우리 부모 같았네. 우릴 살리려고 가르치셨으나, 은혜는 깊고 혜택은 厚德했네"16)라고 칭송했던 것이다. 또한 상주 사람들은 신잠의 공을 잊지 않고 기리며 玉城서원에 배향하였다.

2) 상주목사 柳成龍의 敎學활동

1580년(선조 13년) 상주목사로 부임한 西厓 柳成龍(1542~1607)은 9개월이라는 짧은 기간 동안 재임했지만, 강학을 통해 많은 제자들을 배출해 상주 유교의 씨를 뿌렸다. 유성룡은 경북 의성출신으로 鶴峰 金誠一과 함께 퇴계 문하의 쌍벽을 이룬다. 상주 목사 시절 가르친 문인으로는 成泳, 趙翊, 金弘微, 月澗 李埈, 蒼石 李埈, 曹友仁, 鄭經世, 全湜, 高仁繼, 南溪 姜應哲, 北溪 趙光璧, 一默齋 金光斗, 省克堂 金弘敏 등이 있다. 조

---

14) 『國朝人物攷』, 卷46, 己卯黨籍人 申潛 行狀(盧禛 撰).

15) 권태을 교수는 여기 백화서당은 옥동서원과는 무관하다 하였다.

16) 『상주문화의 특장』, 박약회 상주지회, 2019, 80쪽.

선 중기 선조 대에 이르러 상주에 퇴계학맥이 형성되는데, 그 계기가 바로 1580년(선조 13년) 유성룡이 상주목사로 부임하여 월간 이전(月澗 李㙉, 1558~1648)에게 퇴계의 『朱子書節要』 원본을 전수하고, 李㙉, 李埈, 全湜, 鄭經世 등 많은 문인들을 배출하였기 때문이다.17) 이 가운데 愚伏 鄭經世(1563~1633)는 퇴계-유성룡으로 이어지는 퇴계학을 전승하는데 중심적 위치에 있었고, 특히 예학에 밝아 기호의 沙溪 金長生(1548~1631)과 더불어 조선조 예학의 宗匠으로 일컬어졌다. 아울러 기호의 同春堂 宋浚吉(1606~1672)을 사위로 맞아 영남학파와 기호학파, 퇴계학파와 율곡학파의 가교적 역할을 하였다. 1702년(숙종 28년) 상주 사림들이 興巖서원을 세워 송준길을 향사한 사실은 이를 잘 말해준다. 유성룡의 상주 강학을 통해 정경세, 전식, 이전, 이준 같은 훌륭한 유교지식인을 배출하여 상주에 퇴계학파의 학풍을 심고 다른 한편으로는 중모(中牟)학풍을 여는데도 크게 기여하였다.

3) 鄭經世 등 상주 유학자들의 存愛院 건립 활동

상주유교에서 빼놓을 수 없는 것이 存愛院의 설립과 활동이다. 임진왜란 직후 1599년(선조 32년) 정경세 등은 상주의 향내 유림들과 함께 조선 최초의 사설 의료기관인 存愛院을 설립하여 향민들의 구호에 큰 업적을 남겼다.

愚伏 鄭經世(1563~1633)는 상주인으로 柳成龍의 문인이다. 임진왜란 때 의병에 참여하여 전란으로 모친과 동생을 잃기도 했다. 성균관대사성, 전라도관찰사, 강릉부사 등을 역임하고, 인조반정 후에는 대사헌, 도승지, 의정부 참판, 형조판서, 예조판서 등을 역임하였다. 성리학은 퇴계

---

17) 금중현, 「백화산 자락의 유교문화」, 82쪽.

를 계승하고 특히 예학에 조예가 깊었다. 기호예학의 대가인 沙溪 金長生과 교분이 두터웠고, 사계의 제자인 同春堂 宋浚吉을 사위로 맞아 그를 통해 영남학과 기호학의 소통을 도모하였다.

또한 상주의 정신적 도장이라 할 수 있는 道南서원의 창건에도 주도적 역할을 했다. 그의 행장은 사위 宋浚吉이 썼고, 謚狀은 尤庵 宋時烈이 쓰고, 墓誌銘은 蒼石 李埈이, 神道碑銘은 용주 조경(龍洲 趙絅)이 썼다. 상주 도남서원, 대구 연경서원, 경산 고산서원, 강릉 퇴곡서원, 개령 덕림서원, 상주 우산서원에 배향되었다.[18]

存心愛物의 정신으로 金覺, 成灠, 李墡, 李埈, 康應哲, 金光斗, 鄭經世 등 상주 13개 문중의 선비들이 1599년(선조 32년) 사설 의료기관인 存愛院을 건립하였다. 이 일을 주도적으로 이끈 사람은 鄭經世요 주치의는 聽竹 成灠이며, 蒼石 李埈이 닦았다. 이 존애원은 인간 생명을 존중히 여긴 역할만이 아니라 鄕風을 쇄신하고 美風을 계승하는 산 교육장으로서 白首會, 冠禮를 갑오경장까지 이어온 곳으로 의료원, 예절 교화장, 講學所의 3대 사업을 수행해 왔을 뿐만 아니라, 文會와 詩會를 겸하여 많은 문화유산을 남겼다. 존애원은 현재 상주시 청리면 율리 353에 소재하며, 지방문화재 기념물 제89호로 지정되었다.[19]

정경세의 墓誌에 이르기를, "당시에 공은 시골에 머물러 있은 지 2년이나 되었다. 이에 뜻을 같이 하는 사람들과 더불어 상의하기를, 유마힐(維摩詰)은 관직에 있었던 사람이 아닌데도 능히 다른 사람의 몸이 아픈 것을 보기를 자신의 몸이 아픈 것처럼 보았다. 우리들은 모두 남에게 은택을 끼쳐주려는 뜻을 품고 있는 사람들이다. 그런데 유독 동포들을 구제해 주기를 생각하지 않을 수 있겠는가? 라고 하였다. 그리고 드디어

18) 상주시사편찬위원회, 『상주시사』, 제5권 인물, 상주시, 2010, 294쪽 참조.
19) 『상주문화의 특장』, 34쪽.

각각 돈을 내어 醫局을 설치하고는 이잣 돈을 가지고 藥材를 사서 병에 따라 투약하였으며, 선유가 말한 "마음을 보존하고 남을 사랑한다(存心愛物)"는 말을 취해서 그 醫局을 '存愛院'이라고 이름 붙였는데, 그 陰德이 다른 사람에게 미쳐 간 것이 아주 넓고도 컸다."라고 하였다.[20]

또한 李埈(1560~1635)은 「存愛院記」에서 존애원의 설립과정과 정신을 다음과 같이 설명하고 있다.

> 藥材는 일 없는 자들을 모아 채취하게 하고, 唐材는 쌀과 베를 내어 무역하였다. 약재가 이미 구비되면 이를 출납하는 장소가 없을 수 없어, 이에 창고를 지어 저장하고 손님이 날로 모여 숙박할 곳이 있어야 하니, 이에 堂宇를 세워 수용하였다. 약을 팔아서 기본 자금을 삼고 나머지는 모으고 늘려서 모든 비용과 재료를 구입하는데 충당하였는데, 누구든지 약을 구하는 자에게 짐짓 얻게 해 주니 효과가 순식간에 파급되었다. 이에 鄭선생의 '存心愛物'이란 말을 따서 '存愛院'이라 하였다.[21]

이와 같이 상주의 유림들은 임진왜란 후 간난과 질병으로 신음하는 향민들을 위해 여러 문중이 힘을 모아 존애원을 설립하고 손수 운영하고 구호활동을 했던 것이다. 그 중심에 정경세, 이준이 있고 주치의는 성람이 담당했던 것이다. 成覽(1566~1620)의 자는 士悅, 호는 聽竹인데, 성리학자로 南彦經의 문인이며 李珥와 成渾을 師事하였다. 그는 임진왜란 후 처가인 상주에 머물며 趙翊, 鄭經世, 李埈 등과 교유하며 존애원의 의료구호 활동에 주역이 되었던 것이다.

---

20) 『愚伏集』, 「年譜」, 40세 조.
21) 李埈, 『蒼石集』, 卷13, 「存愛院記」.

유교의 중심이념이 仁이고 仁을 사회에, 온 나라에, 온 세상에 실현하는 것이 유교의 이상이라고 한다면, 존애원의 의료구호 활동이야말로 진정한 仁의 실천이요 유교이념의 실천이라는 점에서 실학적 성격을 갖는 것이다. 유교가, 성리학이, 예학이 지나치게 공리공론에 기울고 지나치게 사변적이라는 비판을 받아온 것에 비하면, 상주 유림들의 존애원 활동은 유교의 愛民정신을 몸소 보여준 실천적 사례라 할 것이다.

3. 玉洞書院과 中牟學風

1) 옥동서원의 설립과 상주유교

옥동서원에 관한 연구는 이미 많이 이루어져 간략히 개괄적인 서술에 그치려한다. 옥동서원은 1714년(숙종 40년) 서원으로 승격되었고, 厖村 黃喜(1363~1452)를 主享으로 하고 沙西 全湜(1563~1642)을 配享하였다. 그 후 1786년(정조 10년) 畜翁 黃孝獻(1490~1532)과 반간 황뉴(槃澗 黃紐, 1578~1626)가 추가로 배향되었고, 1789년(정조 13년)에 '玉洞書院'의 賜額을 받았다. 그리고 옥동서원은 대원군의 서원철폐령에도 불구하고 훼철되지 않았고, 2015년에는 대한민국 사적 제532호로 승격되었다.

그런데 옥동서원은 그 이전 白華書堂, 白玉洞影堂으로 설립되어 오다가 1714년(숙종 40년) 정식 서원으로 승격된 것이다. 황희의 둘째 아들로 상주 입향조인 少尹公 黃保身(1401~1456)은 1415년(태종 15년) 南陽洪氏 洪汝剛의 딸과 결혼하여 상주 中牟와 인연을 맺게 되었다. 부인 남양 홍씨는 寶文閣 直提學 洪汝剛의 따님으로 校檢參贊 潛의 손녀이고, 남양 홍씨의 외조부가 商山金氏 金居道였다. 황보신이 상주 사족 商山金氏 典書公 金元理의 아들 金居道의 사위로 상주에 세거하였던 南陽洪氏 洪汝剛의 사위가 되었던 것과 황보신의 이모부였던 金自久가 고려 말 무신으로 中牟縣을 食邑으로 하사받아 중모현에 낙향해 살았으나 자손이 없어 처이질이었던 황보신에게 食財를 주어 中牟에 정착하게 되었다는 설도 있다.[22]

황보신은 1441년(세종 23년) 상주부 중모현 백화산 아래 수봉리에서 별로 하는 일 없이 고기나 잡고 나무나 해서 불 때며 지내니, 상주에 입향한 파조가 되었다.[23] 그렇지만 황보신이 실질적으로 상주에 정착한 것은 1454년(단종 2년) 방촌의 탈상 이후인 것으로 추정된다. 황보신은 이곳에 살면서 영동의 金宗敬, 박연(朴堧)과 교유하였고, 황보신의 사위 金國光(1415~1480)은 沙溪 金長生의 5대조가 된다.

황보신은 友兄, 從兄, 敬兄, 恭兄 4형제를 두었고, 2남 從兄의 장남 瓘은 孟獻, 允獻, 世獻, 汝獻, 孝獻 5형제를 두었다. 이들 5형제가 모두 진사시에 합격하고, 그 중 孟獻, 汝獻, 孝獻 3형제는 다시 대과에 급제하여 홍패가 셋이요 백패가 다섯으로 三紅五白의 집이라고 칭송하였다. 결국 이들 5형제가 中牟 黃氏 가문을 현창했으며, 斯界에 문명을 떨쳐 中牟 유교문화의 창시자라고 할 수 있다.[24]

옥동서원의 모체는 白華書堂인데 이것은 1518년(중종 13년) 예조판서와 강원도관찰사를 역임한 黃孟獻(1472~1535)과 홍문관 수찬을 역임한 黃孝獻(1490~1532) 형제가 상주 中牟縣 新德里에 건립한 것이다.[25] 그러나 黃汝獻(1486~1566)과 황효헌 두 형제가 湖堂에 뽑혀 1515년 賜家讀書를 하면서 향리에 독서당인 횡당(黌堂)을 세우고 방촌 황희의 영정

22) 금중현, 「백화산 자락의 유교문화」, 87쪽.

23) 『歸厚齋』, 「通政大夫贈吏曹參議長水黃公神道碑銘幷書」, 장수황씨소윤공파종회, 2020, 87쪽.

24) 금중현, 「백화산 자락의 유교문화」, 89쪽.

25) 이해준, 「상주 옥동서원의 역사와 변천」, 『옥동서원과 상주유교문화』, 2017, 12, 14, 옥동서원, 19쪽.

을 봉안하였다는 것을 보면 황여헌도 백화서당의 설립에 동참한 것으로 보인다.[26]

白華書堂이 書院, 祠宇로서 전형을 마련하는 것은 1580년(선조 13년) 방촌 황희의 영정을 봉안한 白玉洞影堂을 건립하면서부터이다. 「舊實記小識」에는 1585년(선조 18년) 현감 돈(惇)이 백옥동서원에 영정을 봉안하였다고 기록하고 있다. 백옥동영당은 1593년 임진왜란 때 전소되었는데, 1620년대 전후하여 후손 黃紐에 의해 重建되었다.

백옥동영당이 영정봉안과 제향을 해 오다가 향중 공론과 사림들에 의해 서원, 사우로서의 기능 변환이 이루어지는 것은 100여년이 지난 1714년(숙종 40년)이었다. 이때 白玉洞書院으로 명명하면서 翼成公 厖村 黃喜를 主享으로 모시고 忠簡公 沙西 全湜을 配享하게 되었다. 이듬해인 1715년(숙종 41년) 신덕리에 위치해 있던 황희의 영당을 사림의 중론에 의해 수봉리 현 위치로 이건하였으며, 이때에 사우인 景德祠와 강당 蘊輝堂도 건립되었다.

그러다가 1786년(정조 10년) 畜翁 黃孝獻과 槃澗 黃紐를 추배하기에 이르렀고, 1789년(정조 13년)에는 영남사림들과 연대하여 賜額을 청하는 상소를 올려 마침내 사액을 받게 되었다.

옥동서원은 조선 초 명재상으로 청백리로 이름난 방촌 황희의 학문과 덕행을 기리기 위해 세워진 서원이다. 그 설립 과정에서 보듯이 황희의 아들 황보신의 상주 입향과 그 후손들의 주도하에 설립된 것이지만, 全湜, 鄭經世, 李峻, 李萬敷, 李玄逸, 鄭宗魯, 李栽, 李象靖, 李光靖, 南漢朝, 柳致明 등 퇴계학파 유학자들이 직간접으로 연계되어 영향을 미쳤던 것이다. 즉 사제간으로 연결되고 동문으로 교유하고 婚脈으로 연결되어,

---

26) 이해준, 위 논문 20쪽 참조.

옥동서원은 상주지역 퇴계학의 전승과정에서 매우 중요한 위치에 있었다고 생각된다.

2) 옥동서원의 유학자들과 학풍

(1) 배향인물: 沙西 全湜, 畜翁 黃孝獻, 漦澗 黃紐

옥동서원은 厖村 黃喜(1363~1452)의 후손들이 그의 학문과 덕을 기리기 위해 세운 서원이다. 황희의 둘째 아들 黃保身의 증손 黃孟獻, 黃汝獻, 黃孝獻에 의해 白華書堂이 세워지고, 방촌 影幀을 奉安해 白玉洞影堂이 되고, 마침내 玉洞書院으로 승격된 후 賜額까지 받게 된 것이다. 그러므로 옥동서원은 근본적으로 '방촌정신의 계승'이라는 정체성을 가지고 있다고 볼 수 있다. 이제 배향인물을 중심으로 中牟학풍의 내용과 특성에 대해 검토해 보기로 하자. 다만 여기에서는 主享인 방촌 황희는 제외하고 배향인물들만 살펴보기로 한다.

옥동서원은 1714년(숙종 40년) 백옥동서원으로 명명하면서 翼成公 黃喜를 主享으로, 忠簡公 全湜을 配享하였다. 그 후 1786년(정조 10년) 후손인 畜翁 黃孝獻과 漦澗 黃紐를 추배하였다.

그러면 沙西 全湜(1563~1642)은 어떻게 옥동서원에 방촌 황희와 함께 배향이 되었을까? 그것은 물론 전식의 학문과 상주지역 사회에서의 위상이 걸맞은 측면도 있지만, 무엇보다 그의 사위가 黃紐의 아들인 黃德柔였기 때문이다.[27] 전식은 柳成龍, 張顯光의 문인으로 퇴계학파의 일원으로 상주 유교의 중심적 인물인 李埈, 鄭經世와는 道友로서 교유하였다. 그리하여 상주사람들은 鄭經世, 李埈, 全湜 세 사람을 일컬어 '商山三老'라 칭송했던 것이다.

---

27) 이해준, 「상주 옥동서원의 역사와 변천」, 『옥동서원과 상주유교문화』, 2017, 12, 14, 옥동서원, 26쪽.

전식의 자는 淨遠이고 본관은 沃川이다. 1589년(선조 22) 사마시에 합격하고, 1592년 임진왜란이 일어나자 倡義軍의 군량유사를 맡아 왜적을 토벌하는데 많은 전과를 올렸으며, 이로 인해 金應南의 추천으로 連原道 察訪이 되었다. 1599년 禮賓寺直長으로 전임되었으나 나가지 않고, 1603년 式年文科에 급제해 1607년 전적, 예조좌랑과 정랑을 거쳐, 1611년 울산판관이 되어 고을 백성들의 교화에 힘썼다.

다음 해 전라도 都事가 되었으나 광해군의 실정으로 버슬을 단념하고 鄭經世, 李埈 등과 산수를 유람하였다. 1623년(인조 1년) 인조반정으로 새 왕이 들어서자 예조정랑에 이어 수찬, 교리가 되어 경연에 참여하였다.

1624년 李适의 난이 일어나자, 太僕寺正이 되어 왕을 호종(扈從), 천안에 이르러 집의가 되었으며, 延平君 李歸와 원수 張晩의 실책을 논하였다. 이어 병조참의, 병조참지에 승진했으나 나가지 않고 고향에 돌아왔다.

그 후 1625년 중국에 성절사 겸 동지사의 정사로 임명되어 약 9개월 동안 다녀왔는데 이에 대한 여행기가 『사행록(槎行錄)』이다. 그 뒤 대사간, 부제학에 임명되었으나 모두 사퇴하였다. 1636년 병자호란이 일어나자 의병을 일으켜 적을 방어했고, 왕이 도성으로 돌아오자 부제학에 임명되었다. 그 뒤 예조참의와 예조참판에 임명되고 嘉善大夫에 승계했으나 사양하였다.

1638년 대사간, 대사헌을 거쳐 예조참판, 대사성이 되었다. 왕이 순검사에 명해 하삼도의 수군을 정비하게 했으나 적절한 시책이 아니라고 반대하였다. 1642년 자헌의 품계에 오르고 지중추부사 겸 동지경연춘추관사에 임명되었다. 좌의정에 추증되었다.

학문이 당세에 출중했고 경연에서 進講을 잘 해 任叔英이 말하기를,

"경연관으로 古今을 통달하는 데는 鄭經世이고, 事理에 통달하는 데는 全湜이라"고 하였다. 가난한 환경에서도 부모에 대한 효성이 지극하였고, 광해 무신년 간에는 鄭仁弘의 당에 참여하지 않고, 오히려 고귀한 선비정신을 유감없이 발휘하였다. 1627년(인조 5년) 6조목을 들어 임금의 마음가짐의 근본을 올리기도 하였다. 상주 옥동서원에 제향 되었으며, 1692년(숙종 18) 忠簡의 시호를 받았다.

채팽윤이 쓴 蘊輝堂 상량문은 전식의 학문과 위상에 대해 다음과 같이 칭송하고 있다.

全선생을 배향한데는 원만하고 부드러운 자질을 가졌을 뿐 아니라, 우리 君子鄕의 三達尊으로 밝고 넓은 식견을 숭상함일세. 淵源의 전수는 陶山에서 西厓에 이르렀고, 사귐은 蒼石과 愚伏이 있네. 학문을 연마하여 실용에 발휘한데는 삼가고 엄숙하라는 경전에 깊었고, 의리를 지켜 뜻을 일관시킨 데는 평탄하고 험악한 처지에 관계하지 않았으며, 鄭仁弘을 꺾어 정론을 붙잡으니 國脈이 남몰래 연장되고 발해국을 맞서 수교를 마쳤으니 책서가 더욱 빛났어라.[28]

畜翁 黃孝獻(1490~1532)은 방촌 황희의 고손이고 상주 입향조 黃保身의 증손이다. 자는 叔貢, 호는 畜翁, 玄翁, 愼齋인데 김해부사 黃瓘의 아들이다. 황관은 아들 5형제를 두었는데 孟獻, 汝獻, 孝獻이 문과에 급제하고, 允獻도 생원시에 합격하고 世獻은 사마시에 합격하여 이들 5형제가 장수황씨 소윤공파의 文名을 떨치고 가문을 빛냈다. 이들이 중모 유교문화의 창시자로서[29] 상주 중모학문의 출발점이 바로 이들에게 있었

28) 「옥동서원 강당〈온휘당〉 상량문」, 『옥동서원지』, 125~126쪽.
29) 금중현, 「백화산 자락의 유교문화」, 『백화산권의 역사성 재조명을 위한 학술대회 – 백

다고 보아도 지나치지 않는다. 황효헌은 타고난 자질이 아름답고 어려서 부터 절차탁마하여 널리 배우고 힘써 실천하였다. 18세가 되던 1507년 (중종 2) 증광시의 진사시에 합격하고, 1514년(중종 9) 25세에 갑술 별시 문과에 을과로 합격하였는데, 진사시의 고시관이었던 慕齋 金安國이 황 효헌의 試卷을 보고 "제대로 된 인물을 얻었다"고 칭찬하였다.

1515년(중종 10년) 26세에 홍문관 부정자가 되고, 이어 3월에 홍문관 정자가 되었다. 그 해 5월 5일 이조판서, 예조판서, 대제학 등이 함께 논 의하여 抄啓文臣인 金安老, 金淨, 蘇世讓, 柳沃, 柳墩, 鄭士龍, 申光漢, 表 憑, 朴世熹, 金絿, 尹溪, 黃孝獻, 鄭膺, 孫洙, 柳成春, 奇遵 등을 賜家讀書 할 것을 결정하였다.30) 그러나 불과 열흘 뒤 5월 20일 예조판서와 대제 학이 다시 의논하여 사가독서에 합당한 문신으로 소세양, 정사룡, 신광 한, 박세희, 김구, 황효헌, 정응 7명을 고쳐 뽑았다. 이에 황효헌은 고향 상주 중모에 내려가 賜家讀書를 하였다.

1516년(중종 11년) 의정부가 이조, 예조에 명하여 성균관에서 師儒를 뽑게 하였는데, 당시 유학자라고 인증 받을 수 있는 사람은 李耔, 崔淑生, 金世弼, 金安國, 蘇世讓, 趙光祖, 金絿, 朴祥, 金淨 등으로 황효헌도 이 가 운데 한사람이었다.31)

1518년(중종 13년) 29세에 다시 홍문관 수찬이 되었으나 늙은 양친을 모시기 위해 사직하고 고향으로 돌아왔다. 상주 중모에 머물면서 큰 형 孟獻과 함께 어머니의 헌수를 축원하며 白華堂에서 講磨를 하니 백화당 으로 널리 알려졌다. 이때 방촌의 영정을 봉안한 白玉影堂을 건립하였는 데 이것이 후일 옥동서원의 전신이 되었다.

화산과 상주-』, 백화산을 사랑하는 모임, 2013, 12, 2, 89쪽.

30) 『중종실록』, 22권, 10년 5월 5일 신묘조.

31) 『歸厚齋』, 「畜翁公諱孝獻神道碑銘」, 106쪽.

1519년(중종 14년) 경연에서 장차 『性理大全』을 강의할 적합한 인재를 선택할 때, 황효헌도 趙光祖, 金安國, 金淨 등 여러 儒賢들과 함께 선발되었으나, 멀리 상주에 있었으므로 부임하지 못하였다.[32]

그는 賜家讀書를 마치고 예문관 응교에 특별히 제수되었다. 그러나 御題의 排律을 짓지 못한 것으로 인해 스스로 탄핵하여 즉시 체직되었다. 예문관 응교는 뒤에 文衡을 주관할 자를 염두에 두고 뽑는 자리이기 때문에 응교 자리를 自劾하였던 것인데, 황효헌의 이러한 자책은 이후 하나의 國朝故事처럼 되었다.

황효헌은 기묘사화의 禍亂을 미리 예견하고 1518년 29세에 고향 상주로 내려왔다. 이때 『下惟篇』, 『갈굴편(渴掘篇)』 등을 저술하였는데, 『갈굴』은 翰苑에 있을 때 지은 疏箚를 엮어 만든 것이다. 1526년(중종 21년) 강원도 관찰사를 거쳐 이듬해 대사성, 황해도 관찰사, 1528년(중종 23년) 이조참의 그리고 이조참판에 올라 李荇 등과 함께 『新增東國輿地勝覽』의 편찬에 참여하였다. 1532년(중종 27년) 안동부사로 외직에 나가 임지에서 갑자기 요절하여 43세로 세상을 마쳤는데 실록에 그의 졸기는 다음과 같다.

사신은 논한다. 황효헌은 서울 사람으로 세종조의 명상 익성공 황희의 현손이다. 사람됨이 담론을 잘하고 風儀가 아름다워 錦衣公子와 같았고, 학문을 독실히 좋아하여 문장도 유명하였다. 그런데 병을 간호하고 부모를 봉양할 뜻으로 외방의 보직을 구하여 안동부사에 제수되었다가 얼마 못가서 졸하니, 나이 43세로 사람들이 모두 애석하게 여겼다. 그는 문장과 몸가짐에 있어 한결같이 고인을 사모하였다.[33]

---

32) 『歸厚齋』, 「畜翁公諱孝憲神道碑銘」, 106쪽.

33) 『중종실록』, 27년, 6월 17일, 졸기.

그는 담론을 좋아하고 문장에 뛰어났으며, 저서로는 위에서 말한『下惟篇』과『渴掘篇』과 함께 형 汝獻과 함께 편찬한『長溪二稿』가 있다. 長溪는 전라도 장수의 옛 이름이다. 황효헌은 1786년(정조 10년) 槃澗 黃紐와 함께 옥동서원에 배향되었다.

황효헌은 분명히 조광조, 김정, 기준, 박상, 김구 등 기묘명현과 함께 활동하였고, 그때 기묘사화에 연루되어 화를 입을 수 있었다. 그럼에도 불구하고 황효헌은 이들과는 달리 사전에 禍亂의 기미를 알고 스스로 낙향해 피해를 입지 않았던 것이다.

鄭宗魯는 "홍문관 황모 박사는 기묘년의 화가 일어나기 전에 미리 그 화가 장차 일어날 것을 염려하여 기미를 보고 신속하게 행동을 취해 안전을 도모했다."[34]고 회고하고 있고, 하곡 허봉(荷谷 許篈, 1551~1588)도『海東野言』에서 "홍문관 박사 황모는 기묘년의 화란이 일어나기 전에 미리 염려하여 기미를 보고 일찍 田園으로 물러났다"고 말하고 있다.

이는 황효헌이 홍문관 박사로 있을 때 유독 말하기를, "임금이 선을 좋아하시기는 하나 곧은 말에 대해서는 반드시 자세를 고치고 容色을 바꾸시니, 나는 매우 의심스럽게 여긴다" 하였는데, 이제 그 말이 과연 옳았다.[35]고 평하는 데서도 이것이 입증된다. 즉 황효헌은 당시 중종이 조광조 등 개혁파들의 직언을 좋아하지 않고 오히려 미워했다는 것을 알고 있었고, 또 황효헌 자신이 조광조 등 개혁파들의 급진적 개혁 추진에 우려를 가지고 있었음을 말해준다.

다음 실록의 기사도 이를 뒷받침해 준다.

1526년(중종 21년) 5월 20일 조에 황효헌을 강원도 관찰사로 임명하

---

34) 鄭宗魯,「畜翁先生黃公神道碑銘」,『立齋集』, 권33.
35)『중종실록』, 14년, 11월 18일 조.

며 "황효헌은 士林의 名望과 時輩의 推許를 한 몸에 지닌 채 늘 侍從으로 있었다. 전에 어버이 때문에 乞郡한 적이 있었다. 이는 당시의 의논이 구구하고 시새우는 사람이 많아서 반드시 낭패할것을 알았으므로 미리 화를 피할 자리를 만들기 위해 외지에 보임되기를 요구한 것이다. 그 뒤 과연 화를 당하지 않았다. 효헌은 尹金孫의 사위이다. 윤금손의 아들 尹自任도 사위인 奇遵, 黃孝獻과 함께 과거에 급제하여 명망을 드날린 것이 당대 제일이었다. 그러나 기묘사화 때 윤자임과 기준은 함께 낭패했지만, 효헌은 끝내 보존되었으므로 윤금손이 신기하게 여겼다."36)

황효헌이 윤금손의 사위인데, 윤금손의 아들 윤자임과 사위 기준이 모두 기묘사화에 연루되어 희생되고 황효헌 만이 생존했던 것이다. 한편 생각하면 황효헌이 義氣가 부족해 기묘명현과 함께 죽지 못한 것을 비겁하다고 비난할 수도 있지만, 다른 한편으로는 정치적 위기를 슬기롭게 극복해 나라와 백성을 위해 더 큰 일을 하고 더 큰 봉사를 하는 것이 옳을 수도 있는 것이다. 우리는 황효헌에게서 이러한 역사적 숙제를 다시 한 번 생각하게 된다.

다음은 황효헌의 행적을 통해 그의 사상의 일면을 더듬어 보기로 하자. 그는 侍讀官 때 경연에서 말하기를, "임금이 경연에 나아가는 것은 비단 학문을 할 뿐만 아니라 좌우의 대신과 고금을 논란하는 것이 크게 유익합니다."37)라고 하여 경연의 중요성을 임금에게 역설하였다.

또 "학교를 일으키는 것은 예전부터 중하게 여기는 바이나 위에서 하는 일을 보고서 감화되는 것이니, 궁위(宮闈)안의 일은 아랫사람이 보지

---

36) 『중종실록』, 21년, 5월 20일 조.
37) 『중종실록』, 15년, 10월 8일 조.

않는다 하여 조금도 소홀히 하지 마소서."38) 라고 하였다. 이는 교육의
중요성을 말하고 또 구중궁궐 임금을 비롯한 왕실의 모범이 백성들의 교
훈이 된다고 강조하였다.

또한 황효헌은 당시 빈번한 災變을 염려하며 임금에게 폭넓은 求言을
통해 그 해결책을 찾아야 한다고 다음과 같이 진언하였다.

근래 異變이 많은 것이 예전부터 없던 일이므로, 신들도 상소하여
求言할 것을 아뢰었습니다. 災變이 이처럼 큰데 求言은 오히려 넓지
못하므로, 조정에 있는 신하는 그래도 혹 진언할 수 있으나, 外方사람
은 아뢰고자 하는 것이 있더라도 못하는 자가 있습니다. 청컨대 求言
하는 분부를 내리시어 각각 써서 아뢰게 하여, 쓸 만하면 쓰고 쓸 만하
지 못하면 버리소서. 이것은 미천한 자에게서 듣는 도리이니, 그렇게
하면 무릇 외방 수령의 일과 백성의 고통을 간절히 아뢰는 자가 있을
것입니다.39)

이와 같이 황효헌은 求言의 중요성을 말하고 재변이나 시국의 대책을
마련하는데 있어서 신분 고하를 막론하고 그들의 의견을 잘 들어서 국정
에 반영하는 것이 매우 중요하다고 하였다. 이는 오늘날 언론자유가 중
요하고 또 국민의 자유로운 견해가 곧 국정의 중요한 계책임을 시사한
것으로 그 의미가 매우 크다.

또한 황효헌은 당시 腐儒로서 世論의 비난을 받던 金安老에 대한 처
벌을 주장하면서, 姻親이라고 처벌의 공정성을 해쳐서는 안 된다고 다음
과 같이 진언하였다.

38) 『중종실록』, 15년, 10월 16일 조.
39) 『중종실록』, 19년, 8월 24일 조.

이즈음의 金安老에 관한 일은 온 조정이 論啓하고 한 사람도 아깝게 여기는 자가 없으니, 반드시 쾌히 따르셔야 物情도 후련할 것입니다. 다른 재상이라면 모르겠으나, 김안로는 姻親이므로 반드시 공정하게 죄주어야 할 것입니다. 또 六卿 중에는 아깝게 여길 만한 사람이 한 둘은 있겠으나 이 사람은 사람들이 죄주어야 한다고 하니, 뭇사람의 의논이 이러한데도 유난하시면 인심이 불안할 것인데, 귀양 보내기에 무슨 어려울 것이 있어서 윤허하지 않으십니까?"[40]

이와 같이 황효헌은 상벌의 공정성을 말하고 특히 김안로가 왕실의 인척이라고 하여 적당히 처결해서는 안 된다는 점을 분명히 하였다.

다음은 황효헌에 대한 평가에 대해 살펴보기로 하자. 황효헌과 교유하고 황효헌을 기억하는 사람들은 한결같이 그를 당대 문단의 으뜸이었다고 기억한다.[41] 黃蘭善이 편찬한 『長水黃氏世牒』에 의하면, 다섯 살 어린 벗 潛庵 金義貞(1495~1547)이 이른 나이에 세상을 마친 황효헌을 애도하며 지은 挽詞에서 "才介는 당시에 으뜸이었고, 風流는 한양을 휩쓸었네. 웅대한 문장은 屈宋을 따랐고, 正大한 학문은 程朱를 본받았네."라고 칭송하였다. 冲齋 權橃(1478~1548)은 "聲望이 일찍이 드러나 善類에게 인정받았다"고 하였으며, 魚叔權은 『패관잡기』에서 "학문이 독실하고 문장에 뛰어났다"고 적고 있다. 또한 蒼石 李埈은 "벼슬이 이조참판에 올랐지만 청빈하고 검약함이 布衣의 선비나 다름 없었다"고 평가하고 있으며, 松溪 權應仁(1517~?)은 "문장이 典雅하고 高古하여 사라질 수 없다"고 추모하였다. 愚伏 鄭經世는 공의 遺事에서 "덕행이 卓絶하여 세칭 청

---

40) 『중종실록』, 19년, 11월 15일 조.

41) 이규필, 「축옹 황효헌의 삶과 문학에 대한 조명」, 『제3회 옥동서원학술대회』, 2019년 9월 21일, 옥동서원, 91쪽.

백리"라 하였고, 順庵 安鼎福은 "문장과 절의로 당시에 이름 난 분"이라고 평가하였다.

황효헌과 시를 주고받은 사람으로는 金克成(1474~1540), 金世弼(1473~1533), 李荇(1474~1530), 金安國(1478~1543), 申光漢(1484~1555), 沈彦光(1487~1540), 奇遵(1492~1521), 宋純(1493~1582), 金義貞(1495~1547), 崔演(1500~1549), 趙翊(1556~1613), 柳仁貴(1463~1531), 許昉(1523~1600), 李迪, 魚叔權42)이 있고, 『江夏世蹟』에 의하면 그밖에도 靈川 申潛(1491~1554), 栗谷 李珥(1536~1584)와도 시를 주고 받은 것으로 나타난다.

大山 李象靖(1710~1781)은 "畜翁은 道學文章에 있어서 己卯諸賢에 양보할 수 없으나, 세대가 이미 멀어 문헌을 징험할 수 없다."43)고 아쉬워했다.

이상 황효헌에 대한 기록과 주변의 평을 종합해 보면 다음과 같은 추측이 가능하다. 황효헌은 1515년 사가독서 대상자 선발을 할 때 김정, 소세양, 유옥, 김구, 유성춘, 기준 등과 함께 선발되었고, 1516년 성균관에서 師儒를 선발할 때에도 김세필, 김안국, 소세양, 조광조, 김구, 박상, 김정 등과 함께 선발되기도 했다. 또 1519년 경연에서 『성리대전』을 강의할 적임자로 조광조, 김안국, 김정 등과 함께 선임되었으나 상주에 머물러 있어 참여하지 못했던 것이다. 이렇게 보면 황효헌은 분명 조광조, 기준, 김구, 김정, 박상, 김안국 등 기묘명현과 학문적으로 대등한 위상에 있었던 것이 분명하다. 그럼에도 기묘명현의 반열에 들지 못한 것은 황

---

42) 이규필, 「축옹 황효헌의 삶과 문학에 대한 조명」, 『제3회 옥동서원학술대회』, 2019년 9월 21일, 옥동서원, 109~110쪽 참조.

43) 『長溪聯芳錄』, 「畜翁逸蹟」, 李象靖 撰, 「槃澗集序」, "畜翁 道學文章 不讓於己卯諸賢 而 世代旣遠 文獻無徵."

효헌의 당시 시국에 대한 입장과 조광조 등 개혁파들의 처세에 대한 입장이 달랐던 데서 기인한다. 즉 황효헌은 조광조 등의 개혁파들이 지나치게 과격하고 급진적이었다고 보았던 것이고, 중종의 개혁파에 대한 신망이 점차 무너지고 있음을 미리 알고 대처했던 것이다. 이러한 조광조 등 개혁파의 실패와 희생에 대해서는 이미 율곡도 지적한 바 있는데, 황효헌은 그 기미를 미리 알고 고향에 내려가 은둔했던 것이다. 조광조를 비롯한 개혁파들이 불과 20대 내지 30대의 젊은 나이에 포부와 경륜을 채 펴보지도 못하고 억울하게 희생된 것은 나라를 위해 백성을 위해 불행한 일이었다. 유교의 時中之道가 현실 정치에 있어서 얼마나 중요한가를 역사적 교훈으로 보여주고 있는 것이다.

樊澗 黃紐(1578~1626)는 황희의 8세손이며 少尹公 保身의 7세손이다. 고조부는 김해부사를 지낸 長源君 瓛이고, 증조부는 畜翁 黃孝獻이다. 조부는 공조좌랑 징이며 부친은 의령현감 俊元이다. 그의 자는 會甫, 호는 樊澗인데, 10세에 愚伏 鄭經世의 문하에서 3년 동안 수학하며 학문을 익히고 수양법을 배웠다. 1592년 15세 때 임진왜란으로 황간 산골짜기까지 피란을 가는데 할머니 윤씨를 등에 업고 가면서도 책을 읽고 외우고 하였다. 1611년(광해군 3) 34세에 생원 초시에 합격 이듬해 임자 식년시에 생원으로 합격하였다. 이어 1613년 36세에 계축 증광 문과에 급제하여 1616년 승정원 부정자로 관직에 나아갔다.

그의 「行狀」에 의하면 널리 배우고 古文을 전공하여 六藝의 전통을 이어 祖述하고, 『左傳』, 『國語』, 『史記』, 『漢書』를 참고했기 때문에 그 문장은 沈渾하면서도 精奧하여 스스로 일가를 이루었다고 한다.

1616년 승정원 주서에 제수되고, 1619년(광해군 11) 대제학 이이첨(李爾瞻)이 후진 양성을 위해 황뉴를 포함한 33명을 別知製教에 뽑아 入啓하였다. 1620년 명나라 장수 蘇受賈이 假島에 주둔하고 있을 때, 그가 글을 잘하는 줄 안 광해군이 특명으로 황뉴를 接賓官으로 임명하였다.

45세가 되던 해 1623년 인조반정이 일어나고 그 다음 해에 예조좌랑에 제수되었으나 사양하였다. 같은 해 11월 다시 성균관전적에 제수되었고, 12월에 곧바로 예조정랑에 임명되고 이후 1625년(인조 3) 사헌부 지평에 제수되었다. 49세로 별세하였다. 스승 정경세는 만사에서 그의 죽음을 다음과 같이 애도하였다.

지난해는 나의 아들을 잃고
올해는 또 그대를 곡한다.
누가 아랴! 짝 잃은 기러기
일찍이 斷腸의 원숭이임을.

또 그는 제문에서 다음과 같이 황뉴를 추억하였다.

예전에 그대가 갈래머리를 땋고 나를 따라 幽居할 때, 그 보는 것은 반드시 아래를 보았고, 그 걸음 거리는 반드시 천천히 걸었다. 그 모습은 우뚝 높았고, 그 그릇은 凝然 不動하였다. 학이 닭의 무리 속에 있음이여! 혹 아무도 어깨를 나란히 할 수 없었고, 그대에게 기대하기를 먼 경지에 이르게 될 것이라 하였으며, 그 進就는 아무도 헤아릴 수 없다.44)

李潤雨는 挽詞에서 황뉴를 '정경세 문하의 제일인자'로 일컫고 있으며,45) 황뉴는 뛰어난 문장가인데 아마도 증조부 황효헌으로부터 물려

---

44) 『반간문집』, 「정경세 찬 제문」, 280쪽.
45) 『槃澗文集』, 「李潤雨 挽詞」, "愚伏門庭 第一人."

받은 것 같다.46)고 평가하였다.

李好閔은 '문장은 스스로 老成하였다'고 평하였고, 具鳳瑞는 '文章詩賦는 馬卿처럼 높았네'라고 추모하였다. 李景曾은 '글 마당에서 일찌감치 문장의 手腕 독차지 하였고'라고 칭송하였고, 呂希弼은 '세상을 놀라게 한 문장의 명성 금을 땅에 던지듯 맑은 소리 나왔고'고 읊었으며, 李元圭는 '문장은 上洛의 천년된 봉황새'라고 추앙하고 있다.47)

이와 같이 황뉴는 황효헌을 본받아 문장에 뛰어났고 정경세 문하의 적전으로 일컬어졌던 것이다. 그의 죽음에 挽詩와 挽詞를 보낸 사람만해도 李好閔, 鄭經世, 李睟光, 李廷龜, 김신국(金藎國), 이호성, 이식, 李埈, 김시국, 이성구, 李敏求 등이 있다. 『반간집』에 의하면 우복 정경세, 五峰李好閔, 鑑湖 呂大老, 蒼石 李埈, 玄洲 趙贊韓, 鶴湖 金奉祖 등과 시를 주고받았다. 또한 『江夏世蹟』에 의하면 정경세, 이호민, 전식, 姜大進, 金濤, 李昌庭, 李景義 등과 편지를 주고받았다. 그의 행장은 洪汝河가 쓰고, 묘갈명은 李象靖이 썼으며, 鄭經世, 李埈 등의 제문이 있다.

1786년(정조 10) 畜翁 黃孝獻과 함께 옥동서원에 배향되었다.

木齋 洪汝河(1620~1674)는 황뉴의 「행장」을 지었는데, 그는 황뉴의 아들 德柔의 사위가 되므로 황뉴의 孫婿가 된다. 또 아들 德柔는 全湜의 딸에게 장가들었으므로 全湜의 사위가 되고 황뉴와 전식은 사돈지간이 된다. 『槃澗文集』은 족손인 회와 황신로(懷窩 黃莘老)와 白下 黃磻老가 간행하였고, 大山 李象靖이 序文을 쓰고, 立齋 鄭宗魯가 跋文을 썼다.

황뉴의 문집을 통해서 볼 때 가장 대표적인 사상은 敬사상인 것 같다.

---

46) 성봉현, 「반간 황뉴의 학문과 사상」, 『제2회 옥동서원학술대회 −옥동서원의 역사와 인물−』, 2018년 10월 7일, 옥동서원, 69쪽.

47) 성봉현, 「반간 황뉴의 학문과 사상」, 『제2회 옥동서원학술대회』, 2018, 10, 7, 69쪽 참조.

이는 그가 정경세의 적전이고 또 퇴계의 학풍을 계승하고 있다는 점에서 당연한 것이기도 하다. 황뉴는 학문이나 삶에서 敬을 중시하였다. 敬의 실천원리로 主敬을 강조하면서 主敬을 통해 私欲을 막고 天理를 실천하는 성인이 될 수 있다고 보았다. 李象靖이 쓴『槃澗先生文集』서문에서는 다음과 같이 그의 敬 사상을 설명하고 있다.

움직이고 멈추는 즈음에서 敬과 肆를 체득하고, 묻고 대답하는 사이에서 誠과 僞를 徵驗 하셨다. 움직이고 머무르며 먹고 마시는 자잘한 것 까지도 모두 마음을 써서 유념하여 감히 소홀히 하지 않으셨으니, 거의 마음을 고요하게 하여 主靜居敬의 공부에서 터득한 것이 아니겠는가. 그러므로 행실로 나타난 것은 부모를 섬김에는 효성스러웠고, 사람들을 대할 때에는 공손하였으며, 용모는 단정하면서도 엄숙하였고, 말씨는 온화하면서도 정중하였다. 公理와 正義는 정밀하고도 자세하였지만, 말과 의논은 간략하고 엄정하였다. 대개 깊이 찾아 음미하고 품성을 닦고 수양한 공부에서 터득한 것이 많으니, 아버지와 스승의 가르침은 다만 그 단서를 드러내어 요점을 열어 주었을 뿐이다. 이 또한 군자가 아니겠는가?48)

이와 같이 황뉴는 敬을 하나의 사상으로서가 아니라 자신의 학문과 수양에 있어서 몸소 실천함으로써 모범을 보였던 것이다.『문집』雜錄에 主敬論에서는 다음과 같이 敬을 설명하고 있다.

성인의 敬이란 집희지경(緝熙之敬)이고 현인의 敬은 主敬之敬이다.

---

48) 이상정,『반간선생문집』, 서.

반드시 모름지기 主敬의 공을 다 한 연후에야 緝熙之敬을 이룰 수 있다. 敬이 緝熙의 경지에 이르게 되면 하늘과 사람이 하나가 되는 것이다. 敬은 聖學의 처음을 이루고 마지막을 이루는 것이라고 한 주자의 말씀은 지당한 말씀이다.49)

황뉴는 주자의 말을 인용해 敬을 聖學의 終始라 하고, 성인의 敬을 緝熙之敬, 현인의 敬을 主敬之敬이라 구분하여 설명하고 있다. 그리고 主敬의 노력을 통해 緝熙의 敬을 이룰 수 있다고 보았다. 그리고 이 성인의 緝熙之敬의 경지는 天人이 하나로 합일되는 경지라고 보았다.

황뉴는 또 오랑캐의 침입을 막으려 한다면 날카로운 군대가 아니면 할 수 없듯이, 마음의 욕심을 막으려면 主敬이 아니면 할 수 없다. 이로서 곧 공경한 마음가짐이란 실로 몸을 보위하는 날카로운 군대임을 알 수 있다. 공경한 마음가짐을 잃고 악의 함정에 떨어지는 것은 그 화가 전쟁에서 병사를 버리고 자기도 죽는 류에 그치지 아니한다. 어찌 두려워하지 아니할 수 있겠는가?50)라고 하였다. 마치 敬을 오랑캐를 막는 군대에 비유하고 우리 몸에 있어서 마음의 욕심을 막는 것이 바로 敬이라 하였다. 따라서 만약 敬이 아니면 사욕에 사로잡혀 마음이 병이 들고 황폐해진다고 보았다. 황뉴는 또 動靜에 따른 敬을 다음과 같이 설명하였다.

움직일 때의 主敬은 고요할 때의 主敬에 비하면 더욱 어렵다.……山

---

49) 『槃澗先生文集』, 卷 3,「雜錄」, "聖人之敬 緝熙之敬也 賢人之敬 主敬之敬也 必須盡主敬之功然後 可以致緝熙之敬 敬至於緝熙 天人一也 敬者 聖學之所以成始成終 朱子之論至矣."
50) 『국역본 반간문집』,「잡록」, 256쪽.

林處士로서 고요한 곳에서 몸을 수양한 사람이라면 마땅히 모두 居敬의 공부가 있을 것이라 생각할 수 있는데, 막상 그들이 세상이 필요로 하는 인물이 되었을 경우에는 그들의 처신과 하는 일이 차이가 나고 오류를 범하는 경우가 많다. 이것으로도 역시 움직일 때의 공경한 마음가짐이 더욱 어렵다는 사실을 볼 수 있다.[51]

황뉴는 움직일 때의 主敬과 고요할 때의 主敬을 구별하고, 움직일 때의 主敬이 훨씬 어렵다 하였다. 우리들의 언행을 잠시 정지한 상태에서의 敬은 오히려 쉽지만, 일상생활 속에서 敬을 실천하는 것은 매우 어렵다는 것이다.

황뉴는 우리가 능히 主一無適의 敬을 위주로 하는 공부를 할 수 있게 되면 父兄을 대하였을 때는 마음이 부형을 대하는 일에 모아지고 다른 곳으로 흩어지는 일이 없으며, 나이 많은 어른을 접할 때나 사물에 응할 때에도 역시 그러하다고 하였다. 그 도리를 다하지 아니하면 일상생활의 인륜도덕의 테두리를 넘어서서 점차로 성현의 경지에 나아갈 수 없게 된다고 하였다.[52]

황뉴는 또 자식을 책으로써 가르치며 『小學』을 먼저 하지 않음은 그 자식을 사랑하지 않음이라 하고, 요새 사람은 자식을 가르치되 반드시 『史略』으로서 시작하며, 文理를 쉽게 깨우치기 위함이라 한다. 어찌하여 人道에 쉽게 통함이 더욱 중요함을 생각지는 않는지 한탄하고, 『小學』 한 책은 어려서는 쉽게 人道에 통하게 하고, 어른이 되어서는 쉽게 聖賢이 되는 방법에 이르게 하는 것이라 하였다.[53] 황뉴가 主敬, 居敬의 공

51) 『국역본 반간문집』, 「잡록」, 256~257쪽.
52) 『국역본 반간문집』, 「잡록」, 258쪽.
53) 黃紐, 『槃澗先生文集』, 卷3, 「雜錄」, "敎子以書而不先以小學 是不愛其子也 今人始敎子

부를 강조하면서 그 방법으로 『小學』공부의 중요성을 강조한 것은 퇴계 학풍의 전통을 계승한 것이라 할 수 있다.

또한 황뉴는 오직 왕에게만 王道와 패도(覇道)의 구분이 있는 것이 아니라, 儒者에게도 왕도와 패도의 구분이 있다 하고, 爲己之學은 王道의 학문이요, 爲人之學은 覇道의 학문이라 하였다. 그리고 맹자 이후로 程子, 朱子를 제외하면 다 覇道의 학문이라 규정하였다.[54]

또한 한 몸에도 또한 임금이 있고 나라가 있다 하고, 마음은 임금의 도요 몸은 나라의 도라 하였다. 그 임금에게 剛明하고 中正한 덕이 있으면 그 나라는 伏羲, 神農, 黃帝, 舜임금의 나라요, 그 임금에게 剛明함과 中正함의 덕이 없으면 그 나라는 桀, 紂, 幽, 厲王의 나라라고 하였다.[55]

2) 옥동서원 관련 유학자들

본고는 옥동서원을 중심으로 형성된 상주 중모학풍의 전개양상과 특징을 고찰하는데 목적이 있다. 필자는 이를 두 가지 측면에서 검토하고자 한다. 하나는 장수황씨 외 타성으로 옥동서원과 관련 있는 유학자들을 살펴보고, 또 하나는 장수황씨 출신으로 옥동서원과 관련된 유학자군을 나누어 검토하고자 한다. 먼저 장수황씨 외 타성출신으로 옥동서원과 관련 있었던 유학자들에 대해 검토해 보기로 하자.

그런데 옥동서원과 유관한 타성출신 상주 유학자군은 매우 많다고 볼

必以史略 謂以易曉文理 嗚呼 獨不思易達人道之爲尤重乎 小學一書 幼而易達人道 長而易到聖賢之方法也."

54) 黃紐, 『槃澗先生文集』, 卷3, 「雜錄」, "不惟王者 有王覇之分 儒者亦有王覇之分 爲己之學 王道之學也 爲人之學 覇道之學也 孟子之後 程朱之外 皆是覇道之學."

55) 黃紐, 『槃澗先生文集』, 卷3, 「雜錄」, "一身亦有君焉有國焉 心者君之道也 身者國之道也 其君有剛明中正之德 則其國羲農黃虞之國也 其君無剛明中正之德 則其國桀紂幽厲之國也."

수 있다. 지면상 부득이 가장 대표적인 인물들을 중심으로 서술하고자
한다.

沙西 全湜(1563~1642)은 西厓 柳成龍, 旅軒 張顯光의 문인으로 鄭經
世, 李埈과 더불어 세칭 尙山 三老로 일컬어진다. 전식은 옥동서원에 최
초로 배향되었고, 黃紐의 아들 黃德柔가 그의 사위가 되어 사돈지간이
된다. 전식이 상주유학에서 차지하는 위상과 더불어 장수 황씨와의 婚脈
으로 인한 인연이 옥동서원에 배향되고 중모학풍의 뿌리가 되었다고 볼
수 있다.

愚伏 鄭經世는 전식과 더불어 상주유학의 중심인물이면서 중모학풍
의 뿌리라고 할 수 있다. 그는 유성룡의 문하에서 퇴계학을 배웠고 예학
에 정통하였다. 정경세가 옥동서원과 밀접한 관계를 맺게 되는 것은 장
수황씨 가문과의 婚脈과 깊은 연관이 있어 보인다. 즉 정경세의 증조부
鄭繼咸이 방촌의 증손자인 瑾의 사위가 되어 晋陽鄭氏와 長水黃氏 간에
혼맥으로 연을 맺게 되었던 것이다.56) 또한 黃紐와 그의 아들 德柔, 그
리고 황면(黃緬)이 그의 문하에서 배웠는데, 특히 황뉴는 정경세 문하의
제일인자로 일컬을 만큼 그의 총애를 받았다.

1603년(선조 36) 11월 정경세는 외후손으로서 諸族과 더불어 방촌의
영당에 제향하기도 하였고,57) 黃俊元의 묘지명과 제문을 써 주고, 황징
의 묘갈문을 써 주고, 黃德柔의 묘지명을 써 주기도 했다.

뿐만 아니라 그의 6세손 立齋 鄭宗魯(1738~1816)는 19세기 한말 중모
의 유학자인 黃浩善, 黃源善 형제의 외조부가 되어 양가의 중첩된 혼맥
으로 끈끈한 관계를 맺고 있음을 알 수 있다.

---

56) 금중현, 「장수황씨 소윤공 가문의 상주세거와 婚班」, 『제5회 옥동서원학술대회발표집』,
   2021, 8, 28.
57) 『옥동서원지』, 옥동서원편찬위원회, 2019, 73쪽.

息山 李萬敷(1664~1732)는 李昌庭의 고손이고 李觀徵의 손자이며 李沃의 아들이다. 자는 仲舒, 호는 息山, 본관은 延安이다. 그는 부친이 당쟁으로 20여년 간 유배생활을 하게 되자 과거를 포기하고 평생 재야에서 학문에 종사하였다. 그는 근기남인의 명문가 출신인데 어머니는 芝峰 李晬光의 후손이고 처가는 유성룡의 후손이다.

그는 博學위주의 학문을 하여 『倭書字母』, 『이마두사(利馬竇事)』, 『西洋國事』, 『東史略』, 『諺文始原』 등 다양한 서적을 탐독하였다. 15세 때 부친 李沃이 송시열의 극형을 주장하다 濁南에게 몰려 함경도 북청으로 귀양, 부친을 따라가 그곳에서 학문에 정진하였다.

26세에 서울에서 경학 위주의 공부를 하였는데, 조부의 명으로 『大學成典』을 저술하기도 하였다. 이 해에 충주 탄금대에서 李潛, 이서(李漵) 형제들과 講會를 가져 時事에서 학문에 이르기 까지 토론을 가졌는데, 성호 이익도 어린 나이에 참여하였다. 29세에 愚潭 丁時翰을 방문하여 실천학자로 그를 공경하였고, 34세(1697년)에 상주로 이거, 李惟樟을 만나 독서는 四書보다 나은 게 없다 하고, 백호 윤휴(白湖 尹鑴)를 篤行君子로 평가하였다.

40세에 『萬東祠議』를 써서 우암 송시열 문인들의 對明 事大 행위를 신랄하게 비판하였다. 43세에 葛庵 李玄逸과 수년간 토론해 온 天道有敬說에 대해 인정을 받기도 했다. 45세에 조선의 『性理大全』이라 할 수 있는 『道東編』을 저술하여 자신의 성리학적 입장을 정리하였다. 여기에서 그는 율곡의 설도 수록하였는데, 密庵 李栽와 그 문하생들이 이를 삭제하라고 강요하자 심각한 토론을 하고 끝내 이에 굴하지 않고 수록하였다. 이로 인해 자파로부터 이단시 당하기도 하였다. 47세에 상주로 이거한 병와 이형상(瓶窩 李衡祥, 1653~1733)과 교유하였고, 53세에는 밀암 문중과 『道東編』 저작으로 계속 갈등하였다. 55세에 안동부사로 부임한

有懷堂 權以鎭(1668~1734)과 성리논쟁을 하고 학문교류를 하였는데, 권이진은 기호의 저명한 유학자 탄옹 권시(炭翁 權諰)의 손자이다.

58세에 德川서원 원장으로 나아가 남명계 학자들과 교유하였고, 60세에 금강산에서 돌아오던 길에 星湖 李瀷을 만나 문답한 내용이 『鶴城問答』이다. 이후 知己相合하여 가사로부터 학문에 이르기까지 곡진한 서신왕래를 하였고, 성호를 큰 인재로 기대하고 격려하였다.

1728년 65세에 李麟佐의 난이 일어나자, 병든 몸으로 召募營으로 나아가 討賊策을 건의하고 아우와 아들을 倡義軍에 가담시켜 충성을 다하였다. 이때 召募使 黃翼再와 討賊을 상의하였다. 67세에 경상감영에서 운영하던 교육기관인 樂育齋의 시행절목 8조를 만들어 興學育英에 힘썼고, 69세 봄에 성호에게 후사를 당부하고 학자로서 대성하기를 비는 마지막 편지를 보냈다. 근암(近嵓)서원에 배향되었고, 성리학과 예학에서는 퇴계학통에 서 있지만, 보기 드문 영남의 실학자라고 할 수 있다.

그의 저서가 무려 140여권으로 방대한데, 1993년에 『息山全書』로 간행되었다. 전집에 수록된 내용을 보면 『息山先生文集』, 주권국으로서 明皇을 조선에서 제사할 수 없음을 밝힌 『萬東祠議』, 선비의 뜻을 밝힌 『志書』, 동방의 『性理大全』으로 평가되는 『道東編』, 교학의 지름길인 『四書講目』, 易의 원리를 밝힌 『易統』, 『易大象便覽』, 儀節의 典範으로 『太學成典』, 『禮記詳節』, 그밖에 『讀書法』, 『讀書日記』 등이 수록되어 있다.[58]

그의 학문적 연원을 보면 우선 가학을 전승하였는데, 조부에게서 洙泗學, 程朱學, 書道를, 부친으로부터 實學, 文學, 易學, 禮學을 전수받았다.[59] 부친 李沃은 李睟光의 실학정신을 이어 農本 장려책으로 「務本圖說」을 숙종에게 바쳐 크게 권장된 바 있다.

---

58) 권태을, 「『식산전서』 해제」, 『식산전서』, 1993, 5쪽.
59) 권태을, 「『식산전서』 해제」, 『식산전서』, 1993, 11쪽.

이만부의 학통은 芝峰家의 실학과 문학, 西厓家의 역학과 경세철학, 미수(眉叟)의 예학과 서도를 폭넓게 수용한 가학이라고 할 수 있다.[60] 이만부는 서울에서 성장하여 가정의 見聞을 根基로 삼은 뒤에 위로는 미수 허목(眉叟 許穆)과 용주 조경(龍洲 趙絅) 등 선배의 風尙을 이어받고, 아래로는 星湖 李瀷과 같은 후배를 장려하여 近畿학통을 크게 진흥시키는 한편, 30대로부터 상주에 이주하여 葛庵 李玄逸, 淸臺 權相一을 위시한 영남인사들과 널리 접촉 講討하고 상호 資益을 얻게 됨으로써 두 학통간의 가교적 역할 수행과 더불어 공동의 장을 마련하였다.[61] 그의 학문은 퇴계 성리학에 기반을 두면서도 율곡의 성리학을 간과하지 않았으며, 외가의 李睟光과 星湖일가의 실학에 영향을 받아 博學에 힘쓰고 實心實學을 강조하였다. 성리학과 실학을 겸비했다는 점에서 영남학파, 퇴계학파 내에서 특별한 위상이 주어진다.

그러면 이만부와 옥동서원과의 관계는 어떠한가? 이만부와 가장 가까웠던 이는 華齋 黃翼再였다. 이인좌의 난 때 황익재와 반란의 토벌을 위해 함께 토의하고 협력했으며, 두 사람은 백화산, 중모에 함께 머물며 시를 짓기도 했다. 또한 黃鍾粹와 서신왕래를 하여 학문교유를 하였고 그가 죽자 만사를 써 주기도 했다.

淸臺 權相一(1679~1760)의 자는 台仲, 호는 淸臺, 본관은 安東이다. 權坵의 증손인데 권구는 李榘와 교분이 두터웠으므로 권상일은 이구의 道風을 사모하고 李萬敷, 李栽 등을 존경하였다.

그의 학풍은 퇴계와 같이 主理論의 입장을 견지하여 理生氣를 근본으로 하여 理의 근원성을 강조하였다. 그는 후배인 李象靖이 理氣二元論의 입장에서 理의 주재성과 제약성만 강조하는 것을 이단의 설에 가깝다고

---

60) 권태을, 「『식산전서』 해제」, 『식산전서』, 1993, 11쪽.

61) 이우성, 「식산전서 서」, 『식산전서』, 1993, 2쪽.

비판하였다. 그리고 사단칠정설에 있어서도 초기 퇴계의 설을 고수하여 理와 氣를 완전히 분리하고, 理는 本然之性이 되고 氣는 氣質之性이 된다 하였다. 아울러 본연의 성이 直遂하여 발한 정이 理發이고, 기질의 성이 直遂하여 발한 정이 氣發이라 하여, 사단과 칠정을 理氣로 양분하고 相異한 정으로 구별하였다.[62]

권상일은 1726년(영조 2년) 옥동서원 원장을 역임하였고,[63] 黃翼再와 학문적 교유를 하여 『華齋集』에 그에게 보낸 편지가 10편이나 된다.

강고 유심춘(江皐 柳尋春, 1762~1834)의 자는 象遠, 호는 江皐, 본관이 豊山인데 柳成龍의 7세손이다. 1786년(정조 10년) 사마시에 합격하여 생원이 되고, 학행으로 천거되어 世子翊衛司翊贊을 거쳐 翊衛를 지냈다. 1800년(정조 24년) 경연을 열어야 한다고 상소를 올렸다. 1830년(순조 30년) 왕의 하교로 3대가 과거에 급제한 것을 치하하고 돈령부의 도정에 임명하였고, 1854년(철종 4년) 아들 厚祚가 급제하였으므로 다시 통정대부에 올랐다. 평소에 『주자대전』을 탐독하여 성리학에 조예가 깊었으며, 시문에도 능했다. 전북 장수의 道巖서원에 배향되었다.[64]

유심춘은 1829년 옥동서원 원장을 역임하였고, 옥동서원에서 『大學或問』을 강의하였다. 黃磻老와 학문적 교유를 하였고, 黃麟老와는 시를 주고받았다.

密庵 李栽(1657~1730)의 자는 幼材, 호는 密庵이고 본관은 栽寧이다. 葛庵 李玄逸의 아들로 부친에게서 배우고, 숙부 이숭일(李嵩逸)에게 太極圖說 등을 배웠다. 李萬敷, 權斗經, 權相一, 李衡詳 등 영남의 유학자들과 교유하였고, 퇴계에게서 金誠一, 張興孝, 李玄逸로 이어지는 퇴계학

62) 유교사전편찬위원회 편, 『유교대사전』, 박영사, 1990, 168쪽 참조.
63) 『옥동서원지』, 옥동서원편찬위원회, 2019, 74쪽.
64) 상주시사편찬위원회, 『상주시사』, 제5권 인물, 상주시, 2010, 259쪽.

파 湖派의 학통을 계승하여 기호학파와 맞서 퇴계학설을 옹호하였다. 그는 율곡의 설에 반대하고 理氣分開說을 주장하였다. 理는 형체가 없는 것이어서 애당초 사물 밖에 초연하게 존재하는 것이므로, 사물 속에 있다고 해서 그 사물에 제한되는 것이 아니라고 주장하였다. 또한 퇴계의 理發을 인정하고 퇴계의 理氣互發說을 따랐다. 그리하여 四端은 理發한 것이고 七情은 氣發한 것으로서 그 기원한 바가 각각 다르다고 하였다. 그의 학문은 외손인 李象靖에게 전해지고, 그것이 다시 南漢朝, 柳致明 등에게로 전해졌다.65)

이재와 옥동서원과의 관계를 살펴보면, 黃翼再와 학문적 교유를 하고 상주에서 詩會를 같이 갖기도 했다. 또 黃鍾粹, 黃鍾協 형제와 친밀하여 서신을 주고받으며 학문교유를 하고 시를 함께 주고받기도 했다. 또 黃混, 黃濂 형제와도 친밀하여 서신을 주고받으며 학문적 교유를 했다.

大山 李象靖(1710~1781)의 자는 景文, 호는 大山이고 본관은 韓山이다. 외조부 李栽의 문하에서 동생 李光靖과 함께 공부하였다. 1735년(영조 11년) 사마시를 거쳐 과거에 급제, 정언이 되고 그 후 예조, 형조참의에 올랐다. 그는 일찍부터 학문에 뜻을 두어 평생 안동의 大夕山 기슭에 大山書堂을 짓고 강학에 힘써 280여명의 湖門學團을 형성하였으며, 당시 사람들로부터 '小退溪'라는 칭송을 들었다.

그의 학설은 퇴계의 성리학을 철저히 옹호하는데 있었다. 理氣動靜의 문제에 있어서 그는 氣뿐만이 아니라 理에도 動靜이 있다고 주장하였다. 다만 동정케 한다는 의미에서 '理有動靜'이며, 動靜한다는 의미에서 '氣動靜'이라 하였다. 따라서 主理로 볼 때의 理動과 主氣로 볼 때의 氣動 兩邊을 고루 정당하게 보아야 한다고 하였다.

---

65) 유교사전편찬위원회 편, 『유교대사전』, 박영사, 1990, 1226~1227쪽 참조.

理氣의 先後에 있어서도 理先氣後와 理氣共在를 함께 이해할 것을 말하였다. 본원을 추리한다면 理가 있어야 그 物도 있는 것이므로 理先으로 말해야 하지만, 理는 독립해 있는 것이 아니라 반드시 氣로써 바탕을 삼고 그 속에 실려 있으므로 처음부터 渾融妙合하여 선후가 없다 하였다. 따라서 動靜을 모두 氣의 작용으로 보아 理를 死物로 여기거나 理發, 氣發 등 單獨發說로서 말하는 것을 모두 반대하여, 모든 현상은 理氣의 渾合無間한 세상이며, 理가 氣를 타고 유행하는 것임을 강조하였다. 동시에 理는 活物임을 역설하여 氣를 타고 動靜하더라도 理에는 至神한 妙用이 있어 無爲而爲, 主宰而宰의 능력이 있다고 하였다. 그러므로 그는 理主氣資, 理帥氣徒를 주장하였다.

인성론에 있어서는 사단칠정을 渾淪說과 分開說로 나누어 양면성을 설명하였다. 즉 사단과 칠정을 혼륜해 말한다면 사단은 곧 理發氣資하는 主理이고, 칠정은 氣發理乘하는 主氣로 구분할 수 있다 하였다. 그의 문하에서 李宗洙, 柳長源, 金宗德, 鄭宗魯, 南漢朝 등이 나왔으며, 그의 학문은 南漢朝 등을 거쳐 柳致明, 李源祚, 李震相을 거쳐 郭鍾錫에게 전해졌다.[66]

이와 같이 이상정은 김성일, 유성룡 이후 이현일과 함께 퇴계학파의 중심에 서서 퇴계 성리학의 이론 계발과 옹호에 크게 기여하였다.

이상정과 옥동서원과의 관계를 살펴보기로 하자. 우선 이상정의 문인으로 黃啓熙, 黃敬熙, 黃建中, 黃載熙가 있어 당시 장수황씨 문중의 주요 유학자들이 이상정의 문하에서 배운 것으로 보인다. 또한 황이중(黃頥重)의 매서(妹壻)가 되어 婚脈으로도 연결되어 있었다.

그리고 당시 장수황씨 문중의 대표적인 유학자 黃翼再와 학문적 교유

---

66) 유교사전편찬위원회 편, 『유교대사전』, 박영사, 1990, 1202쪽 참조.

를 하였고, 白華齋에 들러 시를 짓기도 했다. 또 문인 黃敬熙와 서신왕래를 하고 시를 주고받았다. 黃混, 黃潗 형제와도 서신을 주고받으며 학문적 교유를 하였고, 黃顈重과 서신왕래를 하였으며,「不換亭重修記」를 쓰기도 했다.

立齋 鄭宗魯(1738~1816)는 鄭經世의 6세손인데, 자는 士仰, 호는 立齋이다. 李象靖의 문인으로 과거를 포기했으나 遺逸로 천거되어 장령, 지평을 지냈다. 그의 학통은 퇴계 문하에서 金誠一의 계통을 이어 李玄逸, 李栽를 거쳐 李象靖에게서 배웠다. 그는 理先氣後를 주장하여 理의 일차성을 인정하였다. 또 周濂溪와 朱子의 설에 근거하여 太極의 動靜과 理動을 주장하였다. 심성론에 있어서는 사단과 칠정을 논할 것 없이 이미 本然之性으로부터 感發하고 감발할 때 따르는 氣가 다만 虛靈한 것이니, 이제 비록 이로써 心이 氣라고 할지라도 어찌 理를 방해하겠느냐 하였다. 그러나 사단과 함께 하는 까닭에 비록 칠정의 感發이 中節한다 하더라도 필경은 氣의 感發일 뿐이라 하여 칠정의 氣發을 인정하였다.

수양론에 있어서는 퇴계를 계승하여 主一無適, 存養과 省察을 통한 敬 공부를 중시하였는데, 그의 학문은 이후 李震相 등에 의해 이어졌다.[67]

정종로는 우복의 道存堂에서 후진양성에 진력하였는데, 70세 이후부터는 강회 때마다 영남 전 지역의 선비 수 백명이 참석하여 성황을 이루었다. 문인으로는 李鍾祥, 李源祚, 柳尋春, 李升培, 姜世揆, 柳台佐, 宋奎弼 등 248명이나 되는데, 번암 채제공(樊巖 蔡濟恭)도 그를 가리켜 '영남 제일의 선비'로 추앙하였다.[68]

정종로와 옥동서원과의 관계를 살펴보기로 하자. 우선 정종로는 1790

---

67) 유교사전편찬위원회 편, 『유교대사전』, 박영사, 1990, 1374쪽 참조.
68) 『상주문화의 특장』, 박약회 상주지회, 2019, 112~113쪽.

년(정조 14) 옥동서원 원장에 취임하였고,[69] 1792년(정조 16) 3월 3일에는 서원의 門樓를 완공하고 그 上樑文을 정종로가 친히 지었다. 1795년(정조 19)에는 정종로가 원장으로서 서원의 문루와 강당 등 현판을 명명하였다. 즉 누(樓)는 청월루(淸越樓)요, 門은 회보문(懷寶門)이다. 문루 위 좌우 온돌방을 진밀료(縝密寮)와 윤택료(潤澤寮)라 하였고, 堂은 온휘딩(蘊輝堂)이니, 당의 남쪽 방을 착로재(斲露齋)로, 북쪽 방을 탁장재(琢章齋)로 명명하여 서원의 東, 西齋로 삼았다.[70]

또한 정종로는 장수 황씨와 혼맥으로도 연결되어 그의 외손자가 黃浩善, 黃源善 형제였다. 이러한 인연으로 정종로의 문하에는 장수황씨 출신 유학자들이 대거 참여하여 그에게 배웠다. 당대 상주의 문장으로 이름을 드날렸던 黃磻老, 黃麟老, 黃莘老, 黃禮熙, 黃巖老, 黃獻老, 黃漢老, 黃源善, 황숭로(黃嵩老), 황빈(黃霦) 등이 그의 문하에서 배웠다. 또한 黃啓熙, 黃敬熙, 황이중(黃頤重) 등과 서신을 주고받고 시를 주고받으며 학문 교유를 했고, 黃翼再의 문집『華齋集』의 서문을 써 주기도 했다.

이렇게 볼 때, 정종로야 말로 6대조 정경세의 유지를 받들어 옥동서원과의 유대를 더욱 굳게 하여, 옥동서원을 중심으로 한 중모유교문화의 발전에 그 중심이 되었다고 볼 수 있다. 황희, 황보신의 후예인 장수황씨 출신 유학자들이 가장 융성하게 활동한 이 시기 그 중심에 입재 정종로가 있었음은 매우 중요한 일이다. 특히 정종로는 옥동서원의 원장으로 1795년(정조 19년) 淸越樓를 비롯한 부속 건물들을 중수하고, 각 건물의 이름을 손수 지어 명명 편액을 걸었던 것이다.

손재 남한조(損齋 南漢朝, 1744~1810)의 자는 宗伯, 호는 손재(損齋), 본관은 宜寧이다. 상주출신으로 李象靖에게서 易學, 四書, 程朱書 등을

---

69) 『옥동서원지』, 옥동서원편찬위원회, 2019, 76쪽.
70) 『옥동서원지』, 옥동서원편찬위원회, 2019, 76쪽.

배웠다. 그는 理, 氣, 物로 나누어 理氣의 작용을 설명하였다. 理로 말하면 만물은 하나의 理에 근본하게 되고, 만물의 입장에서 보면 만물은 각기 갖추어진 理로써 각기 다르다고 할 수 있지만, 理의 體는 偏全의 차이가 없다 하였다. 또한 理氣는 합해서 渾淪하지만 하나일 수는 없다고 주장하였다. 鄭宗魯와 함께 당시 영남의 巨儒로 명성이 높았고 柳致明은 그의 문인이다.

남한조는 장수 황씨와 혼맥으로 연결되어 있는데, 黃源善의 아내가 南漢朝의 손녀딸이다. 또 남한조의 6촌 동생인 남한호(南漢皜, 1760~1821)는 황원선의 妻從祖가 되고 그의 스승이 된다. 黃麟老는 남한호와 서신을 주고받으며 학문교유를 하였고, 남한호는 이상정과 정종로에게서 배웠다.

定齋 柳致明(1777~1861)의 자는 誠伯, 호는 定齋인데 李象靖의 외증손, 종증조부인 柳長源과 南漢朝에게서 배웠다. 그는 理活物說을 주장하여 이상정의 설을 더욱 主理的으로 深化시켰다. 사단칠정론에 있어서도 四端理發을 주장하였다. 이러한 그의 理活物說은 金興洛과 李震相에게 영향을 주었다.71) 유치명은 黃源善과 학문적 교유를 하였는데, 황원선의 문집에 보면 7편의 서신이 들어있다.

3) 방촌의 후예 유학자들

① 옥동서원 설립기(1518년)

상주 중모유교문화의 주인공은 방촌 황희의 후예들인 장수황씨 유학자들이다. 그것은 황희의 둘째 아들 황보신이 상주 중모에 입향하고, 그의 후손들이 선조 방촌 황희를 추모하는 데서부터 출발한다. 그 역사적

---

71) 유교사전편찬위원회 편, 『유교대사전』, 박영사, 1990, 1116쪽 참조.

산물이 바로 옥동서원이다.

　상주 중모 입향조 黃保身(1401~1456)은 방촌의 차남으로 사헌부 감찰, 호조정랑 등을 역임하고 한성소윤, 이조참의에 증직되었다. 보신은 友兄, 從兄, 敬兄, 恭兄 4형제와 두 딸을 두었는데, 큰 사위가 沙溪 金長生의 5대조인 光山府院君 金國光(1415~1480)이다.

　둘째 아들 黃從兄(1428~ ?)의 자는 雲峰, 호는 義止인데, 청도군수, 선공감 부정을 지냈으며, 특히 청도군수 재임 시에는 임지에서 조부인 방촌이 편찬한 『禮部韻略』을 간행하였다. 종형은 6형제를 두었는데 그 가운데 큰 아들 瓘에 이르러 가문이 융성을 맞는다.

　黃瓘(1450~?)의 호는 松岩인데 16세에 진사시에 합격하고 김해부사를 지냈다. 연산군의 폭정에 반대하여 구금되었으나 중종반정으로 純忠補祚功臣 吏曹判書 長原君에 봉해졌다. 아들 5형제가 모두 진사시에 합격하고, 그 중 孟獻, 汝獻, 孝獻 3형제는 다시 대과에 급제하여 홍패가 셋이요 백패가 다섯으로 三紅五白의 집이라고 칭송하였다. 이들 5형제가 中牟 黃氏 가문을 현창했으며, 斯界에 文名을 떨쳐 中牟 유교문화의 창시자라고 할 수 있다.[72]

　이와 같이 황보신의 손자 黃瓘이 孟獻, 世獻, 允獻, 汝獻, 孝獻 등 걸출한 아들을 두게 되어 중모현의 학문과 위상을 드높였다. 특히 황희의 현손인 한성부윤 맹헌과 홍문관 수찬 효헌이 1518년(중종 13년) 방촌의 영정을 봉안하고 공부하던 글방을 열었고, 1580년(선조 13년) 그들의 후손들이 신덕리에 白玉影堂(일명 厖村影堂)을 건립하고 춘추로 제사를 지냈으니 뒷날 옥동서원 창설의 효시가 되었다.[73] 이 중모현 신덕리에 세운 白華書堂(白華黌堂)은 방촌 영정을 봉안한 讀書堂이자 講學堂의 역할을

---

72) 금중현, 「백화산 자락의 유교문화」, 89쪽.
73) 금중현, 「백화산 자락의 유교문화」, 88쪽.

하였다.

黃孟獻(1472~1535)의 자는 魯敬, 호는 月軒, 시호는 昭襄公인데, 저서로는 『月軒逸蹟』이 있다. '月軒'이란 호는 본래 黃氏 家乘에는 없는데, 秋史 金正喜(1786~1856)가 昭襄公의 號가 月軒이라고 했다는 데서 근거하고 있다.[74] 맹헌은 1486년 14살 때 寓庵 洪彦忠과 松齋 李堣와 함께 예안의 安中寺에서 공부했다고 한다.[75] 특히 송재 이우는 퇴계 이황의 숙부로 어린 퇴계의 유교적 기초를 닦아준 스승이다.

그는 성품이 효성스럽고 仁厚한 도량이 있었는데, 남과 더불어 할 때는 충실하고 신의가 있었고, 형제에게는 우애 있고 지극히 화합했다. 몸가짐을 조절하고 성리학을 좋아하여 널리 배웠다.[76]

1515년(중종 10년) 아우 汝獻과 孝獻이 상주 모동에서 賜家讀書를 하면서 향리에 방촌영정을 모시고 독서당인 白華堂(白華聾堂)을 만들었는데, 1518년(중종 13년) 孟獻은 다시 아우 孝獻과 함께 중모 新德里에 白華書堂을 세웠으니 이것이 후일 옥동서원의 효시가 되었다.

그는 강원도 관찰사가 되어 삼척의 召公臺를 改修하고 비석을 세워 선조 방촌의 遺德을 추모하였다. 경기도 관찰사 때는 선정을 베풀어 칭송을 받았는데, 도승지, 사헌부 대사헌, 예조참판, 경상도 감사, 한성판윤, 지중추부사 등을 역임하였으며, 파주 사목리에 그의 부조묘(不祧廟)가 있다.

둘째 아들 黃允獻의 자는 可而, 호는 無盡亭이다. 생원시에 합격하였

---

74) 黃蘭善 編, 『長溪聯芳錄』, "月軒之號 家乘本不傳 而近世金秋史正喜 嘗謂昭襄之號月軒 是也 秋史自是博涉人 其必有所據者矣."

75) 『歸厚齋』, 「昭襄公諱孟獻墓碑銘」, 97쪽.
   黃孟獻, 『月軒逸蹟』, "嘉靖甲辰 余與吳仁達 上淸凉山 入安中寺 松齋李公堣 少時與黃宰 相孟獻洪先生彦忠 讀書于此 其後松齋有一絶 曰安中寺裏黃洪我 丙午年中事己."

76) 『歸厚齋』, 「昭襄公諱孟獻墓碑銘」, 97쪽.

으며 한성참군을 지냈다. 『江夏世蹟』에 의하면 西庵 太斗南, 俛仰亭 宋純, 靈川 申潛 등과 시를 주고받았다.

셋째 아들 黃世獻의 자는 徵之, 호는 愛日軒이다. 1501년 신유사마시에 합격하고 천안군수와 대구부사를 역임했다. 기묘사화 때 冲庵 金淨이 제주로 귀양갈 때 금부도사로 압행을 했는데, 그때 중도에서 김정이 갑자기 병이 나 위급했는데 지극한 정성으로 구호하였다고 한다.[77]

넷째 아들 黃汝獻(1486~1566)의 자는 獻之, 호는 柳村이다. 1545년 을사별시에 급제하여 홍문관 수찬과 교리를 역임하고, 湖堂에 들어 賜家讀書를 하고 외직으로는 울산군수를 역임하였다. 임진왜란에 승병을 이끌고 공훈을 세운 四溟堂이 승적에 들기 전 황여헌에게서 『맹자』를 배웠다고 한다.[78] 황여헌은 당대 문장가로 세상을 울린 湖陰 鄭士龍, 陽谷 蘇世讓과 더불어 세칭 '鄭, 黃, 蘇'로 일컬어졌으며, 그의 「竹枝詞」는 중국에 까지 널리 알려진 작품으로 또한 중종조의 名筆로 남은 분이다.[79] 그리고 저서로 아우 孝獻과 같이 편찬한 『長溪二稿』가 전해진다. 『江夏世蹟』에 의하면 十淸軒 金世弼, 慵軒 黃士祐, 西庵 太斗南, 蓮潭 李守仁, 拙齋 蔡紹權, 龍巖 朴雲과 시를 주고 받고 학문 교유도 하였다.

막내 아들 畜翁 黃孝獻(1490~1532)은 5형제 중 학문적으로 가장 뛰어났던 인물이다. 이에 대한 설명은 이미 위에서 했기 때문에 중복을 피하고자 한다. 다만 그와 함께 활동했던 조광조, 김구, 박상, 기준, 김정 등이 기묘명현으로 기묘사화 때 희생된 도학파의 중심인물들이었다는 점을 주목해야 한다. 이들은 조선유학사에서 15세기 도학파를 이끌었던 중추

---

77) 『長溪聯芳錄』, 「愛日軒逸蹟」.

78) 금중현, 「백화산 자락의 유교문화」, 90쪽.
   黃蘭善 편, 『長水黃氏世牒』, 「先世紀年」, "任惟政來授孟子於柳村公 後歸沙門 號泗溟堂."

79) 『옥동서원지』, 옥동서원지편찬위원회, 2019, 62쪽.

로써 後儒들의 존경과 흠모를 받았다. 그럼에도 불구하고 황효헌이 기묘명현이 될 수 없었던 까닭은 당시 처세에 있어서 입장과 견해가 달랐기 때문이다. 황효헌은 개혁파의 언행이 지나쳐 중종의 마음을 잃었다고 그 기미를 일찍이 간파하고 상주로 낙향해 피했던 것이다. 조광조 등 기묘명현들이 좀 더 유연한 방법으로 중종을 설득하고 개혁 작업을 추진했더라면 개혁의 실효도 거두고 무참한 희생도 피할 수 있었으리라는 것은 율곡도 이미 지적한 바 있다.

1519년(중종 14년) 경연에서 장차 『性理大全』을 강의할 적합한 인재를 선택할 때, 황효헌도 趙光祖, 金安國, 金淨 등 여러 儒賢들과 함께 선발되었으나, 멀리 상주에 있었으므로 부임하지 못하였는데,[80] 이것을 보아도 황효헌의 성리학에 대한 조예나 당대 유학자로서의 위상은 짐작되는 바 있다. 황효헌이 1518년 29세에 고향 상주로 내려왔을 때 『下惟篇』, 『갈굴편(渴掘篇)』 등을 저술하였는데, 『갈굴』은 翰苑에 있을 때 지은 疏箚를 엮어 만든 것이다.

이렇게 볼 때, 황보신의 상주 낙향과 더불어 그의 증손자 5명이 文名을 떨쳐 장수황씨 가문의 영예를 빛냈고, 맹헌, 여헌, 효헌이 중심이 되어 白華堂(白華鱉堂)을 세우고 白華書堂을 세워 방촌을 추모하고 그의 학문과 업적을 기리는데서 상주 중모학풍은 시작되었다 할 것이다.

② 玉洞書院 重修期(1620년)

옥동서원의 전신인 白玉洞影堂은 임진왜란 때 완전 소실되었는데, 1620년(광해군 12년) 반간 황뉴(槃澗 黃紐)가 중심이 되어 중수하였다. 이 시기에 활동한 장수황씨 출신 유학자들을 살펴보기로 하자.

---

80) 『歸厚齋』, 「畜翁公諱孝獻神道碑銘」, 106쪽.

黃징(1521~1573)은 효헌의 넷째 아들로 자는 伯康, 호는 衛率이다. 1555년(명종 10년) 생원시에 합격하고 공조좌랑, 홍천현감, 보은현감, 성주판관 등을 지냈다. 정경세가 그의 墓碣文을 쓰고 權應仁이 墓誌를 썼다.

黃俊元(1548~1609)은 효헌의 손자이고 黃징의 아들이다. 자는 士初인데 의령현감을 지내고 선무원종공신에 봉해졌다. 정경세는 그의 墓誌銘을 쓰고, 祭文을 지어 주었으며, 鑑湖 呂大老는 挽詞를 보내주었다.

黃時幹(1558~1642)은 방촌의 7세손으로 호는 道川, 七峰인데, 退溪, 南冥의 문인인 寒岡 鄭逑의 문인이다. 1605년에 생원이 되고 정랑이 되었다. 삼가현감, 형조좌랑을 역임했고, 鄭經世, 李埈, 全湜과 함께 '商山四友'라 칭하였다.[81] 문집이나 문헌이 없어 그의 사상이나 학문을 알 길이 없으나 학연과 교우관계로 보면 상주유학에서 차지하는 그의 위상이 결코 작지 않음을 알게 된다.

繁潤 黃紐(1578~1626)는 황희의 8세손으로 孝獻의 증손이고 俊元의 아들이다. 愚伏 鄭經世의 문인으로 촉망을 받았다. 1613년 계축 증광 문과에 급제하여 1616년 승정원 부정자로 관직에 나아간 이후 성균관 전적, 예조정랑, 사헌부 지평을 역임하였다.

그는 널리 배우고 古文을 전공하여 六藝의 전통을 이어 祖述하고, 『左傳』, 『國語』, 『史記』, 『漢書』를 참고했기 때문에 그 문장은 沈渾하면서도 精奧하여 스스로 일가를 이루었다고 평을 받았다. 황뉴는 鄭經世의 문인이고 그의 아들 德柔가 沙西 全湜의 사위였으므로 사돈지간이었다. 黃紐는 장수황씨 문중의 유학자로서 대표적인 위치에 있고, 임진왜란 때 소실된 백옥동영당을 그가 중심이 되어 복원하여 후일 옥동서원으로 정착

---

81) 상주시사편찬위원회, 『상주시사』, 제5권 인물, 상주시, 2020, 326쪽.

하는데 중추적인 역할을 했다. 그리고 1786년(정조 10년) 畜翁 黃孝獻과 함께 옥동서원에 배향되는 영예를 누렸다.

黃緝(1580~1658)은 孝獻의 증손으로 義元의 아들인데 자는 조承이다. 1608년(선조 41년) 무과에 장원급제하여 남원현감, 남포현감, 평해군수, 절충장군 가선대부에 올랐고, 의주부윤을 역임했다. 1634년(인조 14년) 오위장이 되고 가의대부로 승진, 경상우도병마절도사, 함경남북도병마절도사를 역임했다. 전라병마절도사 재임시에는 仁祖의 誕日 陳賀箋에 병자호란의 국치를 생각하여 청의 연호를 사용하지 않았다 하여 파직을 당하기도 했다.

黃德柔(1596~1659)의 자는 應坤, 호는 杜谷, 不換亭이며 黃紐의 아들이다. 우복 정경세의 문인이고 면천군수와 홍천첨사를 역임하였다. 문집으로『不換亭遺蹟』1권이 전하는데, 그 속에 스승 정경세를 추모하는 「祭愚伏鄭先生文」이 있고 또 月澗 李㙉을 추모하는 「輓月澗李公㙉」이 있다. 鄭宗魯가 그의 묘지명을 썼고, 「家狀」에 의하면 鄭經世가 그를 지극히 칭찬하면서 "識量이 남보다 뛰어나고 일에 임해 잘 결단한다 하고, 참으로 茂才라 칭찬하였다"고 한다.

『江夏世蹟』에 의하면 沙西 全湜, 尤庵 宋時烈과 서신왕래를 하였고, 秋澗 姜大遂, 一石 朴惟棟, 玄洲 李昭漢, 晩悟 黃緬, 木齋 洪汝河, 西溪 李身圭, 秋澗 鄭智模, 雙泉 李俊松, 芝園 姜世綸 등과 시를 주고받았다. 1766년 李象靖은 「不換亭重修記」를 썼고, 그의 상사 때는 영의정 鄭太和, 白軒 李景奭, 龍洲 趙絅, 同春堂 宋浚吉, 尤庵 宋時烈, 靜觀齋 李端相 華隱堂 成震恒 등이 輓詞를 보내 그의 학문적 교유의 폭이 얼마나 넓은 가를 짐작할 수 있다. 특히 기호의 宋浚吉, 宋時烈, 李端相 등과 교유도 있어 상주 중모유교의 학풍이 결코 퇴계학파에만 머물러 있지 않고 기호학파와도 소통하고 있었음을 짐작케 한다.

황면(黃緬, 1600~1670)의 자는 遠甫, 호는 晚悟인데 敬兒의 6세손이다. 그는 어려서부터 총명하여 11살에 족형인 檗澗 黃紐로부터 『小學』을 배웠으며, 鄭經世의 문하에 들어가 예학을 배웠다. 그는 1624년 증광시 생원이 되고, 아랫사람들에게는 勸과 勤 두 글자를 배움에 있어 경계하였고, 선비의 도로서 立志의 중요성을 강조하였는데, 저서로써 『晚悟集』이 전한다.[82)

황빈(黃霦, 1618~1677)은 德柔의 장남으로 자는 玉相, 호는 于石堂이다. 立齋 鄭宗魯에게서 배웠으며 1648년(인조 26년) 생원이 되었으며, 벼슬길에 나아갔으나 여의치 않자 고향 마을 안평에 于石堂을 지어 낙향하였다. 『江夏世蹟』에 의하면 沙西 全湜과 木齋 洪汝河와 편지 왕래를 하였고, 洪汝河, 華隱 成震, 可庵 全翼耉 등과 시를 주고 받았다. 그의 문집으로는 『于石堂遺稿』가 전한다.

黃尙中(1619~1680)은 黃時幹의 사손(嗣孫)으로 호는 愚谷이다. 현종 때 진사가 되었고, 문장과 행의가 남달랐다. 栗谷 李珥, 牛溪 成渾, 尤庵 宋時烈을 존숭하고 그들을 변호하는 변무소(辨誣疏)를 두 번이나 올렸다. 道川祠에 제향 되었다.[83) 문집과 문헌이 없어 그의 학문과 사상을 알 수 없으나 기호학파의 중심인물인 栗谷, 牛溪, 尤庵의 辨誣疏를 올렸다는 것으로 볼 때, 그의 학문적 특성과 교유관계를 짐작케 한다.

황연(黃堧, 1630~1671)은 德柔의 2남으로 霦의 아우다. 그의 자는 天垣, 호는 吾山公이다. 『江夏世蹟』에 의하면 용호 오거(龍湖 吳拒), 백호 윤휴(白湖 尹鑴)와 시를 주고받았고, 1667년(현종 8년) 2월에 올린 「丁未二月因災異斥時宰疏」에서는 병자호란 후 시국의 안정을 위해 宋時烈, 宋浚吉, 조경(趙絅), 許穆, 윤휴(尹鑴), 洪宇遠, 권시(權諰) 등을 거론하며 당

82) 『歸厚齋』, 장수황씨소윤공파종회, 2020, 145쪽.
83) 상주시사편찬위원회, 『상주시사』, 제5권 인물, 상주시, 2020, 326쪽.

파를 초월한 인재의 등용을 말하고 있다. 그는 宋時烈, 宋浚吉을 둔거산림(遯居山林)이라 하고, 趙絅의 三朝宿望, 許穆의 士林模範, 尹鑴의 學問才器, 洪于遠의 淸名直節을 들어 이들의 천거를 주장하고 있다.

황정(黃霆, 1632~1708)은 德柔의 3남으로 호는 自容軒이며, 『江夏世蹟』에 보면 李殷徵, 李禮徵, 野村 孫萬雄 등과 시를 주고받았다. 黃鍾振(1653~1708)은 자가 聲遠, 호가 晩默軒이고 牧隱 李穡의 12세손 李世迪과 교유하였다.

③ 玉洞書院 昇格(1714년) 및 賜額期(1789년)

옥동서원은 1714년(숙종 40년) 백옥동서원으로 승격되었고, 1715년에는 신덕리에 위치해 있던 방촌 황희의 영당을 수봉리 현 위치로 移建하였으며, 이 때 祠宇인 景德祠와 강당 蘊輝堂도 건립되었다. 그리고 1789년(정조 13년) 마침내 '玉洞書院'의 賜額을 받게 되었다. 이 시기에 활동한 장수황씨 유학자들에 대해 검토해 보기로 하자.

黃鍾協(1664~1730)은 빈(霦)의 장남으로 호는 肯堂이다. 『江夏世蹟』에 의하면 吉甫 李世迪, 石南 申濬, 新浦 孫景郁, 密庵 李栽 등과 시를 주고받으며 교유하였다.

黃鍾粹의 자는 純夫, 호는 장동(墻東)인데, 빈(霦)의 아들이고 鍾協의 아우이다. 『江夏世蹟』에 의하면 정경세의 증손 환성 정석교(喚惺 鄭錫僑), 野村 孫萬雄, 玉川 趙德隣, 자하 이홍덕(紫霞 李弘惪), 石南 申濬, 新浦 孫景郁, 식산 이만부(息山 李萬敷), 密庵 李栽 등과 서신왕래를 하며 학문교유를 하였다. 저서로는 『장동일고(墻東逸稿)』가 있고, 이만부, 이재가 보낸 輓詞가 있다.

黃浚(1674~1727)의 자는 道源, 호는 호은(壺隱)인데, 黃紳의 玄孫이고 鍾振의 아들이다. 1705년에 생원이 되고, 1719년 己亥 증광시 문과에 급제하여 현감을 지냈다. 『강하세적』에 의하면 聽澗 崔桂夏, 景梅堂 曹述, 江左 權萬과 시를 주고 받았고, 屛谷 權榘, 遯厓 李師德, 채규양(蔡葵陽) 등과 서신왕래를 하며 학문 교유를 하였다.

黃翼再(1682~1747)는 집(緝)의 증손으로 鎭夏의 아들이다. 그의 자는 再叟, 호는 華齋 또는 白華齋이다. 그의 이름을 '翼再'라고 한 것은 그가 태어나던 날 저녁에 어머니 상산김씨의 꿈에 익성공 황희가 '아이가 태어났느냐'며 묻기를 잇달아 두 번 했기 때문에 兒名을 '翼再'라 하였는데 성장해서도 그대로 사용했다고 한다.[84] 그는 2살 때 모친을 잃고 7살 때 부친마저 여의어 부모에 대한 효가 한이 되었다. 그는 회갑 날에도 잔칫상을 물리치고 먹지 않았으며, 37세에 부모의 묘소가 보이는 곳에 '白華齋'라는 서재를 지어놓고 부모에 대한 그리움을 달랬다. 멀리 유배지에서도 부모의 기일이나 조상의 기일이면 조용히 앉아 추모하곤 하였다.

그는 어려서부터 病弱하여 11세가 되어 仲父를 따라 충청도 옥천 항담으로 이사하여 龍谷書堂에서 『孝經』을 공부하여 12살에 마치고, 13세에는 『詩經』을 읽고, 14세에는 三經을 완독하였다고 한다. 이러한 家學 외에 뚜렷한 사승관계는 보이지 않는다.[85]

立齋 鄭宗魯는 『華齋集』 서문에서 황익재가 학문에 독실하여 온전한 재능을 완성하였다 하였다. 또 그의 뛰어난 자질과 탁월한 식견에 학문의 역량을 더하여서 명석함은 이치를 밝힐 수 있었고, 강직함은 일을 결단할 수 있었으며, 능력은 공로를 세울 수 있었다고 칭찬하였다.[86]

1705년(숙종 28년) 임오 식년문과에 급제하여 종성부사, 승정원부정

---

84) 황만기, 「화재 황익재의 삶과 학문경향」, 『제2회 옥동서원학술대회』, 2018년 10월 7일, 84쪽.

85) 황만기, 「화재 황익재의 삶과 학문경향」, 『제2회 옥동서원학술대회』, 2018년 10월 7일, 89쪽.

86) 『華齋集』, 「華齋先生文集序」(鄭宗魯 撰).

자, 성균관전적, 병조좌랑을 거쳐 순천부사 등을 역임하였다. 1728년(영
조 4년) 李麟佐의 난에 召募使로 공을 세워 勳武原從功臣 일등에 책록되
었다. 순천부사로 재임 시에는 香林書塾과 養士齋를 건립하여 興學에 힘
을 썼다. 저서로는 『운결록(隕結錄)』, 『西行日記』, 『自明錄』, 문집으로 『華
齋集』이 있다. 재임시 興學에 힘써 순천향교에 興學碑가 세워졌으며, 순
천 향림사와 상주의 봉산서원에 배향되었다. 황익재는 密庵 李栽
(1657∼1730), 大山 李象靖(1711~1781), 淸臺 權相一(1679~1759), 息山
李萬敷(1664~1732) 등과 교류하여 중모고을 유교문화 창성에 大幹이었
다.[87] 그는 李栽, 李象靖, 權相一 등 상주지역 인사뿐만 아니라 權榘, 權
萬 등 안동지역 문인들과의 교유도 활발하였다. 그리고 근기남인에서 영
남남인으로 전향한 息山 李萬敷와 星湖 李瀷 등과 같은 근기남인 실학자
들과도 교유가 남달랐다.

『星湖全集』에는 성호가 황익재에게 답장한 편지가 2통이 실려 있고,
1736년에 보낸 편지에는 『중용』과 『대학』에 관한 언급이 있어 학문적 교
유가 깊었음을 알 수 있다. 1741년 황익재에게 답한 편지에서는 喪禮에
관한 물음에 답장한 問目이 실려 있다. 마찬가지로 『華齋集』에도 「與李
星湖子新瀷問疑禮」에서 星湖 李瀷에게 儀禮에 관한 질문을 하고 있다.
이상정은 白華齋에 종종 들러 시를 짓기도 했다.

다음 息山 李萬敷와의 학문교유에 관해 살펴보기로 하자. 황익재가 근
기남인인 성호 이익과의 연결고리가 어떻게 이어졌는가는 알 수 없으나,
여기에는 이만부의 역할 가능성이 매우 높다. 왜냐하면 이만부의 선대는
근기남인이었고 그 역시 근기남인에 속하다가 상주에 터전을 마련함으
로써 영남남인과의 유대관계를 가졌기 때문이다. 이런 측면에서 이만부

87) 금중현, 「백화산 자락의 유교문화」, 93쪽.

는 황익재의 학문형성에 일정한 영향을 끼쳤던 것으로 보인다.[88] 황익재와 이만부는 백화산 般若寺를 찾아 봄의 경치를 감상하며 시를 지었고, 며칠간을 상주 중모리에서 영동 황간으로 넘어가는 吾道峙를 비롯하여 落水庵, 東臺, 獅子庵 등 백화산 주변을 감상하며 시를 읊기도 했다.

이만부는 1728년 종성부사로 부임하는 황익재에게 贈序를 주며, 북방 변경지역을 잘 수호하며 목민관으로서 책임을 다할 것을 당부하면서, 조부 李觀徵(1618~1695)이 종성도호부사로 있으면서 법령을 지키며 공명정대한 행정을 베풀어 백성들이 복종한 사례가 있으니, 조부의 목민활동을 잘 헤아리면 목민관으로서의 역할 수행에 보탬이 될 것이라는 조언도 아끼지 않았다.[89] 그리고 이만부와 송별을 하고 종성으로 부임하는 도중에 이인좌의 난이 일어나 의병을 모집하는 소모사의 임무를 띤 황익재가 창의를 종용하는 통문을 보냈을 때 이만부는 통문을 받고 분연히 떨쳐 일어나 창의를 도왔던 것이다.[90]

황익재는 密庵 李栽와 상주에서 詩會를 함께 하였고, 淸臺 權相一과는 편지를 주고 받으며 친밀한 교유를 하였다. 『華齋集』에 권상일에게 보낸 편지가 10통이나 있고, 『淸臺集』에는 황익재에게 보낸 편지가 7통 실려 있다.

또한 황익재 보다 한 세대 후배인 大山 李象靖은 황익재의 서재인 白華齋에 들러 시를 읊었다. 『華齋集』 잡저에 있는 「社倉節目茁順天時」, 「賑廳節目」, 「鄕約節目」, 「養士齋節目」 등은 그의 사회교육, 복지에 관한 견해를 알 수 있는 소중한 자료들이다.

88) 황만기, 「화재 황익재의 삶과 학문경향」, 『제2회 옥동서원학술대회』, 2018년 10월 7일, 91쪽.

89) 『息山集』, 卷5, 「送愁州使君黃再叟書」.

90) 『息山集』, 속집, 卷2, 「答召募使黃再叟」.

황익재는 나라에 대한 충성심도 지극하였다. 1728년 종성부사에 제수되어 가던 중 3월 17일 李麟佐의 난이 일어났다. 19일 원주에서 按撫使 朴師洙를 만나 역도들을 진압하는데 함께 하자는 제안을 받고, 召募使가 되어 상주향교에 통문을 보내 병사모집을 호소하고, 경상도 도내에도 통문을 보내 창의를 호소하였다. 이와 같이 그는 역도들의 반란 진압을 위해 소모사가 되어 창의에 앞장섰으나 불행하게도 반란의 무리에 동조했다는 억울한 누명을 쓰고 7년간 귀양살이를 했다. 그는 49세 되던 1730년 4월 4일부터 8월 4일까지 4개월간 적도들과 내통했다는 누명을 쓰고 의금부에 갇혀 있다가 8월 5일에 석방되었다.[91] 그러나 석방된지 한 달만에 대사간 이수항의 계사로 9월 21일 평북 귀성으로 다시 유배되었다가 7년 만인 1736년 55세에 풀려나 고향으로 돌아왔다. 1788년에야 억울한 신원이 해결되었다. 황익재는 전라도도사, 무안현감, 순천부사 등을 역임하면서 선정을 베풀어 향민들의 존경을 받았다. 1709년 28세에 全羅道都事가 되어 漕船을 관장하였는데, 당시 담당자들의 부정을 바로 잡아 환영을 받았다. 1711년 30세에는 무안현감을 지냈는데 혹심한 기근을 맞아 구황책을 강구하고 시골 마을을 돌아다니며 주민들을 직접 慰撫하였다. 그리고 쌀을 나누어 주고 죽을 먹여주는 은혜를 빠짐없이 베풀어 수천 호의 온 고을이 굶어죽는 사람이 없었다. 이에 암행어사 홍석보가 표창하여 아뢰자, 나주의 조운판관을 겸임하게 되었다.

1716년 35세에 순천부사를 역임하면서는 백성들의 교화에 힘써 주민들의 칭송을 받았다. 그는 "백성을 다스리는 데는 백성을 교화시키는 것이 우선이고, 교화는 반드시 학교를 세우는 것으로부터 시작해야 한다"하고, 자신의 녹봉을 희사하여 서재를 설치하고 士子들을 모아 학업을

---

91) 『華齋集』, 卷6, 「庚戌日記」.

익히게 하였으되 田地를 두어 경비를 마련하도록 하고 일하는 하인들을 두었으며, 휴일에는 서재에 가서 종일토록 강론하였는데 士子들에게 실행을 우선으로 하도록 힘썼다. 그 후 昇平에 부임했을 때에는 香林書塾을 설립하였고, 箕城에 있을 때에는 養士齋를 건립하였으니, 부임하는 곳마다 士子의 기풍이 크게 변하였다. 또한 주자의 社倉法에 따라 시행하여 뜻하지 않은 사태에 대비하도록 하기도 하였다.

황익재는 族姪인 黃沈, 黃潢, 황석, 황속(黃涑) 등에게 『朱子書節要』를 강론하였고,[92] 유배지까지 동행한 아들 宗幹에게 학문의 단계와 持敬의 방법에 대해 가르쳤다. 그리고 평북 龜城지역의 유생 魏震夏와 『啓蒙疑義』를 강론하고, 유생 桂萬熙에게 학문을 가르쳤으며, 자신도 『맹자』의 浩然章을 읽고 많이 깨달았다 한다.[93]

또한 『退溪集』을 읽고 느낀 점을 서술하거나 퇴계 시에 차운하여 감회를 읊조리는 등 퇴계의 학문을 수용하여 자신의 것으로 승화하였다. 심지어는 퇴계의 글을 가져다가 중요한 부분에 朱墨으로 표시하여 『退陶書節要』를 찬술하려는 계획을 세우는 등 퇴계의 학문에 남다른 관심을 보였다.[94]

또한 황익재는 유배지에서 퇴계의 『古鏡重磨方』을 펼쳐보고 감회를 시로 읊조리기도 했다. 이 책은 퇴계가 湯의 盤銘을 비롯하여 77편의 箴, 銘, 贊을 뽑아 엮은 잠언서이다.

이렇게 볼 때, 황익재는 황효헌, 황뉴를 이어 상주 중모학풍의 중흥을 이루는데 중요한 한 역할을 하였다고 볼 수 있다. 특히 영남유교의 중심에 섰던 이만부, 이상정, 이재, 권상일 등과 친밀한 관계를 유지하고 깊이

92) 『華齋集』, 卷3, 「與鄭伯英」.
93) 『華齋集』, 卷7, 「年譜」, 52세조.
94) 『華齋集』, 卷7, 「年譜」, 53세 조.

있는 학문교유를 했던 것이다. 일찍이 부모를 잃고 고아가 되어서도 학문에 정진하여 훌륭한 유학자가 되었고, 孝와 忠을 아울러 지니는 동시에 이인좌의 난을 맞아서는 몸을 아끼지 않고 소모사로 나서 활약했던 것이다. 그러나 억울한 누명을 쓰고 오랫동안 유배생활을 했던 것은 참으로 불행한 일이었다. 학풍에 있어서는 퇴계를 존숭하고 퇴계의 학문을 배우려 하였고, 다른 한편으로는 이만부, 성호 이익과의 교유를 통해 실천적인 실학의 학풍에 관심을 갖기도 하였다.

黃沈(1688~1763)은 黃紳의 玄孫으로 鍾應의 아들이며 浚의 아우다. 자는 仲晦, 호는 山谷이고 外叔 정연섭(鄭捐燮)에게서 배웠다. 그는 1721년(경종 1년) 신축 증광을과에 급제하여 典籍을 역임하는 등 장래가 촉망되었는데, 황익재와 더불어 1728년(영조 4년) 李麟佐의 난 때 억울하게 연루되어 9년 동안 明川에서 유배생활을 했다. 그의 저서로 『山谷逸稿』가 있는데, 그 속에 있는 그의 時務策은 黃沈의 역사의식과 조선사회의 개혁을 바라는 그의 경세사상이 잘 나타나 있다. 藥山 吳光運의 齋名을 지어주기도 했다.

黃混과 黃濂(1693~1752)은 鍾粹의 아들로 형제이다. 황혼의 호는 武陵이고 金世烈과 시를 주고 받았다. 황렴의 자는 通源, 호는 慕軒인데, 李栽, 李象靖 등과 편지를 주고받으며 교유하였다.

黃鍾幹(1712~1741)의 자는 師直, 호는 景退인데, 기호의 유학자 有懷堂 權以鎮과 교유하여 그에게 보낸 「上權判書以鎮書」가 보인다.

황이중(黃顥重, 1709~1787)의 자는 養甫, 호는 이소당(履素堂)인데 混의 아들이다. 『강하세적』에 의하면 妹婿인 李象靖과 李光靖, 金相說, 金光澈, 黃景源, 鄭宗魯 등과 서신왕래를 하며 학문적 교유를 하였다.

黃啓熙(1727~1785)는 黃紐의 6세손이고 德柔의 후손으로 道中의 아들이다. 그의 자는 景初, 호는 審機堂인데 李象靖의 문인으로 생원이다.

저서로는 『審機堂文集』이 있는데 성리학에 매우 조예가 깊어 이상정, 정종로와 주고받은 편지가 있다. 특히 艮翁 李獻慶(1719~1791)에 답한 편지 「答李艮翁別紙」에는 心統性情說에 대한 이론이 정밀하게 소개되어 있다. 아들 莘老, 巖老, 磻老는 당대 상주의 유학자, 문인으로 이름을 떨쳤다. 아들 莘老는 부친의 「家狀」에서 수년 동안 『近思錄』, 『性理大全』, 『易學啓蒙』, 『朱子書節要』 등의 책을 구해 종용히 潛心玩索하여 그 뜻을 탐구하고 도리의 근원처를 단계적으로 이해하였다고 부친의 학문경지를 평가하였다.[95] 이렇게 볼 때, 황계희는 성리학에 조예가 깊었던 것으로 보이며 아들 3형제의 훈육에도 영향을 미쳤다.

黃敬熙(1747~1818)는 黃瀕重의 차자로 자는 子翼, 호는 三事堂이다. 李象靖의 문인으로 저서에 『湖上記聞』이 있고, 이상정, 정종로와 주고받은 편지가 있다.

『江夏世蹟』에 의하면, 그는 李象靖, 申體仁, 李瑀(이광정의 아들), 李埦(이상정의 아들), 權訪, 金宗爕 등과 시를 주고받았고, 李象靖, 金相說, 金宗德, 權訪, 金宗爕, 權以甫, 李埦, 金顯運, 孫鎭翼, 洪光一, 鄭宗魯, 李俔齋, 趙述道 등과 편지를 주고받았다. 이렇게 볼 때 황경희는 유학과 시문에 능하고 또 학문교유의 폭도 매우 넓었던 것으로 짐작된다.

黃贊熙(1768~1833)는 德柔의 5세손으로 자는 褒之, 호는 晩翠이다. 1807년(순조 7) 문과에 급제하여 사간원 정언과 양산군수를 역임하였다. 權相一의 문인인 趙錫喆(1724~1779)에게서 배웠다.

黃巖老, 黃莘老, 黃磻老는 黃啓熙의 아들로 당대 상주의 문장가로 이름이 났는데, 이들에 관해 살펴보기로 하자. 黃巖老(1755~1812)의 자는 子野, 호는 正齋이다. 鄭宗魯의 문인으로 저서로는 『正齋集』이 있다. 黃

---

95) 『長溪世稿』, 卷3, 「先考成均生員審機堂府君家狀」, "數年因取近思錄性理大全易學啓蒙朱書節要等書 從容潛玩 而究其旨 其於道理原頭工程 階級古有以領會焉."

莘老(1755~1822)의 자는 孟耕, 호는 懷窩이다. 정종로의 문인으로 1780
년(정조 4년)에 생원시에 합격하였는데 蔭仕로 우후(虞侯)가 되었다.

黃磻老(1766~1840)의 자는 叔壙, 호는 白下인데 3형제 중 가장 뛰어났
다. 黃紐의 8세손으로 鄭宗魯의 문하에서 배워 1789년(정조 13년)에 생
원이 되었다. 문집으로 『白下集』이 있다. 족보와 『尙山誌』 등 상주의 사
기에는 생원으로 기록되어 있으나, 1789년 「상주 옥동서원 사액일기」에
는 '3월 13일 과거 紅牌를 받았음' 이라는 기록이 있어 대과에 급제한 것
으로 추정된다.96) 黃紐의 「家狀」을 썼고, 교유인물로는 姜世揆, 姜世綸,
姜世白, 姜鳳欽, 柳尋春, 李敬儒, 李升培, 趙承洙 등이 있다. 그는 柳尋春,
李敬儒, 李升培와 더불어 '영남 4문장'으로 칭송되었다. 그의 학문계보는
畜翁 黃孝獻-槃澗 黃紐-審機堂 黃啓熙로 이어지는 가학의 영향이 매우
컸다고 볼 수 있다.

黃麟老(1785~1830)는 黃紐의 후손으로 敬熙의 아들이다. 그의 자는
文吉, 호는 雨坪으로 鄭宗魯의 문인인데, '영남 3문장'의 하나로 일컬어졌
다.

『江夏世蹟』에 의하면 그는 鄭宗魯, 盧啓心, 洪光一, 柳尋春(柳成龍의 7
世孫), 孫綸九(孫仲暾의 9世孫), 權濟說, 成觀魯, 呂學祖, 金漸運(金誠一의
從8世孫), 張錫愚(張顯光의 9世孫), 鄭象晉(鄭宗魯의 아들), 姜世揆, 姜世綸,
李洛夏(李晬光의 7世孫) 등과 시를 주고받았다. 또한 南漢皜(李象靖, 鄭宗
魯의 문인), 鄭象晉(鄭宗魯의 아들), 李俛齋, 李秉夏(李象靖의 三從孫) 등과
서신왕래를 하며 학문 교유를 하였다. 이렇게 볼 때, 황인로의 학문 교유
의 폭은 매우 넓었던 것으로 보인다.

저서로는 『雨坪遺稿』가 전하는데 문집 거의가 시문이 많다. 그 속에는

---

96) 『옥동서원지』, 옥동서원편찬위원회, 2019, 162쪽 참조.

「靈神院重修記」,「坡州長壽山靈神院重修上梁文」,「祭沙西先生影幀移奉沃川時間中祭文」,「祭立齋先生文, 丙子」 등이 실려 있다. 영남 3문장이라 하면 谷口 鄭象觀, 過庵 姜世聞, 雨坪 黃麟老를 말하고, 영남 4문장을 말하면 여기에 白下 黃磻老가 포함된다.[97]

黃獻老의 호는 恥窩인데 저서로 『恥窩遺稿』가 있다. 여기에는 樊巖 蔡濟恭(1720~1799)을 伸救하는 상소문 「樊巖蔡相國伸救疏」, 立齋 鄭宗魯 請贈疏, 仁과 義는 正名이 되고 道와 德은 虛位가 된다는 논문 「仁與義爲正名 道與德爲虛位論」이 실려 있다. 또한 정종로의 명에 의해 기록한 장문의 『論語講錄』이 있는데, 이는 정종로의 경학사상을 알 수 있는 귀중한 자료들이다. 이렇게 볼 때, 황헌로는 문학을 하면서도 경학에도 상당한 조예가 있었던 것으로 보인다.

그런데 조선 말기 상주의 장수황씨 가문에는 詩文에 능한 8老가 있었다 한다. 장수황씨 老字 이름의 8명의 출중한 선비가 세상에 일컬어졌는데 이에 관한 일화를 보기로 하자.

시려 황란선(是廬 黃蘭善, 1825~1908)과 친구 朴芸窓과의 대화에서 박공이 황난선에게 묻기를, "일찍이 들으니 中山의 黃氏로 八老가 있어 당세를 울렸다고 하는데, 그 이름은 누구이며 문학은 과연 어떠한가?"라고 하였다. 이에 황난선이 다음과 같이 설명하였다.

審機堂 휘 啓熙인데 大山의 高弟子이다. 아랫대에 세 아들을 두었는데, 장남은 懷窩 휘 莘老로 家學을 지켰으며, 文詞가 簡雅하였고, 중간 아들은 正齋 휘 岩老로 律度가 峻整하고 經術에 該暢하였으며, 막내는 白下 휘 磻老로 문장과 필법으로 한 세대를 크게 기울였다. 또 城南 휘

97) 『옥동서원지』, 옥동서원지편찬위원회, 2019, 62쪽.

眉老는 諸集을 두루 읽어 적용함이 恢恢하였으며, 恥窩 휘 獻老는 才氣가 민첩하고 날카로워 말에 기대어 立草할 정도였고, 義庵 휘 漢老는 詞賦로서 南省에서는 으뜸이라 영남인이 그 詞賦를 외우는 자가 많았으며, 竹窓 崇老는 對策文으로서 東堂의 으뜸으로 籌數에 정통하여 『筭三百解』를 저술하였다. 이 중에 나의 先考가 계시니, 호는 雨坪으로 諱字가 麟자 老자이시다. 선고께서는 鄭谷口 휘 象觀과 姜過庵 휘 世誾과 더불어 嶺下의 三文章이었네."98)

박운창이 다시 말하기를, "白下, 雨坪은 들어서 알겠거니와 一門에 8俊이 났으니 어찌 장하지 않으리오. 그 후 능히 잇는 자가 있는가?"하니, 황난선이 다시 말하기를 "從祖兄 藏園의 휘는 源善인데, 어려서부터 과거공부를 일삼지 않고 오로지 뜻을 향상시키려 하여, 70평생에는 실로 곤궁하였으나 독서와 문학이 卓然하여 짝할 자가 드물었어도 도덕을 품은 채 시험되지 못하고 불우하게 생을 마치어 溪翁이 '藏園은 抄選의 선비로 합당하니, 세상이 公의 도덕을 아는 이 없어 초야에 묻혔으니, 어찌 슬프지 않으리오' 라고 하였다네."99)라고 하였다.
여기서 우리는 18세기 후반부터 19세기 한말에 상주의 中山黃氏 八老가 당대 걸출한 유림으로 나타나 시, 문장, 경학에 걸쳐 각기 재능을 발휘해 중모 유교문화의 개화에 큰 역할을 했음을 알 수 있다.

懷窩 莘老(1755~1852) 謹守家學 文詞簡雅

正齋 巖老(1759~1812) 律度峻整 經術該暢

白下 磻老(1766~1890) 文章筆法 從傾一世

98) 권태을, 「상주의 한문학」, 조선후기편, 시려 황난선, 2001, 상주문화원.
99) 권태을, 「상주의 한문학」, 조선후기편, 시려 황난선, 2001, 상주문화원.

城南 眉老(1760~1835) 歷覽諸集 適用恢恢

恥窩 獻老(1777~1837) 才氣敏銳 倚馬立草

義庵 漢老(1764~1814) 以詞賦魁南省 南人之人多誦其詞者

竹窓 嵩老(1789~1821) 以對策魁東堂 精於籌數 有藈三百解

雨坪 麟老(1785~1830) 鄭谷口象觀 姜過庵世誾과 더불어 嶺下三文章[100]

黃浩善(1785~1873)은 翼再의 5대손으로 源善의 형이다. 鄭宗魯의 외
손자로 자는 宏弼, 호는 守窩이다. 文學이 훌륭하고 行宜가 단정하여 존
경을 받았는데 遺稿로는 『金剛錄』이 있다.

黃源善(1798~1873)은 翼再의 6세손으로 자는 晋懋, 호는 藏園이다. 형
浩善과 함께 외조부 鄭宗魯에게서 배웠는데, 문집으로는 『藏園集』 7권 4
책이 전한다. 황원선의 처는 損齋 南漢朝의 손녀로 妻從祖인 誠齋 南漢
皞에게도 배웠다. 남한호는 이상정, 정종로의 문인이다.

그의 문집을 보면 南漢皞, 鄭戚丈, 柳致明과 학문적 교유를 하였는데,
특히 유치명과 주고받은 편지 7편이 전해진다. 그밖에도 權載, 申錫愚,
柳厚祚, 趙述周, 張錫愚, 崔永祿 등과 학문 교유를 하였다.

1804년(순조 4년) 崔永祿과 承重시 服制문제에 대한 예설을 논하면서
退溪, 寒岡, 沙溪, 愚伏의 설을 비교하여 설명하고 있다. 또한 문집 雜著
에 몇 가지 자신의 설을 보여주고 있는데, 柳致明에게 올린 글 「中庸 知
仁勇」에서 知, 仁, 勇을 논리적으로 서술하였고,[101] 崔幼天에게 준 글에
서는 '鬼神卽誠, 誠卽實理'라 하고 主理로 말해도 좋을 듯하다고[102] 하
였다.

---

100) 『옥동서원지』, 옥동서원지편찬위원회, 2019, 62~63쪽.
101) 『藏園集』, 卷3, 書, 「上柳定齋, 己未」.
102) 『藏園集』, 卷3, 書, 「與崔幼天, 辛酉」.

황원선은 일찍이 말하기를, "옛 사람들은 독서를 하되 '存心'으로써 二字符를 삼았으니, 나는 일찍이 이를 시험 삼아 시작하였다."[103]고 하여, 공부법에 있어 存心을 강조하였는데 이는 곧 敬의 공부법이라 할 수 있다. 황원선은 四未軒 張福樞(1815~1900)와도 7회에 걸쳐 서신왕래를 하였는데, 장복추는 경북 예천출신으로 張顯光의 8대손이며 李象靖을 私淑하였다.

黃五(1816~?)의 자는 四彦, 호는 綠此, 綠一, 綠此居士라고 하는데 문집으로 『綠此集』이 있다. 그는 1816년(순조 16) 경남 함양에서 출생하였는데, 방촌의 3남 烈成公 守身의 13세손이다. 그런데 부친이 수봉파 保身의 자손인 協中에게로 양자를 가게 되어 수봉파 후손으로 상주에서 살게 되었다. 48세에 쓴 自傳에 의하면, 10대에 詩書를 博覽하고, 20대에 서울에서 놀아 그곳의 풍속 인물을 접했으며, 30대에 시 주머니를 차고 전국의 명산대천을 周覽했으며, 40대에 田園으로 돌아와 상주 수봉에서 여생을 보냈다. 언제 생을 마쳤는지는 모른다.

崔永年은 『黃綠此集』 서문에서 "선생은 佛緣으로 세상에 태어나 기상이 탁월하여 구속받지 않았으며, 뜻은 고풍비예(高風睥睨)함에 맡기었다."고 하였고, 姜信鏞은 『黃綠此集』 跋文에서 "공은 쓰일 데 없을 정도의 높은 재주와 민첩한 文才를 지녔으나 자취를 江湖 山岳 사이에 놓았고, 교류는 卿士大夫들과 가져 취해 노래하고 시 읊고 술 마시며 세상을 마쳤다. 시로써 처음은 鄕黨을 울리고 나아가 國都를 울렸으며 마침내 세상을 울렸다."고 술회하였다.

당시 黃五와 교유한 명사들을 보면, 참판 이풍익, 목사 홍한주, 승지 김석, 참판 秋史 金正喜, 군수 김병완, 승지 김기찬, 교리 성이효, 영의정

---

103) 『藏園集』, 卷7, 附錄, 「家狀」, "公嘗言 古人讀書 以存心爲二字符 吾嘗試之始之."

趙斗淳, 승지 김병필, 좌의정 金炳學, 판서 申錫愚, 참판 조재응, 참판 朴珪壽, 판서 이종우, 판서 홍종웅, 金炳淵 등이다.104) 이렇게 볼 때, 황오는 천재적인 시인으로 자유분방하게 살다간 당대 최고의 문인이었다. 위 글에서 보듯이 그는 상주에 머물렀던 시인이 아니라 당대 서울의 명사들과 어울려 온 나라에 알려진 이름난 시인이었다. 오늘날 그의 시문학에 대한 재평가가 활발히 이루어지고 있다. 黃萬善(1819~1883)과 黃蘭善(1825~1908)은 麟老의 두 아들이다. 萬善의 자는 齋甫이며 호는 是岸인데 저서로는『謏錄集』이 있다. 아우 蘭善의 자는 同甫, 호는 是廬인데 遺稿로『是廬集』8권 4책이 있다. 그밖에도 그가 엮은『長水黃氏世牒』은 방촌 황희로부터 상주 少尹公 保身의 후예들에 대한 역사적 기록이라 할 만하다. 장수황씨 소윤공파의 인물들을 빠짐없이 열거하고 그들의 활동상황을 연대순으로 정리한 매우 소중한 자료라 할 수 있다. 황난선의 선조에 대한 공경심과 장수황씨 문중의 역사를 소중히 생각하는 지극한 뿌리정신이 잘 나타나 있다.

4. 맺는 말 - 尙州 中牟學風의 특징 -

1) 방촌정신의 계승

상주 중모학풍의 특징은 방촌정신의 계승에 있다. 그것은 중모학풍의 기반이 옥동서원이고 그 옥동서원은 방촌 황희의 학문과 사상 그리고 그의 인품과 업적을 배우는데 있었기 때문이다. 방촌 황희가 상주 중모와 연관을 맺게 되는 계기는 둘째 아들 黃保身이 金居道의 사위로 1441년 상주에 입향했기 때문이다. 물론 실제로 상주에 정착해 살게 된 것은 황

---

104) 금중현, 「백화산 자락의 유교문화」, 97쪽, 각주 21) 참조.

희의 탈상 후로 추정된다.

상주 중모에 방촌정신의 道場을 만드는데 결정적인 역할을 한 사람은 황희의 고손 黃孟獻, 黃汝獻, 黃孝獻 3형제이다. 이들 3형제는 모두가 대과에 급제하였고, 汝獻, 孝獻이 1515년(중종 10년) 賜家讀書의 영예를 안고 고향 상주에 내려와 학문연구를 하며 고조부 방촌 황희에 대한 존경과 흠모의 정으로 독서당인 백화횡당(白華黌堂)을 세우고 방촌의 영정을 모셨다. 그리고 1518년(중종 13년)에는 孟獻과 孝獻이 상주 중모현 신덕리에 白華書堂을 건립했다. 이것이 1580년 白玉洞影堂이 되고, 임진왜란 때 전소된 것을 다시 1620년 黃紐에 의해 중건을 하게 된다. 그로부터 100여년 후 1714년 白玉洞書院으로 승격되고, 1789년 마침내 '玉洞書院'의 賜額을 받게 되었던 것이다.

孟獻은 아우 孝獻과 함께 白華書堂을 세우는데 주도적인 역할을 하였고, 1516년(중종 11년) 강원도관찰사가 되어서는 방촌의 공덕을 기려 만든 삼척 召公臺를 개수하고 비석을 세워 추모하였다.

또한 아우 汝獻, 孝獻은 최초로 방촌정신의 도장인 백화횡당을 상주 중모에 세워 후일 옥동서원의 씨를 뿌렸다. 또 이들 형제는 방촌의 사적과 선조들의 글을 모아『長溪二稿』를 남겨 방촌의 유지를 계승하고자 했다. 특히 孝獻은 5형제 중 학문에 가장 뛰어났고, 白華黌堂을 처음 만들고 또 白華書堂을 만드는데 주도적 역할을 했고, 형 汝獻과 함께『長溪二稿』를 엮어 방촌을 비롯한 선조들의 학문과 덕을 기렸다.

黃紐는 방촌의 8세손으로 정경세의 촉망을 받았는데, 중모 장수 황씨를 대표하는 유학자라고 할 수 있다. 그는 임진왜란 때 전소된 白玉洞影堂을 다시 복원 重建하는데 중추적 역할을 하였다. 그리고 옥동서원에 방촌을 모시고 全湜, 黃孝獻과 함께 제향되었다. 특히 상주유교의 중심 인물인 沙西 全湜의 딸을 며느리로 맞아들여 사돈관계를 맺게 되어 옥동서원이나 방촌의 선양에 있어 상주유림들의 적극적인 후원을 받는데 크게 기여하였다.

黃紐의 아들 德柔는 全湜의 사위로 정경세의 문하에서 촉망을 받았다. 상주의 유학자들뿐만 아니라 기호의 尤庵 宋時烈, 同春堂 宋浚吉 등과도 소통함으로써 중모학풍의 폭을 넓게 하였다.

黃翼再 또한 상주 중모 장수황씨 가운데 대표적인 유학자라고 할 수 있다. 특히 그는 당대 상주, 안동지역의 퇴계학파를 대표하는 李栽, 李象靖, 權相一, 李萬敷, 權榘, 權萬 그리고 近畿의 실학자 星湖 李瀷과도 교유함으로써 옥동서원 중모학풍의 외연 확장에 크게 기여하였다.

黃麟老는 1824년(순조 24년) 黃宅鉉과 함께 파주 방촌 묘소의 靈神庵 중수에 앞장섰고, 방촌의 墓表를 세웠다.105) 또한 黃麟老, 黃磻老는 「靈神庵重修上樑文」을 써서 방촌의 유업을 기렸다.106)

黃巖老는 1789년(정조 13년) 옥동서원의 額字를 청하는 상소를 올렸고,107) 黃五는 「題厖村先祖遺文後」에서 "선생의 글은 없어질 수 있으나 선생의 이름은 세상에 남을 것이요, 선생의 이름은 없어질 수 있으나 선생의 덕은 세상에 남을 것이다. 이 세상이 있는 한 선생의 글이야 어디로 가겠는가?"라고 추모하였다.108)

黃元善은 鄭宗魯의 외손자이며 妻祖父가 南漢朝로서 妻從祖인 남한호(南漢皜)에게서도 배웠다. 그리고 당대의 巨儒 柳致明을 비롯한 鄭戚丈, 張福樞 등과 교유하여 장수황씨 문중의 외연을 넓히는데 크게 기여

---

105) 『방촌 황희묘역의 문화적 가치』, (사)방촌황희선생사상연구회, 2017, 234쪽.
106) 『방촌황희선생문집』, 방촌황희선생문집간행위원회, 2001, 1553쪽, 1563쪽.
107) 『방촌황희선생문집』, 방촌황희선생문집간행위원회, 2001, 1518쪽.
108) 『방촌황희선생문집』, 방촌황희선생문집간행위원회, 2001, 1584쪽.

하였다. 黃源善은 肅淸祠 奉安文을 쓰고,[109] 肅淸祠 常享祝文을 쓰기도 했다.[110]

黃蘭善은 한말 방촌의 후예 가운데 방촌정신의 선양과 현창 그리고 소윤공파 문중의 역사와 전통을 기록으로 남기고 보존하는데 가장 크게 기여하였다. 그는 『長水黃氏世牒』을 엮어 방촌의 연보와 소윤공파 선조들의 행적과 업적을 연대순으로 소상하게 기록하였다. 그리고 「伴鷗亭重建記」[111]를 써서 선조 방촌의 업적과 학덕을 기렸다.

그러면 옥동서원이 추구하는 방촌 황희의 정신은 무엇인가? 황희는 사상가도 아니요 전문적인 유학자도 아니다. 그는 조선 초 유교국가의 건설에 기초를 닦은 경세가이다. 방촌정신이란 다름 아닌 그의 삶과 인품에서 나온 교훈이다.

첫째, 방촌정신은 나라와 백성을 위한 奉公의 정신이다. 그는 60여년의 공직생활을 하였고, 그 가운데 6조 판서를 두루 역임하고 재상만 24년, 영의정만 18년을 했다. 태종, 세종의 지극한 총애를 받으며 평생 국정의 중추로 일해 왔다. 그가 나라를 위해, 백성을 위해 일한 보람이 위대한 세종시대로 나타난 것이다. 정치가, 행정가, 목민관은 어떻게 공직에 임해야 하는가? 이에 대한 대답을 말이 아니라 이론이 아니라 몸소 실천으로 업적으로 보여준 이가 바로 방촌 황희다. 나라와 백성을 위해 일한다는 것은 여러 가지 다양한 길이 있지만, 궁극적으로 그 척도는 얼마나 나라에 도움이 되었고 얼마나 백성들에게 도움이 되었는가가 중요하다. 이런 관점에서 보면 방촌 황희야 말로 역사상 그 모범을 보인 대표적인 인물이라고 할 수 있을 것이다.

---

109) 『방촌황희선생문집』, 방촌황희선생문집간행위원회, 2001, 1544쪽.
110) 『방촌황희선생문집』, 방촌황희선생문집간행위원회, 2001, 1544쪽.
111) 『방촌황희선생문집』, 방촌황희선생문집간행위원회, 2001, 1506쪽.

둘째, 방촌정신은 훌륭한 인격 만들기에 있다. 역사의 주체도 인간이고 인간사 모두가 인간이 주체다. 정치도, 경제도, 교육도, 국방도, 과학기술도 인간이 하는 것이다. 그 인간의 품성을 어떻게 가꾸고 키우느냐에 따라 인간은 천차만별이 된다. 우리가 존경하는 역사상 성인이란 분들은 인간이 지녀야 할 보편적인 품성을 지닌 분들이다. 훌륭한 인간되기, 훌륭한 인간 만들기는 하루아침에 이루어지지 않는다. 평생 갈고 닦아야 한다. 유학은 修己를 만사의 근본이라 했다. 결국 인간의 품성이 그 인간의 가치를 결정한다. 방촌 황희는 평범했지만 비범하였다. 세종을 비롯한 많은 사람들 그리고 역사적 평가에서 볼 때 그는 가히 偉人이었다. 聰明, 寬厚, 淸廉, 公正 등 그의 인품에 대한 찬사는 이를 입증해 준다.

셋째, 방촌정신은 조화의 정신이다. 그는 오랜 관직생활에서 해결사의 역할을 잘해냈다. 국정의 중심에서 다양한 갈등을 조정하고 조화하는데 탁월한 능력을 발휘하였다. 그의 유명한 일화 "네 말도 옳고 또 네 말도 옳다. 그리고 또 네 말도 옳다"고 한 것은 다양한 주장, 다양한 가치의 상대성을 인정한 논리다. 元曉의 和諍이나 栗谷의 理氣之妙의 논리와 같은 방식이다. 자기 겸양을 전제로 남을 인정하는데서 우리는 소통이 가능하다. 흑백논리에 갇혀 대립과 갈등으로 신음하는 오늘의 우리 사회가 방촌의 조화정신을 배워야 한다.

2) 退溪學風의 계승

조선조 유교는 크게 보면 영남유학, 기호유학 양대 산맥으로 발전해 왔다. 그리고 영남유학은 퇴계학파가 주류를 이룬다. 상주에 퇴계학풍이 크게 영향을 미친 계기는 무엇보다도 1580년 西厓 柳成龍이 상주목사로 부임하여 講學을 하고, 그 문하에서 成泳, 金弘微, 趙翊, 李埈, 李埈, 曹友

仁, 鄭經世, 全湜, 高仁繼, 姜應哲, 趙光壁, 金光斗, 金弘敏, 송만, 김혜 등 기라성 같은 유학자들을 배출했기 때문이다. 특히 鄭經世, 全湜은 옥동서원의 중심 인물이었고, 정경세의 6대손 鄭宗魯가 또 옥동서원의 중추적인 역할을 했다.

특히 黃紐는 全湜과 사돈지간이 되고, 鄭宗魯 또한 옥동서원 원장을 했고, 黃浩善, 黃源善은 그의 외손자가 되었던 것이다. 또한 李象靖은 黃灝重의 妹壻였고, 黃源善의 아내가 南漢朝의 손녀딸이었다. 그리고 퇴계학파의 중심인물인 李栽, 柳致明 등도 옥동서원 내지 장수황씨 유학자들과 학연으로 연결되어 퇴계학풍에 자연스레 濕染되었다고 볼 수 있다. 黃紐, 黃翼再, 黃啓熙, 黃敬熙, 黃源善 등의 문집에서 퇴계의 主理的 색채나 主敬의 수양론이 잘 나타나 있다.

3) 畿湖學風과의 소통

옥동서원 유학자들은 대체로 영남유학 내지 퇴계학풍에 기울어져 있다. 그럼에도 불구하고 상주의 유학이 기호와 소통하는 개방성을 보여주는 사례가 몇 가지 보인다. 물론 이러한 배경에는 무엇보다 상주가 지리적으로 충청북도 황간, 영동과 인접해 있다는 사실이다. 또한 婚脈으로 인한 연고가 소통의 중요한 계기가 되기도 했다.

黃保身은 방촌의 둘째 아들로 장수황씨 상주 入鄕祖인데, 사위가 沙溪 金長生(1548~1631)의 5대조 光山府院君 金國光(1415~1480)이다. 김장생은 율곡의 嫡傳으로 文廟에 배향되어 있고 조선예학의 宗匠으로 불린다.

穌齋 盧守愼(1515~1590)은 상주출신으로 李延慶의 문인인데 16세기 조선의 대표적인 성리학자이다. 그는 李滉, 金麟厚, 李恒, 奇大升 등과 학문토론을 하였는데, 특히「人心道心辨」을 통해 明代 羅欽順의 理氣一物

說에 동조하고, 道心을 體, 人心을 用으로 보아 陸王學의 입장에서 입론하였다. 당시 성리학풍이 주류를 이루고 陽明學이 이단시되던 때에 노수신의 이러한 인간 심성에 대한 이해는 매우 이채로운 것이다.

또한 西厓 柳成龍의 문인인 愚伏 鄭經世는 기호의 同春堂 宋浚吉(1606~1672)을 사위로 맞아들였다. 송준길은 율곡-사계로 이어지는 율곡학파의 중심인물이며 스승 김장생과 장인 정경세의 예학을 받아들여 영남, 기호의 소통에 크게 기여하였다. 17세기 정계와 학계의 원로였던 尤庵 宋時烈은 송준길과 친족으로 자연스레 상주의 유학자들과 소통하게 되었다.

成灠(1566~1620)의 자는 士悅, 호는 聽竹인데, 성리학자로 南彦經의 문인이며 李珥와 成渾을 師事하였다. 그는 임진왜란 후 처가인 상주에 머물며 趙翊, 鄭經世, 李埈 등과 교유하며 存愛院의 의료구호 활동에 주역이 되었다.

상주유학 내지 중모학풍에서 주목되는 이가 息山 李萬敷다. 그는 당쟁으로 부친이 20여년간 유배생활을 하자 벼슬을 포기하고 평생 재야의 학자로 살았다. 그는 성리학적으로는 퇴계학파에 속하지만 芝峰 李晬光, 眉叟 許穆의 영향을 받고 星湖 李瀷과 교유하며 실학에 매우 밝았다. 그는 퇴계 성리학을 하면서도 율곡의 성리설을 간과하지 않았으며, 안동부사 權以鎭과 성리 논변을 하기도 했다. 권이진은 기호의 저명한 유학자 탄옹 권시(炭翁 權諰)의 손자이다.

黃德柔는 黃紐의 아들로 정경세의 문인인데 기호의 우암 송시열과 서신왕래를 하였고, 그가 죽었을 때 宋浚吉, 宋時烈, 李端相, 成震恒 등이 만사를 보내기도 했다.

黃尙中은 栗谷 李珥, 牛溪 成渾, 尤庵 宋時烈을 존숭하고 그들을 변호하는 辨誣疏를 두 번이나 올렸다. 문헌 부족으로 그의 학문과 사상을 알 수 없으나 그 당시 상주에서 율곡, 우계, 우암을 드러내놓고 존숭하고, 또 기호 선현들의 변무소를 두 번씩이나 올렸다는 것은 주목할 만한 일이다.

黃墌은 德柔의 아들인데 기호의 백호 윤휴(白湖 尹鑴)와 시를 주고받았으며, 1667년(현종 8년) 2월에 올린 상소에서는 병자호란 후 시국의 안정을 위해 宋時烈, 宋浚吉, 조경(趙絅), 許穆, 윤휴(尹鑴), 洪宇遠, 권시(權諰) 등을 거론하며 당파를 초월한 인사의 탕평을 주장하였다. 여기서 그는 송시열, 송준길을 遯居山林이라 하고, 조경의 三朝宿望, 허목의 士林模範, 윤휴의 學問才器, 홍우원의 淸名直節을 들어 이들을 천거하였다.

黃翼再는 영남의 실학자 李萬敷와 친밀하게 교유하였고, 근기의 실학자 星湖 李瀷과 편지를 주고받으며 학문교유를 하였다. 황익재가 이인좌의 난 때 召募使로 참여해 반란의 진압에 적극 나섰다가 억울하게 누명을 쓰고 오랜 유배생활을 하고, 또 전라도사, 무안현감, 순천부사 등 목민관으로 나아가 선정을 베푼 것도 그의 실천적 실학풍이 잘 반영된 것이다.

이렇게 볼 때, 상주 중모학풍은 방촌정신의 계승, 퇴계학의 계승 그리고 기호학풍과의 소통을 그 특징으로 볼 수 있다. 특히 상주유학이 기호학풍과의 교유를 통해 학문적 개방성을 지닌 것은 안동지역의 영남유학이 퇴계학 일변도로 경직된 것과는 구별되는 점이라 하겠다.

제2장 | 壬辰亂期 청주지역의 유학과 학맥

1. 시작하는 글

우리 민족은 반만년의 역사 속에서 주변 외적들의 침략을 받으면서도 이에 굴하지 않고 꾿꾿이 생존해 왔다. 어느 역사학자의 통계에 의하면 935번의 침략을 받았다고 전해지는데, 그 가운데에서도 삼국시대 수나라, 당나라의 침략, 고려시대 거란과 몽고의 침략, 조선시대에 임진왜란과 병자호란 그리고 한말 일본에 의한 주권강탈은 우리 민족사의 아픈 상처를 잘 말해준다.

우리 민족이 이러한 외침에도 불구하고 민족의 정체성을 지키며 생존해 온 것은 자랑스런 일이며, 더욱이 해방 후 산업화와 민주화를 동시에 이룩하고 세계 선진국의 대열에 서게 된 것은 우리의 자긍이 아닐 수 없다.

그러나 이와 같이 우리 민족이 수많은 외침 속에서도 생존해 온 것은 역사상 민족을 위해 몸 바쳐 싸워온 선열들의 희생이 있었기 때문이다. 그리고 이름 없이 이 땅을 지켜온 선조들의 값진 희생을 잊어서는 안 될 것이다.

본고는 16세기 말 임진왜란 시기에 있어서 청주지역 유학자들의 의병 활동과 그들의 학문과 학맥을 검토해 보는데 목적이 있다. 이 시기에 활

동했던 청주지역의 유학자들, 청주지역에 연고를 가진 유학자들을 찾아
보고, 이들의 학문과 학맥을 찾고자 노력해 보았다. 趙憲, 宋象賢, 李德
洙, 李得胤, 朴枝華, 朴春茂, 李時發, 朴春蕃, 申湜, 申涌, 徐思遠, 趙綱, 李
光岳 등이 파악되는데, 이들은 거의 의병장으로 활약했거나 문집이 거의
없어 사상적 연구는 매우 어렵다. 문집이 있더라도 거의 詩文이 주를 이
루고 있어 의미 있는 유학사상을 발굴하기에는 한계가 있다. 그럼에도
불구하고 임진왜란기 청주지역 유학자들의 활동과 학문적 특성을 찾아
보고자 한다.

2. 畿湖儒學과 淸州儒學

우리나라에 유학이 언제 들어왔는가 하는 것은 정확히 알 수가 없다.
대체로 한사군시대에 한자가 전래되면서 원시유교문화도 들어왔을 것
이라는 견해가 유력하다.1) 그 후 유학은 신라, 백제, 고구려 삼국시대
에 보편화되어 교육되었고, 불교국가인 고려에서도 유학은 정치, 교육,
윤리의 측면에서 활발하게 기능해 왔다. 1289년(충렬왕 15) 安珦
(1243~1306)이 원나라에 가서 그 이듬 해 『朱子全書』를 베껴오고, 이어
白頤正(1260~1340)이 원나라에 유학 가서 10여년 동안 공부하고 돌아와
제자들에게 성리학을 가르쳤다. 이성계가 혁명을 통해 조선을 건국하고
유교입국을 선언하면서 조선조 오백년 동안 유교문화가 정치, 경제, 교
육, 문화 등 각 분야에 지대한 영향을 미쳤다.

16세기는 성리학의 전성기로서 徐敬德, 李彦迪, 李滉, 曹植, 金麟厚, 奇
大升, 李珥, 成渾, 宋翼弼 등 수많은 유학자들이 나와 주자 성리학의 바탕

---

1) 유승국, 『한국의 유교』, 세종대왕기념사업회, 1980, 16~17쪽.

위에서 한국적 성리학의 계발에 온 힘을 기울였다. 특히 1559년(명종 14) 退溪 李滉(1501~1570)과 高峰 奇大升(1527~1572)의 四端七情논변과 1572년(선조 5) 栗谷 李珥(1536~1584)와 牛溪 成渾(1535~1598)간의 성리논변은 한국 성리학의 수준을 심화하는데 큰 계기가 되었고, 퇴계와 율곡의 학문적 차이는 그 후배 학자들에 의해 계승되어 수 백년을 두고 이론 다툼을 벌렸다. 이 과정에서 자연스럽게 퇴계학파, 율곡학파 또는 영남학파, 기호학파가 형성되어 학파의 분화와 함께 당파의 분열을 초래하게 되었다.

기호유학은 경기, 충청, 호남지역을 중심으로 전개되어 온 유학의 흐름을 말한다. 조선유학사에서 기호학파, 영남학파 또는 퇴계학파, 율곡학파가 본격적으로 전개되게 된 것은 퇴계의 성리설을 율곡이 비판하게 되자, 영남의 李玄逸(1627~1704) 등이 율곡의 학설을 비판하고, 또 이어 기호의 宋時烈(1607~1689) 등이 퇴계 학설을 비판하면서 학파간의 다툼으로 확장되었다. 이보다 앞서 고려 말 조선 초기 청주와 연고를 가진 유학자로는 李穡, 李齊賢, 申叔舟 등이 있고, 도학시대의 인물로는 朴薰, 金淨, 韓忠, 宋麟壽, 成悌元 등이 있다.

그런데 栗谷은 1571년(선조 5) 36살 때 淸州牧使에 부임하여 그 이듬해 사임하고 파주로 돌아오는데, 이 때 「西原鄕約」을 만들었다. 이렇게 볼 때, 율곡은 분명 청주와 깊은 연고가 있다고 볼 수 있는데, 그동안 청주지역에서 율곡에 관해 무관심했던 것은 반성해야 할 일이다. 율곡은 한국유학사에서 퇴계와 더불어 쌍벽을 이룰 뿐 아니라 기호유학의 중심인물이다. 그리고 율곡은 성리학과 경세학을 겸비해 조선후기 실학의 선구로 높이 평가받는다. 율곡의 문하에는 金長生, 趙憲이 있는데, 조헌은 임진왜란 때 의병장으로서 장렬하게 순국하여 의리를 지켰다.

율곡의 성리학을 영남 퇴계학파의 비판으로부터 지키고 계승하는데 중심적 역할을 한 이가 尤庵 宋時烈(1607~1689)이다. 송시열은 옥천에서 태어나 묘소가 괴산 청천에 있으며, 화양동에서 오랫동안 강학을 하였고, 이곳에는 그의 발자취가 많이 남아 있다. 송시열은 '宋子'로 존숭되었고 효종의 명을 받아 병자호란 때 北伐義理에 앞장섰다. 그의 문하에서 遂庵 權尚夏(1641~1721)가 나와 제원 淸風에서 강학을 하였고 '江門 8學士'를 배출하였는데, 여기서 人物性 同異 논쟁이 벌어지고 李柬, 韓元震 등 훌륭한 유학자들을 배출하였다.

3. 壬亂期 청주지역 유학자들의 학맥과 활동

1) 栗谷學派

임진왜란기 청주지역의 유학자 가운데 율곡학파에 해당되는 이로는 重峰 趙憲, 泉谷 宋相賢, 李德洙가 있다. 율곡은 강릉에서 태어났지만 德水 李氏 본가가 경기도 파주에 있어 자주 왕래하였고, 이때 같은 또래의 파주 출신 유학자 牛溪 成渾, 龜峰 宋翼弼과 평생 道義之交를 했다. 그러므로 율곡의 문인들은 성혼이나 송익필에게도 나아가 배웠다. 金長生의 경우도 율곡의 문인이지만 사실 그의 禮學은 송익필에게서 배웠고, 趙憲의 경우도 율곡의 문인이지만 성혼의 문인이기도 하다. 이들 三賢은 기호학파의 중심인물이며 기호지역의 학문과 교육에 많은 영향을 미쳤다.

趙憲(1544~1592)의 字는 汝式, 號는 重峰, 後栗, 陶原인데, '後栗'에는 율곡의 뒤를 잇겠다는 정신이 잘 표현되어 있다. 그는 1544년 경기도 김포에서 부친 趙應祉와 車氏 부인 사이에서 태어났다. 그의 조부 趙世佑는 趙光祖의 문인으로 忠武衛副司直을 역임하였고, 부친 趙應祉는 成守琛의 문하에서 수업하였다. 이를 통해 그의 家學的 전통은 鄭夢周-吉再-金叔滋-金宗直-金宏弼-趙光祖로 이어 내려온 麗末 節義派의 맥을 계승하고 있음을 알 수 있다.

그는 5살 때 글을 읽고 있었는데, 고관의 행차가 위세를 떨치며 지나가자 같이 공부하던 아이들이 앞을 다투어 뛰어나가 구경을 하였는데, 그 홀로 오직 독서에 빠져 여념이 없었다. 이에 대관이 길을 멈추고 물으니, 말하기를 "저의 부친께서 항상 이르기를, 공부할 때는 한 마음으로 힘을 다해 독서에만 힘쓰라고 하였습니다." 라고 대답하였다. 이에 대관은 감탄하여 부친에게 말하기를, "우리 동방에 또 眞儒가 나왔으니 진심으로 축하하오" 하고, 敬禮를 극진히 하고 돌아갔다. 이처럼 어려서부터 그 기상이 非凡하였다. 10살 때 어머니 車氏 부인이 세상을 떠나자 계모 金氏를 맞게 되었다. 그러나 계모는 성격이 무척 엄하고 갈수록 책망이 심하였으나, 그는 지극한 효성으로 일관하여 계모를 감복시켰다 한다.

그는 1555년 12살 때 學行으로 이름 있던 漁村 金滉에게 詩書를 배웠는데, 그는 임진왜란 때 의병을 일으킨 인물이다. 조헌은 평소 독서를 좋아하여 침식을 잊고 독서에 전념하였다. 18살 때 영월 신씨를 부인으로 맞고, 20살 때 서울로 이사하였다. 돌아올 때 한강을 건너는데 배가 강한 복판에서 큰 풍랑을 맞아 사람들이 모두 놀라 어쩔 줄을 몰랐으나 그 홀로 침착하고 태연하였다 한다. 마침 그의 옆에 있었던 金厚載가 그 까닭을 물으니, "인간의 살고 죽음은 天命이 정해져 있는데 부질없이 날뛴다고 죽음을 피할 수 있겠는가?" 라고 대답하였다 한다. 이에 金厚載는 그의 인품에 크게 감복하여 재배를 하고 경의를 표했다 한다. 1565년(명종 20년) 22살 때 그는 성균관에 입학하고 諸生들과 함께 승려 普雨를 탄핵하는 글을 올렸다.

이듬해 23살 때 穩城都護府 훈도에 임명되었고, 1567년 가을 監試에 합격하고, 11월 과거시험에 병과 제9인으로 합격하였다. 25살 때 처음 정주목 교수에 임명되어 교육에 힘 쓴지 3년 만에 그 고을의 士風이 크게 변하였다.

그는 27살 때(1570년) 坡州牧 교수가 된 후, 직접 牛溪 成渾을 찾아 그의 문하에 들어갔다. 牛溪는 조헌의 학설을 듣고 스승됨을 사양하고 畏友로 대하고자 했으나 그는 끝까지 스승으로 대하였다.

그 이듬해 洪州牧 교수로 발탁되었는데, 이 때 土亭 李之菡(1517~1578)을 찾아가 가르침을 청하면서 師弟의 緣을 맺었다. 李之菡은 그와의 문답에서 그의 識見과 德器를 보고 스스로 가르칠 수 있는 사람이 아니라 사양하고, 당시 학문이 고명하고 행실이 모범적인 成渾, 李珥, 宋翼弼과 함께 조카 李山甫와 문인 徐起 등 다섯 사람을 師友로 추천하였다. 조헌은 이후 가끔 이지함을 찾아 民弊의 구제책과 經世의 대책에 대해 토론하였으며, 항상 자기를 생각해 주고 국사를 위해 뜻을 같이 했던 스승을 잊지 못하였다. 그 당시 세상 사람들이 조헌에 대해 잘 알지 못하여 우활(迂闊)하고 재주가 적고 쓸 만한 것이 없다고 평할 때에도, 이지함은 草野의 인재로서 쓸 만한 재주를 갖고 있는 사람은 조헌 뿐이라 하며 그의 우국충정을 높이 평가했다. 어느 날 조헌은 이지함과 함께 지리산에 간 적이 있었는데, 이지함의 모든 언행 일거일동이 탄복할만하며 가르침 아닌 것이 없다고 술회하였다. 또한 이지함도 늘 말하기를, "사람들은 重峰의 스승이 나인 줄 알지만, 重峰이 정말로 나의 스승인 것을 모르고 있다"고 하였다. 이를 통해 우리는 조헌과 이지함 두 사람의 사제관계가 존경과 사랑 그리고 돈독한 신뢰로 맺어져 있음을 짐작할 수 있다.

이 때 조헌은 이지함의 권유에 따라 그해 가을 坡州로 栗谷을 찾아가 그의 문하를 自請하였다. 그 후 37살 때 海州 石潭으로 栗谷을 찾아가 講學하였다. 이렇게 볼 때, 그는 李之菡, 成渾, 李珥를 스승으로 삼고 세 문하를 출입하였다고 볼 수 있다.

1572년(선조 5년) 6월 절에 향을 하사하고 慈壽宮 星宿廳에 봉향하는 것을 반대하는 상소를 올렸다 校書館 正字로 削職되었다. 이듬해 교서관 著作으로 승임 되었으나, 다시 향실의 직무를 맡게 되자 供佛之香을 반대하는 상소를 거듭 올려 직언하기를 서슴지 않았다. 이때 왕이 진노하여 重罪로 다스리려 하자, 여러 대신들의 도움으로 겨우 벌을 면할 수 있었고 상소가 조정에 반영되었다. 이로 인해 그의 강직함과 直言이 세상에 알려지게 되었다. 1574년(선조 7년) 5월 그는 聖節使 朴希立의 質正官으로 명나라에 갔다 11월에 돌아왔다. 돌아와 명나라의 문물에 관한 견문을 보고하는 「時務 8條疏」를 올렸다. 이듬해 교서관 박사, 호조, 예조 좌랑, 성균관 전적, 사헌부 감찰 등을 역임하였다. 李潑의 추천으로 三司에도 천거되었으나 그의 고집이 동료들에게 용납되지 못해 그해 겨울 통진 현감으로 전출되었다. 그는 그곳에서 善政에 힘써 백성을 사랑하고 스스로는 검소하여 묵은 폐단을 씻는데 온 힘을 다했다. 1577년(선조 10년) 그의 나이 34살 때 겨울, 권세를 믿고 횡행하는 노비의 잘못을 법으로 다스리다 杖殺하니, 간사한 자의 무고로 형벌을 남용한다는 탄핵을 받고 달포동안 구속되어 부친의 상에도 참여치 못하였다. 부친이 병석에 누워있을 때 쇠고기를 먹고 싶어 했지만 구하지 못해 할 수 없었는데, 부친이 돌아간 후 그는 쇠고기만 보면 눈물을 흘리고 끝까지 쇠고기를 먹지 않았다. 1580년(선조 13년) 37살 때 귀양에서 풀렸고, 이듬해 봄 공조 좌랑에 다시 임용되고 곧 이어 전라도 都事로 부임하였다. 이때 연산조의 貢案을 개혁하고 栗谷의 입장을 옹호하는 상소를 올렸다. 39살 때 임기가 끝나자 宗廟署 令에 임명되었고, 그해 8월 계모의 봉양을 위해 보은현감을 자청하였다. 그 후 상소를 올려 魯山君의 後嗣를 세우고 死六臣의 절의를 顯倡할 것과 민간의 고통을 해결하기 위한 時務策을 건의하였다. 1583년(선조 16년) 보은현감에 재임되었는데, 그해 가을 李山甫가

敬差官으로 호서지방의 민정을 살펴보고, 重峰의 治績이 충청좌도에서 제일임을 왕에게 보고하였다. 그 해 겨울 正言 宋諄 등이 사감을 품고 그의 파직을 청하였으나, 왕이 "이와 같은 사람을 쉽게 얻을 수 없다" 하고 끝내 허락하지 않았다.

1584년(선조 17년) 栗谷이 세상을 뜨자, 당시 三司에서 동인세력들이 栗谷과 가까웠던 인물들을 제거하자, 그 역시 파직되어 옥천 안읍 밤티로 내려가 '後栗精舍'를 짓고 교육에 전념하였다. 이듬해 당론이 격심하여 鄭汝立이 牛溪와 栗谷을 모함하고 李潑이 이에 동조하자 오랜 친구였던 李潑과 絶交하였다.

1586년(선조 19년) 선조의 특명으로 公州敎授에 임명되었다. 10월 당시 집권층이었던 李潑, 金弘敏, 尹卓然 등 동인들이 牛溪와 栗谷을 追罪하려 하자, 萬言疏를 올려 변명, 구원하고 栗谷을 배반한 鄭汝立을 論斥하였다. 그 후에도 여러 차례 상소문을 올렸으나 모두 받아들여지지 않자 文廟에 글을 지어 고별하고 옥천으로 돌아왔다.

그해 11월 풍신수길이 일본의 정권을 잡고 조선에 玄蘇를 보내 和親을 청하자, 조헌은 倭國의 사신을 끊어버릴 것을 주장하는 상소를 올렸지만 관찰사가 왕에게 올리지 않았다. 그해 12월 다시 상소를 들고 대궐에 나아가 왜국 사신의 斥絶을 주장하고 李山海의 잘못을 규탄하였다. 이에 왕이 진노하여 상소문을 태워버리니 다시 옥천으로 내려왔다.

1589년(선조 22년) 4월 도끼를 차고 상소하여 時政의 得失을 논하고 절박한 안보적 위기를 경고하였다. 이로 인해 함경도 길주로 유배되었다. 그는 유배 중에도 여러 번 상소를 올려 왜의 외교적 술책에 속지 말 것과 간교한 왜적이 청한 통신사를 보내지 말 것을 주장하였다. 또한 이에 대한 대비책으로 유구 및 서양 제국의 여론을 환기시켜 왜적을 물리쳐야 한다는 견해를 밝히기도 하였다. 그해 10월 鄭汝立의 모반사건이 일어나고 동인이 물러나게 되자, 호남유생들이 상소하여 정여립사건에 대한 조헌의 先見之明을 칭송하므로 11월 4일 사면되었다. 돌아오는 길에 다시 왜와 절교하여 통신사를 보내지 말 것과 동인들을 비판하는 상소를 올리니, 선조는 '奸鬼'로 폄하 하고, '아직도 조정을 경멸하고 있으니 다시 마천령을 넘고 싶은 모양'이라고 말하면서, 그를 예조 정랑에 천거한 이조판서를 경질시켜 버렸다.

1591년(선조 24년) 豊臣秀吉이 玄蘇를 보내 명나라를 칠 테니 길을 빌려 달라고 하자, 조정의 여론이 분분하였다. 그는 곧 바로 서울로 올라가 도끼를 지니고 대궐 앞에 엎드려 상소를 올렸다. 그는 이 상소에서 偵探 들어온 왜국 사신을 처단하고 국방을 튼튼히 하면서 탐관오리들을 물리치고 명나라에 보고한 뒤 왜의 침략에 대비하자고 하였으나 받아들여지지 않았다. 정원 문 밖에서 3일 동안을 기다렸으나 비답이 없자, 그는 義氣를 참지 못하고 스스로 주춧돌에 이마를 받아 피를 흘리고, '내년에 산과 계곡으로 피난 갈 때 내 말을 생각하게 될 것'이라 말하였다. 그리고 그는 명나라를 비롯하여 유구, 일본, 대마도 유민들에게 보내는 글과 왜국 사신을 목 벨 죄목을 밝히고, 영남과 호남의 왜적을 막을 방비책을 밝혔다. 그러나 이러한 그의 현실인식과 대안은 왕에게 전달되지 않았고, 이에 실망한 그는 통곡하며 옥천으로 돌아왔다. 윤 3월 문인 박락(朴輅), 全承業 등과 만나 늦여름이나 가을에 반드시 유구의 告變이 있을 것이고, 우리나라에도 화가 미칠 것을 예언하고, 피로써 상소할 것을 부탁하며 눈물을 흘렸다. 4월에는 아들 安堵를 시켜 평안도 관찰사 權徵과 연안부사 申恪에게 글을 보내 성을 수리하여 대비할 것을 말하였다. 그해 7월 映碧樓에 올라 저녁 붉은 기운이 동쪽에서 일어나 비추는 것을 보고 풍신수길이 내년에 크게 침입할 것임을 예언하고, 다음 날 관찰사 李洸 등에게 방어의 계책을 세우도록 하였으나 관찰사는 장계를 올리지도 않왔다. 그해 겨울 대둔산에 들어가 네 명의 스님과 식사하면서, "명년에는 반드시 왜란이 있을 것이며, 나는 마땅히 義兵을 일으킬 것이니, 오늘 이 밥을 같이 먹은 자는 같이 와서 거사하여야만 한다"고 하며 참여할 것을 권고하였다.

1592년(선조 25년) 2월 부인 신씨가 죽었는데, 아들 完基가 김포로 返葬하려 하자, 그는 곧 변란이 있을 것이므로 이곳에 두는 것이 낫다고 만류하였다. 3월 김포의 선영을 찾아 변란이 일어나 영원히 물러간다는 뜻의 제문을 지어 조상에게 인사하였다. 4월 20일 부인을 장례 지내면서 함께 죽지 못함을 애석해 하는 시를 읊고, 하늘에서 큰 소리가 나니 왜장이 바다를 건너고 있음을 알리는 하늘의 경고로 해석하고 호상 하던 친구에게 피난준비를 권고하였으며, 어머니를 옥천에서 청주 선유동으로 피난시키기도 하였다. 5월 3일 청주에서 격문을 띄우고 문인 李瑀, 李逢, 金敬伯 등과 제1차 의병을 일으켰으나 실패하였다. 6월 초 옥천에서 金節, 金籥, 朴忠儉 등의 문인과 향병 수백명으로 제2차 의병을 일으켜 보은의 차령에서 왜군을 만나 물리치니, 이후 왜군은 이 길로 다니지 못하였다. 6월 12일 全承業 등의 문인과 호남 영남 등에 봉기를 촉구하는 격문을 띄우고, 관찰사 윤선각의 지원 하에 다시 제3차 의병을 모집하니 1천 여명이나 모였다. 그러나 관군과의 갈등과 이미 옥천이 왜군의 세력권에 들어가게 되자 의병들이 흩어졌다. 6월 말경 다시 湖右로 가서 제4차 의병을 모집하였는데, 전 참봉 李光輪, 鄭民秀, 金亨進, 梁鐵, 金潔, 韓應聖, 張德盖, 申蘭秀 등이 적극 협력하여 의병수가 1천 6백 여명에 이르렀다. 그는 부대를 나누어 정산, 온양 등의 지역을 순무하였다. 그는 호서 의병장으로 엄정하게 군기를 확립하고, 사졸들을 덕망과 지성으로 이끄니 모두 마음으로 감복하였다. 7월 4일 그는 웅진에서 적을 토벌하기 위한 제사를 지내고, 이튿날 군사들과 왜적의 토벌에 임하는 지표로서 맹세문을 낭독하였다. 이때 왜병은 청주를 점령하고 호우지방으로 진격하려 하자, 조헌의 의병부대는 청주로 진군하였다. 8월 1일 정산, 온양, 홍주, 회덕을 거쳐 청주로 진군하여 朴春茂 부대, 靈圭大師의 僧軍과 합세하여 청주성을 수복하였다. 왜군을 격파한 뒤 그는 승전보와 함께 전라도 의병장인 高敬命을 구원하지 않아 그들을 敗死케 한 李洸, 郭嶸 등 군관장을 참형에 처해야 한다는 상소를 지어 아들 완도와 문인 전승업을 시켜 행재소로 보낸 뒤, 다시 격문을 띄워 왜의 포로와 倭僧 玄蘇 등을 通諭하였다. 그 후 전라도로 향하는 왜적을 막기 위해 금산으로 향하였는데, 충청도 순찰사 尹國馨과의 의견대립과 戰功을 시기하는 관군의 방해로 대부분의 의병이 흩어지고 7백 여명의 의병만이 남게 되었다. 8월 16일 그는 의병을 이끌고 청주를 떠나 靈圭大師의 僧軍과 합세하여 금산 십리까지 진군하였다. 8월 18일 왜군은 의병의 후속부대가 없음을 알고 세 부대로 나누어 교대로 공격하여 왔다. 왜적이 장막 안까지 쳐들어오니 막하에 있는 부장들이 조헌에게 빠져나갈 것을 청하였다. 그러나 그는 웃으면서 말안장을 풀고, "이 곳이 내가 殉節할 땅이다. 장부는 죽음이 있을 뿐, 난에 임하여 구차하게 이를 모면해서는 안 된다"고 하고 북을 울리며 싸움을 독려하였다. 이에 7백 의병들은 수적 열세에다 화살까지 떨어지자 맨주먹으로 최후까지 싸우다 모두 순절하였다. 그의 큰아들 완기는 용모가 잘생기고 성품과 도량이 넓었는데, 아버지를 따라 이 전쟁에 참여하여 옷을 화려하게 입어 적이 조헌으로 잘못 알도록 유도하다가 함께 순절하였다. 싸움이 끝난 다음 날 그의 아우 조범이 장수와 병사들이 둥글게 모여서 서로 베고 죽은 자리에서 선생의 시신을 거두어 옥천에 돌아와 빈소를 차렸는데, 4일 동안이나 그의 얼굴빛이 산 사람과 같았다 한다.

그는 1604년(선조 37년) 宣武原從功臣 일등으로 공신록에 오르고, 이조판서 등에 추증되었으며, 1649년(인조 27년) '文烈'의 諡號를 받았다. 1754년(영조 30년) 영의정으로 추서 되었고, 1883년(고종 20년)에는 文廟에 配享되었다.2)

宋象賢(1551~1592)의 자는 德求, 호는 泉谷, 寒泉, 본관은 礪山, 현감 復興의 아들, 10세에 이미 經史에 통했고, 15세에 沙溪 金長生과 理學의 벗이 되었다.3) 1570년 진사가 되고 1576년 별시문과에 병과로 급제, 注書, 鏡城判官을 거쳐 1584년 宗系辨誣使의 質正官으로 명나라에 다녀 왔다. 귀국 후 호조, 예조, 공조의 정랑, 司宰監, 軍資監의 正을 역임했다. 이때 신독재 김집이 찾아와 수학하였다고 전한다.4) 1591년(선조 24) 東萊府使가 되었고, 이듬 해 임진왜란이 일어나 적군이 동래성에 육박하자, 성안의 군사를 이끌고 항전했으나 성이 함락될 무렵 朝服을 갈아입고 端坐한 채 적병에게 살해되었다. 그의 충절에 탄복한 적장은 시체를 동문밖에 장사하고 시를 지어 제사를 지냈다. 이조판서, 찬성에 추증되었다. 동래의 낙안서원, 개성의 숭절서원, 청주의 신항서원, 고부의 정충사에 제향되었으며 시호는 忠烈이다. 그의 사상이나 학문을 알 수 있는 글이 거의 없어 그의 학풍이나 학문적 특징을 찾는데 한계가 있다. 송상현은 직접 율곡학파라고 볼 수는 없으나 金長生과의 돈독한 관계 그리고 金集과의 관계를 고려해 여기에 포함시켰다.

李德洙(1577~1645)의 자는 師魯, 호는 이유당(怡愉堂), 본관은 韓山이다. 영의정 惟淸의 후손, 濤의 아들이다. 金長生의 문인으로 1606년(선조 39) 진사가 되고, 1608년 별시문과에 병과로 급제, 검열에 등용되었다가 著作, 박사를 역임했다. 1612년(광해군 4) 金直哉의 誣獄에 연루되어 理

---

2) 『重峰集』, 附錄, 卷1, 「年譜」 참조.

3) 임동철, 「서문」, 『천곡선생집』, 충북대인문학연구소, 2001.

4) 임동철, 「서문」, 『천곡선생집』, 충북대인문학연구소, 2001.

山에 유배, 1618년 창평에 移配되었다가 1621년에 석방되었다. 1623년 인조반정으로 典簿에 기용되었고, 1632년(인조 10) 좌부승지로 있을 때 인조의 私親(元宗) 追崇 논의가 일어나자 이를 반대하다 연산에 유배되었다. 1636년 풀려나와 승지가 되고, 이어 이조, 예조, 병조의 참의, 대사간을 역임하였다. 이 해 가을 병자호란이 일어나자 淸軍 속에 들어가 敵情을 살피고 돌아왔으며, 강원도 관찰사에 이르러 죽었다. 좌찬성에 추증되었고, 청주의 菊溪祠에 제향되었다.

2) 花潭學派

임란기 청주지역 유학에서 가장 특징적인 것은 花潭 徐敬德, 土亭 李之菡, 孤靑 徐起 계통의 유학자들이 임진왜란이라는 민족적 재앙을 만나 주도적인 역할을 했다는 사실이다. 특히 청주성 탈환에 있어 조헌과 함께 중심이 되었던 花遷堂 朴春茂 일가의 활약은 주목할 만하다.

먼저 박춘무 일가의 학문적 연원과 활약상에 관해 검토해 보기로 하자. 박춘무와 그의 동생 朴春蕃은 李山甫와 함께 土亭 李之菡의 문하에서 수학하여 촉망받는 제자로 성장하였다. 그가 언제부터 이지함의 문하에서 수업했는가는 정확히 알 수 없으나, 당시 이지함이 머물었던 청주 山東지역의 花川까지 가서 배웠던 것으로 보인다. 그리고 이러한 뜻을 기념하기 위해 당호를 '花遷堂'이라 불렀다고 한다.[5]

朴春茂(1544~1611)는 임진왜란 때 의병장으로 청주성을 탈환하는데 주역의 한 사람이다. 자는 至元, 호는 花遷堂이고 본관은 順天이다. 박춘무의 7대조 朴引年은 死六臣 朴彭年의 동생으로 단종복위운동에 참여했다가 죽임을 당했고, 박팽년의 아버지 朴仲林도 이에 참여해 부자가 모

---

5) 이석린 저, 『의병장 박춘무 일가의 삼대창의록』, 청주향교, 2005, 67~68쪽.

두 참형을 당했다. 이 滅門之禍 속에서 박인년의 손자 朴原卿이 義僕의 도움으로 진도에 은신 목숨을 건져 가문의 대를 이어갔던 것이니, 박춘무 가문의 忠義의 전통은 남다른 바 있다.

박춘무의 부친 朴箕精은 지역의 훈도, 교수로 활동하였는데, 그의 묘지명을 成悌元이 썼다. 또 동생 朴春蕃도 임진왜란 때 함께 종군하였으며, 박춘무의 아들 朴東命은 18세의 약관으로 임진왜란 때 부친의 의병진에 참여하여 선봉장으로 활약하였고, 병자호란 때에는 의병 5천여명을 모아 참여하였다. 또한 박춘무의 손자 朴弘遠은 18살에 李适의 난을 평정하는데 큰 공을 세웠다. 이처럼 박춘무 가문의 대를 이은 忠義의 실천은 역사의 귀감으로 손꼽힌다.

박춘무의 인품과 학문적 자질을 높이 평가한 사람은 趙憲이었다. 그는 임금에게 상소문을 올리면서 李之菡을 '東方의 伯夷'라 일컫고, 관직을 추증해 주고 국가적으로 제사를 지내줄 것을 요청하면서, 그 수제자로서 이지함의 조카였던 李山甫와 함께 朴春茂를 꼽았다. 여기서 조헌은 박춘무의 학문과 인물됨을 '恬靜自守'라 표현했으니, 마음이 평정하고 고요하며, 스스로 말이나 행동을 조심하여 지킨다는 뜻이었다. 그리고 그는 이 상소에서 호서지방의 국방상 주요지역을 지킬 만한 자질을 갖춘 민간의 지휘관으로 청주의 朴春茂와 공주의 鄭晋生을 다음과 같이 추천하였다.

청주에 거주하는 察訪을 지낸 朴春茂는 매우 침착하고 지혜와 꾀를 갖추었습니다. 공주에 사는 참봉 鄭晋生은 기백이 있는 인물로 의로운 기상과 지략을 갖추고 있습니다. 두 사람이 함께 백성들을 이끌고 한 지역에 머물러 왜적의 침입에 대비하도록 한다면, 백성들을 가르치고 타일러서 서로 힘을 합해 군사적 요충지를 지켜내도록 할 만한 지혜와 꾀가 있을 뿐만 아니라, 혹시 있을지도 모르는 도적들의 반란도 저절

로 소멸시켜 감히 일으키지 못하도록 하기에 충분합니다.6)

또한 박춘무가 의병을 일으키는데 계기를 마련한 이가 전라도 의병의 종사관 宋齊民이다. 그는 박춘무와 함께 이지함의 문인으로 일찍이 '세한계'라는 모임을 만들어 친목과 우의를 도모하던 사이였다. 송제민은 나주에서 의병을 일으킨 金千鎰 의병장의 휘하에서 종사관으로 일했다. 그는 충청도 지역으로 와서 박춘무 등과 더불어 의병을 일으킬 것을 논의하게 되었던 것이다. 송제민의 문집인 『海狂集』의 「召募湖南義兵文」에 의하면 이에 대한 기사가 보인다.

이에 우리 의병진에서는 모두가 저를 추천하여 충청도로 내려가 의병을 모집하도록 보냈습니다.…… 그래서 충청도로 내려와서 여러 선비 및 친구들과 의논하여 더불어 의병에 종군할 것을 호소하였는데, 20일 동안에 2천여 명이 모였습니다. 이에 대부분의 의견을 좇아서 都事를 지낸 趙憲을 左義大將으로 추대하여 황간, 영동 이남의 왜적을 막도록 하고, 察訪을 지낸 朴春茂를 右義大將으로 추대하여 금강 이북의 적을 방어하도록 계획을 세웠습니다.

전라도 나주에서 의병을 일으켜 수원을 중심으로 활동하고 있던 송제민이 참여한 김천일 의병진은 왜군의 하향주둔으로 말미암아 자칫 고립될 위기에 처하자, 충청도의 의병을 일으켜 함께 적을 토벌할 생각을 하였던 것이다. 이에 평소 호서지역의 박춘무, 조헌 등과 친분관계를 맺고 있던 송제민을 충청도로 보내서 의병을 일으키도록 하였다. 그리하여 2

---

6) 이석린 저, 『의병장 박춘무 일가의 삼대창의록』, 청주향교, 2005, 69~70쪽.

천 여명을 모았던 것이다.7)

1592년 4월 임진왜란이 일어나자 박춘무는 7월 초 고향인 청주 복대리에서 사람들을 모집하여 의병을 일으켰다. 그런데 이 때 박춘무는 단지 청주지역의 의병대장으로 활약하는데 그치지 않고, 조헌과 더불어 각각 충청남북도를 아우르는 호서의병 즉 충청도 의병의 좌우대장으로 추대되었다.8) 박춘무가 의병을 모집하기 위해 만든 「檄文」에 의하면 "임금은 서쪽으로 피난하고 백성들은 물고기처럼 살해당하는 사태에 이르러, 충성스럽고 의로운 선비들이 억울함에 정의로운 마음으로 왜적을 소탕하고자 일어나서 나에게 함께 나와서 모의하기를 원하니 처자식만을 돌볼 수는 없다."고 하였다. 또 의병을 일으키면서 가족들에게 준 遺文에서 나라를 위한 忠義의 각오를 다음과 같이 피력하고 있다.

임금이 치욕이 더욱 깊어졌으니 이제 늦기는 했으나 신하가 되어 한 번 죽기로 맹세하고 이에 한 두 동지와 더불어 합심하여 수천 의사를 규합할까 하며, 명나라 군이 요동을 건너 만리 밖에서 오고 있으니, 남이 하기 어려운 외로운 충성을 나라에 바치고자 하니, 나에게 충성할 기회를 준다면 감히 나라를 사랑하는 마음에서 七尺의 작은 체구일지라도 맹세코 흉난을 제거함에 심혈을 기울일 것이오니, 어찌 출전함에 험준한 일이 없을까마는, 또한 군사에 대하여는 배운 바 없고 글만 읽어 세상일에 경험이 없다 할지라도, 忠義를 다하여 분격한다면 紅額壯士 못지않게 싸울 것이며, 臣民이 모두 분개하고 있으니 무리가 같은 원수인데 어찌 조정의 遺民이 아니라 하여 말리오……아래로는 부모 형제의 원수요 위로는 국가의 적이니 절치부심하고 다투어 찌르며 달

---

7) 이석린 저, 『의병장 박춘무 일가의 삼대창의록』, 83~84쪽.
8) 이석린 저, 『의병장 박춘무 일가의 삼대창의록』, 43쪽.

려드는 적병을 쳐부수어 원수를 갚지 않으리오.

박춘무는 7월 4일 의병부대의 출정식을 치르고 지금의 청주 부모산 부근에서 의병들에게 군사훈련을 시켰다. 8월에는 여러 의병세력들과 연합하여 청주성을 점령하고 있던 왜적을 공격하여 곧바로 청주성을 다시 찾는 승리를 거두었다. 이것을 청주성 수복전투라고 하는데, 당시 왜군과의 대접전은 8월 1일에 이루어졌고, 그 다음 날인 8월 2일에 왜군을 몰아내고 성을 뒤 찾는데 성공하였다. 이 때 서문의 공격은 의병장 趙憲과 義僧將 靈圭大師가 담당하고, 정문인 남문의 공격은 지리적 조건을 잘 아는 朴春茂가 맡아, 하루 만에 왜군을 몰아내고 청주성을 뒤 찾았다. 청주성을 뒤찾은 이후 박춘무는 조헌과 군사를 나누어, 조헌은 금산의 왜적을 공격하기로 하고, 그는 진천을 점령하고 있던 왜적을 공격하기로 하였다. 그래서 박춘무와 조헌은 각각 의병진을 이끌고 금산과 진천으로 이동하였고, 조헌은 금산전투에서 7백여 명의 의병들과 함께 장렬히 순국하는 반면, 박춘무는 진천에서도 왜군을 무찌르고 승리를 거두었다. 이것을 진천승첩이라 한다.[9]

박춘무는 다시 의병부대를 이끌고 선조를 호위하기 위해 북쪽으로 진군하여 의주까지 연전연승하며 진군하니, 선조가 기뻐하며 倡義使를 제수하여 군의 지휘관으로 勤王도 하고 한편 御醫의 역할도 하였다. 1593년 10월 서울을 왜군으로부터 뒤 찾고 선조도 다시 돌아오자 일단 의병진을 해산하고 고향으로 돌아왔다. 그 후 박춘무는 조정에서 전란 중의 공로를 기려 충청도 임천군수를 비롯해 여러 관직에 임명되었으나 나아가지 않고 학문 연구와 후진 양성에 진력하였다.

---

9) 이석린 저, 『의병장 박춘무 일가의 삼대창의록』, 44쪽.

丁酉再亂이 다시 발발하자 박춘무는 관군의 지휘관으로 활동하게 되었다. 임진왜란에서 이미 '군사를 지휘하는 것이 뛰어나 패전한 적이 없는 장수'로 조정에 알려져 '折衝將軍兼僉知中樞府事'로 임명되었다. 그리하여 중앙군대인 五衛중의 하나인 龍驤衛의 최고 책임자로 활약하였다.[10]

그런데 박춘무의 의병활동에서 주목해야 할 바는 그는 조헌과 더불어 충청도 의병의 우의대장으로 추대되는 것에 그치지 않고, 당시 호남의병장으로 활동하고 있던 高敬命까지 연계되어 호서와 호남을 포괄하는 兩湖義兵의 상호 연대와 전투과정에서의 공동작전을 구상했다는 점이다. 이런 사실은 宋齊民의 문집인 『海狂集』의 「遺事」에 잘 나타나 있다.[11]

박춘무는 임진왜란이라는 민족적 위기에서 의병을 일으켜 나라를 구한 공로로 資憲大夫 議政府右參贊 兼 知義禁府事 五衛都摠府都摠官에 추증되었고, 1863년(철종 14) '愍襄'이라는 시호를 받았다. 그리고 현재 청주시 흥덕구 비하동 주봉마을에는 임진왜란 의병들의 충렬을 기리기 위해 朴春茂, 朴春蕃, 朴東命, 李時發, 韓赫, 閔汝凾, 鄭舜年, 朴弘遠을 제향한 愍忠祠가 있다.

朴東命(1575~1636)은 박춘무의 아들로써 자는 時應이고 호는 梅隱堂이다. 1575년 청주 강서 주봉마을에서 태어났다. 그는 9살 때 '어버이를 섬김에는 효도를 다하고, 나라를 위해서는 다시 몸을 던진다(事親先盡孝 爲國更揖軀)'는 시를 지어 주위사람들을 놀라게 하였다.

임진왜란이 일어나자 그는 당시 18세의 나이로 아버지 박춘무를 따라 의병에 참여하였는데, 자신이 지니고 다니던 칼에 '나라에 충성을 다하면 죽어서도 그 빛이 변하지 않는다(盡忠報國 至死不渝)'는 글귀를 새겨

10) 이석린 저, 『의병장 박춘무 일가의 삼대창의록』, 45쪽.
11) 이석린 저, 『의병장 박춘무 일가의 삼대창의록』, 91쪽.

478 제3부 '향토유학'의 전개양상과특성

넣고 그 뜻을 항상 기억하며 힘을 다해 왜적을 물리쳤다.12) 그는 중부 박춘번과 부친 박춘무의 선봉장이 되어 청주성 탈환에 이어 진천성을 탈환하고, 의주에 몽진(蒙塵)중인 선조를 勤王하기 위해 연전연승하며 의주에 이르러 선조의 특명으로 直長 司僕寺에 천거되어 내직에 임하였다.

임진왜란이 끝나고 1599년(선조 32) 25세에 무과에 급제하여 선전관을 시작으로 제주목사 및 태안군수를 지냈다. 1624년(인조 2) 이괄(李适)의 난이 일어나자 때마침 병으로 누워있게 되자, 그 아들 朴弘遠으로 하여금 의병을 지휘하도록 하였다. 그리하여 의병을 도원수 張晩의 휘하로 이끌고 가서 관군과 합세하여 鞍峴 싸움에서 반란군을 무찌르고 난을 평정하는데 크게 기여하였다.

1636년(인조 14) 병자호란이 일어나자 박동명은 이번에도 의병 5천여 명을 모아 청나라 군사에 대항해 싸웠다. 이때 그는 李春祿을 선봉으로 삼고, 趙成楠을 후군으로 삼아 남한산성을 향해 진군하여 광주의 茂溪에서 청나라 군대와 맞서 싸우다가 장렬히 전사하였다.13) 그가 죽은 후 나라에서는 그의 충의를 기려 충신의 정문을 내리고 공조판서에 추증되었으며, '忠景'의 시호를 주었다.

朴春蕃(?~1596)은 박춘무의 동생으로 자는 慶元이고 형과 함께 이지함에게서 배웠다.14) 박춘무의 의병에 선봉에 나서 副部將으로 청주성을 탈환하고 진천방면으로 진격하여 왜적을 토벌하는 공을 세웠다. 왜란이 끝난 이후에는 기근에 굶주려 쓰러지는 사람들을 위하여 집 뒤에 죽을 끓여 놓고 인근사람들을 살려내어 세칭 '德翁'이라 불렸다.15) 그는

---

12) 이석린 저, 『의병장 박춘무 일가의 삼대창의록』, 90쪽.
13) 이석린 저, 『의병장 박춘무 일가의 삼대 창의록』, 90~91쪽.
14) 장현석 편, 『청주의 역사와 사람들』, 청주문화원, 2009, 242쪽.
15) 장현석 편, 『청주의 역사와 사람들』, 청주문화원, 2009, 243쪽.

임진왜란 때 세운 공로로 중앙군인 龍驤衛의 副部將에 임명되었으며, 그가 죽은 후 호조판서로 추증되었다. 묘소는 청주 비하동에 있으며 愍忠祠에 배향되었다.

鄭舜年은 본관이 동래이며, 벼슬은 주부이다. 박춘무의 매부이다. 임진왜란이 일어나자 박춘무와 창의거사에 참여하여 군자조달을 맡아 많은 사재를 희사하여 청주, 진천성을 탈환하는데 큰 공을 세우고, 의주행재소에서 勤王의 임무를 수행하였다. 1604년(선조 37) 헌릉참봉에 제수되었다. 군자감 봉사로 있다가 공조, 형조, 이조, 좌랑에서 司僕寺 主簿로 승진되어 한성판관에서 1613년 宗簿寺主簿에 임명되었다.16)

閔汝涵은 본관이 驪興이며 벼슬은 軍資監正이고 박춘무의 사위이다. 임진왜란이 일어나자 박춘무와 창의거사에 참여하고 군자조달책을 맡아 많은 사재를 희사하면서 청주, 진천성을 탈환하는데 큰 공을 세우고, 의주행재소에서 勤王의 임무를 수행하였다.17)

이와 같이 박춘무를 비롯한 아들 박동명, 손자 박홍원, 동생 박춘번, 매부 정순년, 사위 민여함의 의병활동은 역사상 보기 드문 사례로 꼽힌다. 이는 멀리 수양대군의 단종 왕위 찬탈에 분노하여 항거하며 죽어간 朴彭年, 朴仲林의 의리정신을 계승한 것이다.

뿐만 아니라 1728년(영조 4년) 李麟佐가 청주를 중심으로 난을 일으키자 창의사 朴敏雄(1674~1732)과 그 아우 朴敏俊, 朴敏彦, 그리고 朴重寂, 朴新祐, 박지구(朴之耈) 등 14명의 倡義使가 진압에 앞장서 큰 공을 세웠으니, 순천박씨의 충의정신은 여기서도 발휘되었다. 한말 艮齋 田愚의 문인이었던 滄菴 朴魯重은 박민웅의 6세손이다.

李得胤(1553~1630)의 자는 克欽, 호는 西溪, 본관은 慶州로 여말 益齋

---

16) 박영순 편, 『민충사』, 민충사보존회, 2013, 18쪽.
17) 박영순 편, 『민충사』, 민충사보존회, 2013, 19쪽.

李齊賢의 후손이다. 1588년(선조 21) 진사가 되고 孤靑 徐起(1523~1591)의 문하에서 수학하였고, 당시 易學의 대가였던 朴枝華를 찾아가 역학을 토론하여 크게 이름을 떨쳤다. 1597년 학행으로 추천되어 희릉참봉이 되었으나 곧 사직하고 독서에 전심, 1597년 王子師傳가 되고 이어 형조좌랑, 의성현령을 지냈다. 광해군의 패륜이 자행되자 혼란한 정계를 피해 고향에 머물러 金長生, 鄭斗源 등과 서신을 교환하여 太極圖와 易學을 토론했다. 1623년 仁祖反正으로 선공감정이 되고 이듬 해 괴산군수가 되어 이괄의 난으로 소란해진 민심을 수습하고 官紀를 바로 잡는 등 선정을 베풀었다. 음악에도 조예가 깊어 1620년(광해군 12)『玄琴東文類記』를 편술하여 琴道를 후세에 전승시켰다. 청주의 신항(莘巷)서원, 청주의 龜溪서원에 제향되었으며, 묘소는 충북 청원군 미원면 가양리에 있다.

李時發(1569~1626)의 자는 養久, 호는 碧梧, 後穎漁隱, 본관은 慶州이다. 진사 大建의 아들이며 李德胤의 문인이다. 따라서 그는 李齊賢의 후손으로 이대건이 제천에서 오근리로 이주하여 이시발을 낳았다. 그리하여 이시발의 가문은 청주 북부의 오근역에서부터 초평 사이에서 여러 대에 걸쳐 살았다. 오근리에 정착할 무렵 이곳에는 이대건의 從祖父인 진사 李潛이 살았는데, 이잠은 이시발의 스승인 李得胤의 부친이다. 이득윤은 孤靑 徐起의 문하에서 배웠고 또 守庵 朴枝華에게서 易學을 배웠다. 따라서 그의 학맥은 徐敬德-李之菡-徐起-李得胤-李時發로 이어진다.

1589년(서조 22) 그는 증광문과에 병과로 급제, 승문원에 등용되었다. 1592년 임진왜란이 일어나자 승문원의 가주서로 재직하고 있었는데 서울마저 왜적에게 위협받고 도성안의 민심이 흉흉해지자, 우선 늙은 어머니를 왜적의 손이 미치지 못하는 곳으로 피난시키기 위해 고향인 청주

초평으로 내려왔다. 귀향 후 노모를 종당숙이자 스승이었던 李得胤에게 의탁하여 괴산 청천 부근의 후영리에 피신시킨 다음 곧바로 서울로 올라 가려 하였다.

이때 마침 인척관계에 있던 박춘무를 중심으로 청주지역에서 의병을 모집하게 되자, 그도 역시 여기에 가담하였던 것이다. 그리고 그는 당시 촉망받는 학자의 재목으로 떠오르고 있었으므로, 24세의 젊은 나이에도 불구하고 종사관으로 활약하면서 의병을 모집하거나 사람들에게 알려 함께 하기를 청하는 격문을 작성하거나 의병진의 전투에 필요한 작전 구상 등의 중요한 업무를 주관하였다.[18]

그러나 이시발은 이듬해 4월부터는 외교문서의 작성을 맡았던 승문원 의 정자로 다시 관직에 복귀하여 의병진을 떠나게 되었다. 이후 그는 都體察使 柳成龍의 종사관으로 활약하였고, 典籍, 正言 등을 지냈다. 1594 년 병조좌랑으로 재직 중 명나라 遊擊將 陳雲鴻을 따라 적의 軍營을 방 문하여 정탐의 임무를 수행하였고, 이듬해 병조정랑에 승진 巡撫御史를 겸했다. 1596년 李夢鶴의 난 때 토벌에 전공을 세우고 掌樂院正에 승진 1597년 丁酉再亂 때는 分朝의 호조참의가 되어 명나라 원병에 대한 군 량미 보급을 맡았다. 1602년 경상도 관찰사, 1604년 형조참판, 이듬해 함 경도 관찰사가 되었다. 1614년(광해군 6) 廢母論이 일어나자 이에 반대 했다가 兩司의 탄핵을 받아 사직, 은퇴했다. 1623년 仁祖反正이 일어나 자 한성부 판윤에 등용, 형조판서에 오르고, 이듬해 李适의 난이 일어나 자 體察副使로서 난의 수습에 공을 세운 뒤 三南道 檢察使를 지내고, 남 한산성의 役事를 감독하다 죽었다. 영의정에 추증되었고 시호는 '忠翼'이 다.

---

18) 이러한 사실은 이시발의 문집인 『碧梧遺稿』의 「仁義陣檄」이라는 글에 전해온다.(이석 린, 『의병장 박춘무일가의 삼대창의록』, 88쪽)

朴枝華(1513~1592)의 자는 君實, 호는 守庵이고 본관은 密陽이다. 徐敬德의 문인으로 유교, 불교, 도교에 모두 조예가 깊었고, 특히 氣數學에 뛰어나 명종 때 으뜸가는 학자로 꼽혔다. 일찍이 吏文學官에 임명되었으나 취임하지 않았고, 그 후 현감을 지냈을 뿐이다. 1592년(선조 25) 임진왜란이 일어나자 친구 鄭宏과 함께 백운산에 피난했다가 왜병이 가까이 온 것을 알고는 杜甫의 五言律 1수를 산골짝 나뭇가지에다 써 붙이고 냇물에 뛰어들어 자살했다. 詩文과 글씨에 모두 능했는데, 청안의 龜溪書院에 제향되었다.

3) 退溪學派

임란기 청주지역의 유학자들 가운데 일부 퇴계학파의 유학자들이 보인다. 徐思遠(1550~1615)의 자는 行甫, 호는 彌樂齋, 본관은 達城이다. 전교 洽(洽)의 아들로 백부 형(潤)에게 입양하였는데 이천 출신이다. 퇴계의 문인인 寒岡 鄭逑의 문인이다. 주자학 및 이황의 문집을 깊이 연구하고 중년 이후에는 후진을 가르쳤다. 선조 때 학행으로 감역, 찰방을 지내고, 1595년(선조 28) 청안현감에 부임하여 학문의 진흥과 후진양성에 힘쓰다가 1598년에 사임했다. 후에 개령, 옥과, 연기의 현감, 형조정랑, 호조정랑, 易學校正 등에 임명되었으나 모두 응하지 않았다. 대구의 伊江書院, 청안의 龜溪書院에 제향되었다.

申湜(1551~1623)의 자는 叔止, 호는 用拙齋, 臨谷, 본관은 高靈이다. 申叔舟의 5대손으로 현령 仲淹의 아들이다. 신식은 大谷 成運, 退溪 李滉에게서 배웠다. 1576년(선조 9) 별시문과에 병과로 급제, 지평, 헌납을 거쳐 1590년(선조 23) 집의로 있을 때 鄭汝立의 일파라는 탄핵을 받고 곤양(昆陽)에 유배되었다가 1592년 혐의가 풀려 다시 집의가 되고, 이해 임진왜란이 일어나자 경상도 安撫御史가 되었다. 1599년(선조 32) 공조참판, 1608년(광해군 즉위) 충청도 관찰사를 지낸 후 부제학을 거쳐 지중추부사에 이르러 기로소(耆老所)에 들어갔다. 학식이 높고 특히 禮樂에 밝았다. 청주의 雙泉書院에 제향되었다.

申涌(1560~1627)의 자는 季達, 호는 하은(霞隱), 본관은 고령이다. 申叔舟의 5대손이고 仲淹의 3남이다. 9세에 중형인 졸재 신식(拙齋 申湜)과 퇴계 문하에서 배웠다. 16세에 鄕試에 장원하고 29세에 생원시에 합격하였다. 1591년(선조 24) 32세에 문과에 급제하여 승문원에 들어갔다가 홍문관 부정자로 승진하였다. 임진왜란이 일어나자 구국의 충정과 애빈의 의혈로서 스스로 몸을 일으켜 湖左에서 모병하여 의병장이 되었다. 그리하여 호남의 金千鎰, 高敬命과 서로 檄文을 전하고 영남의 郭再祐와도 소통을 이루었다. 그는 討賊報國할 것을 깃대에 서약하니 이름하여 淸東中義軍이라 하였다. 한편 왜적에게 동래가 함락되어 부사 宋象賢이 순절하였는데, 송상현의 아들 孝及의 부인은 바로 申涌의 三從姪女였다. 동래가 함락되기 전 송상현이 급히 편지를 보내왔는데, 그 내용은 가족을 부탁한다는 것이었다. 신용은 그 편지를 읽고 눈물을 흘리며 "내 질녀도 죽었는지 모르겠다. 혼자라도 살았다면 집안을 보존해야지"하고 사람을 보내 다행히 데려와서는 보살피기를 친자식과 같이 하였다.

왜란의 시기 동안 신용은 의병을 모집하랴 군량을 확보하랴 밤낮없이 동분서주하여 한시라도 심신이 편할 날이 없었다. 그럼에도 그의 호령은 부드러우면서도 엄숙하고 군의 대오 편성이 치밀하면서도 다양하니, 왜적들이 그 소문을 듣고 두려워서 감히 가까이 접근하지 못했다.

1593년(선조 26) 신용이 거느린 의병을 勤王兵으로 편입시키려 하였는데, 임금이 還都를 하였다. 그는 홍문관 정자로 부름을 받아 근무하였다. 다음 해 1594년(선조 27) 검열로 승진하여 시강원 설서로 옮기고, 1595년(선조 28) 승정원 주서가 되었다. 또 壬辰倡義로 宣武原從功

第一等으로 勳錄되고 이어서 待敎로 승진되어 사서를 겸하였다. 이후 실
록에 실려 있는 그의 언로는 항상 일관되고 강직하였다. 1597년(선조 30)
부교리로 승진하여 이조좌랑 겸 도원수가 되었다. 이때 왜구가 재차 침
공하여 거국적 위기를 맞게 되었다. 다음 해 1598년(선조 31) 신용은 이
조정랑으로 군의 감독관이 되어서 현지에 나가 군량사정을 살펴보았다.
1599년(선조 32) 성균관 사예가 되어 부임하고, 1600년(선조 33) 홍문관
교리가 되었다가 장령으로 승진하였다. 1601년(선조 34) 홍문관 부응교
를 거쳐 의정부 사인에 승진되고, 이어 승정원 동부승지에 제수되었다.
같은 해 겨울 그의 나이 80에 이르러 특별히 僉知中樞府事로서 嘉善大
夫에 승진하였으며, 이어 同知中樞府事에 임명되었다. 1602년(선조 35)
좌부승지, 우승지의 직책을 역임하였다. 이어 황해도 관찰사로 나아가
봉직, 1607년(선조 40) 병조, 예조, 이조의 참의를 하고, 1608년(선조 41)
좌승지에 올랐다. 이해 가을 賀正使로 燕京에 갔는데 조선에 표류되었던
중국인 47명을 데리고 갔기 때문에 환대를 받았다. 1611년(광해 3) 공주
목사, 그 이듬해 순천부사로 역임했다. 1613년(광해군 5) 永昌大君의 獄
事를 탄식하며 이이첨(李爾瞻)을 살려두어서 조정이 살얼음판이 되는데
이러고도 나라가 되겠느냐고 탄핵하려 하였다. 이에 이이첨이 듣고 성내
니 李元翼이 힘써 구하여 김제군수로 내보냈다. 1614년(광해군 6) 결국
감사의 모함으로 파직되어 잡혀가게 되었다. 그러나 그는 평해, 순천, 공
주, 김제 등에 나아가서도 선정을 베풀었기 때문에 백성들은 그의 행적
을 기려 곳곳에 去思碑를 세웠다. 1617년(광해군 9) 신용은 상소를 올려
李恒福을 귀양 보내는 데 대해 강력히 항의하였다. 이후 그는 관직에서
나와 청주로 내려왔다.

1624년(인조 2) 그가 향리에 있을 때 李适의 난이 일어나 왕이 공주로
파천하자 李元翼의 곁에서 선후대책을 상의하였다. 후일 난이 끝난 후

공로를 인정해 등용코자 하였으나 고사하였다. 1627년(인조 5) 72세를 일기로 서울에서 별세하였다. 振武原從功第一等에 勳錄되고 이조판서 대제학을 추증 받고 청주의 墨井書院에 배향되었다. 그의 묘소는 개성에 있으나 후손들이 청원군 낭성면 일대에 살아 해마다 시제를 올리고 있다.[19]

4) 道學派

임란기 청주지역 유학자들 가운데 16세기 초 사화시대에 의리를 지킨 도학파의 인물로는 慕溪 趙綱(1527~1599)이 있다. 그의 자는 叔擧, 호는 慕溪, 본관은 漢陽이다. 校尉 趙承胤과 평양 조씨 사이에서 출생하여 8세에 鄭思顯[20]에게 나아가 『通鑑』과 『小學』을 배웠다. 15세에 마침 청주 馬巖에 머물고 있던 圭庵 宋麟壽(1487~1547)와 東洲 成悌元(1506~1559)을 만나게 되어 이들에게 『心經』과 『近思錄』을 배웠다. 宋龜壽, 宋麟壽 형제와 妹婿인 成悌元은 이곳 마암에서 학문을 강하고 道를 익혀 이곳을 사람들은 '三賢閭'라 불렀다. 송인수는 학문과 도덕이 一世의 師表가 되어 존경받던 인물로, 조강이 莘巷書院을 창건하여 송인수를 배향한 사실로 볼 때 그의 학문적 영향을 짐작케 한다. 성제원 역시 성리학을 비롯한 諸家에 두루 능통하고 道學으로 추앙을 받았다. 송인수가 죽고 난 후 조강은 성제원을 좇아 학문을 계속 연마하였다. 그의 行狀에 의하면 그는 평소 과거공부를 중요하게 여기지 않고 이치를 탐구하여 인심을 맑게 하고 正學을 여는 것을 자신의 임무로 삼았다. 또한 그의 방계 7대조인 趙

---

19) 신범식, 「신용」, 『임진란위훈록』, 임진란정신문화선양회, 2016.

20) 鄭思顯(1509~1564)은 조선중기의 문신. 본관은 진주, 자는 伯微, 1535년 진우, 유경인 등과 같이 고관 10여명을 제거하기 위하여 모의하였다는 혐의로 극형에 처해질 상황에서 세자의 도움으로 회덕에 유배되는데 그쳤다. 3년간의 귀양에서 풀려나 1549년 식년문과 병과로 급제, 검열, 봉교, 지평, 문학을 지냈다.

仁壁의 절의와 靜庵 趙光祖의 道學을 흠모하여 그 실마리를 찾으려 했고,『小學』과『近思錄』등 여러 경전을 매번 강습할 때에는 마음을 가라앉혀 깊이 생각하고 근본을 함양하고 힘써 다른 사람들이 미칠 수 없었다 한다.

조강은 효행에도 남다른 바가 있었다. 遂庵 權尙夏는 그를 가리켜 말하기를, "나라의 어려움에 충성을 발휘하였고, 부모의 마음을 효로써 기쁘게 하였다. 오리를 떨어뜨리는 상서로움이 있었으니, 감동함은 빙리(氷鯉)에 부합된다"고 하여 그의 충성과 효행을 높이 평가하였다.

그가 26살 때 여름 어머니가 병으로 위급할 때 들오리를 먹고 싶어 하는데 여름철이라 구할 수 없어 그는 들판에서 울면서 방황하였다. 그 때 갑자기 송골매가 오리를 쳐서 떨어뜨려 어머니에게 봉양했다는 일화가 전해진다. 이것은 마치 겨울에 죽순을 구한 孟宗과 얼음에서 잉어를 구한 王祥과 그 아름다운 이름을 같이 하는 것이었다. 이 일이 牧使 李增榮에 의해 조정에 보고되어 임금이 특별히 부역을 감면하는 명을 내렸다.

또한 조상의 제사를 지낼 때에는 친히 나물을 캐고 고기를 삶고 갈라서 정결하게 제사를 올렸으며 말을 엄히 하였다. 모친상을 당하였을 때에는 3년간 죽을 마시며 시묘살이를 하면서도 부친께 아침저녁 보살핌을 멈추지 않았고, 한결같이 홀로 집에 거처하면서 아침저녁으로 성묘하고 3년 동안 여막을 나가지 않았다. 그의 이러한 모습에 마을 사람들도 탄복하여 高子皐[21]와 少連, 大連의 居喪에 비견하였다. 그의 이러한 효행이 조정에 추천되어 벼슬을 제수 받았으나 부모가 없는데 벼슬을 하는 것은 아무런 의미가 없다고 하여 여러 번 부임하지 않았다.

1568년(선조 1) 20세에 사마 초시에 장원으로 합격, 이듬 해 성균관에

---

21) 공자의 문인으로 柴

들어가 학문을 연마하였다. 1572년 중부참봉에 임명되었으나 부임하지 않았고, 1576년 다시 충청도사에 임명되었으나 나아가지 않다가 1579년 영릉참봉에 부임하였다. 이듬해 內資寺奉事가 되고 이어 別提로 옮겼으며, 1581년 世子翊衛司翊衛가 되었다.

1585년 59세 때 重峰 趙憲을 沃川 鄕賢祠에서 만나 학문을 강하였다. 조강은 趙憲을 처음에는 알지 못하였는데, 일견에 그의 德과 器局을 알아보고 맑은 지조와 아름다운 명망은 그와 짝할 이가 드물다 여기고 서로 추앙하여 존중히 여길 것을 허락하고는 드디어 忘年之契가 되었다. 조헌이 경기로부터 옥천의 安邑으로 이사와 살면서 문을 닫아걸고 도를 강하였는데, 조강도 더불어 만나면 강론하고 돌아왔다.[22]

1586년 司饔院直長, 禮賓寺主簿 등을 거쳐 사헌부지평이 되었고, 1589년 장령을 지내고 은진현감으로 나아갔다가 얼마 뒤 사헌부집의가 되었으나 병으로 사양하고 나아가지 않았다. 그는 1589년 12월 세상을 떠났다. 승정원좌승지에 추증되고 제자들과 지역 유림들에 의해 松泉書院에 제향되었다.

1592년 임진왜란이 발발하여 왜구가 서울까지 침범해 온 나라가 짓밟히고 임금까지 피난을 갔다는 소식을 듣고 바로 격문을 사방에 띄워 의병을 모집하였다. 당시 그의 나이 66세로 몸은 이미 늙고 쇠약하였으나 나라를 생각하고 백성을 생각하는 마음은 확고하였다.

아! 만고에 전에 없던 화가 마침 우리 聖明의 때를 만나 신하와 백성이 저주하고 신음하고 통곡하니 책임은 여기에 있습니다. 굼벵이 같은 사람은 의리로써 일깨우기가 어렵지만 호서의 백성을 이끄는 것은 모

---

22) 임동철 편역, 『모계집』, 「연보」, 선생 59세 조.(청원향토문화연구회, 2002).

두 옳은 일입니다. 미천한 신하 두 세 사람이 하늘을 들 수 있는 힘이 없다는 것을 알지 못하는 것은 아니지만, 구구하게 평상시의 마음으로 君父 없는 하루를 생각한다면 하루도 살 수 없을 것입니다. 이것은 평소에 가슴에 쌓아 둔 바이지 감히 죽음에 처하여 말함으로써 감히 우리 군부를 욕되게 하겠습니까? 아! 마음 또한 슬픕니다.

신등이 두 세 사람의 동지와 결탁하여 곡식 200여 곡(斛, 10말)을 얻어 모았으니 군대의 하루저녁 식량으로 도움이 되기를 바랍니다. 兇徒의 칼날이 매우 절박하고 여러읍의 창고가 모두 불탔는데 하물며 신등과 같이 하찮은 이가 어찌 면함을 얻겠습니까?

비록 그러나 신등은 평상시 임금을 위한 일편단심의 일을 끝내 진언하지 않을 수가 없기 때문에 감히 絶命의 말로써 우리 君父殿下를 번거롭게 함을 꺼리지 않을 터이니, 신 등의 금일의 지극한 정성을 헤아려 주신다면 비록 죽는 날에도 역시 한할 것이 없을 것입니다.[23)

엎드려 생각건대, 신은 한낱 미천한 몸으로 聖世를 만나 자취를 성균관에 맡기어 평생에 아는 바는 忠義뿐입니다. 장차 조두(俎豆)의 학문을 헤아려 영원히 玉燭의 하늘을 이고 있으려 했는데, 어찌 저 하늘이 가혹함을 내리어 왜구의 방자하고 흉악함이 이르러 漢나라 동타(銅駝)가 가시나무 속에 묻히고, 임금의 수레가 서울을 떠날 줄을 뜻했겠습니까?[24)

신등은 풀과 겨자씨같이 미미한 목숨이라 부들 베개에 여생을 보내

---

23) 박동철 편역, 『慕溪集』, 「병사와 곡식을 모집하는 상소(임진)」, 청원향토문화연구회, 2002, 46~47쪽.
24) 임동철 편역, 『慕溪集』, 「병사를 일으키는 상소(계사)」.

지만 격앙되고 강개한 충성심은 몸이 喪中임을 생각하지 않고 분개한 흰 머리털을 세우니 연령이 많음을 헤아리지 않았습니다. 때로 혹 훈구대신들이 구름같이 오기도 하고, 혹 촌집의 건장한 남아가 모이기도 하였습니다. 그들이 함께 당당한 명분과 의리를 내세워 힘써 혁혁한 위용을 수립하여, 산은 우물이 되고 활은 식량이 되니, 나라가 어지러울 때 임금을 위해 죽음을 무릅쓸 것을 어찌 사양하겠습니까? 쇠로 비녀를 만들고 옥으로 손잡이를 만들어, 장차 妖氣를 싹 쓸어내고 태양을 내걸고, 저들의 살코기를 먹고 가죽을 베고자며 맹세코 함께 살지를 못하겠으니, 말가죽에 싸여 전사할 것을 생각하였습니다. 나라를 위해 몸을 바치고 죽은 이후에야 그만 둘 것이니, 감히 기러기 털처럼 가벼운 목숨을 애석히 여기겠습니까?[25]

조강은 인산과 보은에서 의병 2000여명을 모집하여 충주와 청주의 작천(鵲川)에 나누어 주둔시키고 왜적의 길을 차단하였다. 또 의주 행재소에 「募兵粟疏」를 올리자, 선조는 "옛말에 세찬 바람에 굳센 풀을 알 수 있고, 나라가 어지러우면 진실한 신하를 알 수 있다 하니, 지금 경과 같은 이를 두고 하는 말이다" 라고 비답을 내려 그의 충절을 칭찬했다.

호남에 주둔해 있던 왜적이 청주를 침범하려 할 때는 자신의 쇠약하고 늙음을 걱정하는 주위의 만류에도 불구하고 "궁하면 마땅히 더욱 견고해야 하고, 늙으면 마땅히 더욱 씩씩해야 한다. 장부의 뜻은 난을 사양하지 않는 것이며, 어려움에 임해 목숨을 버리는 것은 신하된 자의 직책이니 어찌 쇠약하고 늙음으로 그 어려움을 사양하겠는가?"하며 군대를 진두지휘하고 독려하여 마침내 청주 松嶺 아래에서 적을 만나 크게 이겼

---

25) 임동철 편역, 『慕溪集』, 「의병을 일으키는 격문(임진)」.

다. 이 전투의 승리로 "옛 사람의 말에 충신을 구하려면 반드시 효자의 문에서 구하라는 말이 있는데, 지금 과연 그러 하도다" 라는 임금의 비답과 함께 倡義士의 호칭을 받는다.

송령 전투에서 적의 탄환을 맞아 얻은 부상으로 병이 악화되어 군대를 아들 光翼에게 거느리게 하여 竹山에서 왜적을 크게 무찔렀는데, 광익이 죽산으로 출발하기 전 당부하기를, "전쟁에 나가 용감하지 않으면 효도하는 것이 아니다. 내가 살아있다는 것으로써 전쟁에 임해서 용감하지 않으면 안 된다."고 당부를 하니 듣는 사람들이 모두 탄복하였다.

丁酉年에 왜적이 다시 창궐하니 청주에서 군량미를 보급하고 콩과 正鐵을 모집하여 군대에 보태도록 하니 "貞忠大節은 해와 별처럼 빛나며, 山岳처럼 굳세고 굳세다고 이를 만하다" 라는 비답을 받았다. 그가 죽은 후 1666년 현종은 御書 '忠孝節義' 네 글자를 특별히 하사하여 존숭의 뜻을 보였다.

조강의 또 하나의 업적은 청주지역에 처음으로 서원을 창건한 일이다. 44세 때 1570년 李得胤, 卞景壽 등 고을의 여러 선비와 상의하여 有定書院을 창건하였다. 처음 배향된 인물은 朴薰, 慶延, 金淨과 조강의 스승인 圭庵 宋麟壽였고, 후에 宋相賢, 李得胤, 李穡, 李珥 등을 추가로 배향하였다. 유정서원은 풍기의 白雲洞書院, 보은 지역의 象賢書院 등과 함께 초기 서원 성립기의 대표적인 서원으로 1660년(현종 1)에 莘巷書院으로 賜額을 받는다.

5) 그 밖의 유학자들

李光岳(1557~1608)의 자는 鎭之, 본관은 廣州, 군수 好約의 아들이다. 1584년(선조 17) 무과에 급제, 선전관을 거쳐 1592년 昆陽군수가 되었다. 이 해 임진왜란이 일어나자 영남지방에서 선봉에 나서서 왜군과 격전, 적이 진주를 포위하자 招諭使 金誠一의 명으로 진주목사 金時敏을 도와 左翼將으로서 대승을 거두었다. 1594년 郭再祐의 副將으로 동래전투에 종군했고, 이후 1백여 차례의 싸움에서 항상 선봉으로 적의 예봉을 꺾어 右軍의 사기를 북돋우었다. 1595년 어머니상을 당하자 조정에서는 상중에도 벼슬을 내려 청주목사, 만포첨사, 황해병사를 역임하였다. 『白沙集』에 의하면 청주에 있을 때 낮이면 일을 하기에 평상시와 같고 밤이면 돌아가신 부모를 위해 영악(靈幄) 설치하고 곡을 하며 상복을 입고 나물을 먹는 것이 侍墓할 때와 같이 하니, 어느 사람이 나라를 위해 몸을 自愛할 것을 권하니, 사양해 말하기를, "거센 목숨이 스스로 가히 지탱하니, 어찌 王事로 만들어 私情을 폐하겠는가?"하여 눈물을 흘리며 목메어 흐느끼니, 비록 전쟁 중이라도 상을 입고 예를 행함이 이와 같았다.

1598년 전라도 병마절도사로서 명나라 군대와 합세하여 금산, 함양 등지에서 왜군을 무찌르고, 포로가 된 본국인 1백여 명과 牛馬 60여필을 탈환했다. 훈련원 도정을 거쳐 1604년(선조 37) 경기 방어사가 되어 宣武功臣 3등으로 廣平君에 봉해지고, 1607년 함경남도 병마절도사로 있을 때 병을 핑계로 근무를 태만히 하여 한때 투옥되기도 했다. 시호는 '忠壯'이다.26)

金善復(?~ 1592)은 본관이 의성으로 조헌과 더불어 창의하여 금산전투에서 칠백의사와 함께 장렬하게 순절하여, 금산의 칠백의총에 장사되고 殉義碑가 세워졌으며, 그의 고향인 청원군 문의면 등동리 정가울 마을 어귀에 忠臣閣이 세워졌다가 지금은 문의문화재단지로 옮겨졌다.27)

申禮男 (?~ 1592)은 자는 文吉, 본관은 平山으로 임진왜란 때 청원군 오창에서 살고 있었는데, 왜적에게 잡혀가 온갖 위협에도 굴하지 않고

---

26) 한국인명대사전편찬실 편, 『한국인명대사전』, 신구문화사, 1992, 599쪽.

27) 장현석 편, 『청주의 역사와 사람들』, 청주문화원, 2009, 243~244쪽.

자결하니, 왜인이 眞義士라고 하였다. 그의 부인 驪興閔氏는 남편이 잡혀갔다는 소식을 듣고 왜적에게 뛰어들어 항거하였다. 후에 조정에 까지 이 사실이 알려져 공조참판에 추증되었고, 부인에게는 貞夫人이 내려짐과 동시에 부부의 忠烈門이 명정(命旌)되었다. 현재 청원군 오창읍 복현리에 두 사람의 충렬문이 전해지고 있다.28)

朴友賢(?~ 1592)은 영의정 朴蘭의 손자로서 임진왜란 때 弱冠으로 趙憲 의병장 막하에 들어가 청주성 탈환 전투에서 전사하였다. 선조 대에 復戶되어 충신문을 세우도록 하였는데, 지금은 전해지지 않는다.29)

鄭應龜는 임진왜란 때 왜군이 청주지역을 지날 때 왜장을 사살하여 그 목을 龍灣行在에 바쳤는데, 이것이 왜장을 죽인 처음일이라 선조가 매우 기뻐하였다 한다. 그 후 종군하여 순국하니 명나라 조정에까지 알려졌으며, 청주 오근촌에 충신문이 세워졌다고 하는데 지금은 전해지지 않는다.30)

朴春蘭은 임진왜란이 일어나 가족과 형제가 모두 동림산 북쪽 광대동으로 피난을 갔는데, 갑자기 왜적이 들어와 부모와 부모를 모시고 있던 형 내외가 모두 죽임을 당하였다. 이에 박춘란과 아우 박춘련은 부모와 형 내외의 시신을 거두어 장사 지내고, 복수를 결심하고 청주에 진을 치고 있던 적진으로 들어가 왜적 2명을 사살하고 그 목을 베어 兵使에게 바쳤다. 병사가 이 일을 조정에 보고하자 조정에서는 즉시 박춘란에게 部將을 제수하였다.31)

金河瑞는 호는 삼함당(三緘堂), 본관은 安東으로 1576년(선조 9) 진사

28) 장현석 편, 『청주의 역사와 사람들』, 청주문화원, 2009, 244쪽.
29) 장현석 편, 『청주의 역사와 사람들』, 청주문화원, 2009, 244쪽.
30) 장현석 편, 『청주의 역사와 사람들』, 청주문화원, 2009, 245쪽.
31) 장현석 편, 『청주의 역사와 사람들』, 청주문화원, 2009, 245쪽.

에 급제하고, 임진왜란 때 여러 고을에 격문을 발하여 의병을 일으켜 5 백 여명을 이끌고 충주와 죽산의 경계에 포진하여 관군과 함께 왜적과 싸워 크게 전공을 거두었다. 후일 귀향하여 조금도 자신의 공을 말하지 않았다 한다.[32]

韓赫은 본관이 청주이며 호는 沙亭으로 벼슬은 참봉이다. 임진왜란이 일어나자 박춘무와 창의거사하여 종사관으로서 각 고을에 격문을 반포하고 의병을 모집하여 군사훈련을 시키고 청주, 진천성을 탈환하는데 큰 공을 세우고 의주행재소에서 勤王의 임무를 수행하였다.[33]

---

32) 장현석 편, 『청주의 역사와 사람들』, 청주문화원, 2009, 245쪽.
33) 박영순 편, 『민충사』, 민충사보존회, 2013, 18쪽.

1. 시작하는 말

　유학은 본래 인문정신을 추구한다. 유학은 오랜 역사 속에서 인간의 존엄에 대한 자각, 인간존재에 대한 내면적 탐구, 인간 삶에 대한 성찰, 인간이 추구해야 할 가치의 인식 등 인문학적 성찰에 매진해 왔다. 무엇보다 유학은 '인간과 사회'에 관해 깊은 관심을 갖는다.[1] 유학은 신도 아니고 자연도 아니고 '인간' 그리고 그들이 더불어 살아가는 '사회'에 대해 늘 고민하고 걱정해 왔다. 이런 점에서 유학은 그 자체가 인문학적 성격이 매우 짙다.

　현대사회는 첨단 과학기술의 발달로 편리를 추구하고 물질적 풍요를 누리며 산다. 경제적 가치는 가장 중시되는 가치이며, 이것은 세계의 보편적 현상이다. 또 나라마다 부국강병을 추구하고 實利와 효율이 중시되고 있다. 이런 와중에서 인간은 소외되고 정신적 가치, 도덕적 가치는 경시되고 있다. 성과와 효율이 중시되고 물질적 이익이 중시되는 상황에서 인문정신은 메말라가고 인간 삶의 근본을 되돌아보지 않을 수 없는 상황

---

1) 유학은 '인간'과 그들이 모여 사는 '사회'를 항상 근심하고 걱정한다. 유학의 관심사는 신도 아니고 자연도 아니다. 이는 유학의 경전 속에 일관되게 드러나 있는 것이며, 특히 『大學』은 유학의 범주를 修身, 齊家, 治國, 平天下로 규정하고 있는 것이다.

에 직면해 있다.

본고는 이러한 인문학적 위기에서 유학의 인문정신을 통해 전통적 가치의 중요성과 그 의미를 새롭게 인식하고자 한다. 대전은 오늘날 과학기술의 도시, 교통의 도시, 행정의 중심도시이지만, 한편 역사적으로는 17세기 기호유학의 중심지였다 해도 지나치지 않는다. 대전은 역사적으로 수많은 유학자들이 생장하고 활동했던 공간이지만, 특히 17세기는 대전의 유학자 尤庵 宋時烈(1607~1689), 同春堂 宋浚吉(1606~1672), 晚悔 權得己(1570~1622), 탄옹 권시(炭翁 權諰, 1604~1672), 백호 윤휴(白湖 尹鑴, 1617~1680) 등이 활동했던 무대였다. 송시열, 송준길, 권시는 金集, 李惟泰와 더불어 이른바 '密旨 五臣'2)으로 초빙될 만큼 당시 재야의 유학자로서 존경을 받았다.

17세기는 병자호란의 수모를 겪고 명분과 실리의 기로에서 심각히 고뇌했던 시대였으며, 다른 한편으로는 학문과 정치가 밀접히 연관되어 당파와 학파의 갈등과 대립 그리고 경쟁을 통해 조선유학이 다양한 모색을 하는 그러한 시기이기도 했다. 이 시대를 대표하는 송시열의 '정직 함(直)', '義理', 송준길의 '禮', 권득기, 권시 부자의 '옳음을 추구함(求是)', '공평한 마음(公心)', '공평한 도리(公道)'를 중심으로 17세기 대전유학의 인문정신을 현대적으로 탐색해 보고자 한다. 17세기 대전유학을 대표하는 송시열, 송준길, 권득기, 권시 부자의 유학사상을 중심으로 인문학적 관점에서 현대와 접목해 논구해 보고자 한다.

---

2) 효종은 청나라의 침략을 받자 원수를 갚기 위해 전쟁을 준비하였는데, 이를 위해 비밀리에 당시 학자로서 존경받던 김집, 송시열, 송준길, 이유태, 권시를 조정으로 불러 상의하였는데 이들 5명의 유학자들을 말한다.

2. 17세기 '대전유학'의 인문정신

1) 尤庵 宋時烈의 '정직 함(直)', '의리(義)'

송시열은 율곡-김장생을 잇는 율곡학파의 嫡傳이며 文廟에 종사된 '東國 18賢'의 한 사람이다. 그는 17세기 조선조 역사에서 정치적으로나 학문적으로 매우 중요한 위치에 있어 '大老', '泰山喬嶽', '宋子'로 추앙받았다.

그는 영남 퇴계학파의 도전에 대해 율곡 성리학을 지키는데 앞장섰던 성리학자였고, 禮 논쟁의 주역이면서 스승인 김장생, 김집의 예학을 충실히 계승한 예학자이기도 했다. 더욱이 그는 효종의 사부로서 淸나라를 쳐서 원수를 갚는데 앞장섰으며 평생 의리의 선양과 실천에 모범을 보였다.

그러므로 한말 田愚(艮齋, 1841~1922)는 「五賢粹言序」에서 靜庵의 材志, 退溪의 德學, 栗谷의 理氣, 沙溪의 禮敎, 尤庵의 義理를 특징적으로 들고 추앙하였다.[3] 이처럼 송시열은 의리라는 측면에서 다른 유학자들과 차별화되고 그의 특성으로 평가되어진다.

송시열의 일생은 의리의 실천으로 일관되었다. 그는 白湖 尹鑴(1617~1680)의 경전 해석을 주자학에 대한 도전으로 간주하고 斯文亂賊으로 징벌했으며, 윤휴의 편을 들었던 尹宣擧, 尹拯 부자에 대해서도 闢異端의 입장에서 단호히 비판하였다. 그는 평생 도학과 의리를 실천한 역사적 인물들을 현창하는데도 앞장섰다.

예를 들면 고려 충절의 상징인 鄭夢周의 비문을 지었고, 死六臣의 비석을 세워주었다. 또 趙光祖의 비문을 지어 주고, 을사사화 때 억울하게

---

3) 『艮齋集』, 前編, 卷16, 「五賢粹言序」, "愚嘗妄謂以靜庵之材志 有退溪之德學 契栗谷之理氣 循沙溪之禮敎 立尤庵之義理焉 則其於爲人 可謂幾乎聖者矣."

죽은 宋麟壽의 비문을 써 주었다. 임진왜란 때 순절한 의병장 趙憲의 문집을 간행하고, 그의 行狀과 墓表를 쓰고 그의 비를 세워주기도 했다. 또 의병장 張潤, 포수 李士龍, 의사 金聲遠, 金宗胤의 전기를 썼다. 특히 충무공 李舜臣의 戰勝碑文을 쓰고, 權慄 장군의 비문을 썼다. 또한 병자호란 때 斥和義理에 앞장섰던 三學士와 林慶業 장군의 전기를 쓰고, 金尙憲의 墓誌銘과 墓表를 쓰기도 했다.

송시열은 '나라가 숭상하고 장려해야 할 것은 오직 道學과 節義라'[4] 하고, 의리를 숭상하고 이익을 버리는 '尙義之世'[5]를 염원하였다.

韓元震은 "우암의 학문은 주자를 으뜸으로 삼고 의리는 春秋를 잡았다. 절의를 숭상하고 邪說을 막아 효종의 '天理를 밝히고 인심을 바르게 한다(明天理 正人心)'는 부탁을 저버리지 않았다."[6]고 평가하였고, 金昌協은 "우암이 평생 잡고 지킨 것은 그 대강이 넷이 있으니, 편파적인 말, 음탕한 말을 막아 세 성인을 계승하는 것, 절의를 숭상하여 東周를 높이는 것, 징계를 엄격히 해 윤리기강을 세우는 것, 향원(鄕愿)을 미워해 바른 길을 돌이키는 것이다"[7] 라고 평가하였다. 이처럼 송시열의 학문이나 그의 삶에서 義理라는 가치는 매우 중요한 것이었다.

그런데 그의 의리사상은 인간 내면의 '정직(直)'과 깊은 연관을 갖는다. 송시열은 1689년 83세의 나이로 정읍에서 운명할 때 문인 權尙夏에게 "공자, 맹자이래 서로 전해 온 것은 오직 이 直 한 글자 뿐이며, 주자

---

4) 『宋子大全』, 附錄, 卷6, 「年譜」, 42年, 己酉, 先生 63歲 條, "先生又進曰 國家之所崇獎 惟在道學與節義."

5) 『宋子大全』, 卷5, 「己丑封事」.

6) 『宋子大全』, 附錄, 卷19, 「記述雜錄(韓元震)」, "尤翁學宗朱子 義理春秋 崇節義 闢邪說 以不負孝廟明天理正人心之託."

7) 위의 책, 附錄, 卷19, 「記述雜錄(金昌協)」, "……爲尤翁平生所執守者 其大綱有四焉 曰距詖淫以承三聖也 曰崇節義以尊東周也 曰嚴懲討以扶倫紀也 曰惡鄕愿以反正經也."

도 세상을 떠날 때 문인들에게 고별한 것도 이를 벗어나지 아니하였다"8)
고 유언하였다.

송시열은 사사로운 이익에 대한 의리를 강조하여 정의가 이익을 이기
면 잘 다스려지는 세상이 되고 이익이 정의를 이기면 혼란한 세상이 된
다 하고, 정의를 숭상하고 이익을 버릴 것을 강조하였다. 따라서 『大學』
을 인용하여 '이익으로써 이익을 삼지 말고 정의로써 이익을 삼아야 한
다' 하였다.9) 이와 같이 송시열은 앞에서는 이익을 사사로운 이익으로
해석하여 정의를 강조하지만, 뒤에서는 정의에 기초한 이익을 이상으로
삼는 것이다. 결국 송시열은 정의를 해치고 방해하는 장애가 사사로움
(私) 내지 人欲에 있다 하여, '개인의 사사로움을 버리고 천리를 회복할
것(去己私 復天理)'을 주장하고, 이들은 서로 없어지고 자라는데 국가의
다스려짐과 혼란함 그리고 편안함과 위태로움이 여기에 관계된다 하였
다.10)

또한 정의란 天理의 공평함이고 이익이란 人欲의 사사로움이므로, 天
理를 좇으면 이익을 구하지 않아도 저절로 이롭지 아니함이 없고, 인욕
을 좇으면 이익을 구해도 얻지 못하고 자신을 해침이 따르게 되는 것이
라 하였다.11)

이렇게 볼 때, 송시열의 의리사상에서 제기되는 여러 가지 용어들 즉
直, 義, 理, 道, 氣는 상호 깊은 연관성을 갖는다. 정직함은 인간의 본심이

---

8) 『宋子大全』, 附錄, 卷11, 「年譜」, 62年, 己巳, 先生 83歲 條, "孔孟以來相傳 惟是一直字 而
朱子臨終所以告門人者 亦不外此矣."

9) 『宋子大全』, 卷5, 「己丑封事(小註)」, "臣又按 先儒有言 義勝利者爲治世 利克義者爲亂
世……唯在殿下尚義棄利以先之也……大學曰 不以利爲利 以義爲利."

10) 『宋子大全』, 卷16, 「進修堂奏箚」, 辛酉, "然如欲有爲 則不在他求 實在於去己私復天理而
已 己私天理相爲消長 而國家治亂安危係焉."

11) 『宋子大全』, 卷19, 「歲正陳戒請宥羅良佐疏」, "朱子推演其說曰 義者 天理之公也 利者 人
欲之私也 循天理 則不求利而自無不利 循人欲 則求利未得而害己隨之."

요 본질이며, 그것은 天理에 근본한다. 天理가 인간에게 주어진 것이 정직 함(直) 그 자체라 할 수 있다. 그리고 정직 함은 송시열에 의하면 道義로도 통용되는데, 그것은 일상생활의 윤리를 떠나지 않는데 三綱五常이야 말로 가장 큰 것이라 한다. 만약 이것을 버린다면 소위 道가 과연 어찌 道가 될 수 있겠느냐 반문하는 것이다.12)

그런데 義란 인심의 보편성으로 理라고도 할 수 있다.13) 義는 인간의 천부적 본질로서 인간 자체에 내재하는 것이다.14) 義란 인심에 근본하고 天理의 자연에 근본하는 것이므로 直과 다를 바 없다. 그리고 直은 道요 道義요 義는 性이 心에 갖추어진 것이므로 理와 다를 바 없다. 다시 말하면 天理가 인간에게 주어졌을 때 그것이 바로 直이요 道요 義요 理라 할 것이다. 송시열에 의해 공자, 맹자, 주자, 김장생으로 이어 온 直은 義 내지 義理의 개념으로 전환됨을 알 수 있다.

그런데 義는 일면 인간의 본질로서 존재론적 의미를 갖는 동시에 일면 인간의 본질대로 살아야 한다는 당위적 의미를 갖는다. 義는 理를 좇는 것으로15) 실천적 성격을 갖는다.16) 따라서 관직에 나아가고 물러나는 도리는 의리를 좇는 것이 가장 중요하다 하겠다.17)

이와 같이 송시열에 있어서는 義는 곧 直인 동시에 理였던 것이며, 또 道로도 통용되었던 것이다. 따라서 義는 義理로, 道義로도 표현되었음을

---

12) 『宋子大全』, 卷39, 「答權思誠」, "所謂道者 不離乎人倫日用之中 而三綱五常 最其大者也 若果置此 則其所謂道者 果何道耶."

13) 『孟子』, 「告子 上」, "心之所同然者何耶 謂理也義也."

14) 『宋子大全』, 拾遺, 卷9, 「經筵講義」, "故曰義以方外 此則其義之形於外者言也 非義之本在外也."

15) 『荀子』, 「議兵篇」, "義者循理."

16) 『荀子』, 「大略篇」, "義理也 故行."

17) 『宋子大全』, 卷28, 「答金由善」, "蓋聞出處之道 只看義理者上也."

알 수 있다. 그리고 義는 일면 存在之理로, 일면 當爲之理로 해석되는데, 이는 程子. 朱子의 이론에 근거하는 것이다. 즉 理는 사물의 당연한 도리요 義는 일의 합당한 곳이라는 주자의 말이나, 사건에 있어서는 理가 되고 물건에 처해서는 義가 된다는 程子의 말에서 연유하는 것이다.18)

2) 同春堂 宋浚吉의 '禮'

禮는 유학의 중요한 덕목이지만 17세기 조선조 유학은 특별히 禮學을 요청해 왔다. 그것은 임진왜란을 겪고 이어 청나라의 침략으로 병자호란을 겪게 되었다. 전쟁이란 국토의 황폐화뿐만 아니라 인심의 황폐화를 가져오게 마련이다. 더욱이 이 시대는 광해군의 패륜으로 지도층의 윤리도덕이 문제가 되어 유교사회의 심각한 균열을 초래하고 있었다. 아울러 거듭되는 기근과 재앙으로 민생이 위기를 맞고 이괄의 난 등 사회적 혼란이 윤리강상의 위기로 이어지는 때였다.

이러한 시대적 배경에서 새로운 사회질서의 확립과 인간주체의 윤리질서를 세워야 한다는 시대적 요청에 의해 예학이 대두되었는데, 대전을 중심으로 한 호서지역은 그 중심이었다. 이 때 조선예학의 형성을 주도한 것은 기호학파의 정맥인 17세기의 호서 예학파였다.19) 율곡의 수제자인 김장생은 그 아들인 김집과 함께 연산에서 강학을 하고 송시열, 송준길, 이유태, 윤선거, 兪棨 등 훌륭한 유학자들을 배출하였다. 이들은 모두 성리학, 예학, 경학에 밝았지만 여기서는 송준길을 중심으로 예학의 인문학적 의의에 관해 고찰해 보고자 한다.

---

18) 『朱子四書語類』, 朱熹撰, 卷46, 「孟子9」, "理只是事物當然底道理 義是事之合宜處 程先生曰 在物爲理 處物爲義."

19) 한기범, 「동춘당 송준길의 예학사상」, 『동춘당 송준길 연구』, 경인문화사, 2007, 182쪽.

김장생은 송준길을 평하여 "이 사람이 훗날 반드시 예학의 으뜸이 될 것이다"20) 라고 평가했고, 송준길은 이러한 기대에 부응하여 당대 예학을 대표하는 위치에 있었다.21)

그는 45세 때 스승인 金長生과 申義慶이 지은『喪禮備要』22)를 교정하였고, 김장생의『疑禮問解』의 경우 전체 예 문답의 44%가 송준길에 의해 제기되고 있다.23) 또 김집의 예문답서인『疑禮問解續』에는 그가 질문한 예 문답 16조항이 수록되어 있다. 송준길은 禮治주의의 기본서로서 또한『家禮』외에『儀禮經傳通解』를 중시하였는데,『儀禮經傳通解』는 주자가 만년에 심혈을 기울인 禮書였다. 특히 송준길은 장인인 鄭經世의 예학까지도 수용하여 17세기 호서예학과 영남예학의 교류에도 기여하였다. 이처럼 송준길은 예학에 있어 탁월한 업적을 남겼고 이 분야에 장점이 있었다.

이제 예학에 담긴 인문학적 의의에 관해 검토해 보기로 하자.『禮記』에서 禮는 理라고 하고,24) 또 이치의 바꿀 수 없는 것25)이라 하였다. 또한 荀子는 義를 禮라 하였고,26) 韓非子도 禮를 義의 표현이라 하였다.27) 이렇게 볼 때 禮란 理라고도 할 수 있고 義라고도 할 수 있는 것이다.

---

20)『同春堂 年譜』, 18세 조.
21) 현상윤,『조선유학사』, 민중서관, 1948, 180쪽.
    이병도,『한국유학사』, 아세아문화사, 1987, 296~311쪽 참조.
22) 조선시대 김장생의 친우인 신의경이 쓴 예학서인데, 뒤에 김장생, 김집이 수정 보완하였다.
23) 한기범,「동춘당 송준길의 예학사상」,『동춘당 송준길 연구』, 경인문화사, 2007, 200쪽.
24)『禮記』,「仲尼燕居篇」.
25)『禮記』,「樂記篇」.
26)『荀子』,「大略篇」, "義 禮也."
27)『韓非子』,「解老篇」, "禮者 義之文也."

또한 宋代 朱子는 禮를 '天理의 節文이요 人事의 儀則'[28]이라 해석하였는데, 節이란 마디 지음이며 文이란 꾸밈이다. 禮란 마디를 짓고 그에 알맞게 꾸미는 것이다. 마디를 짓는 것은 구별, 차별, 차등의 의미로서 구체적으로는 친하고 멀고, 높고 낮음의 구별을 말한다. 따라서 禮는 우주 자연의 이치를 마디로 구별하여 형식화 한 것이라 할 수 있고, 이를 본받아 인간이 지켜가야 할 규범으로 만든 것이다.

荀子는 禮를 인간이 다른 동물과 차별화되는 조건으로 인식하여 다음과 같이 설명하였다.

> 사람이 사람이 되는 것은 다만 두 발이 있고 털이 없기 때문이 아니라, 변별함이 있기 때문이다. 무릇 금수에게도 부자는 있으나 부자의 親함은 없으며, 암수는 있으나 남녀의 분별은 없다. 인도에는 변별이 없는 것이 없으니, 변별은 분별보다 큰 것이 없고 분별은 禮보다 큰 것이 없다.[29]

그는 인간이 다른 동물과 다른 점을 변별성에서 찾고, 그 변별, 구분은 禮보다 더 큰 것이 없다고 하였다. 인간이 왜 만물의 영장이고 왜 존엄한 존재인가라는 물음에 대해 순자는 禮로써 응답한 것이라고 볼 수 있다. 인간은 예로써 수많은 인간관계를 질서 지우고 구별함으로써 인류의 질서를 확립하고 나아가 사회질서와 기강을 세울 수 있다고 본 것이다.

또한 '禮는 자신을 낮추고 상대방을 존중하는 것'[30]으로 설명되기도

---

28) 『論語』, 「學而篇」, 朱子註, "禮者 天理之節文 人事之儀則也."
29) 『荀子』, 「非相」, "人之所以爲人者 非特以其二足而無毛也 以其有辨也 夫禽獸有父子 而無父子之親 有牝牡 而無男女之別 故人道莫不有辨 辨莫大於分 分莫大於禮."
30) 『禮記』, 「曲禮 上」, "夫禮者 自卑而尊人."

한다. 이는 예의 본질적 목적과 기능을 설명한 것으로 예의 궁극적인 목적은 상대의 인격을 존중하는데 있음을 말한 것이다. 우리는 예를 통해 상대방을 인간적으로 대하는 것이며, 예를 통해 피차의 인간존엄을 지켜갈 수 있는 것이다. 예의 이러한 기능은 본고가 논의하고자 하는 인문정신의 중핵을 잘 설명해 준다고 볼 수 있다.

이제 송준길의 예론을 통해 그 속에 담긴 인문학적 정신을 검토해 보기로 하자. 그는 말하기를, "보고 듣고 말하고 행동함이 하늘에 합하면 이것이 소위 禮다. 자기의 사사로움을 이기고 버리면 행동이 하늘의 법칙에 합해서 본심의 덕이 온전해진다."[31]고 하였다. 송준길은 인간이 보고 듣고 말하고 행동하는 모든 것이 하늘 즉 우주자연의 이치에 합하면 그것이 곧 예라고 하였다. 앞에서 주자가 예를 우주자연의 이치를 인간의 질서로 만든 것이라 설명한 바 있는데, 마찬가지로 그도 禮를 天人合一, 자연과 인간의 합일이라는 측면에서 이해하였다. 따라서 인간의 禮란 자연의 질서, 우주의 이법과 부합하는데서 그 의미를 찾을 수 있다. 자연에 맞는 인간의 행위야 말로 이상적인 것이며 이는 다름 아닌 예의 온전한 실천이라고 할 수 있다.

또한 송준길은 자기의 사사로움을 이기고 버리면 행동이 하늘의 법칙에 합해서 본심의 덕이 온전해진다고 하였다. 이는 『論語』의 '이기적인 자신을 이겨 예를 회복함(克己復禮)'를 설명한 것으로 자기의 사사로움을 이기고 예로 돌아가면 仁이 실현된다는 말이다.

같은 맥락에서 그는 "天理를 한 치 키우면 곧 人欲은 한 치 소멸되고, 인욕이 한 푼 자라나면 곧 천리는 한 푼 소멸된다."[32]고 하여, 천리와 인

---

31) 『同春堂年譜』, 戊申, 41年 先生 63歲, "先生講克己復禮之義 曰視聽言動合於天 則乃所謂禮也 克去己私 則動合天 則而本心之德全矣."
32) 『同春堂續集』, 戊申, 11月 19日, "天理長一寸 則人欲減一寸 人欲長一分 則天理減一分."

욕을 상대적 관점에서 이해하였다. 결국 禮란 天理에 맞는 것이요 천리를 잘 보존하고 지키는 것이다. 그러므로 만약 천리에 반하고 천리에 거슬리면 그만큼 인욕이 성대해져 예에서 멀어지게 되는 것이다.

또한 송준길은 『논어』의 공자 말을 빌어 정치적인 명령이나 형벌로 정치를 하게 되면 백성들은 벌을 면하려고만 하고 죄에 대한 부끄러움은 없게 된다고 보았다. 따라서 德과 禮로써 정치를 해야 죄에 대한 부끄러움도 갖게 되고 바르게 될 수 있다 하였다. 그리고 그는 이에 대한 주자의 해석을 인용하여 德과 禮는 정치가 나오는 근본이고, 德은 禮의 근본이라 하였다.[33]

이는 송준길이 정치의 본질을 德과 禮로 규정하고 이를 통한 德治를 설명한 것이다. 그는 주자의 말을 인용하여 德과 禮는 정치가 나오는 근본이고 德은 禮의 근본이라 하였다.

송준길은 공자의 말을 인용하여 능히 예의와 양보로써 한다면 나라를 다스림에 무슨 어려움이 있겠느냐 하고, 예의와 양보로써 나라를 다스릴 수 없다면 禮는 해서 무엇 하느냐 하였다. 또 『禮記』의 말을 인용하여 "禮가 다스려지면 나라가 다스려지고 예가 어지러우면 나라도 어지러워지며, 예가 있으면 나라도 있고 예가 없으면 나라도 없다"고 하였다. 따라서 "위로는 임금으로부터 아래로는 백성에 이르기까지 상하가 모두 예를 숭상하고 공경과 양보하는 미덕이 흥행하면, 조정과 시골에서 날마다 쓰는 언행이 예로 말미암지 않음이 없게 된다" 하였다.[34] 이는 송준길

---

33) 『同春堂集』, 卷1, 「應旨兼辭執義疏」, "孔子曰 道之以政齊之以刑 民免而無恥 道之以德 齊之以禮 有恥且格 朱夫子釋之曰 政者 爲治之具 刑者 輔治之法 德禮所以出治之本 而德 又禮之本也."

34) 『同春堂集』, 卷1, 「謝特賜儀禮經傳通解及圖疏」, "且嘗聞之 孔子之言曰 能以禮讓 爲國乎 何有 不能以禮讓爲國 如禮何 記曰 禮治則治 禮亂則亂 禮存則存 禮亡則亡……上下崇禮 敬讓興行 朝廷閭巷 日用云爲 無不由禮."

이 공자의 말을 빌어 禮讓의 정치를 강조한 것인데, 法治나 覇道와 구별하여 德治 내지 禮治를 정치의 이상으로 설명한 것이다. 송준길은 『禮記』의 말을 인용하여 "禮가 다스려지면 나라가 다스려지고 예가 어지러워지면 나라도 어지러워지며, 예가 있으면 나라도 있고 예가 없으면 나라도 없다" 하였다. 결국 예는 국가 흥망성쇠의 관건이 되는 것이라 할 수 있다. 송준길이 추구하는 禮讓의 정치, 예양의 사회는 위로는 임금으로부터 아래로는 백성에 이르기까지 모두가 예를 숭상하고 공경과 양보하는 미덕이 흥행하면, 조정은 물론 먼 시골구석까지 백성들이 날마다 쓰는 언행이 예로 말미암지 않음이 없게 된다는 것이다.

이를 통해 우리는 송준길이 추구한 禮의 인간, 禮의 사회, 禮의 문화, 禮의 정치가 무엇인가를 짐작할 수 있다. 禮는 인간의 본질인데 그것은 天理의 소산이다. 우주자연의 이치가 인간의 본성 내지 본심으로 주어진 것이며, 이것이 인간 삶의 윤리로 사회적 질서로 규정된 것이다. 그러므로 禮는 일면 인간의 존재원리로서 인간의 본질이요 본심이지만, 그것이 사회적, 정치적으로 실현됨에는 당위원리로서의 예의윤리로 나타나는 것이다. 禮는 인간이 다른 동물과 차별화되는 조건이 되며, 인간의 존엄, 인간의 가치를 실현시키는 수단이요 방법이라고도 할 수 있다. 그리고 인간사회에서 법이나 폭력 등 강제에 의한 질서유지가 아니라 인간 내면에 자리한 도덕적 양심의 자발성에 의한 사회질서의 유지라는 점에서 그 가치가 크다. 따라서 인간이 예를 지키고 예의 문화를 지켜간다는 것은 인간의 격을 높이는 길이며, 문명과 야만을 구분하는 하나의 척도가 된다고 볼 수 있다. 송준길이 추구한 예의문화, 예의 정신은 오늘날 이 시대가 당면한 인간성의 상실, 윤리적 위기, 법치 만능의 문제를 해결할 수 있는 대안을 제시해 준다. 인간존엄의 실현, 인간다움의 성취, 인간다운 삶의 구현이라는 인문정신의 뿌리를 유교의 예에서 찾을 수 있다.

3) 晚悔 權得己, 炭翁 權諰 부자의 '求是', '公心', '公道'

권시(權諰, 1604~1672)는 부친 權得己(晚悔, 1570~1662)와 부친의 친우이면서 처삼촌인 朴知誠(潛冶, 1573~1635)로부터 배웠다. 권득기는 숙부인 權克中(1560~1614)으로부터 배웠는데 그는 成渾의 문인이다. 이런 점에서 이들은 남인계열이지만 학문적으로는 牛溪學派에 속한다고 볼 수 있다.35) 권시는 당시 호서사림을 대표하는 송시열, 송준길, 이유태, 윤선거, 유계 등과 친밀하게 교유하였고 남인계의 윤휴, 許穆과도 소통하고 지냈다. 권시는 부친 권득기의 가학을 계승하였고, 그의 학문은 손자인 權以鎭(1668~1734)과 사위인 尹拯이 계승하였다.

권시는 17세기 당쟁의 시대에서 비교적 객관적인 입장과 태도를 지키려 노력하였다. 특히 대전지역은 당쟁의 본거지였고 서인 내지 노론계열의 송시열, 송준길과 남인계열의 윤휴가 각축하고 있었다. 여기에 소론계열을 대표하는 윤증이 가까운 논산 魯城에 자리하여 송시열과 갈등하고 있었다.

禮 논쟁을 비롯해 송시열과 윤증의 갈등 등 정치적, 학문적, 이념적 갈등과 대립이 대전을 중심으로 심각하게 전개되고 있었다. 이 시기에 권시는 당색을 떠나 객관적으로 시시비비를 가리고 공평의 처신을 하고자 노력하였다.

이제 권득기, 권시 부자의 '옳음을 구한다(求是)'는 이념과 공평한 마음(公心), 공평한 도리(公道)를 통해 인문정신의 현대적 의미를 살펴보고자 한다. 권시에게 있어 '옳음을 구해야 한다'는 가르침은 가문의 전통이자 부친 權得己의 유언이나 다름없었다. 권득기는 아들에게 보낸 글에서 다음과 같이 학문의 태도를 당부하였다.

---

35) 황의동, 『우계학파연구』, 서광사, 2005, 209~216쪽 참조.

내 장차 죽을 때 꼭 너희에게 말하지 못할까 걱정이 되어 이제 한마디 말을 남기니, 너의 가슴속에 모름지기 착한 마음(善心)을 붙일 것이요, 한 터럭의 不善한 마음도 붙이지 말 것이며, 몸으로 모름지기 착한 일(善事)을 실행할 것이요, 한 터럭의 不善한 일도 행하지 말 것이다.

그러나 善이란 또한 달리 방법이 없다. 다만 하나의 '옳을 是'字일 뿐이다. 무릇 일에서 만일 극진한 '옳은 곳'에 이르지 못하면 是는 옳지 못한 것이며 착하지 못한 것이다. 그러므로 만약 다시 그 차선책을 생각한다면 곧 옳지 못함으로 떨어지고 만다.36)

다만 일마다에서 반드시 옳은 곳을 구할 것이요, 차선을 찾지 말기를 바란다. 천금같이 자중하고 함부로 이름을 좇지 말며, 망녕되게 교유하지 말 것이다.37)

권득기는 아들에게 착한 마음(善心), 착한 일(善事), 착한 행동(善行)을 말하면서 善이란 다른 것이 아니라 옳음(是)에 지나지 않는다 하였다. 만일 일을 함에 있어서 극진한 是處에 이르지 못하면 是는 옳지 못한 것이며 착하지 못한 것이라고 규정하였다. 아울러 그것은 최선이라야지 차선이어서는 결코 안 된다 하였다.

여기서 권득기는 착함(善)과 옳음(是)을 동일 궤에서 해석함을 알 수 있다. 사실 善이란 도덕적 가치이고 是란 진리적 가치를 말하는데, 그는 도덕과 진리가 하나로 회통되고 이해되는 지평에서 말하는 것이다. 이

---

36) 『晚悔集』, 卷5, 「寄次兒심書」, "我恐將死時 未必與汝有言 故今遺汝一言 汝胸中須着善心 不可着一毫不善心 身上須行善事 不可行一毫不善事 然所謂善者 亦無他法 只是一箇是字 而已 凡事若未到極盡是處 卽是不是不善也 故若更思其次 則便陷於不是矣."

37) 『晚悔集』, 卷5, 「寄次兒심書」, "但願每事必求是處 毋尋第二義 以千金自重 不妄逐名 不妄交遊."

말은 옳음이어야 도덕적인 善도 가능하다는 말이고, 반대로 옳지 않은 것은 결코 도덕적인 선이 될 수 없다고 본 것이다.

권시는 부친의 말을 인용해 "옳고 그름은 천하의 公論이요, 의리는 사람들이 마땅히 함께 살펴야 하는 것이다. 그러므로 논의는 비록 父子 師弟의 사이라도 구차스럽게 합치할 수는 없는 것이다." 라고 하고, "마음속에 이미 같지 않음이 있는데도 억지로 같이 한다면 이는 스스로 자기의 마음을 속이고 또 친구들을 속이는 일이다"라 하였다.

옳고 그름을 따지는 是非는 천하의 公論이고 의리란 사람이 마땅히 함께 살펴야 하는 것이므로, 부모 자식 사이나 스승과 제자 사이일지라도 철저하게 따지고 변별해야지 적당히 미봉해 합일해서는 안 된다 하였다. 마음속에 이미 서로 의견이 다르고 생각이 다른데 겉으로 합일하는 척 하는 것은 자신을 속이고 친구를 속이는 일이라 비판하였다.

17세기 대전을 중심으로 한 당파와 학파간의 논쟁과 갈등은 매우 심각하였다. 특히 송시열, 송준길을 비롯한 서인계와 윤휴, 허목을 비롯한 남인계와의 갈등이 고조되었고, 또한 송시열을 비롯한 노론계와 尹宣擧, 尹拯, 朴世采를 비롯한 소론계의 갈등은 매우 심각하였다. 이런 와중에서 권득기, 권시 부자는 당색을 떠나 객관적인 시비의 변별과 의리 추구에 앞장섰다.

> 뒤에 兩宋[38]과 더불어 도의를 익히고 닦으면서 뜻이 같고 道가 합하였으나 크고 작은 논의에서는 역시 다른 데가 많이 있었다. 그의 젊은 제자들의 공격과 배척을 받자 부친은 분개해서 말씀하셨다. "대체 사람이 성인의 경지에 이르렀다면 혹 다르고 같음이 없을 수도 있을

---

38) 송시열과 송준길을 가리킴.

터이지만, 위대한 현인 이하의 경우에는 차이가 없을 수 없다. 이것이 친우가 서로 익히고 닦는 까닭이다. 이제 반드시 논의를 달리하지 않음을 좋게 여긴다면 이는 군자의 참된 교제가 아니요, 곧 소인끼리 서로 도와 잘못을 감추는 무리인 것이다.…… 옳고 그름과 다르고 같음은 이미 사람으로서는 없을 수 없는 일인데, 그것을 달리하는 자를 공격한다면 친우들 사이가 마침내 분열되고 말 것이다."[39]

당시 권득기, 권시 부자는 송시열이나 송준길과 서로 친밀히 교우하고 학문을 함께 닦아 대체로는 뜻을 같이 했지만, 세부적인 측면에서는 견해를 달리하는 경우가 많았다. 이 과정에서 피차의 논의가 필요하고 토론을 통해 시비를 가리고 의리를 강구해야 하는데, 시비 자체를 꺼리고 토론을 죄악시 하는 것은 옳은 태도가 아니라 비판하였다. 자기와 생각이 다르다 해서 이를 미워하고 공격한다면 이는 진정한 친교의 도리가 될 수 없다 하였다. 그러므로 학문의 道는 다른 것이 아니라 다만 마음에 조금이라도 거짓된 일이 없게 하는 것이며, 한낱 옳음을 구하는 것 뿐이라 하고, 늘 사람으로서 매사에 반드시 옳음을 구할 것이니 차선에 떨어지지 말라 하였다.[40] 이는 부친 권득기의 가르침이면서 동시에 권시 자신의 학문정신이요 진리탐구의 태도였다.

권시는 또 禮 논쟁에 대해서도 송시열과 송준길의 예설을 옳지 않다고 생각하면서도 무서워서 말하지 못하는 실상을 비판하고, 이는 나라를 위해서나 그들을 위해서나 결코 바람직하지 않다고 걱정하였다. 그리고

---

39) 『炭翁集』, 附錄, 「家狀」.
40) 『炭翁集』, 附錄, 「家狀」, "先公少而學於家庭 參判府君 篤於爲己之學 謂學問之道無他 只心要無一毫虛僞 事要求一箇是而已 每令人每事必求是 無落第二義 先公自幼少時 已知爲學之要不可他求矣."

송시열이 '효종을 庶子라 해도 잘못될 것이 없다'고 한 말은 크게 잘못된 말이라 비판하고, 도리어 尹善道를 '용감히 말하는 선비'라 평가하기도 하였다.[41]

이렇게 볼 때, 권득기, 권시 부자의 옳음을 구하는 정신은 진리탐구의 학문태도를 말한 것으로 현대적으로도 매우 중요한 의의를 갖는다. 17세기 당파간의 분쟁과 학파간의 갈등이 심화되었던 상황에서 권득기, 권시 부자의 이러한 정신은 매우 합리적인 처방이라 할만하다. 그것은 당파간의 이해나 개인의 선입견, 이해를 떠나 객관적인 진리를 추구하고자 하는 것이기 때문이다. 특히 이들 부자가 유교의 경전이나 성현의 말씀 그리고 주자의 권위에 맹종하지 않고 철저하게 의심하고 묻고 따져서 진리의 본원을 추구하고자 한 그 정신은 매우 소중한 것이며 철학하는 자세와 심법을 그대로 보여준 것으로 평가된다. 권득기와 권시는 옳음을 구하기 위해서 公論의 場이 활발하게 마련되어야 하고, 거리낌 없는 言路가 활짝 열려야 한다고 보았다. 이러한 권득기, 권시 부자의 옳음을 구하는 정신은 이 시대에도 매우 유용한 의미를 갖는다.

'옳음을 구한다'는 이 정신은 학문세계 뿐만 아니라 모든 영역에서 보편적으로 적용 가능하다. 옳음은 진리요 정의요 참이다. 이 보다 더 높은 가치는 없다. 현대사회는 거짓, 부정, 비리, 부실로 인해 인간성이 황폐화되고 사회가 병들어 가도 있다. 학문도 옳음에 근거해야 하고 정치도 진실과 정직에 기초해야 한다. 또 경제도 올바름이 전제되어야 公利로서 선한 가치가 된다. 과학기술도 옳음에 근거해야 하고 올바르게 사용되어야 한다.

또한 권득기, 권시 부자는 공평한 마음과 공평한 도리를 자기 철학의

---

41) 『炭翁集』, 卷3, 「論大王大妃服制及尹善道按律疏」

핵심정신으로 삼고 있는데 이에 관해 검토해 보기로 하자. 권득기는 "군자의 이익은 천하가 공평한 것으로 이익을 삼기 때문에 義라고 한 것이다. 소인의 이익은 자기의 사사로운 것을 이익으로 삼기 때문에 단지 利라고 하는 것이다."[42] 라고 하였다. 사람은 누구나 이익을 좋아하고 손해를 싫어한다. 권득기는 군자의 이익과 소인의 이익을 구별하고, 군자의 이익이란 천하가 공평한 것으로 이익을 삼지만, 소인의 이익이란 사사로운 개인의 이익을 말한다 하였다. 『禮記』에서도 '천하가 공평함'인 大同세계를 말하고 있는데, 권득기도 '천하가 공평한 것'을 이익으로 삼는 군자의 이익을 말하고 있는 것이다.

권득기는 이로움과 해로움, 옳고 그름의 관계를 상관시켜 설명하였다. 나 자신만의 이익을 추구하면 다른 사람에게 손해를 끼치게 된다는 것이다. 또 시비를 가리지 않고 오직 이익만을 다투면 힘으로 싸우고 빼앗는 약육강식의 동물적 사태가 야기된다고 보았다. 그러므로 오직 나의 이기적인 마음을 미루어 남들에게 공공의 것이 되게 하며, 다른 사람들 또한 이와 같이 하면 서로 이로움이 큰데 이것이 곧 義라 하였다. 여기서 이익이 사사로움을 극복하고 공공의 이익으로 나아갈 수 있는 것은 오직 옳음에 있다. 이익이 의리와 조화되고 의리에 맞는 것일 때 이익은 공적인 이익으로 선한 가치를 갖는다.

4. 맺는 말

논자는 이제까지 17세기 대전유학의 인문정신을 우암 송시열의 '義理', '直', 동춘당 송준길의 '禮', 만회 권득기, 탄옹 권시 부자의 '옳음을 구

---

42) 『僣疑』, 卷4, 張1

함', '공평한 마음', '공평한 도리'를 중심으로 고찰하였다. 송시열은 평생 의리를 말하고 의리를 실천하였으며, 공자, 맹자, 주자, 김장생으로 이어 진 '정직함'을 유언하였다. 송시열의 의리란 인심의 보편성으로서의 정직 함에 근거하는 것이다. 물론 의리도 맹자가 말하듯이 인심의 보편성으로 정의되기도 하지만, 여기서는 인도 내지 윤리의 척도로 해석가능하다. 인간 본심으로서의 정직 함이란 정직한 마음, 진실한 마음을 의미한다. 이 정직 함이 곧 인간이 마땅히 가야 할 길로 의리가 된다고 볼 수 있다. 의리는 다름 아닌 인간의 본성, 본심의 실천이자 구현이다. 정직 함이 의 리로 구현되는 것이다.

현대사회는 물질적 풍요속에서도 인간의 불성실, 부정, 비리, 불의로 어두운 그림자가 드리워지고 있다. 또 첨단과학 기술로 편리한 삶을 영 위하지만 거짓된 양심과 이기적인 욕심으로 과학기술의 악용이 우리의 미래를 어둡게 한다. 정직, 진실, 올바름이라는 가치는 인문정신의 중핵 이 된다. 참, 진실, 정직을 잃게 되면 인간성도 파괴되고 가정도 사회도 국가도 무너진다. 정치도 경제도 교육도 과학기술도 무너진다. 그러므로 현대사회의 문제점을 해결하는 대안으로 이러한 유교의 인문정신은 매 우 값진 의미를 갖는다.

또한 송준길은 예학으로 촉망받았고 그의 학문도 예학으로 빛났다. 송 준길을 비롯해 김집, 송시열, 권시, 이유태, 윤선거, 윤증, 유계, 윤휴 등에 의해 한 시대를 풍미한 예학은 17세기의 핵심적인 과제요 대표적인 화 두였다. 임진왜란, 병자호란의 참화를 겪고 광해군의 패륜으로 정치도의 가 무너지고, 가난과 기근으로 민생의 위협속에서 윤리강상의 재건은 시 대적 요청이었다. 철학은 시대의 산물이라 하였듯이 예학은 이러한 시대 의 요구를 반영한 것이었고, 이러한 역사적 과제를 실천한 주역들이 바 로 대전을 중심으로 활동하고 있었다. 禮란 자연의 질서를 본받아 인간의 질서를 규정한 것이다. 예는 인간의 사회적 관계에서 질서를 부여하는 기능을 갖는다. 나와 너, 주객의 관계, 피차의 관계에서 인간의 존엄을 전제로 상대를 배려하고 사랑하는 것이 예라고 할 수 있다. 예는 인간과 다른 동물사회를 비교하는 잣대가 된다. 인간이 만물의 영장으로 자리매김할 수 있는 근거도 예에 있다. 만약 인간이 예를 지키지 못하거나 예를 알지 못하면 동물세계로 전락하게 되고 야만상태를 면치 못한다. 예를 알고 실천하는 데서 인간은 품격이 높아진다.

현대사회는 경제적 가치를 중시하고 과학기술의 편리속에 길들여져 있다. 물질적 만족 속에 예의염치를 잃게 되고 편리함속에서 예의를 망각하기 쉽다. 또한 민주주의라는 미명하에 인간관계에서 예의가 혼동되기도 한다. 예라는 가치는 이 시대에도 유용하다. 예의는 인간의 격을 야만에서 문명으로 높이는 역할을 한다. 현대사회가 안고 있는 윤리적 위기를 해결하는데 있어서 유교의 예문화는 하나의 대안으로 그 의미가 크다.

또한 만회 권득기와 그 아들인 탄옹 권시는 옳음을 구하는 학문태도와 공평한 마음, 공평한 도리를 강조하였다. 옳음을 추구하는 학문태도는 근대정신의 발상이다. 유교경전이나 성현의 권위 또 주자의 권위에 구애받지 않고 오로지 시시비비를 따져 객관적인 진리를 탐구해야 한다는 학문태도는 근대적인 철학정신을 잘 보여주는 것이다. 당시 예 논쟁이나 당쟁의 와중에서 어느 한 편에 치우치지 않고 오로지 '옳음'이라는 진리의 척도를 추구한 것은 합리적인 학문태도를 잘 보여준 것이다. 아울러 이러한 옳음을 구하는 방법으로 公論의 과정과 활짝 열린 言路의 개방을 주장한 것도 매우 의미가 크다.

또한 그 옳음의 근거로서 공평한 마음의 주체 확립을 강조하고, 공평한 도리의 실천을 강조한 것은 현대적으로도 그 의미가 크다. 권득기, 권시 부자는 인간의 보편심으로서의 仁을 공평한 마음으로 해석하였다. 공평한 마음은 진실한 인간의 보편심이고 사사로움을 극복한 사랑의 마음이다. 나와 남을 구별하지 않고 주체와 객체, 나와 대상이 회통하는 큰 사랑이요 공평한 마음이다. 이 공평한 마음으로 사물을 대하고 사회를 경륜하는 것이 곧 공평한 도리다.

현대사회는 옳고 그름보다 이익과 손해를 더 중시하는 세상이다. 이익을 보기 위해 옳고 그름을 돌아다보지 않는다. 자신만의 이익을 위해 남을 해치고 사회의 공익을 저해하기도 한다. 권득기와 권시가 강조한 옳음을 추구함, 공평한 마음, 공평한 도리는 이 시대가 당면한 제 문제 해결에 실마리를 제공해 준다. 우리는 혼자 사는 세상이 아니다. 지구촌의 인류가 더불어 살아가는 글로벌시대를 살고 있다. 공평한 마음, 공평한 도리는 개인의 욕구를 넘어 하나가 되고 나라의 경계를 넘어 하나가 되는 大同의 철학이며 王道의 철학이다.

결론적으로 송시열의 '정직 함', '義理', 송준길의 '예', 권득기, 권시 부자의 '옳음을 추구함', '공평한 마음', '공평한 도리'는 하나로 회통되는 것이다. 정직, 정의, 예의, 옳음, 공정한 마음, 공정한 도리는 모두가 도덕적 가치의 다른 표현에 지나지 않는다. 그것은 인간의 마음에서는 정직한 마음이 되고 공정한 마음이 된다. 그리고 그것이 사회적 정치적으로 적용될 때에는 인간이 지켜가야 할 도리가 되고 예의가 되고 윤리가 된다.

현대사회는 인간의 지성에 바탕하여 첨단과학기술을 자랑하고 경제적, 물질적 풍요를 향유한다. 화려하게 갖추어진 외형에 눈을 돌리고 편리와 감각적 행복에 매몰되어 있다. 그러나 그 이면에 인간의 밝고 착한 자아는 병들고 있고 사회는 반칙과 부정으로 병들어 신음하고 있다. 여기에 인문정신의 새로운 각성과 그 필요성이 제기된다. 인문정신이란 다름 아닌 인간 삶의 기초적 영양소라 할 수 있다. 인간의 존엄, 정직, 예의,

정의, 공정성, 옳음이라는 가치는 인간 삶의 기본이요 기초다. 이것이 없는 행복이나 부귀는 가상에 불과하다. 현대사회가 물질적 부를 추구하고 과학적 편리를 추구하면 할수록 인문정신은 더욱 필요하다. 인문정신이 결여된 부와 행복은 공허한 것일 뿐이기 때문이다. 이러한 관점에서 볼 때 17세기 대전유학을 대표하는 송시열의 '정직 함', '의리', 송준길의 '예', 권득기, 권시 부자의 '옳음을 추구함', '공평한 마음', '공평한 도리'의 인문정신은 현대사회가 직면한 문제 해결에 하나의 대안으로 그 의미가 크다.

제4장 | 21세기 洪州정신의 재조명

1. 시작하는 말

洪城은 옛 洪州城으로 忠州, 淸州, 公州와 함께 충청도의 중심지였다. 그러므로 조선시대에는 공주와 홍주의 이름을 따 '公洪道'라 부르기도 했고, 충주와 홍주의 이름을 따 '忠洪道'라 부르기도 했다. 이렇게 유서 깊은 역사문화의 도시 홍성에 충청남도 도청이 이전되고 내포지역, 내포 문화의 중심도시로 자리 잡게 된 것은 다행한 일이다.

홍성은 1358년 고려시대 洪州牧으로 승격된 이래 조선시대를 거쳐 지금에 이르기까지 훌륭한 인물을 많이 배출하였고, 어려운 역사의 고비마다 홍주정신을 발휘하여 민족사에 크게 기여하였다. 특히 홍성을 중심으로 한 내포지역은 18세기 천주교가 한국에 전파되는 과정에서도 선구적으로 중심적인 위치에 있었다.

본고는 이러한 '洪州精神'이 무엇이며, 그것이 오늘날 현대적으로 어떤 의미를 갖는가를 조명하는데 목적이 있다. 역사와 철학은 표리관계에 있다. 역사는 없는데 철학이나 사상만 존재할 수 없고, 또 철학이나 사상만 있고 역사적 실체가 없을 수는 없다. 이런 점에서 먼저 홍주정신의 실체로서 그리고 홍주정신이 형성된 역사적 배경으로서 홍주의 역사적 인물에 대해 검토해 보고자 한다.

먼저 고려 말 홍건적, 왜구 등 외침으로 민족의 생존이 위태로웠을 때 오로지 나라에 대한 충성심으로 일관했던 崔瑩(1316~1388)은 홍성의 자랑스런 인물이다. 또 조선 초 수양대군이 어린 조카 단종의 왕위를 찬탈하자, 이에 맞서 목숨을 걸고 항거했던 死六臣 梅竹軒 成三問(1418~1456)도 홍성이 낳은 인물이다. 조선 중기 기호학파 내지 율곡학파의 嫡傳으로 春秋義理를 선양하고, 人物性 異論을 주장하여 인간의 존엄을 강조했던 南塘 韓元震(1682~1751)도 자랑스런 홍주의 인물이다. 또한 한말 서구열강의 도전과 일본의 침략으로 민족의 생존이 위기에 처했을 때 항일의병에 앞장섰던 志山 金福漢(1860~1924), 閔宗植(1861~?), 이설(李偰: 1850~1906)을 비롯한 홍주의병의 궐기와 卍海 韓龍雲(1879~1944), 白冶 金佐鎭(1889~1930)의 항일독립운동도 홍주정신의 큰 뿌리가 된다. 이 들 외에도 홍성이 낳은 인물이 많고 또 보이지 않는 홍주인들의 훌륭한 삶에서 홍주정신이 형성되었음은 사실이지만, 여기에서는 이들을 중심으로 홍주정신의 정체성을 찾아보고자 한다. 그리고 이 홍주정신이 21세기 이 시대에 어떻게 해석되고 계승되어야 하는가를 생각해 보기로 한다.

2. 여말선초 최영과 성삼문의 충절의리

홍성은 고려 말 안보적 위기에서 나라를 지킨 명장 최영과 조선 초 수양대군에 맞서 죽음으로 충절을 지킨 사육신 성삼문이 태어난 곳이다. 최영은 무인으로 외적에 맞서 나라를 지킨 충성스런 장군이라면, 성삼문은 부정과 불의에 맞서 절의를 지킨 문인이요 학자다. 비록 이들이 살았던 시대가 다르고 忠義의 내용이 다를지라도 충절과 의리의 본질은 하나로 통한다. 먼저 이들의 삶에 나타난 충절의리의 내용을 구체적으로 검토해 보기로 하자.

崔瑩(1316~1388)은 司憲糾正 元直의 아들이다. 그는 무인으로서 楊廣道都巡問使의 휘하에 있으면서 여러 차례 왜구를 토벌하여 큰 공을 세워 우달치가 되었으며, 1352년(공민왕 1년) 安祐, 崔源 등과 趙日新의 난을 평정한 공으로 護軍에 올랐다. 1354년 大護軍이 되고 이 해 원나라의 요청으로 柳濯 등과 함께 중국 산동지방 高郵, 四州 등지에서 일어난 張士誠의 난을 평정하고 이듬해에 귀국하여 西北面兵馬副使가 되어 원나라에 속했던 압록강 서쪽의 8站을 수복하였다.

그는 大將軍 겸 東北面體覆使를 역임하고, 1358년(공민왕 7년) 楊廣全羅道倭賊體覆使로 오예포(吾지浦: 長淵)에 침입한 왜구의 배 4백여 척을 격파하였다. 또 1359년(공민왕 8년)에는 紅巾賊 4만명이 西京(평양)을 함락시키자 이듬 해 西北面兵馬使 李芳實 등과 함께 이를 물리치고, 平壤尹 겸 西北面巡問使, 西北面都巡察使, 左散騎常侍를 역임하였다.

1361년(공민왕 10년) 홍건적이 창궐하여 개경까지 점령하자 최영은 李芳實, 安祐 등과 함께 이를 격퇴하여 수도를 수복한 공로로 勳 1등에 圖形壁上功臣이 되었으며 典理判書에 오르기도 했다. 이어 楊廣道鎭邊使를 겸하고 1363년(공민왕 12년) 興王寺의 변이 일어나자 이를 진압하여 盡忠奮義佐命功臣 1등이 되었고, 判密直司事에 승진한 뒤 評理를 거쳐 贊成事가 되었다.

1364년(공민왕 13년) 원나라에 있던 최유(崔濡)가 德興君을 왕으로 추대하고 군사 1만으로 쳐들어오자, 최영은 西北面 都巡慰使가 되어 李成桂, 楊伯淵 등과 함께 이들을 義州에서 섬멸하여 그 공으로 말과 은을 하사받았다. 이어 朴伯也가 延州에 침입하자 최영은 부하 장수를 보내어 이를 또 격퇴시켰다.

다음 해 최영은 東西江都指揮使로 江華에 쳐들어 온 왜구와 싸우던 중 신돈(辛旽)의 모함으로 鷄林尹에 좌천되고 이어 勳爵을 삭탈(削奪)당하기도 하였다. 그러나 1371년 辛旽이 처형당하자 최영은 門下贊成事에 임명되었고, 1373년 六道都巡察使, 黜陟將帥, 다음 해에는 慶尙, 全羅, 楊廣道都巡問使를 역임하였다. 이 때 大司憲 金續命의 탄핵을 받고 파직되었으나 곧 등용되어 定亂功臣의 호를 받았다.

또한 濟州 牧胡들의 반란이 일어나자 최영은 楊廣, 全羅, 慶尙道都統使로 난을 평정하고 이듬해 判三司事에 승진하였다. 1376년(우왕 2년) 왜구가 다시 삼남지방을 휩쓸고 元帥 朴元桂가 참패하자, 그는 스스로 출정을 자원하여 鴻山싸움에서 적을 크게 무찔러 그 공으로 鐵原府院君에 봉해졌다. 이듬해 최영은 六道都統使, 三司左使가 되어 西江에 침입한 왜구를 격퇴했고, 1378년 다시 왜구가 昇天府(豊德)에 쳐들어오자 李成桂 등과 출정하여 이를 섬멸하고, 安社功臣의 호를 받았다.

1380년(우왕 6년) 그는 判三司事로 海道都統使가 되어 왜구의 잦은 침입 때문에 철원으로 서울을 옮기려던 계획에 반대하여 이를 철회시켰으며, 이듬해 守侍中을 거쳐 領三司事를 지내고, 1384년 判門下府事, 門下侍中에 임명되었으나 이를 모두 사퇴하다가 1388년 守門下侍中이 되었다. 이 해 왕의 密命을 받아 횡포가 심한 廉興邦, 林堅味를 숙청하였다. 이 때 명나라가 鐵嶺衛의 설치를 통고하여 북변일대를 遼東에 귀속시키려하자, 요동정벌을 계획하고 군사를 징발하여 八道都統使에 취임, 우왕과 함께 평양에 가서 군사를 독려했으나 李成桂 등이 威化島에서 回軍함으로써 요동정벌이 좌절되고 말았다. 李成桂의 군사가 開京에 난입하자 소수의 군사로 이에 맞서 싸우다가 패배하여 결국 체포되어 高峰(高陽)으로 유배되고, 다시 合浦로 옮겨졌다가 요동 정벌을 주도한 죄로 개경에 압송되어 참형(斬刑)을 당하였다. 고려 舊派세력의 마지막 보루(保壘)로서 신진세력 李成桂의 軍閥과 대결하여 고려를 지키려 한 剛勇, 淸廉

한 장군이었으나 그의 죽음과 함께 구파세력이 몰락하여 고려 왕조의 종막을 초래하였다.1)

이렇게 볼 때, 최영의 일생은 오직 나라를 위해 충성을 다한 것이라 할 수 있다. 그는 수많은 왜구를 격퇴시킨 명장으로 고려의 안보를 지켜내었으며, 홍건적의 침략을 물리쳐 고려를 지켰다. 뿐만 아니라 그는 대내적으로도 고려의 위기마다 사직을 지키는데 크게 공헌하였으니, 趙日新의 난, 興王寺의 변, 崔濡의 난, 제주 牧胡의 반란을 평정하고 간흉 廉興邦, 林堅味를 숙청하기도 하였다. 최영이야 말로 밖으로 고려의 안보를 지키고 안으로는 고려 사직을 보호하는데 신명을 바쳤다. 그러므로 고려의 무너져가는 사직을 마지막까지 지탱한 두 기둥을 친다면, 文에서는 포은 정몽주요, 武에서는 최영이다2) 라는 평가가 가능한 것이다.

成三問(1418~1456)은 洪州 魯恩洞(현 충남 홍성군 홍북면 노은리) 외가에서 출생하였는데,3) 그의 字는 謹甫 또는 눌옹(訥翁)이며, 號는 梅竹軒이다. 또 그의 본관은 昌寧이며 도총관 成勝의 아들이다.

그는 1435년(乙卯) 18살 때 생원시에 합격하였고, 21살 때(세종20)에는 河緯地와 함께 式年文科에 급제하여 집현전 학사로 발탁되었다. 그가 문과에 급제하자 安平大君을 통해 그의 학문과 인품을 전해들은 세종은 집현전에서 키워낼 만한 인물이라 생각하고, 그를 집현전에 배속시켜 朴彭年, 申叔舟, 河緯地, 이개(李塏), 李石亨 등과 함께 학문연구에 전념토록 하였다.

25살 때에는 박팽년, 신숙주, 이개, 하위지, 이석형 등과 함께 삼각산 津寬寺에서 휴가를 받아 독서에 열중하기도 하였다. 세종은 諺文廳을 설

1) 이희승 등, 『한국인명대사전』, 신구문화사, 1992, 949쪽.

2) 김충렬, 『고려유학사』, 고려대출판부, 1987, 190쪽.

3) 최완수, 『조선왕조 충의열전』, 돌베개, 1998, 122쪽.

치하여 집현전 학사들을 중심으로 연구를 진행시킨 결과 1443년(세종 25)에 訓民正音을 제정하였는데, 정인지, 신숙주, 최항, 박팽년, 이개 등과 더불어 성삼문이 주도적 역할을 했던 것으로 보인다.[4] 성삼문은 1445년(세종 27) 신숙주와 함께 요동에 파견되어 그 곳에 귀양 와 있던 명나라 학자 黃瓚으로부터 音韻學을 배워오는데, 이후 13차례나 요동을 왕래하였다.[5]

1447년(세종 29) 그의 나이 30살 때 신숙주, 최항, 박팽년, 이개, 강희안 등과 함께 한국 한자음을 정리한 『東國正韻』을 편찬하는데, 이것도 13차에 걸친 요동방문의 결과였던 것이다.[6] 또한 그 해 매죽헌은 「八駿圖箋」을 지어 문과 중시에 장원으로 급제하였고, 이듬해에는 「비해당(匪懈堂) 四十八詠」과 「四十八詠詩序」를 지었다.

1453년(端宗 元年) 수양대군이 金宗瑞를 죽이고 아울러 집현전의 여러 신하에게 靖難功臣의 칭호를 내려 주었는데 성삼문은 이를 부끄럽게 여겼다. 여러 공신들이 이에 보답하고자 교대로 연회를 베풀었지만, 그는 홀로 연회를 베풀지 아니하였다.[7] 1455년(단종 3년)에 수양대군이 단종으로부터 禪位를 받을 때, 禮房承旨였던 성삼문은 국새(國璽)를 끌어안고 통곡하였다. 그 이듬해인 1456년(세조 2년) 그의 아버지 成勝, 朴彭年 등과 함께 단종의 復位를 도모하고 명나라 사신을 청하여 연회하는 날 거사하기로 약속하였다. 그러나 불행이도 김질(金礩)의 변절과 고발로 단종복위의 거사계획은 발각되고 참혹한 고문과 형벌이 이루어졌다.

성삼문에게 형틀을 씌워 뜰 안으로 끌고 들어와 세조가 친히 심문하

---

4) 송재소, 「해제」, 『국역 육선생유고』, 민족문화추진회, 1999, 6쪽.

5) 송재소, 「해제」, 6쪽.

6) 송재소, 「해제」, 6쪽.

7) 유영박, 『사육신』, 동방도서, 1996, 78쪽.

기를, "너희들의 이번 일은 무슨 일인가? 무엇 때문에 나를 배반하는가?" 하니, 성삼문이 소리 지르며 말하기를, " 옛 임금을 復位시키려는 거요. 천하에 어찌 자기 임금과 자기의 어버이를 사랑하지 않는 사람이 있겠소. 내 마음은 나라가 다 아는데 나으리는 무엇이 이상하여 묻는 거요? 나으리가 남의 나라를 빼앗았소. 삼문이 남의 신하가 되어 군주가 廢位당하는 것을 보고 견딜 수 없어서 그러는거요. 나으리가 평소에 걸핏하면 周公을 自稱하는데, 주공도 이런 일이 있었소? 삼문이 이렇게 하는 것은 하늘에 태양이 둘이 없고 백성은 군주가 둘이 있을 수 없기 때문이요." 라고 하였다.[8]

여기에서 우리는 성삼문의 이 거사계획이 부당하게 폐위된 단종의 왕위를 다시 찾자는 것이요, 신하에게는 두 임금이 있을 수 없고 백성에게도 두 임금이 있을 수 없다는 명분 때문이었음을 알 수 있다. 이는 儒家의 '不事二君'의 원칙을 천명한 것이고 신하가 임금을 범하는 반역에 대한 항의였던 것이다.

이어 세조가 말하기를 " 너는 나의 녹을 먹지 아니 하였는가? 녹을 먹고도 배반을 하였으므로 명분은 上王을 복위한다고 하지만 사실은 스스로 정권을 차지하려는 것이 아닌가?" 라고 묻자, 그는 말하기를 " 상왕께서 계신데 나으리가 어찌 나를 신하라고 하십니까? 또 나으리의 녹을 먹지 아니하였으니, 만약 나의 말을 믿지 못하겠다면 내 가산을 몰수하여 헤아려 보십시오" 라고 하였다.[9]

여기에서 우리는 수양대군과 성삼문 간에 君臣의 의리문제에 대한 이견을 엿볼 수 있다. 수양은 성삼문이 자신의 신하로서 녹을 먹었으니 당연히 신하가 아니냐는 논리지만, 성삼문은 이미 마음속에 수양을 자신의

---

8) 『大東野乘』, 第22卷, 「海東雜錄」 4.

9) 南孝溫, 『六臣傳』.

군주로 생각하지 아니하고 받은 녹을 먹지 아니하고 그대로 보관하였으며, 수양을 향해 '나으리' 라는 호칭으로 군신관계가 결코 아님을 분명히 하였던 것이다. 또한 수양이야말로 어린 조카의 왕위를 빼앗은 불의를 범했다는 그 자신의 엄정한 평가를 전제하는 것이다.

그가 죽은 후 그의 가산을 적몰하여 보니, 1455년(乙亥, 세조 즉위 년) 이후부터 받은 녹봉을 별도로 한 곳에 쌓아 두고 '어느 달의 녹' 이라고 기록해 놓았으며, 집안에는 남은 것이 아무 것도 없었고, 침방에는 오직 거적자리만 있을 뿐이었다고 전한다.10) 이를 통해서 볼 때, 그의 단종 복위의 의리와 수양대군에 대한 불의의 평가는 이미 확고했던 것임을 알 수 있고, 이 사건이 일시의 감정적 행동이 아니라 死生觀에 입각한 이성적 결단이었음을 짐작할 수 있다.

그는 또 말하기를 "신숙주는 나와 서로 좋은 사이지만, 그러나 죽어야 마땅하다"고 하였는데11), 여기에서 우리는 朋友之道의 의리가 어떠한 것인가를 잘 알 수 있다. 개인적으로는 두 사람이 좋은 친우관계이지만, 문종의 당부를 잊었을 뿐 아니라 불의의 편에 선 신숙주의 처세는 신의를 저버린 것이므로 결코 용납할 수 없다는 그의 결연한 태도를 볼 수 있다.

그는 혹독한 고문에도 결코 굴하지 아니하고 태연자약하게 수양의 불의를 꾸짖고 자신의 의리를 유감없이 천명하였다. 그는 고문 후 수레에 실려 문을 나오면서 좌우를 돌아다보며 " 너희들은 어진 임금을 도와 태평성대를 이룩하라. 성삼문은 돌아가서 지하에서 옛 임금을 뵙겠다"고 말하였다 한다.12) 또 그는 형장에 끌려가며 다음과 같은 시를 남겼다

---

10) 南孝溫, 『六臣傳』.
11) 『世祖實錄』, 2年, 6月 2日條
12) 南孝溫. 『六臣傳』.

한다.

> 울리는 저 북소리 목숨을 재촉하는데,
> 머리를 돌이키니 서산에 해 저문다.
> 황천 가는 길엔 주막도 없다는데,
> 오늘밤은 뉘 집에서 자고 가리.13)

또한 그가 죽음을 앞에 두고 지었다 하는 絶命詩가 다음과 같이 전한
다.

> 임금님 녹을 먹고 임금님 옷을 입었으니,
> 평소에 먹은 마음 어김없기를 바라노라.
> 한 목숨 바치는데 忠義가 있음을 알았으니,
> 顯陵의 松伯이 꿈속에 아련하네.14)

생사의 기로에서 의리와 충절에 투철한 그의 신념과 강건한 선비의
기상을 확연히 엿볼 수 있다. 결국 성삼문 일가는 이로 인해 滅門의 화를
당했으니, 아버지 成勝을 비롯하여 아들 5형제와 아우 三顧, 삼빙(三聘),
三省 등 남자는 젖먹이까지도 살해되었다. 가산은 몰수되고 처와 子婦는

---

13) 신석호, 「성삼문」, 『고려, 조선초기의 학자 9인』, 신구문화사, 1974, 197쪽.
   "擊鼓催人命 回頭日欲斜 黃泉無一店 今夜宿誰家."
14) 南孝溫, 『六臣傳』, 絶筆. 『秋江集』에는 이 시를 成勝이 지은 것으로 되어 있으나, 尹童
   士가 편찬한 『魯陵志』와 다른 野乘에 모두 성삼문의 시라고 되어 있다.(조동영 역, 『국역
   육선생유고』, 민족문화추진회, 1999, 158쪽)
   "食君之食衣君衣 素志平生莫願違 一死固知忠義在 顯陵松柏夢依依."

官婢에 충당되었다.15) 2백년 후 숙종 때에 이르러 六臣의 무덤이 수축되고 묘지위에 사당을 세우게 되었고, 削奪된 관직이 회복되었다. 또 영조 때에는 그에게 이조판서의 관직이 追贈되었고, '忠文'의 諡號가 주어졌다.16)

3 18세기 남당 한원진의 유학사상

南塘 韓元震(1682~1751)은 홍성이 낳은 대표적인 유학자라고 힐 수 있다. 그는 栗谷 李珥-沙溪 金長生-尤庵 宋時烈-遂庵 權尙夏를 잇는 기호학파 내지 율곡학파의 嫡傳이다. 성삼문, 김복한이 몸소 의리를 실천한 유학자라면 한원진은 진정한 의미에서의 이론파 유학자라고 할 수 있다. 율곡이 퇴계의 성리학을 비판하자 퇴계의 후학들은 다시 율곡의 성리학을 비판하며 퇴계 성리학의 정당성을 옹호하였다. 이런 와중에서 율곡학의 정통성을 이론적으로 지키는데 앞장섰던 중심적 인물이 한원진이다. 그는 권상하의 문하에서 수학하였는데 이른바 江門 8學士가 그들이다. 특히 李柬과 韓元震은 그 중심에 있다.

16세기 조선 성리학은 四端七情, 人心道心, 本然之性氣質之性 등 인간의 심성문제가 주요한 관심사였다. 그러나 18세기에 이르러서는 시대변화와 함께 철학적 주제도 달라지게 되었다. 權尙夏(1641~1721)는 충북 제원 청풍에서 강학을 하고 많은 제자들을 가르쳤는데, 그의 문하에서 人性과 物性의 보편성과 차이성을 따지는 논쟁이 벌어졌고, 아직 발하지 아니한 마음의 본체가 선하냐 악하냐 하는 문제도 중요하게 다루어졌다. 한원진은 스승인 권상하의 견해를 받아들여 인성과 물성이 다르다는 견

15) 신석호, 「성삼문」, 『고려, 조선초기의 학자 9인』, 198쪽.
16) 신석호, 위의 책, 201쪽.

해를 밝혔고, 李柬(1677~1727)은 인성과 물성이 같다는 견해를 밝혀 논쟁하게 되었다. 이제 한원진의 人物性 異論에 대해 검토해 보기로 하자.

그런데 인성과 물성이 다르다고 하는 견해는 이미 한원진의 스승인 권상하가 동생인 權尙游와 朴世采에게 보낸 편지에서 언급한 바 있다.

성현들이 性을 논함에 그 설이 대개 세 가지가 있다. 氣를 제거해 버리고 理만을 단지 가리켜 말한 것이 있고, 그 氣의 理만을 각각 가리키되 또한 氣에 섞지 않고 말한 것이 있고, 理와 氣를 섞어서 말한 것이 있다. 理를 오로지 가리키면 太極의 전체는 物이 갖추지 않음이 없어 만물의 性이 모두 같으니 이것이 곧 一原이다.… 그 氣의 理를 각각 가리켜서 말하면 陽의 健, 陰의 順, 木의 仁, 火의 禮, 金의 義, 水의 智는 그 性이 같지 않지만 또한 그 氣의 淸濁, 美惡에 섞지 않고 말했기 때문에 그 健順, 五常됨은 오히려 지극히 선함을 잃지 않는다. 사람은 그 온전한 것을 얻고 物은 그 편벽된 것을 얻어서 人物의 性은 같지 않으니 이것이 分殊이다.… 理와 氣를 섞어서 말하면 剛柔, 善惡에 만 가지 가지런하지 않음이 있어서 사람과 사람, 物과 物의 性이 모두 다르니 이것이 곧 分殊의 分殊이다.17)

이와 같이 권상하는 性을 세 가지로 구별하여 이른바 性三層說을 주장하였다. 즉 氣를 제거하고 오로지 理 만을 말하는 성과 氣의 理만을 가

---

17) 『寒水齋集』, 卷21, 論著, 「論性說」, "聖賢論性 其說大槪有三 有除却氣單指理而言之者 有各指其氣之理而亦不雜乎其氣而爲言者 有以理與氣雜而言者 專指理而言 則太極全體無物不具 而萬物之性皆同矣 是則一原也……各指其氣之理而言 則陽健陰順木仁火禮金義水智 其性不同 而亦不雜乎其氣之淸濁美惡而言 故其爲健順五常 猶不失爲至善 人得其全 物得其偏 而人物之性不同矣 是則分殊也……以理與氣雜而言之 則剛柔善惡有萬不齊 人人物物之性皆不同矣 是則分殊之分殊也."

리키되 氣에 섞지 않고 말하는 성이 있고, 理와 氣를 섞어서 말하는 성이
있다 하였다.

1708년 27살 때 한원진은 스승인 權尙夏에게 편지를 올려 人物의 性
을 논하면서 性三層說을 제시하였다.

元震이 가만히 생각해 보니, 性에는 三層이 있는 것 같습니다. 사람
과 物이 모두 같은 性이 있고, 사람과 물은 같지 않지만 사람끼리는 모
두 같은 性이 있고, 사람과 사람이 모두 같지 않은 性이 있습니다. 性
에 이와 같은 三層이 있어 하나 하나가 다른 것이 아니고, 사람이 좇아
본 것에 이러한 三層이 있는 것일 뿐입니다.18)

한원진에 의하면 사람과 사물이 같은 성이 있고, 사람과 사물은 같지
않지만 사람끼리만 같은 성이 있고, 사람과 사람이 모두 같지 않은 성이
있다는 것이다.

생각건대 '本然' 두 글자는 一原上에 나아가 말한 것이 있고, 異體上
에 나아가 말한 것이 있다. 一原으로 말하면 만물이 함께 태극을 갖춘
것이 본연이요, 만물이 각기 그 성을 하나로 하는 것은 기질이다. 異體
로서 말하면 개와 개가 같고 소와 소가 같으며, 사람과 사람이 같은 것
이 본연이요, 개와 개가 다르고 소와 소가 다르며 사람과 사람이 다른
것이 기질이다. 맹자가 性善을 말한 것은 異體上에 나아가 말한 것이
다. 그러므로 사람에 있어서는 같지만 금수와 합하여 말하면 같지 않

18) 『南塘集』, 卷7, 書, 「上師門」, 戊子 8月, "元震竊疑以爲性有三層之異 有人與物皆同之性
有人與物不同而人則皆同之性 有人人皆不同之性 性非有是三層而件件不同也 人之所從而
見者 有是三層耳."

으니, 단지 이 (性善)章이 가리키는 것만 그러한 것이 아니다.19)

이와 같이 한원진은 本然을 一原과 異體로 나누어 설명하였다. 一原上에서의 본연은 존재 일반의 동일성으로서의 태극이요, 異體上에서의 본연은 개체류의 동일성을 나타낸다. 다시 말하면 일원상에서의 본연은 사람과 물이 같고, 이체상에서의 본연은 사람은 사람끼리, 소는 소끼리, 개는 개끼리 같다고 하였다. 따라서 맹자가 性善을 말한 근거로서의 仁義禮智는 인간의 본연을 가리켜 말한 것이므로 금수와는 다른 것이며, 이는 이체상의 본연으로 다른 동물과 구별되는 사람만의 보편적인 성이라 보았다. 이러한 인물성 이론을 한원진은 다음과 같이 구체적으로 설명한다.

사람이 금수와 다른 것은 그 모양이 다름으로서가 아니라 곧 그 性이 다른데 있다. 사람이 진실로 그 性의 귀한 것에 어두워 存養해야 하는 까닭을 알지 못한다면, 이는 비록 사람의 모양을 갖추었더라도 곧 금수와 구별됨이 없는 것이다. 성인이 이것을 두려워하여 이에 天命과 形氣를 구별해 내어 형기가 행하는 지각운동은 사람과 物이 비록 같지만 천명이 부여한 仁義禮智는 사람과 물이 같지 않다고 생각하여, 배우는 자로 하여금 이것을 밝게 살피고 세밀히 판단하여 스스로 물보다 귀한 까닭을 알아서 함께 生을 가졌다는 것으로써 스스로 금수에 빠지지 않게 하고자 하였으니, 성인이 이 백성을 이롭게 한것이 크고, 백성을 염려한 것이 깊다고 할 것이다. 그런데 그 사람을 깨우치는 것은 仁

---

19)『南塘集』, 卷32, 題,「又書」, "盖本然二字 有就一原上言者 有就異體上言者 以一原言之 則萬物同具太極是本然也 以萬物各一其性者氣質也 以異體言之 則犬與犬同 牛與牛同 人與人同是本然也 而犬與犬不同 牛與牛不同 人與人不同者氣質也 孟子之言性善 亦只就異體而言 故在人 則同而幷禽獸而言則不同也 非獨此章之指爲然."

義禮智 네 글자를 말하는 것에 불과할 뿐이다[20]

그가 인성과 물성이 다르다고 하는 이유는 仁義禮智에 있다. 사람은 인의예지라는 도덕적 본성을 가지고 도덕적 행위를 함으로써 금수와 구별되고 만물의 영장으로 자리매김할 수 있다고 보았다. 같은 맥락에서 그는 理와 性을 구별해 다음과 같이 인성과 물성의 다름을 말한다.

理를 논하면 사람과 금수가 같다. 氣를 논하면 금수는 온전할 수 없지만 사람은 홀로 온전하다. 性은 理가 氣 가운데 떨어진 후에 명명된 것인데 금수와 사람이 어찌 그 온전함을 같이 할 수 있겠는가. 理는 비록 氣 가운데 떨어져 있지만 그 理만을 가리키면 금수 또한 일찍이 사람과 더불어 같지 않음이 없다. 이것이 이른바 같은 가운데 다름이 있고 다른 가운데 같음이 있다는 것이다.[21]

한원진에 의하면 理는 비록 사람과 사물이 같지만, 性은 이 理가 氣 가운데 떨어진 후에 命名된 것이므로, 그 온전함을 보존하는 정도에 사람과 사물이 달라 人性과 物性이 다르다고 주장하는 것이다. 한원진과 이간의 人物性同異論辨은 仁義禮智信 五常의 문제가 초점이었다. 즉 五常을 기질에 인한(因氣質) 分殊理로 볼 것이냐 아니면 기질을 초월한 理로

---

20) 『南塘集』, 卷9, 書, 「與李公擧 柬 別紙」, "人之所以異於禽獸者 非以其形之殊 乃在於其性之殊 人苟有昧於其性之爲貴 而不知所以存之 則是雖具人之形 卽便與禽獸無別 聖人爲此之懼 於是分別得天命形氣二者出來 以爲知覺運動形氣之所爲者 人與物雖同 而仁義禮智天命之所賦者 人與物不同 欲使學者 於此明覈覈斷 知所以自貴於物 而不以有生之同 自陷於禽獸 則可謂聖人之利民也大 慮民也深 而其所以喚醒人處 不過曰 仁義禮智四字而已."

21) 『南塘集』, 卷9, 書, 「與崔成仲別紙」, 戊子, 8月, "論理則人與禽獸同矣 論氣則禽獸不能全而人獨全矣 性是理隨氣中以後名 則禽獸與人安能同其全乎 理雖隨在其中 而若專指其理則禽獸又未嘗不與人同矣 此所謂同中有異異中有同者也."

볼 것이냐의 문제였다. 이간은 仁義禮智信을 인간과 사물이 모두 갖는 보편적인 성으로 본데 대해 한원진은 인간만이 갖는 보편성으로 본 것이다.

이간은 "一原으로 말하면 天命과 五常은 모두 形氣를 초월할 수 있어서 사람과 物이 偏全의 다름이 없으니 이것이 이른바 本然之性이다."[22]라고 말한다. 즉 天命, 五常, 太極, 本然이 그 명목은 비록 많지만, 이 理가 가리키는 것을 따라 이름을 달리하는데 불과할 뿐, 애당초 彼此, 本末, 偏全, 大小의 다름이 있는 것이 아니라는 것이다.[23]

이에 대해 한원진은 동일성으로서의 理의 영역을 一原과 異體로 세분하였다. 그는 理의 동일성을 本然이라 하고 本然은 곧 만물의 一原上에서도 논의되지만 異體上에서도 논의될 수 있다고 보았다. 異體는 소, 개, 사람 등의 個體類를 의미한다. 따라서 개의 동일성, 소의 동일성, 사람의 동일성 또한 理라는 말이 된다. 이와 같이 한원진은 개물 세계속에서의 類의 동일성 문제에 특별히 주목하였다. 이것은 그가 유학에서의 性善의 논의 지평을 一原의 본연이 아니라 異體의 본연에 두려고 하였음을 보여주는 것이다. 그리고 性의 문제는 기질의 세계인 異體上에서 논의해야 한다고 전제하고, 비록 性이 同一類에서는 같지만 異類 상호간에서는 다를 수밖에 없다고 주장함으로서 이간과 理에 대한 이해를 달리하였다.[24]

이와 같이 한원진은 이간과의 논변을 통해 사람의 본성이 다른 사물 즉 금수와는 구별되는 것임을 강조하였는데, 이는 그가 인간의 존엄을

22) 『巍巖遺稿』, 卷7, 「答韓德昭別紙 未發詠」, "以一原言 則天命五常俱可超形氣 而人與物無偏全之殊 是所謂本然之性也."
23) 『巍巖遺稿』, 卷7, 「答韓德昭別紙 未發詠」, "天命五常太極本然 名目雖多 不過此理之隨指異名 而初非有彼此本末偏全大小之異也."
24) 임원빈, 「남당 한원진 철학의 리에 관한 연구」, 연세대대학원(박사), 1994, 66쪽.

강조하고 인간과 금수를 차별화시켜 보고자 한 데 진정한 뜻이 있다.

이러한 관점에서 한원진은 異學에 대한 비판을 통해 유학의 정통성을 확립하고자 하였다. 이를 위해 1715년 35세 때 「莊子辨解」를 저술하였고, 1716년 36세 때에는 「禪學通辨」을 저술하였고, 1718년 38세 때에는 趙聖期가 許衡을 推尊하는 글을 쓰자 이를 비판하는 글을 쓰기도 했다.

또한 1736년 57세 때에는 「王陽明集辨」을 저술하여 양명학을 비판하였는데, 양명학의 요점을 心卽理, 致良知, 知行合一이라 규정하고, 양명의 이른바 '心卽理'는 불교의 이른바 '心卽佛'과 같고, 양명의 '致良知'에서 다다른 것은 맹자의 이른바 '仁義의 良知'가 아니며, 양명의 이른바 '知行合一'은 번잡한 것을 싫어하여 빠르고자 하는 마음에 근본한 것이라 하였다. 이와 같이 한원진이 異學을 비판하는 기본 입장은 '우리 유학은 理學이요 異端學은 氣學'이라는 데 있었다.[25]

그는 1706년 66세 때 문인 權震應과의 편지에서 異端의 설이 모두 無分의 설에 있다고 하여, 人物五常之性同論者들을 人獸無分이라 하고, 釋氏가 心善을 말하였는데 儒者가 또한 心善을 말하니 이것은 儒釋無分이라 하고, 지조를 버리고 원나라를 섬긴 許衡과 그를 좇는 무리들을 華夷無分이라고 비판하였다.[26] 한원진은 허형에 대해 다음과 같이 비판하고 있다.

許衡의 인품과 규모는 살펴볼 만한 것이 없으며, 오직 원나라를 섬긴 것 하나인 즉 그뜻은 대개 夷狄을 천하다고 여기지 않고 大道에 함께하고자 한 것이니, 어찌 높고 크지 않겠는가. 그러나 성인이 夷狄을

---

25) 『南塘集』, 卷6, 「筵說 下」, "主於理者爲正學 主於氣者爲異端 正學異端之辨 只在於理與氣而已矣."

26) 『南塘集』, 卷20, 書, 「答權亨叔 別紙」.

처리한 것을 살펴보면 크게 다른 것이 있다. 周公은 夷狄을 겸하여 맹수를 몰아내는 것과 같이 하였으며, 孔子는 夷狄을 물리치기를 亂臣賊子를 誅殺하는 것과 같이 하였다.……군자가 春秋의 義를 잡을 수 있어서 許衡이 오랑캐에 붙어 中華를 어지럽힌 죄를 바르게 할 수 있다면, 아마도 後來에 중국을 배반하고 夷狄으로 향하는 무리를 징계할 수 있을 것이다.27)

이처럼 그는 허형이 원나라에 붙어 절의를 짓밟은 행위에 대해 극렬하게 비판하고 춘추대의의 입장에서 이를 평가해야 한다고 보았다. 그는 또 경연에서 말하기를 "춘추의 대의를 밝히기 위해서는 먼저 모든 백성으로 하여금 尊華攘夷와 역적을 토벌하고 원수를 갚아야 한다는 사실을 알도록 해야 한다"고 밝혔다.28) 아울러 춘추의 대의는 단지 尊周攘夷하는 것일 뿐만 아니라 亂臣을 誅殺하고 역적을 토벌하여 君父를 높이는 것이 더욱 큰 것이라 하였다.29)

이와 같이 한원진은 尤庵, 遂庵으로 이어져 온 의리적 전통을 계승하여 異學에 대한 비판과 춘추의리의 정신을 천명하였다. 그리고 이것은 인성은 다른 동물의 성과 마땅히 구별되어야 한다는 그의 人物性 異論의 정신에 연원하는 것이고 그 연장선상에서 이어진 것이었다.

---

27) 『南塘集』, 「南塘先生年譜」, 卷1, 己亥, 2月條, "許衡之人品規模無他可玻 而所可考者 惟事元一節 則其意蓋以爲不鄙夷狄而欲偕之大道 則豈非高也大也云爾 然以聖人所以處夷狄者考之 則有大不然者 周公兼夷狄同之於驅猛獸 孔子攘夷狄同之於誅亂敵……君子有能兼春秋之義以正衡附虜亂華之罪 則庶懲後來背中國向夷狄之徒矣."

28) 『南塘集』, 卷5, 「筵說」.

29) 『南塘集』, 卷5, 「筵說」, "春秋之義非但尊周攘夷而已也 誅亂臣討賊子以尊君父尤其大者也."

4. 한말 홍주의병의 의리

홍주정신의 역사적 뿌리로서 홍주의병을 들 수 있다. 홍주의병은 1896년과 1906년에 전개되었는데, 1896년의 홍주의병은 을미사변과 단발령에 항거하여 봉기한 의병이다. 먼저 홍주의병의 전개 과정을 기존 연구를 인용하여[30] 간략히 소개하기로 한다.

1896년 단발령이 공포되자 충남에서는 홍성과 청양지역의 유생들이 중심이 되어 의병을 일으켰다. 홍성출신의 金福漢(1860~?)과 이설(李偰, 1850~1911)은 국모 민비가 시해되는 을미사변이 일어나고 단발령이 공포되자 일제와 매국적 개화정권과 싸우기 위한 의병투쟁 계획을 실천에 옮겼다.

김복한은 관찰사 이승우를 만나 거병을 권하였다. 그는 이승우의 거절을 받고 11월 27일 홍주향교 전교 安秉瓚(1854~1921)을 만나 의병을 협의하였다. 이미 부친 안창식과 함께 의병준비를 하던 안병찬은 김복한과 의기투합되어 다음 날 11월 28일 화성에 사는 이인영의 집에서 鄕會를 실시하기로 하였다. 그날의 향회에는 100여명에 이르는 홍주일대 유생들이 참석하여 의병봉기를 결의하였다. 이에 따라 180여명의 민병을 모집하여 다음 날 안병찬과 채광묵이 이 부대를 인솔하여 홍주성에 제일 먼저 입성하였다. 12월 1일 저녁에는 정산과 청양의 이봉학, 이세영, 김정하 등 수백 명이, 12월 2일에는 박창로가 사민 수백 명을, 청양의 선비 이창서가 청양군수 정인희의 명령을 받아 수백 명을 인솔하고 각각 홍주부에 집결하였다.

김복한은 12월 2일 수백 명의 민병이 관아에 집결하였을 때, 관찰사의

---

30) 김상기, 「동학농민전쟁과 의병항쟁」, 『충남역사의 이해』, 충남역사문화연구원, 2010, 306~312쪽 참조.

참여를 유도하기 위해 경무사 강호선과 참서관 함인학의 목을 베고자 하였다. 관찰사는 이들을 살려줄 것을 호소하고 결국 거의에 참여할 것을 승복하였다. 다음 날 홍주성내에 창의소를 설치하고 김복한이 대장에 추대되었다.

그러나 창의소를 설치한 후 하루만인 12월 4일 관찰사 이승우가 배반하고 말았다. 그는 김복한과 이설의 구류명령을 내리고 홍건, 안병찬, 이상린, 송병직, 임승주 등 총 23명을 구금하였다. 서울에서 신우균이 군사 250명을 이끌고 내려와 수감자 23명은 결박당한 채 서울로 압송되었다.

또한 1905년 을사보호조약이 강제로 체결되자 안병찬, 채광묵, 박창로, 이세영 등은 적극적인 의병투쟁을 통한 국권회복운동을 전개할 것을 다짐하였다. 안병찬은 박창로, 이세영과 함께 1906년 3월 11일 정산의 천장리에 거주하는 閔宗植(1861~?)을 찾아가 이용규를 비롯한 그의 지인들과 함께 의병을 일으킬 것을 간청하고 그를 의병대장으로 추대하였다. 민종식은 3월 15일 이를 받아들여 의병장에 올라 의진을 편성하고 광수장터로 진군하였다. 그는 이튿날 바로 홍주로 향하여 홍주 동문 밖의 하고개에 진을 치고 홍주성 공격을 명하였다. 그러나 관군의 저항에 오히려 대장소 마저 위태롭게 되자 다시 마을 밖으로 나와 진을 쳤다. 다음 날 의진은 다시 광시장터로 집결하여 군제를 바로 잡고 병사들을 훈련시켜 공주를 공격하기로 하였다. 선두부대가 청양의 중묵리에 이르렀을 때 공주부의 관군과 경병 200여명이 청양읍에서 휴식중이라는 척후병의 보고가 들어왔다. 의병진은 진로를 화성으로 옮겨 합천에 진을 쳤다. 이 소식을 듣고 일본 헌병대가 급파되어 의진을 공격하여 안병찬과 박창로를 비롯한 주요 인사들이 체포되고 말았다.

의병장 민종식은 합천전투에서 간신히 탈출하여 각지를 잠행하다가 전주에 은신하면서 이용규 등과 재기를 협의하였다. 민종식은 부여의 지티에서 대장에 추대되어 부대를 정비하였다. 민종식은 이때 선봉장에 박영두, 중군장에 정재호, 후군장에 정해두를 임명하였다. 이들은 홍산 관아를 점령한 뒤 서천으로 행군하였다. 의병은 남포에서 대대적인 전투를 벌렸다. 남포성의 함락에 성공하여 남포군수를 감금시키고 병사 31명을 의병진에 귀순시켰다. 유회군 33명도 영입하였다. 홍주의병은 5월 19일 홍주로 돌아갔다. 홍주의 삼신당리에서 일본군과 싸워 이긴 의병부대는 구식 화포 2문을 선두에 내세워 홍주성을 포위 공격하였다. 일본 헌병들이 동문을 통해 덕산방면으로 도주하였다. 의병들은 5월 20일 아침에 홍주성을 점령하였다. 민종식은 홍주성을 점령하고 나서 인근의 각 군수에게 훈령을 내려 양식과 군기의 징발과 징병의 일을 지시하였다.

일본군은 5월 20일부터 공주의 고문부 경찰과 수원의 헌병부대를 증파하여 홍주성을 공격하였다. 그러나 의병은 굳건한 성벽을 이용하여 이들의 총격에 잘 대응하였다. 5월 21일 일본 경찰대에서 경부와 보좌원 순검 13명이 성을 향해 총을 쏘며 공격하였지만, 의병측에서는 대포를 쏘아 이들을 물리쳤다. 몇 차례의 일본경찰과 헌병대의 공격에도 전세가 의병측에 유리하게 전개되자 통감 이토는 주차군 사령관에게 군대 파견을 명령하였다. 사령관 하세가와는 5월 27일 대대장의 지휘아래 보병 2개 중대를 홍주에 파견하여 경찰과 헌병 그리고 진위대에게 협조토록 훈령하였다. 이에 보병 제 60연대의 대대장 다나까 소좌 지휘하에 보병 2개 중대와 기병 반개 소대 그리고 전주수비대 1개 소대가 합세하여 30일 홍주성을 포위하기에 이르렀다. 일본군은 우세한 화력과 전투경험이 많은 병사들이었다. 의병 측에서는 성루에서 대포를 쏘면서 대항하였으나 북문이 폭파되어 일본군이 들어왔다. 의병은 치열한 시가전을 감행하면서 방어했으나 결국 일본군의 화력에 밀려 많은 사상자를 내고 의병은 패퇴하였다. 홍주성 전투에서 희생된 의병 수에 대하여 자료마다 적게는

80여명에서 많게는 1천여 명이라 하여 상이하게 나타난다. 그러나 의병의 중심에 있었으며 체포된 직후 기록한 유병장 유준근의 『마도일기』에서 300여명이 전사되었다고 기록되어 있다. 따라서 이 전투에서 참모장 채광묵 부자와 운량관 성재평과 전태진, 서기환, 전경호를 비롯하여 300여명 이상이 전사한 것으로 추정된다.

민종식은 미리 신창군 남상면의 성우영 집으로 대피하였다가 다시 공주 탑곡리 쪽으로 피신하였다. 일본 경찰대는 신창에서 김덕진과 신창규를 체포하여 고문한 끝에 민종식의 은신처를 알게 되어 결국 민종식은 11월 20일 체포되어 공주부에 잡혀갔다. 그는 서울로 압송되어 1907년 7월 3일 교수형을 선고 받았으나 다음 날 내각회의에서 종신 유배형에 처해져 진도에 종신 유배되었다.

홍주성 전투에서 탈출한 홍주 의병들은 이후에도 부여, 정산, 당진 등지로 흩어져 산발적인 의병투쟁을 벌였다. 홍주 의병은 성패를 떠난 불굴의 민족의 자유를 회복하기 위한 투쟁이었다. 홍주 의병은 홍주일대의 유생과 민중들이 연합하여 조직되었으며, 노. 소론과 남인 등 당색의 차이와 南塘學派, 華西學派, 艮齋學派 등 학파의 차이, 그리고 신분의 차이를 극복하고 투쟁한 민족 통합적인 항일전쟁이었던 점에서 의의가 있다.

또한 홍주 의병에 참여한 세력은 청양, 남포, 당진, 부여 등지에서 1910년까지 의병투쟁을 지속하였으며, 나라가 망한 후에는 국내에서 대한광복회의 조직을 주도하거나 망명하여 중국 동북지망에서 독립전쟁을 지속적으로 전개하였다.[31]

이상으로 홍주의병의 전개과정을 소개하였는데 이제 그 중심에 섰던 김복한, 이설에 대해 간략히 소개하기로 한다.

---

31) 김상기, 「동학농민전쟁과 의병항쟁」, 『충남역사의 이해』, 충남역사문화연구원, 2010, 306~312쪽 참조.

金福漢의 字는 元五, 호는 志山, 본관은 안동이다. 그는 병자호란 때 강화도에서 순절한 金尙容과 斥和臣의 상징이었던 淸陰 金尙憲의 후손으로 홍성군 갈산면 소향리에서 태어났는데, 묘소는 홍성군 서부면 이호리 산수동에 있다.

그는 증조부인 김민근에게서 한학을 수학하여 '信心'과 '直行'의 정신을 배웠다. 1871년 예산군 덕산면에 거주하던 李敦弼에게 나아가 본격적인 공부를 하였다. 이돈필은 남당 한원진을 사숙한 정혁신의 문인인 이건운의 증손자이다. 그 뒤 내종형인 復庵 李㒶과 화산에서 강학하였다. 그는 1882년 덕산에 가서 屛溪 尹鳳九의 묘를 찾았고, 화양동의 萬東廟와 尤庵 宋時烈의 묘소도 참배하였다. 1887년 남당 한원진의 묘소를 참배하고 그의 사숙 문인임을 자처하고 그의 학문적 위치를 "율곡과 우암이 장애가 되나 주자 이후 한 분 뿐이다"라고 할 정도로 주자 다음으로 한원진을 존숭하였다. 金弘集, 兪吉濬, 金允植 등이 왜적 삼포오루 등과 내외로 조응하는 것을 보고 그는 통분을 이기지 못하고 擧義의 뜻을 품었다.

1892년 문과에 급제하여 대사성, 승지 등을 역임하였지만, 을미사변으로 명성왕후 민씨가 살해되자 벼슬을 버리고 낙향하였다. 1895년 이설, 송병직, 안병찬, 홍건 등과 함께 홍주에서 창의하였으나 이에 참여하였던 이승우의 배반으로 실패하였다. 이승우는 그들을 체포하여 서울로 압송하였다. 고등재판에서 정배의 명이 있었으나 고종의 특지로 방환되었다. 그는 남당의 묘소를 다녀온 후 강회와 향음주례, 사상견례 등을 거행하면서 의리를 강마하였다.

을사보호조약이 체결되자 그는 상소하여 五賊을 처단하기를 청하였으나, 얼마 뒤 민종식이 의병을 일으킨 것과 관련이 있다는 혐의로 투옥되었다. 1919년 3월 전국 유림대표로 郭鍾錫과 함께 파리강화회의에 독립청원서를 발송했다. 그는 홍성경찰서, 공주 감옥을 거쳐 서대문형무소에서 옥사하였다.

1921년 그는 아들을 남당의 묘소로 보내 고유하였는데, 그 고유문에 이르기를 "소자는 중년부터 선생이 주자에 버금감을 존모하고 스스로 門路의 바름으로 여겼는데, 기질이 편박하여 질병과 난리가 거듭하여 인순하고 거꾸러져 늙도록 성취한 것이 없으니, 참으로 이른바 이 노인을 외롭게 저버린 것입니다."라고 하였다. 그는 문하에 출입하는 제자가 늘자 인지서재를 세우고 백록동서원의 규모에 근본하여 향약을 정하고 한 과정을 세워 학자들에게 준수하게 하였다. 그의 문인으로는 아들인 殷東, 魯東, 明東과 申海澈, 田容彧, 李喆承 등이 있다.

李偰의 자는 舜命, 자호는 復庵, 본관은 延安이다. 그는 연평부원군 李貴의 후손으로 충남 홍성군 구항면 오봉리에서 태어났다. 그는 9세 때 李墇으로부터 『소학』을 배웠고, 15세에 서울로 올라가 金平默의 친우인 李偉의 문하에서 유교경전을 공부하였으며, 이돈필에게도 배워 남당 한원진을 사숙하였다.

이설은 1882년 覆試에, 1888년 알성과(謁聖科)에 합격하였고, 1889년 殿試에 급제하여 특명으로 홍문관 부수찬에 제수되었다. 이후 교리, 사간원 정언, 승정원 동부승지 및 우부승지 등의 관직을 지냈다. 을사조약이 체결되자 그는 여러 차례 상소를 올려 부당함을 주장했으나 수용되지 않았다. 왜가 궁궐을 포위하고 증명이 있어야 출입하도록 하자 이를 부끄럽게 여겨 벼슬을 버리고 통곡하며 서울을 떠났다. 이후 이설은 모든 관직을 사양하고 홍주의병에 참여하였으며, 왜적과 을사 5적을 축출하기 위한 상소를 올리는 등 항일운동을 전개하였다. 그의 학문은 율곡과 남당의 사상에서 기초하였다. 그의 사상적 경향인 華夷論과 節義論은 남당의 사상 특히 人物性異論에 영향을 받았다. 아울러 화서학파의 척사론

또한 수용한 것으로 보인다.32))

5. 한용운, 김좌진의 항일의리

홍주정신의 뿌리로서 일제에 항거한 만해 한용운과 김좌진의 항일의
리를 빼놓을 수 없다. 한용운의 본명은 奉玩, 法號는 龍雲, 호는 卍海, 본
관은 청주인데 홍성출신이다. 그는 서당에서 한학을 배우다가 동학혁명
에 가담하였으며, 실패하자 1896년 설악산 五歲庵에 들어갔다가, 1905
년 인제 百潭寺에 가서 連谷에게서 중이 되고, 萬化에게서 법을 받았다.

1908년 전국 사찰대표 52인의 한 사람으로 元興寺에서 圓宗宗務院을
설립한 후 일본에 가서 신문명을 시찰하였다. 1910년 한일합방이 되자
중국에 가서 독립군 군관학교를 방문하여 격려하고 만주, 시베리아 등지
로 방랑하다가 1913년 귀국하여 불교학원에서 교편을 잡았다. 이 해 梵
魚寺에 들어가『佛敎大典』을 저술하여 大乘佛敎의 般若사상에 입각하여
종래의 무능한 불교를 개혁하고 불교의 현실참여를 주장하였다. 1916년
서울 계동에서 월간지「惟心」을 발간, 1919년 3. 1운동에 민족대표 33인
의 한 사람으로 독립선언서에 서명, 체포되어 3년 형을 받고 복역하였다.
1926년 시집『님의 침묵』을 출판하여 저항문학에 앞장섰고, 1927년 新
幹會에 가입 중앙집행위원으로 경성지회장을 겸하였다. 1931년 조선불
교청년회를 조선불교청년동맹으로 개칭, 불교를 통한 청년운동을 강화
하고 이 해 월간지『佛敎』를 인수, 이후 많은 논문을 발표하여 불교의 대
중화와 항일 독립사상의 고취에 힘썼다. 1937년 불교 계통의 항일단체
인 卍黨사건의 배후자로 검거되기도 하였다. 그 후에도 불교의 혁신과

---

32) 민황기,「제3절 유학사상」,『충청남도지』, 16, 전통사상, 충청남도지편찬위원회, 2010,
394쪽.

작품 활동을 계속하다 성북동에서 중풍으로 별세하였다.[33]

또한 김좌진의 호는 白冶, 본관은 安東으로 홍성 출신인데 부유한 명문가에서 태어났다. 15살 때 家奴를 해방시켜주고 토지를 소작인에게 분배하여 근대화에 앞장섰으며, 이듬 해 湖明학교를 설립하였다. 1905년 을사보호조약이 체결되자 상경하여 大韓協會, 畿湖學會, 靑年學友會 등의 간부를 지내고, 1913년 大韓光復團에 가담하여 독립운동 자금마련을 위해 활동 중 1915년 체포되어 3년간 복역하였다. 1917년 만주로 망명하여 大宗敎를 신봉, 1919년 徐一 등과 軍政府를 조직하고 이를 北路軍政署로 개편, 총사령관에 취임하고, 汪淸縣 十里坪에 士官練成所를 설치하였다. 이듬해 北路軍政署의 군대를 동원하여 靑山里전투를 총지휘하여 일본군 제19, 21사단을 상대로 격전을 벌려 독립군 사상 최대의 전과를 올렸다. 그 후 부대를 이끌고 黑龍江 부근에 이동, 大韓獨立軍團을 결성 부총재로 취임하고, 일본군의 보복작전을 피해 1921년 露領 自由市에 이동했다가 이듬해 黑河事變으로 타격을 받고 다시 만주로 들어왔다.

1925년 寧安에서 新民府를 조직 군사집행위원장이 되고 이어 城東士官學校를 세워 정예군 양성에 공헌, 그 동안 임시정부로부터 軍務總長, 國務委員 등에 임명되었으나 모두 사퇴, 오직 독립군 양성에만 진력하였다. 1929년 韓族聯合會를 결성 주석이 되어 항일투쟁과 동포의 단결에 힘쓰다가 이듬해 과거의 부하였던 高麗共産靑年會의 金一星, 朴相實 등에게 암살당하였다.[34]

33) 이희승 등 편집, 『한국인명대사전』, 신구문화사, 1992, 995쪽.
34) 이희승 등 편집, 『한국인명대사전』, 신구문화사, 1992, 172쪽.

제5장 內浦儒學의 학맥과 특징

1. 여말선초의 내포유학(성리학의 개척)

성리학이 우리나라에 전래되는데 있어서 내포지역은 그 중심이 되었다. 여말 1289년(충렬왕 15) 安珦이 충선왕을 따라 원나라에 가서 약 4개월을 머물다 그 이듬해인 1290년에 돌아올 때 『주자전서』를 가져온 것이 우리나라 성리학 전래의 역사적 사실로 알려져 있지만, 이보다 반세전 1237년(고려 고종 24) 중국 송나라의 유학자 鄭臣保(?~1271)에 의해 성리학이 이 땅에 전래되었음을 유의할 필요가 있다.

정신보는 본래 중국 송나라 절강성의 저명한 유학자로 尙書刑部圓外郞으로 있었는데, 당시 몽고의 침략으로 남송이 망할 무렵 두 임금을 섬길 수 없다는 의리로 충남 서산의 간월도에 망명하여 瑞山 鄭氏의 시조가 되었다. 그는 南宋의 유학자 趙復, 姚樞, 楊惟中 등과 매우 친밀하였는데, 그의 아들 鄭仁卿을 비롯해 많은 사람들에게 성리학을 가르쳤다. 정신보는 『東國新續三綱行實圖』에 충신으로 소개되어 있고, 그의 아들 정인경은 고려 말 외교관, 무인으로 크게 활약하여 『고려사』 등에 자세히 기록되어 있다.

또한 충남 보령출신 이재 백이정(頤齋 白頤正, 1260~1340)은 충선왕을 따라 원나라 서울에 가서 약 10여년을 머물며 성리학을 공부하고 성리학에 관한 책과 주자의 『家禮』를 구해가지고 돌아왔다. 안향이 원나라에 4개월 정도 머문데 비해 백이정은 10여년을 공부하고 돌아왔다는 점에서 성리학을 실질적으로 전파한 이는 백이정이라 해도 지나치지 않는다. 그는 대사성을 지낸 박문절의 아들로 귀국 후 李齊賢, 朴忠佐, 李穀, 白文寶 등 여말의 인재들을 가르쳐 고려 말 조선 초 성리학 도입기의 산파역을 담당하였다.

다음은 조선 초 도학시대의 내포유학에 대해 검토해 보자. 古佛 孟思誠(1360~1438)은 충남 아산의 신창출신인데, 조선의 대표적인 淸白吏로 존경을 받았다. 그는 효성으로 정려를 받아 『三綱行實圖』에도 그 사례가 소개되고 있다. 1386년 문과에 장원급제하여 예문관춘추관 검열에 나아간 이래 1435년 좌의정으로 봉직할 때까지 무려 50여 년간 관료생활을 성공적으로 하여 조선의 대표적인 청백리로 일컬어진다.

귀산 김구(歸山 金鉤: ?~1462)는 경주 김씨로 아산에서 태어났다. 그는 尹祥(1373~1455)의 문인인데 윤상은 趙庸의 문인이고 조용은 鄭夢周의 문인이다. 그는 세종, 세조 시대에 성균관과 宗學의 교육에 종사하고 40여년의 관직생활 대부분을 교육에 바쳤다. 그는 조선 초기 성리학의 발전과 전수에 크게 기여하였는데, 특히 경학에 정통하여 우리나라 최초로 『四書諺解』, 『初學字會』, 『孫子註解』 등을 번역하였다.

梅竹軒 成三問(1418~1456)은 死六臣의 하나로 충남 홍성출신이다. 도총관 成勝의 아들로 본관은 창령이며 충남 홍성 노은동(홍북면 노은리) 외가에서 출생했다. 18세 때 생원시에 합격하였고 21세 때 식년문과에 합격하여 집현전 학사로 발탁되어 朴彭年, 申叔舟, 河緯地, 李塏, 李石亨 등과 함께 학문연구에 전념하였다. 한편 그는 音韻學에도 조예가 깊어 세종을 도와 훈민정음 창제에 크게 기여하였는데, 13차에 걸쳐 요동을 방문하기도 하였다.

그는 1456년(세조 2) 그는 아버지 성승, 박팽년, 이개, 유응부, 유성원, 하위지 등과 함께 단종의 복위를 위한 거사를 도모하다 발각되어 참혹한 고문을 받고 처형당하였다. 그는 수양대군의 불의에 맞서 용감히 싸우고 不事二君의 충절을 지키다 희생된 실천적 지성이었다.

2. 16세기의 내포유학(성리학)

다음은 16세기 성리학 전성기에 있어 내포유학의 흐름에 대해 검토해 보자. 土亭 李之菡(1517~1578)은 16세기 조선의 유학자로 충남 서천의 한산출신인데 아산현감을 지냈다. 그는 여말 牧隱 李穡의 후손으로 형 李之蕃에게서 글을 배우다가 뒤에 花潭 徐敬德의 문하에서 수업하였다. 경전, 역사에 통달하였고 또한 수학에도 정통했으며, 항상 主敬窮理를 학문의 방법으로 삼았다.

1573년(선조 6년) 포천현감에 임명되었다가 이듬 해 사직, 1578년 아산현감이 되어 乞人廳을 만들어 관내 걸인의 수용과 노약자와 굶주린 백성의 구호에 힘쓰다 재직 중에 세상을 떴다. 물욕이 없어 평생 가난한 생활을 했고, 의약, 卜筮, 천문, 지리, 음양, 術書에 모두 능통했으며, 괴상한 거동, 奇智, 예언, 술수에 관한 일화가 많이 전해진다. 아산의 仁山書院, 보령의 花巖書院에 제향 되어 있다.

龜峰 宋翼弼(1534~1599)은 栗谷 李珥, 牛溪 成渾과 함께 三賢으로 불릴 뿐만 아니라 천민출신으로 불우한 환경에서도 훌륭한 유학자로 대성하였다. 그는 경기도 파주에서 태어나 생장하였고, 1569년 36세 때 부친 宋祀連의 무고사건으로 추국을 당하고, 1586년 53세 때 천민으로 신분이 바뀌어 10여년 간의 피신과 유배생활을 하였다. 그는 63세 때 충청도 면천 마양촌에서 우거하게 되었고, 1599년 이곳에서 별세하여 당진 원

당동에 묻혔다.

그는 『太極問』을 지을 만큼 성리학에 조예가 깊었고, 특히 예학에 밝아 그의 문하에서 沙溪 金長生, 愼獨齋 金集 부자를 배출하였다. 그는 1593년에 유배에서 풀려나 자유의 몸이 되었고, 정치적으로는 이이, 성혼, 정철과 함께 서인의 길을 걸었다.

松坡 李德敏은 16세기 말에서 17세기 초 아산지역의 대표적인 유학자였다. 그는 당대 우계 성혼, 중봉 조헌과도 교유를 했는데, 성혼은 종신토록 뜻을 지키면서 벼슬에 나아가지 않은 그의 덕을 칭송하였다. 그는 1668년 아산 인산서원에 배향된 인물로 현종이 온양 온천에 왔을 때 아산의 선비인 이지강이 효행을 이유로 포상을 건의하여 김효일, 홍절, 권대평 등과 함께 인산서원에 배향되었다.

東溟 鄭斗卿(1597~1673)은 명종 때의 권신 鄭順朋의 후손이고 도교의 대가였던 북창 정렴(北窓 鄭磏)의 종증손이다. 그는 아산에서 많은 생애를 보냈는데 문학에 조예가 깊었던 通儒였다. 그는 정순붕의 후손이라는 이유로 관직생활에서 불이익을 당하기도 했고, 북쪽 변방에 근무하면서 안보상의 위험을 인식하고 인조의 생부 定遠君의 追崇문제를 놓고 禮 논쟁을 일삼는 것에 대해 비판하였다. 1636년 병자호란 직전 그는 「丙子疏」를 올려 시국을 걱정하고 '武備야 말로 금일에 가장 급한 일'이라 강조하였다. 그는 문학작품을 통해 나라와 민생을 걱정하고 청나라에 대한 적개심을 표현하기도 했다. 그는 만년 가난한 전원생활을 즐기며 시작으로 노후를 보냈는데, 金得臣, 任有後, 洪錫箕 등은 좋은 글벗이었다. 특히 아끼는 제자 洪萬宗에게 우리나라 도가 인물에 대한 저술을 부탁하여 『海東異蹟』을 짓게 하고, 이를 통해 우리나라 도가의 맥을 찾게 되었다. 정두경은 탁월한 문학가로서 유교, 불교, 도가에 밝았던 학자로서 개방적인 학풍의 소유자였으며, 국방에 관심이 많고 병법에 능했던 도가풍의

학자였다.

雪峰 姜栢年(1603~1681)은 아산출신의 개방적인 학풍의 학자로 강직한 청백리였다. 진주 강씨가 충청도 아산, 예산 일대에 세거하게 된 것은 선조 강민첨(姜民瞻) 장군이 충청도 예산군 대술면 이치리 감천동에 예장되었기 때문이다. 그는 당쟁이 심화된 17세기에 대사헌, 대사성, 대사간, 예조판서 등 주요 관직을 역임하면서도 큰 파란 없이 일생을 마쳤다. 그러나 1646년 姜嬪獄事 때 강빈의 억울함을 상소했다가 削職을 낭한 바 있고, 청백리로 뽑혀 존숭받기도 했다. 사후 온양의 靜退書院, 청주 낭성의 機巖書院, 황해도 수안의 龍溪書院에 배향되었다.

3. 17세기의 내포유학(우계학풍, 율곡학풍)

다음 17세기 내포지역에서의 우계학파에 관해 검토해 보자. 潛冶 朴知誠(1573~1635)는 『童蒙先習』을 지은 朴世茂의 손자이다. 그는 1592년(선조 25) 임진왜란이 일어나자 어머니를 모시고 충청도 제천으로 피난했고, 정유재란 때는 괴산에 우거하면서 어머니의 병환을 극진히 간호하였다. 이 때 寒岡 鄭逑의 문인인 樂齋 徐思遠에게서 수업을 받았다.

학덕이 높아 1606년(선조 39) 이조판서 許筬이 그를 王子師傅로 천거했지만, 나아가지 않았다. 1608년(선조 41) 광해군이 왕위에 올라 북인정권이 들어서자 아산 신창에 내려와 浦渚 趙翼, 炭翁 權諰 등과 더불어 도학을 강론하였다.

그는 병자호란 후 金長生과 같이 서울로 돌아와서 養民治兵의 계책을 상소하였다. 1626년(인조 4) 元宗追崇論을 처음으로 제기하였으나 여론이 부정적이어서 받아들여지지 않자 사직하고 아산 신창으로 돌아와 학문에 전념하였다. 아산의 五賢書院에 제향되었으며, 청주시 南二面 寺洞

里에 신도비가 세워졌다.

浦渚 趙翼(1579~1655)은 아산에서 활동했던 조선 중기의 대표적인 양명학자였다. 어머니는 尹根壽의 딸로 외조부 윤근수와 張顯光에게서 배웠다. 1611년 金宏弼, 趙光祖, 李彦迪, 鄭汝昌 등의 문묘종사를 주장했는데, 이를 반대하는 鄭仁弘을 탄핵하다 도리어 고산찰방으로 좌천되고 이어 웅천현감을 역임하기도 했다. 광해군이 인목대비를 유폐시키자 벼슬을 그만두고 경기도 광주로 은거했다가 충청도 아산 신창으로 옮겨 살았다. 1623년 인조가 즉위하자 이조좌랑에 임명되어 벼슬에 다시 나아가 대사간, 대사성, 대사헌 등을 역임하였고, 金堉을 도와 大同法의 시행에 기여하였다.

그는 어려서부터 조선 양명학의 선구자인 崔鳴吉, 李時白, 張維와 친밀하게 교유하여 세칭 '四友'로 불리었으며, 그도 성리학보다 陽明學을 좋아하여 심학적 경향을 보여주었다. 그는 율곡, 사계를 존경하면서도 특히 우계를 존숭하였는데, 주변 인맥을 고려하면 牛溪學派에 속한다고 할 수 있다. 그는 청년시절을 제외하고는 거의 성리학에 관심을 보이지 않고 경학연구와 심학에 종사하여 실천적 학풍을 견지하였다. 그의 묘소는 충남 아산의 신창에 있으며, 신창 道山서원, 광주 明皐서원, 개성 崧陽서원에 제향 되어 있다.

冶谷 趙克善(1595~1658)은 예산출신으로 우계학파의 전통을 계승한 유학자였다. 그는 충남 예산 덕산현 대야곡에서 태어났는데, 그의 조부 趙興武는 학문을 좋아하고 강학에 힘써 당시 덕산, 대야곡 일대를 대표하는 유학자였으며 부친 조경진 또한 가학을 계승하여 조극선에게 전수하였다. 그는 15세 때 당시 덕산현감으로 부임한 李命俊의 문하에서 수업하였는데, 이명준은 조욱(趙昱)과 曹植의 문인인 李濟臣의 아들로 그 자신은 成渾의 문하에서 수학하였으므로 우계학파에 속하였다. 이명준

의 매부가 象村 申欽이고 신흠의 외손자가 소론의 영수 南溪 朴世采였음을 고려할 때 이제신, 이명준, 조극선은 우계학파 내지 소론파에 속한다고 볼 수 있다.

한편 조극선은 朴知誡와 趙翼도 사사하여 흠모하였다. 24세 때 신창으로 박지계를 찾아 학문하는 요령을 배우고, 또 신창으로 가 조익의 가르침을 받았다. 특히 그는 조익을 堯舜에서 程朱로 그리고 牛栗로 이어지는 정맥으로 생각하였다. 경종 연간에 이루어진 신창의 도산서원 종향은 이러한 인식의 결과였다. 도산서원은 1660년(현종 1) 조익의 主享處로 건립된 서원으로 신창은 조익의 寓居, 講學處로 일찍이 조극선이 왕래하며 수업하던 곳이다. 조극선이 당시 교유한 인물로는 朴由近, 朴由淵, 趙進陽, 趙復陽, 尹商擧, 尹宣擧, 權諰, 閔光熽, 閔禎壽 등이 있는데, 이들은 대부분 우계학파에 속하는 인물들이다. 이렇게 볼 때, 조극선은 조익과 더불어 내포지역을 대표하는 우계학파의 중심인물이며, 그의 務實학풍 또한 이를 잘 반영해 준다.

다음은 17세기 내포에서의 율곡학파의 활약에 대해 검토해 보자. 율곡의 학문은 金長生, 宋時烈을 거쳐 權尙夏에게로 이어졌는데, 권상하는 충북 제천의 청풍에서 강학을 하였다. 이 때 그의 문하에서 人性과 物性이 같으냐 다르냐 하는 湖洛논변이 벌어졌는데, 그 대표적 인물이 아산 출신의 이간과 홍성 출신의 한원진이다.

巍巖 李柬(1677~1727)은 온양 사람으로 자는 公擧, 호는 외암(巍巖), 秋月軒, 본관은 禮安이다. 그는 권상하의 문인으로 '江門 8學士'의 한 사람인데, 人物性同論을 주장한 洛論系의 대표적인 유학자이다. 1710년(숙종 36년) 장릉참봉에 천거되었으나 취임하지 않고, 그 뒤 회덕현감, 세자시강원 자의 등을 지냈다. 그는 온양 巍巖서원에 제향되었으며 이조판서에 추증되었다.

人物性同異논쟁은 1709년(숙종 35년) 이간의 32살, 한원진 27살 때 시작되어 7년 동안 계속되었는데, 그 이후 대를 이어 약 2백여 년 동안이나 계속되었다. 이간은『중용』의 '天命之謂性'에 대한 주자의 해석을 근거로 인간과 금수는 모두 健順五常의 德을 선천적으로 동일하게 부여받았다고 주장하였다. 그는 本然之性과 氣質之性을 둘로 구별하고, 본연지성만을 가리켜 인성과 물성의 보편성을 말하였다. 그는 太極, 天命, 健順五常의 덕을 합해 본연지성이라 하고, 이를 사람이나 사물이나 모두 선천적으로 갖추고 있다고 보았다. 다만 사람과 사물이 다른 것은 氣의 같지 않음에 인한 것으로, 사람은 氣의 바르고 통한 것을 받았으나, 사물은 그 치우치고 막힌 것을 받았을 뿐이라 하였다.

人物性同論은 인간과 사물의 보편성을 주장한다는 점에서 인간의 가치나 위상을 상대적으로 낮게 본다. 同論의 논리는 인간과 사물이 같고 인간과 인간이 평등하고 사물과 사물도 같다는 논리다. 그러므로 자연 내지 사물에 대한 관심이 고조된다. 이러한 人物性同論 즉 洛論의 전통이 조선 후기 18세기 北學派 實學의 연원이 되고 있다. 북학파의 선구자인 洪大容은 金元行의 문인이고, 김원행은 李縡의 문인이다. 이들은 모두 낙론을 대표하는 유학자들이다. 북학파들은 당시 中華와 오랑캐를 분별해 보던 華夷論者들과는 달리 중화와 오랑캐도 하나라는 논리에서 명분론에서 벗어나고자 했다. 아울러 오랑캐라고 하는 청나라의 문화를 배워야 한다는 논리적 근거를 여기에서 찾았다. 또한 同論의 의의는 오늘날 생태윤리나 환경윤리의 측면에서 그 근거를 제공해 준다. 인간과 사물, 인간과 자연이 같다는 것은 곧 자연이나 환경 그리고 생태계의 중요성을 말해주는 것이고, 인간 중심의 세계관에서 자연의 훼손이나 환경의 위기를 극복한다는 의미를 갖는다. 인간과 자연이 같은 의미를 갖는다는 데서 지구촌 가족의 상생윤리가 가능한 것이다.

南塘 韓元震(1682~1751)은 충남 결성의 南塘에서 살았는데, 자는 德昭, 호는 南塘이며 21살 때부터 청풍 황강의 權尙夏 문하에서 배웠다. 그는 栗谷 李珥-沙溪 金長生-尤庵 宋時烈-遂庵 權尙夏를 잇는 기호학파 내지 율곡학파의 嫡傳이다. 그는 1708년 27살 때 스승인 권상하에게 편지를 올려 사람과 사물의 性을 논하면서 性三層說을 제시하였다. 한원진에 의하면 사람과 사물이 같은 성이 있고, 사람과 사물은 같지 않지만 사람끼리만 같은 성이 있고, 사람과 사람이 모두 같지 않은 성이 있다 하였다. 그가 人性과 物性이 다르다고 하는 이유는 仁義禮智에 있다. 사람은 인의예지라는 도덕적 본성을 가지고 도덕적 행위를 함으로써 금수와 구별되고 만물의 영장으로 자리매김할 수 있다고 보았다. 그의 人物性異論은 인간의 존엄을 강조하고 인간과 금수를 차별화시켜 보고자 한 데 진정한 뜻이 있다. 이러한 관점에서 그는 異端學에 대한 비판을 통해 유학의 정통성을 확립하고자 노력하였다.

4. 18세기의 내포유학(실학)

다음은 내포지역에서의 實學風에 관해 검토해 보자. 내포지역은 星湖學派에 의해 실학의 학풍이 뿌려져 융성했던 곳이다. 충청에 실학의 학풍이 발흥하게 된 것은 星湖 李瀷(1681~1763)의 집안이 충남 예산의 덕산 장천에 세거하면서부터라고 할 수 있다. 驪州 李氏가 이곳에 살게 된 것은 이익의 아버지 李夏鎭 형제가 이 지방의 용인 이씨와 결혼하면서부터이다. 그 후 내포를 중심으로 성호학파의 실학자들이 많이 형성되게 되었다.

이는 茶山 丁若鏞의 성호학파 인물들에 대한 평에서 잘 알 수 있다. 그는 말하기를, "李秉休는 易經과 三禮, 李孟休는 경제와 실용, 李用休는 문자학, 이철환은 박물학, 李森煥은 예학, 이구환(李九煥)은 경제실용지학을 계승하였다"고 하였다.

李秉休(1710~1777)는 이익의 조카로서 어려서부터 성호 곁에서 학문을 독실히 한 인물이다. 그는 安鼎福과 친밀히 교유하면서『東史綱目』의 편찬에도 참여하였다. 權哲身, 權日身 등은 그의 문인인데, 이들은 양명학과 천주교 등 신사조에 매우 조예가 깊었다.

李用休(1708~1782)는 충남 예산의 덕산 장천리에서 태어나 외가인 덕산현 염곡에서 자랐다. 재야학자로서 문학에 조예가 깊고 음운학, 병학, 농학에도 두루 달통했다. 그는 고덕에 살면서 경기도 안산 성포리에 있는 스승 이익과 뱃길로 왕래하며 연구에 몰두하였다. 정약용은 그를 평가하기를, "그는 일찍부터 과거를 포기하고 오로지 학문에 뜻을 두었으므로, 그의 문장이 기이하고 새롭고 공교로워 영조 말년 경에는 그의 문명이 일세의 으뜸이었다. 당시 문인들 중에 새로운 방향으로 진출하려는 사람은 모두 그에게 배웠으므로 그는 비록 한갓 선비의 신분에 불과했으나 文權을 잡은 지 30여년이나 되었다. 이것은 종전에 보지 못했던 일이다."라고 평하기도 하였다. 그의 실학은 아들 李家煥과 외손 李承薰 등에게 계승되었다.

李家煥(1742~1801)은 남인 실학파의 주요 인물로 蔡濟恭의 뒤를 이어 淸南계열의 지도자로 촉망받았으나, 그를 신임하던 정조가 죽자 천주교도로 몰려 1801년 辛酉邪獄 때 처형되었다. 문장에도 뛰어난 당대의 학자로 널리 인정받았으며, 특히 천문학과 수학에 밝아 일식과 월식, 황도와 적도의 교차 각도를 계산하고, 지구의 둘레와 지름에 대한 계산을 도설로 제시할 수 있을 만큼 정밀한 수준에 이르렀다.

이 밖에도 내포지역에는 18세기 북학파 실학의 선구자 洪大容과 19세기 金石學의 대가 金正喜를 통해 실학의 외연이 더욱 확대되었다.

湛軒 洪大容(1731~1783)은 서울에서 태어났으나 활동무대는 충남 천원이었다. 그는 12살 때 金元行의 문하에 들어가 공부하였고, 朴趾源, 朴齊家, 李德懋, 柳得恭 등과 교유하였다. 29세 때에는 전남 동복에 은거중인 과학자 羅景績을 찾아가 그의 인격과 과학기술에 감명을 받고, 그와 함께 혼천의와 자명종을 만들기 시작하였다. 1762년 32살에 마침내 두 대의 혼천의와 자명종을 완성하여 천원 장명부락에 설치하고 이 사설 천문대를 '농수각(籠水閣)'이라 불렀다. 34살에 書狀官으로 북경에 가는 숙부를 수행하여 북경에서 嚴誠, 潘庭均, 陸飛 등과 친교를 맺고, 당시 중국의 정치, 경제, 문화 등을 구체적으로 이해하면서 중국에 전해진 서양의 자연과학과 기술에 대한 지식을 쌓았으니, 이는 박지원의 燕行보다 15년이나 앞선 것이다. 그는 1765년 지구는 둥글고 자전한다고 주장하였는데 월식을 통해 이를 증명하였다. 또 우주공간에는 무수한 별들이 있고, 별에서 별을 보면 지구도 하나의 별이므로 지구가 우주의 중심에 있다는 것은 말이 안 된다고 하였다. 그는 지구를 별의 하나로 보고 공간도 무한하고 별도 한이 없다는 무한우주론을 말하였다.

또 그는 『林下經綸』을 통해 사회개혁론을 말하고 있는데, 봉건적 신분제를 유지하되 다만 놀고먹는 자는 신분 여하를 막론하고 형벌을 주며, 재주가 있는 자는 중용해야 한다고 하였다. 그는 백성을 수탈하는 왕실 직영의 내수사와 궁방전을 폐지할 것과 사간원, 사헌부 등 諫爭기관을 혁파하고, 신분에 관계없이 모든 사람에게 공적 발언권을 주어야 한다 하였다. 홍대용은 북학파 실학의 선구자로서 뒤에 다가오는 박지원, 박제가에게 큰 영향을 주었다.

秋史 金正喜(1786~1856)는 19세기의 대표적인 실학자요 서예가이다. 충남 예산군 신암면 용궁리에서 태어났으며 지금도 그 고택이 남아 있다. 그는 북학파의 거장 朴齊家의 문하에서 수학하였고, 宋學과 漢學을

절충한 고증학의 대가였다.

그는 24살 때 아버지를 따라 청나라에 가서 당대 최고의 석학인 翁方綱과 阮元을 만나 평생 학문 교류를 하고, 또 국경을 뛰어넘는 학문지도를 받았다. 당시 옹방강은 77세요 완원은 46세인데, 김정희는 24살의 청년이었다. 이들은 금석자료가 나오면 서로 교류하며 감정, 평가를 하였고, 나이를 넘어 국제적인 학문교류를 하였다. 후일 옹방강은 김정희를 '經術文章 海東第一'이라고 극찬하였고, 옹방강이 사후 그의 서적을 조선의 김정희에게 보냈다고 전해진다. 김정희는 청나라의 대석학인 옹방강과 완원을 평생 추앙하고 존경하였으며, 이들의 학문적 영향을 많이 받았다. 김정희는 금석학의 대가로서 함흥의 황초령비가 진흥왕의 순수비임을 고증하였고, 또 북한산 비봉에 있는 비석이 조선 태조 건국시 무학대사가 세운 것이 아니라 진흥왕의 순수비임을 고증하였다. 그는 경학, 시문, 금석, 고고, 서화에도 뛰어났던 대학자요 예술가로서 秋史體라는 독특한 서법을 창출하기도 하였다. 그런데 김정희는 실용적인 면보다 實事求是로 표방되는 실증적 학문 방법에 더 관심을 보였다.

5. 19세기의 내포유학(의리학)

끝으로 한말 의리파의 내포지역에서의 활동에 대해 검토해 보자. 全齋 任憲晦(1811~1876)는 충남 직산 산음리 외가에서 출생하였다. 그의 선대가 아산에 살게 된 것은 10대조 任琦 이후부터이다. 그 후 아산의 죽곡과 독성촌에 임기의 후손들이 대대로 살아왔다. 그는 어린 시절을 외가에서 보내고 1816년 6세 때 아버지를 따라 아산 조산촌으로 이사하여 살았고, 그 뒤 염호로 이사 갔다가 1832년 아산 신양으로 이사가 살았다.

그의 학문연원은 11세 때 종조부 任泰淳의 문하에서 배우고, 21세에는 아산의 유학자 趙泳과 온양에 사는 土室 李端容의 문하에서 수업하였다. 1834년 청천으로 가서 송시열의 묘소와 화양동의 萬東廟를 참배하고 華陽洞서원에 가서 송시열의 영정을 배알하였는데, 이때부터 송시열의 학맥을 잇는 율곡학파의 일원이 되었다.

또 1837년 회덕으로 가서 송치규(宋穉圭)를 찾아뵙고 사제관계를 맺었고, 1839년에는 현호로 가서 洪直弼의 문하에서 배웠다. 임헌회는 범율곡학파로 陶庵 李縡-渼湖 金元行-近齋 朴胤源-邁山 洪直弼의 학통을 잇고 있다. 1858년 아산현 남면 신양리에 努力齋를 지어 강학을 하였으며, 1866년 공주 명강동(현 공주시 사곡면 월가리)으로 이사하고, 1868년에는 부모의 묘소를 모두 공주 명강동 動鼓山으로 이장하고, 이 때부터 자칭 '鼓山老夫'라고 칭하였다.

志山 金福漢(1860~1924)은 병자호란 때 강화도에서 순절한 金尙容과 斥和臣 淸陰 金尙憲의 후손으로 홍성군 갈산면 소향리에서 태어났는데, 묘소는 홍성군 서부면 이호리 산수동에 있다.

그는 증조부인 김민근에게서 한학을 수학하여 '信心'과 '直行'의 정신을 배웠다. 1871년 예산군 덕산면에 거주하던 李敦弼에게 나아가 본격적인 공부를 하였다. 이돈필은 남당 한원진을 사숙한 정혁신의 문인인 이건운의 증손자이다. 그 뒤 내종형인 복암 이설(復庵 李偰)과 화산에서 강학하였다. 그는 1882년 덕산에 가서 屛溪 尹鳳九의 묘를 찾았고, 화양동의 만동묘와 송시열의 묘소도 참배하였다. 1887년 한원진의 묘소를 참배하고 그의 사숙 문인임을 자처하고, 그의 학문적 위치를 "율곡과 우암이 장애가 되나 주자 이후 한 분 뿐이다"라고 할 정도로 주자 다음으로 한원진을 존숭하였다. 金弘集, 兪吉濬, 金允植 등이 왜적 삼포오루 등과 내외로 조응하는 것을 보고 통분을 이기지 못하고 擧義의 뜻을 품었다.

1892년 문과에 급제하여 대사성, 승지 등을 역임하였지만, 을미사변으로 명성왕후 민씨가 살해되자 벼슬을 버리고 낙향하였다. 1895년 이설, 송병직, 안병찬, 홍건 등과 함께 홍주에서 창의하였으나 이에 참여하였던 이승우의 배반으로 실패하였다. 이승우는 그들을 체포하여 서울로 압송하였다. 고등재판에서 정배의 명이 있었으나 고종의 특지로 방환되었다.

을사보호조약이 체결되자 그는 상소하여 오적을 처단하기를 청하였으나, 얼마 뒤 민종식이 의병을 일으킨 것과 관련이 있다는 혐의로 투옥되었다. 1919년 3월 전국 유림대표로 郭鍾錫과 함께 파리강화회의에 독립청원서를 발송했다. 그는 홍성경찰서, 공주 감옥을 거쳐 서대문형무소에서 옥사하였다. 그의 문인으로는 아들인 金殷東, 金魯東, 金明東과 申海澈, 田容彧, 李喆承 등이 있다.

복암 이설(復庵 李偰, 1850~1906)은 연평부원군 李貴의 후손으로 충남 홍성군 구항면 오봉리에서 태어났다. 그는 9세 때 李壎으로부터 『소학』을 배웠고, 15세에 서울로 올라가 金平默의 친우인 李偉 문하에서 유교 경전을 공부하였으며, 이돈필에게도 배워 남당 한원진을 사숙하였다.

그는 을사조약이 체결되자 여러 차례 상소를 올려 부당함을 주장했으나 수용되지 않았다. 왜가 궁궐을 포위하고 증명이 있어야 출입하도록 하자 이를 부끄럽게 여겨 벼슬을 버리고 통곡하며 서울을 떠났다. 이후 모든 관직을 사양하고 홍주의병에 참여하였으며, 왜적과 을사 5적을 축출하기 위한 상소를 올리는 등 항일운동을 전개하였다. 그의 학문은 율곡과 남당의 사상에서 기초하였다. 그의 사상적 경향인 華夷論과 節義論은 남당의 사상 특히 人物性異論에 영향을 받았으며, 華西學派의 斥邪論 또한 수용한 것으로 보인다.

이렇게 볼 때, 내포지역의 유학은 내륙지역에 비해 비교적 개방적 색채가 짙고 또 다양하게 전개되었다. 즉 내륙지역의 유학은 율곡 성리학과 예학의 색채가 매우 짙은데 대해, 내포의 유학은 이지함, 송익필, 강백년, 정두경, 조익, 이병휴, 이용휴, 이가환, 홍대용, 김정희 등에게서 볼 수 있듯이 불교, 도가 등 異端學에 대한 수용과 실학풍이 융성하였다. 또 이간, 한원진의 湖洛논변에서 보이는 성리학적 다양성과 朴知誡에게서 보이는 沙溪禮學과 다른 예론의 주장도 볼 수 있다. 아울러 다른 한편으로는 성삼문, 김구, 김복한, 이설에서 볼 수 있듯이 강한 실천적 의리학풍을 보여주기도 하였다.

제6장 │ 扶餘의 학맥과 유학

1. 李存吾의 의리

石灘 李存吾(1341~1371)는 고려 말의 유학자로 자는 順卿, 호는 石灘, 孤山이며 본관은 경주이다. 1360년(공민왕 9)문과에 급제, 水原書記를 거쳐 史翰에 발탁, 1366년 25세에 右正言이 되어 당시 권력을 전횡하던 신돈(辛旽)의 횡포를 준엄하게 탄핵하였다. 그는 친척인 左司議大夫 鄭樞와 함께 상소를 올렸는데, 그 내용을 보면 "요망한 물건이 나라를 그르치게 하니 제거하지 않을 수 없다"하고, "신 등이 삼가 3월 18일 殿內에서 베푼 문수회에 참석하였는데, 領都僉議 신돈이 宰臣의 반열에 앉지 않고 감히 전하와 나란히 앉아 사이가 몇 자 떨어지지 아니하니 나라사람들이 놀라서 물 끓듯 하였습니다.……그윽이 보건대 신돈이 지나치게 임금의 은총을 입어 나라 정사를 전단하여 임금을 무시하는 마음이 있습니다."하니, 임금이 상소문을 반도 읽지 못하고 크게 분노하여 태워버리라 명하고, 정추와 이존오를 불러 심히 꾸짖었다. 이 때 신돈이 임금과 더불어 평상을 마주하고 있었는데, 이존오가 "늙은 중이 어찌 이와 같이 무례한가?"하고 소리쳐 신돈으로 하여금 황망히 평상에서 내려가게 하였다. 임금도 이존오의 성난 눈이 두려웠다고 고백할 정도였다. 이처럼 왕의 노여움을 크게 샀으나 牧隱 李穡(1328~1396)의 변호로 극형을 면하였다.

이색은 말하기를, "태조 이래 400여 년간 한 사람의 諫官도 죽이지 아니하였으니, 왕으로 하여금 간관을 죽이게 되면 惡聲이 널리 퍼질까 두렵다"고 했다 한다. 그는 長沙監務로 좌천된 후에 석탄(부여 저석리)에서 은둔하다 울분으로 병이 나 세상을 마쳤다. 신돈의 전횡을 풍자한 시조 한 수가 다음과 같이 전한다.

> 구름이 욕심 없다는 말이 이미도 히무맹랑하다
> 하늘 가운데 떠 있어 마음대로 다니면서
> 구태여 밝은 햇빛을 덮어 무엇하리로.

사후 대사성에 추증되었고 여주의 孤山書院, 부여의 義烈祠, 茂長의 忠賢祠에 제향되었다.

2. 조선 초 생육신 金時習의 의리정신과 철학사상

梅月堂 金時習(1435~1493)은 生六臣의 한 사람이다. 그는 서울에서 태어났는데 자는 悅卿, 호는 梅月堂, 東峰, 淸寒子인데 법호는 설잠(雪岑)이며 본관은 강릉이다. 시중 台鉉의 후손으로 3세에 이미 시에 능했고, 5세에 『중용』, 『대학』에 통하여 신동으로 이름났다. 그리하여 세종에게 불려가 훗날 나라의 인재로 중용할 것을 약속받았다. 5세에서 13세까지 이계전(李季甸)과 金泮의 문하에서 『논어』, 『맹자』, 『시경』, 『서경』, 『춘추』를, 尹祥에게서 예서와 제자백가를 배웠다. 그는 南孝溫, 徐居正, 金馹孫, 申叔舟 등과 사귀었는데 儒佛道에 두루 능통했다.

1455년(세조 1년) 그의 나이 20살 때 삼각산 重興寺에서 공부하다가 수양대군이 어린 조카 단종의 왕위를 뺏고 成三問, 朴彭年 등 집현전 학사들을 무참히 학살하고 왕위에 올랐다는 소식을 듣고 대성통곡하며 책을 태워버리고 중이 되어 거짓 미친 척 하고 전국을 방랑하였다. 1458년(세조 4) 「탕유관서록후지(宕遊關西錄後志)」를, 1460년 「宕遊關東錄後志」를 썼으며, 1463년에는 「탕유호남록후지(宕遊湖南錄後志)」를 저작, 이 해에 책을 사러 서울에 갔다가 효령대군의 권고로 세조의 불경언해 사업을 도와 내불당에서 교정의 일을 맡았으며, 이후 여러 번 세조의 부름을 받았으나 거절하고, 1465년 경주 남산에 금오산실(金鰲山室)을 짓고 이곳에서 우리나라 최초의 한문소설인 『금오신화(金鰲新話)』를 저술하였다. 2년 후에는 효령대군의 청으로 원각사 낙성식에 참석하였다. 1468년(세조 14) 금오산에서 『山居百詠』을 썼고, 1476년(성종 7) 「山居百詠後志」를 지었다. 1478년(성종 9) 다시 환속하여 선조에게 제문을 지어 사죄하고 아내를 맞기까지 하였으나, 부인이 죽자 다시 1483년 이후 다시 방랑생활로 돌아갔는데, 1485년에는 『독산원기(禿山院記)』를 쓰기도 했다. 1493년 부여 홍산의 無量寺에서 생애를 마쳤다. 1782년(정조 6) 이조판서에 추증, 영월의 六臣祠에 제향되었고 '淸簡'의 시호를 받았다.

김시습은 유불교체기에 태어나 사상적으로 남달리 번민을 하였고, 그 사이에서 유교와 불교의 일치를 추구하는 새로운 경지를 개척하고자 노력하였다. 그는 불교, 도가에도 매우 밝았지만 그의 사상적 근거는 역시 유교였다. 이는 율곡이 「金時習傳」에서 '마음은 유교요 자취는 불교(心儒跡佛)'라고 한데서도 잘 알 수 있다.

김시습은 그동안 문학적 관점에서 주로 연구하고 평가하였다. 그러나 김시습은 문학뿐만 아니라 철학적 관점에서도 조명되어야 한다. 그의 성리학에 관해 고찰해 보기로 하자.

그는 먼저 성리학의 대명제인 '性卽理'를 설명하면서 종래 학자들처럼 氣를 배제한 理만의 性으로 보지 않고, 性은 하늘이 命한 바요 사람이 받

은 바인 實理가 내 마음에 구비된 것이라 한다.1) 여기에서 性은 형이
상학적이고 관념적인 理로만 보지 않고 實理로 해석하는 것이 특이하다.
이는 理氣를 겸비하여 분리하지 않고 性을 이해하는 태도로서 朱子, 程
伊川의 性卽理와는 구별되는 것이다.

또한 김시습은 性을 仁으로 보아 性은 곧 實理요 이것은 다시 仁이라
고 이해하면서, 하늘과 땅이 낳고 또 낳는 道는 진실한 것에 지나지 않고
그것은 오직 實理일 뿐이라 한다. 實理는 기짓이 없는 性이요 하늘과 땅
이 만물을 낳고 또 낳는 道와 상통하여 仁이 된다. 이러한 그의 性이나
實理의 개념은 理氣를 겸비한 의미일 뿐 아니라, 인간의 본질에 있어서
도 단지 차가운 이성적 인간이 아닌 차가움과 따뜻한, 理와 情을 아울러
갖춘 인간을 의미하는 것인데, 이는 程明道의 仁을 보는 입장과 상통한
다. 그의 이러한 태도는 성리학을 선진유학의 본래 정신으로 일치시키려
는 노력이다.

또한 그는 인성에 대한 이해와 마찬가지로 우주론에 있어서도 理氣의
불가분적 관점에서 이 세계를 이해한다. 김시습은 말하기를, 천지 사이
에는 오직 하나의 氣가 풀무질을 할 뿐이라 하고, 또 천지 사이에 가득
찬 것이 모두 氣라고 하여,2) 이 세계를 一氣 또는 氣로써 설명한다.

그러나 다른 곳에서는 천지사이에 낳고 또 낳아서 다함이 없는 것은
道라 하고, 사시가 행하고 만물을 낳는 것은 오직 하나의 太極이라고 하
여, 이 세계를 太極, 道, 理로 설명한다. 이와 같이 김시습은 이 세계를 한
편으로는 理, 道, 太極으로 설명하는가 하면, 또 한편으로는 氣, 陰陽으로
설명한다. 이는 그가 이 세계의 궁극적 실체를 理 또는 氣 가운데 어느

---

1) 『梅月堂集』, 文集, 卷17, 「性理第三」, "曰敢問性理之說 曰性與理 都無兩般 先儒云 性卽理
也 天所命 人所受 而實理之具於吾心者也."

2) 『梅月堂集』, 文集, 卷17, 「服氣第六」, "曰盈天地之間者皆氣也."

하나로 보지 않음을 의미한다. 달리 말하면 김시습은 이 세계를 구성하는 궁극적 실체를 氣라고 하지만 理를 포함하는 것이고, 理라고 말하지만 氣를 포함하는 것이며, 太極이라 하지만 陰陽을 포함하는 것이요, 陰陽이라 말하지만 太極을 포함하는 것이다. 이는 다음 그의 말 속에 잘 나타난다.

태극은 陰陽이요 음양은 태극이다. 이른바 태극에 다른 極이 있다면 극이 아니다. 極이란 至極의 뜻으로 理가 지극해서 더할 수 없다. 太란 포용의 뜻으로 道가 지극히 커서 벗어날 수 없는 것이다. 음양밖에 다른 태극이 있다면 음양이 작용할 수 없으며, 태극 속에 다른 음양이 있다면 태극이라고 말할 수 없다. 陰에서 陽이 되고 양에서 음이 되고, 움직임에서 고요함이 되고 고요함에서 움직임이 되어 그 理의 끝이 없는 것이 태극이고, 그 氣가 움직이고 고요하고 열리고 닫히는 것이 음양이다.[3]

이와 같이 김시습은 태극은 음양이요 음양은 태극이라 하여, 태극과 음양, 理와 氣를 일원적으로 해석한다. 이는 다음 글에서 잘 나타난다.

해가 지면 달이 뜨고 달이 지면 해가 떠서 해와 달이 밝음을 교대하여 낮과 밤이 이루어진다. 추위가 가면 더위가 오고 더위가 가면 추위가 와서 추위와 더위가 서로 바뀌어 한 해가 이루어지니 하늘이 무슨 말을 하랴. 사시가 행하고 만물이 생성하는 것이 오직 하나의 太極이

---

[3] 『梅月堂集』, 文集, 卷20, 「太極說」, "太極者 無極也 太極 本無極也 太極 陰陽也 陰陽 太極也 謂之太極別有極 則非極也 極者 至極之義 理之至極而不可加也 大者 包容之義 道之至大而不可侼也 陰陽外別有太極 則不能陰陽 太極裏別有陰陽 則不可曰太極 陰而陽 陽而陰 動而靜 靜而動 其理之無極者 太極也 其氣則動靜闔闢而陰陽也."

다.……太極의 道는 陰陽일 뿐이다.4)

　이와 같이 해가 지고 달이 뜨고 날이 가고 달이 가며, 더위와 추위가
번갈아 가는 사시의 운행과 그 시간 속에서 만물이 생성하는 것이 태극
의 공능이라고 하면서도 또한 태극의 道는 음양일 뿐이라 하여 태극과
음양을 역시 일원적으로 해석한다. 김시습이 이 세계의 근원적 실재를
태극이라 해도 그것은 음양을 포함하는 것이고, 氣라 해도 理를 포함하
는 것임을 알 수 있다. 따라서 김시습의 성리학적 구조를 氣一元論으로
규정짓는 것은 다소 문제가 있고, 오히려 理氣一元 또는 理氣一體의 세
계관에 더욱 가깝다고 할 수 있다. 여기서 유의해야 할 점은 김시습이 태
극과 음양, 理와 氣를 동일한 개념으로 보는 것은 아니라는 점이다. 그것
은 그가 理가 있으면 곧 氣가 있다고 하여5) 분명히 理氣를 별개로 것
으로 구별하고 있기 때문이다. 또한 낳고 또 낳아서 다함이 없는 것이 道
이며, 모이고 흩어지고 가고 오는 것은 理의 氣라 하여, 理의 주재성을
분명히 하고, 추위와 더위가 가고 오고, 해와 달이 번갈아 밝히는 낮과
밤의 道는 理의 스스로 그러한 것이며, 氣의 氣된 까닭이고 변화를 이루
고 귀신을 행하는 것이라 하여, 氣의 변화나 운용이 氣의 자율에 의한 것
이 아닌 理의 자연에 의한 것임을 밝히고 있는 데서도 알 수 있다.
　이와 같이 김시습은 理와 氣, 태극과 음양을 구별하여 모이고 흩어지
고 가고 오는 삼라만상의 변화 현상은 氣의 소산이라 하고, 그것의 법칙
성 또는 주재성은 理에 있다고 보았다. 다만 김시습이 주장하는 이기설
의 중요한 특징은 理氣의 불가분성을 강조하여 理氣一體 또는 理氣의 妙

4)『梅月堂集』, 文集, 卷20,「太極說」, "日往則月來 日月代明 而晝夜成焉 寒往則暑來 寒暑相
　　推而歲功成焉 天何言哉 四時行 百物生者 唯一太極也……故太極之道 陰陽而已矣."
5)『梅月堂集』, 文集, 卷17,「服氣第六」, "纔有理 便有是氣."

가 究竟에 까지 이르고 있다는 점이다. 이와 같이 理氣가 전혀 다르면서도 하나로 묘융해 있는 究竟地를 강조함은 율곡의 세계관과 흡사하다.

이렇게 볼 때 김시습은 심성론에서 性을 實理로 보아 理氣를 겸한 개념으로 파악했던 것처럼, 그의 자연관에서도 理氣妙合 내지 理氣一體의 사고를 일관되게 유지함으로써 15세기 조선조 성리학 여명기에 理氣조화의 성리학적 지평을 열었다고 평가된다.

3. 율곡학파와 부여유학

1) 黃愼의 생애와 학문

秋浦 黃愼(1560~1617)은 栗谷 李珥, 牛溪 成渾의 문인으로 자는 思叔, 호는 秋浦, 본관은 창원이다. 1582년 사마시를 거쳐 1588년 알성문과에 장원, 감찰. 음죽현감을 지내고, 호조, 병조의 좌랑을 역임하였다. 1589년 정언으로서 鄭汝立의 獄事 때 국청(鞠廳)의 대신들이 서로 회피하여 직언하지 않은 과실을 논박했다가 이듬 해 高山縣監에 좌천되었다. 1591년(선조 24년) 건저(建儲)문제가 일어나자 鄭澈의 일파로 몰려 파직, 1592년 임진왜란 때 기용되어 지평으로 명나라 宋經略을 接伴하고 세자 광해군을 따라 남하, 체찰사의 종사관을 지냈다. 1596년 절충장군으로서 敵營에 다녀온 뒤 통신사가 되어 明使를 따라 일본을 왕래, 和議가 결렬된 뒤 조정으로 하여금 명나라의 來援을 청하게 하여 가선대부에 올랐다. 그 뒤에 慰諭使, 贊畫使, 전라도관찰사 등으로 왜란에 공이 많아 1597년 동지중추부사가 되었고, 이듬해 공조, 호조의 참판, 이어 한성부 우윤, 대사간을 역임하였다. 1601년 대사헌으로서 文景虎에게 지탄받는 스승 成渾을 변호하다가 파면되었다. 1602년 사신으로 명나라에 간 사이에 또 앞서의 사건으로 대사헌 鄭仁弘에게 탄핵을 받고 削職, 강화로

돌아갔다. 임진왜란 때의 공이 인정되어 1605년 復官이 결정되었으나 相臣 柳永慶이 시행하지 않아 부여에 내려가 살았다. 1610년(광해군 2) 호조참판으로 진주부사가 되어 李德馨과 함께 명나라에 다녀와서 공조판서를 거쳐 호조판서를 지내고, 임진왜란 때 광해군을 侍從한 공으로 衛聖功臣 2등에 檜原府院君으로 봉해졌다. 1613년(광해군 5년) 癸丑獄事에 이이첨(李爾瞻)의 사주를 받은 죄수 鄭浹의 무고로 옹진에 유배되어 그곳에서 죽었다. 관직에 있는 동안 특히 재정문제에 수완을 발휘했고, 문장에도 뛰어났다. 인조 초에 우의정에 추증, 공주의 滄江書院에 제향되었고 '文敏'의 시호를 받았다.

2) 金集의 학문과 예학

愼獨齋 金集(1574~1656)은 '東方禮學의 祖宗'으로 불리는 沙溪 金長生의 아들로 부친 사계와 함께 문묘에 배향되었다. 그의 자는 士剛, 호는 愼獨齋이며 본관은 光山이다. 아버지는 沙溪 金長生이며, 어머니는 昌寧 曺氏로 첨지중추부사 曺大乾의 딸이다. 부인은 좌의정 兪泓의 딸 杞溪 兪氏이며 副室인 德水 李氏는 율곡의 庶女이다.

김집은 1591년(선조 24) 진사시에 2등으로 합격하였다. 그러나 詞章學을 좋아하지 않아 경전 연구와 수양에 전심을 다하였으며, 아버지의 학문을 이어받기 위해 노력하였다. 1604년(선조 37) 조부 黃岡公의 「신도비명」을 지었고, 1610년(광해군 2) 獻陵參奉에 제수되었으나 광해군의 문란한 정치를 보고 은퇴하여 아버지를 모시고 고향인 충남 논산에 은거하였다. 인조반정 뒤 다시 등용되어 부여현감, 臨陂縣令, 사헌부지평, 사헌부집의, 공조참의 등을 두루 지냈으나 金自點 등 功西派가 집권하자 관직을 버리고 다시 낙향하였다.

1636년(인조 14) 정묘호란이 일어나 인조가 남한산성으로 들어갔다는 말을 듣고 달려갔으나 길이 막혀 나가지 못하였다. 남한산성이 포위되자 연산으로 돌아와 몇몇 동지들과 함께 군사를 모집하고 군량을 모아 의병을 일으키려 하였으나 부득이 좌절되었다. 그 이듬해 尹宣擧와 '상중에는 吉祭를 모실 수 없다'는 예에 관해 서신으로 논하였다. 1639년(인조 17) 집의에 임명하고 유지를 내려 독촉하여 나아가 수차 사양했지만 허락받지 못했다. 通政大夫承政院 兼 經筵參贊官으로 승진되어 사양했으나 허락받지 못하였다. 경연에서 『시경』을 강의하고 또 우부승지에 제수되었으나 사양하였다. 朴崇古가 글로 六臣의 家廟를 논한 일에 회답하였다.

1643년(인조 21) 부친의 『疑禮問解』를 교정하여 4책을 만들었다. 이후 元孫輔養官, 工曹參議, 右副承旨, 世子侍講院贊善 등을 제수 받고 사양했지만 불허되었다. 1648년(인조 26) 成渾의 「연보」를 교정하고, 『喪禮備要』를 重刊하였다. 그 이듬해 성혼의 「墓表陰記」를 짓고 「신도비명」을 썼다. 그리고 예조참판, 대사헌에 제수되어 사양하였지만 불허되었다. 1649년(인조 27) 경연에 나아가 『중용서문』을 강의하였고, 태학의 유생들이 상소를 올려 그의 소환을 청하였다. 1651년(효종 2) 율곡의 「연보」를 교정하고, 그 이후 이조판서, 正憲大夫, 崇政大夫로 제수되어 사양했으나 불허되었다. 그는 평생 務實의 학풍을 견지하고 부친의 예학을 계승하면서 미비된 예학의 과업을 수행하는 동시에 宋時烈, 宋浚吉, 李惟泰, 尹宣擧, 俞棨 등 훌륭한 제자들을 양성하였다.

그는 어려서 泉谷 宋象賢과 龜峰 宋翼弼의 문하에서 글을 배웠으며, 평소 부친 김장생의 가학을 계승하여 특히 예학에 힘썼다. 鄭弘溟과 太極說을 논했으며, 尹宣擧 등과 喪禮를 논하기도 하였다. 그는 성리학에 있어서는 율곡과 부친 김장생의 氣發理乘一途說을 계승하였고, 율곡의 務實학풍을 매우 중시하였다. 부친의 평생 과업인 예학을 계승하여 부친이 못다 한 예학의 미비점을 보완하여 이를 완성하는데 전력을 다하였다.

부친의 『疑禮問解』와 『喪禮備要』를 교정하고, 자신의 예에 관한 저술 『疑禮問解續』이 후일 尹拯 등에 의해 편찬되었으며, 문집 『愼獨齋遺稿』 가 전해지고 있다.

그의 묘소는 논산시 벌곡면 양산리에 있으며, 충청남도 문화재 자료 제269호로 지정되었다.

1883년(고종 20) 영의정에 추증되고 문묘에 종사되었으며, 효종의 廟 庭에 배향되었다. 연산 遯巖書院, 인끼 鳳巖書院, 옥천 滄州書院, 봉신 文 井書院, 부여 浮山書院, 광주 月峯書院 등에 제향 되었으며, 1659년(효종 10) '文敬'의 시호를 받았다.

이제까지 김집의 생애에 관해 살펴보았는데, 그의 성리설과 예학에 관해 검토해 보기로 하자. 그는 16세기 퇴계, 율곡을 비롯한 선유들에 의해 성리학에 대한 깊이 있는 연구가 어느 정도 되었다고 보아 부친 沙溪의 예학을 家學으로 계승 전념하였다. 따라서 그의 성리설은 별도의 저술로 나타나 있지 않고 여러 글 속에서 종합해 볼 수 있다. 김장생이 율곡의 성리설을 충실히 계승하였듯이, 김집의 경우도 율곡의 성리학을 충실하게 계승하고 있다.

선군자께서(김장생) 일찍이 "理氣는 渾融하여 사이가 없으니 원래 서로 떨어지지 않는다. 따라서 陽村 權氏가 理氣를 나누어 두 가지로 나온다 하고, 퇴계선생이 사단칠정은 서로 발한다고 한 것은 모두 갈라지는데서 실수하고 견해에 투철하지 못한 바가 있음을 면치 못한 것이다. 율곡선생의 말과 같이 '發하는 것은 氣이고, 발하는 까닭은 理다.'만약 떨어지고 합하는 것이 있다면 動靜에 단서가 있고 음양에 시작이 있게 된 다. 理는 太極이고 氣는 陰陽이다. 지금 태극과 음양이 서로 動한다고 하면 말이 되지 않는다. 태극과 음양이 서로 동할 수 없다

면 理氣가 서로 발한다고 하는 것이 어찌 그릇되지 않겠는가?"라고 말씀하셨으니, 그야말로 격언이다.6)

그는 부친의 말을 인용해 자신의 이기설을 설명하고 있다. 理氣는 본래 섞이어 사이가 없이 서로 떨어질 수 없는 하나로 있다고 한다. 퇴계의 理氣互發說은 陽村 權近(1352~1409)의 설에서 유래하는데, 이는 잘못이라 비판하였다. 그는 율곡과 부친의 설에 좇아 '發하는 것은 氣이고 발하는 까닭은 理'라고 한다. 태극과 음양, 理와 氣가 만약 서로 발하거나 작용한다고 하면 이는 그릇된 이론이라 비판하였다. 여기서 우리는 김집이 이 세계를 理와 氣가 유기적으로 있는 하나의 존재 양상으로 이해하고 있음을 알 수 있다. 그리고 理는 절대로 발하는 것이 아니고 발하는 것은 오직 氣라고 하여, 퇴계의 互發說을 반대하고 율곡의 氣發理乘一途說에 견해를 함께 하고 있음을 알 수 있다.

다음은 김집의 人心道心說에 관해 살펴보기로 하자. 그는 말하기를, "人字와 道字의 구분은 혹은 性命에 근원하고 혹은 形氣에서 나왔기 때문이니, 하늘이 생한 바와 사람이 稟受한 바가 도심에 있지 아니함이 없고 또한 인심에 있지 아니함이 없다. 그러므로 형기의 사사로움이 없을 수 없다. 주자가 만년에 본 바가 이와 같다"7)고 하였다. 그는 또 "도심 인심이 心은 곧 하나이니, 性命에 근원한 것이 道心이 되고 形氣에서 발한 것이 人心이 된다. 만약 도심으로서 體를 삼고 인심으로 用을 삼는다

---

6) 『愼獨齋遺稿』, 卷11, 「皇考沙溪先生行狀」, "嘗謂理氣混融無間 元不相離 而陽村權氏分理氣爲兩出 退溪先生以四七爲互發 皆未免失之岐分 而見有所未透也 栗谷先生所謂發之者氣也 所以發者理也 若有離合 則是動靜有端 陰陽有始也 理者 太極也 氣者 陰陽也 今日太極與陰陽互動 則不成說話 太極陰陽不能互動 則謂理氣互發 豈不謬哉云者 眞格言也."

7) 『愼獨齋遺稿』, 卷4, 「經筵奏辭」, 己丑 10月 23日 晝講奏辭, "人字道字之分 以其或原於性命 或出於形氣 天之所生 人之所稟 莫不有道心 亦莫不有人心 故不能無形氣之私也 朱子晚年所見如此."

면 잘못이다. 주자가 본 것이 지극히 정밀하다. 인심도심 사사물물이 있지 아니한 곳이 없으니, 여기에 성찰하고 여기에 힘을 쓰고, 사물에 응접하는 즈음에 어긋나고 틀린 바가 없게 되고, 治國에 이르러도 이로써 미루어 가면 무엇이 어려우랴.?"8) 하였다.

이를 통해서 볼 때, 김집은 마음은 하나인데 그것이 性命에 근원해 나온 도덕적 마음이 도심이고, 형기에 근원해 신체적 욕구에서 나온 마음이 인심이라 하였다. 그러므로 사람은 누구나 도심도 지닐 수 있고 인심도 지닐 수 있다고 본다. 이러한 김집의 인심도심에 대한 견해는 주자나 율곡 그리고 부친 김장생의 견해와 결코 다르지 않다.

그러면 어떻게 마음공부를 해야 할 것인가? 이에 대해 김집은 말하기를, "음식남녀의 욕구는 모두 인심에서 나오는데, 도심 또한 없을 수 없다. 두 가지 사이를 능히 밝게 변별해서 제지하지 못하면 사사물물이 지나치거나 부족하여 어긋남을 면치 못하고, 인심으로 하여금 도심의 명령을 들으면 私欲이 모두 맑아지고 天理가 항상 있게 되어 사사물물이 스스로 지나치거나 부족한 어긋남이 없게 된다"9)고 하였다. 사람은 누구나 인심과 도심의 가능성이 있는데, 문제는 인심이 인욕의 근원이므로 인심과 도심의 경계를 분명하게 변별해서 인심으로 하여금 도심의 명령을 듣도록 해야 한다는 것이다. 그래야 사욕이 모두 맑아지고 천리가 항상 있게 되어 사사물물이 지나치거나 부족함이 없게 된다는 것이다.

여기에서 볼 때, 김집이 직접적으로 율곡의 인심도심설을 비판한 흔적

---

8) 『愼獨齋遺稿』, 卷4, 「經筵奏辭」, 己丑 10月 23日 晝講奏辭, "道心人心 心卽一也 原於性命者爲道心 發於形氣者爲人心 若以道心爲體 人心爲用則誤矣 朱子所見極精 人心道心 事事物物 無處不在 省察於玆 着力於玆 應事接物之際 無所差謬 至於治國 以此推之 夫何難哉."

9) 『愼獨齋遺稿』, 卷4, 「經筵奏辭」, 己卯 5月 14日 晝講奏辭, "臣聞人主一心萬化之原 人君誠澄澈本原 精察其所發 必使道心常爲之主 而人心每聽命焉 則日用之間 天理流行 人欲退聽 事事物物 無不中節矣."

은 보이지 않지만, 김장생과 마찬가지로 인심을 부정적으로 보고, 도심에 의해 인심의 변화를 꾀해 사욕을 맑게 하고 천리를 보존하며 中節에 이르게 해야 한다 하였다.

그는 또 임금의 한 마음은 온갖 변화의 근원이라 하고, 임금이 진실로 本源에 맑고 그 발한 바를 정밀히 살피면, 반드시 도심으로 하여금 항상 주인이 되어 인심이 매양 그 명령을 듣게 된다 하였다. 그러면 일상생활에서 천리가 유행하고 인욕이 물러나며, 사사물물이 절도에 맞지 않음이 없을 것이라 하였다. 김집은 정치에 있어서도 임금의 한 마음이 만사의 근본이라 보고, 마음의 본원을 맑게 하여 인심으로 하여금 도심의 명령을 듣게 하면 천리가 유행하고 인욕이 물러나게 된다 하였다.

인간의 내면적 성실성과 외면적 예의 실천이 통일되어야 理로서의 인간 본성이 온전히 실현될 수 있다. 여기서 이른바 '인욕을 억제하고 천리를 보존한다'는 것이 김집 예학의 근본정신이자 성리사상의 귀결로써 의미를 갖는 것이다.

또한 김집은 "인심도심은 이미 발한 것인가 아직 발하지 않은 것인가?"라는 물음에 대해 답해 말하기를, "心은 지각하는 바가 있으므로 인심도심 가운데에 모두 七情을 갖추고 있으니, 곧 이른바 이미 발한 것이다. 允執厥中은 이미 발한 中이요 不偏不倚는 아직 발하지 아니한 中이다. 만사만물의 위에 인심이 있지 아니한 곳이 없는데, 일을 처리함에 있어 지나치거나 부족함이 없는 것 이것 또한 도심이요 여기가 귀천 없이 마땅히 공부해야 할 곳이다"[10] 라고 하였다. 여기서 그는 마음은 지각하는 바가 있으므로 인심도심이 모두 칠정을 갖추고 있어 이미 발한 것이

---

10) 『愼獨齋遺稿』, 卷4, 「經筵奏辭」, 己丑 10月 23日 晝講奏辭, "上曰 人心道心 旣發乎 未發乎 某曰 心有所知覺 故人心道心之中 皆具七情 卽所謂已發也 允執厥中者 已發之中也 不偏不倚者 未發之中也 萬事萬物之上 人心無處不在 而至於處事之際 無過不及者 是亦道心 此乃無貴賤 所當着工夫處也."

라 하고, 이른바 允執厥中은 이미 발한 中이고 不偏不倚는 아직 발하지 아니한 中이라 하였다. 아울러 만사만물의 위에 人心이 없는 곳이 없는데, 일을 처리하는 즈음에 지나치거나 부족함이 없는 것이 道心이요, 여기가 누구나 공부해야 할 곳이라 하였다. 이와 같이 김집의 경우도 김장생과 마찬가지로 道心 중심의 공부론이 분명하게 드러나는데 이 또한 이들의 예학적 관심과 무관하지 않다.

다음은 김집의 務實 학풍에 대해 검토해 보기로 하자. 그의 학풍은 성리의 이론보다도 실천적인 측면이 더 중요한 의미를 갖는다. 이에 관한 그의 말을 검토해 보기로 하자.

일찍이 학자들에게 말하기를, "우리 儒家의 법은 오직 실질적인 면에 주력해야지 저 문장이나 언어 따위에 종사한다면 비루할 뿐이다. 비록 그 방면에 종사한다고 해도 학자에 따라서는 浮華하게 겉치레만 하려고 하는 폐습을 면치 못한 자들도 있는데, 대체로 存省의 공부는 없이 입과 귀로만 익히게 되면, 그것은 속에 쌓여 자연적으로 겉으로 발산 되는 아름다움이 아니니, 그가 가령 威儀가 그럴 사 하고 예의가 바르고 민첩하다고 해도 자기의 실질적인 면에서는 무슨 도움이 되겠는가"하였다.11)

여기서 김집의 학문은 '實學'으로 규정된다. 그는 문장이나 언어로 기교를 다투고, 浮華와 겉치레로 꾸미는 거짓 학문에 대해 신랄한 비판을 서슴지 않는다. 특히 자신의 내면적 存省의 공부가 없이 오직 남에게 보

11) 『愼獨齋遺稿』, 卷15, 「遺事(門人 尹宣擧錄)」, "嘗於學者曰 吾儒法門 專主於實地上 彼爲文辭言語之末者 陋而已矣 雖號爲從事於此學者 亦未免浮華外飾之弊 蓋無存省之功 狃於口耳之習 則實非積中發外之美 假使威儀習熟 揖遜便敏 顧何益於自家之實地哉."

이기 위해 예의와 威儀를 지키는 위선적 인 유학자들을 경멸하고 있다.
같은 맥락에서 김집의 다음 글을 보자.

    또 선생은 세상의 학자들이 아래에 있으면서 높은 곳을 넘보고, 실
    속은 없이 誇大妄想한 것을 병통으로 여겨 일찍이 말하기를, "차라리
    낮을지언정 높지 말고, 차라리 얕을지언정 깊지 말며, 차라리 옹졸할
    지언정 工巧하지 말라. 우리 유학의 법은 원래 이와 같은 것이다. 정자,
    주자 이후로는 깊고 은미한 것은 다 발명하고 밝혀놓아 다시 餘蘊이
    없으므로 후학들로서는 그것을 그대로 지키고 애써 행하면 그 뿐인 것
    이다"라고 하였다.12)

    여기에서도 김집의 실학정신은 잘 나타나 있다. 당시 학풍의 병폐가
아래에 있으면서 높은 곳을 넘보고, 실속은 없으면서 과대망상에 사로잡
혀 있다는 것이다. 그러므로 차라리 낮을지언정 높지 말며, 차라리 얕을
지언정 깊지 말며, 차라리 옹졸할지언정 공교하지 말라는 것이 우리 유
가의 법도라 한다. 그리고 그는 정자, 주자 이후로 성리의 이론적 연구가
거의 이루어졌으므로 이제 후학들은 그것을 행하기만 하면 된다고 보았
다. 여기서 우리는 김집이 성리학의 이론적 저술에 천착하지 않은 이유
를 분명하게 알 수 있다. 그가 볼 때 이제 중요한 것은 성리의 실천이지
이론적 계발이 아니라는 것이다. 이러한 인식의 바탕에서 그의 관심은
예학으로 자연스럽게 옮겨지지 않을 수 없었던 것이다. 그가 얼마나 진
실한 학문의 태도를 갖고 성리 본연에 충실했는가를 다음 글을 통해 알

---

12) 『愼獨齋遺稿』, 卷15, 「墓誌銘」, "深以世之學者處下窺高 自大無得爲病 嘗曰 寧卑毋高 寧
   淺毋深 寧拙毋巧 吾儒家法本來如此 程朱以後 發微闡奧 無復餘蘊 後學惟當恪守勉行而
   已."

수 있다.

　선생은 일찍이 도성에 오래 머무르지 아니하고 고향으로 돌아와 날
마다 원근의 학자들과 강독하고 토론하였다. 선생은 일찍이 말하기를,
"학문을 하는 요결은 말과 행실을 서로 돌아보며 숨고 나타난 것을 일
치시키는데 있다" 하고, '서산에 홀로 갈 때는 그림자에 부끄럽지 않고,
홀로 잠잘 때는 이불에 부끄럽지 아니해야 한다'는 말을 매우 사랑하
여, 선생 스스로의 호를 '신독(愼獨)'이라 하였으니, 선생이 애쓰신 그
대로 실제인 것이다.13)

　김집에 의하면 학문하는 중요한 요점은 말과 행실을 일치시키고 숨은
것과 드러난 것을 하나로 일치시키는데 있다. 그리하여 '서산에 홀로 걸
어갈 때는 자신의 그림자에 부끄럽지 않아야 하고, 홀로 잠잘 때에는 이
불에 부끄럽지 않아야 한다'는 송나라 유학자 眞西山의 말을 사랑하여
자신의 호를 '愼獨'이라 했다고 한다. 이로 볼 때, 김집은 성리의 이론적
계발이나 논리에서 벗어나 성리를 몸소 실천하여 眞儒가 되는 것이 진정
한 학문의 태도라고 보았다.
　16세기 성리학 전성기에 번잡하고 지리한 이기설의 논쟁, 심성론의
논쟁에서 벗어나 성리학의 본령으로 돌아가 참된 자아를 돌아다보고, 하
늘과 땅에 부끄럽지 않은 진실한 인간이 되어야 한다는 그의 실학적 학
문태도를 볼 수 있다. 이는 다름 아닌 율곡에 의해 강조되어진 務實 학풍
의 연장이요 계승이라고 볼 수 있다.
　이렇게 볼 때, 그의 학풍은 진실성, 실천성, 실질성을 위주로 하여 그

---

13) 「年譜」, 先生 66歲 조.

의 학풍이 율곡에 연원하는 務實학풍임을 알 수 있다. 그러기에 尤庵 宋時烈은 일생을 독실하게 禮行으로 일관한 스승 김집을 실천적 지성의 모범으로 일컬었던 것이다.

김장생, 김집 부자는 文廟에 모셔지는 영예를 누렸다. 그리고 이들은 율곡의 嫡傳으로, 기호유학 내지 율곡학파의 중심인물로 활약하였다. 특히 김장생은 '동방예학의 宗匠'으로 칭송되었고, 김집 또한 부친의 뜻을 이어받아 조선조 예학의 발전에 크게 이바지 하였다. 이러한 측면에서 김장생, 김집 부자는 조선유학사에서 그 예학적 위상이 매우 높게 평가된다.

김집의 경우는 그의 성리 이론보다 그의 실천적 학풍이 더욱 중요하다. 그 스스로 말하고 있듯이, 程朱 이후 그리고 16세기 조선의 수많은 유학자들에 의해 성리의 이론적 계발은 어느 정도 이루어졌으니 이제 성리의 실천이 중요하다고 보았다. 그리고 당시 성리학풍의 관념성, 허위성을 비판하여 진실성, 실천성, 실질성을 추구하였는데, 이는 율곡 務實학풍의 계승이었다. 이러한 김집의 실천적 학풍이 예학으로 이행된 것은 필연적이라고 볼 수 있다.

끝으로 김집의 예학사상에 관해 검토해 보기로 하자.[14] 먼저 김집은 禮書의 교정과 편찬에 많은 노력을 하였다. 부친 김장생의 곁에서 30여 년 간 예학을 배우고 또 부친의 저술들을 교정하고 편찬하는 데 전심전력하였다. 그의 예서 교정 및 편찬 작업은 그의 나이 70세에서 80세까지의 약 10년간에 걸쳐 집중적으로 이루어졌다. 즉 부친의 저술인 『疑禮問解』, 『喪禮備要』를 중심으로 미비된 부분을 보완하여 부친의 예학을 계승하고 발전시키는데 크게 기여하였다.

---

14) 한기범, 「사계 김장생과 신독재 김집의 예학사상 연구」(충남대대학원(박사), 1991) 참조.

또한 그는 70세가 되던 해 김장생의 『의례문해』에 대한 교정을 마치었고, 또 같은 달에 자신의 의례문답집인 『疑禮問解續』의 편찬을 완성하였다. 이는 김집이 부친의 예학을 계승하고 있다는 측면과 함께 부친 예학의 미비점을 보완한다는 의미를 갖는 것이다.

또한 김집은 1649년(효종 즉위년) 『國朝五禮儀』의 喪禮를 古禮인 『儀禮經傳』과 비교하여 그 다름과 같음, 빠진 것과 남는 것을 분석하고 자신의 견해를 첨가하여 『古今喪禮異同議』를 저술하여 임금에게 올렸다. 그는 『국조오례의』가 고례에 비해 많은 문제점을 지니고 있다고 인식하였다. 이에 따라 김장생의 『상례비요』에 대한 철저한 검토와 확신위에서 이 책이 만들어졌던 것이다. 그는 여기서 按說을 통해 자신의 예설에 대한 견해를 밝히고 있다는 점에서 김집 예설을 이해하는 중요한 자료가 된다.

이렇게 볼 때, 김집 예학의 특징은 다음과 같이 요약할 수 있다.[15] 첫째, 복고주의적 색채가 매우 짙다. 그는 예학에서 '復古禮'를 제일의 원칙으로 삼았다. 둘째, 情理와 時宜를 중시한 예학이었다. 그의 예학이 복고적 성격을 갖는다 하여 고례를 묵수한 것은 결코 아니다. 그는 오랜 예학의 학습과정을 통해 예제에 대한 비판적 안목과 식견을 가지고 있었다. 그는 문인 同春堂 宋浚吉과의 문답에서 "우리나라의 정세는 중국과 크게 다르고, 또 예는 인정에 맞게 만들어지는 것이다. 어찌 가히 인정을 막고 古制에만 집착하여 본국의 常行之節을 무너뜨리겠는가? 라고 하였다. 이는 김집의 예학이 단순히 복고나 명분주의에만 고착된 편협한 예학이 아니라, 합리성과 시의성을 아울러 갖춘 실용적 예학의 성격을 갖는다는 것을 말해준다. 셋째, 務實的 예학의 특징을 갖는다. 그는 철저히 實을 숭

---

15) 한기범, 「사계 김장생과 신독재 김집의 예학사상 연구」(박사논문) 참조.

상하고 虛를 배격하였다. 그는 儀禮의 鄕飮酒禮를 거행하고자 하는 자가 있다는 말을 듣고 말하기를, "교육이 해이해지고 풍속이 각박해져서 근본이 없어졌으니, 한갓 형식만 행하는 것은 소용이 없다."하고, 겉으로 꾸미고 안으로 실이 없는 것은 실로 선생이 가장 싫어하는 바 였다고 문인 魯西 尹宣擧(1610~1669))는 전하고 있다.16)

3) 市南 俞棨의 생애와 예학사상

市南 俞棨(1607~1664)는 湖西 5賢의 한 사람이며 예학에 정통하였다. 그의 자는 武仲, 호는 市南, 본관은 杞溪이다. 참봉 養曾의 아들로 16살 때 浦渚 趙翼(1579~1655)에게서 경학을 수업하였다. 이는 유계가 임천에 유배에서 풀려났을 때 그를 천거하면서 "유계는 포의일 때에 신에게 경서를 배워서 신은 그의 위인이 범연치 않다는 것을 알았습니다마는, 이제 와서 보니 참으로 정직한 선비입니다"라고 한데서 잘 알 수 있다.

1626년(인조 4) 20살 때 先妣喪을 당하여 사계 김장생에게 정상적인 상황과 비상시의 상황에 있어서 예를 어떻게 행할지 질문한 일이 있었는데, 이것이 사계와의 유일한 만남이고 사계 문인으로 일컫는 근거이기도 하다. 또한 우계가 신독재 김집의 문인으로 입문한 것은 그 시기가 정확치 않으나, 임천에 유배되던 30대 초 전 후반일 것으로 추정된다. 이러한 학연으로 유계는 사계, 신독재 문인들과 교유하게 되고 정치적 입장을 함께 했던 것이다.

1630년 진사가 되고, 1633년 식년문과에 을과로 급제, 1636년 병자호란 때 說書로써 斥和를 주장했다가 和議가 성립되자 斥和罪로 1637년 (인조 15) 부여 임천에 유배되었다. 1638(인조 16)년 풀려 나왔으나 벼슬

---

16) 『愼獨齋遺稿』, 卷15, 「遺事(門人 尹宣擧錄)」.

을 단념하고 금산에 들어가 학문을 닦는데, 이 때 『家禮集解』를 찬술하였는데 이것이 『家禮源流』 편찬의 유서가 된다.

1640년 서실을 지남동에 짓고 1641년 금산으로 이사하여 魯西 尹宣擧와 이웃이 되어 친밀하게 지내는 동시에 이 때 윤선거의 아들 明齋 尹拯이 유계 문하에서 배우게 된다. 유계는 1642년 이 곳에 山泉齋를 짓고 호서유학을 대표하는 尤庵 宋時烈, 同春堂 宋浚吉, 草廬 李惟泰, 魯西 尹宣擧 등과 강학을 하고 깊은 학문적 교유를 한다. 1643년 그는 『家禮源流』를 수정 송시열, 송준길 이유태 등이 산천재에 모여 회의를 하고, 또 1644년에도 송시열, 송준길, 이유태, 윤문거 형제가 모여 회의를 하였고 이 해 注書로 기용되었다.

1646년(인조 24) 40살 대 무안현감에 임명되었고, 『麗史提綱』을 완성하였다. 1648년 송시열, 송준길 등과 회덕 飛來菴에서 회의를 하였고, 1649년 인조가 죽자 부교리로서 왕의 장례 절차를 상소하여 예론에 따라 제도화 했다. 이어 인조의 廟號를 정할 때 祖字의 사용을 반대하다가 이듬해 선왕을 욕되게 했다는 죄로 온성에 유배되었다가 1652년에 풀려 나왔다.

1658년 그는 宋時烈, 宋浚吉 등의 추천으로 講院 文學에 등용, 1659년에 병조참지로 비변사제조를 겸임, 이어 대사성, 부제학, 공조참의, 우승지, 예조참의 등을 역임했다.

효종이 죽고 服喪문제가 일어나자 서인으로서 朞年說을 지지, 3년설을 주장하는 윤휴(尹鑴), 尹善道 등 남인을 논박하여 유배 또는 좌천시켰다. 1662년(현종 3) 예문관제학을 거쳐 이듬해 대사헌, 이조참판에 올랐다가 병으로 사직하였다. 1664년 송시열, 송준길, 이유태, 윤선거, 윤문거, 윤증 등과 서신을 주고 받았다. 이 해 竹洞寓舍에서 향년 58세로 세상을 마쳤다. 행장은 윤선거가 쓰고 신도비명은 송시열이 쓰고 묘지명은 문인 윤증이 썼다.

　유계는 성리학에 밝았고 특히 예론에 정통한 학자로서 사학에도 밝았다. 1715년(숙종 15) 간행된 그의 저서『家禮源流』를 중심으로 노론과 소론 사이에 치열한 당쟁이 벌어졌다. 좌찬성에 추증되었고 '文忠'의 시호를 받았다. 부여 임천의 七山書院, 무안의 松林書院, 온성의 忠谷書院 등에 제향 되었다.

　다음은『가례원류』를 둘러싸고 벌어진 노론과 소론, 兪棨 가문과 尹拯 가문의 갈등에 관해 검토해 보기로 하자.17) 우선 중요한 것은 유계의 가문과 윤선거, 윤증 가문이 매우 돈독한 관계였다는 점이다. 유계와 윤선거는 사계, 신독재 문하에서 동문수학한 동지일 뿐 아니라, 평생 형제처럼 지냈고 二人同心의 우정을 나눈 처지였다. 병자호란 때 유계가 斥和를 주장하다 부여 임천 유배지에서 4년을 살았는데, 윤씨 일가가 살고 있는 魯城과는 매우 가까워 윤선거 형제들과 왕래가 빈번하였고, 유배기간에도 서로의 우정을 쌓아나갔다.

　그 후 유계가 금산 마하산 아래 대보촌으로 이사를 가게 되었는데, 이 과정에서도 윤씨 일가와의 인연이 매우 컸다. 尹宣擧 일가는 江都의 일 이후 奉親과 피란을 위해 금산에 은거 중이었다. 따라서 양가는 금산에서 형제처럼, 또 마음을 함께하는 깊은 우정을 갖고 살았다. 그래서 윤선거는 아들 윤증을 유계 문하로 보내 가르쳤던 것이다. 1642년 유계는 마하산 아래 서실을 짓고 '山泉齋'라 편액하였다. 유계는 자신의 일생 중 가장 得意한 시절로 산천재에서의 5년(1641~1645)을 꼽고 있다. 그가 학문적으로 가장 성숙하고 호서사림들과 어울려 유대가 깊게 맺어진 때가 금산에서의 이때 생활이었다. 호서사림의 거두인 송시열, 송준길을 비롯하여

---

17) 이해준, 「명재 윤증가와 시남 유계의 교유」,(『유학연구』, 제15집, 충남대유학연구소, 2007) 참조.

금산에 살고 있던 李惟泰, 이웃의 尹宣擧, 尹文擧와 유계는 모두 같은 연배로 知己之友가 되었다. 그리고 이들 호서유학자들의 講會와 교유의 본거지가 바로 산천재였으며, 갈등의 자료가 된『가례원류』가 두 가문에 의해 만들어진 곳도 산천재였다. 유계가 39살에 예조정랑으로 벼슬길에 나가자 이후 산천재는 윤선거, 윤증 부자의 학문터전으로 활용되었다.

또한 유계는 윤선거의 부친 八松 尹煌의 墓表를 지어 주었고, 유계가 죽자 윤선거는 친우의 행장을 지어주고, 아들 윤증은 스승을 위해 墓誌銘을 지어 바쳤다. 또 윤증은 유계의 문집 편찬에 가장 깊이 간여할 만큼 수제자였고, 유계가 죽었을 때 윤선거, 윤증 부자가 충심으로 애도하였다.

그럼에도 불구하고 유계의 손자 兪相基(1651~1718)와 윤선거의 아들 尹拯(1629~1714) 사이에서『家禮源流』를 둘러싸고 갈등이 일어나고 이는 노론과 소론의 당쟁으로 이어졌던 것이다. 그리고 이로 인해 윤증은 송시열과 유계 두 스승을 배반한 패륜아로 비난을 받았다.『가례원류』는 주자의『家禮』본문을 기본으로 하여 여러 경전의 내용을 뽑고 주를 붙여 그것을 '源'이라 하고, 후대의 여러 학자들의 예설을 조사하여 '流'라 하여 역사상의 예설들을 밝힌 것이다. 이것은 효종 때 완성을 되나 간행 배포되지 못하였다. 그러다가 1713년 좌의정 李頤命이 경연에서 유계의 손자 유상기가 용담현령으로 출판하려고 하였으나, 고을의 여력이 심히 부족하여 출판하지 못하고 있으니, 도신에게 분부하여 책을 간행한다면 世教에 큰 도움이 될 것이라 임금에게 아뢰어 윤허를 받았고, 權尙夏의 序文과 後書, 그리고 鄭澔(1648~1736)의 跋文을 붙여 1715년(숙종 41년)에 14권 9책으로 간행하였다.

그런데 이『가례원류』가 유상기와 윤증 사이에 시비의 발단이 된 것은 유계와 윤선거가 共撰했다는『가례원류』의 撰者와 간행문제로 제2의 背師문제로 비화된다. 윤증의 스승이자 부친 윤선거와 친숙한 유계는 김장생에게서 배운 예학을 발전시켜『가례원류』를 찬술하였는데, 윤선거와 함께 교정 보완작업을 하였고, 교정을 제자인 윤증에게 부탁하였다. 그러자 윤증은 곧 바로 교정에 착수했다는 글을 올렸고, 이에 답서를 보내어 격려하였다. 유계는 또 말년에 李端相에게도 교정을 부탁하였는데 윤증과 이단상은 모두 유계 생전에 이『가례원류』의 교정을 완료 간행하지 못했다. 그리고 그 이유를 윤증이 첫째『가례원류』는 유계 단독 저술이 아니고 윤선거와의 공편이며, 둘째 유계의『가례원류』의 근본은 김장생의『家禮輯覽』에 있는 것이므로 다시 간행할 필요가 없다고 하였다는 것이다.

그런데 간행된『가례원류』의 발문은 송시열의 문인인 권상하와 정호가 썼는데, 그 글에서 윤증이 스승 유계를 배반하여 교정의 遺託을 저버리고 윤선거와의 共撰이라는 등의 간사한 말을 하였다고 공격하였다.『가례원류』가 유상기 등 노론 측의 말대로 유계의 단독 저술인지 혹은 윤증의 말대로 윤선거와의 공찬인지는 단정하기 어렵다.

4. 병자호란과 부여 유학자들의 의리

1) 白江 李敬輿

白江 李敬輿(1585~1657)의 자는 直夫, 호는 白江, 鳳巖, 본관은 전주이다. 목사 수록(綏祿)의 아들이다. 1601년 사마시를 거쳐 1609년 증광문과에 을과로 합격, 1611년 검열이 되었으나 광해군의 실정이 심해지자 벼슬을 버리고 낙향하였다. 1623년 인조반정으로 부수찬, 부교리를 거쳐 이듬해 李适의 난이 일어나자 왕을 공주로 호종(扈從), 이어 체찰사 李元翼의 종사관이 되고, 1630년(인조 8년) 부제학, 청주목사, 좌승지, 전라도 관찰사를 역임했다. 1636년 병자호란이 일어나자 왕을 남한산성에 호종

했고, 이듬해 경상도관찰사, 그 후 이조참판으로 대사성을 겸임하여 선비 양성의 방책을 上奏했고, 이조참판, 형조판서를 역임했다. 1642년 排淸親明派로 청나라 연호를 사용하지 않은 것을 이계(李烓)가 청나라에 밀고함으로써 심양에 억류되었다가 이듬해 세자와 함께 귀국, 우의정이 되었다. 1644년 사은사로 청나라에 갔다가 다시 억류되었으나 그동안 본국에서 영중추부사로 임명되었다. 이듬해 귀국 1646년 愍懷嬪 姜氏(昭顯世子 嬪)의 賜死를 반대하다가 진도에 유배, 다시 1648년 삼수에 위리안치(圍籬安置) 되었으나 이듬해 효종이 즉위하자 풀려나와 1650년 다시 영중추부사로 전임했다. 시문에 능하고 글씨에도 뛰어났다.

이경여가 73세 때 죽기 3개월 전 임금에게 올린 상소에 대해 효종이 내린 답변의 핵심 내용이 '마음에 지극한 아픔이 있네, 날은 어두워지고 갈 길은 멀기만 하네(至痛在心 日暮途遠)'이었다. 이경여는 효종의 이 말을 듣고 눈물을 흘리며 '대재(大哉)라 왕언(王言)이여!'라고 했다고 전해진다. 尤庵 宋時烈이 2차 북벌을 구상할 때(현종 때) '지통재심 일모도원(至痛在心 日暮途遠)'8글자를 써서 자신의 제자이자 이경여의 아들인 李敏敍(1633~1688)에게 준 것을 이경여의 손자인 李頤命(1658~1722)이 1702년 할아버지의 집 뒤 바위에 새겼다 한다.

부여의 浮山書院, 진도의 鳳巖祠, 홍덕의 東山書院에 제향되었고 시호는 '文貞'이다.

2) 3學士의 의리

林溪 尹集(1606~1637)은 3學士의 한 사람으로 자는 成伯, 호는 林溪, 高山, 본관은 남원이다. 현감 衡甲의 아들로 태어나 22세에 생원이 되고, 1631년(인조 9) 說書가 되었으며, 1636년(인조 14) 이조정랑, 부교리에 이어 교리로 있을 때 병자호란이 일어나자 왕을 따라 남한산성에 들어가

和議를 주장하는 崔鳴吉의 처단을 요구했다. 그는 말하기를, "내 스스로 애걸하면 적은 더욱 경멸하여 화의조차 제대로 이루지 못하게 된다. 오직 한 마음으로 싸워 이길 수 있다는 것을 보여준 후에 강화를 의논할 수 있을 것이다"라고 하면서 和議를 극력 반대했다. 마침내 화의가 성립되자 吳達濟와 함께 상소를 올려 자진하여 斥和論者로 자처 청나라에 잡혀가서 갖은 고문을 받았으나 끝내 굴하지 않다가 吳達濟, 洪翼漢과 함께 瀋陽 서문 밖에서 사형되었다. 1671년(현종 12) 宋時烈은 「三學士傳」을 지어 그들의 의리를 추앙하였고, 이후 3학사로 널리 부르게 되었다. 윤집의 부인 안동김씨는 淸陰 金尙憲의 조카딸이며, 윤집의 손자가 洪翼漢의 사위가 되었다. 부여 홍산에 彰烈祠가 세워지게 된 것은 1717년 숙종이 온양 행차 때 유생 이덕함 등이 사우 건립을 상소하였는데, 숙종이 충청도 관찰사에게 윤집의 의관이 묻혀있는 부여에 사우를 건립하라 하여 세우게 되었다. 1721년(경종 1) '彰烈祠'라는 사액을 받게 되었다.

광주의 顯節祠, 강화의 忠烈祠, 평택의 褒義祠, 부여 홍산의 彰烈書院, 영천의 壯嚴書院에 제향되었고, 영의정에 추증되고 '忠貞'의 시호를 받았다.

秋潭 吳達濟(1609~1637)는 3學士의 한 사람으로 자는 季輝, 호는 秋潭, 본관은 해주다. 19세에 사마시에 합격, 1634년(인조 12) 별시문과에 장원으로 급제하여 전적, 병조좌랑, 사서 등을 거쳐 1635년 정언, 지평, 1636년 수찬을 거쳐 부교리가 되었다. 이때 後金의 위협으로 사신을 교환하게 되자 이에 적극 반대, 상소하여 主和派의 崔鳴吉을 탄핵하고, 겨울에 병자호란이 일어나자 남한산성에 들어가 청나라와의 和議를 적극 반대했다. 인조가 청군에 항복한 뒤 적진에 송치되었으나 적장 龍骨大의 심문에 굽히지 않아, 다시 瀋陽으로 이송, 그곳에서도 갖은 협박과 유혹에도 굴하지 않아 尹集, 洪翼漢과 함께 처형되었다. 영의정에 추증되고

광주의 顯節祠, 평택의 포의사(褒義祠), 부여 홍산의 彰烈書院, 영천의 壯嚴書院에 제향되었고 '忠烈'의 시호를 받았다.

花浦 洪翼漢(1586~1637)은 3學士의 한 사람으로 자는 伯升, 호는 花浦, 雲翁, 본관은 남양이다. 진사 以成의 아들로 태어나 月沙 李廷龜(1564~1635)의 문인이다. 1615년(광해군 7) 생원이 되고 1624년(인조 2) 公州行在 庭試文科에 장원으로 합격하여 司書를 거쳐 1635년(인조 13) 장령이 되었다. 이듬해 청나라가 모욕적인 조건을 걸고 시신을 보내오자 상소하여 그들을 죽일 것을 주장하였고, 이 해 병자호란이 일어나자 崔鳴吉 등의 화의론을 적극 반대했다. 이듬해 화의가 성립되자 조정의 권유로 청군의 화를 피하고자 평양부서윤으로 나아갔으나 끝내 吳達濟, 尹集과 함께 청나라에 잡혀가 처형되었다. 광주의 顯節祠, 강화의 忠烈祠, 평택의 褒義祠, 부여 홍산의 彰烈書院, 부안의 道東書院, 영천의 壯嚴書院, 고령의 雲川書院, 평양의 西山書院에 祭享되었고, 영의정에 추증되었으며 '忠正'의 시호를 받았다.

3) 黃一晧의 의리

지소 황일호(芝所 黃一晧, 1588~1641)의 자는 翼就, 호는 芝所, 본관은 창원이다. 蔭補로 雲峰縣監, 군수를 지내고, 1635년(인조 13) 增廣文科에 병과로 급제, 世子侍講院 文學을 거쳐 이듬해 掌令이 되었다. 이 해 병자호란이 일어나자 督戰御史로서 남한산성 수비에 공을 세웠다. 그 후 진주목사를 지내고 1638년 의주부윤이 되어 청나라 태종이 명나라를 치는 기회에 청나라에 원수를 갚고자 명나라를 도우려다가 청나라에 단서를 잡혀 살해당하였다. 의주의 白馬山城祠, 강화의 忠烈祠, 부여의 義烈祠에 제향되었으며, 시호는 '忠烈'이다.

제7장

瑞山의 학맥과 학풍

1. 조선유학의 개척자들

　서산은 중국을 향해 활짝 열려있는 교역의 중심지로서 유리한 지리적 조건을 갖추고 있다. 이러한 이유로 유학이 중국으로부터 전래되고 정착되는 데 있어서 중요한 역할을 해왔다. 그 중심인물이 崔致遠, 鄭臣保, 鄭仁卿이며, 또한 柳淑과 柳方澤의 아들들은 고려 말 서산에 유학을 파종하는데 일익을 담당하였다.

　崔致遠(857~?)은 통일신라시대의 유학자로 경주최씨의 시조이다. 자는 孤雲이며 문묘에 종사된 東國 18賢의 한 분이다. 869년(경문왕 9) 12살에 당나라에 유학하여 禮部侍郎 裵瓚을 스승으로 섬겼다. 874년(경문왕 14) 과거에 급제하여 宣州漂水縣尉가 되고, 承務郎侍御史內供奉에 올라 紫金魚袋를 하사받았다. 879년(헌강왕 5) 黃巢의 난 때 諸道行營兵馬都統 高騈의 從事官이 되어 「討黃巢檄」을 비롯한 격문과 공문서를 작성하여 그의 명성이 중국에 떨쳤다. 그러므로 중국인 顧雲은 최치원에게 써준 송별시에서 "12살에 바다를 건너와 그 문장은 중국을 감동시켰도다" 라고 칭송하였던 것이다.

　885년(헌강왕 11) 唐에서 귀국하여 侍讀兼翰林學士, 兵部侍郎, 瑞書鑑 등의 관직을 지냈다. 894년(진성여왕 8) 時務 10여조의 상소를 올려 시행케 하고 아찬이 되었다. 그는 당시 골품제도의 모순에 실망하고 만년에는 지리산, 가야산 등 명산대찰을 두루 다니며 방랑하였다.

그의 학문은 유교, 불교, 도교를 융합시킨 3교 조화론에 특징이 있었다. 그러나 그는 유학자임을 자처하였고, 유학에 대한 학문적 열정과 공자에 대한 존경심이 매우 컸다. 그는 또 출세를 위한 학문을 거부하고 참된 학문의 길을 걷고자 했다.

최치원은 "하늘(天)이 귀하게 여기는 것은 사람이고, 사람이 으뜸(宗)으로 삼는 것은 道이다. 사람이 道를 넓힐 수 있는 것이지 道가 사람을 넓히는 것이 아니므로, 道가 존중되면 사람은 자연히 귀하게 된다"(『孤雲集』,「海印寺善安住院壁記」)고 하였다. 이처럼 그는 사람이 하늘을 근원으로 하며 道를 실천하는 존재임을 말하면서 동시에 사람의 존귀함을 강조하였다.

한편 利欲에서 벗어나 사람의 본심을 회복할 것을 강조하여, 修心, 操心, 直心 등 마음공부에 주력하였다. 그는 인욕에서 벗어나 사람의 본심인 仁에로의 회복을 大同사상으로 표현하였다. 그는 말하기를, "유교의 좋은 가르침을 들어 때를 잃지 말고, 上古의 風敎를 일으켜서 영원히 大同의 교화를 이루어야 한다"고 하였다. 이처럼 그는 유교의 이상이 영원한 大同세계에 있다고 보았다.

또한 그는 불교와 도교를 이단시 하지 않고 仁을 바탕으로 하나의 융섭을 시도하였다. "인심은 곧 부처이며 仁이 됨은 법칙이다.(「智證大師碑銘」)"라고 하여, 불교를 인도주의로 해석하고 覺, 解脫의 사상이 마음의 문제임을 통찰하고, 그 주체인 사람을 매개로 하여 유교의 仁, 大同사상과 조화, 합일시키려 하였다.

특히 『삼국사기』에 전하는 다음 「난랑비서(鸞郎碑序)」는 그의 작품으로 한국 전통사상의 원류와 성격을 이해하는데 매우 귀중한 자료가 된다.

　최치원의 「난랑비서문(鸞郞碑序文)」에 말하기를, 나라에 玄妙한 道
가 있으니 그 이름을 風流라고 말한다. 風流道가 만들어진 연원이 仙
史에 자세히 갖추어져 있으니, 실로 이것은 儒, 佛, 道 3敎를 포함하고
있어서, 여기에 접촉하면 뭇 생명체들이 感化된다. 또한 집에 들어가
서는 효도하고 나라에는 충성하라는 魯司寇(孔子)의 宗旨와 같고, 無
爲의 일에 처하고 말 없는 가르침을 행하라는 周柱史(老子)의 종지와
같고, 모든 악은 짓지 말고 모든 선은 받들어 봉행하라는 축건태자(竺
乾太子: 석가)의 교화와 같다.1)

　이를 통해 우리 민족 고유사상으로서의 風流道(『삼국유사』에서는 風月
道)가 일찍이 존재했었음을 알게 되었고, 이것은 儒, 佛, 道 3敎사상을 포
함하여 인성변화와 사회변화의 위대한 공능을 지닌 훌륭한 사상임을 입
증해 주고 있다. 문헌에 의하면, 최치원은 서산태수(최초의 서산군수)를
지낸 것으로 전해지고 있고, 서산시 지곡면 대요리에 있는 富城祠에 향
사되었다.
　또한 1021년(현종 12) 文昌侯로 봉해져 문묘에 종사되었고, 태인의 무
성서원, 경주의 서악서원, 함양의 백연서원, 영평의 고운영당, 대구의 계
림사 등에 제향되었다. 저서로는 『孤雲集』과 『桂苑筆耕』 등이 있다.
　鄭臣保(?~ 1271)는 중국 송나라 浙江사람으로 南宋의 성리학자인데,
1237년(고종 24) 몽고의 침입으로 남송이 망할 무렵, 충신은 두 임금을

---

1) 『三國史記』, 卷第4, 「新羅本紀」, 眞興王 37年, "崔致遠鸞郞碑序文曰 國有玄妙之道曰風流 設
　教之源 備詳仙史 實乃包含三教 接化群生 且如入則孝於家 出則忠於國 魯司寇之旨也 處無
　爲之事 行不言之教 周柱史之宗也 諸惡莫作 諸善奉行 竺乾太子化也."

섬길 수 없다는 의리로 고려국 서산 看月島에 망명하여 瑞山鄭氏의 元祖가 되었다.

정신보는 남송 浙江省 金華府 蒲江縣에 살았는데, 남송의 조정에서 刑部員外郎을 지냈으며, 절강성 지역에서 학문으로 이름난 성리학자였다. 몽고가 남송을 대대적으로 침략하여 모두가 항복하게 되었다. 몽고는 그 후 그 지역의 명망 있고 학문이 뛰어난 학자들을 뽑아 그 지역을 관할하도록 하였는데, 원 태조는 楊惟中을 시켜 문장이 뛰어나고 학문이 높은 선비를 구해 모으고자 하였다. 마침 원태조가 德安을 함락시키고 학문이 뛰어난 선비를 얻었는데 그가 趙復으로 '江漢先生'이라 불리었다. 그리고 금화에 살던 정신보의 뛰어난 인품과 학문에 대해 듣고 요추(姚樞)로 하여금 그를 모시고 오도록 하였다. 그리하여 요추가 여러 차례 정신보를 찾아와 조복과 같이 원 태조를 도와 원나라 조정에서 함께 일하자고 하였다. 이에 정신보가 말하기를, "옛 말에 충신은 두 임금을 섬기지 아니하고, 열녀는 두 가장을 모시지 아니한다 하였으니, 차라리 죽을지언정 오랑캐 조정에 신하가 되기 싫다"고 하였다. 요추가 원 태조에게 이 말을 고하자, 태조가 그의 절개를 아름답게 생각하여 더 이상 강요하지 않았다.

그 후 1237년(고려 고종 24) 정신보는 배를 타고 바다를 건너 고려의 瑞州 땅 看月島로 망명하게 되었다. 물론 그 당시 고려의 학풍은 불교국가였고, 불교가 국시로서 숭상되었는데, 정신보가 성리학을 처음으로 후학들에게 가르쳐 고려의 선비들이 程明道, 程伊川의 글을 접하게 되었다 한다. 서산 향토지리서인 『湖山錄』에서도 정신보의 망명기사를 다음과 같이 기록하고 있다.

고려에 정신보는 중국 절강사람이다. 송나라 말엽에 벼슬하여 刑部

員外郞이 되었는데, 원태조가 천하를 통일하자, 그에게 臣僕이 될 수 없다는 뜻으로, 뗏목을 타고 바다를 건너 본 읍 看月島에 살면서, 그 생을 마칠 때까지 신하의 절의를 잃지 않았다. 그 후에 大寺洞으로 이 사 가서 살았기 때문에 瑞山鄭氏의 시조가 되었다.

오호라, 許衡, 吳澄 등 여러 사람은 본래 송나라의 臣子로서 도학을 스스로 自任하다가 하루아침에 절개를 고치고 추한 오랑캐의 신하가 되어 섬기게 되었는데, 정신보는 해외에 유랑하여 살면서 홀로 신하의 절의를 보전하였으니, 뗏목을 타고 바다를 건너와 臣僕이 되지 않은 절의는 箕子 뒤에 한 사람뿐이다.

또한 『東國新續三綱行實圖』에서도 정신보를 忠臣條에 배열하고 다음 과 같이 충신의 절의를 기리고 있다.

정신보는 서산군 사람이니, 그 조상은 절강에서 살더라. 신보가 송 말에 벼슬하여, 벼슬이 형부원외랑에 이르렀더니, 원이 混一함에 미쳐, 臣僕이 되지 않고자 바다를 건너 본 고을에 와서 살았다. 苦節로 終身 하니라. 그 아들 襄烈公이 그 부친의 뜻을 이어, 나이 10살에 산에 올 라 한 글귀를 새겨 이르되, 어느 날 하늘 땅을 가지런히 하여, 趙氏(宋 황제의 성)의 봄을 다시 만날까?

조선조 유교사회가 삼강오륜을 강조하기 위해 역사상 가장 대표적인 사례를 뽑아 그림을 그리고 설명하는 형식으로 만든 『동국신속삼강행실 도』에서 고려 충신 17명중에 정신보가 선정 수록되어있는 것이다. 이는 당시 조선조 사회에서 정신보가 不事二君의 충절의리를 위해 목숨을 걸 고 험난한 바다를 건너 고려국에 망명한 사실을 높이 평가하고, 이를 공인화 하였음을 의미한다.

또한 『瑞山鄭氏世譜』에 보면 조선 순조 때 판서를 지낸 睦萬中 (1727~?)이 지은 「忠臣宋尙書刑部員外郎鄭公臣保 高麗中贊襄烈公仁卿 合傳)」에 다음과 같은 기록이 보인다.

蔡相國의 銘에 이르기를, 한조각 배로 바다를 건너 吾道가 동으로 왔으니, 箕子의 자취요, 魯連이 遺風이로다. 후학에 은혜를 끼쳤으니, 백세의 師表이시다 하니, 그 말을 외우고 풍모를 상상하니, 또한 반드 시 周濂溪, 程明道, 程伊川에게서 私淑한 것이 틀림없다. 애석하도다. 그 遺文이 전해지지 못하니 傳授된 것을 듣지 못했다.

여기에서 蔡相國은 鄭仁卿의 공신록권에 보이는 상장군 蔡謨를 말한 다. 채모의 묘갈명에 기록된 이 내용은 성리학자로서의 정신보의 위상을 입증해주는 매우 귀한 자료라고 할 수 있다. 비록 그가 직접 성리학을 들 여왔다는 근거는 없어도, 그가 1237년(고종 24) 무렵 이 땅에 망명하여 남송의 성리학을 가르치고 전했으리라는 간접적인 증거가 되기에 족하 다.

오늘날 우리는 고려에 처음으로 성리학이 수입된 것을 1289년(충렬왕 15년)에 安珦이 원나라 연경에 가서 『朱子全書』를 베껴 그 이듬해인 1290년에 돌아 온 것을 학계가 공인하고 있는 실정이다.

그런데 정신보의 서산 간월도 망명은 이보다 50여년 더 빠르다는 사 실에서 성리학 전래의 역사적 사실에 대한 새로운 논의가 필요하다. 정 신보가 평범한 중국인이 아니라 당시 남송의 저명한 성리학자였다는 점 에서 성리학 전래의 의미는 분명하다 하겠다.

또한 정신보의 아들 鄭仁卿(1241~1305)은 아버지로부터 중국의 성리학을 전수받은 유학자로 고려조에서 무관으로 외교관으로 크게 활약하였다. 그의 자는 春叟, 호는 看月齋이며, 시호는 襄烈公이다. 그는 부친 정신보와 모친 高昌郡大夫人 吳氏 사이에서 서산 간월도에서 태어났다.

그는 부친으로부터 성리학을 배우고 또 중국어를 익혀 신동으로 불렸는데, 9살 때 島飛山 정원사(현 석천암으로 추정)에 올라 부친이 늘 그리워하던 고국을 바라보며 다음과 같은 망향시를 써서 바위에 새겼다.

시름 속에 높은 산에 올라
멀리 바라보니 구름이 북쪽으로 날더라.
문득 조상들을 생각하니
눈물이 봄비 따라 흐른다.
오랑캐 풍진(風塵)이 우주에 뻗혔으니
만 리 밖에 떨어진 외로운 신하로다.

그는 1254년(고종 41) 14살 때 文殊寺를 오가며 門下侍郎平章事 韓自喜로부터 수학하여 과거시험에 합격하였다. 이후 그는 용맹한 무인으로서, 탁월한 외교가로서 그리고 고려왕조의 책임 있는 행정가로서의 일생을 살다가, 1305년(충렬왕 31) 12월 17일 65세를 일기로 세상을 마쳤다. 그리하여 그는 壁上三韓 三重大匡 推誠定策 安社功臣 匡靖大夫 判三司 上將軍 都僉議贊成事로서, 고려 최고의 관작과 최고의 벼슬을 받을 만큼 혁혁한 공적을 남겼다.

정인경은 1259년 몽고군이 직산에 주둔하게 되자, 당시 19살의 나이로 馬別抄에 들어가, 몽고군을 야간에 급습해 많은 전과를 올려, 초급지휘관인 隊正이 되었다.

또한 그는 1269년(원종 10) 2월 29살 때 원종의 아들 태자 심(諶, 충렬

왕)의 호위무관 겸 외교관으로 연경에 가게 되었는데, 당시 권신이었던
임연(林衍)이 이 틈을 타 강제로 원종을 폐하고 安慶公 淐에게 왕위를 넘
기고자 하였다. 이에 정인경은 원나라의 도움과 부친의 도움으로 슬기롭
게 난국을 처리하였다. 이를 계기로 고려의 무신 독재가 무너지는 계기
가 되었고, 정인경은 왕의 측근신하로서 빠른 승진을 하였다.

그의 나이 47살 때 고려 군사의 모든 요직을 두루 거쳐, 고려 군권의
실질적 총수인 應揚軍上將軍 겸 軍簿判書에 임명되어 실질직으로 고려
군의 군권을 총괄 지휘하게 되고, 고려 최고의 실권자가 되었다.

1290년 몽고의 반군 합단군(哈丹軍)이 고려에 침입하자, 충렬왕은 강
화도로 피난하고 수도를 강화로 옮기게 되었다. 53살의 정인경은 서경을
지키면서 합단군과 치열한 전투를 벌려 1291년 이들을 섬멸하였다.

이와 같이 정인경은 군인으로서 몽고군에 맞서 싸워 혁혁한 공을 세
웠고, 임금을 호위하는가 하면, 당시 權臣 임연의 획책을 사전에 발견 조
치하여 왕실과 나라의 안전에 크게 기여하였다.

그는 1282년(충렬왕 8), 1283년 거듭 연경을 방문해, 원군의 철수와 대
몽 전쟁 중 포로 및 인질로 끌려간 고려인의 송환을 교섭하였으니, 그의
성실하고 정직하며 온화한 성품과 원만한 인간관계를 통해 원나라 황제
를 설득시키고 직접 랴오뚱, 선양, 랴오양, 베이징에 가서 많은 고려인을
귀국시켰다. 이에 많은 고려인들이 그를 마음속으로 존경하게 되었다.

그는 두터운 대원외교의 인맥과 원나라 세조를 설득시켜 1290년(충렬
왕 16) 마침내 서경에 설치된 동녕부를 요동으로 옮기게 하고, 서경을 고
려에 복귀시켰다. 아울러 서북면 지역의 땅도 회복하게 되었다. 이 공으
로 정인경은 副知密直이 되고, 또한 자비령 이북 지역을 관할하는 西北
面都指揮使가 되었다.

이어 그는 원의 세조가 죽자 이 시기를 틈타 원과의 외교교섭을 벌려,

원이 통치하던 탐라에서 원나라 군사를 철수시키고, 또한 고려군에 의해 장악케 함으로써 탐라를 제주로 개명한 후, 고려 조정에서 목사를 파견하여 고려가 직접 다스리게 하였다. 이로써 제주도에 탐라총관부가 폐지되고 고려에 재 복귀하게 되었다.

이와 같이 정인경은 탁월한 외교수완으로 원나라에 끌려갔던 고려인들의 송환을 성취시키고, 원나라에 빼앗겼던 요동부와 탐라를 도로 찾는 데 주도적인 역할을 하였다.

柳淑(1316~1368)은 고려 공민왕 때의 문신으로 자는 純夫, 호는 思庵, 본관은 瑞寧이다. 그는 서산군 해미면 삼송리에서 태어났는데, 서산 유씨는 고려 때부터 이 지역 토착 성씨로 성장하였고, 柳實, 柳方善, 柳允謙, 柳方澤, 柳伯濡, 柳伯淳, 柳嗣宗 등 많은 인물을 배출하였다. 유숙은 1331년(충혜왕 18) 16세에 진사과에 합격하고 25세에 及第科에 합격하였다. 1340년(충혜왕 복위 1) 安東司錄에 선발 임명되었는데, 마침 왕의 동생 강릉부원군이 원나라 황제에게 入侍하게 되자 벼슬을 버리고 따라가 4년간 원나라에 있었다.

1351년(충정왕 3) 공민왕이 즉위하였는데, 그를 수종했던 사람들이 절의를 지키지 않은 자가 많았는데, 공만이 홀로 변하지 않았다 하여 春秋修撰官에 보임되었다. 右代言 左司議大夫에 승진되었으나 재상 趙日新이 공을 꺼려하므로 해직을 청하고 물러났다. 1355년(공민왕 4) 1월 성균시를 주재하여 全翊 등 99명의 인재를 선발하였다. 1356년(공민왕 5) 資正 姜金剛이 금강산에 향을 내리는데 공에게 명하여 그를 호송해 가게 하였는데, 병을 핑계로 가지 않았는데 이는 斥佛의 의지를 보여준 것이다. 1356년 5월 奇轍 일당이 난을 일으키자 이를 물리침에 공을 세워 樞密院直提學 등 높은 관직을 받고 安社功臣이 되었다. 1363년(공민왕 12) 金鏞이 興王寺에서 변란을 일으켰을 때 공을 세워 政堂文學 겸 監察大夫

가 되어 1등 공신에 책록되었으며, 僉議贊成事 商議會議都監事 藝文館 大提學 知春秋館事에 올랐다.

1365년(공민왕 14) 공이 임금에게 벼슬을 사양하고 낙향해 여생을 보내고자 청하니, 임금이 이를 허락하고 瑞寧君에 봉하였다. 임금의 총애를 받고 권력을 전횡하던 신돈(辛旽)이 공을 자주 불러도 절대 왕래하지 않았다.

1368년(공민왕 17) 신돈의 모함으로 낙향했다가, 12월 21일 신돈이 보낸 자객에게 전라도 영광에서 피살당해 덕산에 묻혔다. 공민왕의 廟庭에 配享되었고, 시호는 文僖公이며, 묘지명은 牧隱 李穡이 썼다. 이색이 쓴 『墓誌銘』에서 선생의 인품을 다음과 같이 묘사하고 있다.

그 계획의 치밀함과 操行의 자상함을 말한다면, 사람을 천거하여 쓰는데 있어서는 일찍이 그 본인에게 말하는 법이 없었고, 사람을 죄주고 내쫓는 데는 일찍이 자기가 독단하여 결정하는 일이 없었으며, 큰 일을 당하거나 큰 의심을 결단하는데 있어서도 또한 일찍이 그 사이에 의심하는 일이 없었으니, 이는 대개 精明과 仁恕의 두 가지를 다 얻은 것이다.

서산시 읍내동에 있는 誠巖서원에 鶴洲 金弘郁(1602~1654)과 함께 배향되었다.

柳方澤(1320~1402)은 고려 말의 유학자로 저 유명한 「天象列次分野之圖」를 만든 천문학의 선구자이다. 그의 자는 윤보, 호는 琴軒인데, 柳淑의 사촌이다. 瑞寧 柳氏로 1320년(충숙왕 7) 서산 구치산 아래 양리촌에서 출생하였다. 1352년(공민왕 1) 33세에 벼슬길에 나아갔다. 42세 때 홍건적이 서울과 강화를 침범하자, 혼란 중에 나라의 책력이 없어 그가 스스로 지은 曆書를 강화병마사에게 주어 사용케 하였는데, 전쟁 후 그 정밀함이 세상에 알려져 더욱 유명해졌다. 1362년(공민왕 11년)에 서산으로 낙향하여 학문을 연마하다가 천거로 사천감판가로 등용되었고, 48세 때에는 서운관 주부의 직을 맡았다.

73세 때 조선이 개국되자 벼슬을 그만두고 서산으로 낙향하였다. 鄭以吾(1347~1434)의 문집 『郊隱集』속에 유방택의 「행장」이 있는데, 이 글에 의하면 그는 조선 개국 후 서산으로 내려와 공주 東鶴寺에 三隱閣을 세워 포은 정몽주, 야은 길재, 목은 이색의 절의를 기렸다 한다.

76세에 〈천상열차분야지도〉를 제작하게 되는데, 태조가 여러 번 불러 부득이 상경하여 權近, 설경수 등과 함께 24기의 절조를 만든 공으로 개국공신 1등이 주어졌으나 받지 않고, 개성 취령산 기모방에 은거하여 고려의 멸망을 슬퍼하였다 한다.

1402년(태종 2) 두 아들에게 말하기를, "나는 고려 사람이다. 송도에서 죽을 테니, 내 묘에는 봉분도 만들지 말고 비도 세우지 말라"고 유언하고 세상을 마쳤다. 그의 아들 柳伯濡, 柳伯淳은 목은 이색에게서 수학하였다.

오늘날 만원 지폐의 뒷면에 있는 〈천상열차분야지도〉를 만든 이가 바로 유방택이다. 이 〈천상열차분야지도〉 刻石은 오랜 세월 동안 창덕궁 창고에 방치되어 있다가 최근에야 그 가치가 새롭게 조명되어 1983년에 국보로 지정되었다. 2000년 한국천문연구원에서는 한국천문학 발전에 기여한 그의 업적을 기리기 위해 새로 발견된 소행성의 이름을 '류방택 별'로 명명하였다. 그는 인지면 애정리에 있는 松谷祠에 제향되었고, 이 옆에 최근 개관한 류방택 천문관이 있으며 '류방택 별 축제'도 열리고 있다.

큰 아들 柳伯濡는 문과에 장원을 한 수재로 이제현과 어깨를 함께할

만큼 학문을 인정받았다. 柳伯淳(?~ 1420)은 형과 함께 이색에게 배웠는데, 세상 사람들은 이들 형제를 '柳氏 雙璧'이라 불렀다. 1371년(공민왕 20) 생원시를 거쳐 1376년(우왕 2) 문과에 급제하여, 공양왕 초년에는 성균관 사예 겸 교관으로 선임되었다. 뒤에 이조와 병조참의, 직제학 등을 역임하였으나, 조선 건국기에 부친이 개성 취령산 기모방에 은거하자 함께 따랐고, 태종이 그의 현명함을 알고 직제학에 임명하고자 불렀으나 병들었다 하고 나아가지 않았다. 이들 유빙택, 유백유, 유백순은 정신보, 정인경과 함께 서산 松谷祠에 배향되어 기려지고 있다.

2. 율곡학파

조선조 유학은 기호유학과 영남유학으로 나누어 전개되었다. 서산의 유학은 지역적 연고에 따라 기호학파의 영향 하에 있었다.

金弘郁(1602~1654)은 일반적으로 널리 알려진 유학자는 아니다. 그의 자는 文淑, 호는 鶴洲, 본관은 경주이다. 그의 증조이자 안주목사를 지낸 김연(金堧)이 명종 조에 만년 은거지로 서산을 택하였고, 그의 작은 아들인 金好尹이 서산에 터를 잡아 이곳에 세거하게 되었다. 어려서 月沙 李廷龜(1564~1635)가 그의 노는 모습을 보고 부친에게 말하기를, "이 아이는 기상이 보통 아이보다 빼어났으니, 닭의 무리 중 鳳이라 할 만합니다. 다음에 의당 큰 인물이 될 것입니다."라고 하였다. 15세 전에 이미 경서에 통달하였고, 17세 때 외가에 가서 외증조 만취(晩翠)선생에게 배웠다.

당시는 광해군시대로 정치가 문란하므로 벼슬에 뜻이 없어 과거에 힘쓰지 않았다. 1624년(인조 2) 생원진사 양과에 합격해 명성이 자자하였다. 1635년(인조 13) 증광문과에 을과로 급제하여 槐院에 선임되었다. 1636년(인조 14) 翰院 겸 侍講院說書에 취임하였다. 그해 겨울 병자호란을 당하여 남한산성에 호종, 청에 대한 강경론을 주장하였다.

1637년(인조 15) 형 홍익이 연산현감으로 종군하다 광주에서 순직하였는데, 친히 시신을 거두어 고향에 묻었다. 4월에 호종한 공로로 典籍이 되고 곧바로 예조, 병조좌랑이 되었다. 8월에 사헌부지평이 되고 관동 암행어사로 탐관오리를 탄핵하고 청렴한 관리들을 포상하여 공평한 정사를 펼치었다. 10월에 홍문관에 들어가 부수찬이 되었고, 12월에 사간원 정언이 되었다. 1638년에는 지평, 수찬이 되었다. 6월에 당진현감으로 나아가서는 백성을 어질게 대하고 아랫사람을 거느리는 데에는 법으로 하니 관리와 백성들이 모두 평안하였다. 그러나 감사와 뜻이 맞지 않아 벼슬을 그만두었다. 서산 고향으로 돌아와 매일 아침저녁으로 부모에게 문안드리는 것을 즐거움으로 삼았다. 가을에 修撰이 되어 상경, 가을에 敬差官으로 영남지방에 나갔다가 겨울에 부교리가 되었다.

1646년(인조 24) 이조좌랑이 되었으나 권신 金自點(?~1651)과의 불화로 사직하고 고향으로 돌아왔다. 그 뒤 1649년(인조 27) 응교가 되어 관기, 전제, 공물, 방납 등 시폐 15개조를 상소하였다. 이어 3월에 사간이 되고 4월에 집의가 되었다.

1650년(효종 1) 효종이 즉위하자 집의, 승지를 거쳐 洪淸道 관찰사가 되어 충청도에서 大同法을 실시하기도 하였다. 1654년(효종 5)에는 황해도 관찰사로 전임하였는데, 이 해에 효종이 말을 구한다는 교지를 내리자 8년 전 사사된 희빈 강씨(소현세자 비)의 억울함을 말하고, 그 원을 풀어줄 것을 상소하였다. 김홍욱이 당시 금기시 되었던 이 문제를 제기하자, 이에 격노한 효종에게 친국을 받던 중 장살되었다.

이 해 宋時烈과 宋浚吉의 청으로 그의 관작이 복구되었는데, 1657년(효종 8) 송시열은 상소를 통해 효종의 잘못을 다음과 같이 비판하였다.

전하께서 전날에 순간의 분함을 참지 못하시고 金某를 죽여 크게 인심을 잃고 계십니다. 성상의 학문이 고명하신데, 어찌 바른 말을 하는 자를 가히 용서하지 못하셨습니까? 오로지 마음을 촉발하심이 너무 급하시어 미처 생각지 못하심이니, 조금은 전하의 함양하는 공부가 부족한 바가 있으므로, 외부에 논의가 더욱 더 김모의 죽음을 불만스레 여겨 온 나라의 언론이 지금까지 그치지 않고 김모의 명성은 갈수록 더욱 높아지니, 이른바와 같이 만일 먼저 노여움을 폭발하면 오로지 자신에게 해로울 뿐인데, 능히 남을 해친 일이오니 신은 정말로 서글퍼집니다.

이르기를, 신은 김모의 罪犯이 어떠한가를 알지는 못하오나 가만히 듣자오니, 聖旨에 대응하여 발언함으로써 주검을 당했다 하니, 그 때에 바른 말을 구하고 혹은 바른 말을 하는 사람을 죽이신 것은, 오직 나라의 체통을 크게 손상했을 뿐만 아니오라, 비록 눈앞에 반드시 망하는 일이 있다한들 누가 감히 바른 말을 하겠습니까?

朴弼周(1665~1748)가 그의 묘지명을 쓰고, 송시열이 그의 신도비문을 지었다. 1719년(숙종 45) 2월 호서유생 60여명이 창건 상소를 올려 허락을 받고, 1720년(숙종 46) 서원을 건립하였으며, 그 이듬해인 1721년 마침내 '誠巖'이라는 사액을 받아 柳淑과 함께 제향되었다. 그의 문집으로는 『鶴洲集』이 전한다.

그는 市南 俞棨(1607~1664)와 가장 친했는데, 그가 삼수로 귀양 갈 때 의복을 지어 보냈고, 金益熙(1610~1656)가 태안군수로 와 있을 때에는 서로 시문을 주고받았으며, 草廬 李惟泰(1607~1684)가 모함으로 혹독한 비방에 직면할 때에는 李厚源과 함께 극력 주선하여 그를 도왔다. 그 스스로 자신은 山黨으로 자처하였고, 당시 산림으로 효종의 부름을 받았던 이유태, 송준길, 송시열 등과 교유하였다.

아들 세진이 쓴 「행장」에는 그의 인품을 이렇게 묘사하고 있다.

공은 천품이 빼어나시고 타고난 성품이 굳고 곧아서 사람에게 칭찬을 허락하는 것은 적고 악한 것을 미워하는 것은 원수같이 하시었다. 말씀과 행동은 반드시 선 先哲로 준칙을 삼아 비록 종일토록 묵묵히 앉아있어도 게으른 모습을 보이시지 않았으며, 말씀과 웃음을 함부로 않으시니 바라보면 범하기가 어려웠다. 사람을 대하여 말할 때에는 화기가 애애하고 숨김없이 말씀하시되 겉으로는 드러내지 않으셨다. 그러나 잘못된 일이 있으면 팔을 걷으시며 분개하시니 그 구차하지 않은 뜻과 확실한 지조는 비록 부월(斧鉞)이 위에 있고 끓는 솥이 앞에 있어도 능히 요동하거나 빼앗기지 않았으니 이것이 공의 사람됨이 대개이시다.

다음은 김홍욱의 나라와 백성을 위한 경세사상에 대해 검토해 보기로 하자. 그는 「災異로 인하여 時弊를 진달하는 箭子」에서 자신의 시국에 대한 우환의식과 경세대책을 상세하게 밝히고 있다. 그는 먼저 백성은 나라에 의존하고 나라는 백성에 의존한다 하여, 백성과 나라가 불가분의 유기체임을 강조하였다. 대개 오늘날 천 가지 말과 만 가지 말이라도 백성을 위하여 한가지의 폐단을 구제하는 일이 없다 하고, 백성이 없은 즉 나라가 없고, 나라가 없으면 임금이 없고, 임금이 없으므로 임금을 사랑하자면 마땅히 백성을 사랑하는 것으로 우선해야 한다 하였다. 정치의 근본이 백성을 사랑하는 愛民에 있고 정치의 근본이 백성에 있음을 분명히 하였다.

김홍욱은 당시 조선조가 처한 현실적 상황에 대해 심각히 우려하였다.

즉 지금에 危亡의 형상과 憂患의 단서는 병자년 전보다 열 갑절이나 되어 天命이 한번 가서 가히 다시 이을 수가 없고, 인심이 한번 떠나서 가히 다시 합하지 못하니, 어찌 절박한 우환꺼리가 아니겠느냐 하였다. 따라서 만일 하늘의 운명을 다시 이어가고 민심을 수습하여 危亡의 급속을 구제하려 한다면, 가히 조심스럽게 각오하고 큰 의지를 분발하여 죽는 가운데서 살기를 구하는 계책을 마련해야 한다 하고, 전하께서는 남한산성의 위태로움을 결코 잊어서는 안 된다고 경계히였다.

그리고 요즘 이러한 폐단을 구제하려함에 반드시 모름지기 별도로 都監을 설치하고, 時務를 잘 알고 계산과 생각이 있는 사람으로 堂上郎廳을 차출하여 강구하고 요리하여 기필코 폐단을 개혁하여 백성들을 안정시킨다면, 오히려 가히 미처 구제함으로써 혹시라도 거꾸로 매달린 백성들의 급한 정상을 풀 수 있을 것이라 하였다. 아울러 공물의 폐단을 개혁한다면 민력을 너그럽게 얻음이 십의 칠, 팔은 될 것이라 하였다.

김홍욱은 정치나 행정, 그리고 개혁을 추진함에 있어서 인사의 중요성을 매우 강조하였다. 그는 말하기를, 정사를 하는 데는 인재를 얻는데 있으니, 그 인재를 얻지 못하고 정치를 한다는 말을 들어보지 못하였다고 하였다. 그리고 조정에 사대부들의 分黨된 습관은 벌써 치료가 어려운 병을 이루고 있으므로 마침내 모두 제거되기 어려우니, 오로지 마땅히 그 가운데 나아가서 그 어질고 재주 있는 자를 선택하여 등용하고, 그로 하여금 옳고 그른 것을 논의하여 공론에 의거하고 사사로운 정에 치우치지 않는다면 다행한 일이라 하였다. 그는 당시 당쟁의 폐해를 직시하고 공정한 인사와 당파를 초월해 나라의 인재를 발굴해 써야 한다고 보았다.

엎드려 바라옵건대, 전하께서는 오히려 이 일을 잘 살펴보시고 비록 애통하신 가운데라도 維新의 정책을 널리 반포하시어 등용하고 버리실 때에 친하고 생소함을 묻지 마시고, 좋은 사람은 상주고 악한 사람은 처벌하기를 한결같이 공정에서 나오게 하시는데, 오직 어진 사람과 다만 재주 있는 사람에게 맡겨두고 의심치 마옵소서.

또한 김홍욱은 언로의 중요성을 강조하여 "말문이 열리고 막힘에 국가가 흥하느냐 망하느냐 달려 있고, 인군이 좋아하고 미워함은 그 효력이 그림자와 소리보다도 빠르다."고 하였다. 일찍이 율곡이 "言路가 열리느냐 막히느냐가 국가흥망의 관건이 된다"고 하였는데, 김홍욱도 이를 인용해 언로의 개방 여부가 국가 흥망의 관건이 된다고 보았다.

그밖에도 「論田制 6조」에서는 貢物, 田稅, 漕運, 百官祿, 守令祿, 곤수변장록(閫帥邊將祿)을 다루고 있고, 「論兵制 9조」에서는 總論, 上番, 收布, 外方新選, 外方步兵, 水軍, 屯田, 束伍軍, 御營軍을 다루고 있고, 「論城池 2조」에서는 漢江山城, 訓閱吏隷 등을 다루고 있다.

이렇게 볼 때, 김홍욱은 17세기 조선조의 위기상황을 제대로 인식하고 있었고, 민족적 위기를 벗어나기 위한 구체적인 대안도 제시했던 것이다.

金建周(1861~1928)의 자는 聖章, 호는 下根齋, 본관은 경주이다. 그는 1861년 12월 14일 충남 서산시 栗里에서 태어났다. 김건주는 艮齋 田愚의 문인으로 『소학』을 중시하였다. 평소 부모와 스승을 극진히 섬겼고, 많은 문인을 배출하였다. 순종 대상 후에는 亡國遺民으로 자처하며 종신토록 흰 갓을 써서 의리를 표하였다. 그의 묘소는 서산시 음암면 부산리 온천동에 있고, 저서로는 『下根齋遺稿』가 있다.

『하근재유고』의 내용을 검토해 보면, 스승인 田愚에게 보낸 8통의 편지가 있고, 동문 吳震泳, 愼道範, 車鳳大, 金壹周 등에게 보낸 편지들이 있다. 「간재선생어록」에서는 김건주와 스승 전우가 주고받은 성리학적 문답이 들어있다. 특히 별세 하던 해에 지었다는 「自輓」이라는 시에서는 "살아도 피할 땅 없고, 죽어도 갈 곳 없음은, 삼천리 강토 오랑캐가 되었음이라. 청산을 베고 누워도 고국이 아니니, 외로운 영혼 통곡한들 무엇 하리"라 하여 망국의 한을 읊고 있다.

김상정(金商玎, 1875~1954)의 자는 明玉, 호는 寒月堂, 본관은 경주이다. 그는 1875년 9월 충남 예산군 봉산면 마교리에서 출생하였고, 6. 25 동란 직후 1954년 8월 서산군 성연면 고남리에서 별세하여 여기에 묻혔다. 고조부 寒澗 金漢祿은 湖洛논쟁의 중심에 서서 湖論을 주장한 南塘 韓元震의 학문을 계승하였는데, 김상정도 가학을 계승하였다. 노론의 辟派였던 김한조가 죽은 후 1806년(순조 6) 큰 아들 觀柱를 비롯하여 6형제와 조카들이 誣疏로 유배형에 처해져 그의 학문은 널리 전파되지 못하고, 둘째 아들인 日柱를 거쳐 한말 고손인 상정(商玎)에 이른 것이다.

김상정은 어려서 부모를 여의고 빈곤하여 단지 독학으로 경서를 배우고 가학을 전수받았다. 그는 가학의 전통과 학통을 지키기 위하여 매년 한원진의 생일인 9월 13일과 주자의 생일인 9월 15일 尙賢會를 열고, 인근의 사민을 초청하여 『朱子書』, 『南塘集』, 『寒澗集』을 강론하였다.

그는 1918년 고종의 시해사건인 무오시변(戊午弑變) 소식을 듣고 면사무소에 〈擧哀發喪文〉을 붙이려다 관리의 제지로 실패하고, 2월 1일 상복을 입고 일본을 성토하는 격문을 발표하였다. 2월 14일에는 왼쪽 무명지를 끊어 '복수대의(復讐大義)'라는 혈서를 쓰고 민족의 봉기를 촉구하였다. 3월 12일 다시 손가락을 끊어 '大明義理' 혈서를 쓰는 등 그의 혈서투쟁이 사민에 영향을 주자 3.1운동을 선동한 죄로 체포되었다. 그는 4월에 풀려났으나 2년 후 1921년 5월 26일 일본순사가 쓸데없는 일 하지 말라고 회유하자, 그를 몽둥이로 쳐 다시 투옥되었다. 그리고 왜왕과 총독에게 혈서를 써서 납세를 거부하였다. 1932년 9월 15일 전매령 위반과 세금불납 등의 혐의로 체포되어 공주감옥에 투옥되기도 하고, 1937년 2월 한식차례를 위해 방문한 경기여주에서 경찰서로 끌려가서 고문을 당하기도 했다. 해방 후에도 김구선생을 만나 혈서로 쓴 '請討讐賊文'을 전하고, 원수인 일제와 친일 매국노를 처단할 것을 주장하였다. 그의 이러한 항일 투쟁은 사종형 金商悳과 의병장 金福漢의 영향이 매우 컸다. 그의 문집으로는『한월빙설(寒月氷屑)』이 전한다.

3. 화서학파

華西學派는 기호학파에 속하지만 범율곡학파로 볼 수도 있다. 華西 李恒老(1792~1868)와 그의 문인 毅庵 柳麟錫(1842~1915), 勉庵 崔益鉉(1833~1906), 重菴 金平默(1819~1888), 省齋 柳重敎(1831~1893) 등은 한말 衛正斥邪에 앞장섰다. 그리고 이들은 한결 같이 한국유학의 道統을 공자, 주자에서 곧장 尤庵 宋時烈(1607~1689)로 연결해 보기 때문이다. 퇴계, 율곡을 뛰어넘어 곧바로 宋子로 연결시켜 화서학파의 연원으로 삼고 있다. 송시열은 곧 栗谷 李珥-沙溪 金長生의 嫡傳이므로 넓게 보면 율곡학파로도 볼 수 있다. 다만 여기서는 편의상 화서학파로 분류하여 다루고자 한다.

俞鎭河(1846~1906)는 19세기 한말의 성리학자로 衛正斥邪에 앞장섰던 화서학단의 일원이다. 그의 자는 千一, 호는 存齋이다. 경기도 고양군 벽제면에서 아버지 유치섬(俞致暹)과 어머니 李氏 사이에서 출생하였다. 그의 호는 存心의 道를 잠시도 떠나지 않으려는 생각에 자호를 '存齋'라고 하였다.

7살 때부터 李啓種과 더불어 할아버지에게서 배웠다. 1871년(고종 8)

26세 때 省齋 柳重敎(1831~1893)를 가평 한보서사로 찾아가 그의 문하에 들어감으로써 華西學團에 참여하였다. 37세 때 춘천 가정정사로 유중교를 문안하였는데, 이때 쓴 「三綱五常說」의 華夷之分, 人獸之判, 道器之別 등의 의리를 배우고, 이로부터 뜻을 더욱 굳게 하고 학문이 더욱 정밀하여졌다. 39세 때 유중교를 배알하고 變服의 의리에 관해 가르침을 받았다.

1895년(고종32) 50세 때 서산군 대산면 대로리로 이사하였다가 52세 때 천안으로 이사하였다. 1896년(고종 33) 1월 柳麟錫의 격문을 보고 동문 노정섭과 함께 의병소에 나갈 것을 밝혔다. 그 후 서산의 금병산에 은거하다가 1899년(고종 36) 서산시 운산면 추계마을로 이사하여 후진양성을 위한 강학활동을 하였고, 金福漢, 金商悳 등 인근의 유생들과 교유하면서 斥邪를 주장하였다.

1901년 56세 때 瑞寧鄕約을 중수하는 등 鄕風의 진작에 힘썼으며, 57세 때 주자의 白鹿洞書院을 본 따 銅巖講會를 열어 후학을 지도하였다. 1905년 60세 때 을사보호조약이 체결되자 최익현을 대신하여 斥倭 격문을 짓기도 했다.

1906년에는 당진군 대호지면 風谷마을에 宜寧南氏들이 세운 桃湖義塾에 초빙되어 강의하기도 하였는데, 61세를 일기로 서산 秋溪精舍에서 생애를 마쳤다.

유진하의 학문적 본질은 斥邪衛正에 있었다. 한말 서세동점과 일제의 침략 앞에서 민족의 생존을 지키려는 우환의식과 유교적 의리의 발로였다. 이는 그의 스승이었던 성재 유중교의 영향이 매우 컸다. 유진하는 말하기를, "근세의 洋倭에 이르러서는 홀로 우리 華西 李恒老, 重庵 金平黙, 省齋 柳重敎 세 선생께서 性命을 버리고 衛正斥邪하시는 것이니, 이는 공자, 주자, 宋子 세 성현의 뒤를 계승한 것이다" 라고 하여, 斥洋, 斥倭가 곧 공자, 주자, 송자의 뜻을 계승하는 길이라고 확신하였다. 특히 그는 우암 송시열을 매우 존숭하여 "선유 소위 여러 성인을 집대성한 이가 공자요, 여러 현인을 집대성한 이가 주자요, 여러 유학자를 집대성한 이가 宋子이다" 라고 하였다.

그의 문인으로는 南相翊, 沈遠聲, 李喆承, 李喆榮, 閔泰稷, 鄭在學, 鄭在華, 韓厚澤 등이 있다. 또한 그의 문집으로는 『存齋集』이 있는데, 그 속에 다양한 저술들이 보인다. 유아교육에 관한 글로서 「童子教畧」, 사회교육 자료로서 「瑞寧鄕約重修議」, 성리학과 경학에 관한 기록인 「銅巖講記」가 있고, 그밖에도 「正學異端說」, 「大學全圖」 등이 있다.

또한 閔泰稷(1868~1935)의 자는 舜佐이고 호는 경암(絅庵)이며, 본관은 여흥이다. 충남 서산군 오남동에서 출생하였다. 7살 때부터 조부에게서 글을 배우기 시작하였다. 34살 때 存齋 兪鎭河를 만났다. 1905년 이후 항일투쟁에는 나서지 않았으나 윤준근, 심상정 등 애국지사와 교유하며 후학을 양성하였다. 문집으로는 『絅庵集』이 있으며, 문인으로는 柳基培, 趙成九, 朴重勳, 吳浣根, 兪甲濬, 李時雨 등이 있다.

『경암집』의 내용을 보면 스승인 존재 유진하에게 올린 편지, 직암 이철승에게 올린 편지가 있는데, 특히 이철승과 「太極圖說」에 관해 논한 글이 실려 있다. 「答權榮善別紙」에서 周濂溪의 「태극도설」에 관한 내용과 人物性同異論에 관한 견해, 心性情 등 인성에 관한 내용이 담겨져 있다. 잡저에는 「孝親說」, 「敬天說」, 「天心人心主宰圖」, 「大學全圖」, 「子莫執中論」, 「奇蘆沙是非論」, 「明德問答」, 「田艮齋中庸說辨」 등이 들어있다.

李喆承(1879~1951)의 호는 直庵이고 본관은 연안이다. 충남 서산군 음암면 탑곡리에서 태어났다. 1910년 32세에 성균관 개공량을 지냈다. 한일합방이후 張志淵이 〈한성신보〉에서 함께 일을 하자고 권했으나 나라가 망한 것을 통탄하고 낙향하였다. 의서를 공부하여 병든 사람을 치료해 주었고, 만년에는 충남 예산군 봉산면 궁평리에 거주하였다. 당진, 예산, 서산 지역에서 많은 문하생을 배출하였다. 문집으로는『直庵集』이 있는데, 문인 南相赫, 南相瓚, 趙鍾業 등의 노력에 의해 1961년 발간되었다. 그의 문인으로는 南相赫, 南相瓚, 金洪齊, 尹珽, 韓東壁, 李大教, 韓元禹 등이 있다.

『직암집』의 내용을 검토해 보면, 志山 金福漢에게 보낸 편지가 있고, 存齋 俞鎭河의 강록인「上存齋先生講義」가 있으며,『논어』강의 중 의문점을 기록한「上存齋先生論語問目」이 있다. 또한 金善煥에게 보낸「與金健齋中庸疑目」과「첨답김건재중용의의(籤答金健齋中庸疑義)」가 실려 있다. 또 閔泰稷에게 주렴계의「태극도설」을 해설한「籤答閔網庵太極疑義」가 있고, 李根瀅에게 답한「答李愚若大學疑目」등이 있다. 그밖에도 경학적인 저술로「答洪世吉小學問目」,「答柳周元書傳問目」,「答南命祐書傳問目」,「李河榮誦大學傳之首章」등이 실려 있다.

鄭在學(1888~1949)의 자는 道明, 호는 方齋, 본관은 함평이다. 그는 1888년 서산 안국산 아래 원당리에서 출생하였다. 1902년 15세 때 백형 鄭在華와 함께 存齋 俞鎭河의 문하에서 배웠다. 1906년 춘천으로 毅庵 柳麟錫을 찾아가 만났다. 1907년 유인석이 만주로 건너가는 길을 동행하다 해서에서 돌아가라는 유인석의 권유에 따라 뒤돌아 왔다. 이후 直庵 李喆承 등과 교유하면서 후진 양성에 힘썼다.

그의 문집으로는『方齋集』이 있고, 문인으로는 鄭章煥, 李武鍾, 李連求, 李澤鍾, 鄭在民 등이 있다.『방재집』에는 직암 이철승과 주고 받은 편지가 가장 많다.

그밖에 서산의 유학자로 윤넘(尹恬, 1737~1805)과 그의 아들 尹義植, 또 尹建五(1833~1918)와 그의 아들 尹錫祺(1860~1927)가 있는데, 윤넘의『견암유고(狷庵遺稿)』, 윤의식의『果齋遺稿』, 윤건오의『華汀遺稿』, 윤

석기의 『芝山遺稿』등을 하나로 묶어 『坡山世稿』로 출간하였다.

윤념의 행장을 重庵 金平黙이 썼고, 윤건오는 勉庵 崔益鉉과 교유했으며, 윤석기는 최익현의 문인인 것으로 보아 이들의 학풍은 의리중심의 화서학파에 속하는 것으로 보인다.

4. 서산유학의 특징

이상에서 서산의 유학자들을 소개하고 그들의 사상을 정리해 보았다. 이를 통해 볼 때 서산유학의 특징은 첫째 한국의 유교가 전래되고 소개되는데 크게 기여하였다. 그 중심 인물은 鄭臣保와 그의 아들 鄭仁卿이라 할 수 있다. 오늘날 한국에 성리학이 전래된 것을 1289년(충렬왕 15년, 정확히 말하면 그 이듬해인 1290년) 안향에 의해서라고 보는 것이 교과서적인 해석이다. 그런데 이보다 50여년 전인 1237년(고종 24년)에 중국 남송의 저명한 성리학자 정신보가 고려국 서산 간월도에 망명하여 그의 아들 정인경을 가르쳤다는 사실은 한국유학사에서 매우 중요한 사건임에 틀림없다. 한국에 성리학이 전래된 역사적 사실이 수정되어야 할 만큼 중요한 의미를 갖는다. 최초의 서산태수로 알려진 최치원의 경우도 당나라에 일찍이 유학하여 공부하고 돌아온 유학파로 유불도를 회통하는 그의 학문적 세계는 가히 글로벌수준임에 틀림없는 것이다. 그밖에도 유숙, 유방택과 그의 아들들도 고려 말, 조선 초 한국유학의 개척기에 중요한 역할을 했던 것이다.

둘째로 서산유학의 특징은 부정과 불의에 항거하고 외세에 저항한 의리정신에 있다. 통일신라 말기 최치원도 자신의 꿈을 실현할 수 없었던 당시 신라의 골품제에 반항하여 방랑의 글을 걸었던 것이며, 정신보는 원태조가 그를 불러 벼슬을 주고 함께 일할 것을 간곡히 권유했지만, 불사이군의 의리를 지키기 위해 고려국에 망명을 길을 걸었던 것이다.

또 유숙은 신돈의 전횡에 맞서다가 죽임을 당했고, 유방택은 조선 개국 후 책력을 제작하는 공을 세워 이성계가 개국 일등공신으로 예우했지만 이를 거절하였고, 두 아들에게 "나는 고려 사람이다. 송도에서 죽을 테니 내 묘에는 봉분도 만들지 말고 비도 세우지 말라" 유언하였다. 아울러 그의 아들 유백유, 유백순도 고려에 대한 절의를 지켰다.

조선 효종대의 김홍욱은 권신 김자점과 맞서 싸웠고, 소현세지비인 강빈의 억울한 죽음을 풀어달라고 효종에게 상소를 올렸다가 이에 격분한 효종이 친국하는 과정에서 죽임을 당했다.

전우는 한말 서세동점과 일제의 침략 앞에서 '도가 망하면 나라도 없다'는 입장에서 유교의 전도사업에 일생을 바쳤다. 또 김건주도 전우의 문인으로 망국유민으로서의 의리를 지켰으며, 김상정도 일제에 맞서 혈서를 쓰고 납세를 거부하는 등 독립운동을 하여 공주감옥에 갇히고 여주경찰서에서 고문을 당하기도 했다.

또한 유진하는 유중교의 제자로 위정척사운동에 앞장섰으며, 이철승은 유진하의 제자로 위정척사에 앞장섰다. 정재학은 유진하의 제자로 역시 위정척사 운동에 참여하였고, 파평윤문의 윤념, 윤의식, 윤건오, 윤석기 등도 화서학단의 위정척사운동에 동참하였다.

조선유학의 다양한 시선

발행일 | 1판 1쇄 2024년 4월 25일

지은이 | 황의동
주 간 | 정재승
교 정 | 홍영숙
디자인 | 배경태
펴낸이 | 배규호
펴낸곳 | 책미래

출판등록 | 제2010-000289호
주 소 | 서울시 마포구 공덕동 463 현대하이엘 1728호
전 화 | 02-3471-8080
팩 스 | 02-6008-1965
이메일 | liveblue@hanmail.net

ISBN 979-11-85134-73-4 93130